KB218376

여러미주신경이론

여러미주신경이론

감정, 애착, 의사소통, 자기조절의 신경생리학적 기초

스티븐 포지스 지음 | 강철민 옮김

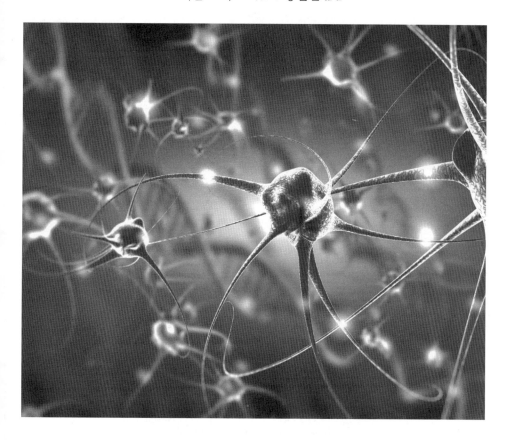

THE POLYVAGAL THEORY

STEPHEN W. PORGES

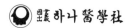하나醫學社

THE POLYVAGAL THEORY:
NEUROPHYSIOLOGICAL FOUNDATIONS of
Emotions, Attachment, Communication, Self-Regulation
by Stephen W. Porges

대인관계신경생물학 노턴시리즈

Allan N. Schore, PhD, 시리즈 발간 편집장

Daniel J. Siegel, MD, 초대 편집장

정신건강 분야는 성장 및 개념의 재조직화를 하는 매우 흥분되는 시기에 있다. 다양한 과학적 열정에서 나온 독립적인 발견들이 마음과 정신적 행복에 대한 여러 학문을 통합하는 관점으로 모여지고 있다. 인간발달의 대인관계신경생물학은 우리로 하여금 마음과 뇌의 구조 및 기능이 경험, 특히 감정적인 관계와 연관된 경험에 의해 형성되는 것을 이해할 수 있게 해준다.

대인관계신경생물학 노턴시리즈^{Norton Series}는 인간 마음의 복합적인 신경생물학에 대한 우리의 이해를 더 넓혀줄 수 있는 최신의 다양한 학문적 관점을 제공해 준다. 전통적으로 독립되어 있었던 광범위한 연구 분야들(신경생물학, 유전학, 기억, 애착, 복합체계, 인류학, 진화심리학과 같은)을 종합함으로써 이 책들은 정신건강 전문가들에게 흔히 임상가들이 접근할 수 없는 과학적인 발견들을 살펴보고 합쳐질 수 있게 해준다. 이 책들은 다양한 영역의 연구에서 나온 발견들을 공통된 언어와 개념적인 틀로 번역함으로써 나타난 일치된 지식을 발견함으로써 인간경험에 대한 우리의 이해를 더 발전시켜 줄 것이다. 이 시리즈는 현대과학에서 나타난 가장 좋은 자료들과 정신치료의 치유적인 예술을 통합하고 있다.

"『여러미주신경이론』은 정신신체의학과 신체-마음치료에 있어서의 최첨단 이론이다. 이 이론은 과학에 바탕을 둔 임상적인 실제에 중요한 기여를 하였다. 심리학자, 분석가, 의사, 지압사, 교육자들은 의뢰인들의 정신생리학적인 상태를 추적하는 데 도움이 되고, 자신들이 난관에 부딪혔을 때 무엇이 문제인지를 구별할 수 있으며, 의뢰인들이 치유되고 그들의 삶이 앞으로 나아갈 수 있도록 해주는 데 도움이 되는 중요한 지도를 제공받았다. 포지스 박사의 위대한 공헌은 이제 이 한 권의 놀랍고도 총체적인 책에 집약되어 있다. 이 책은 임상의와 정신생리학 연구자들이 반드시 읽어야 하는 책이다."

— 피터 레빈^{Peter A. Levine} 박사
『무언의 목소리: 신체 기반 트라우마 치유』 및
『아이의 눈으로 본 외상: 치유의 일상적인 기적을 일깨우기』 저자

"스티븐 포지스는 수년 동안 자신의 소리에 대한 연구에 기초하여 자율신경계의 이론을 개발하였는데, 이 이론은 정상이든 병적이든 인간의 행동에 대한 우리의 이해에 매우 중요한 것이다. 그의 작업은 진화원칙과 신경해부학에 기초를 두고 있는데 뇌에서 감정을 나타내는 부분에 대한 우리의 이해도를 상당히 확장시켰으며, 이것은 대부분의 현대 서적들이 전혀 다루지 않았던 부분이다."

— 마이클 트림블^{Michael Trimble} 의사
『뇌에 있는 마음: 언어, 예술, 신념의 대뇌적인 기초』 저자

목차

역자 서문

처음 만난 사람인데 오래 알고 지내던 사람처럼 편안함을 느끼거나,
처음 만났을 때부터 왠지 만나기가 꺼려지는 사람이 있는 이유는 무
엇일까? 음식을 먹고 노래를 부르는 것은 왜 편안한 느낌이 들게 해
주는 것일까? 우리는 어떻게 사랑하는 사람을 선택하게 되고, 많은
나라에서 일부일처제가 정착하게 된 이유는 무엇일까? 왜 남성은 신
체적인 외도에 더 스트레스를 받고 여성은 감정적인 외도에 더 스트
레스를 받는 것일까? 왜 눈을 똑바로 뜨면 소리를 더 잘 들을 수 있
게 되는 것일까? 여러미주신경이론은 이러한 부분에 대한 진화론적
이고 신경생리학적인 해답을 제시해 주고 있다.

    미주신경迷走神經, vagus nerve은 12개의 뇌신경들 중 10번째 뇌신경으
로 말 그대로 신체의 어느 부분까지 퍼져 있는지 모를 정도로, 달리
는 신경이라는 의미를 가지고 있으며, 뇌신경들 중 가장 길고 신체에
가장 광범위하게 퍼져 있는 신경이다. 그동안 우리는 우리가 의식적
으로 조절하지 못하는 자율신경계가 교감신경계와 부교감신경계로
구성되어 있으며, 교감신경계는 위험한 상황에서 맞서거나 도망갈
수 있도록 신체를 활성화시켜주고, 부교감신경계(미주신경)는 위험한
상황이 끝났을 때 우리의 신체가 원래 상태로 돌아올 수 있도록 이완

시켜준다고만 알고 있었다.

그러나 포지스는 여러미주신경이론을 통해 2억 년 전에 파충류에서 포유류로 진화하는 동안에 부교감신경이 분화되어 포유류에게만 존재하는 새로운 배쪽미주신경이 생겨났다는 사실을 밝혀내었다. 배쪽미주신경은 포유류의 생존을 돕기 위해 다른 포유류들과 협력할 수 있도록 해주는 얼굴표정, 듣기, 고개 움직이기 등이 가능하게 해주었으며, 우리의 성장, 발달, 회복에 필수적인 요소이다.

역자는 뎁 데이나$^{\text{Deb Dana}}$의 '여러미주신경이론에 기반을 둔 조절의 리듬$^{\text{rhythm of regulation}}$' 과정을 배우게 되면서 이 책을 접하게 되었다. 이 책의 내용이 처음에는 다소 생소하고 어렵게 느껴질 수도 있지만, 이 책의 각 장을 정독해나가다 보면 반복되는 내용들이 나오면서 점점 익숙해지고 더 쉽고 재미있는 내용들이 등장하기 때문에, 이 책을 다 읽을 때쯤이면 이 책이 정말 가치 있는 책이라는 생각이 들게 될 것이다. 개인적으로 이 책에는 생리학과 해부학 부문에 대한 그림이 부족하다는 생각이 들기 때문에 읽으면서 웹서핑을 통해 주제와 관련된 사진을 함께 보면서 읽으면 더 이해하기가 쉬울 것 같다는 생각이 든다.

이 책에 나오는 의학용어는 대한의사협회에서 출판한 의학용어집 제5판을 기준으로 번역하였으며, 조금 어려울 수 있는 용어들에 대해서는 가능한 많은 주석을 달아 독자들이 책의 내용을 이해하는 데 도움이 될 수 있도록 하였다.

찾아뵐 때마다 반갑게 맞아주시던 하나의학사의 오무근 전 사장님과 현재의 소정영 사장님 그리고 책이 출판되기까지 수고하셨던 그 외의 직원분들께도 감사를 드린다. 또한, 나의 신경생리적인 항상성이 잘 유지될 수 있도록 늘 안전한 환경을 만들어 준 아내와 낯선 미국 생활에서도 잘 적응해준 준혁, 채림에게도 고맙다는 말을 전하고 싶다.

— 보스턴에서 강철민

감사의 글

이 책에 설명되어 있는 설명된 여러미주신경이론은 40년간의 연구를 통해서 나왔다. 여기에 있는 내용들은 이 이론이 미치는 광범위한 영향을 살펴볼 수 있게 해주며, 이 이론의 발달과 확장에 얼마나 많은 협력자들이 관여했는지를 알 수 있게 해준다. 여러미주신경이론으로 개념화된 이 생각은 지적인 자료들을 모아서 나온 것이 아니라 동료들 및 학생들과의 논의 및 토론의 산물이다. 이 이론은 자율신경계의 신경조절에 대한 광범위한 연구와 문헌들에 근거를 두고 있다. 여러미주신경이론은 하나의 원칙이 아니라 계속 진행 중인 하나의 작품이다. 우리의 연구와 동료들을 통해 우리가 더 많이 배우게 되면서 이 이론은 개정되고 확장되었다. 이 책에 있는 장들은 새로운 지식이 발견되고 연관된 임상적인 문제들이 이 이론에 영향을 미치게 되면서 변화했던 양상들을 설명하고 있다.

나는 나의 과학적 경력을 쌓아가는 동안 중요한 과학적 및 지적인 안내를 제공해 주었던 몇몇 사람들과 만나고 상호작용할 수 있었던 행운이 있었다. 나는 이러한 상호작용들을 통해서 임상적인 문제들을 접하고 비교신경생리학, 진화생물학, 시계열분석(time-series analysis1))을 배우게 되었다. 서로 다른 과학 분야가 가지는 관점들을 접할 수 있었던 기회는 여러미주신경이론이 바탕을 두고 있는 조직화 원칙들을 발견할 수 있게 해준 생각, 사실, 방법들을 통합시킬 수 있는, 드문 기회를 제공해 주었다.

몇몇 사람들은 내가 이러한 미지의 지적인 영역을 탐색하는 데 중요한 도움을 주었다. 이 책의 출판은 이들의 중요한 기여를 알 수 있게 된 기회를 제공해 주었다. 우선 나는 수 카터[Sue Carter]에게 감사를 전하고 싶다. 수는 40년 동안 나의 아내이자 지적인 동반자로서 나의 지적인 호기심을 지지해주었다. 그녀는 내가 발견되지 않은 과학적인 영역을 탐험하고, 이 이론에 들어 있는 나의 과학적이고 인간적인 관점을 성공적으로 발표할 수 있도록 자신감을 제공해 주었다.

이러한 발견의 과정 동안에 나의 생각을 "변화시키고" 나의 관점을 확장시킬 수 있도록 해준 특별한 사람들이 있다. 대학원생인 데이비드 러스킨[David C. Raskin]은 나에게, 행동의 생리적 매개체를 이해할 수 있도록 해준 흥미로운 정신생리학의 세상을 소개해 주었다. 로버트 보러[Robert E. Bohrer]는 나에게 시계열통계를 가르쳐주었고, 나의 직관적인 계산력을 탐색할 수 있도록 자신감을 불어넣어 주었다. 밥[Bob]은 자율신경계의 역동적인 신경조절에 대한 나의 개념을 지금도 나의 연구에서 사용하고 있는 시계열 측정법으로 변환할 수 있도록 나와 함께 사심 없이 일해 주었다. 스탠리 그린스팬[Stanley I. Greenspan]은 나의 정신건강의학과적 장애들에 대한 나의 관심을 자극해 주었고, 임상적인 양상들을 내가 연구하고 있는 신경생물학적 개념으로 분석할 수 있는 기회를 제공해 주었다. 피터 레빈[Peter A. Levine]은 나에게 외상연구

---

1) 동일한 현상을 시간의 경과에 따라 일정한 간격을 두고 반복적으로 측정하여, 각 기간에 일어난 변화의 추세를 분석하는 방법(역자 주).

와 신체치료의 세계를 소개해 주었다. 외상의 신체적 양상에 대한 그의 통찰은 이러한 외상의 영향을 중재하는 신경생물학적 기전을 이해하기 위한 나의 열정을 자극해 주었다. 아지트 마이티$^{Ajit\ Maiti}$는 나에게 신경생리학과 신경해부학에 대한 조언을 해주었다. 아지트는 동양철학의 고대지혜와 현대 서양과학 사이의 지적인 연결을 제공해 주었다. 닐 슈나이더먼$^{Neil\ Schneiderman}$은 내가 심장박동을 중재하는 신경기전을 조사할 수 있도록 격려함으로써, 정신생리적 지표로서의 자율신경계에 대해 측정을 할 수 있도록 해주었다. 히람 피츠제랄드$^{Hiram\ E.\ Fitzgerald}$는 나의 경력을 발달 과정에 대한 것으로 이동시켜 주었고 영아의 자율신경계를 연구하는 데 대한 나의 지적인 호기심을 자극해 주었다. 데이비드 크루스$^{David\ Crews}$는 생리적 반응의 적응적인 기능을 계통발생적인$^{phylogeny2)}$ 측면에서 이해할 수 있도록 격려해 주었다. 에브게니 소콜로프$^{Evgeny\ Sokolov}$는 조언자로서 하나의 모델을 제공해 주었고, 내가 통합적인 이론을 만들어낼 수 있도록 자극해 주었다. 이러한 통찰력 있고 헌신적인 과학자들과 임상가들은 모두, 내가 여러미주신경이론이라고 개념화한 지적인 전략들을 종합하는 데 도움을 주었다. 이들의 기여를 이해하는 것은 방법론, 수학, 신경과학, 발달, 진화, 심리학, 임상적인 질병을 모두 아우르는 광범위한 이론의 수수께끼를 풀 수 있도록 해주었다. 추가적으로 나는 나의 몇몇 논문들을 여러미주신경이론이라는 책으로 통합할 수 있도록 격려해 준 티오 키에르도르프$^{Theo\ Kierdorf}$에게 감사를 전하고 싶다. 티오는 '여러미주신경이론 독자'들을 위해 나의 몇몇 논문들을 번역하고 편집

---

2) 각각의 생물 종족이 그 성립 또는 멸종에 이르기까지 거쳐 온 형태 변화의 과정(역자 주).

하였으며, 이것은 준페르만^{Junfermann}에 의해 독일에서 출판되었으며, 이 책의 핵심적인 역할을 하였다. 나는 또한, 이 책이 대인관계 신경생물학 노턴시리즈^{Norton series}에 포함될 수 있도록 환영해 준 편집자인 앨런 쇼어^{Allan Schore}에게도 감사를 전하고 싶다.

머리말

베셀 반 데어 콜크(Bessel A. van der Kolk)

당신이 삶에 대해서 이해하고 있는 것을 영원히 바꾸어줄 수 있는 새로운 음악이나 과학적인 생각을 듣는 것은 매우 놀라운 경험이다. 나에게는 피터 셀러스[Peter Sellers]가 연출한 「피가로의 결혼[Marriage of Figaro]」을 관람했던 것, 내가 의과대학생이었을 때 조현병[schizophrenia]에 대한 엘리자베스 퀴블러-로스[Elisabeth Kübler-Ross]의 강의를 들었던 것 그리고 1984년에 미국신경정신약리학회에서 신경생물학에 대한 스티브 메이어[Steve Maier]의 무시하지 못할 충격적인 강연을 들었던 것이, 잊지 못할 세 가지의 경험들이다.

1999년 5월 21일 아침은 내가 22년 동안 매년 개최했던 보스턴 외상학회들 중에서 가장 기억에 남는 강의들을 우리가 하게 된 날이었다. 그날은 브루스 맥윈[Bruce McEwen]의 스트레스와 해마[hippocampus]에 대한 강연으로 시작되었다. 그는 신경형성력[neuroplasticity3)]에 대한 개념을 소개했으며 해부학은 결정되어 있다(뇌에 있는 신경연결들은 변하지 않고 고정되어 있다)는 라몬 이 카할[Ramon-y-Cahal]의 말이 틀렸다는 것을 보여주었다. 그다음은 자크 판크세프[Jaak Panksepp]가 양육, 두려움, 분노,

---

3) 뇌가 외부환경의 양상이나 질에 따라 스스로의 구조와 기능을 변화시키는 특성으로, 이미 형성된 대뇌 피질의 신경세포 사이의 연접관계가 강화되거나 약화되는 것을 말한다(역자 주).

장난치는 신체적 놀이를 담당하는 뇌신경회로에 관해 설명하였다. 아침 강연의 마지막 발표자는 스티븐 포지스[Stephen Porges]였는데, 그는 감정의 여러미주신경이론에 대해서 이야기하였다. 이 강의는 나와 많은 나의 동료들에게 우리가 했던 연구들을 이해하는 데 기본적인 변화를 유발하였다.

만성적인 외상의 과거력을 가진 사람들을 상대하는 임상가들과 연구자들은 맞섬[fight], 도피[flight], 또는 얼어붙는 반응들[freeze reactions]을 항상 만나게 된다. 우리의 환자들(그리고 때때로 동료들)은 쉽게 기분이 상하고, 흔히 지나치게 공격적이 되거나, 수치스러워하거나, 얼어붙음으로써 자신들(그리고 우리들)의 삶을 무너뜨린다. 아주 사소한 자극도 쉽게 파국으로 치닫게 만들며, 의사소통에서의 작은 실패도 쉽게 넘어가지 못하고, 대인관계에서의 극적인 갈등을 유발하게 된다. 삶을 보다 견딜 수 있도록 만들어주는데 필수적인 인간적인 친절함마저 외상과 버림받음의 과거력이 있었던 사람들이 가지고 있는 절망, 분노, 공포에 중대한 영향을 미치지 못하게 된다.

우리는 외상후스트레스장애[post-traumatic stress disorder](PTSD)의 진단기준이 처음으로 만들어졌을 때 우리 환자들의 감정적인 붕괴의 원인을 설명하기 위해서 강간, 폭력, 또는 사고와 같은 극적인 사건들에만 초점을 맞추었었다. 우리는 점차적으로 가장 심각한 조절장애는 어린아이였을 때 지속적인 양육자가 없었던 사람들에게서 발생한다는 것을 이해하게 되었다. 감정적인 학대, 양육자의 상실, 일관성 없음, 만성적인 잘못된 조율이 다양한 정신건강의학과적 문제들의 주된 원인으로 밝혀졌다(Dozier, Stovall, & Albus, 1999; Pianta, Egeland, & Adam, 1996). 심리학, 신경과학, 정신건강의학에서 가장 중요한 발견들 중의 하나는 안전한 초기 애착결합을 형성하는 데 실패하는 것이 부정적인 감정을 조절하는 능력의 감소를 유발한다는 것이다. 할로우Harlow와 그의 학생들은 인간이 아닌 영장류에게 있어서 버림받음과 상실이 정동조절에 엄청난 손상을 준다는 것을 처음으로 보여주었다. 애착에 대한 지난 50년간의 연구들은 사람들이 어린 시절에 자신들을 돌봐주는 환경에서 중요한 사람들과의 신체적 및 감정적 조율을 형성하기 위해서 자신들의 감정적인 각성을 조절하는 법을 배운다는 것을 보여주었다(Trevarghen, 1999). 존 보울비 John Bowlby가 처음 시작한 애착연구는 각 개인이 가지고 있는 내적조절과정이 삶의 초기에 외부에서 해주었던 조율의 정도를 반영해 준다는 것을 보여주었다(Bowlby, 1973, 1982; Cloitre, Stovall-McClough, Zorbas, & Charuvastra, 2008; Hofer, 2006).

자신의 양육자와의 만성적인 잘못된 조율의 과거력을 가지고 있는 것은 그 이후의 삶에서 부정적인 감정을 조절하는 데 어려움을 유발한다(Dozier et al., 1999). 슬프게도 어린 시절의 잘못된 경험에 의해 유발된 정동조절의 장애는 스트레스를 받았을 때 성냄temper tantrum, 감정적 철수와 같은 반감을 갖게 하는 행동을 유발한다(Shaver & Mikulincer, 2002). 조절이 안 된 행동은 잠재적으로 친구 및 동반자가 될 수 있는 사람들이 멀어지게 만들며 지지를 얻고 회복하는 경험을 획득하는 것을 방해한다. 따라서 정동조절의 결핍은 악순환의 위험을 유발하는데, 여기서 자기통제의 결핍은 버림받음을 유발하며, 이러한 버림받음은 그 이후의 부정적인 기분상태를 조절하는 것이 더 어렵게 만든다.

문제는 여기에서 끝나는 것이 아닌데, 왜냐하면 일반적인 정신건강의학과적인 중재는 사람들이 자신들의 감정을 조절하는 것을 돕는 데 매우 효과가 없기 때문이며(Cloitre, Stovall-McClough, Miranda, & Chemtob, 2004), 일반적으로 약물치료가 할 수 있는 최선은 어떠한 종류든 감정적인 각성을 둔화시킴으로써 사람들의 고통뿐만 아니라 즐거움까지도 동시에 빼앗아가기 때문이다. 전통적인 정신치료 역시 즉각적인 회복을 제공하지 못하는데, 왜냐하면 감정적인 각성을 조절할 수 없는 것은 인지행동치료와 같은 치료의 이점을 방해하기 때문이다(Jaycox, Foa, & Morral, 1998).

정동조절이 가지는 문제들은 뇌와 마음의 발달에 지속적인 영향을 미치며 의학적, 교정적, 사회적, 정신건강 서비스의 사용을 상당히 증가시킨다는 것이다(Drossman et al., 1990; Teplin, Abram, Dulcan, & Mericle, 2002; Widom & Maxfield, 1996). 만성적인 외상과 방치의 과거력이 있는 아이들과 성인들의 많은 문제들은 객관적인 위협을 최소화하고 자신들의 감정적 스트레스를 최소화시키려는 노력으로 이해될 수 있기 때문에(Pynoos et al., 1987), 이러한 문제들은 '적대적인', '반항적인', '이유 없는', '반사회적인' 것으로 치부되기 쉽다(Cicchetti & White, 1990; Widom & Maxfield, 1996; Streeck-Fischer & van der Kolk, 2000).

학대와 방치의 과거력이 있는 환자들에 대한 우리의 연구는 이러한 환자들에게서 보이는 많은 문제들의 신경생물학을 분류한 정동신경과학의 발달에 의해 많은 도움을 받았다. 특히 도움이 되었던 것은 판크셰프[Panksepp](1998)의 연구였는데, 그는 기본적인 감정체계(예: 찾기, 분노, 두려움, 욕망, 걱정, 공황, 놀이)와 연관된 뇌구조물과 신경회로에 대한 설명을 해주었다. 하지만 감정의 둘레신경회로[limbic circuits4)]

를 이해하는 것이 우리의 환자들에게서 볼 수 있는 갑작스러운 변화, 자신을 돌보는 사람의 목소리와 얼굴에 잘 반응하지 못하는 것, 대부분의 사람들을 진정시키고 다시 회복할 수 있도록 해주는 정보에 반응하지 못하는 것을 여전히 설명하지 못하고 있다. 여전히 남아있는 의문이 있다. 시각적, 청각적, 운동적, 또는 후각적 정보의 미세한 변화에도 쉽게 통제력을 잃어버리는 일부 사람들의 감정적인 체계는 무엇이 유발하는 것일까?

우리는 10년 전에 이러한 감정적인 변화에 대한 심장박동변동성 heart rate variability(HRV)의 역할에 관심을 두게 되었다. 이것은 우리로 하여금 처음으로 포지스의 여러미주신경이론에 접할 수 있도록 해주었다. 우리가 심장박동변동성을 측정하기 시작했을 때, 우리는 끔찍했던 개인적인 사건을 기억하는 동안에도 비교적 안정적인 심장박동변동성을 유지했던 사람들은 PTSD로 고통을 받지 않았던 반면, PTSD가 있는 사람들은 일반적으로 비교적 불안정한 심장박동변동성을 보인다는 것을 관찰하였다. 포지스의 여러미주신경이론은 이러한 관찰에 대한 조직화된 원칙을 우리에게 제공해주었고, 그의 이론은 우리의 감정적인 삶에서의 신체감각 및 대인관계의 중요한 역할에 관해 설명했던 찰스 다윈Charles Darwin과 윌리엄 제임스William James 같은 이전 과학자들의 연구에 근거를 둔 것이었다.

우리가 여러미주신경이론에 대해서 배우기 전까지 우리는, 자율신경계는 교감신경계와 부교감신경계가 서로 반대되는 작용을 하도록 조직화되어 있다고 배웠으며, 이러한 자율신경계는 특정한 표적

---

4) 대뇌겉질과 시상하부 사이의 경계 부위에 위치한 일련의 구조물들을 말하며, 해마, 편도, 시상앞핵, 둘레엽(변연엽) 등으로 이루어져 있고, 감정과 행동, 욕망 등의 조절, 기억에 관여한다(역자 주).

장기의 활동을 증가시키거나 감소시킴으로써 서로 경쟁적으로 기능
한다고 배웠다. 여러미주신경이론은 이러한 모델을 더 넓게 확장시
켰는데 사회적 말이집^{myelinated5)} 미주신경을 스트레스와 연관된 생리
적 상태들을 미세하게 조절하는 조절체계로 강조하고 있다. 포지스
는 다음과 같이 제안하였다.

> 계통발생적으로 포유류에게서 발생한 계층적 조절성 스트레스−반
> 응체계^{hierarchical regulatory stress−response system}는 잘 알려진 교감−부신 활
> 성화체계^{sympathetic−adrenal activating system}와 부교감 억제성 미주신경체계
> ^{parasympathetic inhibitory vagal system}에 의존하고 있지만, 이러한 체계들은 사
> 회참여체계에 해당하는 얼굴표정을 조절하는 말이집 미주신경과 뇌
> 신경에 의해 조절된다. 따라서 계통발생적으로 자기조절의 발달은
> 원초적인 행동억제체계와 함께 시작하며, 맞섬−도피체계의 발달로
> 진행되고, 인간(그리고 다른 영장류)에게 있어서는 얼굴표정과 목소리
> 에 의해 중재되는 복합적인 사회참여체계로 축적된다.

따라서 포유류의 말이집 미주신경은 '빠른 행동적 움직임을 도와
주고, 내수용^{interoceptive6)} 내장 인식^{visceral awareness}을 통해 개인을 생리적
으로 안정화시키며, 사회적인 상호작용을 하도록 해주는' 기능을 한
다. 포지스에 따르면, 이러한 진화를 통한 발달은 사회적 상호작용이
얼굴표정, 말, 운율을 통해 생리적인 각성을 안정화시키도록 해준다.
환경이 안전한 것으로 평가되었을 때, 방어적인 둘레계통^{limbic system}의

---

5) 신경세포 축삭(axon)의 겉을 싸고 있는 인지질 성분의 막으로 전선의 플라스틱 피복처럼 신경세포를 둘
러싸 전달되는 전기신호가 누출되거나 흩어지지 않게 보호한다(역자 주).
6) 신체의 내적인 상태에 대한 감각(역자 주).

구조물들은 억제된다. 이것은 편안한 내장상태를 가지고 사회적으로 참여하는 것이 가능하도록 해준다.

정동조절의 붕괴

우리가 특히 극단적인 스트레스 상황에 있는 것을 목격했을 때와 같이 이러한 체계가 붕괴되었을 때, 사회적인 미주신경은 더 이상 유기체를 안정화시키지 못한다. 다른 유기체들 사이의 대인관계적이고 신경생물학적인 의사소통의 기초를 형성하는 생리적 응집력이 붕괴되고, 계통발생학적으로 '오래된' 체계들을 환경적인 스트레스를 다루고 대사를 조절하기 위해 다시 사용하게 된다. 사람들(그리고 동물들)이 위협을 느끼는 한, 이들은 자신들 종족의 구성원들과 의미 있는 관계에 참여하지 못하고 생존을 위해, 보다 원초적이고 유아적인 맞섬 또는 도피 행동(교감신경계에 의해 중재되는)을 다시 보이게 될 것이다. 심지어 맞섬 또는 도피조차 가능하지 않은 피할 수 없는 위험에 처했을 때, 이러한 상황은 움직이지 못하게 만들며, 결과적으로 행동을 중지시키고 실신(민말이집 미주신경$^{unmyelinated\ vagus}$을 통해)을 유발시킨다.

이 이론은 완벽하게 이해가 되며 애착연구, 동물생태학, 인류학, 외상연구를 통해 밝혀진 수많은 관찰들과 잘 들어맞는다. 포유류는 생존하고 번성하기 위해서 친구와 적을 구별할 수 있어야 했고, 상황이 안전한지 위험한지를 알아야 했으며, 자신의 행동을 사회적 집단의 요구에 맞추어야만 했다. 포지스의 관찰은 인간과 동물이 신체적으로 접근할 수 있는 기전, 무엇이 집단 구성원들을 서로 결합시키는

지, 사회적 집단의 응집력이 어떻게 삶의 스트레스를 다루는 데 중요한 역할을 하는지에 대한 기전을 잘 설명하고 있다. 여러미주신경이론은 또한 우리의 생리적인 균형을 회복시키기 위한 목소리의 높낮음과 말의 리듬뿐만 아니라, 우리가 사랑하는 사람들의 얼굴이 가지는 능력을 우리가 이해할 수 있도록 도와주고 있다.

내장경험들

여러미주신경이론이 기여한 또 다른 중요한 점은 내장상태$^{visceral\ state}$와 감정표현 사이의 관계를 분류한 것이다. 외상연구자들은 "몸은 기억한다$^{body\ keeps\ the\ score}$"(van der Kolk, 1994)는 점을 이해하고 있었는데, 이것은 외상의 기억이, 가슴이 미어지고 속이 뒤틀리는 감정과 같은 내장기억으로 새겨진다는 것이다. 포지스는 내장에서 나오는 되먹임^{feedback}은 사회적 참여와 연관된 친사회적인 신경회로에 접근하는 주된 방법이라고 제안하였다. 예를 들면, 움직임은 긍정적인 사회적 단서를 발견하는 우리의 능력을 변화시키며, 움직이지 못하는 것은 긍정적인 단서에 반응하지 못하게 한다는 것이다. 내장의 상태는 우리 자신과 주변에 대한 우리의 지각을 결정한다. 한 사람의 생리적인 상태는 똑같은 자극에 대한 반응의 결과를 매우 다르게 만든다.

　내적인 신체상태들은 뇌섬엽$^{insula7)}$에 나타나며 주관적인 느낌에 기여한다. 뇌섬엽(외상을 경험한 사람들에 대한 신경영상연구들에서 비정상적으로 활성화되어 있는 것이 흔히 발견되는)은 위험을 감지하는 것과

---

7) 관자엽과 마루엽의 경계 안쪽에 있는 부분으로 의식, 감정, 신체의 항상성 유지에 관여한다(역자 주).

연관되어 있으며, 내장에서 나온 되먹임을 인지적 인식으로 전달하는 것을 중재한다. 다윈과 제임스 모두는 내장경험^{visceral experience}이 감정을 경험하는데 매우 중요한 요소이며, 행복, 두려움, 분노, 혐오, 슬픔을 이해하는 데 중심적인 요소라고 제안하였다. 대부분의 사람들은 자신들의 '육감^{gut feelings}'을 따라 위험과 사랑을 판단할 수 있는데, 이것은 일반적으로 자신들의 상황에 대한 현실적인 위험이나 안전함을 정확하게 발견하게 해준다. 사회참여체계에 결함이 있는 사람들은 안전함을 위협으로, 객관적인 위험을 안전함으로 잘못 해석하는 경향이 있다. 이들의 내장되먹임체계는 삶이 제공해주는 충만함에 참여하는 것을 방해하거나, 자기 스스로를 방어하는 데 실패하게 만든다.

만성적인 외상을 경험한 사람들은 기능적 사회참여체계에 의해 수정될 수 없는 자신들의 통제가 불가능한 내장되먹임체계에 의해 당황스러워하는 경향이 있다. 이들은 결과적으로 자신들의 신체에서 나오는 감각적 되먹임을 억제하려고 노력하며, 자신들 주변의 세계를 단조롭고 의미 없는 것으로 인식한다. 외상을 경험한 사람들은 습관적으로 신체에 기반을 둔 방어적 행동에 참여한다는 우리의 관찰은 우리로 하여금 피터 레빈과 팻 오그덴^{Peter Levin & Pat Ogden} 같은 신체에 기반을 둔 치료자들의 연구를 우리의 치료와 통합할 수 있도록 만들어 주었다. 사실 피터 레빈이 스티븐 포지스를 나에게 소개해 주었다.

치료법에 대해 암시

감정에 대한 여러미주신경이론은 우리가 학대 아동과 외상을 경험한 성인들의 치료를 조직화하는 데 많은 도움을 주었다. 실제로 우리는 만성적으로 외상을 경험한 여성들을 위한 요가 프로그램을 개발하였다. 이들은 자신들의 해리된 신체와 접촉할 수 있는 다양한 신체적 자세를 취하고 호흡을 조절하는 법을 배우는 것을 통해, 스스로를 진정시킬 수 있게 되었다. 우리는 또한 보스턴 시내에 있는 학교에서 연극프로그램을 시행하였는데, 여기에서 외상을 경험한 아이들은 리듬감 있는 움직임과 조율된 협동적 연습에 참여함으로써 연기를 하는 법을 배웠다. 나의 친구인 티나 패커^{Tina Packer}는 비행 청소년들에게 셰익스피어 연극들을 가르쳤는데, 그녀는 줄리어스 시저, 로미오와 줄리엣, 리처드 3세 연극에 나오는 대사의 운율과 신체적인 역할이 미치는 영향에 대한 많은 지식을 가지고 있었다. 신체적 자세를 취하는 것과 호흡 조절이 잘 안되는 청소년들이 자신들의 내장반응과 감정을 표현하는 것 사이를 연결시킴으로써, 깊고 다양한 생리적(따라서 정신적) 상태들 사이를 움직이고 참여할 수 있도록 가르쳐 주었다. 나의 동료인 로버트 메이시와 스티브 그로스^{Robert Macy & Steve Gross}는 연기 기법과 기공^{chiqong}에 기초를 둔 치료를 개발하였는데, 이들은 시내 학교와 전 세계에서의 해일, 지진, 정치적 폭력 희생자들에게 이를 적용하였다.

　여러미주신경이론은 이러한 개별적인 독특한 치료기법들을 모두 통합하는 것인데, 이 치료법들은 모두, 과거에 환자가 통제할 수 없었던 맞섬 또는 도피반응과 얼어붙는 반응을 하도록 만들었던 상황들을 활성화시키고 대인관계에서의 리듬, 내장을 통한 인식, 얼굴표정과 목소리를 이용한 의사소통을 통해서 위험에 대한 인식을 재조정하고 감정적인 참여를 조절할 수 있는 능력을 강화시키는 시도를 한다.

포지스의 여러미주신경이론은 우리에게 신체상태 및 정신구조가 비적응적인 행동을 유발하는 환경적 자극과 어떻게 상호작용하는지에 대해 이해할 수 있는 강력한 수단을 제공해주었다. 포지스는 우리의 생물학적 체계가 어떻게 역동적으로 작용하는지를 이해하게 도와주었고, 왜 친절한 얼굴과 달래주는 목소리가 인간을 완전히 바꿔놓을 수 있는지를 설명해 주었다. 즉, 어떻게 보이고 이해받는지가 사람들로 하여금 두려운 상태에서 벗어날 수 있도록 도와줄 수 있다는 것이다. 우리는 오랫동안 정신병리적인 상태가 정적이지 않고, 환경의 안전함과 스스로가 발견하는 생리적인 상태의 정도에 따라 변화하는 경향이 있다고 이해하여왔다. 우리의 생리적 상태는 가변적이며, 우리의 내장경험에 대한 관계 및 우리의 대인관계 상태 모두에 의존하고 있다는 제안은 사람들을 다른 심리적인 상태의 사람으로 변화시키는데 약물치료에만 의존하는 것을 감소시켜 주었다. 뇌의 전반적인 기능에 대한 내장의 되먹임이 가지는 중요한 역할을 재인식하는 것은 서양의 의학적인 접근법 밖에 있으면서 오랫동안 시행되어왔던 비약물적 치료법[예: 호흡훈련, 신체의 움직임(기공, 태극, 태권도, 요가), 리듬 있는 활동(검도, 북 치기, 유대인식 기도문 외우기와 같은)]에 대한 호기심을 유발했다.

몇몇 정신건강의학과적 장애들은 사회적 행동을 표현하고 사회적 단서들을 읽는 것(즉, 사회적 인식) 모두에서 갖는 어려움을 포함해서 대인관계를 형성하고 유지시키는 데 있어서의 어려움을 특징적으로 나타낸다. 몇몇 정신건강의학과적 진단들은 사회참여체계의 행동적(예: 시선을 맞추지 못함, 얼굴표정을 통해 정동을 드러내지 못함, 목소리의 높낮이가 없음), 내장적(자율신경계 조절의 장애로 인해 심혈관 및 소화기계의 문제를 유발함) 요소에서의 결함과 연관되어 있다.

만약 생리적 마음-뇌-내장의 의사소통이 정동조절의 왕도라면, 이것은 불안, 주의력결핍과다활동장애, 자폐증, 외상과 연관된 정신병리와 같은, 많은 정신병리적 상태에 대한 우리의 치료적인 접근법을 대대적으로 변화시킬 수 있을 것이다. 이러한 변화(요가, 무술, 침술 연구와 같은 접근법에 대해 국방부와 국립보건원의 재정적인 지원이 증가하고 있는 것으로 나타났다)는 우리에게, 대인관계에서의 리듬을 개발하고, 감정적 상태를 조절하기 위해 사람들이 목소리와 얼굴표정을 사용하는 능력을 증진시키며, 내장경험과 감정적 경험을 통합시키는 다양한 신체-마음 기법들을 연구하도록 요구하게 될 것이다. 여러미주신경이론은 집단 기도, 다양한 호흡기법, 자율신경계의 상태를 변화시키는 그 외의 다른 방법들과 같은 오래된 집단적이고 종교적인 방법들을 합법화시키고 있다. 여러미주신경이론은 사회적 미주신경의 활성화를 증진시키거나 교감신경계 활동을 줄이는 기법의 발달에 더 많은 주의를 기울일 필요가 있다는 것을 암시하고 있다. 하나의 중요한 암시는 사람들을 맞섬 또는 도피반응에서 사랑하고 서로가 참여하는 행동으로 변화시키는 하나의 수단으로, 적응적인 방어 및 공격적인 행동을 개발시키기 위한 예비적인 연습의 역할을 하는 연극과 걱정 없이 하는 행동의 치료적인 사용에, 보다 더 많은 관심을 가질 필요가 있다는 것이다.

서론: 왜 여러미주신경이론인가?

여러미주신경이론^{the polyvagal theory}은 생체행동체계에 대한 나의 호기심
과 생리적 상태를 행동과 통합시키는 기존의 모델에 대한 나의 불만
족 때문에 나타났다. 내가 과학과 연관된 나의 경력을 시작했을 때,
나는 다른 사람들의 심리적인 상태를 이해하는 데 생리적인 방법을
사용하는 것에 대한 가능성에 흥미를 느끼고 있었다. 내가 학교를 졸
업한 1960년대 후반에, 나는 생리적인 상태를 검사하는 것이 임상적
인 일을 하는 치료자들에게 도움이 될 수 있을 것이라는 생각을 가지
고 있었다. 이러한 생각은 여전히 내가 연구를 하는 과제 중의 하나
이다. 나는 여전히 여러미주신경이론을 발전시키기 위해서 연구하고
있는데, 여러미주신경이론에서 설명하는 세 가지의 신경회로들 사이
의 역동적인 상호작용은 임상가들에게서 실시간으로 되먹임을 제공
해 줄 수 있을 것이다.

1960년대에는 생리학과 행동을 연관시키는 모델에 한계가 있었
다. 인간과 연관된 정신생리학적 문헌에서 주된 주제는 각성^{arousal}에
대한 것이었는데, 각성에 대한 정의도 애매모호한 상태였다. 그러나
정신생리학자들은 각성이 교감신경계에 의해 중재된다는 가정을 하
고 있었다. 체스터 데로우^{Chester Darrow}와 같은 초기 정신생리학자들은

뇌파를 통해 측정되는 겉질$^{cortex8)}$의 활성화와 손에서의 전기피부저항 반응$^{galvanic\ skin\ resistance\ response9)}$을 통해 측정되는 교감신경 각성 사이의 연관성을 제안하였다. 뇌의 상태에 대한 말초신경계 지표에 대한 이러한 시각은 파블로프^{Pavlov}가 자신의 고전적조건화$^{classical\ conditioning10)}$ 실험에서 자율신경계 반응을 검사한 것과 같은 것이었다. 파블로프에게 있어서 '고전적으로' 조건화된 자율신경계 반응은 뇌신경회로의 변화들을 알려주는 것이었다. 각성은 여전히 겉질의 활성도를 설명하는 수면 연구들과 전통적인 거짓말탐지기가 사용되는 거짓말에 대한 연구에서 사용되고 있다.

　　각성의 바탕에 있는 구체적인 생리적 및 신경생리적 기전들은 흔히 교감신경계 및 시상하부-뇌하수체-부신$^{hypothalamic–pituitary–adrenal}(HPA)^{11)}$ 축과 연관되어 있다. 교감신경계와 HPA축과의 연결성은 각성과 스트레스에 대한 연구에 사용되는 비슷한 연구 방법들을 만들어내게 하였다. 이러한 교감신경계와 중추신경계에 대한 시각은 제한된 양의 스트레스는 '좋고' 너무 많은 스트레스는 '나쁘다'라는 것으로 대중매체와 대중적인 인식에 전달되었다. 하지만 건강 또는 질병에 필요한 스트레스의 문턱값$^{threshold12)}$은 얼마일까? 게다가 이러한 교감신경계-중추신경계에 대한 시각과 마찬가지로, 우리는 모두

---

8) 대뇌에서 가장 겉에 위치하는 신경세포들의 집합으로, 고차원적 기능을 수행하는 부분(역자 주).

9) 스트레스는 교감신경계를 활성화시켜 피부의 땀샘을 자극하고, 땀은 피부의 전기적 저항을 낮춘다(역자 주).

10) 무조건 개의 소화액을 분비시키는 고기와 중성자극인 종소리를 함께 결합시키면, 나중에 종소리가 조건자극이 되어 종소리만 들어도 개의 소화액이 분비되는 것(역자 주).

11) 스트레스가 발생하면 시상하부(hypothalamus)의 뇌실결핵(paraventricular nucleus)에서 바소프레신(vasopressin)과 부신겉질호르몬방출호르몬(corticotropin–releasing hormon: CRH) 분비→뇌하수체(pituitary)에서는 바소프레신과 CRH에 반응하여 부신겉질자극호르몬(adrenocorticotropic hormone: ACTH) 분비→부신겉질(adrenal cortex)에서는 ACTH에 반응하여 코르티솔(cortisol)을 분비함(역자 주).

12) 사람이 인지할 수 있는 최소한의 자극(역자 주).

스트레스와 연관된 교감신경계의 흥분이 포유류가 보이는 맞섬 또는 도피 행동의 진화적인 기원이라고 배워왔다. 따라서 우리는 새로운 것과 위험에 대해 교감신경계가 항진되는 것은 우리의 진화적인 역사를 반영하는 것이라고 배웠던 것이다.

내가 정신생리학을 처음 접할 당시에, 생리학적 측정은 의식적인 인식이나 언어적 반응 없이 심리적인 과정을 평가할 수 있는 통로라고 인식되고 있었다. 그러나 이러한 흥분되는 원칙은 관찰하고 있는 생리적인 상태를 조절하는 신경학적 기전에 대한 제한된 이해와 정신생리학자들이 관심을 두고 있는 심리적인 과정과 말초자율신경계 반응을 연결시키는 신경학적 기전에 대한 이해의 부족으로 제한을 받고 있었다.

정신생리학은 1960년대 초에 심리학, 의학, 생리학, 공학을 통합시키는 원칙으로 형성되었다. 정신생리연구학회는 1960년에 설립되었으며, 협회의 첫 학회지인 「정신생리학^{Psychophysiology}」은 1964년에 발행되었다. 정신생리학은 초창기에 독립변수로서의 생리학에 초점을 맞추고, 심리적인 요소(예: 위협, 새로운 것)와 과정(예: 집중, 정신적인 노력, 감정)은 종속변수로 봄으로써 스스로를 생리학적 심리학과 구별하였다. 이와는 대조적으로 생리학적 심리학은 생리학(독립변수)을 조절하여 행동과 심리적인 과정(즉, 종속변수)의 변화를 관찰하였다. 일반적으로 정신생리학자들은 인간을 대상으로 연구한 반면, 생리학적 심리학자들은 동물을 연구하였다. 나는 1968년에 정신생리학회에 가입했으며 1969년에 처음으로 모임에 참석하였다. 첫 만남은 매우 흥분되는 것이었으며, 학회에 있었던 많은 사람들은 다른 영역에서도 성공한 과학자들이었다. 내가 학회의 회원이 된 지 40년이

지나는 동안 나는 학회의 위원, 회계담당자, 학회장의 역할을 맡았었다. 이 시기 동안에 연구의 관심과 방법들은 자율신경계에 대한 말초적 평가에서 뇌파, 사건관련전위$^{event-related\ potential}$, 기능자기공명영상 $^{functional\ magnetic\ resonance\ imaging}$을 이용한 뇌 기능의 평가로 바뀌었다. 정신생리학의 현재 관심은 인지적 및 정동적 과제를 하는 동안의 뇌 기능 평가에 초점을 맞추는 경향을 반영하고 있다.

이러한 역사의 중요한 결과로 생리학적 변수들은 심리학적 과정들과 연관성이 있는 것으로 간주되었다. 이러한 시각은 연구자들이 생리학과 행동 사이의 기전에 대한 이해 없이, 생리학과 행동 사이의 관계에 대한 연구를 하게 만들었다. 기본적으로 생체행동과학에는 두 가지의 영역이 있다. (1) 행동(관찰 가능한)과 심리(주관적인), (2) 생리(말초자율신경)와 신경(뇌). 생리와 행동의 연관성 또는 임상적 장애에 대한 생물학적 지표로 생리학적 변수들을 사용하는 것은, 역사적으로 해결되지 않았던 마음과 뇌의 문제에 대한 현대 서양과학적인 해결책의 결과이다. 현대의 과학적인 해결책은 해결방법에 있는 것이 아니라 단순히 정교한 기법들을 가지고 기능에 대한 객관적인 기술을 하는 것에 있다. 많은 과학자들과 원칙들은 현재 이원론의 함정에 갇혀있다. 질병의 생물표지자$^{biomarker13)}$를 제공하기 위해 정신생리학적 연구에서 개발된 방법들을 사용하는 인지신경과학, 정동신경과학, 사회신경과학, 건강심리학과 같은 새로운 학문들이 출현하였다. 현재 심장박동변동성과 신경내분비활동(예: 코르티솔, 옥시토신, 바소프레신)에 대한 측정은 흔히 임상적인 건강과 위험도에 대한

---

13) 생물학적으로 정상인 과정과 병리적인 과정을 객관적으로 측정, 평가할 수 있는 지표(역자 주).

잠재적인 생물표지자로 인식되고 있다. 여러미주신경이론은 말초생리에 대한 뇌의 조절(예: 심혈관 기능과 내분비 기능 모두에 대한 신경적 조절)을 새롭게 발생하는 적응적이고 사회적이며 방어적인 행동을 위한 신경적 기반으로 해석하는 양방향성의 뇌-신체 모델을 제공함으로써 기존의 이원론에 도전하고 있다(제8장을 보시오).

1960년대 후반의 학문적인 영역들은 말초생리를 조절하는 뇌의 역할을 개념화하는 데 한계가 있었다. 심리적 과정과 생리학 사이의 관계를 연결하는 기전에 대한 상세한 이해가 없었기 때문에, 과학자들은 생리학적 평가방법들을 심리적 과정들 및 정신건강과 신체건강의 생물표지자와 연관 있는 것으로 생각하여 조사를 진행하는 연구에 익숙해져 있었다. 나는 1970년에 박사학위를 가지고 이러한 학문적 영역에 들어가서 조교수로서의 독립적인 연구를 시작하게 되었다.

여러미주신경이론은 나의 석사학위 논문이었던 주의력과 심장박동수 사이의 관계에 대한 연구를 하는 동안 나오게 되었다(Porges & Raskin, 1969). 이 연구는 한 사람이 주어진 과제에 집중할 때 심장박동수의 양상이 안정화된다는 것에 대한 것이었다. 석사학위 논문의 발표는 심리적 조작에 민감한 반응변수로서의 심장박변동성에 대한 최초의 설명이 되었다. 그다음 논문은 심장박동변동성과 반응시간 사이의 관계를 검사하는 것이었다. 이 논문은 심장박동변동성이 감소하는 것은 빠른 반응시간과 연관되어 있다는 것을 입증하였다. 게다가 이 연구는, 심장박동변동성이 사람마다 차이가 있는 것은 반응시간을 예측할 수 있게 해주며 집중을 하는 동안에 심장박동변동성이 억제되는 정도를 예측할 수 있다는 것을 확인하였다(Porges, 1972). 비록 그 이후의 40년 동안 방법적인 변화는 있었지만, 나는 심장박동수를 관찰하고 심장박동변동성을 정량화하는 실험실 연구를 계속적으로 시행하였다.

집중하는 동안에 심장박동수가 안정화된다는 관찰이 어떻게 여러미주신경이론을 만들어내게 하였을까? 거기에는 몇 가지 개념화 작업이 있었다. 첫째, 나는 심장박동변동성의 변화를 미주신경의 기전과 연결시켜야 했었다. 이것은 두 가지 단계를 통해서 달성되었다. 첫째, 심장박동 양상에서 나타나는 리듬을 특징적으로 표현하는 정량화 기법의 개발과 둘째, 심장박동에서의 호흡리듬의 진폭(즉, 호흡굴부정맥^{respiratory sinus arrhythmia})이 심장에 대한 미주신경의 영향을 나타내는 유효한 지표라는 것을 증명하기 위한 타당성 연구의 시행. 1980년대 초반에 이것이 이루어졌다. 이러한 생각들이 통합되어 미주신경긴장도^{vagal tone}에 대한 개념은 이러한 민감한 지표를 다른 연구실에서도 사용할 수 있도록 미주신경긴장도 감시기와 소프트웨어에 적용되었다.

비록 30년 전에 개발되었지만 내가 심장박동변동성을 정량화하기 위해 만든 이 방법은 100군데가 넘는 전 세계의 연구소에서 여전히 사용되고 있다. 이 방법은 심장박동변동성을 정량화하기 위해 제안된 다른 방법들보다 다섯 가지의 장점이 있기 때문에 여전히 존재하고 있다. (1) 이 방법은 짧은 시간에, 심장에 대한 미주신경 통제의 변화를 역동적으로 감시할 수 있게 해준다. (2) 이 방법은 모수통계^{parametric statistics}에 필요한 통계적 가정을 확증해 준다. (3) 이 방법은 심지어 심장박동수의 기준선이 변하고 안정성에 대한 가정이 변하더라도 믿을 만한 측정이 가능하게 해준다. (4) 이 방법은 호흡횟수에 의해 조정되지 않는다. (5) 측정기준은 시간의 변화 및 연구소와 관계없이 똑같은 미주신경기능의 변화를 반영해준다.

일단 정량화 과정이 개발되고, 인정을 받고, 소프트웨어와 하드웨어에 적용된 이후에 나는 자율신경계에 대한 정신생리학의 연구세계가 확장될 것이라고 생각했다. 나는 민감한 정량화 방법이 과학자들로 하여금 심장미주신경긴장도가 신체적 건강과 정신적 건강, 그리고 사회적, 정동적, 인지적 행동과 운동 활동성을 중재하는 데 중요한 역할을 한다는 것을 조사하고 연구할 수 있도록 해줄 것이라고 믿었다. 이러한 방법을 가지고 전 세계의 많은 실험실에서 많은 연구들이 시행되었으며, 미주신경긴장도는 이제 심리학적 연구와 정신생리학적 연구에서 매우 익숙한 평가방법이 되었다.

모든 것이 비교적 간단해 보였다. 일단 부교감신경계의 활성도(즉, 미주신경긴장도)에 대해 정확하게 평가할 수 있게 되었기 때문에, 수십 년 전에 소개된 자율신경계의 조절, 각성, 스트레스와 같은 교감신경계에 대한 시각이 미주신경긴장도의 역동적인 측정을 포함한, 보다 완전한 생리학적 모델 내에서 연구될 수 있을 것이다. 미주신경긴장도와 심장박동변동성에 대한 관심은 증가하였고, 다른 과학자들에 의해 개발된 심장박동변동성에서 유래된 미주신경긴장도를 측정하는 몇몇 다른 방법들 또한, 이제 연구자들이 사용할 수 있게 되었다. 교감신경계-중추신경계 평가에서 교감신경계-부교감신경계 평가로의 움직임은 자율신경계의 신경생리학을 짝대항작용[paired-antagonism](즉, 교감신경계와 부교감신경계 사이의 균형)으로 배웠던 연구자들에게 매우 편안한 상황을 제공해 주었다. 따라서 나의 연구는 연구자들이 자율신경계의 교감신경계와 부교감신경계 사이의 역동적으로 변화하는 상호작용을 연구할 수 있게 해주는 중요한 평가도구를 제공해 주었다. 심장미주신경긴장도에 대한 이러한 개념화는 교과서에서 자율신경계를 짝대항작용적 체계로서 설명하는 기존의 학설을 반대하는 것이 아니다.

미주신경역설

나는 비록 미주신경의 조절에 관심을 가져왔지만, 자율신경계의 짝대항작용 모델이 불편하지 않았다. 나는 1990년까지 정신생리학과 정신생물학에 내가 했던 기여를 교감신경계-중추신경계의 연구세계에 자율신경계 기능의 또 다른 측면을 보여주는 것으로 생각했다. 나는 미주신경긴장도의 정도를 전반적인 신경건강과 방어적 양상의 지표로 보았다. 나는 나의 저서에서 자율신경계가 생리적 및 감정적 상태의 조절에 관여하는(제9장을 보시오) 내장되먹임(제5장을 보시오)과 중추신경계 구조물에 관여하는 양방향체계라는 점을 논의하기 시작하였다.

나는 1990년대 초반에는 여러미주신경이론의 개념화를 이끌어 준 세 가지의 중요한 요점들을 나의 연구에 통합시키지 못했었다. 첫째, 나는 비록, 높은 미주신경긴장도를 가지는 것이 건강에 대한 지표라는 점을 기술하였지만, 자율신경계 반응에 계층이 있다는 것을 개념화하지 못했었다. 예를 들면, 나는 미주신경이 심장에 대한 교감신경계 조절을 억제하는 것을 개념화하지 않았었다. 둘째, 자율신경계에 대한 신경조절이 진화하는 동안에 어떻게 변화했는지, 이러한 변화들이 포유류에게 있어서 적응적인 생리적 및 행동적 기능과 어떻게 연관되어 있는지에 대해 이해하지 못하고 있었다. 셋째, 나는 비록 미주신경의 경로가 두 개의 뇌줄기^{brain stem} 핵들(미주신경의 등쪽운동핵^{dorsal motor nucleus}과 모호핵^{nucleus ambiguus})에서 시작된다는 것은 알고 있었지만, 이들의 상대적인 기능들에 대해 많이 생각하지 않았었다.

나는 1992년까지 나의 연구방향들이 올바르게 나아가고 있다고 확신했으며, 내가 개발한 기술들을 가지고 나의 연구들을 더 확장시키려고 노력하였다. 나의 힘든 작업들은 이미 완성되었으며, 이러한 방법들을 임상적인 대상에게 적용할 수 있는 새로운 발견들을 기대하고 있었다. 나는 자율신경계의 신경조절에서의 계통발생적 변화와 연관된 적응적이고 행동적인 기능과 진화에 대한 깊은 이해를 요구하는 하나의 이론을 개발할 의도는 없었다. 나는 기존에 존재하던 자율신경계의 이론(즉, 짝대항작용)에 도전하거나 생리학적 감시를 심리적 과정과 연관된 건강 및 질병에 대한 잠재적인 '생물표지자'로 적용하려는 의도도 없었다.

나의 지적인 안주는 오래가지 않았다. 내가 1992년 9월에 하나의 논문(제4장을 보시오)을 발표한 직후에, 한 명의 신생아학 학자가 보내온 감사의 편지를 통해 나는 충격을 받았다. 그 신생아학 학자는 비록 그가 내 논문을 좋아하기는 하지만 자신이 의과대학에서 배웠던 내용과는 일치하지 않는다고 말하였다. 그 논문은 신생아의 심장박동에서 유래한 심장미주신경긴장도(즉, 호흡굴부정맥)의 측정은 임상적인 상태에 대한 민감한 지표를 제공해 준다는 증거들을 설명한 것이었다. 그 연구는 건강하게 만기 출생한 신생아에게서는 지속적으로 높은 심장미주신경긴장도가 나타나는 반면, 미숙한 신생아들이 병원에서 퇴원할 즈음에는, 보다 낮은 심장미주신경긴장도를 나타낸다는 것을 보고한 것이었다. 그는 편지에서, 높은 미주신경긴장도는 신생아에게 좋지 않은 것이며 심지어 신생아를 사망에 이르게 할 수도 있다고 배웠고, 좋은 것이 너무 많은 것은 나쁜 것이 될 수도 있다는 말로 편지를 끝맺었다. 이러한 결론에는 뭔가 잘못된 것이 있었다. 나는 1970년도부터 신생아실에서 연구를 시행해 왔었기 때문에, 그의 수련과 관찰로부터 나온 그의 언급을 이해하려고 노력하였다. 내가 그의 관점을 받아들였을 때, 나는 즉각 신생아에 대한 위험은 미주신경에 의해 중재된 느린맥^{bradycardia}과 연관되어 있다는 것을 깨달았다. 느린맥은 심장박동수가 느려지는 것이며, 만약 지속된다면 뇌에서 필요한 산소가 결핍되는 결과를 유발한다. 이와는 반대로, 나는 미주신경의 보호적인 양상, 즉 호흡리듬을 가지고 있는 심장박동변동성에 대해 생각하였다. 내가 그 논문을 발표할 당시에 우리는, 느린맥은 심장박동의 긴장도 양상이 비교적 수평일 때(즉, 호흡굴부정맥이 없거나 매우 낮은 진폭일 때)에만 발생한다는 것을 증명하기 위해, 신생아들로부터 충분한 자료들을 수집하였었다. 나는 이러한 양상을 심장에 대한 미주신경의 영향이 없는 것으로 해석하였다. 나는 이제 임상적인 상태에 대한 생물표지자로 심장박동변동성을 사용하는 산과 전문의들과 신생아학자들이 왜 연관된 기전에 대해 추론을 하지 않는지를 이해하게 되었다.

나는 지적으로 궁지에 몰려 있었다. 나는 심장미주신경긴장도가 호흡굴부정맥에 의해 측정될 수 있는 긍정적인 임상적 지표라고 주장해 왔었다. 이제 미주신경에 의해 영향을 받는 심장박동수에는 두 가지의 가능성이 있었는데, 하나는 보호적인 것이고 다른 하나는 잠재적으로 치명적일 수 있는 것이었다. 신생아학 학자들과 산과 전문의들 사이에는 심장박동변동성이 임상적인 중요성을 가진다고 받아들여지고 있었지만, 이러한 임상적인 생물표지자를 중재하는 신경학적 기전은 알려지지 않았으며 이러한 기전을 확인하려는 동기도 없어 보였다. 이와는 대조적으로 빠르고 급격한 느린맥은 분명히 일시적인 미주신경의 흥분에 의해 이루어졌다.

심장에 대한 미주신경의 조절이 높은 진폭의 호흡굴부정맥을 나타낼 때 어떻게 이것이 건강과 회복력의 지표가 될 수 있을까? 이러한 의문은 나의 자율신경계에 대한 이해에 대한 도전이었다. 나는 그 신생아학 학자의 편지를 나의 서류 가방에 넣어두었고, 그 편지는 내가 여러미주신경이론의 기초를 만드는 2년 동안 가방 속에 그대로 있었다. 나는 우리의 미주신경이론에 대한 이러한 모순을 미주신경역설vagal paradox이라고 이름 붙였다. 미주신경역설을 해결하려는 나의 시도는 자율신경계에 대한 새로운 개념화와 여러미주신경이론을 만들어내게 하였다. 여러미주신경이론으로 얻은 새로운 이해만이 미주신경역설을 설명할 수 있으며 자율신경계 신경조절의 계층적 양상과 적응적 기능을 이해할 수 있게 된다.

나는 1992년 가을에서 1994년 가을까지 자율신경계에 대한 문헌들을 통합하는 작업을 하였고, 여러미주신경이론의 핵심이 된 일련의 원칙들을 발견할 수 있었다. 나는 이 시기 동안에 메릴랜드 대학에서 교수생활을 하는 동시에 국립보건원의 방문과학자이기도 했었다. 따라서 나는 국립보건원의 도서관과 국립의학도서관을 이용할 수 있었다. 나는 이들 도서관을 이용하여 척추동물의 자율신경계에 대한 신경조절과 연관된 수많은 논문과 책들을 파고들었다. 여러미주신경이론은 이러한 작업의 결과로 태어났으며, 1994년 10월 8일에 정신생리학회에서 처음으로 발표하였다(제2장을 보시오).

첫 발표 이후에 여러미주신경이론은 더 다듬어지고 확장되었다 (Porges, 2001a, 2007a를 보시오). 이 책은 이전에 발표한 논문들을 선별하고 편집함으로써 이 이론의 발견을 공유할 수 있는 기회를 제공하고 있다. 이 책의 장들은 초기 이론의 발표(제2장)와 미주신경제동(제7장), 자기조절(제6장), 발달(제8장), 감정(제9장, 제10장), 진화와 해체(제10장), 두려움 없는 운동억제(제11장), 사회참여체계(제11장, 제12장, 제13장), 애착(제12장), 사랑과 일부일처제(제11장), 신경감각(제1장, 제12장), 운율과 목소리 의사소통(제13장), 임상적 적용(제14장, 제15장, 제16장, 제17장)을 포함하는 이론의 확장 및 사회신경과학을 재정의하는 우리의 현재 작업(제18장, 제19장)을 포함하고 있다. 제3장은 여러미주신경의 주요한 요점들을 충분히 요약한 내용을 포함하고 있으며(예: 미주신경역설, 해체, 사회참여체계, 신경감각), 여러미주신경이 요약된 장들을 분류하는 데 도움이 될 것이다.

제1부

이론적인 원칙들

THEORETICAL PRINCIPLES

제1장

신경감각
— 위협과 안전을 발견하기 위한 잠재의식체계

두 사람이 만날 때, 무엇이 상대방에게 어떻게 행동할 것인지를 결정
할까? 이러한 첫 반응은 문화, 가족경험, 그 외의 다른 사회화 과정
에서 학습한 것의 결과로 나타나는 것일까? 또는 이러한 반응이 우
리 종의 DNA에 프로그램된 신경생물학적 과정에 의해 나타나는 것
일까? 만약 이러한 반응이 신경생물학적인 요소에 의해 나타나는 것
이라면 안전함, 사랑, 편안함 또는 위험의 느낌을 촉발하는 다른 사
람 행동의 구체적인 양상이 있는 것일까? 왜 어떤 아기들은 꼭 껴안
고, 안으려는 행동을 받아들이는 반면에, 어떤 아기들은 똑같은 제안
에 경직되고 물러서려고 하는 것일까? 왜 어떤 아기들은 새로운 사
람에게 미소를 짓고 적극적으로 함께 있으려고 하는 반면에, 어떤 아
기들은 시선을 피하고 위축되는 것일까?

　　인간 생물학에 대한 지식이, 정상적인 발달 과정 동안에 발생하
는 이러한 행동들의 기전과 촉발요인들에 대해서 우리가 이해하는

데 도움을 줄 수 있을까? 만약 우리가 행동의 양상이 사회적인 행동을 도와주는 신경회로를 어떻게 촉발시키는지에 대해 알게 된다면, 우리는 자폐증과 같은 심한 발달장애를 가진 아이들의 사회적 행동을 더 잘 도와줄 수 있을까?

신경계는 감각을 통해 환경에서 나오는 정보를 처리함으로써 지속적으로 위험을 평가한다. 나는 어떻게 신경회로들이 상황 또는 사람이 안전한지, 위험한지, 생명을 위협하는지를 구별하는 현상을 설명하기 위해, 신경감각^{neuroception}이라는 용어를 새로 만들어 내었다. 신경감각은 우리의 종이 물려받은 유산이기 때문에, 우리의 의식적인 인식 없이 뇌의 원시적인 부분에서 발생한다. 어떤 사람이 안전한지 또는 위험한지를 감지하는 것은 신경생물학적으로 결정된 친사회적 또는 방어적인 행동을 촉발한다. 비록 우리가 인지적인 수준에서는 알지 못할 수 있지만, 신경생리학적 수준에서 우리의 몸은 이미 맞섬^{fight}, 도피^{flight}, 또는 얼어붙음^{freeze}과 같은 적응적이고 방어적인 행동들을 도와주는 일련의 신경적 과정들을 시작한다.

아기(또는 성인)의 신경계는 아기가 새로운 환경에 들어가거나 낯선 사람을 만날 때 위험 또는 위협을 감지한다. 인지적으로는 아기들이 놀랄 이유가 전혀 없다. 그러나 흔히 아기들이 이러한 점을 이해하고 있더라도 아기들의 신체는 그들을 배신한다. 때때로 이러한 배신은 남들이 모르게 나타날 수 있는데, 자신만 자신의 심장이 빠르게 뛰고 있다는 것을 안다. 다른 사람들에게 이러한 반응들은 매우 뚜렷하게 나타날 수 있다. 이들은 몸을 떨 수도 있다. 이들의 얼굴은 붉어지거나 식은땀이 손과 이마에서 흘러내릴 수도 있다. 또 다른 사람들의 경우에는 얼굴이 창백해지고 어지러움을 느끼며 곧 실신할 것

같은 느낌을 받을 수도 있다.

　이러한 신경감각의 과정은 왜 아기가 친숙한 양육자에게는 정답
게 속삭이지만, 낯선 사람의 접근에는 울음을 터트리는지, 또는 왜
영아가 부모의 부드러운 포옹은 즐기지만 낯선 사람의 똑같은 행동
은 공격으로 해석하는지를 설명해 줄 수 있다. 우리는 두 명의 영아
가 놀이터의 모래밭에서 만났을 때 이와 똑같은 과정을 볼 수 있다.
만약 모래밭이 익숙한 장소라면, 만약 이들의 들통과 삽이 대략 비슷
한 모양을 하고 있다면, 만약 이들이 비슷한 키의 아이들이라면, 이
들은 그 상황과 상대방에 대해 안전하다고 결정할 것이다. 그러면 이
영아들은 긍정적인 사회참여행동을 표현할 것인데, 바꿔 말하면 이
들은 놀이를 시작하게 될 것이다.

　'착하게 놀기playing nice'는 우리의 신경감각이 사회적 행동을 지지
해 주는 안전함을 감지하고 생리적인 상태를 향상시켜줄 때 자연스
럽게 발생한다. 그러나 친사회적인 행동은 우리의 신경감각이 방어
적인 전략을 유발하는 생리적인 상태를 촉발하고 환경적인 단서를
잘못 해석할 때에는 발생하지 않을 것이다. 이러한 상황에서 인간(다
른 포유류와 마찬가지로)은 보다 원시적인 신경생물학적 방어체계를
가지고 반응한다. 인간은 관계를 형성하기 위해서 참여, 애착에 대한
방어적인 반응들을 억눌러야 하며, 지속적인 사회적 결합을 유지하
여야 한다. 인간은 친사회적인 행동과 방어적인 행동 모두에 대한 적
응적인 신경생물학적 체계를 가지고 있다.

　방어하려는 기전이 활동하지 못하는 동안에 무엇이 참여행동을
발생하게 하는 것일까? 신경계는 방어적인 전략에서 사회참여전략
으로, 효과적으로 전환하기 위해서 두 가지 일을 해야만 한다. (1) 위

험을 평가하기. (2) 만약 환경이 안전해 보인다면, 맞섬, 도피, 또는 얼어붙음과 같은 원시적인 방어적 반응들을 억제하기.

신경계는 감각을 통해 환경으로부터 오는 정보를 처리함으로써 계속해서 위험도를 평가한다. 진화가 진행되면서 새로운 신경계가 발달하였다. 이러한 체계는 사회참여를 지지하는 뇌구조물들의 일부를 사용한다. 신경감각은 이제 사회적인 결합의 발달을 격려하며 번식의 기회를 제공해 줄 것이다.

사회참여와 방어행동
— 적응적 전략인가 아니면 부적응적 전략인가?

사회참여와 방어행동은 환경에서 나타나는 위험도의 정도에 따라 적응적일 수도 있고 부적응적일 수도 있다. 임상적인 측면에서 볼 때 정신병리를 결정하는 양상에는 안전한 환경에서 방어체계를 억제하는 능력의 결핍 또는 위험한 환경에서 방어체계를 활성화시키는 능력의 결핍 또는 양쪽 모두를 포함한다. 오직 안전한 환경에서만 동시에 방어체계를 억제시키고 긍정적인 사회참여행동을 나타내는 것이, 적응적이고 적절한 것이 된다. 잘못된 신경감각(즉, 상황에 대한 안전함 또는 위험을 부정확하게 평가하는 것)은 부적응적인 생리적 활성화를 유발할 수 있고, 특별한 정신건강의학과적 장애들과 연관된 방어행동을 나타나게 할 수 있다. 그러나 통상적으로 발달 과정에 있는 아이들의 신경감각은 위험을 정확하게 감지한다. 아이들의 위험에 대한 인지적 인식은 위험에 대한 그들의 '육감적 반응gut response'과 일치한다.

우리의 신경계가 안전함을 감지했을 때 우리의 대사요구량은 조절된다. 맞섬, 도피와 연관된 스트레스 반응[교감신경계와 시상하부-뇌하수체-부신축$^{hypothalamic-pituitary-adrenal\ axis}$(HPA axis)[1]에 의해 중재되는 심장박동수와 코르티솔의 증가와 같은]은 감소된다. 마찬가지로 안전함에 대한 신경감각은 우리가 혈압 및 심장박동수의 감소, 실신 및 무호흡이 특징적으로 나타나는 생리적 상태('얼어붙음'과 '정지^{shutdown}' 행동을 유발하는)로 들어가지 않도록 해준다.

신경계는 환경이 안전한지, 위험한지, 또는 생명을 위협할 정도인지를 어떻게 아는 것일까? 어떤 신경기전이 환경에서의 위험도를 평가하는 것일까? 기능자기공명영상$^{functional\ magnetic\ resonance\ imaging}$과 같은 새로운 기술들은 위험도를 감지하는 것과 연관된 구체적인 신경구조물들을 확인하였다. 뇌의 특정한 영역이 안전함 또는 신뢰감과 연관된 얼굴표정, 말, 신체 움직임과 같은 양상을 감지하고 평가한다. 연구자들은 우리가 친숙한 얼굴을 보고 친숙한 목소리를 들을 때 활성화되는 뇌겉질에 있는 영역을 확인하였다. 얼굴과 신체의 '생물학적 움직임'을 바탕으로 친숙하고 믿을 수 있는 사람을 확인하고, 다른 사람들의 의도를 평가하는 과정은 겉질의 관자엽$^{temporal\ lobe}$에서 발생하는 것으로 보인다. 만약 신경감각이 한 사람을 안전하다고 확인하면, 그다음에 신경회로는 맞섬, 도피, 얼어붙음의 방어전략을 조직화하는 뇌영역을 억제시킨다. 우리가 볼 수 있는 생물학적 움직임이 조금이라도 변화하는 것은 신경감각이 '안전함'에서 '위험함'으로 변화

---

1) 스트레스가 발생하면 시상하부(hypothalamus)의 뇌실곁핵(paraventricular nucleus)에서 바소프레신(vasopressin)과 부신겉질호르몬방출호르몬(corticotropin-releasing hormon: CRH) 분비→뇌하수체(pituitary)에서는 바소프레신과 CRH에 반응하여 부신겉질자극호르몬(adrenocorticotropic hormone: ACTH) 분비→부신겉질(adrenal cortex)에서는 ACTH에 반응하여 코르티솔(cortisol)을 분비함(역자 주).

할 수 있게 만든다. 이러한 변화가 일어날 때 친사회적인 행동과 연관된 신경계는 중단되고, 방어전략과 연관된 신경계가 활성화된다.

안전한 사람과 있을 때 방어전략을 조절하는 뇌영역의 적극적인 억제는 자동적으로 사회적 행동이 발생할 기회를 제공해 준다. 따라서 친구나 양육자가 나타나는 것은 방어전략을 조절하는 뇌에 있는 신경회로를 억제한다. 결과적으로 가까이 가기, 신체적 접촉 그리고 다른 사회참여행동들이 가능해진다. 이와는 반대로 상황이 위험한 것으로 지각되면 방어전략을 조절하는 뇌 회로들이 활성화된다. 따라서 공격적인 행동이나 위축을 유발하게 된다.

두려움 없는 고정

우리가 알고 있듯이 인간은 세 가지의 원칙적인 방어전략들(예: 맞섬, 도피, 얼어붙음)을 가지고 있다. 우리는 맞섬 및 도피 행동에는 친숙하지만, 고정immobilization 또는 얼어붙음의 방어전략에 대해서는 잘 알지 못하고 있다. 초창기 척추동물들과 공유하고 있는 이 전략은 흔히 포유류에서는 '죽은 척하기'로 나타난다. 인간의 경우에는 흔히 근육 긴장도가 낮아지는 행동의 정지shutdown로 나타나는 것을 관찰할 수 있다. 우리는 또한 생리적인 변화들도 관찰할 수 있는데, 심장박동수와 호흡이 감소하고 혈압이 떨어지는 것으로 나타난다.

고정 또는 얼어붙음은 우리 종이 가지는 가장 원시적인 방어기전들 중의 하나이다. 운동을 억제하는 것은 우리의 대사를 느리게 하며(음식에 대한 우리의 요구를 감소시킨다), 통증에 대한 문턱값threshold을 올려준다.[2] 그러나 포유류는 방어적으로 얼어붙는 것 이외에 수정, 출산, 양육, 사회적 결합의 형성을 포함하는 필수적인 친사회적인 활동들도 스스로 억제시킨다. 예를 들면, 엄마가 영아에게 젖을 먹일 때, 엄마는 자신의 행동을 제한시켜야 한다. 아기가 안길 때 아기는 기능적으로 움직이지 못하게 된다. 번식 행동들 역시 어느 정도의 운동억제를 포함한다. 그러나 두려움이 있는 고정[immobilization with fear]은 심각하고, 잠재적으로 치명적일 수 있는 생리학적 변화들을 유발한다(즉, 심장박동수의 급격한 감소, 호흡의 중단, 혈압의 강하). 원래 얼어붙는 행동과 연관된 뇌의 신경회로들은 진화과정을 통해서 친근한 사회적 행동을 하도록 수정되었다. 이러한 뇌구조물들은 시간이 지나면서 옥시토신[oxytocin]으로 알려진 신경펩티드[neuropeptide3)]에 대한 수용체들을 발달시켰다. 옥시토신은 출산 과정과 젖을 먹이는 동안에 분비된다. 옥시토신은 또한 사회적 결합의 형성을 돕는 활동을 하는 동안에 뇌에서 분비된다. 따라서 우리가 우리의 환경이 안전하다고 느낄 때 분비되는 옥시토신은 우리가 두려움 없이 포옹하는 편안함을 즐길 수 있도록 해준다. 그러나 만약 우리의 신경계가 누군가를 위험하다고 인식하면, 옥시토신이 분비됨에도 불구하고 우리는 안으려는 시도에 저항하게 된다.

사회참여 — 사회적 결합의 전조

사회적 결합을 발달시키기 위해서는 방어체계를 억제시키는 것만으로

---

2) 즉, 통증을 덜 느끼게 해준다(역자 주).

3) 단백질보다 작은 분자인 펩티드(peptide)로써, 신경세포가 서로 소통하기 위하여 분비하여 이용하는 것 (역자 주).

는 충분하지 않다. 사람들은 신체적으로 서로에게 가까워져야 한다. 이것은 엄마와 아기가 애착관계를 형성하는 것이든 두 명의 성인이 사회적인 결합을 형성하는 것이든 간에 필요한 것이다. 물론 엄마-영아의 애착과 두 명의 이성이 사회적인 결합을 형성하는 것 사이에는 차이점이 있다. 예를 들어 이동성을 고려해보자. 아기는 미성숙한 신경발달 때문에 엄마에게 다가가거나 멀어지는데 필요한 움직이는 능력에 한계가 있다. 이와는 대조적으로 서로 사귀게 되는 두 명의 이성은 움직임에는 제약이 없지만 비슷한 행동양상을 보이게 된다.

만약 사회적 결합의 형성이 자발적인 운동능력에 달려있다면, 인간의 신생아는 매우 큰 불이익을 가지게 될 것이다. 척수의 운동경로에 대한 신경적 조절은 출생 당신에 미성숙하며 완전히 발달하는데 수년이 걸린다. 다행스럽게도 사회참여는 우리가 얼마나 우리의 사지를 잘 조절하고 우리의 신체를 잘 움직이는지에 달려있지 않다. 자발적인 사지와 몸의 움직임은 겉질과 척수신경을 연결하는 신경경로(즉, 겉질척수경로corticospinal pathways)를 필요로 한다. 사회참여는 그것보다 겉질과 뇌줄기brain stem를 연결하는 경로(즉, 겉질숨뇌경로corticobulbar pathways)를 통한 얼굴과 머리의 근육을 우리가 얼마나 잘 조절하는지에 달려있다. 우리의 얼굴표정을 만들 수 있게 해주는 이러한 근육들은 우리가 머리를 통해 표현하고, 목소리의 높낮이를 조절하며, 시선의 방향을 결정하고, 주변 소리와 인간의 목소리를 구별할 수 있도록 해준다. 척수신경으로 가는 겉질척수경로는 몸과 사지를 통제하는 근육들을 조절하고, 뇌신경으로 가는 겉질숨뇌경로는 얼굴과 머리의 근육들을 조절한다. 겉질에서 이러한 신경들로 가는 신경경로들(즉, 겉질숨뇌경로)은 출생 시에 충분히 말이집myelin4)이 형성되어 있기 때문에, 영아가 소리를 내거나 얼굴 찡그림을 통해서 양육자에게 신호를 보낼 수 있게 해주며 쳐다보기, 미소 짓기, 빨기를 통해 세상의 사회적이고 양육적인 측면에 관여할 수 있게 해준다.

얼굴과 머리근육에 대한 신경조절은 다른 사람의 참여하려는 행동에 대해 누군가가 어떻게 인식하는지에 영향을 미친다. 보다 구체적으로, 이러한 신경조절은 인간(영아를 포함하여)이 다음과 같은 것을 할 수 있도록 해줌으로써 사회적인 거리를 줄여줄 수 있다.

- 눈 맞추기
- 마음을 끄는 억양과 리듬이 있는 목소리 내기
- 긍정적인 얼굴표정 나타내기
- 사람의 목소리와 주변 소리를 보다 효율적으로 구별하기 위해 가운데귀근육^{middle-ear muscles} 조절하기

외부환경에서의 위험이나 삶에 대한 위협(예: 위험한 사람이나 상황) 또는 내부 환경에서의 위험이나 삶에 대한 위협(예: 열, 통증, 또는 신체적 질병)의 신경감각에 대한 반응으로 자연스럽게 발생하는 이러한 근육들의 긴장도가 감소될 때에는 다음과 같은 현상들이 나타난다.

---

4) 신경세포 축삭(axon)의 겉을 싸고 있는 인지질 성분의 막으로, 전선의 플라스틱 피복처럼, 전달되는 전기신호가 누출되거나 흩어지지 않게 보호한다(역자 주).

- 눈꺼풀이 내려옴
- 목소리의 억양이 없어짐
- 긍정적인 얼굴표정이 감소됨
- 인간의 목소리에 대한 인식이 덜 정확해짐
- 다른 사람의 사회참여행동에 대한 민감도가 감소됨

위험 또는 삶에 대한 위협의 신경감각은 외부환경(예: 위험한 사람이나 상황)이나 내부 환경(예: 열, 통증, 또는 신체적 질병)적 측면 모두에 의해 발생할 수 있다는 것을 기억하는 것이 중요하다. 심지어 무표정한 얼굴(화가 났다기보다)도 위험이나 공포에 대한 신경감각을 유발할 수 있으며, 정상적이고 자발적인 상호작용과 사회참여의 발달을 방해할 수 있다. 예를 들면, 우울한 부모의 무표정한 얼굴이나 아픈 아기의 무표정한 얼굴은 잘못된 감정조절과 자발성이 제한된 사회참여를 유발하는 상호작용을 촉발시킬 수 있다.

여러미주신경이론
― 반응성을 조절하는 세 가지 신경회로

친사회적 행동과 방어적 행동에 대한 인간의 복잡한 신경행동적 체계는 어디에서 나오는 것일까? 앞에서 언급했듯이 포유류(인간을 포함하는)는 적과 친구를 구별해야 하고, 환경의 안전함을 평가해야 하며, 자신들의 사회 구성원들과 의사소통을 해야 한다. 여러미주신경이론(제2장, 제5장, 제10장, 제11장; Porges, 2001a를 보시오)에 따르면 포유류(특히 영장류)는 사회적 행동과 방어적 행동 모두를 조절하는 뇌구조물들을 발달시켰다. 바꿔 말하면 진화의 힘은 인간의 생리학과 행동 모두를 형성하였다. 척추동물의 신경계가 진화과정 동안 점점 복잡해지면서, 정동적 및 행동적 체계가 확장되었다. 이러한 계통 발생적 과정의 결과로 인간에게는 감정을 표현하고, 의사소통을 하며, 신체와 행동을 조절하는 능력을 제공하는 신경계가 형성되었다.

여러미주신경이론은 심장에 대한 신경조절의 진화와 다른 사람의 행동에 대한 반응으로 나타나는 정동적 경험, 감정적 표현, 얼굴 표정, 언어적 의사소통, 사회적 행동을 연결시켰다. 이 이론은 심장에 대한 신경조절은 얼굴과 머리의 근육에 대한 신경조절이 신경해부학적으로 연결되어 있음을 지적한다.

여러미주신경이론은 포유류의 자율신경계 발달에 세 가지 단계가 있음을 설명하고 있다. 이러한 세 가지의 주요한 적응적 행동전략들 각각은 자율신경계를 포함하는 신경회로에 의해 도움을 받는다.

1. 고정^{immobilization}
   - 죽은 척하기, 행동의 정지^{shutdown}.
   - 대부분의 척추동물과 공유하고 있는 가장 원시적인 요소.
   - 가장 오래된 미주신경 가지^{branch}와 연관됨(미주신경의 등쪽운동핵$^{dorsal\ motor\ nucleus\ of\ the\ vagus}$으로 알려진 뇌줄기$^{brain\ stem}$ 영역에서 나오는 민말이집^{unmyelinated} 부분).
2. 움직임^{mobilization}
   - 맞섬 또는 도피 행동$^{Flight-or-fight\ behaviors}$.
   - 대사활동과 심장박출량을 증가시키는 교감신경계의 기능과 연관됨(예: 심장박동수가 빨라지고 심장수축력이 커짐).

3. 사회적 의사소통 또는 사회참여^{social engagement}

- 얼굴표정, 목소리, 듣기.
- 모호핵^{nucleus ambiguus}으로 알려진 뇌줄기 영역에서 나오는 말이
  집 미주신경^{myelinated vagus}과 연관됨. 말이집 미주신경은 심장
  에 대한 교감신경계의 영향을 억제시킴으로써 행동을 진정
  시킨다.

영아, 어린아이, 성인은 긍정적인 애착과 사회적 결합을 형성하기 위해서 적절한 사회참여전략이 필요하다. 우리는 시카고의 일리노이 대학에서, 다음 단계들을 통해 사회참여와 애착 및 사회적 결합의 형성을 연결시키는 모델을 개발해오고 있다.

1. 세 가지의 명확한 신경회로들이 사회참여행동, 움직임, 고정을 지지한다.
2. 신경계는 의식적인 인식과 관계없이 환경에 있는 위험을 평가하며, 환경이 안전한지, 위험한지, 또는 생명에 위협이 되는지에 대한 신경감각에 맞추어 적응적인 행동의 표현을 조절한다.
3. 안전함에 대한 신경감각은 사회참여행동이 발생하기 전에 필요하다. 이러한 행동은 사회적 지지와 연관된 생리적 상태와 동반된다.
4. 젖 먹이기, 번식, 두 사람의 강한 결합의 형성과 연관된 사회적 행동은 두려움 없는 고정^{immobilization without fear}을 필요로 한다.
5. 사회적 결합의 형성과 연관된 신경펩티드인 옥시토신은 방어

적인 얼어붙는 행동을 차단함으로써 두려움 없는 고정을 유발시킨다.

신경감각과 정신건강장애

우리는 지금까지 신경감각에 대해 논의를 하였다. 이상적으로 아기의 환경에 대한 신경감각은 자신이 탐색할 수 있는 안전한 장소를 보여준다. 그러나 만약 아기의 신경감각이 '두렵거나 두렵게 만드는' 양육자를 지각하고 위험하다는 경고를 보낸다면, 아기는 비록 비효율적이고 생리적으로 비용이 많이 들더라도 방어적인 수단을 취하게 될 것이다. 만약 신경감각 자체에 손상이 있다면 어떤 일이 발생할까? 이론적인 측면에서 볼 때, 잘못된(즉, 환경이 안전한지 또는 다른 사람이 믿을 만한지를 정확하게 감지하는 능력이 없는) 신경감각은 몇몇 정신건강의학과적 장애들의 근거가 될 것이다.

- 맞섬, 도피, 또는 얼어붙는 반응을 억제하는 것으로 추정되는 관자겉질temporal cortex 사회참여에 장애가 있는 자폐증autism 또는 조현병schizophrenia이 있는 사람들에게서는 활성화되지 않는다.
- 불안장애와 우울증이 있는 사람들은 비정상적인 사회적 행동을 보여준다; 심장에 대한 미주신경의 통제에 대한 측정으로 드러나는 심장박동수 조절의 어려움과 얼굴표현력의 감소가 나타난다.
- 반응성애착장애reactive attachment disorder가 있는, 학대받고 시설에 수감되었던 아이들은 억제되거나(감정적으로 위축되고 반응을 보

이지 않음) 억제되지 않는(애착행동을 아무렇게나 하는; Zeanah, 2000) 경향이 있다. 양쪽 모두의 행동은 환경에 대한 위험성을 잘못된 신경감각을 통해서 하고 있다는 점을 보여준다.

루마니아 고아원에서 길러진 아이들에 대한 최근의 연구는 반응성애착장애 및 이들의 사회적 발달을 방해하는 장애들을 치료하는 방법을 발견하는 데 대한 관심을 자극했다. 만약 이러한 아이들의 행동이 환경에 대한 위험을 잘못 인식하는 신경감각의 결함을 나타내는 것이라면, 아이들이 안전하다고 느끼고, 보다 정상적인 사회적 행동을 할 수 있도록 도와줄 수 있는 환경의 특별한 양상이 있는 것일까?

고아원에서 길러진 루마니아 유아들에 대한 연구(Smyke, Dumitrescu, & Zeanah, 2002)는 정상적인 애착행동과 비정상적인 애착행동의 발달을 이해하는 데 신경감각의 유용성을 설명해 주고 있다. 연구자들은 고아원에 있었던 두 집단의 아이들을 평가하였고, 고아원을 한 번도 경험해보지 못했던 아이들과 비교하였다. 고아원에 있었던 아이들의 한 집단(표준집단)은 일반적인 기준에 따라 돌봄을 받았다. 20명의 양육자들이 교대 근무를 하였는데, 대략 3명의 양육자가 30명의 아이들을 돌보았다. 두 번째 집단(실험집단)은 4명의 양육자와 10명의 아이들로 구성되었다. 만약 우리가 신경감각에 대한 우리의 개념을 이 연구에 적용시킨다면, 우리는 친숙한 양육자가 아이들의 안전에 대한 신경감각에 필수적인 것(그다음에는 적절한 사회적 행동의 발달에 필수적인)이라고 가설을 세울 수 있을 것이다. 구체적으로 양육자의 얼굴, 목소리, 움직임을 인식하는 아이의 능력(안전하고 믿을 수 있는 사람을 나타내주는 양상)은 둘레계통limbic system5)을 억제시키는 과정을 활성화시키고 사회참여체계가 기능을 할 수 있도록 해주어야 한다.

스미크^{Smyke} 등(2002)의 연구에서 나온 자료들은 우리의 가설을 지지해 주고 있다. 양육자가 접촉해야 하는 아이들의 수가 많을수록, 이러한 아이들 중에 반응성애착장애가 발생하는 비율이 더 높았다. 표준집단의 아이들은 다른 두 집단의 아이들보다 반응성애착장애를 가지게 될 가능성이 더 높았다. 반응성애착장애에 대한 일부 지표들은 실험집단의 아이들과 고아원을 경험해 보지 않았던 아이들 사이에서 큰 차이점이 없었다. 이러한 소견들은 우리가 일단 방어적 행동전략을 중재하는 신경회로를 억제하는 사회적 양상들을 이해하게 되면, 친사회적인 행동의 발달을 '최대한 적합하게' 만들 수 있게 된다.

우리는 시카고의 일리노이 대학에서 여러미주신경이론에서 나온 원칙에 바탕을 둔 새롭게 개발된 행동적 중재방법을 사용하고 있다. 우리는 이러한 접근법을 자폐증이 있는 아이들과 언어 및 사회적 의사소통에 문제가 있는 사람들에게 시험하고 있다. 우리의 모델은 자폐증 진단을 받은 아이들을 포함하여 사회적 의사소통에 장애가 있는 많은 아이들의 경우에는 사회참여체계가 신경해부학적 및 신경생리학적으로 온전하다는 가정을 하고 있다. 그러나 이러한 아이들은 자발적인 친사회적 행동에 참여하지 못한다. 우리는 자발적인 사회적 행동을 향상시키기 위해 중재법이 얼굴과 머리의 근육들을 조절하는 신경회로들을 자극해야만 한다고 판단하였다. 여러미주신경이론은, 일단 사회참여체계에 관여하는 뇌줄기 구조물들에 대한 겉질

---

5) 대뇌겉질과 시상하부 사이에 위치한 일련의 구조물들로 이루어져 있으며, 정동, 동기부여, 자율신경기능 등을 담당한다(역자 주).

의 조절이 활성화되면 사회적 행동과 의사소통은 이 생물학적 체계가 자연적으로 발생하는 특성처럼 자발적으로 발생할 것이라고 예측하였다. 이 중재법은 듣기와 연관된 신경경로를 '자극하고' '연습시키며' 사회참여체계의 다른 측면들의 기능을 동시에 자극한다. 이 중재법은 가운데귀근육의 신경조절을 체계적으로 중재하도록 컴퓨터로 변형시킨 청각적 자극을 제공한다. 이론적으로 가운데귀근육은 듣는 동안에 조절될 필요가 있으며, 이러한 근육을 조절하는 신경은 사회적 참여에 관여하는 얼굴과 머리의 근육들을 조절하는 신경들과 연결되어 있다. 예비적 연구결과들은 매우 희망적이다. 이러한 결과들은 자발적인 사회적 행동을 향상시키도록 고안된 중재법들이 다음 두 가지를 포함하고 있어야 한다고 제안하고 있다. (1) 참여자의 사회참여체계가 기능할 수 있도록 해주는 안전함에 대한 신경감각이 유발되어야 한다. (2) 사회참여체계의 신경조절을 연습할 수 있도록 해주어야 한다.

결론

여러미주신경이론(신경감각의 개념을 포함하는)에 따르면 우리의 사회적 행동의 범위는, 보다 원시적인 척추동물로부터 진화한 인간의 생리에 의해 제한을 받는다. 우리가 놀랐을 경우에, 우리는 보다 원시적인 척추동물들에게 적응적 방어행동을 제공하기 위해 진화되었던 신경회로에 의존하게 된다. 이러한 신경회로들은 우리가 무슨 일이 일어나고 있는지에 대해 의식적으로 인식하기 전에, 반사적으로 이동이나 운동을 억제하는 행동을 생리학적 기전을 제공한다. 반면에

신경감각이 우리에게 환경이 안전하고 그 환경에 있는 유발하는 사람들이 믿을 만하다고 말해주면, 우리의 방어기전은 작동하지 않게 된다. 그 이후에 우리는 사회참여와 긍정적인 애착을 격려하는 행동을 할 수 있게 된다.

모든 인간에게 공통적으로 존재하는 생물학에 기초를 둔 행동에 초점을 맞추는 것은 의료진들에게 사회적 행동과 애착에 문제가 있는 아이들을 돕기 위한 새로운 중재법을 상상할 수 있도록 해준다. 우리는 아이들에게, 보다 안전하고, 움직임이나 고정반응을 덜 유발하도록 양육환경을 바꿀 수 있다. 우리는 또한 아이들에게 직접적으로 개입하고, 뇌줄기 구조물들의 신경조절을 연습시키며, 사회참여체계의 신경조절을 자극하고, 긍정적인 사회적 행동을 격려할 수 있다.

제2장

방어해야 하는 세상에 적응하기
— 포유류가 수정한 우리의 진화유산 여러미주신경이론

마음-신체의 관계에 대한 체계적인 조사는 정신생리학의 과학적인 기초가 된다. 심리학과 정신건강의학과에서 마음과 신체가 상관관계가 있다는 지배적인 시각과는 달리, 정신생리학은 신경생리학적 과정과 심리적 과정 사이의 연속성을 강조한다. 정신생리학자들은 신경계가 심리적 과정과 생리적 과정의 양방향성 변환을 위한 기능적 단위를 제공한다고 가정한다. 따라서 정신생리학적 측면에서 볼 때 심리적인 과정을 단순히 이론에 의해서가 아니라, 측정에 의해서 신경생리적 과정 및 뇌구조물들과 연결시키는 것이 가능하다.

이 장에서는 심장에 대한 미주신경의 신경조절 및 어떻게 이러한 조절이 특별한 심리적 과정을 촉진시키도록 진화했는지에 대해 초점을 맞출 것이다. 여러미주신경이론은 미주신경경로가 어떻게 새로움 및 다양한 스트레스에 반응하여 심장박동수를 조절하는지에 대한 설명을 제공해 준다. 이 이론은 포유류가 진화를 통해 두 가지의 미주신경체계를 발달시켰다고 제안한다. 양서류와 파충류의 계통발생적 유산과 진화를 통한 수정은 포유류와는 다르다. 여러미주신경이론에 따르면 두 가지의 미주신경체계가 다른 반응전략으로 프로그램되어 있으며 상반되는 방식으로 반응한다. 몇몇 정신생리학적 현상들과 정신신체적 장애들에 대한 설명이 제안될 것이다. 이 이론은 신경생리학, 신경해부학, 정신생리학에 바탕을 두고 형성되었다.

각성이론 ― 역사적 유산

초기의 정신생리학적 연구들은 말초자율신경계에 대한 측정이 각성 또는 활성화의 민감한 지표라고 가정하였다(Darrow, Jost, Solomon, & Mergener, 1942; Duffy, 1957; Lindsley, 1951; Malmo, 1959). 이러한 관점은 자율신경계에 대한 초보적인 이해에 기초를 둔 것이었는데, 여기서는 피부전위활성도electrodermal activity와 심장박동수의 변화가 교감신경계 활동에 대한 정확한 지표라고 간주하였다. 활성-각성이론activation-arousal theory이 개발되면서 말초자율신경계의 반응과 중추신경계의 기전 사이의 연속성이 제시되었다. 이러한 가정에 따르면 땀분비계sudomotor, 혈관계, 심장계와 같이 교감신경의 날신경섬유efferent fibers1)에 의해 영향을 받는 어떠한 기관도 둘레계통이나 겉질활동에 대한 지표가 되었다.

　이러한 다양한 영역과 연관된 구체적인 경로들은 아직 밝혀지지 않았고 불확실하지만, 피부전위 및 심장박동수에 대한 측정은 정

---

1) 중추신경계에서 나온 전기적 자극을 말초의 표적장기로 전달하는 신경심유(역자 주).

신생리학회의 초기 기간 동안에 행해졌던 연구들의 일차적인 초점이 되었다. 이것은 교감신경계의 신경지배에 대한 추측 및 부분적으로는 이 영역에 대한 측정 가능성 때문이었다. 이러한 강조는 몇몇 중요한 요소들을 무시하는 연구 환경을 조성하였다: (1) 부교감신경계의 영향, (2) 교감신경계와 부교감신경계 사이의 상호작용, (3) 말초 자율신경계의 들신경섬유^{afferent fibers2)}, (4) 중추에서 조절하는 구조물들, (5) 자율신경계의 적응적이고 역동적인 양상, (6) 구조물의 조직화와 기능에 있어서 계통발생^{phylogeny3)} 및 개체발생^{ontogeny4)}의 차이점.

이러한 개념들에 대한 무시와 각성^{arousal}에 대한 강조는 심리학, 정신건강의학, 생리학의 다양한 원칙들 내에서 여전히 존재하고 있다. 각성에 대한 이러한 구시대적 관점은 어떻게 자율신경계가 환경과 상호작용하고 있으며, 자율신경계가 심리적 및 행동적 처리 과정에 어떻게 영향을 미치는지에 대한 이해를 제한할 수 있다. 이와는 대조적으로, 보다 최근의 신경생리학적 자료들은 자율신경계에 대한 보다 통합적인 관점을 제공하고 있다.

뇌-심장의 의사소통: 역사적인 관점

우리가 살아있는 유기체를 역동적, 적응적, 상호작용적, 상호 의존적인 생리체계의 집합체로 볼 때, 자율신경계를 중추신경계와 기능적으로 분리된 것으로 간주하는 것은 이제 더 이상 적절하지 않다. 우

---

2) 말초의 장기에서 나온 전기적 자극을 중추신경계로 전달하는 신경섬유(역자 주).
3) 생물 종이 그 성립 또는 멸종에 이르기까지 거쳐 온 형태 변화의 과정(역자 주).
4) 개체가 수정란에서 완전한 성체가 되기까지의 과정(역자 주).

리는 말초에 있는 기관들이 '내장의 바다에 그냥 둥둥 떠 있는 것'이 아닌 것으로 인식하기 시작했다. 그것보다 말초에 있는 기관들은 날 경로들$^{efferent\ pathways}$에 의해 중추신경계와 연결되어 있으며 수많은 들 경로들$^{afferent\ pathways}$과 함께 중추신경계의 조절성 구조물들과 지속적으로 신호를 주고받고 있다. 따라서 자율신경계와 중추신경계 구조물들 사이의 양방향성 연결은 이제 명백해졌다. 따라서 새로운 이론들과 연구전략들은 중추신경계의 구조물들과 말초에 있는 기관들을 연결시키는 역동적이고 상호작용적인 측면들을 포함해야만 한다.

다윈^{Darwin}(1872)은 뇌와 심장 사이의 양방향성 의사소통에 있어서 미주신경$^{vagus\ nerve}$의 중요성에 대한 역사적인 통찰을 제공하였다. 비록 다윈은 감정을 나타내는 얼굴표정에 초점을 두었지만, 그는 감정의 자발적인 표현과 동반되는 중추신경계와 미주신경 사이의 역동적인 관계에 대해 알고 있었다. 그는 감정과 연관된 자율신경계 활동의 독특한 양상을 촉진시키는 구체적인 뇌구조물들과 말초기관들 사이의 의사소통을 만들어내는 확인 가능한 신경경로가 있다고 생각하였다. 예를 들면,

> 마음이 강하게 흥분되었을 때 우리는 이러한 마음이 즉각적으로 심장에 영향을 미칠 것이라고 예상할 수 있다. 그리고 심장이 영향을 받는 것은 뇌의 반응을 유발한다는 점은 보편적으로 알려진 사실이다. 그리고 뇌의 상태는 다시 폐-위신경$^{pneuma-gastric\ nerve}$(미주신경)을 통해 심장에 반응을 유발시킨다. 따라서 어떠한 흥분이든지 신체의 가장 중요한 두 개의 기관들 사이에 상호작용과 반응을 유발하게 될 것이다(p. 69).

다윈의 생각은 어떤 감정적인 상태가 발생하면 심장의 박동은 즉각적으로 변화하며, 심장 활동의 변화는 뇌의 활동에 영향을 미치고, 뇌신경(즉, 미주신경)을 통해 뇌줄기 구조물들은 심장을 다시 자극한다는 것이었다. 그는 처음의 감정적 표현이 심장으로 전달되는 신경생리학적 기전에 관해서는 설명하지 않았다. 뇌줄기에서 나오는 기원과 미주신경의 다양한 가지들의 신경생리학적 기능에 대해, 현재 우리가 가지고 있는 지식이 다윈에게는 없었다. 그 당시에는 미주신경섬유들이 몇몇 숨뇌$^{medulla5)}$ 핵들에서 나오며, 미주신경의 가지들이 다른 되먹임체계들$^{feedback systems}$을 통해 말초에 대해 통제를 한다는 것이 알려지지 않았다. 그러나 다윈의 언급은 중요한데, 왜냐하면 척수 및 교감신경계와 관계없이 심장에서 뇌로 가는 들되먹임$^{afferent feedback}$을 강조하고 있고, 감정의 표현에서의 폐위신경$^{pneumogastric nerve}$(19세기 말에 미주신경으로 이름이 바뀌었다)의 조절 역할을 강조하였기 때문이다.

다윈은 이러한 생각들은 내부 환경$^{le milieu interieur}$에 대한 신경계 조절의 하나의 예로 보았던 클로드 베르나르$^{Claude Bernard}$의 생각에서 나온 것이라고 하였다. 클로드 베르나르의 생각은, 보다 현대적인 정신생리학과 일치하는데, 그는 심장을 모든 형태의 감각적 자극에 반응할 수 있는 일차적인 반응체계로 보았다. 그는 심장으로 가는 중추신경계의 힘을 명백하게 강조하였다(Cournand, 1979). 이러한 생각은 다음의 인용에서 표현되어 있다[Cournand, 1979에서 인용한 Claude Bernard(1865)].

---

5) 뇌줄기의 가장 아래쪽 부분으로 척수와 연결되어 있으며, 심혈관계, 호흡, 뼈대근육긴장도 등의 생명과 관련된 기능을 통제하는 신경핵들과 신체감각정보를 척수에서 시상으로 중계하는 핵들이 위치한다(역자 주).

사람에게 있어서 심장은 혈액의 순환을 담당하는 주요한 장기일 뿐만 아니라 모든 감각에 의해 영향을 받는 중추이다. 이러한 감각들은 척수를 통해 말초에서 전달될 수도 있고 교감신경계를 통해 장기에서 전달되거나 중추신경계 자체에서 전달될 수도 있다. 사실 뇌에서 나오는 감각적 자극들은 심장에 대한 가장 강력한 효과를 나타낸다 (p. 118).

비록 현대 정신생리학의 설립자로 드물게 알려져 있기는 하지만, 베르나르와 다윈은 자율신경계 신경정신생리학의 이론적인 기초에 많은 기여를 하였다. 이 인용문은 심장이 뇌의 출력체계일 뿐만 아니라, 심리상태를 변화시키거나 영향을 미칠 수 있는 뇌로 들어가는 자극의 근원이라는 그들의 관점을 나타내는 것이다. 이러한 이론적인 기초에 동의했던 과거의 정신생리학자들은 감각 및 정동적 자극에 대한 심장박동수의 민감도(예: Darrow, 1929; Graham & Clifton, 1966; Lacey, 1967) 및 심리상태와 감각적 자극에 대한 문턱값 모두를 조절하는 뇌와 심장 사이의 역동적인 되먹임에 대해서 조사하였다(예: Lacey & Lacey, 1978).

현대 정신생리학은 소콜로프[Sokolov](1963)에 의해 소개된 자율신경계와 감각적 처리 과정 사이의 상호작용에 대한 흥미로운 생각을 통해 현재의 이론적 관점을 많이 획득하게 되었다. 소콜로프 모델은 심리적 상태에 대한 자율신경계의 기능과 연관된 통합적인 이론이 필요한 모든 필수 요소들을 다 포함하고 있다. 이 모델에는 다음과 같은 내용을 포함하고 있다. (1) 자율신경계와 신체체계 모두에 들어가고 나오는 것들에 대한 인식, (2) 감각문턱값을 조절하기 위한 자율신경계 되먹임고리(즉, 자율신경계의 조율), (3) 자율신경계의 처리 과정과 심리현상 사이의 접점(즉, 정위반사와 방어반사[orienting & defensive reflexes6]), (4) 습관화를 통한 자율신경계 반응성에 대한 뇌의 조절.

　소콜로프 모델은 뇌와 말초 사이의 양방향 의사소통을 포함하고 있다. 소콜로프 모델에서 자율신경계 처리 과정은 외부환경에 참여하거나 참여하지 않는 반응체계의 조율에 관여한다. 레이시(예: Lacey, 1967; Lacey & Lacey, 1978)는 소콜로프의 견해에 동의하면서 심장의 기능과 감각문턱값의 조절에 있어서 심혈관계와 뇌 사이의 양방향 의사소통을 강조하였다. 오브리스트[Obrist](1976)는 양방향 의사소통을 강조하는 견해에 반대하면서, 대사요구량과 심장박동수 사이의 일반적인 일치에 초점을 맞추었다. 두 가지 주장 모두 각각의 장점을 가지고 있다. 예를 들면, 압력수용기[baroreceptor7]에 대한 들자극[afferent stimulation]은 말초 심혈관계 기능과 중추신경 각성상태 모두에 즉각적인 영향을 미치며(Gellhorn, 1964) 운동과 연관된 대사요구량은 미주신경철수를 통해 심장에 결정적인 영향을 미친다(Obrist, 1981; Rowell, 1993).

심장박동반응 — 신경성 조절

정신생리연구학회 창립 이후의 긴 역사 동안 정신생리학자들은 흔히 설명할 수 있는 신경생리적인 모델 없이 정위반사[orienting reflex]의 자율신경계적 요소와 같은 대략적인 현상들을 연구해오고 있다. 이 장은

---

6) 정위반사: 새로운 자극에 대해 몸 전체나 일부를 자극 방향으로 향하는 반사로 심장박동수가 감소한다. 방어반사: 외부로부터의 위험이나 손상을 피하기 위해 움직이는 반사(역자 주).
7) 압력변화에 자극을 받는 수용기로 주로 혈관벽에 있다(역자 주).

방향감^{orientation}, 집중, 감정을 포함하는 몇몇 정신생리학적 현상들을 설명하기 위해 신경구조물들의 진화와 자율신경계 처리 과정에 대한 신경조절에 기초를 둔 이론적인 모델을 제공할 필요가 있어서 논의하게 되었다.

정위반사는 정확한 시작점을 제공해 준다. 소콜로프^{Sokolov}(1963), 레이시^{Lacey}(1967), 그레이엄과 클리프턴^{Graham & Clifton}(1966) 이론들의 공통점에 기초해 봤을 때 정위반사는 심장과 연관되어 있다. 이것은 외부환경에 대한 정보처리 과정을 촉진시키는 지각문턱값^{perceptual threshold}에 기능적으로 영향을 미치는 심장박동수의 감소가 특징적으로 나타난다. 그러나 심장정위반응^{cardiac orienting response}을 중재하는 신경기전은 무엇인가? 또는 오브리스트^{Obrist}(1976)가 논의했듯이 심장박동수의 감소는 단순히 방향을 잡고 집중을 하는 행동을 할 때 운동성이 감소되는 것과 동반되는 대사요구량의 감소로 나타나는 부수적인 현상인 것인가? 반응의 시간에 따른 경과, 신경차단의 영향 그리고 임상적 집단을 대상으로 한 연구들은 심장정위반응은 신경성이라는 주장을 지지해 준다. 첫째, 심장정위반응과 연관된 심장박동수의 감소는 빠르며, 수 초 내에 발생하고 대개 빠르게 원래의 상태로 돌아간다. 둘째, 심장정위반응의 특징인 잠복기^{latency}는 눈미주^{optovagal8)}, 혈관미주^{vasovagal9)}, 압력수용체-미주^{baroreceptor-vagal10)}, 화학수용체-미주^{chemoreceptor-vagal11)}와 같은 다른 신경성 느린맥반사들과 유사하다.

---

8) 눈바깥근육(extraocular muscle)을 당기거나 눈알을 누르면 심장박동이 감소하는 반사(역자 주).
9) 감정적인 스트레스가 고립로핵을 통한 미주신경을 자극하여 심장박동이 감소하는 반사(역자 주).
10) 목동맥의 압력이 올라가면 혈압을 유지하기 위해 심장박동이 감소하는 반사(역자 주).
11) 혈관 내의 화학수용체가 저산소증을 감지했을 때 심장박동을 감소시키는 반사(역자 주).

아트로핀^{atropine12)}을 이용한 차단 연구들은 정위반사 및 고전적조 건화^{classic conditioning}와 연관되어 있는 짧은 잠복기 느린맥이, 미주신경 의 콜린경로^{cholinergic pathways13)}에 의해 중재된다는 것을 증명하였다(예: Berntson, Cacioppo, & Quigley, 1994; Obrist, 1981; Schneiderman, 1974). 말초신경병 또는 자율신경조절장애가 있는(예: 당뇨병) 노인 들을 대상으로 한 연구들에서는 이들에게 미주신경의 기능에 결함 이 있다는 것이 밝혀졌다(De Meersman, 1993; Gribben, Pickering, Sleight, & Peto, 1971; Weiling, van Brederode, de Rijk, Borst, & Dunning, 1982; Weise & Heydenreich, 1991). 게다가 한쪽 뇌에 손 상이 있는 사람들을 대상으로 한 연구에서 오른쪽 뇌에 손상이 있 는 사람들은 심장박동수 반응이 더 감소해 있다는 것을 증명하였다 (Yokoyama, Jennings, Ackles, Hood, & Boller, 1987). 이 소견은 심 장에 대한 신경생리적 조절이 일차적으로 굴심방결절^{sinoatrial node14)}에 대한 오른쪽 미주신경에 의해 발생하며, 심장박동수는 오른쪽 뇌에 있는 고위 중추의 통제하에 있다는 증거들과 일치한다(Warwick & Williams, 1975). 비록 심장박동수를 감소시키는 미주신경의 영향은 교감신경계의 위축과 함께 상호작용하겠지만, 짧은 잠복기 동안의 감소는 일차적으로 미주신경에 의해 결정된다. 따라서 짧은 잠복기 심장박동수 반응성은 미주신경에 의해 중재되기 때문에 심장정위반 응의 정도는 미주신경조절의 지표가 될 수 있다.

---

12) 아세틸콜린 차단제(역자 주).
13) 자율신경계에서는 아세틸콜린을 통해 전기신호를 전달한다(역자 주).
14) 심장에서 전기자극을 생성하는 부위로, 우심방에 위치하고 있다(역자 주).

미주신경역설

정신생리학적 현상을 설명하기 위해 미주신경조절에 대한 신경모델을 만들어내는 데 있어서 자료와 이론 사이에 명백한 불일치가 있었다. 생리학적 이론은 심장박동수의 변화와 호흡굴부정맥[respiratory sinus arrhythmia](RSA)[15]의 진폭을 미주신경의 직접적인 작용으로 간주한다(예: Jordan, Khalid, Schneiderman, & Spyerm, 1982; Katona & Jih, 1975). 그러나 비록 두 가지에 대한 측정이 다른 변수에도 불구하고 모두 함께 변화하는 상황이 있기는 하지만(예: 운동 및 콜린차단 동안에), 측정이 신경성 조절과는 별개의 것으로 나타나는 상황도 있다.

이러한 불일치를 설명하기 위해 여러 가지 논의가 있어왔다. 첫째, 호흡굴부정맥과 평균 심장박동수(교감신경계 차단 동안에)는 다른 차원의 미주신경활성도를 나타낸다는 의견이다. 예를 들면, 평균 심장박동수는 미주신경의 긴장도를 나타내는 것이고, 호흡굴부정맥은 미주신경의 위상[phase]을 나타내는 것일 수 있다(예: Berntson, Cacioppo, & Quigley, 1993b; Jennings & McKnight, 1994; Malik & Camm, 1993). 둘째, 이러한 불일치는 호흡 매개변수에서의 변동에 의한 것이라는 논의가 있어왔다. 즉 호흡굴부정맥의 호흡 빈도와 일회호흡량에 의해 혼동된 것이라는 의견이다. 셋째, 정량화 방법에서의 변화는 호흡굴부정맥과 심장박동수 사이의 차이를 유발할 수 있다는 의견이다(Byrne & Porges, 1993; Porges & Bohrer, 1990). 넷

---

15) 숨을 들이마심 → 가슴벽 안의 압력이 낮아짐 → 액체는 압력이 높은 쪽에서 낮은 쪽으로 흐르므로 혈액이 폐에 머무름 → 순환하는 혈액량이 줄어들어 동맥의 압력이 줄어듦 → 목동맥굴(carotid sinus)에 있는 압력수용기가 이를 인지하고 혈액을 보내기 위해 심장미주신경긴장도를 감소시킴 → 심장박동이 증가됨. 숨을 내쉬면 반대 현상이 나타나 심장박동이 느려짐. 즉 숨을 들이마시면 심장박동이 증가하고 숨을 내쉬면 심장박동이 느려진다(역자 주).

째, 호흡굴부정맥은 압력반사[baroreflex] 자극에 의해 감소하기 때문에, 부교감신경계의 긴장도를 신뢰성 있게 측정하지 못한다는 의견이다(Goldberger, Ahmed, Parker, & Kadish, 1994). 다섯째, 평균 심장박동수는 교감신경계와 미주신경계 사이의 복합적이고 역동적인 상호작용에 의해 영향을 받기 때문에, 미주신경긴장도를 측정하기가 어렵게 만든다는 의견이다(Berntson, Cacioppo, & Quigley, 1991, 1993a).

이러한 논쟁들은 흔히 신경차단에 의해 결정되는 미주신경긴장도와 연결되어 있었다. 심장박동수에 대한 신경차단 효과는 미주신경긴장도 또는 부교감신경계의 조절을 측정하는 기준으로 사용돼 왔다(Katona & Jih, 1975). 일부 연구자들은 호흡굴부정맥이 미주신경긴장도를 정확하게 나타내는 지표가 아니라고 주장하였는데, 왜냐하면 신경차단을 하기 전의 호흡굴부정맥의 정도가 심장박동수의 변화 전후의 상태를 정확하게 평가하지 못하기 때문이다(Grossman & Kollai, 1993). 이와 반대로 포지스[Porges](1986)는 이러한 불일치는 부분적으로 선택한 평가방법의 기준 때문에 발생한다고 주장하였다. 그는 호흡굴부정맥이 심장박동수보다는 아트로핀을 이용한 미주신경차단에서 용량에 따른 보다 정확한 곡선을 보인다고 주장하였다. 이것은 자연적인 호흡을 하는 동안에 관찰되는 호흡굴부정맥이 심장박동수보다 더 나은 기준을 제공할 수 있다는 것을 암시해 준다. 이러한 제안에 대한 신경생리학적 지지가 제공될 수 있을 것이다. 호흡굴부정맥은 미주신경, 교감신경, 물리적 요소들을 포함하는 몇 가지 원인들에 의해 결정되는 심장박동수와는 달리, 미주신경에 의해 나타나는 현상이다. 따라서 미주신경긴장도의 지표로 사용되었던 콜린차단 이후에 나타나는 심장박동수의 변화의 효율성은 검증을 받을 필요가 있다.

이러한 논쟁들은 호흡굴부정맥의 신경생리학적 해석과 호흡굴부정맥을 정량화하는 특수한 방법의 효율성과 연관된 많은 논란을 불러일으켰다. 이러한 논쟁들에 있어서 공통되는 부분은 심장미주신경긴장도에는 단 하나의 중추적 근원이 있다는 가정이었다. 이러한 논쟁들은 차이점의 원인을 중추성 기전에 두지 않고, 심장박동수와 호흡굴부정맥의 반응적 특성에만 두었다. 따라서 이러한 의견의 차이가 나는 것은 원인을 고주파수의 진동을 약화시키는 굴심방결절 sinoatrial node의 전달기능(Saul, Berger, Chen, & Cohen, 1989)이나, 호흡굴부정맥을 정량화하는 방법의 통계적 전달기능에 두고, 다른 신경성 출력의 기능에는 두지 않았기 때문이다.

그러나 정량화하는 방법 및 안정적인 호흡이 발생하는 기간과 관계없이, 호흡굴부정맥과 심장박동수(교감신경계의 영향과 관계없이)는 흔히 다르게 반응한다는 것을 증명하는 자료들이 축적되었다. 비록 신경성 느린맥과 호흡굴부정맥 또는 심장박동수의 억제가 집중하는 동안에 관찰되는 것은 미주신경 때문이라고 가정하고 있지만, 이러한 현상들은 흔히 이러한 것들과 관계없이 나타나거나 분명히 반대되는 생리적 상황에서도 나타난다(Porges, 1972; Porges & Raskin, 1969; Richards & Casey, 1991). 심장박동수와 호흡굴부정맥 사이의 비슷한 불일치는 호흡굴부정맥이 급격히 감소되는 반면, 심장박동수는 변하지 않는 흡입마취제를 사용하는 동안에 관찰되어 왔다(Donchin, Feld, & Porges, 1985). 호흡굴부정맥과 심장박동수 사이의 일치와 불일치의 또 다른 예들이 있다. 예를 들면, 쉬는 동안에 관찰된 심장박동수와 호흡굴부정맥의 개인적인 차이는 미주신경차단으로 유발된 심장미주신경긴장도의 평가에 독립적인 기여를 하였다(Grossman & Kollai, 1993). 그러나 일치를 보이는 것은, 한 개인이 운동하는 동안에 대사율의 증가가 빠른 심장박동수와 낮은 호흡굴부정맥으로 나타나는 것(Billman & DuJardin, 1990) 또는 아트로핀으로 신경차단을 하는 동안에 두 가지 모두의 심장지표들이 용량에 비례해서 감소하는 것이었다(Cacioppo et al., 1994; Dellinger, Taylor, & Porges, 1987; Porges, 1986).

호흡굴부정맥과 심장박동수 사이의 관계는 개인 내적으로 그리고 개인들 사이에서 변할 수 있다. 우리는 우리의 실험실에서 호흡굴부정맥과 심장박동수 사이의 관계가 행동 상태에 따라 변한다는 것을 관찰하였다(Riniolo, Doussard-Roosevelt, & Porges, 1994). 성인들을 24시간 관찰한 결과, 졸리거나 잠을 자는 동안의 호흡굴부정맥과 심장박동수 사이의 상관관계가 깨어있는 상태일 때 보다 훨씬 낮았다. 따라서 때때로 호흡굴부정맥과 심장박동수는 똑같은 생리적 과정을 반영하는 반면, 또 다른 때에는 서로 독립적인 생리적 과정을 나타내기도 한다.

관찰 가능한 자료들과는 대조적으로 신경생리학적 연구는 이러한 두 가지 변수들 사이의 공통된 변화를 주장하였는데, 왜냐하면 심장에 대한 미주신경의 심장억제섬유들은 신경 자극과 호흡리듬에 대한 반응으로 느린맥을 나타내는 지속적인 특징을 가지고 있기 때문이다(Jordan et al., 1982). 이러한 불일치는 중추성 미주신경의 근원이 단 하나라는 가정에 기초한 것이며, 이를 미주신경역설$^{vagal\ paradox}$이라고 이름 붙여지게 되었고, 〈표 2.1〉에 정리되어 있다.

〈표 2.1〉 미주신경역설: 공통된 중추신경의 근원은?

1. 증가된 미주신경긴장도는 신경성 느린맥을 유발한다.

2. 감소된 미주신경긴장도는 호흡굴부정맥의 억제를 유발한다.

3. 억제된 호흡굴부정맥 시기 동안에 느린맥이 발생한다.

미주신경역설은 몇몇 정신생리학적 및 임상적 상황을 해석하는 데 매우 중요하다. 예를 들면, 만약 정위반사 동안에 발생하는 느린 맥이 미주신경 때문이라면, 집중 및 심장에 대한 미주신경의 조절을 나타내는 또 다른 지표인 호흡굴부정맥이 감소된 시기 동안에 느린맥이 왜 흔히 관찰되는 것인가? 만약 호흡굴부정맥과 함께 관찰할 때 미주신경긴장도가 태아나 신생아의 건강상태가 좋다는 것을 나타내는 지표라면, 느린맥이 나타날 때 왜 미주신경긴장도가 건강이 안 좋다는 지표가 되는 것인가? 만약 느린맥과 호흡굴부정맥 모두가 미주신경의 절단이나 약물학적 차단을 통해 제거된다면, 이 둘 모두는 미주신경긴장도를 나타낼 수 있을 것인가? 만약 느린맥과 호흡굴부정맥 모두가 미주신경긴장도를 나타내는 것이라면, 왜 이 둘은 다르게 반응하는 것인가? 이러한 명확한 역설은 그다음 조사와 포유류에게는 두 가지의 해부학에 기초한 미주신경 반응체계가 있다는 여러 미주신경이 발달할 수 있는 자극을 제공해 주었다.

포유류의 여러미주신경체계

여러미주신경이론을 이해하기 위해서는 포유류 미주신경의 신경해부학 및 신경생리학과 연관된 추가적인 정보의 제공이 필요하다. 첫째, 미주신경은 단 하나의 신경이 아니라 뇌줄기의 몇몇 영역에서 나오는 여러 신경경로들의 집합체를 말한다. 둘째, 미주신경에는 몇몇 가지들이 있다. 셋째, 미주신경은 날경로[efferent pathway] 또는 운동경로로만 이루어진 것이 아니라 미주신경섬유의 약 80%는 들경로[afferent pathway]로 구성되어 있다(Agostoni, Chinnock, DeBurgh Daly, & Murray, 1957). 넷째, 미주신경은 뇌줄기의 오른쪽 및 왼쪽에서 나오는 신경줄기[nerve trunk]와 함께 양쪽으로 나누어져 있다. 다섯째, 미주신경은 비대칭성이며, 오른쪽과 왼쪽은 각각 다른 일을 하고 오른쪽 미주신경은 심장에 대한 가장 강력한 심장박동수 조절을 한다. 이러한 점들은 〈표 2.2〉에 요약되어 있다.

포유류는 여러미주신경을 가지고 있다. 다른 미주신경은 내장기능의 조절에 다른 역할을 하며 다른 뇌줄기의 핵에서 나온다. 다른 미주신경은 똑같은 표적장기에 반대되는 작용을 유발할 수도 있다. 예를 들면, 정위반사 동안에 하나의 가지에서는 느린맥을 유발하기 위해 미주신경의 출력이 증가하고, 다른 가지에서는 호흡굴부정맥의 억제를 유발하기 위해 미주신경의 출력이 감소되는 것이 가능하다(Richards & Casey, 1991). 따라서 미주신경긴장도의 개념은 그동

〈표 2.2〉 포유류의 여러미주신경체계

1. 날신경섬유들은 일차적으로 두 개의 숨뇌핵에서 나온다(NA, DMNX).

2. 미주신경 날신경섬유들은 몇 개의 가지들로 무리를 이루고 있다.

3. 대략 80%의 미주신경섬유들은 들신경섬유이다.

4. 미주신경은 양쪽으로 나누어져 있다.

5. 미주신경은 비대칭적이며 오른쪽에 편향되어 있다.

안 간주되었던 것처럼, 모든 미주신경의 날경로 또는 똑같은 표적장기(예: 심장)에 대해 일반화시킬 수 없으며(Grossman & Kollai, 1993), 평가하는 미주신경 하위체계의 구체적인 가지에 제한할 필요가 있다. 그리고 역동적인 교감-부교감신경의 상호작용을 다루기 위해 번트슨[Berntson] 등(1991, 1993a)에 의해 제안된 흥미로운 자율신경계 공간[autonomic space]에 대한 개념은 혈관미주신경의 상호작용을 다루기 위해 추가적인 보충이 필요할 수 있다.

여러미주신경이론은 신경성 느린맥과 호흡굴부정맥이 미주신경의 다른 가지에 의해 중재된다고 제안한다. 따라서 흔히 사용되고 서로 바꿔서 사용할 수 없는 심장미주신경긴장도를 측정하는 방법들은 미주신경긴장도의 다른 측면을 나타내는 것이다.

포유류의 경우에 미주신경의 일차적인 운동신경섬유는 숨뇌[medulla]에 있는 분리되고 경계가 분명한 두 개의 핵[미주신경의 등쪽운동핵[dorsal motor nucleus of the vagus](DMNX)과 모호핵[nucleus ambiguus](NA)]에서 나온다. 등쪽운동핵은 숨뇌의 뒤안쪽[dorsomedial]에 위치하고 있다. 모호핵은 배가쪽 그물체[ventrolateral reticular formation]에서 등쪽운동핵의 배쪽[ventral]에 위치하고 있다(Warwick & Williams, 1975). 모호[ambiguus]라는 이름은 초기에 그물체[reticular formation16)] 내에서의 경계와 그 연결성을 결정하는데 어려움이 있었음을 강조해준다(Mitchell & Warwick, 1955). 세 번째 숨뇌핵은 등쪽운동핵 근처에 위치하고 있는 고립로핵[nucleus tractus solitarius](NTS)인데, 이 부분은 말초장기들로부터 오는 미주신경의 많은 들경로들의 말단이다. 숨뇌에 있는 이러한 세 가지의 신경구조물

---

16) 뇌줄기 내의 여러 신경세포와 신경섬유들이 그물망처럼 얽혀있는 것을 말하며, 수면, 각성, 주의, 근긴장도, 생명유지에 필요한 다양한 기능과 연관되어 있다(역자 주).

들이 미주신경계의 일차적인 중추성 조절요소를 이루고 있다. 이러한 숨뇌핵들의 위치들은 [그림 2.1]에 그려져 있다.

등쪽운동핵에서 나오는 대부분의 신경세포들은 가로막밑 구조물들subdiaphragmatic structures(예: 위, 창자 등)로 투사된다. 이와는 대조적으로 모호핵은 입쪽rostral 부분만 가로막밑 구조물들에 대한 신경지배를 하는 반면(Kalia & Masulam, 1980) 모호핵의 대부분의 신경세포들은 가로막위 구조물들supradiaphragmatic structures(인두, 후두, 물렁입천장soft palate, 식도, 기관지, 심장)에 투사한다.

포유류에 대한 신경추적 및 전자생리학적 기법들은 두 개의 미주

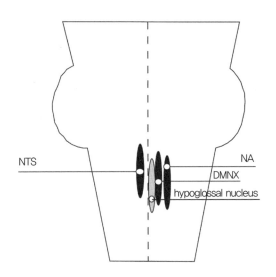

[그림 2.1] 뇌줄기에 있는 주요 미주신경 핵들

핵들은 양쪽에 있으며, 한쪽 핵들만 그림으로 설명되어 있다.[17]

---

17) NTS(고립로핵; nucleus tractus solitarius), NA(모호핵; nucleus ambiguus), DMNX(미주신경의 등쪽운동핵; dorsal nucleus of the vagus), hypoglossal nucleus(혀인두핵; XII번 뇌신경의 핵)(역자 주).

신경 핵들이 독립적으로 기능하며, 중추신경과 다르게 연결되어 있다는 추가적인 증거를 제공하였다. 이러한 연구들은 비록 이 두 핵들이 고립로핵, 편도의 중심핵central nucleus of the amygdala, 시상하부에서 나오는 출력들을 모두 받지만, 이 두 핵들 사이에는 뚜렷한 연결성이 없다는 것을 증명해 주었다(Hopkins, 1987; Leslie, Reynolds, & Lawes, 1992). 포유류에게 있어서 일차적인 심장억제 운동신경세포들이 모호핵에 위치하고 있다는 것은 이미 잘 알려져 있다. 그러나 등쪽운동핵에서 나오는 운동신경섬유들도 심장미주신경과 연결되어 있다(Bennett, Ford, Kidd, & McWilliam, 1984).

모호핵에 위치하고 있는 심장억제성 및 기관지수축성 신경세포들은 빠른 B 신경섬유로 전달하는 말이집 미주신경 축삭들myelinated vagal axons을 가지고 있다(McAllen & Spyer, 1976, 1978). 이와는 대조적으로 등쪽운동핵에 위치하고 있는 신경세포들은 심장미주신경 가지에 투사하는, 보다 느린 C 신경섬유로 전달하는 민말이집 축삭들nonmyelinated axons을 가지고 있다. 비록 B 신경섬유로 전달하는 날축삭efferent axons을 가진 심장억제성 미주신경세포들은 등쪽운동핵과 모호핵 모두에 위치하고 있다는 보고들이 있지만, C 신경섬유로 전달하는 축삭을 가진 신경세포들은 등쪽운동핵에 국한되어 있다(Jordan et al., 1982). 이러한 민말이집 미주신경섬유들이 심장에 하는 역할은 잘 알려지지 않고 있다. 고양이(Ford, Bennett, Kidd, & McWilliam, 1990)와 개(Donald, Samueloff, & Ferguson, 1967)를 이용한 연구에서 이러한 신경섬유에 대한 자극은 심장박동수에 영향을 미치지 않았다. 그러나 비록 현재 입증되지는 않았지만, 이러한 신경섬유들의 기능은 말이집 모호핵 신경섬유의 출력에 의존하고 있을 수 있으며, 저산소증과 같은 상황 동안에 변화될 수 있다. 예를 들면, 심장에 미치는 민말이집 신경섬유들의 영향은 말이집 모호핵 신경섬유들의 출력이 차단되었을 때 강화될 수 있다. 이와는 대조적으로, 쥐의 경우에 민말이집 미주신경섬유들에 대한 자극은 심장박동수의 감소를 유발한다(Woolley, McWilliam, Ford, & Clarke, 1987).

모호핵의 세포구축^{cytoarchitecture18)}은 등쪽부분에 특수내장날신경섬유들^{specific visceral efferents}(즉, 수의운동신경섬유^{voluntary motor fibers})을 위한 핵이 있고, 배쪽 부분에는 일반내장날신경섬유들^{general visceral efferents}(즉, 불수의운동신경섬유^{involuntary motor fibers})을 위한 핵을 포함하고 있다. 등쪽부분에서 나오는 운동투사는 인두, 후두, 물렁입천장, 식도를 포함하는 표적장기로 간다. 배쪽 부분에서 나오는 운동투사는 심장, 기관지를 포함하는 몇몇 표적장기로 간다. 실제로 이러한 투사들은 일차적인 심장 및 기관지운동경로들을 설명해 주며, 등쪽운동핵에서 나오는 경로들의 숫자를 능가한다.

이 두 가지 미주신경 핵들의 내장친화성^{viscerotrophic} 조직화 사이에는 뚜렷한 구별이 있다. 등쪽운동핵은 영양 및 소화과정을 조절하는 가로막밑 장기들로 향하는 일차적인 날미주신경섬유들을 제공한다. 이와는 대조적으로 모호핵은 물렁입천장, 인두, 후두, 식도, 기관지, 심장을 포함하는 가로막위 표적장기들로 향하는 일차적인 날미주신경섬유들을 제공한다.

---

18) 조직 내의 세포 구성(역자 주).

여러미주신경이론

여러미주신경이론은 몇 가지 전제에 기초를 두고 있다. 일부는 신경 생리학적 및 신경해부학적 자료에 확실한 근거를 두고 있고, 일부는 어느 정도 이론적인 부분으로 이루어져 있다. 첫 번째 전제는 느린맥 과 호흡굴부정맥의 신경조절에 관해 설명한다. 초기의 전제에 바탕 을 둔 이 이론은 정위반사와 연관되어 있는 신경성 느린맥은 등쪽운 동핵에 의해 중재되며, 심박변동성의 억제(즉, 호흡굴부정맥 진폭의 감 소)는 모호핵에 의해 중재된다고 가정한다.

전제 1: 신경성 느린맥과 호흡굴부정맥은 미주신경의 다른 가지 에 의해 중재되며, 협력하여 반응할 필요가 없다.

등쪽운동핵이 모호핵과 관계없이 신경성 느린맥에 영향을 미친 다는 가설에 대한 생리학적 근거는 병변 연구들에 의해 제공되었다. 마차도와 브로디[Machado & Brody](1988)는 의식이 있는 쥐에게서 양쪽 모 호핵에 만성적인 병변이 있는 경우, 압력수용기반사에 의해 중재된 느린맥이 감소되기는 하지만 완전히 차단되지는 않는다고 보고하였 다. 따라서 등쪽운동핵은 압력수용기반사와 연관된 반응잠복기를 가 진 느린맥을 유발할 수 있는 미주신경세포들을 포함하고 있다. 이것 은 제롤, 젠틸, 맥카베, 슈나이더먼[Jerrell, Gentile, McCabe, & Schneiderman](1986) 에 의해 확인되었는데, 이들은 토끼에서 굴대동맥 신경차단[sinoaortic denervation] 이후에 발생하는 느린맥의 차별적 파블로프 조건화는 등쪽 운동핵 경로에 의해 중재된다고 논의하였다. 이 결과는 등쪽운동핵 과 모호핵 모두에서 나오는 미주신경경로가 심장박동수에 영향을 미 칠 수 있음을 암시하는 것이다.

여러미주신경체계의 계통발생적 발달

미주신경의 계통발생적 발달에 대한 조사들은 첫 번째 전제를 지지하는 자료들을 제공해주었다. 우리의 관심은 포유류, 특히 인간에게 있기 때문에 이 장은 파충류에서 포유류로의 심장기능에 대한 미주신경조절의 진화에 초점을 맞출 것이다. 여기에는 두 가지의 궁금증이 있다. 파충류는 새로운 자극에 반응할 때 포유류에게서 관찰되는 신경성 느린맥과 유사한 심장박동수 양상을 나타낼까? 파충류는 호흡굴부정맥과 유사한 현상을 나타낼까?

미주신경에 대한 계통발생학은 두 가지의 현상을 설명해 주는데, 하나는 신경해부학적이고 다른 하나는 생리학적인 것이다. 신경해부학적인 측면에서 볼 때 미주신경의 내장날기둥visceral efferent column이 등쪽운동핵dorsal motor nucleus of vagus(DMNX)과 배가쪽운동핵ventrolateral motor nucleus(즉, NA)으로 분화하는 것은 파충류에서 처음 관찰된다. 거북이의 경우(예: 청바다거북Chelone mydas), 두 개의 핵 사이에 연결이 유지되어 있지만, 도마뱀(예: 물왕도마뱀Varanus salvator)과 악어(예: 안경카이만 Caiman crocodilus)의 경우에는 포유류와 같이 등쪽운동핵과 모호핵 사이가 완전히 분리되어 있다(Barbas-Henry & Lohman, 1984).

파충류가 새로운 자극에 대해 보이는 행동적인 반응은 외수용기 exteroceptor[19]에 집중하고 전반적인 운동 활동을 얼어붙게 하는 것이 특징적으로 나타난다. 이러한 행동과 함께 신경성 느린맥도 관찰되었다. 벨킨Belkin(1978)은 느린맥이 이구아나에게서 보이는 공포 반응의

---

19) 외부환경에 의해서 직접적으로 자극되는 피부나 점막에 있는 것과 같은 감각신경 말단(역자 주).

한 부분이라고 보고하였다. 게다가 맥도날드^{McDonald}(1974)는 돼지코뱀 ^{hog-nosed snake}이 죽은 척을 할 때 느린맥이 나타난다는 것을 보고하였다. 대부분의 연구자들은 이러한 자료들이 전반적으로 각성에 대해 강조하고, 각성에 대한 지표로 심장박동수를 사용하는 것이 맞지 않는다는 점을 발견하였다. 교감신경계에 기초를 둔 각성이론에서 느린맥이 어떻게 각성이 증가된 상태를 반영해 줄 수 있을까? 이와는 대조적으로 호흡굴부정맥은 파충류에게서 관찰되지 않았다. 파충류의 심장박동수에 대해 조사한 연구는 심장박동수의 변화가 호흡과 연관되어 있다는 사실을 확인하는데 실패하였다(Gonzalez Gonzalez & de Vera Porcell, 1988).

계통적 발달은 미주신경의 신경해부학적 변화뿐만 아니라 행동의 변화에 관해서도 설명해 준다. 이러한 행동적인 변화들 중의 하나는 적극적이거나 수의적인 집중과 복합적인 감정의 출현이다. 포유류는 파충류와 마찬가지로 방어를 해야 하는 세상에 직면했을 때 새로운 것에 대한 반사적인 반응인 정위반사를 나타낸다. 그러나 포유류는 추가적인 행동도 나타낸다. 포유류는 정위반사 이후 또는 정위반사와 관계없이 자세한 정보처리를 위해 지속적으로 집중을 하는 반응을 보이거나, 의사소통을 위해 얼굴표정 및 목소리를 사용하는 반응을 보인다. 따라서 파충류는 새로운 자극에 반응을 보이지만, 포유류는 처음에는 새로운 자극에 반응을 보이다가 그 이후에는 집중하거나 의사소통을 하는 반응을 보인다.

파충류와 포유류의 심장체계 사이의 다른 점은 파충류의 정위반사 및 포유류의 집중 및 감정과 같은 행동의 계통발생적 기원에 대한 통찰을 제공해준다. 포유류의 심장박출량과 그 이후의 에너지 생산은 파충류를 훨씬 능가한다. 포유류는 파충류보다 4~5배 높은 대사 요구량을 가지고 있다. 포유류와 파충류 대사체계의 효율성과 기능을 비교하기 위해 엘스와 헐버트$^{Else \& Hulbert}$(1981)는 기계 또는 자동차를 비유로 사용하였다. 엘스와 헐버트에 따르면 아무것도 하지 않고 있을 때 포유류는 파충류보다 4~5배 더 많은 연료를 필요로 하는데, 이것은 심지어 체중과 대기 온도를 통제했을 때에도 똑같았다. 이 비유를 조금 더 자세히 설명해 보면, 파충류는 1리터 엔진을 가진 자동차로 포유류는 4~5리터 엔진을 가진 자동차로 비유될 수 있다. 따라서 토끼와 거북이의 경주 이야기에서처럼, 파충류는 힘이 없는 엔진을 가지고 움직이는 반면, 포유류는 짧은 시간 동안에는 재충전 없이 기능할 수 있는 강력한 엔진을 가지고 움직인다.

파충류와 포유류의 에너지 생산능력은 이들의 생활 방식에도 기여를 하였다. 파충류는 수동적으로 음식을 섭취하는 전략을 가지고 있다. 파충류는 먹이를 앉아서 기다리고, 천천히 움직이며, 느릿느릿하게 둘러본다. 이와는 대조적으로 4개의 심방심실로 구성된 심장을 가지고 있는 포유류는 적극적으로 사냥을 하고 풀을 뜯어 먹으며 변화하는 환경에 적응한다(Regal, 1978). 이들의 행동을 지지하고 적응하는 데 있어서의 성공을 보장하기 위해서 파충류와 포유류는 자신들의 생존을 증진시키기 위해 다른 미주신경전략을 사용한다. 파충류는 위험이 없는 상황에서 에너지 생산을 더 감소시키기 위해 심장에 대한 미주신경제동$^{vagal brake}$을 유지하지 않는다. 파충류에게 있어서 흔히 행동적으로 얼어붙거나 잠수를 하는 것과 연관되어 있는 활동을 하지 않거나, 호흡하지 않는 시기 동안에 등쪽운동핵을 통한 미주신경의 영향은 강화되며, 심장박동수는 더 느려진다. 이와는 대조적으로 심장에 대한 미주신경의 통제는 호흡 및 다른 운동 활동을 하는 동안에 실제로 없어진다(Jacob & McDonald, 1976).

파충류는 특별한 도전 상황을 다루기 위해, 등쪽운동핵에서 심장으로 가는 날미주신경을 사용한다. 즉 포식자나 먹잇감에 대해 얼어붙는 반응을 보이고, 오랜 시간 잠수하는 동안에 산소를 보존한다. 동력이 약한 파충류와는 대조적으로 강력한 포유류는 이러한 강력한 체계의 대사 잠재력을 억제하기 위해, 지속적인 저지를 하는 모호핵에서 나오는 날미주신경을 사용한다. 높은 모호핵 미주신경긴장도는 포유류로 하여금, 말 그대로 계속 긴장할 수 있도록 해준다. 따라서 파충류에게서 관찰되는 것과는 대조적으로, 포유류의 미주신경긴장도는 잠자는 것과 같은 도전이 없는 상황 동안에 최고조에 이르며, 운동, 스트레스, 집중, 정보처리와 같이 에너지를 요구하는 상태를 포함하는 외부의 요구에 대한 반응으로 미주신경긴장도는 적극적으로 위축된다. 예를 들면, 인간의 경우에 공황 및 분노와 같이 삶을 위협하는 것으로 인식되는 심리적 상태는 호흡굴부정맥의 진폭으로 나타나는 모호핵의 미주신경긴장도가 완전히 없어지는 특징을 보인다(George et al., 1989). 비유적으로, 의식적인 자기조절 없이 나타나는 분노 및 과다활동과 연관된 반사회적 및 병적 행동양상들은 '파충류 같은' 행동으로 불려왔다.

만약 육상 포유류가 신경성 느린맥을 유발하기 위해 미주신경활성도를 반사적으로 증가시키는 파충류의 전략을 사용했다면, 산소를 많이 필요로 하는 겉질과 심장근육에 치명적인 결과를 초래했을 것이다. 이 전략은 급속도로 심장허혈$^{cardiac\ ischemia}$과 겉질무산소증$^{cortical\ anoxia}$을 유발했을 것이며, 그 결과 죽게 되었을 것이다. 비록 수중 포유류는 여전히 산소에 의존하고 있지만, 대사요구량을 줄이기 위해 신경성 느린맥을 조절하는 잠수반사diving reflex[20]를 사용한다. 수중 포유류는 오랫동안 잠수하는 동안에 필요한 산소를 관리하고 산소에 대한 우선권을 이동시키기 위해 육상 포유류는 사용할 수 없는 복합적인 기전을 가지고 있다.

포유류의 경우 대사요구량이 크고 모호핵에서 나오는 미주신경긴장도가 제거되는 스트레스 상태에서, 심장박동조율기cardiac pacemaker[굴심방결절sinoatrial node(SA)과 방실결절atrioventricular node(AN)[21]]는 등쪽 운동핵에 의해 중재되는 신경성 느린맥을 유발하기 쉽다. 신경성 느린맥이 심각해지면 치명적일 수도 있다. 이것은 저산소증 시기 동안에 느린맥이 관찰되는 태아곤란fetal distress의 경우에 해당되거나, 영아돌연사증후군sudden infant death syndrome 또는 성인 돌연사의 원인으로 작용할 수 있다. 이 모델에서 주장하는 바와 같이 개의 경우에는 진행질식저산소증progressive asphyxic hypoxia이 심장미주신경활성도를 증가시킬 뿐만 아니라, 날미주신경 영향에 대한 굴심방결절의 민감도를 강화시킬 수 있다는 것이 증명되었다(Potter & McCloskey, 1986). 따라서 저산소증 동안에 제한된 또는 감소된 날미주신경 활동에 의해 심한 느린맥이 지속될 수 있다.

여러미주신경이론은 태아곤란 동안에 관찰되는 호흡굴부정맥이 없는 고위험도 신생아에게서 관찰되는 심한 신경성 느린맥에 대한 설명을 제공해 줄 수 있다. 예를 들면, 태아곤란 동안에 심한 느

---

20) 수중 포유류가 물에 들어갈 때 얼굴과 코의 차가움과 물의 느낌을 느끼면, 산소를 보존하기 위해 심장 박동감소, 혈관수축을 하는 반사(역자 주).
21) 굴심방결절에서 나온 전기자극을 좌우심실로 전달한다(역자 주).

린맥이 관찰될 때([그림 2.2a] 참조) 심박변동성이 배경에 적게 나타
난다([그림 2.2b] 참조). 이와 유사하게 낮은 호흡굴부정맥의 진폭을
보이는 신생아들은 무호흡증과 느린맥에 대한 위험도가 가장 높다
(Sostek, Glass, Molina, & Porges, 1984). 따라서 모호핵으로부터 나
오는 미주신경의 영향이 감소되는 것은 호흡굴부정맥의 진폭이 낮기
때문이며, 신경성 느린맥에 대한 취약성과 연관되어 있다. 포터와 맥

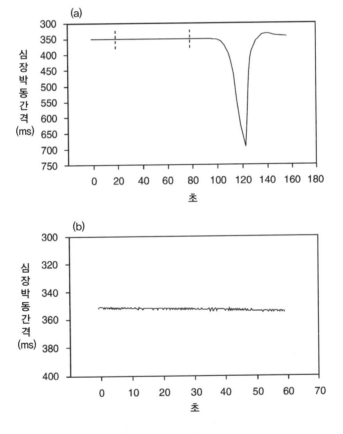

[그림 2.2] (a) 태아곤란 동안의 느린맥
(b) 느린맥이 나타나는 동안의 배경 심박변동성

클로스키[Potter & McCloskey](1986)는 저산소증과 연관된 중추신경계 기능의 저하가 어떻게 심한 신경성 느린맥을 유발하는지에 대한 설명을 해 주었다. 이들은 저산소증의 기간, 날미주신경, 심장에 대한 미주신경 출력의 증가 사이의 복합적인 되먹임체계를 보고하였다. 이 체계는 저산소증과 연관된 미주신경의 출력이 심하게 감소됨에도 불구하고, 굴심방결절에 대한 미주신경의 출력을 강화시킴으로써 느린맥을 유지할 수 있다. 이러한 상황에서 비록 느린맥은 미주신경의 가지에 의해 중재되지만, 느린맥의 정도는 말초기전에 의해 결정되기 때문에 중추신경에 의해 중재된 미주신경긴장도를 더 이상 반영해주지 않는다. 비록 포터와 맥클로스키가 호흡굴부정맥은 조사하지 않았지만, 우리는 동물들이 수술적, 전기적, 저산소증 조작을 하기 전에 마취가 되었고 저산소증과 마취는 호흡굴부정맥을 포함하여 심박변동성의 감소와 연관되어 있기 때문에, 호흡굴부정맥이 이들의 연구에서는 적을 것이라는 것을 추측할 수 있어야 한다(Donchin et al., 1985; Nelson, 1976).

이러한 두 가지 미주신경의 영향에 관한 내용이 토끼의 등쪽운동핵에 대한 전기자극을 통해 증명되었다. [그림 2.3]에서 볼 수 있듯이, 등쪽운동핵에 대한 전기자극은 호흡굴부정맥의 증가 없이 느린맥을 유발한다. 이것은 모호핵 및 등쪽운동핵 모두와 연결되어 있는 대동맥감압신경[aortic depressor nerve]의 자극효과와 반대되는 것이다. 이와 유사하게 [그림 2.4]에서 보여주듯이, 마취된 토끼의 경우에 대동맥감압신경에 대한 자극은 호흡굴부정맥과 심한 느린맥을 증가시킨다 (McCabe, Yongue, Porges, & Ackles, 1984).

여러미주신경이론은 등쪽운동핵과 모호핵에서 나오는 미주신경

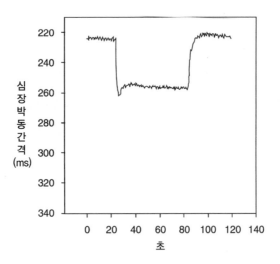

[그림 2.3] 마취된 토끼의 등쪽운동핵에 대한 전기자극에 의해 유발되는 느린맥

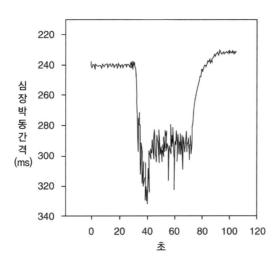

[그림 2.4] 마취된 토끼에게 대동맥감압신경을 자극했을 때 나타나는 느린맥

섬유들이 구조와 기능에 있어서, 구별이 가능하다고 설명한다. 구체적으로 모호핵에서 나오는 날미주신경섬유들은 말이집이 형성되어

있고 호흡성 리듬을 가지고 있으며, 등쪽운동핵에서 나오는 날미주
신경섬유들은 민말이집이고 호흡성 리듬을 나타내지 않는다고 알려
져 왔다. 그러나 이러한 구별에는 약간의 문제점이 있다. 예를 들면,
조단[Jordan] 등(1982)은 등쪽운동핵에서 나오고 B 신경섬유로 전달되기
때문에, 말이집 형성이 된 날축삭을 가진 심장억제성 미주신경세포
가 있다는 보고를 하였다. 게다가 조단은 이러한 신경세포들이 호흡
성 리듬을 가지고 있다고 보고하였다. 비록 조단의 발견은 기존의 날
미주신경의 두 가지 기원에 대해 지지해주고 있기는 하지만, 기존의
기능적 구별이 틀렸음을 입증해주는 것이다.

조단[Jordan] 등(1982)이 확인한 불일치를 설명하는 몇 가지 설명들
이 있다. 조단 등의 연구는 세포체[cell bodies]를 확인하기 위해 표준화된
정신생리적 자극과 기록 방법을 사용하였다. 슈와버[Schwaber](1986)에
따르면, 과거에 등쪽운동핵에서 나온다고 생각되었던 많은 미주신경
섬유들이 역행성으로 꼬리표를 붙인 홍당무과산화효소[retrogradely labeled
horseradish peroxidase]와 같은 새로운 방법을 사용했을 때 모호핵에 위치한
것으로 확인되었다. 슈와버는 또한 모호핵에서 나오는 축삭들은 등
쪽운동핵의 경계와 매우 가까운 곳을 지나기 때문에 전기자극연구에
서 모호핵을 건드리지 않고 등쪽운동핵을 자극하거나 손상을 주는
것은 어려운 일이라고 말하였다. 따라서, 보다 정확한 기법을 사용한
추가적인 연구들이, 모호핵에서 나오고 B 신경섬유 범위에 드는 모
든 신경세포들을 증명할 수 있을 것이다. [그림 2.3]과 [그림 2.4]에
서 제시한 토끼를 대상으로 한 우리의 연구 자료들은 잘못된 방법을
사용한 것에 대한 또 다른 증거자료를 제공해주는 것이다. 조단 등
(1982)에 따르면 대동맥감압신경에 의해 흥분된 모든 신경세포들은

호흡리듬을 유발한다. 이와 비슷하게 [그림 2.4]에서 설명하고 있듯이, 대동맥감압신경의 자극은 느린맥 및 호흡굴부정맥의 증가를 유발한다. 그러나 등쪽운동핵의 자극은 약해진 느린맥만을 유발하였다. 이러한 소견들은 등쪽운동핵 자극 이후에 나타나는 미주신경의 출력이 호흡성 리듬을 가지고 있지 않다는 것을 암시한다. 게다가 느린맥은 대동맥감압신경의 자극 이후의 잠복 시에 관찰되는 것과 유사하며 즉각적이다. 느린맥의 크기는 대동맥신경 자극에 의해 유발되는 크기의 약 50%였는데, 이러한 결과는 마차도와 브로디[Machado & Brody](1988)의 연구결과와 일치하는 것이다. 두 번째 가능성은 등쪽운동핵의 기능 및 조직화에 있어서 종별차이점이다. 예를 들면, 토끼는 얼어붙는 행동을 쉽게 하기 위해, 호흡 기능과는 관련이 없으면서 등쪽운동핵에서 나오는 유일한 말이집 미주신경경로를 발전시켜왔을 수 있다. 이러한 설명에 따르면 등쪽운동핵은 B 신경섬유를 가지고 있을 수 있지만, 호흡리듬을 표현하지 못할 것이다. 마찬가지로 일부 포유류 종들은 공동 심혈관발진기[common cardiopulmonary oscillator]의 한 부분으로 등쪽운동핵 내 또는 근처에 신경세포들을 가지고 있을 수 있다 (Richter & Spyer, 1990).

앞으로의 연구는 여러미주신경이론에서 설명한 등쪽운동핵과 모호핵 사이의 기능적 및 구조적 차이가 정확한 것인지 아닌지를 결정해 줄 것이다. 전체 포유류 종을 일반화하는 것과 관련된 추가적인 걱정이 있다. 포유류의 미주신경에 대한 대부분의 신경생리학적 및 신경해부학적 연구는 쥐, 토끼, 고양이, 개를 사용하였다. 인간의 미주신경조절에 관한 연구는 약물학적 차단을 통해 말초신경의 생리를 평가하는 것에 국한되었었다. 그러나 인간의 뇌줄기에 대한 몇몇 신경해부학적 연구들은 질병이나 외상으로 사망한 환자들을 대상으로 시행되었다. 따라서 설치류에 대한 조사를 통해 개발된 여러미주신경이론을 인간에게 일반화해서 적용시킬 수 있는지에 대한 의문이 생길 수 있다. 그러나 기존의 자료들은 인간의 신생아에게 있어서 호흡굴부정맥 없이 발생하는 임상적인 느린맥([그림 2.2] 참조), 흡입마취를 하는 동안에 심장박동수의 변화와 관계없이 발생하는 호흡굴부정맥의 변화(Donchin 등, 1985), 두 가지 체계에서 나타나는 짧은 잠복기 반응([그림 2.3]과 [그림 2.4])과 같은 현상들을 설명해 준다.

포유류와 파충류의 미주신경전략

파충류와 포유류의 미주신경체계는 서로 반대되는 전략을 가지고 있다. 파충류의 특징은 안정 시의 낮은 미주신경긴장도와 환경적인 도전에 대한 반응으로 나타나는 일시적인 미주신경긴장도의 증가이다. 이와는 대조적으로 포유류의 특징은 안정 시의 높은 미주신경긴장도와 환경적인 도전에 대한 반응으로 나타나는 일시적인 미주신경긴장도의 감소이다(〈표 2.3〉 참조).

파충류는 적대적인 세상에 적응하기 위해서 생존을 목적으로 행동하게 된다. 대부분의 행동은 먹이를 찾아 돌아다니기, 몰래 다가가

〈표 2.3〉 미주신경전략들

	파충류	포유류
안정 상태	낮은 DMNX	높은 NA/낮은 DMNX
새로운 것에 대한 반응	DMNX의 증가	NA의 감소/DMNX의 증가

기, 음식섭취와 연관되어 있다. 오직 제한된 시간과 에너지가 양육 및 생식과 같은 사회적 상호작용에 사용된다. 파충류의 방어적인 세계에서 신경성 느린맥은 적응적이며 생리적 상태를 손상시키지 않는다. 파충류는 포유류보다 더 적은 대사를 하는 신체 장기들을 가지고 있으며, 산소에 덜 의존적이기 때문에 산소가 없이도 오랫동안 지낼 수 있다. 이와는 대조적으로 파충류의 적응전략이 포유류에게는 치명적인 것이 될 수 있다. 파충류의 방어적인 세계에서 맞섬 또는 도피 행동을 강화시키기 위해 대사출력을 증가시킬 필요가 있다. 따라서 새로운 것에 대해 나타나는 반사적인 신경성 느린맥이 오랫동안 지속되는 것은 산소 자원과 대사출력을 감소시켜 포유류의 맞섬 또는 도피 행동을 약화시킬 수 있다. 산소 자원의 감소는 또한, 중추신경계 기능을 저하시켜 행동의 복합성과 복잡한 행동의 실행을 감소시키며, 의식소실, 생명장기의 손상 그리고 만약 이러한 상태가 지속된다면 죽음에까지 이르게 할 수도 있다. 따라서 정위반사의 심장과 관련된 요소는 반드시 짧은 시간동안만 이루어져야 하고, 포유류의 산소의존적인 신경계를 손상시키지 않는 생리적 반응으로 대체되어야 한다. NA에서 나오는 미주신경긴장도의 철수는 이러한 목적으로 사용된다.

미주신경 반응양상의 계통발생적인 기원

DMNX에 의해 조절되고 정위반사 동안에 파충류와 포유류 모두에게서 관찰되는 신경성 느린맥은 원시적인 척추동물의 미각반응체계에서 진화된 것이다. 미각은 수중 환경에서 먹잇감(다른 적절한 음식자원을 포함하여)과 포식자를 확인하는 일차적인 방법이다. 예를 들면 어류에서 분화되지 않은 미주신경엽^{vagal lobe}은 미각, 소화, 영양 과정을 조절한다(Finger & Dunwiddie, 1992). 미주신경긴장도의 반사적인 증가는 몇몇 장기에 영향(대사를 감소시키고 동물이 일시적으로 얼어붙게 만들 수 있는 심장, 자극의 근원 쪽으로 향하게 하고 새로운 것을 발견하는 문턱값을 조절하는 미각 수용체를 가지고 있는 기관들, 소화액의 분비와 창자운동을 자극하는 소화 및 영양체계)을 미칠 수 있다.

계통발생적인 발달 과정에서 미주신경체계의 내장친화성 조직화 ^{viscerotropic organization}는 삼차신경^{trigeminal}, 얼굴신경^{facial}, 더부신경^{accessory}, 혀인두신경^{glossopharyngeal nerve}을 포함하는 다른 뇌신경들에서 나오는 경로들을 통합함으로써 더 복잡해졌다. 따라서 자극의 근원 쪽으로 감각수용체를 향하게 하기 위해, 머리를 돌리는 것, 음식을 섭취하기 위해 씹는 것, 미각과 소화과정을 시작하기 위해 침을 분비하는 것과 같은 특수한 기능들이 미주신경체계로 통합되었다.

미주신경의 운동요소는 네 개의 뇌신경들(삼차, 얼굴, 더부, 혀인두신경)과 진화적인 기원을 공유하고 있다. 미주신경은 민무늬근육^{smooth muscle22)}과 심장근육^{cardiac muscle}을 신경지배할 뿐만 아니라 다른 네 개의 뇌신경과 마찬가지로 신체근육^{somatic muscle}을 신경지배하는 운동경로도 가지고 있다. 신체근육을 지배하는 미주신경경로는 흔히 자율신경계의 신경생리에 포함되지 않는다. 이러한 섬유들은 민무늬근육과 심장근육을 지배하는 운동경로인 일반내장날경로^{general visceral}

---

22) 근육 중에서 가로무늬가 없는 근으로 척추동물의 심장근 이외의 내장근은 모두 민무늬근이다. 운동이 활발하지 않은 부분에 발달되며 쉽게 피로를 느끼지 않는 성질을 가진 불수의근이다(역자 주).

efferents와 구별하기 위해, 특수내장날경로$^{special\ visceral\ efferents}$라고 불린다. 이러한 두 가지 종류의 운동경로들 사이의 중요한 차이점은 신체근육은 의식적이고 수의적으로 조절되는 반면, 민무늬근육의 조절은 반사적이고 무의식적으로 이루어진다는 것이다. 특수내장날경로는 수의근육을 지배하기 때문에 대개 자율신경계에서 제외된다. 전통적으로 교감신경계와 부교감신경계 두 가지 모두에서 나오는 일반내장날경로만 자율신경계로 정의된다.

다섯 개의 뇌신경에 의해 지배되는 신체근육들은 발생학적으로 원시적인 아가미궁$^{primitive\ gill\ arches}$이라고 알려져 있는 아가미궁$^{branchial\ arches23)}$에서 발생한다(Warwick & Williams, 1975). 이러한 근육들은 몇몇 포유류의 행동에 중요하다. 예를 들면 첫 번째 아가미궁에서 나오는 삼차신경에 의해 지배되는 신체근육은 씹기, 아래턱 들어 올리기, 입 다물기에 관여한다. 두 번째 아가미궁에서 나오는 얼굴신경의 특수내장날섬유는 얼굴표정을 위해 얼굴, 머리덮개^{scalp}, 목근육을 지배한다. 얼굴신경은 또한 입의 바닥에 있는 근육도 지배한다.

비록 삼차신경과 얼굴신경이 아가미궁에서 발생하고, 아가미궁에서 발생한 다른 세 가지 뇌신경과 의사소통하지만, 혀인두, 미주, 더부신경을 위한 특수내장날경로의 근원핵들은 똑같은 숨뇌핵인 NA에서 나온다. 따라서 날섬유들은 다른 세 개의 뇌신경을 따라 이동하지만 똑같은 근원핵에서 나오는 것이다.

계통발생적 발달 과정에서 혀인두, 미주, 더부신경의 특수내장날경로 근원핵들은 NA를 형성하기 위해 이동한다. 포유류에서 NA

---

23) 태생 제4주의 배아경부에는 4개의 융기와 4가닥의 홈이 형성된다. 홈 부분이 내부로 개통되면 아가미가 되는데, 사람에서는 개통하지 않으며 융기 부분을 아가미궁이라고 한다. 아가미궁은 분화되어 안면, 인두, 후두 등의 근과 골격계를 형성한다(역자 주).

는 인두, 물렁입천장, 후두, 식도의 복합적인 조율을 통제한다. 특히 주목해야 하는 정신생리적 과정은 세 번째 아가미궁에서 산소와 이산화탄소 농도에 민감한 말초 화학민감수용체chemosensitive receptors를 가지고 있는 목동맥토리carotid body24)가 발생한다는 점이다(Warwick & Williams, 1975). 게다가 더부신경은 목의 위치를 조절하는 목척수에서 나오는 신경섬유들을 포함하고 있다. 중요한 목동맥carotid arteries, 속목정맥internal jugular veins, 미주신경은 이러한 근육들 사이를 지나간다(Warwick & Williams, 1975). 따라서, 이러한 복합체는 또한 신체근육을 통해 내장수용체들의 방향을 잡고, 소화 및 배출과 연관된 구조물들을 조율하며, 얼굴표정과 감정을 조율하는 능력을 가지고 있다. 이러한 운동핵들은 심폐기능과 연관된 복합적인 행동을 조율하기 위해 겉질에서 오는 입력을 받아들인다. 따라서 계통발생학적으로, 아가미궁이 모든 포유류에게 공통적으로 있는 아가미분절branchiomeric 근육들로 발달하지만, 환경과 상호작용을 하는 동안의 호흡과 심장박동의 조율을 통한 혈액의 산소 공급은 일차적인 기능의 목적으로 남아있다.

가로막위 기관들에 대한 NA의 통제와 연관된 과정들은 포유류에게만 독특하게 나타난다. 예를 들면 미주신경의 이 하부체계는 포유류가 능동적이고 수의적으로 음식을 먹고 숨 쉴 수 있도록 해주는 빨기, 삼키기, 호흡의 복합적인 순서를 조율해준다. 더욱이 NA는 심장에 대한 일차적인 심박변동성을 제공하며 목소리의 어조를 조절한다. 따라서 NA 날투사efferent projections는 음식섭취 및 호흡과 연관되어

---

24) 온목동맥이 속 · 바깥목동맥으로 갈라지는 곳에 있는 쌀알 크기의 소체로, 화학수용기가 있어 혈액 중의 산소, 이산화탄소에 반응해서 호흡조절을 한다(역자 주).

있을 뿐만 아니라, 동작, 감정, 의사소통에도 관여한다. 이러한 행동들은 포유류에게서만 관찰되는 독특한 사회적 행동과 생존 행동에 기여한다. NA 미주신경은 포유류가 맞섬 또는 도피 행동을 강화시키는 대사출력을 증가시키기 위해 즉각적으로 제거하는 미주신경제동을 제공한다. NA 미주신경은 사회적인 상황에서 감정을 표현하고 내적인 상태를 의사소통하기 위해 목소리의 어조(예: 우는 양상)를 변화시키는 운동경로를 제공한다.

미주신경의 두 개의 가지들이 만들어내는 행동들은 이들의 유형을 암시해 주는데, 미주신경의 한 가지는 무의식적이고 반사적인 조용한 기능을 다루며 다른 한 가지는 보다 의식적이고, 수의적이고, 융통성이 있고 흔히 사회적인 활동과 연관되어 있다. 이러한 유형을 지지하는 신경해부학이 존재한다. DMNX는 민무늬근과 심장근육섬유들을 지배하고 샘분비$^{glandular\ secretion}$를 조절하는 일반내장날경로들만 가지고 있다. 이와는 대조적으로 NA는 물렁입천장, 인두, 후두, 식도의 신체근육을 지배하는 특수내장날경로를 가지고 있다.

신체운동과 내장운동 — 짝을 이룬 체계

우리는 포유류에서 자율신경계 기능과 신체근육의 활성도를 연결시키는 두 가지의 진화적 전략을 관찰한다. 첫째, 척수신경의 분절과 교감신경줄기$^{sympathetic\ chain}$25) 사이에 해부학적인 연결이 있다. 이러한 연결은 운동과 연관된 교감신경긴장도의 증가에 반영되어 나타

---

25) 머리뼈 바닥에서 꼬리뼈까지 이어지는 교감신경절로 척수의 앞뿔과 연결되어 있다(역자 주).

나며, 이러한 혼란스러운 운동과 자율신경계 반응은 정신생리학자들을 오랫동안 괴롭혔다. 분절된 교감신경계의 진화는 수의적인 운동 활동성의 진화와 일치되어 나타났다. 교감신경계는 혈류를 위한 혈관운동 긴장도를 조절하며, 따라서 도전을 받았을 때 산소가 구체적인 근육에 도달할 수 있게 해준다. 교감신경계의 활동성과 동작 사이의 이러한 짝은 자율신경계 기능과 체온, 정신병리를 연관시키는 각성이론$^{arousal\ theory}$ 및 다른 가설들의 기초가 되어왔다. 오브리스트^{Obrist}(1976)가 자율신경계의 상태는 운동 활동성(즉, 대사요구량)과 별개의 것이라는 레이시^{Lacey}(1967)의 생각에 도전한 것은 그리 오래된 것이 아니다. 운동 활동성이 자율신경계에 상당한 영향을 미친다는 것에는 의심의 여지가 없지만, 이러한 영향이 동작과 관계없이 특별한 심리적 과정에 대해 민감한 다른 관계들의 중요성을 약화시키지는 않았다.

둘째, 뇌신경 핵의 지배를 받는 신체근육과 부교감신경의 기능 사이에는 해부학적인 연결이 있다. 우리는 이것을 NA의 내장친화성 조직화에서 명백히 관찰할 수 있다. NA는 인두, 후두, 기관, 식도를 지배하는 신체근육섬유에 대한 근원핵을 제공한다. 더욱이 NAEX라고 알려져 있는 이러한 근원핵들의 배쪽에 있는 NA 영역은 기관지의 저항(Haselton, Solomon, Motekaitis, & Kaufman, 1992)과 심장박동(Bieger & Hopkins, 1987)을 조절하는 일반내장날섬유가 나온다. 배쪽 부분은 또한 다른 내장에도 투사한다(Brown, 1990).

신경해부학적 연구에 근거하여 NA의 배쪽 부분에 의해 조절되는 내장운동 기능은 NA와 삼차신경, 얼굴신경에서 나오는 신체운동투사를 위한 부교감신경성 지지를 제공한다는 것이 증명되었다. 신경해부학적 연구들은 NTS를 통해 일차적인 감각입력을 받는 DMNX와는 달리, NA는 감각입력의 중요한 근원으로 삼차신경을 가지고 있다고 제안한다. 더욱이 NA의 입쪽 부분은 얼굴신경 핵과 의사소통한다. 이러한 NA와 얼굴신경, 삼차신경 핵과의 짝은 NA를 통한 내장운동조절과 삼키기(Brown, 1974), 빨기(Humphrey, 1970), 얼굴표정과 같은 신체운동 기능의 조율에 관여한다는 추가적인 증거를 제공해준다. 따라서 포유류 뇌줄기의 조직화는 NA, 삼차신경과 얼굴신경의 핵으로 이루어진 배쪽미주신경복합체$^{\text{ventral vagal complex}}$와 조용한 과정을 조절하고, 파충류에게서 관찰되는 DMNX, NTS로 이루어진 등쪽미주신경복합체$^{\text{dorsal vagal complex}}$를 가지도록 진화되었다.

내장운동(즉, 자율신경적) 과정은 운동 동작을 강화하기 위해 신체운동 활동과 연결된다. 말초에서 이것은 주로 교감신경줄기에 의해 이루어지는데, 생식 및 배출과 같은 특별한 경우에는 부교감신경계의 엉치가지$^{\text{sacral branch}}$가 관여한다. 그러나 포유류 해부학에서의 입쪽 부분(즉, 머리)에서 얼굴표정, 씹기, 목소리, 삼키기, 빨기를 조절하는 신체근육은 심장과 기관지에 강력한 영향을 미치는 NA의 배쪽 부분에서 나오는 일반내장날경로와 짝을 이룬다. 이러한 운동섬유들은 산소교환을 보존하기 위해 효율적으로 심장박동을 느리게 하고, 호흡저항을 증가시킨다. 인간의 배아^{embryo}와 태아^{fetus}를 대상으로 한 신경해부학적 연구들은 이러한 내장운동 신경세포들이 DMNX에서 이동한 것이라고 제안한다(Brown, 1990).

발생학적 연구와 계통발생적 비교를 통해서 관찰한 것처럼, 포유류의 원시적인 아가미궁은 얼굴, 입의 뼈들, 턱, 인두, 후두, 물렁입천장, 식도, 기관을 조절하는 근육과 신경으로 발달한다. 이러한 근육들을 지배하는 신경들은 독특하게도 척수의 앞 뿔[anterior horn]에서 나오지 않고 다섯 개 뇌신경들(삼차, 얼굴, 혀인두, 미주, 더부)의 근원 핵들에서 나온다. 이러한 독특함 때문에 이 운동체계는 특수내장날 신경으로 알려져 있다. 그리고 이들의 수의적인 측면 때문에 이러한 경로들은 전통적인 자율신경계의 개념에서 제외되었다. 빨기, 삼키기, 목소리와 같은 포유류의 특징인 얼굴표정은 아가미궁에서 발달한 내장근육에 대한 특수내장날경로의 독특한 포유류만의 적응을 반영해준다.

그러나 교감신경계와 팔다리 뼈대근육[skeletal muscles] 사이의 상승적인 관계와 유사하게, 미주신경의 전통적인 일반내장날경로와 이러한 뇌신경들에 의해 조절되는 신체근육들 사이에도 상승적인 관계가 존재한다. 따라서 이러한 신체근육들의 증가된 출력은 특별한 내장상태로의 이동을 유발한다. 예를 들면 씹기는 음식이 없는데도 침의 분비를 유발할 것이며, 더부신경의 특수내장날경로를 통한 머리돌림은 미주신경의 심혈관 작용에 영향을 미칠 것이다.

중추신경계의 계통발생적 발달은 포유류에게 큰 새겉질[neocortex]을 가진 뇌가 형성되도록 진행되었다(MacLean, 1990). 새겉질은 산소 부족에 매우 취약하다. 진화적인 압력은 겉질에 대한 산소 이용 가능성을 최대화시키는 자율신경계 전략을 유발하였다. 그러나 이러한 포유류의 전략은 파충류의 전략에도 존재하고 있었다. 따라서 전제 2는 발달한 포유류의 뇌가 계통발생적인 유산을 보유하고 있다는 맥린[MacLean]의 관점과 일치한다.

전제 2: 정위반사와 연관되어 있는 신경성 느린맥은 DMNX에 의해 중재되는 파충류 뇌의 계통발생적인 유산이다.

비록 계통발생적 발달은 몇몇 뇌구조물들을 변화시켰지만, 발달한 포유류의 뇌는 원시적인 파충류에게서 관찰되는 것과 실제로 똑같은 몇몇 구조물들과 체계들을 유지하고 있다. 비록 이러한 원시적인 구조물 각각은 특별한 독립적인 기능을 할 수 있지만, 광범위하게 서로 연결되어 있고 기능적으로 의존하고 있다. 따라서 포유류에게 있어서 DMNX는 여전히 소화를 촉진시키고 심장박동을 느리게 하는 파충류의 기능을 유지하고 있다. 포유류는 심장과 기관지를 조절하는 일반내장날미주신경이 나오는 추가적인 뇌줄기 구조물인 NA를 사용한다. 이러한 신경섬유들의 근원이 되는 세포들은 둘레계통 및 다른 고위 중추들과 효율적으로 의사소통을 하며, 새로운 것에 대한 의식적이고 수의적인 선택을 할 수 있도록 해준다. 이와는 대조적으로 DMNX는 흔히 생존과 연관된 자극으로 촉발되는 시상하부의 의사소통에 의해 보다 직접적으로 조절된다(Hopkins, 1987; Leslie et al., 1992). 따라서 전제 3에서 언급하겠지만, NA 기전에 의한 날미주신경의 조절은 새로운 것을 발견하고, 환경에 능동적으로 참여하며, 사회적으로 의사소통하는 포유류의 능력에 기여한다.

전제 3: NA 기전을 통한 심장미주신경긴장도의 철수는 대사출력을 유지하고 지속적인 사회적 의사소통에 대한 요구를 관리하는 동안, 환경에 있는 새로운 것을 선택하기 위한 포유류의 적응기전이다.

파충류-포유류의 진화적인 증거를 요약해보면, 심장에 대한 계통발생적인 신경조절의 발달은 심장미주신경조절이 명확하게 반대되는 또는 역설적인 것에 대한 통찰을 제공해준다. 대부분의 파충류 신경해부학은 다음과 같은 것들을 증명해준다. (1) DMNX와 NA 사이에 해부학적으로 구별이 가능한 경계가 없다. (2) 심장에 대한 날미주신경경로는 오직 DMNX에서만 나온다. 포유류 신경해부학은 다음과 같은 것들을 증명해준다. (1) DMNX와 NA 사이의 뚜렷한 분리가 있다. (2) 심장에 대한 날미주신경경로는 주로 NA에서 나오지만, 전적으로 NA에서만 나오는 것은 아니다. (3) 편도의 중심핵과 NA 사이에 직접적인 신경적 연결이 존재한다. (4) NA에 있는 숨뇌 신경세포들이 모여 있는 것은 목소리, 얼굴표정과 연관된 신체근육들을 조절할 수 있게 해주고 호흡을 빨기 및 삼키기와 조율할 수 있게 해준다.

활발한 미주신경과 조용한 미주신경

여러미주신경이론은 진화적인 변화가 DMNX와 분리된 NA 및 미주신경의 역할을 변화시킨 특수내장날경로의 진화적인 발달 모두를 유발하였다고 제안한다. DMNX 미주신경에서 나오는 일반내장날경로는 조용한 기능과 연관된 수동적이고 반사적인 운동체계의 한 부분이기 때문에, 조용한 미주신경vegetative vagus이다. NA에서 나오는 특수내장날경로는 집중, 동작, 감정, 의사소통의 의식적인 기능과 연관된 능동적이고 수의적인 운동체계이기 때문에, 활발한 미주신경smart vagus이다.

여러미주신경이론은 미주신경체계와 미주신경긴장도의 개념을 새롭게 재개념화할 것을 요구한다. 이 이론은 숨뇌에 있는 뇌신경들의 근원핵들이 가지고 있는 세포구축학cytoarchitecture26)에 초점을 두고

---

26) 기관이나 조직의 신경세포 구성(역자 주).

있다. 이 이론은 발생학과 계통발생적 비교를 통해 진화론적인 접근을 하며, 특수내장날경로의 기원을 조사하고 이러한 섬유들의 세포체$^{cell\ bodies}$가 공유하고 있는 숨뇌의 구조물들에 초점을 맞추고 있다. 이 이론은 미주신경체계가 복합적이며 숨뇌에서 나오는 섬유 다발의 측면이 아니라, 이러한 경로들의 공통된 몇몇 근원핵들의 측면에서 조직화되어야 한다는 것을 인정하고 있다. 기능적으로 공통된 근원핵들은 다양한 표적기관들의 복합적인 상호작용을 조절하고 조율하기 위한 중추를 제공하며 심폐기능의 최적화와 연관되어 있다.

산소를 많이 필요로 하는 대사체계를 가지고 있는 포유류는 심폐기능을 섭취(예: 씹기, 침 분비, 빨기, 삼키기), 입 또는 식도를 통한 배출(예: 구토), 목소리(예: 울음 및 말), 감정(예: 얼굴표정), 집중(예: 머리돌림)의 행동과 조율하기 위해 특별한 숨뇌중추를 필요로 한다. NA는 이러한 역할을 하며 활발한 미주신경의 근원세포로서의 역할을 한다. 포유류에게서 관찰되는 NA와 심폐기능 사이의 강력한 연결은 파충류에서는 관찰되지 않는다. 얼굴표정을 조절하는 신경이 없는 파충류에서는 NA가 내장운동의 조절에 주요한 역할을 하지 않는다.

공동 심호흡발진기에 대한 숨뇌의 기여

NA는 입쪽으로 얼굴신경세포의 높이에서 시작하여, 꼬리쪽으로 척수와 숨뇌가 만나는 지역까지 뻗어있다. [그림 2.5]에 설명되어 있듯이 쥐의 NA는 몇 개로 나뉜다. NA는 치밀^{compact}(NAC), 반치밀^{semicompact}(NASC), 성긴(NAl), 바깥(NAEX) NA로 구성되어 있다(Bieger & Hopkins, 1987). 등쪽부분은 NAC, NASC, NAl로 이루어

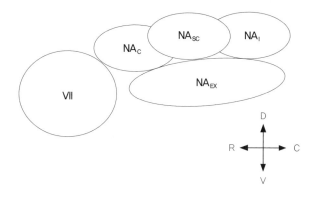

[그림 2.5] 쥐 모호핵(nucleus ambiguus: NA)의 지형학적 구조

져 있다. 등쪽부분은 물렁입천장, 인두, 후두, 식도를 지배하는 특수 내장날경로의 근원핵들이다. 배쪽 부분은 가슴내장, 특히 기관지와 굴심방결절을 지배하는 일반내장날경로의 근원핵인 NAEX로 이루어져 있다. NAEX에서 나와서 기관지(Haselton et al., 1992)와 굴심방결절(Spyer & Jordan, 1987)에서 끝나는 미주신경섬유들은 호흡리듬을 가지고 있기 때문에, RSA가 NA에서 나오는 또는 최소한 NA를 포함하는 공통된 호흡리듬을 반영해준다고 제안되고 있다.

리히터와 스파이어[Richter & Spyer](1990)는 인두, 폐, 심장의 기능과 연관된 신경해부학적인 중추들을 조사한 이후에, NA가 공동으로 호흡리듬에 기여한다는 결론을 내렸다. 이들은 또한, 산소를 많이 필요로 하는 포유류가 심폐과정을 조절하기 위한 숨뇌중추를 가지고 있다고 생각하였다. 이들은 공동 심호흡발진기[cardiorespiratory oscillator]가 심장과 호흡과정 사이의 조율을 강화하기 위해 진화되었다고 제안하였다. 이들의 모델에서 호흡리듬은 NTS에 있는 신경세포와 NA에 있는 신경세포 사이의 상호작용에 의존한다. 따라서 '공동common' 발진기가 만들어내는 호흡 빈도는, 호흡, 인두, 심장기능을 조절하는 운동신경세포를 가지고 있는 영역들 사이의 사이신경세포들interneurons을 구성하고 있는 신경망을 나타내준다. 심호흡발진기는 DMNX를 포함하지 않는다. 리히터와 스파이어Richter & Spyer(1990)는 자신들의 가설을 지지하기 위해 하나의 단위에 대한 교차상관 연구를 시행하고 보고하였다. 따라서 NA는 심호흡발진기 신경망의 한 부분이며 심장박동 진동의 기간(RSA의 간격)은 심호흡발진기의 출력빈도에 대한 유효한 지표를 제공해 준다.

다른 연구자들은 심폐리듬의 조절에 관여하는(만약 심폐리듬을 만들어내지 않는다면) 추가적인 뇌구조물들의 중요성을 강조하였다. 예를 들면 하퍼Harper와 동료들은 '호흡리듬'이 뇌줄기, 중간뇌midbrain, 앞뇌forebrain에 있는 몇몇 핵들에서 관찰될 수 있음을 증명하였다. 하퍼 집단은 교차상관기법을 이용하여 수도관주위회색질periaqueductal gray(Ni, Zhang, & Harper, 1990), 편도의 중심핵(Frysinger, Zhang, & Harper, 1988), 해마(Frysinger & Harper, 1989), 앞띠다발anterior cingulate(Frysinger & Harper, 1986)에서 호흡 시 단위발화가 있음을 보고하였다. 게다가 이들은 편도의 자극이 호흡 주기에 영향을 미칠 수 있음을 보고하였다(Harper, Frysinger, Trelease, & Marks, 1984).

NA에 의해 중재되는 기관지와 심장박동 진동의 공동변화(예: RSA)는 혈액의 산소 공급에 기능적인 영향을 미친다. 앞에서 언급했듯이 원시적인 아가미궁에서 나온 계통발생적인 파생물들의 일차적인 목적은 산소 공급을 유지하는 것이다. 따라서 기관지와 심장에 대한 미주신경긴장도의 변동은 산소 공급에 영향을 미칠 것이라고 추측할 수 있다. 아마도 기관지 긴장도와 심장박동 사이의 일관된 리듬의 변화는 산소의 확산을 최대화시킬 것이다. 이러한 문제에 답을 하기 위해서 평균적인 심장박동 및 호흡 속도와 관계없는 산소포화도와 RSA 사이의 관계를 확인하기 위한 연구가 필요할 것이다. 현재 산소포화도가 낮은 임상적인 상황에서, RSA 역시 저하되는 경향이 있음을 증명한 일회성의 자료만 존재하고 있다. 이러한 가설을 지지하는 자료는 미주신경절단술^{vagotomy}이 산소 소비–산소 전달 관계를 붕괴시켰음을 증명한 연구에서 나왔다(Scherlel, Brourman, Kling, Schmall, Tobias, & Myerowitz, 1994).

NA 상태의 측정 — RSA의 정량화

정신생리학자들의 관심은 주로 특수내장날경로와 연관되어 있는 행동과 심리적 과정에 있다. 대부분의 연구는 주의력, 동작, 감정, 의사소통과 같은 복합적인 행동을 중재하고 감시하는 능력을 필요로 하는 과정에 대한 것이었으며, 이러한 과정들은 NA의 특수내장날경로와 얼굴 및 삼차신경에 의존한다. 비록 우리는 목소리와 얼굴표정을 조절하는 특수내장날경로에 관심을 가지고 있지만, 많은 사람들은 부교감신경계와 교감신경계 가지에서 나오는 일반내장날경로만 측정한다. 우리가 모든 것을 놓친 것은 아닌데, 왜냐하면 NA의 배쪽과 등쪽부분 사이에는 사이신경적 의사소통이 존재하고 있기 때문이다. 따라서 NA는 심장과 기관지를 조절하는 일반내장날경로도 가지고 있기 때문에, 미주신경 출력 또는 활발한 미주신경의 긴장도를 계속적으로 관찰하는 것이 가능하다.

전제 4: 특수내장날경로와 일반내장날경로를 조절하는 NA의 능력은 RSA의 진폭으로 관찰될 수 있다.

NAEX에서 나오는 미주신경섬유들은 영향의 증감을 나타내주는 특징적인 호흡 빈도를 가지고 있다. 예를 들면 굴심방결절에 대해 억제작용을 하는 NA에서 나오는 미주신경섬유들은 호흡리듬에 대한 억제작용에도 증감이 있으며 RSA를 유발한다. 따라서 RSA를 측정함으로써 NA의 일반적인 상태를 계속적으로 측정하는 것이 가능하다. 이와 유사하게 폐의 저항을 증가시키는 기관지에 대한 NA 섬유들 또한 억제성 영향에 증감이 있다(Haselton et al., 1992).

RSA는 NA의 일반내장날경로를 평가하는 것이기 때문에 조용한 미주신경에 대한 지표이다. RSA는 미주신경긴장도의 전반적인 상태에 대한 평가나, 심지어 예전에 제안되었던 것처럼 심장에 대한 '전체적인' 미주신경 통제를 평가하는 것이 아니다(Fouad, Tarazi, Ferrario, Fighaly, & Alicandro, 1984; Katona & Jih, 1975; Porges, 1992). 심장박동의 수준과 리듬에 기여하는 심장에 대한 다른 미주신경적 및 비미주신경적 영향들이 존재한다. 예를 들면 DMNX 투사, 심장 내의 단일연접콜린경로[monosynaptic cholinergic pathway], 교감신경경로, 내인인자[intrinsic factors]들이 존재한다. 그러나 만약 유일한 것이 아니라면 굴심방결절에 대한 호흡리듬의 주된 근원은 NA에서 나오는 투사 때문이다.

굴심방결절에 대한 NA의 조절을 평가하기 위해서는 RSA의 매개변수들이 정확하게 추출되어야 한다. 우리는 이 문제를 해결하기 위해, 느린 진동과 경향에 관계없는 다항식 접근법을 가지고 RSA의 주기와 진폭을 평가하였다(Porges & Bohrer, 1990). 우리는 우리의 연구에서 호흡 속도와 RSA 주기 사이의 상관관계가 1.0에 접근하는 상관관계[27]를 얻었다. 이러한 소견들은 리히터와 스파이어[Richter & Spyer](1990)가 설명했던 공동 심호흡발진기의 개념을 지지한다. 진폭이 내장운동 긴장도를 나타내고, 주기가 공동 심호흡 빈도를 나타내는 RSA는 NA에서 나와서 굴심방결절에서 끝나는 미주신경섬유들의 출력이 만들어내는 기능적인 결과이다. 따라서 NA에서 심장으로 가는 미주신경긴장도와 RSA 사이의 관계를 강조하기 위한 더 나은 미주신경긴장도 지표는 VNA가 될 것이다(Porges, 1986).

RSA의 정량화에는 이러한 진동의 진폭과 주기에 대한 정확한 측정이 요구된다. 호흡 속도를 조절하는 데 대한 추가적인 실험적 제한점은 중추성 호흡리듬을 결정하는 내장−숨뇌 되먹임체계일 것이다. 예를 들면 호흡조절은 호흡 매개변수에 대한 인식이 필요하기 때문에, 뇌줄기 구조물에 미치는 겉질의 영향은 되먹임의 획득을 조절하고 RSA의 진폭에 영향을 미칠 것이다. 그리고 호흡조절은 속도, 진폭, 들숨과 날숨의 비율, 호흡 사이의 멈춤, 저항과 같은 호흡 매개변수들을 뇌줄기의 설정값에서 이동시킬 수 있다. 호흡조절이 RSA에 영향을 미친다는 자료들이 보고되었다(Sargunaraj, Lehrer, Carr, Hochron, & Porges, 1994).

흡입마취와 같이 특수내장날경로를 억제하는 다양한 조작이나 상황들은 RSA에 많은 영향을 미친다(Donchin et al., 1985). 특수내장날경로 기능의 회복은 RSA의 회복과 일치한다. 신경과에서의 진단은 흔히 특수내장날경로의 평가에 바탕을 두고 있다. 우리는 우

---

27) 두 변수의 상관관계가 +1이면 정상관관계, −1이면 역상관관계를 말한다(역자 주).

리의 연구에서 신경외과 수술 전의 RSA 진폭이 수술 후의 신경학적 회복에 대한 효과적인 지표가 된다는 것을 발견하였다(Donchin, Constantini, Szold, Byrne, & Porges, 1992). 추가적인 신경학적 자료들은 뇌사 판정을 받은 사람들에게 RSA의 감소가 지속적으로 나타난다는 것을 증명하였다(Mera, Wityk, & Porges, 1995).

고위험 조산아들은 호흡, 빨기, 삼키기(즉, NA에 의해 조절되는 과정들)의 조율에 문제를 가지고 있다. 이러한 영아들은 낮은 수준의 RSA를 가지고 있다(Porges, 1992). 이러한 영아 중의 많은 수는 심한 느린맥을 가지고 있다. 느린맥은 흔히 무호흡증을 동반하며, 사용 가능한 산소의 저하는 DMNX에 의한 신경성 미주신경조절을 반영하는 것으로 간주될 수 있다. 감소된 자원을 다루기 위한 이러한 반응은 파충류에게는 적응적이지만 사람에게는 치명적인 것이 될 수 있다. 이것은 또한 RSA의 상실과 연관된 심한 저산소증과 심각한 신경성 느린맥이 발생하는 태아곤란 상황에서도 관찰된다.

미주신경 경쟁과 자율신경계 기능장애

교감신경계와 부교감신경계 사이의 경쟁개념은 이미 잘 알려져 있다. 예를 들면 레비[Levy](1984)(Vanhoutte & Levy, 1979)는 교감신경계 영향을 억제하는 날미주신경의 능력을 명확하게 증명하였다. 이와 유사하게 번스톤[Bernston] 등(1991)은 심장에 대한 날교감신경과 날부교감신경 사이의 상호작용에 대한 모델을 제시하였다. 그러나 두 개의 미주신경 가지들이 표적장기에 반대되는 정보를 전달하는 다른 유형의 경쟁도 존재한다. 미주신경의 두 가지 경로 모두 심장박동을 조절할 수 있게 되면서, 굴심방결절에 대한 경쟁이 존재하게 되었다. 굴심방결절 조직에서의 아세틸콜린 분해 속도 때문에(Dexter, Levy, & Rudy, 1989), NA 경로에 의한 굴심방결절의 지속적인 자극은 DMNX에 의해 중재되는 신경성 느린맥으로부터 심장을 기능적으로 보호해준다. 따라서 매우 낮은 RSA 진폭을 가지고 있는 저산소증 태아와 신생아에서 나타나는 병태생리적인 느린맥에 대한 관찰은 굴심방결절에 대한 NA의 보호가 상실되었음을 반영해준다. 이와 유사하게 운동 후의 갑작스러운 죽음은 대사활동성을 강화시키기 위한 NA의 억압 및 감소된 산소 자원에 대한 반응으로 DMNX의 입력이 급격히 증가되는 것과 연관된 과정을 나타내준다.

미주신경 경쟁가설은 일반화될 수 있으며 천식과 같은 다른 자율신경계 질환을 설명하기 위해 검토될 수 있다. 미주신경 경쟁가설은, 민무늬근육과 심장근육을 가지고 있는 모든 표적장기들은 DMNX와 NA 모두로부터 이중 신경지배를 받는다고 제안한다. 동물의 심장, 폐, 식도 및 췌장, 간, 위를 포함하는 복부 내장을 대상으로 한 연구에서 이것이 증명되었다(Brown, 1990). 그러나 심장에서처럼 두 가지의 미주신경 입력은, 반대되는 방식으로 신경을 지배한다. 낮은 RSA와 동반되는 DMNX의 급격한 증가가 급사를 유발할 수 있는 것처럼, 기관지 천식도 유사한 기전에 의해 유발될 수 있다. 천식의 경우, 기관지에 대한 NA 날경로의 조절은 호흡의 리듬 있는 증감을 유발한다. 이러한 기관지에 대한 NA 경로의 지속적인 자극은 병태생리적인 DMNX 영향으로부터 기관지를 기능적으로 보호한다. 기관지는 NA의 영향이 없으면 DMNX에 의한 미주신경의 급격한 증가에 매우 취약해질 수 있다. 이것은 산소를 보존하려고 하는 원시적인 뇌줄기의 적응적인 반응일 수 있지만, 산소를 많이 필요로 하는 포유류에게는 치명적일 수 있다. 치명적인 신경성 느린맥과 유사하게 천식 발작은 원시적인 미주신경반사$^{vagovagal\ reflex28)}$의 결과일 수 있다. 이러한 유형의 반사경로에서는 운동섬유가 DMNX에서 나올 뿐만 아니라 들섬유도 DMNX에서 끝이 난다. 단일연접미주신경반사^{monosynaptic} $^{vagovagal\ reflex}$에 대한 해부학적 기초가 여기에 있다. DMNX에서 나오는 가지돌기들$^{dendritic\ processes29)}$은 NTS의 경계까지 뻗어있다는 보고들이 있다. 따라서 들미주신경섬유들은 DMNX 신경세포들과 직접적으로 의사소통을 하고 있다(Neuheuber & Sandoz, 1986). 들섬유들이 DMNX에서 끝이 나기 때문에 운동핵$^{motor\ nucleus}$이라는 이름은 정확하지 않은 것이어서, 미주신경의 등쪽핵$^{dorsal\ nucleus\ of\ the\ vagus}$이라는 이름이 대신에 제시되었다(Nara, Goto, & Hamano, 1991). 기관지가 연관된 대부분의 미주신경반사에서 들섬유들은 NTS에서 끝이 나고, 안전한 되먹임체계를 제공하기 위해서 NA에 영향을 미친다.

여러미주신경이론에 근거를 둔 미주신경 경쟁가설은 다음과 같은 검증 가능한 가설들을 유발하였다.

모호핵(미주신경) 보호가설$^{Nucleus\ ambiguus(vagal)\ protection\ hypothesis}$. NA에서 나오고 내장에서 끝이 나는 미주신경 투사들은 건강, 성장, 회복을 증진시키는 영향을 제공한다.

모호핵(미주신경) 철수가설$^{Nucleus\ ambiguus(vagal)\ withdrawal\ hypothesis}$. 짧은 시간동안 NA 미주신경제동을 제거하는 것은 운동을 증진시키기 위

---

28) 음식물이 위에 들어오면 NTS를 통한 정보가 시상하부를 거치지 않고 DMNX로 바로 전달되어, 날신경을 통해 위의 이완 및 소화액의 분비를 촉진시키는 반사(역자 주).

29) 신경세포체에서 나오는 돌기로, 다른 신경세포의 축삭과 연결되어 연접을 형성한다(역자 주).

한 대사출력을 증가시킨다. 이러한 제거의 영향이 길어지면 장기가 위험에 처할 수 있다.

감정

여러미주신경이론은 자율신경계 반응과 감정 사이의 관계에 연관된 일련의 예측을 제공해준다. 다윈[Darwin](1872)은 얼굴표정이 감정의 특징을 일차적으로 정의해준다고 설명하였다. 얼굴신경과 연관되어 있는 특수내장날경로는 얼굴표정을 조절한다. 파충류는 얼굴표정을 조절하지 못한다. 포유류의 얼굴신경은 얼굴근육을 조절할 뿐만 아니라, NA 및 미주신경체계와 상호작용한다. 따라서 특수내장날경로에 의해 조절되는 신체근육을 필요로 하는 감정표현은, NA 날미주신경에 의한 심폐기능의 내장운동조절과 짝을 이루고 있다. 게다가 NA에서 나오는 특수내장날경로는 후두를 조절하여 어조를 통제한다. 따라서 다음의 전제가 생겨났다.

전제 5: 얼굴표정과 목소리 조절의 변화에 의해 정의되는 감정은 NA에 의해 중재되는 RSA와 기관지운동 긴장도의 변화를 유발한다.

하나의 개념으로서의 감정은 여러 가지 요소들에 의해 이루어진다. 따라서 특별한 감정과 생리적 상태 사이의 상관관계는 감정유형의 기능과 연관되어 있을 수 있다. 심지어 다윈[Darwin](1872)은 일차적 또는 신경에 근거한 감정과 사회적 또는 문화에 근거한 감정 사이를 구별하였다. 다윈[Darwin](1872)은 특정한 감정들이, 타고난 신경적 기초를 가지고 있으며 이러한 감정들은 신경에 기초를 두고 있기 때문에, 전 세계에서 공통으로 표현되며 문화를 넘어서 이해된다고 제안하였다. 일차적인 감정에는 분노, 두려움, 공황, 슬픔, 놀람, 흥미, 행복(황홀감), 역겨움이 포함된다(Ross, Homan, & Buck, 1994). 일반적인 가설들은 일차적인 감정에 대한 강한 생리적 기초를 제안하고 있기 때문에, 우리는 일차적인 감정들과 여러미주신경이론을 연결시키는 데 초점을 맞출 것이다.

여러미주신경이론을 감정에 대한 연구와 연결시키는 데에는 두 가지의 중요한 측면이 있다. 첫째, 겉질의 비대칭성과 자율신경계의 비대칭성이 일치한다. 둘째, 아가미궁은 포유류가 감정을 표현하는 데 사용하는 구조물들(즉, 얼굴근육과 후두)로 진화하였다.

문헌들은 오른쪽 뇌의 기능과 일차적인 감정 사이의 관계를 증명하였다(Heilman, Bowers, & Valenstein, 1985). 숨뇌의 근원핵들과 미주신경의 날경로들 역시, 오른쪽으로 치우쳐져 있다. 오른쪽 NA는 오른쪽 심장미주신경을 통해 심장에 대한 일차적인 심장박동수 변동 출력을 제공한다. 감정을 정의하는데 사용되는 행동(얼굴표정과 목소리)을 제공하는 특수내장날경로들 역시 오른쪽에 치우쳐져 있으며, NA에서 나오고 기관지와 심장 및 감정과 스트레스에 민감한 것으로 간주되는 기관들을 조절하는 일반내장날경로와 신경해부학적으로 연결되어 있다. 이러한 오른쪽 치우침이 실제적인 얼굴표정에 미치는 영향을 예측하는 것은 어렵다. 얼굴은 교차되는 위운동신경세포 upper motor neurons[30])와 교차되지 않는 아래운동신경세포 lower motor neurons[31]) 모두에 의해 조절되며(Rinn, 1984), 얼굴표정은 체계적으로 한쪽으로

---

[30] 대뇌겉질의 운동영역에서 척수의 앞뿔까지 주행하는 운동신경으로, 겉질척수로의 80%(가쪽)는 다리뇌 (pons)의 피라미드(pyramid)에서 교차하여 반대쪽 척수로 간다(역자 주).

[31] 척수의 앞뿔과 뇌신경에서 나와, 위운동신경세포의 정보를 말단신경에 전달하는 운동신경(역자 주).

치우치지 않기 때문이다. 실제로 얼굴의 비대칭성과 감정에 대한 연구들의 결과는 일관되지 않는다. 얼굴표정은 한쪽으로 치우치지 않는다는 보고, 왼쪽으로 치우친다는 보고, 오른쪽으로 치우친다는 보고들이 있었다(Hager & Ekman, 1985).

자율신경계 기능과 감정을 조절하는데 뇌의 오른쪽이 기능적으로 우세성을 가지고 있는 것은 뇌의 왼쪽에서 운동과 언어에서의 우세성을 가지게 되는 데 영향을 미쳤을 것이다. 내적(즉, 내장) 및 외적(즉, 환경) 되먹임 모두에 반응하여 항상성과 생리적 상태를 조절하는 오른쪽 뇌의 책임은 뇌의 왼쪽에서 운동 및 언어기능이 발달하도록 만드는데 기여하였을 것이다.

감정-항상성 과정과 관계없이 자발적인 과정에 대한 중추성 조절을 하도록 구분이 지어진 것은 한 개인의 왼쪽 뇌가 복합적이고 자발적인 수준의 의사소통과 동작을 표현할 수 있게 해주었으며, 오른쪽 뇌는 보다 강력한 감정-항상성 과정을 관리할 수 있도록 해주었다. 만약 이러한 과정들에 쪽치우침[laterality]이 있다면, 이들은 어느 정도 자율적인 조절을 하게 되어있을 것이다. 이것은 감정-항상성 과정 및 언어-수의적 동작 과정과 연관되어 있는 전반적인 기능들을 동시에 활성화시킬 수 있도록 해주었다.

쪽치우친 자율신경계와 대뇌반구 기능 사이의 관계 및 RSA와 얼굴표정 및 목소리 어조를 조절하는 신경세포들 사이의 이론적인 관계를 고려해 볼 때([그림 2.5]를 보시오), 연구는 RSA와 일차적인 감정 사이의 관계를 평가하는 쪽으로 이루어져야 한다. 얼굴신경의 근원핵은 NA의 경계에 있고, 삼차신경에서 나오는 들섬유들은 NA에 대한 일차적인 감각적 입력을 제공한다는 점을 회상해 보라. 따라서

NA와 삼차신경, 얼굴신경의 핵들로 구성되어 있는 배쪽미주신경복합체는 분명히 감정의 표현 및 경험과 연관되어 있다.

여러미주신경이론에 근거하여 RSA와 일치하는 정동상태의 이동을 예상할 수 있을 것이다. 예를 들면 부정적인 일차적 감정의 유발은 맞섬 또는 도피 행동을 증진시키기 위해 NA에서 나오는 미주신경긴장도의 철수를 유발할 것이다. 이와는 대조적으로, 보다 즐거운 정동상태는 RSA의 증가와 연관되어 있을 것이다. 정동상태의 변화 동안에 발생하는 RSA 변화의 역동을 강조한 바제노바와 동료들^{Bazhenova and colleagues}(2001)의 연구는 이러한 추측을 지지해 준다. 영아가, 보다 부정적인 정동상태에 있을 때 RSA는 억제되었으며, 영아가, 보다 긍정적인 정동상태에 있을 때 RSA는 중립적인 수준 위로 증가되었다.

여러미주신경이론은 감정적 경험에 대한 DMNX의 중요한 역할을 무시하지 않는다. 예를 들면 DMNX는 감정적 경험 및 스트레스와 일치하는 생리적 활동성의 영역인 소화성 폴리펩티드^{polypeptide32)}와 위운동의 조절에 중요하다(Uvnas-Moberg, 1989). 여러미주신경이론은 감정표현과 조절에 대한 NA와 배쪽미주신경복합체의 중요성을 강조하지만, NTS와 DMNX로 구성되어 있는 등쪽미주신경복합체에 의해 중재되는, 덜 의식적이고 생존과 연관된 과정들의 중요성도 인정하고 있다. 보완적인 이론이 우브너스-모버그^{Uvnas-Moberg}(1987, 1994)에 의해 제안되었다. 우브너스-모버그 이론은 위창자 호르몬의

---

32) 아미노산들이 화학 결합으로 서로 연결되어 있는 것을 폴리펩티드라고 한다. 폴리펩티드가 둘 이상 모여서 하나의 집합체를 형성하고 있으면 단백질(protein)이라고 부른다(역자 주).

역할과 스트레스, 배고픔, 포만감을 포함하는 감정적인 상태 동안의 DMNX 역할을 강조한다.

요약과 결론

다음에 있는 일곱 가지의 요점은 여러미주신경이론을 요약한 것이다.

1. 여러미주신경체계는 단 하나의 영역을 나타내는 것이 아니다. 미주신경체계는 민무늬근육과 심장근육을 조절하는 일반내장날섬유들과 인두, 후두, 식도의 신체근육을 조절하는 특수내장날섬유들을 포함한다. 이러한 신체근육들은 목소리, 빨기, 삼키기를 조절하며 이러한 과정들을 호흡과 결합시킨다. 미주신경체계는 또한 얼굴표정, 씹기, 머리돌림을 조절하는 근원핵들과 신경해부학적으로 연결되어 있다.

2. 두 개의 미주신경 운동체계들이 있다. 하나의 미주신경체계는 조용한 미주신경으로, 등쪽운동핵에서 나오고 내장기능의 수동적이고 반사적인 조절과 연관되어 있다. 다른 미주신경체계는 활발한 미주신경으로, NA에서 나오고 집중, 동작, 감정, 의사소통의 능동적인 과정과 연관되어 있다. 이러한 두 체계는 신경해부학적으로 별개의 것이며, 다른 개체발생과 계통발생적 기원을 가지고 있고 다른 적응적인 전략들을 사용한다.

3. 포유류에게 있어서 미주신경긴장도라는 개념은 생리적 또는 체험적인 가치를 제한하는 단 하나 또는 누적된 체계를 나타낸다. 예를 들면 포유류에게 있어서 미주신경체계의 등쪽운동핵의 높은 긴장도는 치명적일 수 있는 반면, NA 미주신경체계의 높은 긴장도는 이

로운 것이 된다. 여러미주신경이론에 따르면, NA 체계에 대한 정확한 측정은 정신생리적 관계의 평가에 중요하다.

4. 심장에 대한 NA 미주신경의 기능적인 출력은 RSA에 의해 측정될 수 있다. NA는 심호흡리듬을 만들어내는 공동 신경망의 한 부분이다. 따라서 NA에서 나오고 심장의 굴심방결절에서 끝나는 미주신경 가지의 출력은 호흡과 심장체계 모두에 공통되는 주파수를 전달한다. 이와는 대조적으로 등쪽운동핵에서 나오는 출력은 호흡리듬을 전달하지 않는다.

5. 신경성 느린맥의 정도는 등쪽운동핵에 의해 중재된다. 조건화되고 예상된 심장박동의 감소 및 정위반사와 연관된 심장박동의 감소와 같은 심장박동의 빠른 변화는 신경성 느린맥을 나타낸다. 추가적인 신경성 느린맥은 눈미주^{optovagal}와 화학미주^{chemovagal}와 같은 반사들이다. 굴심방결절에 대한 NA의 영향이 없을 때, 저산소증과 같은 상황은 미주신경의 효과를 크게 증가시킨다.

6. 공동 심호흡발진기가 있다. 심장박동과 호흡에서 관찰되는 공동 호흡리듬은 NTS와 NA에 있는 사이신경세포의 신경망에 의해 만들어지는데, 이것은 호흡, 인두, 심장기능을 조절하는 운동신경세포들과 의사소통을 한다.

7. 일차적인 감정들은 자율신경계와 연관되어 있다. 일차적인 감정들은 흔히 생존과 연관되어 있기 때문에, 심폐조절과 통합되어 있음에 틀림이 없다. 더욱이 일차적인 감정들은 오른쪽 대뇌반구에 치우쳐져 있고, 내장기능을 조절하는 숨뇌의 구조물들도 오른쪽에 치우쳐져 있다.

여러미주신경이론에 근거를 둔 추가적인 가설들은 이제

RSA(NA 미주신경긴장도의 평가, VNA)와 뇌신경의 특수내장날경로, 심폐과정의 조율에 의존하고 있는 과정 및 상태들 사이의 관계를 평가함으로써 검증되었다. 물론 여기에는 목소리, 섭취, 호흡, 얼굴표정과 연관된 모든 과정들이 포함되어 있다.

여러미주신경이론을 개발하는 과정에서 가장 중요한 통찰이 계통발생적 접근에서 나왔다. 계통발생적 접근은 등쪽운동핵과 NA의 측면에서 발생하는 미주신경역설을 설명해줄 뿐만 아니라, 진화하는 신경계에서 산소의 중요성에 대해서도 강조해 주었다. 신경계가 점점 복잡해지면서 산소 요구량이 점점 더 늘게 되었다. 산소 요구량은, 포유류에게서 발견되는 적응적이고 다듬어진 자율신경계의 진화를 유발하는 환경적인 압력을 제공하였다. 따라서 방향잡기, 집중, 감정, 스트레스와 같은 개념들은 산소 자원을 최대화하려는 진화적인 압력으로 인해 발생한 파생물들이다.

▌추가 A: 이 장의 제목

이 장의 제목은 진화과정이 자율신경계 기능의 신경조절을 유발했다는 개념을 강조하기 위해 선택되었다. 진화는 행동과 외모에 명백하게 다른 양상을 유발했으며, 환경에서의 새로운 것을 발견하는 것과 연관된 자율신경계 전략들에 영향을 미쳤다.

이 장의 목적은 정위반사나 방어반사의 자율신경계 구성요소들 사이를 구분하려는 것이 아니라, 두 개의 미주신경 반응체계에 의한 심장반응의 신경성 조절에 대한 것이었다. 파충류에게서 물려받은 원시적인 체계는, 산소를 보존하기 위해 우리 심폐체계의 활동성을 감소시키는 신경성 느린맥을 빠르게 유발한다. 이것은 파충류에게서 흔한, 앉아서 먹이를 기다리는 전략이다. 이와는 대조적으로 에너지를 필요로 하는 포유류의 진화는 두 가지 자율신경계의 행동적 변화를 필요로 하였다. (1) 포유류는 많은 양의 음식을 획득할 필요가 있었다. (2) 포유류는 산소 부족으로부터 신경계를 보호할 필요가 있었다. 이러한 두 가지 목적들은 서로 연결되어 있었다. 포유류의 진화 과정에서 음식획득의 성공은 위협을 발견하는 능력에 의존하고 있었다. 따라서 움직임과 집중은 두 가지의 중요한 행동적 측면이 되었다. 새로운 것에 방향을 돌리고 공격하거나 휴식하는 상태 또는 느리게 움직이는 것으로 돌아가는 파충류와는 달리, 포유류는 방향을 돌리고 집중한다. 포유류는 집중한 이후에 전통적인 맞섬 또는 도피반응 내에서 빠르게 접근하거나(공격), 멀리 떨어진다. 행동의 복잡성이 점점 증가하게 되면서 자율신경계의 조직화와 기능에서의 복잡성도 똑같이 증가하였다.

이 제목은 진화가 포유류를 방어적인 세계에 놓이게 만들었다는 개념을 강조할 목적도 있었다. 파충류 및 포유류가 아닌 다른 척추동물들의 생존체계는 방향을 잡고 방어를 하는 쪽으로 조직화되었다. 포유류는 이러한 방어적이고 반응적인 세계에서 생존하기 위해, 자신에게는 치명적인 수 있는 이러한 반응들을 피해야만 했다. 포유류 신경계의 진화는 포유류로 하여금 위험으로부터 빠르게 도망갈 수 있고, 환경에서의 미묘함을 발견하는데 필요한 복잡한 정보처리를 위한 신경 자원을 사용하게 만들었다. 더욱이 진화는 의사소통과 연관된 추가적인 운동체계를 발달시켰다. 운동체계는 일차적인 감정과 연관되어 있는 얼굴표정과 목소리를 통해, 생존과 연관된 상태를 의사소통하도록 발달되었다. 이러한 진화적인 수정은 산소를 많이 필요로 하는 대사체계와 함께 공존해야 했으며, 운동행동의 복잡성이 증가함에 따라 산소 요구량이 더 늘어나게 되었다. 따라서 감정의 의사소통과정(나중에는 언어)을 조절하는 특수내장날경로를 통한 행동과 심폐기능을 조절하는 일반내장날경로의 행동 사이에 연결이 발생하였다. 얼굴표정 및 목소리를 통해, 위협이나 편안함을 의사소통할 수 있는 능력과 결합된 환경의 미묘함을 발견하는 능력은 같은 종 내의 사회적 행동, 양육, 짝짓기에 기여하였다. 포유류의 산소 요구량이 자율신경계에 의한 신경계 기능의 배경에 프로그램화되는 동안, 이러한 복잡한 기능들이 진화되었다.

▌추가 B: 개인적인 관점

어떠한 이론적인 관점을 논의함에 있어서, 생각과 추측을 연구자들에 의해 시행된 이전 연구의 맥락에서 보는 것이 중요하다. 나의 초기 연구는 심장박동의 측정을 집중력의 지표로 사용하는 것에 초점을 둔 것이었다. 나는 석사 논문(Porges & Raskin, 1969)을 위한 연구를 하는 동안, 집중력을 요구하는 과제가 두 가지의 특징적인 심장박동 양상을 유발한다는 것을 알게 되었다. 첫째, 심장박동은 과제를 시작할 때와 자극이 변화할 때 빠르게 일시적으로 변화하였다. 둘째, 대상자가 과제에 참여하고 과제에 집중할 때, 심박변동성이 감소하였다. 나는 이러한 관찰에 매료되었고 가능한 생리적 기전에 대해 추론하였다. 이것은 집중의 두 가지 요소 이론two component theory of attention으로 발전하였고, 각각의 요소는 상 또는 정위phasic or orienting 그리고 긴장

또는 집중tonic or attention 반응으로 이름 붙여졌다(Porges, 1972). 이러한 발견들은 나에게 심장박동 조절의 신경기전을 조사하고, 보다 긴장이 유지되는 집중 반응을 중재하는 기전에 대한 통찰을 제공해 주는 데 도움이 될 것이라고 내가 믿었던 RSA의 미주신경긴장도 지표(V)를 개발하도록 자극하였다.

이 장의 앞부분은 여러미주신경이론의 기초를 제공하고, 집중과 연관된 두 가지 심장박동 구성요소에 대한 해석이 가능하도록 해준다. 정위 및 신경성 느린맥과 연관되어 있는 첫 번째 요소는 등쪽운동핵에서 나오는 조용한 미주신경에 의해 반사적으로 결정된다. 환경에 대한 자발적인 참여 및 RSA의 억제와 연관되어 있는 두 번째 요소는 NA에서 나오는 활발한 미주신경에 의해 결정된다. 따라서 수년 동안 심장박동 양상을 연구한 이후에, 집중에 대한 두 가지 요소의 정신생리적 모델이 신경해부학 및 신경생리학에 근거를 둔 여러미주신경이론으로 발전하였다.

여러미주신경이론

— 자율신경계의 적응적 반응에 대한 새로운 통찰

자율신경계에 대한 역사적인 관점

내장에 대한 중추신경계의 조절은 생리학적 연구의 틀을 형성했던 몇몇 역사적인 논문들의 주제였다. 예를 들면 다윈[Darwin]은 1872년에 심장과 뇌 사이의 역동적인 신경관계를 인정하였다.

> 심장이 영향을 받았을 때 심장은 뇌에 반응한다. 그리고 뇌의 상태는 다시 폐위신경[pneumo-gastric(vagus) nerve]을 통해 심장에 반응한다. 따라서 어떠한 흥분이라도 그 바탕에는 이러한 두 가지의 중요한 신체 기관들 사이의 상호작용과 반응이 존재할 것이다(p. 69).

비록 다윈은 내장과 뇌 사이의 양방향 의사소통을 인정하였지만, 그 이후의 자율신경계에 대한 전형적인 설명(Langley, 1921)은 중추성 조절 구조물들과 들경로의 중요성을 감소시켰다. 랭글리[Langley] 이후의 의학적 및 생리적 연구는 자율신경계의 말초 운동신경에 초점을 맞추는 경향이 있었으며, 표적장기들에 대한 교감신경과 부교감신경 날경로들 사이의 짝대항작용[paired antagonism]을 개념적으로 강조하였다. 이러한 초점은 특수날경로를 조절하는 뇌줄기 영역들 및 들경로 모두에 대한 관심을 축소시켰다.

미주신경에 대한 초기의 개념은 몇몇 표적장기들에 대해 동시에 '긴장도[tone]'를 조절하는 것으로 간주되었던 분화되지 않은 날경로에 초점을 맞추었다. 따라서 가로막위를 조절하는 뇌줄기 영역들(예: 모호핵에서 나와 주로 가로막 위에서 끝나는 말이집 미주신경경로)은 가로막밑을 조절하는 뇌줄기 영역들(예: 미주신경의 등쪽운동핵에서 나와 주로 가로막밑에서 끝나는 민말이집 미주신경경로)과 기능적으로 구별이 되지 않았다. 연구와 이론은 이러한 구분 없이, 표적장기에 대한 교감신경과 부교감신경 사이의 짝대항작용에 초점을 맞추었다. 짝대항작용을 강조한 결과는 생리학과 의학 분야에서 자율신경균형, 교감신경긴장도, 미주신경긴장도와 같은 전반적인 개념을 받아들이게 만들었다.

헤스[Hess](1954)는 50년 전에, 자율신경계는 조용하고 자율적일 뿐만 아니라 말초 및 중추성 신경세포들 모두와 통합되어 있는 체계라고 제안하였다. 헤스는 말초장기의 역동적인 조절을 중재하는 중추성 기전을 강조함으로써 내장기능의 조절에 관여하는 말초 및 중추성 신경회로들을 지속적으로 관찰할 수 있는 기술들이 필요하다는 예측을 하였다.

미주신경역설

나는 1992년에 호흡굴부정맥$^{respiratory\ sinus\ arrhythmia}$(RSA)의 측정을 통한 미주신경긴장도의 평가가 임상의학에서 스트레스 취약성에 대한 지표로 사용될 수 있을 것이라고 제안하였다(제4장을 보시오). 이 논문은 산과와 소아청소년과에서 흔히 사용되는 심박변동성(즉, 박동사이의 변화)에 대한 측정보다는 RSA가 신경적인 기반을 가지고 있고 미주신경에서 심장으로 가는 기능적인 출력(즉, 심장에 대한 미주신경긴장도)을 반영해 준다고 강조하였다. 따라서 RSA가 확인되지 않은 신경성 및 비신경성 기전을 반영하는 심박변동성의 전체적인 평가보다는 건강상태에 대한 보다 민감한 지표를 제공해 준다고 제안하였다. 이 논문은 미주신경 활성도에 대한 보다 정확한 지표인 RSA의 진폭을 추출하기 위해, 시간에 바탕을 둔 분석을 적용한 정량적인 접근법을 설명하였다. 이 논문은 건강하게 만기출산한 영아들의 RSA가 조산아의 RSA보다 진폭이 유의미하게 더 크다는 것을 증명하는 자료를 제공하였다. 미주신경 활성도의 지표로 심장박동의 양상을 사용하는 생각은 새로운 것이 아니었고, 1910년에 헤링^{Hering}에 의해 보고되었던 것이었다. 더욱이 현대적 연구들은 포유류를 대상으로 아트로핀을 사용하여 미주신경을 차단할 경우, RSA가 억제된다는 것을 보고하였다(Porges, 1986, 2007a).

　나는 이 논문(Porges, 1992)에 대한 반응으로 한 신생아학자로부터 한 통의 편지를 받았는데, 그 편지에는 그가 의과대학생이었을 때 미주신경긴장도가 치명적일 수 있다는 점을 배웠다고 적혀있었다. 그는 아마도 좋은 것(즉, 미주신경긴장도)이 너무 많으면 나쁠 수도 있다고 말했다. 그는 물론 신경성 느린맥에 대해서도 언급하였다. 느린맥은 분만 중에 관찰되면 태아곤란의 지표가 될 수 있다. 이와 유사하게 느린맥과 무호흡증은 신생아의 위험도에 대한 중요한 지표이다.

　나와 나의 동료들(Reed, Ohel, David, & Porges, 1999)은 분만 동안의 인간 태아에 대해 연구함으로써 이러한 당황스러운 관찰에 대해 더 조사하였다. 우리는 태아의 느린맥이 RSA가 억제되었을 때에만 발생한다는 것을 관찰하였다(즉, 태아 심장박동의 호흡리듬을 출산 후에 발생하는 호흡과 연관된 가슴벽의 큰 움직임 없이도 관찰할 수 있다). 이것은 미주신경의 기전이 어떻게 하나는 보호적이고 다른 하나는 잠재적으로 치명적일 수 있는 RSA와 느린맥을 중재할 수 있는지에 대한 의문을 유발하였다. 이러한 불일치는 '미주신경역설$^{vagal\ paradox}$'이 되었으며 여러미주신경이론을 만들게 된 동기가 되었다.

　느린맥과 심박변동성을 중재하는 기전을 고려해 볼 때, 자료들과 생리적 가정 사이에는 명백한 불일치가 있다. 생리적 모델들은 미주신경이 심장에 대한 심박변동성의 조절(즉, 심장박동)과 RSA의 진폭(Jordan, Khalid, Schneiderman, & Spyer, 1982; Katona & Jih, 1975) 모두를 조절한다고 가정한다. 예를 들면 심장에 대한 미주신경의 심장억제성 섬유들이 신경 자극 및 호흡리듬에 대해 느린맥을 유발하는 특징이 있음이 이미 보고되어 있다(Jordan et al., 1982). 그러나 비록 두 가지 모두 함께 변화하는 상황이 있지만(예: 운동할 때와 콜린차단), 독립적인 신경조절을 반영하는 다른 경우들(예: 저산소증, 혈관미주신경실신$^{vasovagal\ syncope}$, 태아곤란과 연관된 느린맥)도 존재한다. 이렇게 관찰되는 현상들과는 대조적으로 연구자들은 이러한 두 가지 매개변수들 사이의 공동변화에 대해 계속 논의하고 있다. 단 하나의 중추성 미주신경에 대한 가정에 기초를 둔 이러한 불일치가 바로 내가 미주신경역설$^{vagal\ paradox}$이라고 이름 붙인 것이다.

여러미주신경이론:
세 가지의 계통발생적인 반응체계들

척추동물 자율신경계의 계통발생에 대한 연구는 미주신경역설에 대한 해답을 제공해 준다. 비교신경해부학과 신경생리학에서의 연구는 미주신경의 두 가지의 가지들을 확인시켜 주었는데, 각각의 가지는 다른 적응적 기능과 행동적 전략을 지지한다. 한 가지에서 나오는 심장에 대한 미주신경 출력은 RSA에서 나타나며, 다른 가지에서 나오는 출력은 느린맥으로 나타나고 심박변동성에서 더 느린 리듬으로 나타난다. 비록 더 느린 리듬은 교감신경의 영향 때문으로 간주 되어 왔지만, 이들은 아트로핀에 의해 차단이 되었다(Porges, 20007a).

여러미주신경이론(제2장, 제10장, 제11장, 제12장을 보시오. Porges, 2001a, 2007a)은 척추동물 자율신경계의 발달에서 어떻게 세 가지의 계통발생적인 단계들 각각이, 포유류에게서 유지되고 표현되는 개별적인 자율신경 하부체계들과 연관되어 있는지를 설명해 준다. 이러한 자율신경 하부체계들은 계통발생적인 순서가 있으며, 행동적으로는 사회적 의사소통(예: 얼굴표정, 목소리, 듣기), 움직임(예: 맞섬 또는 도피 행동), 고정(예: 죽은 척하기, 혈관미주신경실신, 행동의 정지)과 연결되어 있다.

사회적 의사소통체계(다음에 있는 사회참여체계$^{social\ engagement\ system}$의 설명을 보시오)에는 말이집 미주신경이 관여하는데, 이것은 심장에 대

한 교감신경의 영향을 억제하고 시상하부-뇌하수체-부신$^{hypothalamic-}$
$^{pituitary-adrenal}$(HPA)축을 약화시킴으로써 차분한 행동을 강화시키는 역
할을 한다(Bueno et al., 1989). 움직임체계$^{mobilization\ system}$는 교감신경
계의 기능에 의존한다. 계통발생적으로 가장 원시적인 요소인 고정
체계$^{immobilization\ system}$는 민말이집 미주신경에 의존하고 있으며, 대부분
의 척추동물들이 공유하고 있다. 계통발생적 발달로 인해 신경이 복
잡해짐에 따라 유기체의 행동과 정동 역시 풍부해졌다. 세 가지의 회
로들은 역동적이며 안전, 위험, 생명의 위협이 되는 사건과 맥락에
대해 적응적인 반응을 할 수 있도록 해준다.

오직 포유류만이 말이집 미주신경을 가지고 있다. 미주신경
의 등쪽운동핵에서 나오고, 신경절 전후에 무스카린수용체^{muscarinic}
^{receptors}를 가지고 있는 민말이집 미주신경과는 달리 포유류의 말이집
미주신경은 모호핵에서 나오며 신경절 이전 니코틴수용체^{preganglionic}
$^{nicotinic\ receptors}$와 신경절 이후 무스카린수용체$^{postganglionic\ muscarinic\ receptors}$를
가지고 있다[1]. 민말이집 미주신경은 파충류, 양서류, 경골어류, 연골
어류를 포함한 다른 척추동물들과 공유되어 있다.

우리는 두 가지의 미주신경체계를 역동적으로 관찰하기 위해 심
장박동 양상의 다른 모습들을 추려낼 수 있는 가능성을 조사하고 있
다. 우리 연구실에서 나온 예비적인 연구들은 이러한 가능성을 지
지해준다. 우리는 이러한 연구들에서 헥사메토늄^{hexamethonium}으로 신
경절 이전 니코틴수용체를 차단했으며, 아트로핀으로 무스카린수
용체를 차단했다. 안정시의 미주신경긴장도가 매우 높은 초원들쥐

---

1) 부교감신경계는 화학적 신호전달에 아세틸콜린을 사용하는데 아세틸콜린 수용체에는 신경절 이전의 니
코틴수용체와 신경절 이후의 무스카린수용체가 있다(역자 주).

를 대상으로 자료들을 수집하였다(Grippo, Lamb, Carter, & Porges, 2007). 이러한 예비적인 자료들은 몇몇 동물들에서 니코틴수용체의 차단이 심장박동변동성의 낮은 주파수 진폭의 약화 없이 RSA를 선택적으로 제거한다는 것을 증명하였다. 이와는 대조적으로 아트로핀을 이용한 무스카린수용체의 차단은 낮은 주파수와 호흡 빈도 모두를 제거하였다.

잭슨의 해체개념과의 일치

세 개의 회로들은 잭슨의 해체원칙^{Jacksonian principle of dissolution}과 일치하는 방식으로, 계통발생적으로 결정된 계층에 따라 도전에 반응하고 조직화되었다. 잭슨^{Jackson}(1958)은 뇌에 있는 고위(즉, 계통발생적으로 더 새로운) 신경회로들이 저위(즉, 계통발생적으로 더 오래된) 신경회로들을 억제하며 "고위 신경회로들이 기능을 하지 못할 때 저위 신경회로들이 활동하게 된다"라고 제안하였다. 비록 잭슨은 질병과 손상 때문에 발생한 뇌 기능의 변화를 설명하기 위해 해체개념을 소개하였지만, 여러미주신경이론은 도전에 대한 자율신경계 반응전략의 순서를 설명하기 위해 이와 유사한 계통발생적인 순서를 가지는 계층모델을 제안한다.

기능적으로 환경이 안전하다고 인식될 때 두 가지의 중요한 양상들이 표현된다. 첫째, 신체상태는 성장과 회복을 증진시키는(예: 내장 항상성) 효율적인 방식으로 조절된다. 이것은 심장박동조율기에 작용하여 심장박동을 느리게 하고, 교감신경계의 맞섬 또는 도피기전을 억제하며, HPA 축의 스트레스 반응체계(예: 코르티솔)를 약화시키고, 면역반응을 조절함으로써(예: 시토카인^{cytokine2)}), 염증을 줄이는 포유류 말이집 미주신경 운동경로의 영향을 증가시킴으로써 이루어진다. 둘째, 진화과정을 통해서 말이집 미주신경을 조절하는 뇌줄기 핵들은 얼굴과 머리의 근육들을 조절하는 핵들과 통합되었다. 이러한 연결은 자발적인 사회참여행동과 신체상태 사이의 양방향성 결합을 유발하였다. 구체적으로 포유류의 통합된 사회참여체계는 성장과 회복을 증진시키는(말이집 미주신경을 통해) 내장상태의 신경조절이 시선, 얼굴표정, 듣기, 운율을 조절하는 근육들의 신경조절과 신경해부학적 및 신경생리적으로 연결되었을 때 나타났다([그림 3.1]을 보시오. Porges, 2007a).

인간의 신경계는 다른 포유류와 마찬가지로 안전한 환경에서만 생존하도록 진화된 것이 아니라, 위험하고 생명에 위협이 되는 환경에서도 생존할 수 있도록 진화되었다. 인간의 신경계는 이러한 적응적 융통성을 달성하기 위해, 방어전략들(즉, 맞섬 또는 도피와 죽은 척하기 행동)을 조절하는 두 가지의 보다 원시적인 신경회로들을 남겨두었다. 사회적 행동, 사회적 의사소통, 내장 항상성은 방어전략들을 지지하는 두 가지 신경회로들에 의해 증진되는 신경생리적 상태 및 행동들과 함께 존재할 수 없다는 점을 명심하는 것이 중요하다. 따라서 인간의 신경계는 진화를 통해서 계통발생적으로 조직화된 계층이 있는 세 가지의 신경회로들을 가지고 있다. 이러한 적응적인 반응의 계층에서 가장 새로운 회로가 처음에 사용되고 만약 이 회로가 안전함을 제공해 주지 못하게 되면, 더 오래된 회로들이 순차적으로 사용

---

2) 주로 백혈구에서 분비되는 단백질로 세포간의 정보전달을 담당하여 항체생산 등의 역할을 한다(역자 주).

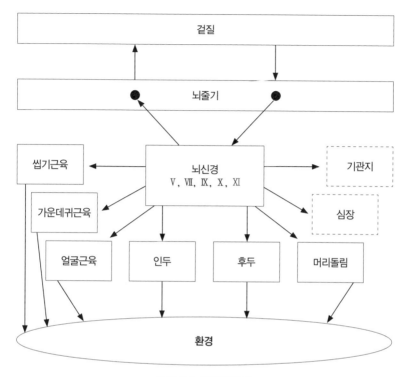

[그림 3.1] 사회참여체계

사회적 의사소통은 겉질숨뇌경로를 통한 숨뇌핵들에 대한 겉질의 조절에 의해 결정된다. 사회참여체계는 신체운동요소[얼굴과 머리의 근육들을 조절하는 특수내장날경로들(연속선 네모)]와 내장운동요소[심장과 기관지를 조절하는 말이집 미주신경(점선 네모)]로 구성되어 있다. 연속선 네모는 신체운동요소를 나타낸다. 점선 네모는 내장운동요소를 나타낸다. 엘스비어(Elsevier) 출판사의 허락을 받아 포지스(Porges, 2007a)에서 재인쇄하였다.

되게 된다.

척추동물 심장의 조절에 대한 계통발생의 조사(Morris & Nilsson, 1994; Taylor, Jordan, & Coote, 1999; 제2장, 제10장을 보시오)는 사회참여, 맞섬 또는 도피, 죽은 척하기 행동의 구체적인 신경기전들과 연관된 가설들을 검증할 수 있는 기초를 제공하는 네 가지의 원칙들을 추출해 낼 수 있도록 해주었다.

- 내분비적 의사소통에서 민말이집 신경으로 그리고 마지막에는 말이집 신경으로 이동하는 심장의 조절에 대한 계통발생적인 변화가 있었다.
- 대사출력에 대한 빠른 조절을 제공하기 위해 흥분과 억제의 서로 반대되는 신경기전의 발달이 있었다.
- 미주신경경로의 뇌줄기 근원핵들이 오래된 등쪽운동핵에서 앞쪽으로 이동하여 모호핵을 형성하면서 얼굴-심장의 연결이 형성되었다. 이것은 말이집미주신경을 통한 심장에 대한 신경적 조절과 통합된 사회참여체계를 형성하는 얼굴과 머리의 가로무늬근육을 조절하는 특수내장날경로 사이의 해부학적 및 신경생리적 연결을 유발하였다([그림 3.1]을 보시오, 보다 자세한 내용은 제12장을 보시오; Porges 2001a, 2007a).
- 겉질이 발달하게 되면서 겉질은 운동겉질에서 시작해서 뇌줄기에서 나오는 말이집 운동신경[예: V, VII, IX, X, XI 뇌신경 내에 있는 특수한 신경경로들로 내장운동구조물(즉, 심장, 기관지)과 신체운동구조물(얼굴과 머리의 근육)을 조절한다]의 근원핵에서 끝이 나는 직접적(예: 겉질숨뇌corticobulbar) 및 간접적(예: 겉질그물체corticoreticular) 신경경로를 통해 뇌줄기에 대한 통제를 더 많이 하게 되었다.

신경감각
── 적응적, 비적응적 생리적 상태들에 대한 단서 제공

포유류의 신경계는 방어적인 전략에서 사회참여전략으로, 효율적으로 전환하기 위해서 다음과 같은 두 가지의 중요한 적응적 과제를 수행할 필요가 있다. (1) 위험 평가하기, (2) 만약 환경이 안전하다고 인식되면 맞섬, 도피, 또는 얼어붙는 행동을 조절하는 보다 원시적인 둘레계통 구조물들을 억제하기.

안전에 대한 유기체의 경험을 증가시킬 잠재력이 있는 어떠한 자극도, 사회참여체계의 친사회적인 행동을 지지하는 보다 발전된 신경회로를 불러올 잠재력을 가지고 있다.

신경계는 환경과 내장으로부터 오는 감각정보의 처리 과정을 통해서 지속적으로 위험을 평가한다. 위험에 대한 신경적 평가는 의식적인 인식을 필요로 하지 않고 겉질밑의 둘레계통 구조물들이 관여하고 있기 때문에(Morris, Ohman, & Dolan, 1999), 안전한, 위험한, 또는 생명에 위협이 되는 환경적(그리고 내장적) 양상들을 구별할 수 있는 지각perception과는 다른 신경과정을 강조하기 위해서 신경감각neuroception이라는 용어가 소개되었다(제1장을 보시오). 자율신경계는 안전한 환경에서 교감신경계의 활성화를 약화시키고 산소의존적인 중추신경계, 특히 겉질을 등쪽미주신경복합체의 대사 보존적 반응으로부터 보호하기 위해 적응적으로 조절된다. 그러나 신경계는 어떻게 환경이 안전한지, 위험한지, 또는 생명에 위협이 되는지를 알며, 어떤 신경기전이 위험을 평가하는 것일까?

신경감각의 환경적 요소

신경감각은 인간 및 다른 포유류들이 안전과 위험을 구별함으로써 사회적인 행동에 참여할 수 있도록 해주는 신경과정을 나타낸다. 신경감각은 긍정적인 사회적 행동, 감정조절, 내장 항상성의 붕괴와 표현 모두를 중재하는 타당한 기전으로 제안되었다(제1장을 보시오, Porges, 2007a). 신경감각은 편도의 중심핵central nucleus of the amygdala 및 수도관주위회색질periaqueductal gray3)과 의사소통하는 관자겉질temporal cortex 에 있는 양상 감지기에 의해 촉발될 수 있는데, 왜냐하면 둘레계통의 반응성은 목소리, 얼굴, 손동작의 의도에 대한 관자겉질의 반응에 의해 조절되기 때문이다. 따라서 친숙한 사람 및 적절한 운율의 목소리와 따뜻하고 표현적인 얼굴을 가진 사람에 대한 신경감각은 안전한 감각을 증진시키는 사회적인 상호작용으로 해석된다.

대부분의 사람들(즉, 정신건강의학과적 장애나 신경병리가 없는 사람들)이 가지고 있는 신경계는 위험을 평가하고, 환경에 있는 실제적인 위험과 신경생리적 상태를 일치시킨다. 환경이 안전한 것으로 평가되었을 때, 방어적인 둘레계통 구조물들은 억제되고 사회참여와 차분한 내장상태가 나타나게 해준다. 이와는 대조적으로 일부 사람들은 부조화를 경험하는데, 신경계가 실제로 안전한 환경에서도 환경을 위험한 것으로 평가한다. 이러한 부조화는 맞섬, 도피, 또는 얼어붙는 행동을 지지하고 사회참여행동은 지지하지 않는 생리적 상태를

---

3) 중간뇌의 수도관 주위에 있는 회색질로, 동기와 연관된 행동, 생명에 위협을 주는 자극에 대한 행동 반응에 관여한다(역자 주).

유발한다. 이 이론에 따르면 사회적인 의사소통은 이러한 방어적인 회로들이 억제되었을 때에만 사회참여체계를 통해서 효율적으로 표현될 수 있다.

신경감각에 영향을 미치는 다른 요소들

환경에 있는 위험의 양상들만 신경감각을 유발시키는 것이 아니다. 내장에서 오는 들되먹임은 사회참여행동과 연관된 친사회적인 회로에 대한 접근성을 중재하는 중요한 요소이다. 예를 들면, 여러미주신경이론은 움직임^{mobilization}의 상태가 긍정적인 사회적 단서를 발견하는 우리의 능력을 손상시킬 수 있다고 예측한다. 기능적으로 내장상태는 대상과 다른 사람들에 대한 우리의 지각에 영향을 미친다. 따라서 다른 사람과 관계를 맺고 있는 한 사람의 똑같은 양상도 대상의 생리적 상태에 따라서 다양한 결과를 유발할 수 있다. 만약 관계에 참여하고 있는 사람이 사회참여체계에 쉽게 접근할 수 있는 상태에 있다면, 상호 간의 친사회적인 상호작용이 발생할 가능성이 높다. 그러나 만약 그 사람이 움직임의 상태에 있다면, 똑같은 참여반응도 철수나 공격성의 비사회적인 양상으로 반응될 수 있다. 이러한 상태에서 움직임 회로를 약화시키고 사회참여체계가 다시 활성화될 수 있도록 하는 것은 매우 어렵다.

뇌섬엽^{insula}은 신경감각의 중재에 관여하고 있을 수 있는데, 왜냐하면 뇌섬엽은 내장에서 오는 전반적인 되먹임을 인지적인 인식으로 전달하는 데 관여하는 뇌구조물로 제안되어 왔기 때문이다. 기능영상 실험들은 뇌섬엽이 통증의 경험 및 분노, 두려움, 역겨움, 행복,

슬픔을 포함하는 몇몇 감정들의 경험에 중요한 역할을 한다는 것을 증명하였다. 크리츨리[Critchley](2005)는 내적인 신체상태가 뇌섬엽에서 나타나며, 주관적인 느낌의 상태에 기여한다고 제안하였으며, 그는 뇌섬엽의 활성도가 내수용감각[interoception4)]의 정확성과 상관관계가 있다는 것을 증명하였다.

요약

여러미주신경이론은 포유류 자율신경계의 진화가 적응적인 행동전략들을 위한 신경생리적 기질을 제공한다고 제안한다. 이 이론은 또한 생리적인 상태가 행동 및 심리적 경험의 범위를 제한한다고 제안한다. 이 이론은 자율신경계의 진화를 정동경험, 감정표현, 얼굴표정, 목소리 의사소통, 사회적 행동과 연결시킨다. 이 이론은 이러한 방식으로 비전형적인 자율신경계의 조절(예: 심장에 대한 미주신경 영향의 감소와 증가된 교감신경계 영향)과 적절한 사회적, 감정적, 의사소통 행동의 조절에 어려움이 있는 정신건강의학과적 및 행동장애들 사이의 공동변화에 대한 타당한 설명을 제공한다.

여러미주신경이론은 생리적 상태의 적응적인 양상에 대한 몇몇 통찰을 제공한다. 첫째, 이 이론은 생리적 상태가 다른 종류의 행동을 지지한다는 점을 강조한다. 예를 들면, 미주신경의 철수가 특징으로 나타나는 생리적 상태는 맞섬과 도피의 움직임 행동을 지지한다. 이와

---

4) 신체 내부의 상태를 느끼는 감각으로 내장감각을 포함한다(역자 주).

는 대조적으로, 심장에 대한 미주신경의 영향이 증가된(모호핵에서 나오는 말이집 미주신경경로를 통한) 특징을 나타내는 생리적 상태는 자발적인 사회참여행동을 지지한다. 둘째, 이 이론은 얼굴의 가로무늬근육$^{striated muscle5)}$에 대한 신경조절과 내장의 민무늬근육$^{smooth muscle6)}$에 대한 신경조절 사이의 기능적이고 구조적인 연결을 통해 통합된 사회참여체계가 형성된다는 점을 강조한다. 셋째, 여러미주신경이론은 방어전략들을 촉발시키거나 억제시키는 기전(신경감각)을 제안한다.

---

5) 뼈대근육과 같이 근육섬유에 가로무늬가 있는 근육으로 수의적으로 조절된다(역자 주).
6) 심장을 제외한 모든 내장근육은 민무늬근육이며 불수의적으로 조절된다(역자 주).

제2부

초기 발달 동안의 생체행동적 조절

BIOBEHAVIORAL REGULATION
DURING EARLY DEVELOPMENT

미주신경긴장도
— 스트레스 취약성에 대한 생리적 표지자

일반적인 의료적 시술들은 흔히 스트레스가 되며, 일정 기간 동안 신체적 및 행동적 불안정성을 유발한다. 그러나 똑같은 치료를 받더라도, 모든 아이들이 똑같이 반응하는 것은 아니다. 일부 아이들은 오랜 기간 동안 불안정성을 나타내는 반면, 다른 아이들은 실제로 치료에 민감하지 않다. 비록 의료인들은 스트레스가 되는 사건과 연관된 잠재적인 취약성을 걱정하지만, 스트레스 및 스트레스 취약성의 지표 모두를 설명하는 표준적인 접근법은 존재하지 않고 있다.

스트레스에 대한 연구는 흔히 스트레스라고 간주되는(예: 생활 스트레스 척도) 사건들의 설명에 초점을 맞추고, 이러한 사건들이 생리에 미치는 기능적인 영향에는 초점을 맞추지 않는다. 이와는 대조적으로 소아청소년과에서는 스트레스를 행동이 무질서해지고 항상성 과정이 손상될 때 관찰되는 생리적 개념으로 간주하고 있다. 임상적인 상황에서는 이러한 상태를 흔히 생리적 불안정성이라고 부른다.

우리는 비록 똑같은 의료적 시술에 대한 취약성이 개인마다 다르다는 것을 알고 있지만, 스트레스에 대한 현재의 정의는 치료나 치료에 대한 반응을 강조하는 것이며, 치료를 받기 전의 신경생리학적 상태는 강조하지 않는다. 그러나 소아의 스트레스 취약성을 나타내주는 것은 바로 이러한 신경생리적인 상태이다.

이 장은 스트레스 반응과 스트레스에 대한 취약성 모두에 대한 개인별 차이를 평가하는 방법을 제안한다. 이 방법은 하나의 항상성 지표로서, 미주신경을 통한 심장에 대한 신경조절(즉, 미주신경긴장도)을 평가한다. 이 방법은 다양한 임상적인 치료들에 의한 항상성 붕괴의 취약성(즉, 스트레스 취약성)과 항상성 과정을 붕괴시키는 영향(즉, 스트레스)에 대해 평가한다.

스트레스 — 자율신경계를 손상시키는 상태

자율신경계autonomic nervous system(ANS)는 항상성 기능을 조절한다. ANS는 두 개의 하부체계, 즉 부교감신경계parasympathetic nervous system(PNS)와 교감신경계sympathetic nervous system(SNS)로 구성되어 있다. PNS와 SNS는 뇌줄기에서 나오는 신경체계를 나타내며, 눈, 눈물샘, 침샘, 땀샘, 혈관, 심장, 후두, 기관, 기관지, 폐, 위, 부신, 콩팥, 췌장, 창자, 방광, 외부 생식기를 포함하는 다양한 표적장기들을 조절한다. 일반적으로 PNS는 성장 및 회복과 연관된 기능을 증진시킨다. 이와는 대조적으로 SNS는 신체 외부에서 오는 도전을 다루기 위해 대사출력을 증가시킨다.

일반적으로 내장이 SNS와 PNS 모두에 의해 신경지배를 받을 때, 그 영향은 서로 반대가 된다. 예를 들면, SNS 신경세포는 동공 확대, 심장박동의 증가, 장운동의 억제, 방광과 직장조임근의 수축을 유발한다. PNS 신경세포는 동공축소, 심장박동의 감소, 장꿈틀운동 peristaltic movement의 증가, 방광과 직장조임근의 이완을 유발한다.

PNS는 일차적으로 신체에너지의 보존과 회복 및 생명장기의 휴식과 연관된 합성대사활동을 한다. 이러한 점은 캐논Cannon(1929a)에 의해 명확하게 언급되었다.

> 부교감신경계의 다양한 기능은 신체보존을 위한 것들이다. 동공을 축소시킴으로써 과도한 빛으로부터 망막을 보호하고, 심장박동을 느리게 함으로써 심장근육이 더 오래 휴식할 수 있도록 해주며, 침과 위액을 분비하고 소화관에 필요한 근육긴장도나 수축을 통해 에너지를 생산하는 물질들이 신체에 흡수되고 저장될 수 있도록 적절한 소화에 필요한 과정을 제공한다. 부교감신경계는 스트레스와 필요성이 생길 때를 대비해서 자원들을 저장하고 기운을 돋우는 기능을 한다 (pp. 31-32).

SNS의 자극은 한 개인으로 하여금, 외부의 도전에 반응하여 방어하는데 필요한 강력한 근육활동을 준비시킨다. SNS는 신체가 가지고 있던 자원을 빠르게 이동시킨다. 눈은 커지고, 심장박동과 수축력은 증가하며, 혈관이 수축하고, 혈압이 증가한다. 혈액은 뼈대근, 폐, 심장, 뇌로 가기 위해 창자에서 빠져나온다. 꿈틀운동과 소화액의 분비는 억제되고 조임근의 수축은 소변과 대변의 배출을 차단한다.

SNS와 PNS는 서로 신경지배를 하며, 이들의 반응은 내외적 요구의 이동을 충족시키기 위해 적절한 내부상태를 유지하도록 조율된다. PNS는 일차적으로 내장의 내적인 변화에 의해 조절된다. SNS 는 일차적으로 외부환경의 변화에 반응하는 들신체섬유를 통한 외부 수용기 자극에 의해 활성화된다.

PNS는 심장박동을 느리게 함으로써 소화를 촉진시키고 에너지를 보존한다. PNS는 외적인 도전(예: 온도의 이동, 소음, 통증, 발열 유발 물질 등)이 없을 때 내장의 기능을 최적화시킨다. 이와는 대조적으로 SNS는 외적인 도전을 직접적으로 다루기 위해 대사출력을 증가시킴으로써 유기체와 환경 사이의 관계를 최적화시키려고 시도하기 때문에, 온도, 소음, 통증, 발열 유발 물질의 증가 또는 감소는 PNS 긴장도의 감소와 SNS 활동성의 증가를 유발할 것이다. 겔혼^{Gellhorn}(1967)은 이러한 ANS의 기능적인 설명과 일치하는 것으로 PNS를 에너지흡수체계$^{trophotropic\ system}$로, SNS는 에너지소비체계 $^{ergotropic\ system}$라고 명명하였다.

초기 연구자들은 ANS를 순수하게 내장운동적인 것으로 정의하였다(Langley, 1921). 이러한 제한된 정의는 들내장경로의 기여를 인정하지 않는 것이었다. 들섬유들은 대부분의 날내장섬유들을 동반하며 내장반사를 위한 들가지를 형성한다. ANS에 대한 현대적인 관점은 말초 날섬유와 들섬유 뿐만 아니라 중추성 신경구조물들도 포함하는 복합체계로 보기 때문에 헤스^{Hess}(1954)가 언급했듯이, ANS의 기능은 조용하거나 자율적인 신경계라기보다는 내장신경계를 더 반영해준다. 이것은 ANS가 말초신경세포와 중추신경세포 모두를 포함하는 통합된 체계이기 때문에 말초내장의 활동성을 평가하는 것은 내장기능과 상태를 조절하는 뇌구조물들을 평가할 수 있는 통로를 제공해 준다.

ANS는 내외적인 자극 모두에 반응한다. 비록 ANS는 흔히 내장을 통제하는 운동체계로 보고 있지만, 대부분의 자율신경세포들은 들섬유들로 구성되어 있다. ANS의 들섬유들은 신체기능의 유지와 스트레스 상황에 대한 반응에 중요하다. 내장에서 오는 들되먹임은 흔히 PNS 긴장도를 조절하며, SNS 긴장도에는 영향을 거의 미치지 않는다. 예를 들면, 위의 팽창이나 압력수용기의 자극은 PNS 긴장도를 반사적으로 증가시킨다. 감각기관에서 오는 들되먹임은 다른 반응양상들을 유발한다. 통각이나 집중을 포함하는 외적자극에 대한 자율신경계의 반응은 PNS 긴장도를 감소시킨다. 자극의 강도가 높고 오래 지속되거나, 통각이나 강렬한 자극과 연관되어 있을 때만 SNS 긴장도가 보완적으로 증가한다. ANS의 두 개의 가지들은 대사적인 요구에 대해서 흔히 심혈관 출력을 최대화시키기 위해 함께 협력적인 기능을 한다. 예를 들면, 운동하는 동안에 PNS는 서서히 감소하고 SNS 긴장도는 그만큼 서서히 증가한다. 자율신경계 반응이 동시에 활성화되거나 동시에 억제되는 특징을 보이는 독특한 상황들이 있다. 예를 들면, 성인 인간의 경우에 성적인 각성은 자율신경계의 두 가지 모두가 활성화되는 특징을 보인다.

ANS는 외부환경에서 오는 도전들을 조용히 기다리는, 단순히 반응만 하는 체계가 아니다. 그보다 ANS는 항상성을 유지하기 위해 지속적으로 들내장의 기능을 하며 생리적인 안정성을 향상시킨다. 이러한 조절과정은 일차적으로 PNS에 의해 중재된다. 불행하게도 조절기능을 손상시키는 질병 상태가 있다. 일부 질병 상태들(예: 고혈압)은 PNS 긴장도의 감소와 보완적인 SNS의 활성화를 특징적으로 나타낸다. 다른 질병 상태들(예: 당뇨병)은 PNS 긴장도의 감소는 있지만, SNS의 상승은 없으며, 또 다른 질병 상태들은 PNS와 ANS 모두가 억제되는 특징을 보이기도 한다.

ANS는 스트레스의 생리적 표현에 관여한다. 항상성 과정을 붕괴시키는 ANS 활동성의 변화는 스트레스에 대한 생리적 정의와 연관된 공통된 주제를 나타낸다. 더 구체적인 연구를 한 문헌들은 PNS가 실제적으로 SNS와 관계없이 항상성 과정을 조절하기 때문에 스트레스에 더 민감하다고 시사한다.

스트레스와 항상성 — 새로운 정의

그동안 많은 스트레스에 대한 정의가 있어왔다. 대부분의 정의는 원인적인 영향의 측면(즉, 자극 또는 전후 상황)에서 만들어진 것이고, 임상적인 상황에서 공통적으로 평가할 수 있는 변수의 측면에서 만들어진 것이 아니기 때문에 의료적 환경에서 사용하는 데 한계가 있었다. 흔히 정의들은 순환적이었는데 왜냐하면 스트레스가 전후 상황(예: 의학적 치료)과 반응(예: 행동 반응과 생리적 반응)의 측면 모두에 의해 정의되었기 때문이다. 예를 들면, 의학적 치료가 혈압과 심장박동을 증가시키기 때문에 스트레스가 되는가? 또는 혈압과 심장박동의 상승이 특별한 의학적 치료와 관계없이 스트레스를 반영해주는 것인가? 또는 의료인이 의학적 치료와 연관된 스트레스가 있다고 가정하기 때문에 생리적 반응이 스트레스를 반영해주는 것인가? 우리가 스트레스가 되는 사건에 대한 반응성이나 취약성에 개인별 차이가 있다고 가정하기 때문에, 스트레스에 대한 정의는 더 복잡해진다. 따라서 어떤 환자에게는 스트레스가 되는 치료법이라도 스트레스 반응을 유발하지 않는 반면 또 다른 환자에게는 스트레스가 되지 않는 치료법이라도 스트레스 반응을 유발할 수 있을 것이다.

스트레스에 대한 현재의 정의는 임상적인 상황에서 매우 유용하지 않다. 스트레스를 유발하는 자극을 스트레스인자^{stressor}로 부르고, 스트레스인자에 대한 행동 반응과 생리적 반응을 스트레스^{stress}로 부름으로써 정의하더라도 최소한 두 가지의 문제들이 남게 된다. (1) 스트레스와 스트레스인자의 정의는 순환적인 것이 될 것이며, (2) 똑같은 의학적 치료(즉, 스트레스인자)에도 환자 반응성의 정도(즉, 스트레스)를 중재하는 개인별 차이와 상태가 존재할 것이다. 예를 들면, 한 환자의 생리적 상태를 약화시키는 똑같은 치료가 다른 환자 또는 심지어 똑같은 환자가 두 번째 치료를 받을 때에 다른 행동적 또는 생리적 반응을 유발할 수 있다. 마찬가지로, 처음에 시행할 때 반응을 유발하지 않았던 똑같은 치료가 그다음에 시행할 때에는 엄청난 생리적 약화를 유발할 수도 있다. 따라서 스트레스는 단순히 스트레스인자와 관찰되는 반응뿐만 아니라 치료를 받을 당시 환자의 생리적 취약성의 측면에서 개념화돼서는 안 된다.

스트레스와 스트레스 취약성에 대한 새로운 정의들은 ANS의 기능에 바탕을 두고 이루어질 수 있다. 생리적으로 근거를 둔 평가는 스트레스와 스트레스 취약성을 관찰하면서 임상적인 상황에서 객관적으로 평가될 수 있다. 이러한 접근법을 개발하는 데 있어서 두 가지의 필수적인 영역들이 반드시 논의되어야 한다. (1) 스트레스의 지표로 구체적인 자율신경계 변수들을 평가하는 논리적인 근거, (2) 평가기법은 임상적인 상황에서 스트레스에 대한 자율신경계 지표들을 평가할 필요가 있다.

스트레스에 대한 ANS 정의 — 이론적인 근거

ANS는 내장의 요구와 외적 도전 모두를 다룬다. 중추신경계는 내외적인 요구를 다루는데 필요한 자원의 배분을 중재한다. 자극의 실제적인 물리적 특성과 관계없이 생존에 대한 위협의 지각은 PNS의 급격한 철수와 보완적인 SNS 긴장도의 흥분을 유발한다. 내적 요구와 외적 요구 사이의 균형을 맞추는 것은 스트레스와 항상성의 개념을 개발하는 데 사용될 수 있다. 이 모델에 따르면 스트레스와 항상성은 상호 의존적이다. 항상성은 내장의 조절을 나타내며 스트레스는 외적인 요구에 반응하여 내적인 요구를 억제시키는 것을 나타낸다. 따라서 PNS 긴장도의 평가는 스트레스와 스트레스 취약성을 정의할 수 있는 지표를 제공할 수 있다.

항상성의 개념은 새로운 것이 아니다. 월터 캐논^{Walter Cannon}(1929b)이 이 용어를 만들어내었으며 "신체에서 모든 안정적인 상태를 유지하는 조율된 생리적 반응들은 너무나도 복합적이며 각 생명 유기체마다 너무나도 특수한 것이기 때문에, 이러한 상태들에 대한 구체적인 명칭을 항상성^{homeostasis}이라고 부를 것이 제안돼왔다"(p. 400)라고 언급하였다. 캐논의 관점은 더 앞서 있었던 클로드 버나드^{Claude Bernard}의 작업에 의존하고 있다. 버나드의 개념인 'le milieu interieur(내적환경)'은 내적인 환경의 일관성을 유지하는 생리적 기전을 포함하고 있다. 버나드의 작업이 발달하면서, 그는 제한적인 범위 내에서 '내적인 환경'을 유지하는 신경계의 역동적이고 변화적인 양상을 강조하였다(Bernard, 1878-79).

항상성의 개념은 결코 정적인 상태를 의미하지 않는다. 그것보다 항상성은 살아있는 유기체가 기능적인 범위 내에서, 내적인 상태를 유지하기 위해 필요한 역동적인 되먹임과 조절과정으로 정의된다. 시간이 지나면서 항상성의 개념은 가지고 있던 풍부한 의미들을 많이 상실했으며, 흔히 정적인 내적상태를 나타내는 것으로 해석되어왔다. 임상적으로 위운동gastric motility 및 심장박동과 같은 신경에 의해 조절되는 말초체계의 정체 또는 내적 변동성의 상실은 심한 생리적 손상의 증후이다.

제안된 모델에서, PNS는 내장의 요구(즉, 항상성)를 충족시키는 역할을 하며 SNS는 외적인 도전에 반응한다. 따라서 PNS의 상태는 항상성과 일치한다. 이와 마찬가지로 도전에 대한 반응으로 나타나는 PNS의 철수는 스트레스를 정의할 수 있으며, 도전 전의 PNS 긴장도는 생리적 또는 스트레스 취약성을 나타내는 것이다. 이러한 생리적 모델에 따르면 SNS 상태는 스트레스나 스트레스 취약성의 특징을 정의하지 못한다. 스트레스 반응과 스트레스 취약성은 SNS 긴장도의 주요한 이동이 없을 때 지표로 나타낼 수 있다. 건강한 아동에게 있어서 일시적으로 PNS 긴장도가 철수하는 것은 SNS 긴장도가 증가하는 것과 일치한다는 점을 주목하는 것이 중요하다. 이와는 대조적으로 심하게 손상되어 있는 아동들은 SNS 반응성을 나타내지 않으며, SNS 긴장도가 낮을 것이다. 더욱이 이러한 아동들은 PNS 긴장도가 낮으며 실제로 PNS 반응성이 없을 수 있고, 임상적으로는 만성적으로 스트레스를 받았거나 생리적인 불안정성을 나타내는 것으로 평가될 수 있다.

이러한 관점은 항상성이 외적인 도전이 없는 상태에서 내장의 요구를 충족시키는 자율신경계의 상태로 정의될 수 있음을 제안한다.

이러한 상태는 높은 PNS 긴장도로 정의될 수 있다. 스트레스는 항상성의 붕괴를 반영하는 자율신경계 상태로 정의될 수 있다. 이러한 상태는 PNS 긴장도의 철수로 정의될 수 있다. 따라서 스트레스의 정도는 생리적인 수준에서 정량화될 수 있다. 더욱이 임상적인 사건 이전의 만성적인 자율신경계 상태는 환자의 스트레스 취약성을 나타내는 지표가 될 수 있다. 항상성의 문제를 가지고 있는 사람들은 높은 스트레스 취약성을 가지고 있을 것이다.

스트레스의 평가 — 미주신경긴장도 측정하기

앞에서 말한 내용을 정당화하기 위해, PNS 활성도의 지표를 확인하고 정량화할 필요가 있다. PNS 활성도를 가장 쉽게 측정할 수 있는 지표는 심장박동의 양상이다. 호흡굴부정맥respiratory sinus arrhythmia(RSA)의 진폭은 심장미주신경을 통해 나타나는 PNS의 긴장도를 가장 쉽게 나타내준다(Porges, 1986). 다음 단락에서 RSA의 진폭이 심장미주신경의 긴장도를 나타내는 지표임을 설명할 것이다. 현대의 기술을 통해 미주신경이 심장에 미치는 영향의 변화와 일반적인 미주신경의 긴장도가 변화하는 것을 실시간으로 측정할 수 있게 되었다(Porges, 1985).

생리적 및 행동적 과정은 신경되먹임에 의존하고 있다. 말초에서 받아들여진 정보는 중추신경계로 전달되어 적절한 생리적 반사 또는 명확하게 관찰되는 행동이 유발된다. 많은 항상성 유지의 과정에서 전형적으로 나타나는 되먹임고리feedback loop는 심장과 같은 장기로 가는 날신경의 출력이 증가하고 감소하는 리듬이 있는 양상을 유발한다. 많은 생리적 체계에서 효율적인 신경조절은 리듬이 있는 생리적 변동성으로 나타나며, 정상적인 범위 내에서 이러한 변동성의 진폭이 크면 클수록 한 개인의 건강상태가 더 좋다는 것을 나타낸다. 따라서 리듬이 있는 생리적 과정의 진폭은 한 개인의 신경계 상태와 반응하는 능력에 대한 지표가 될 수 있다. 바꿔 말하면, 조직화된 organized 리듬이 있는 생리적 변동성의 진폭이 더 클수록 반응의 잠재력이나 가능한 행동의 범위가 더 크다. 약한 생리적 변동성을 가지고 있는 사람은 환경적인 요구에 대한 생리적 및 행동적 융통성의 결핍을 나타낼 수 있다. 이러한 현상은 매우 아픈 영아에게서 관찰된다. 따라서 스트레스 반응의 측면에서 볼 때, 이러한 사람들은 스트레스를 유발하는 자극에 빠르게 적응하는 자기조절능력이 결핍되어 있을 것이라고 예상할 수 있을 것이다.

심장학, 노인학, 물리치료학, 당뇨병학 영역에서의 연구들은 일반적으로 PNS의 결핍이 심장에 대한 미주신경긴장도에서 나타난다는 것을 증명하였다. 더욱이, PNS 들신경에 대한 자극은 심장에 대한 미주신경긴장도를 반사적으로 증가시킨다(Cottingham, Porges, & Lyon, 1988; DiPietro & Porges, 1991). 심장에 대한 미주신경긴장도는 내장에 대한 일반적인 PNS의 입력을 반영해주기 때문에, 스트레스의 측정과 스트레스 취약성의 개인적인 차이를 측정하는 데 사용될 수 있다.

우리는 심장에 대한 미주신경긴장도를 측정하는 방법인 RSA의 진폭을 정량화하기 위해 표준화를 하였다(Porges, 1986). RSA는 심장박동의 활동성에 대한 미주신경을 통한 신경계의 조절을 나타내준다. RSA는 숨뇌medulla에서의 호흡과정에 의해 조절되는 심장의 심장박동조율기에 대한 미주신경 날경로의 리듬이 있는 영향을 반영해준다. 행동과정과 마찬가지로, 심장박동의 양상은 신경계의 상태와 신경되먹임의 질에 달려있다. 스트레스는 행동과 자율신경계 상태 모두의 리듬이 있는 양상을 와해시킨다. 따라서 RSA의 진폭과 같이, 심장에 대한 미주신경긴장도를 측정하는 것은 조직화된 행동에 필요한 중추신경계의 과정을 추론함으로써 자율신경계 과정에 대한 중추신경계의 조절을 살펴볼 수 있는 중요한 통로를 제공해 준다.

심장에 대한 미주신경긴장도는 자발적인 호흡의 빈도와 연관된 심장박동리듬의 진폭에 나타난다. 이러한 리듬이 있는 과정은 100년 이상 관찰되고 연구돼왔다. 신경기전에 대한 추론은 RSA와 미주신경긴장도 사이의 관계가 1910년에 헤링^{Hering}(1910)에 의해 제안되었을 때 발표되었다. 헤링은 "호흡이 심장박동수를 감소시키는 것은 … 미주신경의 기능을 나타내는 것이다"라고 명확하게 언급하였다. 이러한 기전에서 유래한 방법인 속도를 조절한 호흡기법$^{paced\ breathing}$ ^{technique}은 현재 당뇨병 환자의 말초신경병증$^{peripheral\ neuropathy}$의 진단에 사용되고 있다.[1] 현대의 연구는 RSA의 진폭이 심장에 대한 미주신경 날경로의 영향을 정확하게 나타낸다는 증거를 제공하였다. 미주신경 날경로에 대한 전기생리학적 연구들에 바탕을 둔 연구에서는 중추신경계의 호흡욕구가 심장억제성 미주신경섬유의 근원핵들을 조절한다고 제안하였다(Jordan, Khalid, Schneiderman, & Spyer, 1982).

만약 심장에 대한 미주신경긴장도가 신경계의 기능적인 상태를

---

1) 당뇨병 환자가 심호흡하는 동안 심전도를 측정하여, 심박변동성이 감소되어 있으면 신경병증이 있는 것으로 진단한다(역자 주).

나타내주는 지표라면, 우리는 미주신경긴장도가 큰 사람은 건강한 행동을 하는 범위가 더 클 것이라고 예측할 수 있다. 우리는 또한 중추신경계를 약화시키는 상태(예: 의학적인 합병증, 마취, 질병)는 미주신경긴장도의 약화를 유발할 수 있다고도 예측할 수 있을 것이다.

우리는 처음에 미주신경긴장도를 스트레스와 연관시키는 모델을 만들 때, 항상성 유지과정에 대한 전반적인 비유를 사용한 이후에 더 구체적으로 미주신경과 연관된 경로를 설명하였다. 건강한 사람의 심장박동은 고정되어 있지 않다. 심장박동의 양상은 중추신경계와 말초에 있는 자율신경계 수용체들 사이의 지속적인 되먹임을 반영해 준다. 심박변동성의 일차적인 근원은 심장에 대한 미주신경 날경로 출력의 증감에 의해 중재된다(Porges, McCabe, & Yongue, 1982). 항상성에 대한 다른 측정과정에서와 마찬가지로 증감의 범위가 클수록 더 건강하다는 증거가 된다. 예를 들면, 고위험 신생아의 경우에는 항상성을 유지하는 기능의 범위가 감소되어 있다. 이것과 일치하는 소견으로 심장에 대한 미주신경긴장도 역시 감소되어 있다(Foxd & Porges 1985; Porges, 1988).

심박변동성은 신경되먹임기전의 효율성에 대한 지표이며, 건강 상태나 적절하게 반응할 수 있는 생리적인 자원을 조직화할 수 있는 능력을 나타내는 지표이다. 따라서 더 나은 '조직화된' 생리적 변동성이 있을수록 행동의 범위는 더 커진다. 조직화된 변동성은 역동적인 되먹임 때문에 나타나므로 정해진 수준에서 리듬 있게 이탈하는 특징을 보인다. 최적의 되먹임체계는 평균값에서 더 많은 이탈이 가능하게 해주는 동시에 부정적인 되먹임은 일정한 수준에서 발생하게 해준다. 건강한 사람에게 있어서 심장에 대한 신경조절은 최적의

되먹임체계와 유사하다. 심장에 대한 신경조절에 있어서 미주신경은 주로 부정적인 되먹임기전의 역할을 한다. 따라서 약화된 심박변동성 상태는 심장에 대한 미주신경의 영향이 약화된 상태를 나타낸다. 우리가 사용했던 비유를 다시 들자면, 약화된 미주신경의 상태는 환경적인 요구에 대한 반응으로 나타나는 행동의 융통성이 감소되어 있음을 나타내준다.

신생아의 스트레스 취약성 — 미주신경긴장도 측정의 예

[그림 4.1]은 잠자고 있는 두 명의 신생아에 대한 2분간의 심장박동 양상과 RSA 진폭을 나타내고 있다. 위쪽 그림은 고위험 조산아의 예정된 정상 만기 시점에서 측정한 양상을 나타내고 있다. 아래쪽 그림은 건강한 만기출산 신생아의 출생 36시간 이내의 양상을 나타내고 있다. 각 그림의 위쪽에 있는 선은 2분간의 지속적인 심장박동을 나타내고 있다. 아래쪽에 있는 선은 2분 동안 10초 단위로 측정한 RSA의 진폭을 나타낸다. 미주신경긴장도 개념의 구별은 위쪽과 아래쪽 그림 사이의 차이를 관찰함으로써 얻을 수 있다. 비록 잠자는 동안이라도 심장박동이 일정하지 않다는 점에 주목하라. 비록 심장박동의 수준이 두 명의 신생아에게서 비슷해 보이지만 건강한 만기출산 신생아는 고위험 조산아에 비해 더 큰 심박변동성을 가지고 있다. 두 개의 심장박동 양상을 자세히 살펴보면, 매 1~3초마다 발생하는 심장박동의 변화가 빠르게 발생하는 뚜렷한 차이를 관찰할 수 있다. 이러한 변동은 호흡과 연관되어 있으며 심장에 대한 미주신경긴장도를 나타낸다. 심장에 대한 미주신경긴장도는 이러한 빠른 변동(즉, RSA)

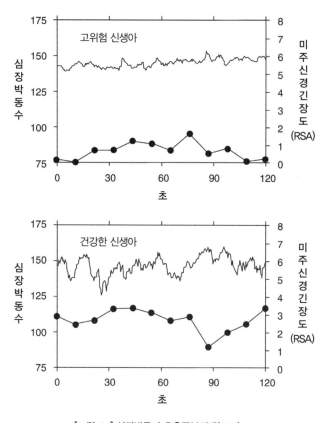

[그림 4.1] 심장박동과 호흡굴부정맥(RSA)

위쪽 그림은 고위험 조산아의 예정된 정상 만기 시점에서 측정한 자료이며 아래쪽 그림은 건강한 만기출산 신생아의 출생 36시간 이내의 자료를 나타낸 것이다. 자료는 잠자는 동안에 수집되었다. 위쪽에 있는 선은 심장박동을 나타내고 아래쪽에 있는 선은 10초 단위로 측정한 RSA(ms^2)를 나타낸다.

의 진폭으로 나타난다.

[그림 4.2]는 고위험 신생아와 정상 만기출산 신생아 모두의 RSA 진폭의 분포를 나타내고 있다. 대상은 125명의 만기출산 신생아와 112명의 신생아 집중관리실에 있는 조산아였다. 만기출산 신생아들은 모

두 만기출산 육아실에 있는 아이들이었으며, 출생 후 2일 이내에 검사가 시행되었다. 신생아 집중관리실에 있었던 조산아에 대한 RSA는 호흡기를 사용하지 않은 상태에서 측정되었다. RSA는 잠자는 동안에 측정되었으며, 신생아 집중관리실에 있었던 조산아들의 교정임신나이 corrected gestational age는 35~37주 사이였다.

[그림 4.2]에 있는 자료를 볼 때, 고위험 조산아는 만기출산 신생아에 비해 상당히 낮은 미주신경긴장도를 보이는 것이 명확했다($F[1, 235]=226.3$, $p<.0001$).[2] 호흡 빈도가 RSA의 정량화에 영향을 줄 수 있기 때문에, 47명의 만기출산 신생아와 62명의 신생아 집중관리실에 있었던 조산아에 대해 호흡을 측정하였다. 호흡은 신생아 집중관

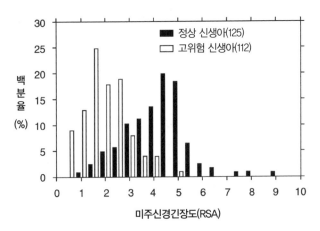

[그림 4.2] 정상 만기출산한 신생아와 신생아 집중관리실에 있는
신생아의 호흡굴부정맥(RSA)의 분포도

RSA의 단위는 ms²이다.

---

2) F값이 1보다 크면 집단 사이의 차이가 크다는 것을 의미, p값<.0001은 우연히 이러한 차이가 발생할 확률이 0.01%보다 작다는 의미이므로 우연히 발생할 확률이 거의 없다는 의미이다(역자 주).

리실에 있었던 조산아들이 상당히 빠르게 나타났다($F[1, 107]=23.5$, $p<.001$). 그러나 이러한 중요한 영향을 공분산의 분석에서 제외했을 때에도 두 집단 사이에는 상당히 높은 차이가 여전히 존재하였다($F[1, 107]=82.2$, $p<.0001$). 집단의 분류(만기출산 대 신생아 집중관리실)는 53.1%였으며 호흡의 영향을 제거했을 때에는 43.7%였다.

우리의 연구실에서 한, 이 연구는 신생아 집중관리실에 있는 아이들의 표준적인 집단에서 아주 미세한 성숙만 일어났고, 이러한 측정법은 매우 안정적인 결과를 보여주었음을 나타내었다. 예를 들면, 16명의 조산아가 출생 첫날부터 매일 다섯 번을 수면 중에 검사하였다. 비록 임상적 상태의 심한 정도와 RSA 사이에는 중요한 상관관계가 있었지만(즉, 신생아가 건강할수록 RSA의 진폭이 더 컸다), RSA 값들 사이의 평균적인 상관관계는 0.9에 다다랐다.

이 예는 RSA를 정량화하여 신생아 집중관리실에서 미주신경긴장도를 측정하는 것이 어떻게 스트레스에 대한 취약성을 나타낼 수 있는지에 대해 설명해주고 있다. 우리 연구실 및 다른 연구실에서 나온 자료들은 신생아 집중관리실에 있는 조산아의 상태가 더 안 좋을수록 더 낮은 미주신경긴장도를 가지고 있다는 것을 증명하였다. 스트레스 및 스트레스 취약성에 대한 모델에서 제시하는 것처럼, 신생아 집중관리실의 조산아들은 자신들의 내적인 상태를 조절하고 체온을 조절해야 할 필요성을 포함하는 환경적인 요구에 대처하고 통증을 유발할 수 있는 의료적인 시술을 포함하는 감각적인 자극들을 다루는 데 제한적인 PNS 긴장도를 가지고 있다.

미주신경체계는 유기체의 변화하는 요구사항에 반응한다. 흔히 미주신경체계는 말초신경에 대한 영향을 선택적으로 증가 또는 감소시킴으로써 반응한다. 이러한 반응은 대시요구량을 충족시키기 위해 심장박동수를 증가시킬 목적으로 미주신경긴장도를 줄이거나, 소화용 단백질과 위장 운동을 조절하기 위해 미주신경긴장도를 증가시키는 것에서 관찰될 수 있다. 영아가 성공적으로 적응을 하는 것은 단순히 ANS의 긴장도 수준에 달려있는 것이 아니라, ANS가 환경적 및 내적인 도전에 적절하게 반응하는 능력에 달려있다. 예를 들면, 포경수술과 같이 통증을 유발하는 의료적인 시술을 하는 동안에 심장에 대한 미주신경긴장도는 억제된다(Porter, Porges, & Marshall, 1988). 이와는 대조적으로 조산아에게 인공적으로 영양급식을 제공하는 동안에는 심장에 대한 미주신경긴장도가 증가한다(DiPietro & Porges, 1991). 만약 영아가 인공영양공급을 받는 동안 미주신경긴장도가 증가하고 급식이 끝난 이후에 미주신경긴장도가 급식 전의 수준보다 더 떨어진다면, 이러한 반응을 보이지 않는 영아들보다 대략 2주 먼저 퇴원하였다. 이러한 효과는 출생 시의 체중, 출생 시의 임신주수, 다른 임상적인 요소와는 관계가 없었다. 비록 급식 전의 미주신경긴장도가 반응양상이나 퇴원과는 연관이 없었지만, 체중이 증가하는 과정을 예측할 수 있도록 해주었다. 따라서 미주신경의 반응성은 임상적인 위험성과 연관된 또 다른 측면을 제공해 준다.

미주신경긴장도에 대한 측정은 자율신경계 기능에 대해 중추신경이 하는 조절과 연관된 중요한 정보를 제공해 준다. 잠자는 동안이나 도전 상황이 없는 동안에 측정한 미주신경긴장도는 정상적인 항상성 되먹임에 대한 지표를 제공해 주는 반면, 감각적 또는 인지적 도전을 받는 동안의 측정은 적응적인 기능에 대한 지표를 제공해 준다. 따라서 낮은 미주신경긴장도는 고위험군과 연관되어 있는 반면,

심지어 정상적인 수준의 기본적인 미주신경긴장도를 가지고 있더라도 비전형적인 미주신경 반응성을 보이는 것은 행동적 및 조절성 문제를 가지고 있는 영아를 확인할 수 있게 해준다(DeGangi, DiPietro, Greenspan, & Porges, 1991; DiPietro & Porges, 1991).

스트레스 동안에 발생하는 미주신경긴장도의 변화 — 거래의 대가

ANS는 많은 생리적 책임을 가지고 있다. ANS는 충분한 피가 뇌에 도달할 수 있도록 혈압을 조절해야 한다. ANS는 또한 피에 있는 산소와 이산화탄소의 농도를 감시해야 한다. 만약 산소와 이산화탄소의 농도가 변화하게 되면 심장, 혈관운동 긴장도, 폐에 대한 직접적인 신경조절이 즉각적으로 이루어지게 된다. ANS는 이러한 심폐과정에 대한 조절을 하는 동시에 소화와 대사에 대해서도 조절을 한다. ANS의 활동은 생명과도 연관되어 있다. 에너지소비^{ergotropic}(즉, 일하는 것)와 에너지흡수^{trophotropic}(즉, 성장) 기능(Gellhorn, 1967).

미주신경체계는 에너지소비와 에너지흡수 과정 모두의 조절에 중요하다. 미주신경긴장도의 증가는 대사출력을 증가시킬 뿐만 아니라 소화성 단백질과 위장 운동도 조절한다(Uvnas-Mober, 1989). 미주신경은 또한 에너지흡수 과정을 촉진시키는 데에도 중요하다. 미주신경은 심장근육의 교감신경성 흥분을 억제시킬 수 있다(Levy, 1977). 더욱이 정신생리학자들이 교감신경계의 흥분을 통해 자율신경계의 각성을 조절한다고 생각하고 있는 둘레계통$^{limbic\ system}$은 미주신경세포에 직접적인 억제효과를 나타낸다(Schwaber, Kapp, &

Higgins, 1980). 날미주신경을 조절하는 뇌줄기 영역은 높은 미주신경긴장도를 만들어내기 때문에 에너지흡수 상태를 유지시키거나, 유기체의 즉각적인 움직임을 촉진시키는 미주신경긴장도의 철수를 가능하게 해준다.

다른 종들에 대한 연구에서 심장에 대한 미주신경긴장도는 발달하는 과정에서 증가된다는 것이 증명되었다(Larson & Porges, 1982). 이러한 미주신경긴장도의 증가는 자기조절과 탐색행동의 증가를 유발한다. 영아를 대상으로 한 연구에서 심장에 대한 높은 미주신경긴장도는 더 나은 시각적 인식기억과 연관되어 있었다(Linnemeyer & Porges, 1986; Richards, 1985). 개요를 설명하는 장에서, 심장에 대한 미주신경긴장도와 정동에 대한 연구가 요약되어 있다(Porges, 1990).

디피에트로와 포지스DiPietro & Porges(1991)는 또한, 조산아에게 있어서 인공영양공급을 하는 동안에 발생하는 심장에 대한 미주신경긴장도와 행동 반응성 사이의 관계를 평가하였다. 이 연구에서 심장에 대한 미주신경긴장도의 개인적인 차이는 인공영양공급에 대한 행동 반응성과 상관관계가 있었으며, 이와 유사하게 허프먼Huffman 등(1998)은 심장에 대한 높은 미주신경긴장도를 가지고 있는 3개월 된 영아가 심장에 대한 낮은 미주신경긴장도를 가지고 있는 영아보다 새로운 시각적 자극에 더 빨리 적응하고 집중력을 더 유지하는 것을 관찰하였다.

미주신경긴장도를 억제하는 약물 또한 집중력을 유지하는 효과를 감소시켰다. 예를 들면, 우리는 감각운동 수행능력에 대해 아트로핀이 미치는 영향을 평가한 연구에서 미주신경긴장도가 약물 농도의 증가에 따라 감소할 뿐만 아니라, 수행능력도 감소시킨다는 것도 발견하였다(Dellinger, Taylor, & Porges, 1987). 우리는 또한 각성과 심장에 대한 미주신경긴장도에 흡입마취제가 미치는 영향에 대한 연구도 시행하였다. 흡입마취제는 심장에 대한 미주신경긴장도를 감소시켰으며, 환자가 의식을 회복했을 때 심장에 대한 미주신경긴장도는 증가하였다(Donchin, Feld, & Porges, 1985).

우리는 RSA 진폭의 정량화를 통해 심장에 대한 미주신경긴장도를 측정함으로써 미주신경의 기전 및 미주신경긴장도와 자율신경계 반응성 사이의 관계를 보다 정확하게 평가할 수 있었다. 미주신경긴장도의 지표를 사용한 연구들은 미주신경긴장도가 스트레스와 스트레스 취약성에 대한 지표를 나타내준다는 가설을 지지해주고 있다. 포터[Porter] 등(1988)은 정상 신생아를 대상으로 한 연구에서 포경수술을 하는 동안, 심장에 대한 미주신경긴장도가 급격히 감소한다는 것을 증명하였다. 더욱이 심장에 대한 미주신경긴장도의 개인별 차이는 포경수술에 대한 심장박동의 반응성과 상관관계가 있었다. 높은 미주신경긴장도를 가지고 있는 신생아는 외과적인 시술을 하는 동안에 심장박동수가 크게 증가할 뿐만 아니라 기본적인 울음의 횟수가 더 적었다. 포터와 포지스[Porter and Porges](1988)는 또한, 조산아를 대상으로 한 연구에서 미주신경긴장도의 개인별 차이는 허리천자[lumbar puncture] 시술을 하는 동안의 심장박동수 반응과 연관되어 있음을 증명하였다.

결론

스트레스와 스트레스 취약성을 정의하는 데 대한 생리학적인 근거가 있다. 스트레스와 항상성의 개념은 상호 의존적이며 PNS의 활동에서 나타난다. 스트레스에 대한 전통적인 모델과는 대조적으로, PNS가 스트레스 취약성 및 스트레스에 대한 반응성을 조절하는 인자로 제시되었다. 이렇게 제시된 모델은 PNS 상태에 대한 정확한 측정이 스트레스를 측정할 수 있게 해주는 통로를 제공해 줄 것이라고 주장한다.

스트레스 취약성 및 스트레스 반응성 모두를 설명하는 데 있어서 SNS보다는 PNS를 사용하거나, 또는 SNS와 더불어 PNS를 사용해야 하는 생리학적 정당성이 제시되었다. 자발적인 심장박동의 변화에 대한 심장미주신경긴장도의 정량화가 PNS 상태의 변화를 측정하는 하나의 방법으로 설명되었다. 심장에 대한 미주신경긴장도의 정량화는 평생 동안 환자들의 상태를 평가할 수 있는 통계적 변수를 가진 표준화된 도구를 제공해 준다. 이 방법은 운동적 또는 인지적 발달의 단계와는 별개로 사용할 수 있기 때문에 심지어 신생아에게도 사용할 수 있다. 이러한 비침습적인 방법은 어린 영아에 대한 임상적인 치료가 미치는 스트레스의 영향에 대한 평가를 가능하게 해주며, 스트레스에 취약한 사람을 확인할 수 있다.

결론적으로 현대의 스트레스에 대한 정의의 유용성은, 부분적으로는 그 순환성 때문에 그리고 부분적으로는 SNS의 영향에만 초점을 두는 스트레스 연구의 경향 때문에 매우 제한적이다. RSA 진폭의 정량화를 통해 측정되는 심장에 대한 미주신경긴장도가 의학의 모든 영역, 특히 소아청소년과 영역에서 적용할 수 있는 스트레스 취약성과 스트레스 반응성에 대한 새로운 지표로 제안되었다.

제5장

영아의 육감
— 신체과정의 인식과 조절

삶은 감각적인 경험이다. 우리 삶의 모든 순간에, 우리는 우리의 다양한 감각체계를 통해서 세상을 경험한다. 감각경험은 우리의 행동을 결정하며, 우리의 생각과 감정의 조직화에 관여한다. 영아는 출생 바로 직후에 다양한 새로운 감각적 자극들을 직면하게 된다. 이러한 다양한 감각들은 아기의 새로운 환경의 특징과 잠재적인 요구에 대한 중요한 정보들을 제공해 준다. 영아는 이러한 정보를 즉각적으로 발견하고, 구별하고, 적응해야 한다. 빠르게 변화하는 환경에 성공적으로 적응하는 것과 변화하는 요구사항에 대처하는 능력은 감각정보를 발견하고 해석하는 영아의 능력에 달려있다. 따라서 우리가 영아의 행동적인 양상, 목소리, 생리적인 반응성을 연구할 때, 어떻게 영아가 환경에서 오는 정보를 발견하고, 이러한 정보를 변화하는 환경에 적응하고, 상호작용하기 위해 운동적, 정동적, 인지적으로 통합하는 데 감각체계를 사용하는지를 이해하려고 시도한다.

우리는 인간이 다섯 개의 일차적인 감각을 가지고 있다는 것을 배웠다. 후각, 시각, 청각, 미각, 촉각. 우리는 심지어 신생아라도 이러한 감각에 반응할 수 있다는 것을 알고 있다. 신생아의 이러한 반응은 부모와 의사가 분명히 관찰할 수 있다(비록 몇십 년 전만 하더라도 과학자들은 영아의 이러한 감각능력을 모르고 있었지만). 그러나 감각정보를 분류하는 이러한 전통적인 방법은 우리 몸의 내부에 위치하고 있는 수많은 감각기관에서 뇌로 전달되는 엄청난 양의 감각정보를 다 설명하지 못한다. 영아의 감정적 및 인지적 발달에서의 감각적 처리 과정의 중요성을 강조하고, 영아가 감각정보를 발견하고 해석하는 개인적인 차이를 강조하는 영아의 조절에 대한 현대적인 모델(예: Ayres, 1972; Greenspan, 1991)은 주로 외부환경을 설명하는 세 가지의 감각(즉, 촉각, 시각, 청각)에 초점을 맞추고 있다. 이러한 모델은 생리적 조절에 대한 정보를 제공해 주는 내적인 감각을 다루지 못한다.

비록 신경생리학자들과 신경해부학자들은 감각체계를 우리의 내부 장기들을 조절하는 것으로 설명하지만, 이러한 연구는 우리가 신체과정을 설명하는 데 사용하는 일반적인 언어나 의학적인 용어에 거의 영향을 미치지 못하고 있다. 현재 내적인 감각과 상태(예: 통증, 구역질, 각성)를 쉽게 이해할 수 있도록 설명하는 말들이 거의 존재하지 않고 있다. 그러나 이러한 언어적인 한계에도 불구하고 우리의 경험은 우리에게 신체감각에 대한 인식과 어떻게 이러한 감각이 감정상태 및 심리적 느낌에 영향을 미칠 수 있는지에 대해 알 수 있게 해준다.

우리의 언어와 과학이 놓치고 있는 점은 내적인 상태를 설명하는 능력이다. 우리는 일상적인 상호작용에서 신체적 변화의 심리적 결과를 표현하기 위해 '느낌feeling'과 같은 애매모호한 용어를 선택한다. 행동과학자들은 흔히 상태, 기분, 감정과 같은 개념들을 객관화하려는 시도를 한다. 임상의들은 이러한 느낌들을 추론하여 감정적인 정도를 설명하는 용어들을 사용한다. 그러나 우리가 느낌, 감정, 상태 또는 기분에 관해 이야기할 때 우리는 항상 신경계에 의해 지속적으로 감시되고 조절되고 있는 내적인 상태를 설명하려고 시도하고 있다.

이 장의 목적은 신체적 과정을 감시하는 추가적인 감각을 소개하는 것이다. 이러한 감각체계를 설명하기 위해 다양한 용어들이 사용될 수 있을 것이다. 고전적인 생리학은 이러한 감각체계를 내수용감각interoception이라고 표현한다. 내수용감각은 신체적 과정에 대한 우리의 의식적인 느낌과 무의식적인 감시 모두를 포함하는 전체적인 개념이며, 다른 감각체계와 마찬가지로 네 개의 요소로 구성되어 있다.

1. 내적인 상태를 '감지하기' 위해 다양한 내부 장기에 위치하고 있는 감각기.
2. 내적인 상태에 대해 뇌에 정보를 전달하는 감각경로.
3. 감각정보를 해석하고 변화하는 내적인 상태에 대해 반응할 수 있도록 체계를 조직화하는 뇌구조물.
4. 내부 장기의 상태를 직접적으로 변화시키기 위해 뇌에서 내부 장기로 의사소통하는 운동경로. 뇌구조물은 내수용정보를 평가하고 분류하며, 다른 감각정보와 연관시키고 연관된 부분을 기억으로 저장한다.

내수용감각은 여섯 번째의 주요감각이다

이미 설명한 다섯 개의 고전적인 감각들은 신체의 외부 표면에 있는 감각기 또는 외수용감각기^{exteroceptor}에 바탕을 두고 분류한 것이다. 그러나 우리는 외적인 감각(예: 시각, 청각, 후각, 촉각, 미각)이 영아의 행동, 생각, 감정을 유발하는 유일한 자극이 아니라는 것을 알고 있다. (심장, 위, 간 그리고 신체 내부의 다른 장기들에 있는 내수용감각기를 통해) 내적인 상태와 신체적 과정을 느끼는 능력은 영아의 생존에 중요한 여섯 번째 감각을 이루고 있다.

이 육감은 신체 내부에서 무슨 일이 일어나고 있는지에 대한 의식적 및 무의식적인 기능적 인식을 나타낸다. 예를 들면, 의식적인 수준에서, 소화과정은 위가 비었을 때 영아가 배고픔으로 해석하거나, 위가 가스로 인해 심하게 팽창되었을 때 통증으로 해석하는 감각정보를 제공해 준다. 심혈관계와 호흡계 역시 의식적인 되먹임을 제공한다. 각성된 정도는 자세와 연관된 혈압의 변동(예를 들면, 아기가 부모의 어깨 위로 들어 올려져 즐거워할 때)과 혈액 내의 산소와 이산화탄소 농도의 변화가 있을 때 모두 변화한다. 무의식적인 수준에서, 내부 장기들은 뇌구조물에 지속적으로 정보를 보내는 감각기를 가지고 있다. 이러한 무의식적인 인식은 특별한 운동행동과 심리적 과정을 지지하도록 빠르게 적응함으로써 내적인 생리의 안정성(즉, 항상성)을 강화시킨다.

비록 신체감각이 영아의 성공적인 생존에 중요함에도 불구하고, 발달전문가들은 현재 외부자극을 느끼는 영아의 능력에 더 초점을 맞추고 있다. 예를 들면, 신경학적 및 신경생리적 검사와 같이 임상적으로 평가하는 도구들은 외부자극의 처리 과정에만 초점을 맞추고 있다. 마찬가지로 현재 우리의 자녀 양육과 중재전략은 아이들이 자신의 내적인 생리적 상태를 느끼도록 도와주는 방법을 전혀 사용하지 않고 있다. 우리는 영아와 아이들에게 내적인 상태를 나타낼 수 있도록 도와주는 설명적 또는 상징적 도구들을 제공하지 않으며, 양육자가 영아의 신체감각의 상태변화를 나타내는 구체적인 행동적 또는 생리적 지표를 인식할 수 있도록 교육하지도 않는다. 이러한 현상은 심지어 우리가 신체적 기능의 상태(소화와 같은)와 이러한 과정에서 나타나는 힘든 상황(장의 팽창으로 인한 배 아픔과 같은)에 대한 영아의 반응이, 중요한 감각체계를 통해서 발생한다는 것을 알고 있는 상태에서도 유지되고 있다. 더욱이 지속적으로 신체적 기능에 대한 감시를 통해서 나오는 감각정보는 영아가 특별한 행동을 하고, 외부자극을 인식하며, 정보를 인지와 감정의 정신적 표상으로 조직화하는 능력에도 영향을 미칠 수 있다.

감각과정을 평가하기

우리는 다섯 가지의 고전적인 감각에 대해서 아이가 감각정보를 처리하는 능력을 행동의 관찰과 언어적인 보고를 통해 평가할 수 있다. 우리는 적응적인 전략과 비기능적인 전략을 관찰할 수 있다. 우리는 특별한 감각적 도전에 대한 반응으로 나타나는 과소반응과 과다반응을 관찰함으로써 문제점을 확인할 수 있다. 우리는 아이가 감각정보를 통합하는 능력을 통해서 발달 양상을 평가할 수 있다. 게다가 우리는 말하기 및 듣기 전문가, 안과 의사, 간호사, 직업치료사, 물리치료사, 심리사, 정신건강의학과 의사, 소아청소년과 의사와 같은 전문가들이 시행하는 중재적 시술을 평가할 수 있다.

이와는 대조적으로 내수용감각의 능력에 대한 평가는 아직 체계화되어 있지 않다. 통증의 심한 정도에 대한 평가 이외에는 신체과정에 대한 지각을 정량화하는 방법이나 무의식적인 내수용감각되먹임을 검사하는 방법이 존재하지 않는다. 발달지표를 확인하는 척도도 없는 상태이다.

그러나 우리가 내수용감각을 설명하거나 측정하는 방법을 알고 있든 모르든 간에, 신체 내부에서 나오는 감각은 아이의 행동에 강력한 영향을 미친다. 영아가 태어날 때부터 필요로 하는 수면, 음식, 물, 따뜻함에 대한 요구는 내적인 감각기에 의해 감시된다. 이러한 정보는 영아가 하는 행동의 대부분을 유발한다. 영아의 행동은 양육자에게 단서를 제공하게 된다. 바꿔 말하면 영아의 신체 내부에 있는 특수한 감각기에 대한 자극은 양육자가 영아에게 상호작용하고, 편안하게 해주며, 신체감각을 유발한 원인을 감소시켜주게 하는 행동적 반응을 유발한다. 예를 들면, 영아에게 젖을 먹이는 것은 배고픔을 감소시켜주고, 트림을 시켜주는 것은 수유 이후에 위에 있는 공기를 제거시켜주며, 빠는 행동은 소화를 촉진시키고 변비를 감소시켜준다.

내수용감각 — 고차원적인 행동을 위한 기반

내수용감각은 다양한 신체 기관에 있는 감각기에서 시작해서, 양육자와의 고차원적인 사회적 상호작용으로 끝나는 복합적인 되먹임체계에 달려있다. 잘못된 감각기나, 감각체계의 구성요소(즉, 감각기,

뇌로 가는 감각경로, 감각정보를 해석하고 장기에 가는 운동출력을 조절하는 뇌영역, 또는 뇌에서 나오는 운동경로)의 잘못된 기능은 생리적인 문제에 영향을 줄 뿐만 아니라, 영아의 심리 및 상호작용 경험에 부정적인 영향을 줄 수 있다. 따라서 내수용감각 과정의 질은 정보처리(예: 인지적인 처리), 감정적인 표현, 사회적 행동에 있어서 개인적인 차이를 유발할 수 있다.

나는 성공적인 신체적 처리 과정에 따라 나타나는 복합적인 행동을 네 개의 수준으로 나타나는 계층적인 모델로 개념화하였다(Porges, 1983). 각각의 수준은 그 이전 수준의 조직화에서 성공적인 기능을 해야만 나타날 수 있다. 비록 이 모델은 복합적인 사회적 행동을 포함하고 있지만, 이 모델의 구성은 신경계의 조직화 능력에 달려있다.

- 수준 I은 내부 장기를 조절하는 생리적 체계의 항상성 유지를 위한 과정을 특징적으로 나타낸다. 항상성 유지를 위한 조절은 뇌와 내부 장기 사이의 감각 및 운동경로를 통해 내부 장기를 감시하고 조절하는 양방향의 내수용감각적 과정을 필요로 한다.
- 수준 II 과정은 항상성을 조절하는 뇌줄기brain stem에 대한 겉질cortical의 의식적이고 종종 동기가 부여된 영향이 필요하다.
- 수준 III 과정은 운동행동의 양, 질, 적절성에 의해 평가될 수 있는 관찰 가능한 행동을 나타낸다.
- 수준 IV는 사회적인 상호작용을 성공적으로 시작하기 위해, 행동, 감정, 신체상태가 조화된 상태를 나타낸다.

이 모델은, 사회적 상호작용을 포함하는 복합적인 행동은 생리 및 신경계가 어떻게 신체과정을 적절하게 조절하는지에 달려있다고 가정한다. 이 모델에서, 내수용감각은 신체적, 심리적, 사회적 발달 의 기본이 된다. 내수용감각은 아동발달에 대한 많은 연구자들, 치료 자들, 이론가들에 의해 다듬어지고, 수준 III과 IV에 포함되어 있는 고 차원적인 과정의 신경생리학적 기반으로서의 역할을 한다.

수준 I 과정 — 생리적 항상성

'느낌feeling'이라는 애매모호한 개념의 밑바탕에는 내수용감각에 달려 있는 생리적 과정이 있다. 우리는 내수용감각의 기전에 달려있는 생 리적 과정의 기능적인 조절을 설명하고 측정함으로써, 영아가 가장 기초적인 수준의 조절을 하는 능력에 대한 기능적인 취약성을 확인 할 수 있다. 만약 영아가 돌봐주고, 먹여주고, 보호해달라는 자기 신 체의 요청에 둔감하다면 어떻게 사회적인 요구에 적절하게 반응하고 기능을 할 수 있을까?

수준 I 과정은 감정적인 조절과 표현을 포함하는 상태의 조절에 대한 생리적 기전을 제공해 준다. 수준 I 과정은 또한 세상의 도전적 이고 사회적인 요구를 포함하고 있는 상호작용을 아이가 성공적으로 할 수 있게 해주는 기반을 제공해 준다.

제시된 계층적인 모델에서 수준 I 과정은 신경되먹임체계를 통해 내적인 신체과정을 성공적으로 조절하는 양상을 보여준다. 신체 내 부(예: 위, 간, 내장, 심장, 혈관, 호흡계)에 있는 내수용감각기는 항상성 을 유지하기 위해 신경을 통해 정보를 뇌줄기 구조물에 전달한다. 뇌줄기 구조물은 감각정보를 해석하고 내적인 생리적 기관들을 조절한다. 뇌줄기는 내부 장기들을 직접적으로 조절하거나(예: 심장박동수를 올리거나 감소시킴, 혈관을 확장시키거나 축소시킴, 장운동을 억제하거나 촉진시키는 등등), 특별한 호르몬이나 펩티드(예: 아드레날린, 인슐린, 옥시토신, 바소프레신, 가스트린, 성장호르몬억제인자^{somatostatin} 등등)를 분비하여 간접적으로 조절함으로써, 신경을 자극하여 이러한 일을 한다.

수준 I 과정은 항상성을 유지하는 조직화 및 신경되먹임기전과 연관되어 있다. 이러한 항상성 유지를 위한 과정은 내적인 상태나 외적인 도전의 상황이 에너지를 최대한으로 방출할 필요가 있을 때 차단될 수 있다. 예를 들면 열, 온도와 연관된 스트레스, 극도의 감정적인 스트레스, 유산소운동은 반사적으로 수준 I 되먹임체계를 억제한다. 심한 질병과 연관된 상태(예: 생리적 약화와 불안정) 역시, 신체과정에 대한 신경조절을 하향조절하게 한다. 이와는 반대로, 내수용감각기가 직접적으로 자극을 받거나(예: 음식으로 위가 채워지는 것), 다른 감각들이 반사적으로 신체과정에 영향을 미칠 때, 상향조절이 발생할 수도 있다. 예를 들면, 식욕을 자극하는 음식의 냄새는 코에서 뇌줄기 구조물로 가는 신호를 유발하여 음식이 입에 들어가기도 전에 소화액을 분비시키기 위해 입과 위에 있는 샘들^{glands}을 자극한다.

수준 II 과정 — 활동의 대가

자율신경계는 내부 장기들의 상태를 느끼고, 이들의 활동을 조절하는 신경계의 한 부분이다. 자율신경계는 (1) 신체 내부에 있는 장기들의 요구에 반응하고, (2) 외적인 도전에 반응한다. 우리는 적응적인 행동전략과 항상성을 내적 및 외적인 요구 사이의 균형을 유지하는 아이의 능력으로 정의할 수 있다. 이 모델의 관점에서 볼 때, 환경적 요구에 대한 항상성과 반응전략은 상호 의존적이다. 항상성은 신체 내부에 있는 생리적 상태를 조절하는 것을 나타낸다. 반응전략은 내적인 요구가 외적인 요구보다 덜 중요할 때[아기(충분히 먹고, 트림 한)가 사람 및 사물의 세상과 상호작용할 준비가 되어있고, 하고 싶어 할 때]의 상태를 나타낸다.

자율신경계는 교감신경계와 부교감신경계라는 두 개의 가지로 이루어져 있다. 일반적으로 부교감신경계는 성장 및 회복과 연관된 기능을 촉진시킨다. 이와는 대조적으로 교감신경계는 신체 외부에서 발생한 도전 상황을 다루기 위해 에너지의 방출량을 증가시킨다. 자율신경계는 환경적인 요구사항이 없을 때 성장과 회복을 증진시키기 위해 내부 장기들의 요구에 반응한다. 그러나 환경적인 요구사항이 발생하면, 항상성 유지를 위한 과정은 약화되며 자율신경계는 부교감신경계의 기능을 하향조절하고, 흔히 이러한 외적인 도전을 다루기 위해 교감신경계를 자극함으로써 에너지의 방출량을 증가시킨다.

중추신경계는 내외적인 요구를 다루기 위한 자원의 분배를 조절한다. 생존에 대한 위협을 추정하고 지각하는 것(자극의 실제적인 물리적 특징과 관계없이)은 급격한 부교감신경계 긴장도의 철수와 교감신경계 흥분을 촉진시킬 수 있다. 이러한 내외적인 요구들 사이에서 균형을 맞추는 것은 중추신경계에 의해 감시되고 조절된다.

수준Ⅱ과정은 내수용감각체계와 다른 감각들 및 생리적 과정들을 통합하는 과정을 나타낸다. 수준Ⅰ과정의 반사적인 통합과는 달리, 수준Ⅱ과정은 고차원의 뇌 처리 과정이 포함된다. 수준Ⅱ과정에는 자극의 근원에 의식적으로 접근하거나, 문제를 해결하고 정보를 처리할 필요가 있음을 인식하는 것이 포함된다. 내적인 신체상태는 자극과의 접촉을 촉진하거나 정보를 처리하기 위해서 변화된다. 수준Ⅱ과정은 집중, 정보의 처리, 사회적 행동을 하는 동안에 항상성 유지를 위한 과정을 적절하게 조절하는 것(즉, 단계적으로 억제하는 것)이 특징적으로 나타난다.

자율신경계는 다른 감각들(예: 청각, 시각 또는 촉각)이 자극을 받았을 때 이차적인 과정을 나타낸다. 이러한 상황에서 아기가 감각정보를 발견하게 되면, 아기의 뇌구조물은 감각정보를 처리하기 위해 자율신경계가 담당하는 기관들을 조절한다. 이러한 생리적 상태는 아기가 감각적 자극에 단순히 집중하는 능력을 지지하거나 대사출력을 증가시킴으로써, 아기가 자극에 다가가거나 멀어지는 신체적인 동작을 할 수 있도록 해준다.

외부환경에서 오는 감각정보는 정확한 내수용감각을 통해 유지되고 있던 내적인 조절의 변화를 유발한다. 만약 정확한 내수용감각이 없으면, 내적인 생리적 상태에 대한 하향조절은 생존 능력을 약화(예: 소화를 억제하거나 전해질이나 혈액 가스 농도를 조절하지 못함)시킬 수 있다. 내수용감각의 결함은 또한 조절장애의 원인이 될 수도 있다 (Greenspan, 1991). 조절장애는 아이들에게서 나타나는 광범위한 장애를 말하는데, 먹기와 잠자기 같은 신체적 과정의 장애, 감각 및 정동적 정보의 처리장애, 상태조절의 장애를 포함한다.

생리적 및 행동적 항상성 — 똑같은 개념

생리적 항상성은 그린스팬[Greenspan](1991)이 관찰한 행동적 항상성과 일치한다. 그린스팬은 출생 시부터 생후 3개월까지의 발달기간 동안에 영아가 항상성 과정을 완전히 익힌다고 설명하였다. 이 모델에서 항상성은 수면과 행동 상태의 적절한 조절뿐만 아니라, 적절한 시각, 청각 및 촉각 자극을 통합시키는 능력이 필요하다. 따라서 조절장애를 가지고 있다고 정의되는 아이들은 수면, 수유, 감각의 통합에 문제를 가지고 있다.

그러나 그린스팬의 모델은 외적인 감각(청각, 시각, 촉각)에만 초점을 두고 있다. 나는 생리적 항상성(수준 I)과 환경적 자극에 대한 감각적 처리를 지지해 주기 위한 생리적 항상성의 조절(수준 II)은 행동적 항상성을 위해 필요한 기본적인 조건이라고 제안한다. 바꿔말하면, 그린스팬이 정의한 조절장애는 생리적인 기질을 가지고 있을 수 있다(Porges & Greenspan, 1991). 경험적인 연구들은 이러한 가설을 지지해 주고 있다(예: DeGangi, DiPietro, Greenspan, & Porges, 1991; Porges, Doussard-Roosevelt, Portales, & Suess, 1994). 우리는 생리적인 항상성에 대한 평가가 영아의 행동적 문제와 연관되어 있다는 것을 증명하였다. 우리의 발견은 임상가들이, 영아와 아이들의 수준 I과 수준 II의 취약성을 진단적으로 확인하는 데 내수용감각의 능력을 반영해 주는 생리적인 평가를 사용할 수 있음을 암시하고 있다.

수준 I과 수준 II과정의 평가

일반적으로 항상성 과정은, 뇌구조물과 내부 장기들 사이의 양방향 의사소통을 가능하게 해주는 몇몇 가지들을 가지고 있는 큰 신경인 미주신경을 통해서, 부교감신경계에 의해 조절된다. 감각경로와 운동경로 모두를 가지고 있는 미주신경은 내수용감각체계의 주된 구성요소이다. 미주신경과 그 가지들은 부교감신경계의 대략 80%를 차지한다. 미주신경섬유들의 대략 80%는 감각섬유이기 때문에 신체 내부에 있는 내수용감각기들과 직접적으로 연결되어 있다. 따라서 미주신경활성도의 측정은 항상성을 유지하는 내수용감각(즉, 수준 I 과정) 및 환경적 도전에 대처하기 위한 항상성의 조절(즉, 수준 II과정)에 대한 정보를 제공해 준다.

심장박동의 특별한 리듬의 변화를 정량화함으로써 미주신경의 활성도를 측정할 수 있다(Porges, 1992). 수준 I과정은 잠자는 동안 심장에 대한 미주신경의 조절을 측정함으로써 평가할 수 있다. 이것은 항상성 유지를 조절하는 영아의 내수용감각 능력에 대한 측정을 할 수 있게 해준다. 수준 II과정은 환경적인 도전이 있을 때, 변화하는 심장에 대한 미주신경의 조절을 측정함으로써 평가할 수 있다. 이것은 환경적 요구를 다루기 위해 미주신경계를 하향조절하는 영아의 능력에 대한 평가를 제공해 준다.

우리의 연구프로그램은 내적인 생리적 상태를 느끼고 조절하는 능력이 고차원적인 행동적, 심리적, 사회적 과정의 기초가 된다는 가설을 지지하는 자료들을 제공해 준다. 우리는 현재 다양한 감각적 처리가 요구되는 상황에서 내적인 생리적 체계를 조절하는 영아의 능력을 평가하는 실험적인 방법들을 개발하고 있다. 우리의 장기적인 목표는 내수용감각을 평가하기 위한 표준화된 임상적 도구를 제공하는 것이다. 이러한 도구는 신경학적, 신경심리학적 그리고 다른 감각의 평가를 보완해 줄 수 있을 것이다. 이러한 평가는 심장박동 양상에서 나타나는 리듬이 있는 변화를 정량화함으로써 그리고 심장에 대해 미주신경이 미치는 영향(즉, 심장에 대한 미주신경긴장도를 측정하는 호흡굴부정맥)을 측정함으로써 내수용감각의 과정에 대한 지표를 제공해줄 것이다. 이러한 도구는 내수용감각의 두 가지 측면을 평가해 줄 수 있을 것이다.

1. 환경적인 도전이 없는 상황에서 항상성을 감시하고 유지하는 능력(즉, 수준 I 과정).
2. 환경적 도전이 요구하는 행동을 지지하기 위해 항상성을 변화시키는 능력(즉, 수준 II 과정).

내수용감각, 즉 육감의 측정은 영아의 감각경험에 대한 새로운 창을 열어준다. 이러한 창은 우리로 하여금, 영아의 내적인 느낌과 어떻게 이러한 내적인 상태가 질병, 정신적인 처리 과정, 사회적 행동을 하는 동안에 변화되는지를 관찰하고 이해할 수 있도록 해준다.

제6장

고위험 영아의 생리적 조절
— 평가와 잠재적인 중재법에 대한 모델

출생은 인간의 생존을 위한 거대한 도전이다. 영아가 태어나게 되면 자궁이 보호해주던 환경은 사라진다. 출산은 기능적으로 엄마의 생리에 의존하고 있던 태아의 의존성을 단절시키며, 태아를 자궁 속의 안전한 환경에서 내쫓는다. 따라서 출생은 자율신경계의 조절이 엄마의 태반−태아체계에서 새로운 환경으로 이동하게 되는 것을 의미한다. 신생아는 이러한 새로운 환경에서 자율신경계 과정을 조절하는 기술(예: 숨쉬기, 젖 먹기, 소화시키기, 체온조절 등등)과 양육자에게 자율신경계 상태가 요구하는 것을 의사소통하는 기술(예: 울기)을 반드시 가지고 있어야 한다. 출생 후, 수 분 이내에 이러한 기술들은 도전을 받는다. 생리적인 상태를 표현하지 못하게 되면, 생명에 위협을 받게 된다. 건강하게 만기 출생한 신생아인 경우에도, 의료인과 부모는 이러한 복잡한 이동과정을 시작하는 영아기 생리적 조절능력에 대해 많은 염려를 하게 된다. 조산 및 출산 합병증을 포함한 다양한 위험 요소들을 가지고 있는 고위험 영아들에게는 이러한 출생 후의 적응이 더 힘들다. 흔히 덜 성숙되거나 손상을 입은 신경계 때문에 한계가 있는 이러한 고위험 영아들은 자기조절 작업을 수행하는 데 어려움을 겪게 된다.

고위험 신생아에 대한 연구는 자율신경계가 발달에 미치는 영향을 평가하기 위한 실제적인 자료들을 제공해 준다. 연구는 특별한 생리적 취약성과 그 이후에 발달하는 행동적 조직화, 사회적 행동, 인지적 기능에서의 정신적 문제 사이의 관계를 평가할 수 있게 해준다.

고위험 신생아에 초점을 맞춘 자율신경계 과정에 대한 신경조절 모델은 연구하는 데 있어서 두 가지의 의문을 유발할 수 있을 것이다. 첫째, 신생아가 출생 후에 직면하게 되는 상대적인 위험을 평가하는 것이 가능할까? 둘째, 우리는 고위험 신생아가 엄마의 생리적 상태에 의존해 있던 상태에서 외부환경이 요구하는 생리적인 자기조절로 이동하는 것을 어떻게 도와줄 수 있을까?

신생아가 자궁 밖의 환경에 성공적으로 적응하기 위해서는 역동적이고 복합적인 반응들이 요구된다. 이러한 반응들은 몇몇 단계에 따라 발생한다. 비록 자기조절을 위한 생리적 전략들은 뇌와 말초생리 사이의 되먹임을 포함하는 복합적인 신경생리적 체계가 필요하지만, 몇몇 체계들은 신생아에 대한 주의 깊은 시각적 관찰을 통해 평가할 수 있다. 예를 들면, 아프가 척도(Apgar, 1953)는 표준화된 관찰 척도를 통해 생리적인 자기조절 상태를 평가한다. 마찬가지로 신경학적 검사들은 관찰 가능한 반사들을 체계적으로 유발함으로써 신생아의 신경기능을 평가할 수 있다.

고위험 영아를 관리할 때, 치료적인 관리는 미성숙하거나 약화된 신경계 및 생리적 항상성을 유지하는 데 제한이 있는 능력을 보완해 주려는 시도를 한다. 예를 들면, 체온을 조절하지 못하는 신생아를 위해서 복사 난방기^{radiant heaters}를 사용하고, 호흡계가 미성숙하거나 억압되어 있을 때는 충분한 산소를 공급하기 위해 호흡기를 사용하며, 신생아가 능동적으로 빨지 못하고 빨기, 삼키기, 숨쉬기를 조화롭게 조절하지 못할 때는 입위관^{orogastric tube} 또는 코위관^{nasogastric tube}을 통해 영양을 공급해 준다.

신생아 집중관리실에서 일하는 의료진은 임상적인 상황의 변화를 발견하기 위해, 신체 동작, 호흡, 체온조절, 빨기와 같은 생리적 체계를 관찰하는 것의 중요성을 강조한다. 따라서 비록 기술의 발달이, 특수한 생체의학적 감시장치를 통해 생리적인 자기조절의 평가를 가능하게 해주었지만(예: 컴퓨터를 사용한 산소포화도, 혈압, 체온, 심장박동 감시기), 항상성을 증진시키는 자율신경계 조절에 대한 일차적인 지표는 여전히 임상적인 관찰을 통해서 얻을 수 있다.

영아는 환경과의 복합적인 행동적 상호작용을 숙달하기 전에, 자율신경계 과정을 완전히 조절할 수 있어야 한다. 포유류 발달의 목적은 양육자로부터 독립을 하기 위한 것이다. 자기조절기술의 발달을 위해서는 몇 가지 필요한 요소들이 있는데, 여기에는 신경세포의 상태, 신경생리적 체계, 운동행동의 조절, 사회환경적 자극의 지속성과 사용 가능성이 포함된다. 비록 자기조절기술에 대한 평가가 대개 운동 및 사회적 행동의 전반적인 수준에 초점을 맞추고 있지만, 이러한 능력들은 생리적 체계에 의존하고 있으며, 생리적 체계는 신경계에 의존하고 있다. 만약 신경조직에 손상이 있다면 운동 및 내장의 과정 모두를 조절하는 능력에 제약이 생기게 된다. 신경세포는 저산소증, 고열, 외상 그리고 약물과 같은 다른 요인에 의해 손상될 수 있다. 비록 신경세포는 영아의 경우에 비침습적으로 평가할 수 없지만, 서로 연결되어 있는 신경세포들의 기능적인 출력은 빨기, 호흡, 심장박동과 같은 생리적 반응을 유발하며, 이러한 반응들은 쉽게 관찰할 수 있다.

자기조절과 신경계

신생아의 임상적인 상태를 평가하는 것에 내재되어 있는 것은 이러한 평가가 신경계 기능의 질을 나타내준다는 가정이다. 비록 많은 평가들이 자세한 생리적 상태에 대한 평가를 요구하지는 않지만, 관찰된 체계들(예: 호흡의 규칙성, 신체 동작, 빨기 반응, 피부의 색깔 등)은 신경계의 상태 및 복합적인 자기조절의 생리적 과정을 조절하는 신경계의 능력을 나타내준다. 따라서 대부분의 평가방법에 내재되어 있는 것은 신경계가 내적인 생리적 체계를 조절하는 데 필요한 관리기술을 제공해 주고 신생아가 변화하는 환경을 성공적으로 탐색하는지를 결정하는 데 중요한 역할을 한다는 가정이다.

자기조절은 생리적 체계의 특징을 나타내준다. 와이너^{Weiner}(1948)는 항상성을 설명하기 위해 신경계의 자기조절 모델을 제안하였다. 와이너에 따르면, 항상성은 양방향의 의사소통을 통해 특별한 기능적 범위 내에서 출력량을 유지하기 위해 장기의 상태를 감시하고 조절하는 체계의 새로운 특징이다. [그림 6.1]에서 설명하고 있듯이, 이 체계는 장기의 상태를 감시하는 감각기에서 나오는 정보를 해석한 이후에(예: 들되먹임) 운동성 출력을 결정하는 중추성 조절기를 포

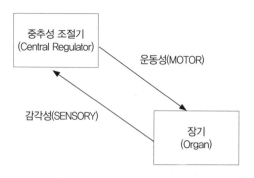

[그림 6.1] 생리적 항상성의 특징인
중추성 조절기와 말초장기 사이의 양방향 의사소통

함하고 있다.

생리적 항상성을 유지하기 위해서, 말초장기(예: 목동맥굴$^{carotid\ sinus}$에 있는 화학수용체^{chemoreceptors}와 압력수용기^{baroreceptors})에서 출발하는 감각 경로는 생리적 상태에 대한 정보를 전달하며, 운동경로(예: 심장으로 가는 미주신경경로와 교감신경경로)는 말초장기에 대한 출력을 변화시킨다. 내장에서 나오는 2차 경로는 말초에서 출발하여 대개 뇌줄기에서 끝이 난다. 그러나 많은 운동경로들은 뇌줄기에서 시작하여 말초에서 끝이 난다.

생리적 체계는 외적(신체 바깥) 및 내적(신체 내부)환경에 대한 정보를 입력하는 감각기와 행동 및 내장의 활동을 조절하는 운동체계 그리고 감각기에서 오는 정보를 평가하고 구체적인 운동출력을 결정하는 통합적인 기전으로 구성되어 있다고 설명할 수 있다.

정상적인 심리적 및 행동적 발달에 대한 연구는 외부환경의 중요성을 강조한다. 예를 들면, 발달에서의 개인적인 차이는 흔히 사회경제적 상태, 가족의 기능, 영양, 스트레스 요소들과 연관되어 있다.

이와는 대조적으로 부분적으로는 정신병리가 '건강한' 환경에서도 관찰될 수 있기 때문에, 정신병리의 발달에 대한 연구는 내적환경(예: 생리적 체계에 대한 뇌와 신경의 조절)의 중요성을 강조한다. 예를 들면, 병적인 발달은 흔히 뇌 발달의 문제와 비기능적인 생리적 체계와 연관되어 있다. 이러한 개인별로 나타나는 다양성에 대한 관심은 내장기관에서 나오는 어떤 되먹임이 감정적, 인지적, 행동적 과정의 조직화와 발달에 기여하는지에 대한 기전을 밝히고자 하는 연구적 의문을 유발했다.

자기조절 ― 음성되먹임체계

내장상태(예: 심장박동, 체온, 혈압)를 조절하는 생리체계는 자기 스스로 조절된다. 자기조절체계는 되먹임이라고 알려져 있는 과정을 통해 변화하는 입력에 대해 출력을 조절한다. 자기조절체계의 상태에 대해 되먹임이 반대되는 작용을 할 때 이것을 음성되먹임negative feedback이라고 하며, 되먹임을 강화시켜 줄 때 이것을 양성되먹임positive feedback이라고 한다. 실내 온도조절장치는 음성되먹임에 대한 비유를 제공해 준다. 실내 온도조절장치는 감지기를 통해 미리 설정해 놓은 온도의 범위(즉, 항상성)에서 실내의 온도가 벗어나는지를 평가함으로써 실내 온도를 조절한다. 만약 실내 온도가 이 범위를 벗어난다면, 실내 온도조절장치는 온도가 '항상성' 범위에 들어오도록 '운동' 기전을 촉발하여 온도를 높이거나 낮추게 된다.

혈압의 조절은 혈압을 건강한 범위로 유지하기 위한 생리적 되먹임체계를 나타내준다. 뇌는 지속적인 산소의 공급을 필요로 하기 때문에 혈압이 떨어지는 것은 생명에 치명적인 영향을 줄 수 있어서 빠르고 적절한 생리적 조절이 요구된다. 건강한 사람의 경우에 혈압이 떨어지는 것은 혈관에 있는 압력수용기에 의해 즉각적으로 발견된다. 압력수용기는 뇌줄기에 정보를 보내고 뇌줄기는 심장에 운동명령을 보내 심장박동을 빠르게 증가시킨다. 혈압이 정상범위에 들어오게 되면 신경성되먹임은 심장박동을 느려지게 만든다. 그러나 되먹임에 문제가 있는 사람들이 있다. 예를 들면, 노인이나 특수한 약물을 복용하고 있는 사람들의 혈압 되먹임체계는 억제되어 있을 수 있다. 이러한 사람들의 경우에는 자세의 변화 때문에 혈압이 떨어질 때 심한 어지럼이나 실신을 경험할 수 있다. 이러한 경험은 노인에게서 흔하며, 흔히 넘어지거나 심한 손상을 입게 만들 수 있다.

자기 스스로 조절하는 과정인 음성되먹임체계와 반대되는 양성되먹임체계 역시 존재한다. 고장 난 실내 온도조절장치는 양성되먹임을 유발하여 너무 덥거나 추워져서 작동이 멈출 때까지 온도를 계속 올리거나 내린다. 따라서 오래 지속되는 양성되먹임은 체계를 파괴시킬 수 있다. 예를 들면, 분노, 심한 노여움 또는 통증은 대사출력을 증진시키는 생리적 양성되먹임의 행동적인 결과로 간주될 수 있다. 되먹임 모델에서와 마찬가지로 오랜 시간 지속되는 양성되먹임의 결과로 나타나는 생리적 상태는 개인의 건강에 손상을 줄 수 있다.

생리적 되먹임은 생리적, 감정적, 인지적 또는 행동적 요구에 따라 변화할 수 있다. 예를 들면, 운동할 때처럼 많은 대사출력이 요구되는 시기에 되먹임체계는 활성화되고 심혈관계의 변화하는 산소 요구량을 지지해 준다. 졸리거나 잠자는 시간과 같이 운동량의 요구가 많지 않을 때, 신경성되먹임 양상은 변화하여 조용한 상태로 들어간다. 민감하게 감정을 표현하거나 우발적으로 행동을 나타내는 능력은 내장에서 오는 되먹임의 '증폭'과 연관되어 있을 수 있다. 공황장애에 사용하는 클로니딘$^{clonidine)}$과 같은 치료제는 내장에서 오는 들되먹임의 영향을 약화시키므로써, 신경성되먹임체계를 변화시킨다. 따라서 비정상적인 발달과 정신병리에 대한 연구는 정상적인 되먹임체계의 발달에 대한 연구 및 생리체계와 감정적, 인지적, 행동적 발달사이의 관계에 관심을 기울이고 있다.

항상성 — 우수한 신경성 자기조절의 징후와 신호

신생아에게 있어서 생리적 항상성을 유지하는 것은 생존을 위해 중요하다. 항상성은 생리체계가 일정하게 유지되는 수동적인 과정이 아니다. 항상성은 생리체계가 실행 가능한 범위 내에서 적극적으로 신경에 의해 조절되는 과정이다.

항상성의 질은 임상적인 상태와 연관된 평가를 통해 측정될 수 있다. 생리체계의 출력이 기능적인 수준을 넘어서면, 그 수준이 기능적인 범위 내로 떨어질 때까지 출력이 감소된다. 출력 수준은 기능적인 수준까지 점차적으로 감소한다. 출력이 기능적인 수준 밑으로 떨어지면, 출력은 기능적인 수준까지 점차적으로 증가된다. 따라서 건강한 생리체계는 신경계의 상태를 관찰할 수 있는 특징적인 리듬을 가지고 있다. 예를 들면, 호흡, 혈압, 심장박동, 체온은 중요한 임상적 정보를 제공해 주는 리듬을 나타낸다.

---

1) 중추신경계 심혈관조절 중추의 α₂수용체를 자극하여 뇌줄기의 교감신경활성을 억제하여, 심장이나 혈관으로 교감신경흥분의 전달을 감소시킨다(역자 주).

이러한 리듬은 항상성을 유지하려고 하는 생리체계의 특징인 되먹임의 질에 대한 지표를 제공해 준다. 중추성-자율신경계 고리 central-autonomic feedback loop에 의해 만들어지는 생리적 리듬은 두 개의 역동적인 특징을 가지고 있다. (1) 적응하거나 반응하기 위해 체계가 일시적으로 대기하는 상태를 나타낸 일정한 기간의 시간과 (2) 체계가 특정한 상태에서 벗어날 수 있는 정도를 나타내는 크기이다. 이 두 가지 특징은 모두 고위 뇌구조물에 의해 조절되며, 신경화학적 과정에 의해 제한된다. 따라서 뇌-자율신경계 조절의 특징에 따라 자율신경계 반응체계는 되먹임고리가 작용하는 시간에 의해 리듬이 형성되는 시간적 순서에 따른 반응을 나타내며, 중추성 조절에 의해 결정되는 진폭을 가지고 있다.

흔히 심장에 대한 미주신경긴장도를 평가하는 데 사용되는 호흡굴부정맥(RSA)과 같은 심장박동 변화의 측정은 말초 심혈관계와 뇌 사이의 양방향 의사소통을 역동적으로 반영해 준다. 대사출력의 변화가 필요한 특별한 상황(예: 스트레스나 생존을 위한 반응, 집중이나 사회참여, 활동, 열, 질병)에서 되먹임의 정도와 기간의 특징이 변화할 수 있다. 따라서 이러한 요구가 필요한 상황에서 생리적 자기조절의 지표인 심장에 대한 미주신경긴장도를 측정하는 것은 정당한 근거를 가지게 된다.

신경계가 약화되고 심폐 및 체온조절 과정을 조절하는 신경성되먹임에 결함이 생길 때가 있다. 무산소증과 느린맥의 발생은 심폐기능의 신경조절에 기능장애가 생겼다는 신호이다. 이와 마찬가지로 체온을 유지하지 못하는 것은 체온조절의 장애를 반영해 준다.

고위험 영아를 관리할 때, 흔히 적절한 신경조절(즉, 효율적인 음성되먹임)을 하지 못하는 생리적 과정에 대한 중재가 필요하다. 무산소증과 느린맥이 발생했을 때, 영아를 신체적으로 움직이게 하는 것과 같은 중재는 심폐과정에 대한 신경조절이 다시 발생할 수 있도록 해주는 강력한 자극이 된다. 영아가 체온조절을 하지 못할 때 현대적인 기술은 안정적인 체온조절을 위해 영아의 혈관과 심장에 대한 신경성되먹임에 의존하기보다는 체온을 감시하는 감지기에서 나오는 되먹임을 사용할 수 있다. 신생아의 체온에 의해 조절되는 신생아 집중관리실의 난방기는 결함이 있는 자기체온조절을 보완해 줄 수 있는 음성되먹임체계의 좋은 예이다.

잘 조절되고 있는 당뇨병은 결함이 있는 내적 되먹임체계에 대한 외적 조절의 또 다른 예이다. 당뇨병 환자는 인슐린의 분비를 통해 혈당을 조절하는 되먹임체계에 결함을 가지고 있다. 이러한 문제를 해결하기 위해, 당뇨병 환자는 되먹임체계를 보완해주어야 한다. 들되먹임을 제공하기 위해 혈액이 채취되고 혈당이 측정된다. 환자의 뇌 및 연관된 인지는 들되먹임을 해석하고 적절한 혈당을 위해 필요한 인슐린의 양을 결정한다. 이러한 되먹임고리를 완료하기 위해 운동체계는 인슐린을 투여한다.

인간의 신경계는 상호작용을 하는 몇몇 자기조절성 음성되먹임체계를 종합하여 이용하는데, 각각은 특별한 역할을 가지고 있다. 감각기나 수용체는 환경적 변화를 평가하기 위해 신체의 표면에 위치하고, 내적인 상황을 평가하기 위해 신체 내부에 위치하고 있다. 운동체계는 신체의 동작과 내장기관을 조절한다. 내부 감각기에서 오는 되먹임은 자율신경계 상태를 조절하는 뇌줄기 구조물(예: 고립로핵, 미주신경의 등쪽운동핵, 모호핵)에 의해 해석된다. 신경계는 모든 수준의 자기조절에 필요한 기반을 제공해 준다. 자기조절과정은 영아가 양육자에게 관심을 요구하는 뚜렷한 행동적 전략에서부터 체온조절, 소화, 또는 심폐기능과 연관된 미묘한 생리적 변화에까지 이르는 다양한 영역에서 발생한다.

생리체계의 자기조절 ― 주요한 생존과제

제안된 모델에서, 평가의 효과는 신경계의 상태를 평가하는 민감성에 달려있다. 중재법의 성공여부는 신경계의 기능을 증진시키는 것에 달려있다. 비록 고위험 영아에 대한 연구들은 운동적, 사회적, 인지적 행동의 복합적인 조절에 초점을 맞추고 있지만, 신생아 집중관리실에 있는 고위험 영아의 생존은 성장과 회복의 과정을 지지해 주는 생리체계의 성공적인 조절에 달려있다. 처음에, 이러한 조절은 관리의 중요한 변수들(예: 온도, 심장박동, 호흡, 산소포화도)에 대한 외부감시에 의해 제공되는 신경외적인 되먹임에 의해 이루어진다. 그다음에 관찰된 상태에 따라, 의료적인 중재(예: 호흡기, 적정 온도, 약물)가 생리적 조절을 도와주기 위해 시행된다. 만약 이러한 중재가 성공적이라면 임상적인 과정은 외부의 조절에 의존하는 상태에서 신경적 자기조절로 이동하게 된다. 따라서 평가는 성장과 회복 과정을 촉진시키고 생리적 상태를 증가시키는 신경계의 구조와 기능을 평가하는 데 맞춰져야 한다. 더욱이 생리체계를 정확하게 감시하는 방법이 개발되었을 때, 중재법들은 구체적으로 신경성되먹임을 증진시키고 이러한 체계의 기능을 향상시키도록 개발될 수 있을 것이다.

미주신경체계 ─ 생존과 연관된 자기조절 지표

평가와 중재에 대해 제안된 모델은 고위험 영아의 생존에 특히 중요한 생리체계인 미주신경체계에 초점을 맞추고 있다. 미주신경체계는 호흡, 빨기, 삼키기, 심장박동, 발성을 포함하는 생존과정의 조절과 조화에 관여한다. 이러한 과정에서의 장애는 영아가 생존의 위험에 처하도록 만들며, 무호흡, 느린맥, 빨기와 삼키기의 어려움, 약하고 고음의 울음소리와 같은 위험의 임상적인 지표를 유발한다.

비록 이러한 임상적인 지표들이 다양한 과정을 반영해 주는 것으로 보이지만, 중요한 신경해부학적 및 신경생리적 기반을 공유하고 있다. 다음에 있는 네 가지 점들은 이러한 기반에 대한 우리의 지식과 이해를 나타내고 있으며, 왜 이러한 체계에 대한 지식이 정신생리적 평가 및 임상적인 중재전략들의 개발에 기여할 수 있는지를 설명해 준다(이러한 체계의 생리적 기반에 대한 자세한 내용은 제2장에서 설명하였다).

첫째, 신경해부학적인 측면에서 볼 때 빨기, 삼키기, 목소리, 심장박동, 기관지 수축은 공통된 뇌줄기 영역에 의해 조절된다. 이러한 과정들의 조절은 모호핵이라고 알려져 있는 숨뇌에 있는 핵에서 나오는 운동섬유에 의해 이루어진다. 이러한 말이집 운동섬유들은 모호핵에서 나와 10번 뇌신경인 미주신경을 통해 이동한다.

둘째, 미주신경은 생리체계의 자기조절에 감각 및 추가적인 운동섬유를 통해 관여한다. 미주신경은 되먹임을 제공하는 감각섬유들과 미주신경의 등쪽운동핵에서 나오는 운동섬유들을 가지고 있다. 감각섬유들은 미주신경섬유의 대략 80%를 차지한다. 미주신경의 감각섬유들은 몇몇 내장기관들(예: 심장, 폐, 위, 췌장, 간, 내장)에서 출발하며 고립로핵이라고 알려져 있는 뇌줄기에서 끝이 난다. 미주신경의 등쪽운동핵에서 나오는 미주신경의 운동섬유들은 모호핵에서 나오는 말이집 운동섬유들과는 달리 민말이집이며, 소화체계에 대한 일차적인 운동조절을 제공한다. 그러나 등쪽운동핵은 또한 기관지와 심장으로도 간다.

셋째, 고립로핵은 내장기관들에서 오는 감각정보를 통합하며, 사이신경세포[interneuron]를 통해서 미주신경의 주요핵들(즉, 모호핵과 등쪽운동핵)과 의사소통을 한다. [그림 6.2]에 설명되어 있듯이 이러한 되먹임체계는 성장과 회복을 촉진시키기 위해서 소화 및 심폐과정을 조절한다. 말초기관과 뇌줄기 사이의 양방향 의사소통을 전달하는 들경로와 날경로는 미주신경을 통해서 이동한다. 이 모델이 다른 뇌 구조물들에 의해 발생 가능한 되먹임 조절(되먹임의 크기나 방향을 변화시키는)을 설명하고 있는 점에 대해서도 주목하라.

넷째, 신경생리적 연구에 따르면, 호흡횟수가 심장과 기관지에 호흡리듬을 유발시키는 뇌줄기에 의해 결정된다고 한다. 호흡을 유발하는 이러한 신경생리적 힘은, 부분적으로는, 모호핵과 고립로핵 사이에 있는 사이신경세포들의 의사소통에 의존하고 있다. 리히터와 스파이어[Richter & Spyer](1990)에 따르면, 모호핵과 고립로핵 사이에 있는 사이신경세포들의 의사소통은 자발적인 호흡의 횟수와 유사한 심폐리듬을 유발하여 기관지의 수축과 심장박동의 변화를 발생시키는 근원이다. 이러한 과정들 사이의 리듬이 일치하는 것은 산소의 확산을 증진시키고 호흡과 심장박동을 빨기, 삼키기, 목소리와 같은 모호핵의 운동섬유들에 의해 유발되는 다른 과정들과 조화롭게 만들어준다.

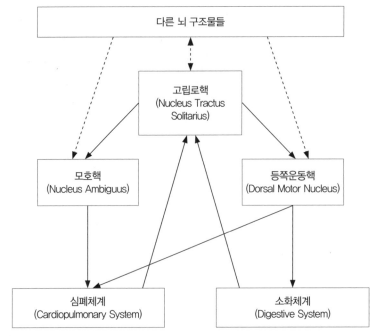

[그림 6.2] 자율신경계 상태에 대한 미주신경조절의 되먹임 모델

이 모델은 심폐과정과 소화과정에 대한 미주신경의 조절을 나타내는 뇌줄기의 기전을 설명하고 있다.

앞에서 언급한 미주신경체계에 대한 개요는 미주신경섬유가 자기조절의 과정에 중요하다는 점을 강조하고 있다. 미주신경의 기능에 대한 신경해부학적 설명과 신경생리학적 정보는 여러미주신경이론에서 잘 정리되어 있다(제2장을 보시오). 여러미주신경이론은 신생아 집중관리실에서 이루어지는 구체적인 임상적 평가와 중재에 대한 이론적인 기반을 제공하고 있다. 여러미주신경이론에 기초를 둔 중재법들은 취약한 영아의 임상적인 상태를 위태롭게 만들지 않을 것이다. 이와는 대조적으로, 여러미주신경이론은 또한 구체적인 감각체계에 대한 자극이 어떻게 생명에 위협을 주는 미주신경반사를 유발할 수 있는지에 대해서도 설명해 준다. 예를 들면, 흡입이나 인공 영양공급을 위해 입위관을 삽입할 때, 흔히 발생할 수 있는 입과 식도의 자극은 치명적인 느린맥을 유발할 수 있다.

여러미주신경이론

여러미주신경이론은 뇌줄기의 두 영역(모호핵과 등쪽운동핵)에서 나오는 미주신경섬유의 기능적인 차이를 강조한다. 이 두 경로는 다른 발생학적 기원을 가지고 있으며, 다른 반응전략을 촉진시키고 스트레스와 스트레스 취약성에 대한 새로운 정의와 설명을 신경생리학적으로 설명하고 있다. 여러미주신경이론은 고위험 영아들이 경험하는 스트레스를 포유류의 자율신경계가 진화해온 과정을 통해서 설명한다. 진화의 과정은 산소를 획득하고 유지하며 산소가 들어있는 피를 뇌에 보내는 것과 연관되어 있기 때문에, 새로운 포유류의 미주신경 체계는 모호핵에서 시작되거나 모호핵으로 이동한 신경섬유들로부터 발달한 것이다. 새로운 포유류의 미주신경체계는 원시 아가미궁에서 진화한 근육들에 대한 신경조절을 제공한다. 진화과정에서 아가미궁은 환경으로부터 산소를 얻는 것과 연관되어 있다. 새로운 포유류의 미주신경계에서 나오는 감각운동경로는 인두, 후두, 식도를 신경지배하며 목소리, 호흡, 빨기가 조화를 이루게 해준다. 게다가 이 미주신경체계에서 나오는 내장운동경로는 기관지의 수축과 심장 박동을 조절한다. 따라서 이 체계는 여전히 환경에서 산소를 얻는 데 관여하고 있으며, 혈액 내에 산소를 확산시키고 혈압을 조절함으로써 뇌혈류를 유지시켜 준다. 진화적으로 오래된 파충류의 미주신경체계는 등쪽운동핵에서 나오는 신경섬유들을 가지고 있다.

여러미주신경이론은 스트레스에 다르게 반응하는 두 가지의 미주신경체계(새로운 포유류와 파충류)를 강조한다. 건강한 포유류의 경우 초기의 반응은 새로운 포유류의 미주신경에 의해 중재되며, 특징적으로 미주신경긴장도를 빠르게 철수시킨다. 이것은 기능적으로 심장에 대한 미주신경제동^{vagal brake}을 제거하며 고전적인 맞섬 또는 도피반응에 필요한 에너지를 공급하기 위해 즉각적으로 대사출력을 증가시킨다(즉, 심장박동의 증가). 미주신경제동의 제거는 스트레스를 다룰 수 있는 힘과 속도를 증가시키며, 산소를 더 많이 얻을 수 있도록 도와준다. 그러나 미주신경제동의 제거는 모호핵이 관여하는 운동체계를 기능적으로 저하시킨다(즉, 통제를 감소시킨다). 따라서 스트레스는 빠른 심장박동과 연관되어 있을 뿐만 아니라 높은음의 발성(예: 울음) 및 빨기, 삼키기, 호흡의 조화를 방해하는 것과 연관되어 있다. 물론 이것은 생리적으로 스트레스를 받거나 약해진 영아에게서 공통으로 관찰된다.

미주신경제동의 제거는 스트레스에 대한 새로운 포유류의 미주신경 반응이다

이 모델에 따르면 미주신경제동의 제거를 유발하는 스트레스가 반드시 개인의 생존에 해로운 것은 아니다. 미주신경제동의 제거는 흔히 생존과 연관된 반응을 하고 움직이기 위해 대사량을 증가시키는 적응적인 반응으로 발생한다. 예를 들면, 미주신경제동은 운동, 통증, 집중 그리고 심지어 식사하기 전에 식욕을 돋우는 과정에서도 제거될 수 있다. 출생 후에 성공적으로 적응을 하는 것은, 환경에 참여하기도 하고 참여하지 않기도 하기 위해 미주신경제동을 조절하는 영아의 기술과 신경생리적 능력과 연관되어 있다. 따라서 환경적인 요구에 대해 미주신경제동을 체계적으로 조절할 수 있는 고위험 영아는, 보다 긍정적인 사회적 및 인지적 결과를 나타낸다(Doussard-Roosevelt, McClenny, & Porges, 2001; Doussard-Roosevelt, Porges, Scanlon, Alemi, & Scanlon, 1997; Hofheimer, Wood, Porges, Pearson, & Lawson, 1995).

미주신경제동의 제거는 포유류의 신경계를 취약한 상태에 빠지게 만들었는데, 그 이유는 다음과 같다. (1) 이것은 혈압조절, 체온조절, 음식섭취, 소화와 연관된 항상성 기능을 취약하게 만든다. (2) 이것은 신경계가 파충류의 미주신경 반응을 유발할 위험에 처하게 만든다. 새로운 포유류의 미주신경이 통제하고 있을 때, 심장과 기관지는 파충류 미주신경으로부터 보호되며 혈액은 적절하게 산소가 포함되어 뇌로 전달된다. 건강한 영아에게 있어서 우는 것과 같은 일시적인 행동 상태는 미주신경제동이 풀렸다가 다시 작동하여 진정되는 과정이 특징이다. 새로운 포유류의 미주신경긴장도[neomammalian vagal tone]가 큰 영아는 환경에 대해 더 많은 반응을 하는 경향이 있으며(DeGangi, DiPietro, Greespan, & Porges, 1991; Porges, Doussard-Roosevelt, Portales, & Suess, 1994; Porter, Porges, & Marshall, 1988; Stifter & Fox, 1990), 스스로를 더 잘 달래고 진정시키는 경향이 있다(Fox, 1989; Huffman et al., 1998). 게다가 새로운 포유류 미주신경긴장도가 큰 고위험 신생아는 위험 요소들을 덜 가지고 있으며(제4장을 보시오. Porges, 1995), 보다 나은 인지적 결과를 나타낸다(Fox & Porges, 1985).

새로운 포유류 미주신경의 자기조절성 특징 및 환경적 요구에 반응하는 미주신경제동의 기능과는 대조적으로 파충류의 미주신경은 심장을 느리게 하고 기관지를 수축시킨다. 파충류의 미주신경은 대사출력을 감소시킴으로써 사용할 수 있는 산소를 보존하고 수중 환경에서 잠수하거나 육상 환경에서 얼어붙는(즉, 죽은 척하는) 것과 같은 적응적인 반응을 증진시킨다. 불행하게도, 파충류에게는 적응적인 이러한 반응전략이 포유류에게는 치명적인 것이 될 수 있다. 포유류에게는 비적응적인 이러한 전략은 임상적인 상황에서 치명적일 수 있는 느린맥과 무호흡증으로 관찰된다. 여러미주신경이론은 신경성이 원인인 영아돌연사증후군을 포함하는 갑작스러운 죽음 및 태아곤란이 파충류 미주신경긴장도의 갑작스러운 증가가 미칠 수 있는 해로운 영향의 예라고 제안하였다(제2장을 보시오).

임상적인 상황에서 스트레스와 스트레스 취약성을 확인하기 위해 새로운 포유류의 미주신경 상태를 평가하는 것이 가능하다. 모호핵에서 나와 심장으로 가는 미주신경섬유는 호흡리듬(즉, RSA)을 유발한다. 심장박동 양상에 시간에 따른 통계를 적용함으로써(Porges, 1985; Porges & Bohrer, 1990), 모호핵에서 나오는 미주신경의 영향을 정확하게 반영해 주는 RSA를 측정할 수 있다.

심장에 대한 모호핵의 자극이 없을 때, 심장은 느린맥을 유발하는 등쪽운동핵에서 나오는 미주신경긴장도의 갑작스러운 증가에 취약해진다. 연구실에서 나온 자료들은 이러한 결론을 지지해 준다. 우리는 태아와 신생아에게서 관찰되는 느린맥이, 모호핵에서 나오는 미주신경긴장도를 측정해 주는 RSA가 억제돼있는 동안 발생한다는 것을 관찰하였다(Reed, Ohel, David, & Porges, 1999). 게다가 저산소증(즉, 태아곤란)으로 힘들어했던 태아 양수 내의 배내똥meconium에 대한 관찰은 이 모델에 대한 추가적인 지지를 제공해 주었는데, 왜냐하면 미주신경의 등쪽운동핵을 통한 소화관에 대한 미주신경의 자극이 배내똥을 유발시키기 때문이다(Behrman & Vaughan, 1987). 따라서 태아곤란 동안에 RSA는 억제되며, 태아는 등쪽운동핵의 미주신경긴장도가 증가함을 보이는데, 이것은 심한 느린맥과 배내똥에 의해 관찰된다.

　이러한 결론을 지지하는 신경해부학적 연구는 영아돌연사증후군이 미주신경말이집섬유들의 성숙이 지연된 것과 연관이 있을 수 있다고 제안한다(Becker, Zhang, & Pereyra, 1993). 새로운 포유류의 미주신경운동섬유들은 많은 미주신경감각섬유들처럼 말이집이 형성되어 있다. 미주신경의 말이집 형성을 방해하거나, 말이집탈락demyelination을 유발하는 저산소증이나 다른 신경생리학적 손상은 새로운 포유류의 미주신경을 조절하는 음성되먹임체계에 결함을 유발할 수 있다. 미주신경제동의 참여와 제거는 신뢰할 수 없는 것이 된다. 이러한 체계의 결함은 생존에 치명적일 수 있는데, 왜냐하면 모호핵은 호흡리듬의 생산과 빨기, 삼키기, 호흡의 조화에 관여하고 있기 때문이다. 따라서 모호핵 기능의 평가는 자기조절과정의 결함에 대한 평가가 될 수 있다.

자기조절의 계층적 모델

포유류에게서 관찰되는 자기조절과정은 네 개의 수준을 가진 계층적인 모델로 나눌 수 있다(Porges, 1983). 이 계층적 모델은 더 높은 수준의 행동체계가 더 원초적인 수준의 생리체계에 의존하고 있다는 점을 강조한다. 이 모델은 영양공급과 연관된 조직적인 운동 활동과 같은 행동 또는 사회적 상호작용을 하는 동안의 적절한 감정조절은 자율신경계 상태의 체계적인 조절과 연관된, 보다 원초적인 생리적 상태에 의존하고 있다고 가정한다. 이 모델은 네 개의 수준으로 나누어져 있으며 계층적인데, 왜냐하면 각각의 수준은 그 전 단계의 성공적인 기능을 필요로 하기 때문이다(〈표 6.1〉을 보시오).

수준 I은 내부 장기들을 조절하는 생리체계의 항상성 과정을 특징적으로 나타낸다. 항상성 조절은 뇌와 내부 장기들 사이의 감각적 및 운동적 경로를 통해 내부 장기를 감시하고 조절하는 양방향의 과정을 필요로 한다. 수준 II 과정은 항상성을 조절하는 뇌줄기에 대한 겉질적, 의식적 그리고 흔히 동기가 부여된 영향을 필요로 한다. 수준 III과정은 운동행동의 양, 질, 적절성에 의해 평가가 될 수 있는 관찰 가능한 행동을 나타낸다. 수준 IV는 사회적 상호작용을 성공적으

〈표 6.1〉 자기조절의 계층적 모델

수준 I :	생리적 항상성을 유지하기 위해 뇌줄기와 말초기관들 사이의 양방향 의사소을 특징으로 하는 신경생리적 과정.
수준 II :	뇌줄기의 항상성 조절에 영향을 주는 고차원 신경계의 입력을 반영하는 생리적 과정. 이러한 과정은 환경적 요구에 대한 적응적인 반응을 지지하기 위해 대사출력과 에너지 자원의 조절이 연관되어 있다.
수준 III :	신체 동작과 얼굴표정을 포함하는 평가가 가능하고, 흔히 관찰이 가능한 운동과정. 이 과정은 양, 질, 적절성의 측면으로 평가될 수 있다.
수준 IV :	사회적인 상호작용을 성공적으로 시작할 수 있는 운동적 행동, 감정적인 정도, 신체상태의 조화를 나타내는 과정. 수준 III과는 달리, 이 과정은 외부환경에서 오는 우선적인 단서와 되먹임에 따라 나타난다.

로 조절하기 위한 행동, 감정, 신체상태의 조화를 필요로 한다.

이 모델에서 독특한 점은 사회적 상호작용을 포함하는 복합적인 행동들이 생리 및 신경계가 어떻게 적절하게 자율신경계 상태를 조절하는지에 달려있다는 점이다. 따라서 뇌와 내장기관들 사이의 양방향 의사소통을 통한 자율신경계 상태의 조절은 신체적, 심리적, 사회적 발달의 중요한 핵심적인 요소가 된다. 이 장은 수준 I과 II 과정에 대해서만 설명하였는데 왜냐하면 이러한 과정들은 감정적, 인지적, 행동적 조절의 발달적인 기초를 제공해주며 출생 후의 환경에 대한 성공적인 적응과 생존을 보장받기 위해 모든 영아들이 반드시 숙달해야 하는 과정이기 때문이다.

수준 I 과정 — 생리적 항상성

수준 I 과정은 내적인 신체상태를 감시하는 내수용기^{interoceptor} 또는 감각수용체 및 각각의 신경경로로 구성되어 있는 신경성 음성되먹임체계를 통한 내적인 신체과정의 성공적인 조절을 나타낸다. 신체 내부(예: 위, 간, 내장, 심장, 혈관, 호흡체계)에 있는 내수용기는 항상성을 유지하기 위해 신경경로를 통해 정보를 뇌줄기로 보낸다. 뇌줄기는 감각정보를 해석하고, 신경경로를 통해 다양한 기관들을 직접적으로 조절하거나(예: 심장박동의 증가 또는 감소, 혈관의 수축 또는 확장, 장꿈틀운동^{peristalsis}의 억제 또는 촉진), 특별한 호르몬이나 펩티드(예: 아드레날린, 인슐린, 옥시토신, 바소프레신, 가스트린, 성장호르몬억제인자^{somatostatin})의 분비를 촉진시킴으로써 내장의 상태를 조절한다. 수준 I은 항상성 유지의 특징인 조직화 및 신경되먹임기전과 연관되어 있다.

수준 II 과정 ― 활동의 대가

자율신경계는 내장의 요구와 외적 도전에 반응하는 일 모두를 한다. 내외적인 요구 사이의 균형을 맞추는 능력은 적응적인 행동전략과 항상성의 개념에 사용될 수 있을 것이다. 이 모델에 따르면, 환경적인 요구에 대한 반응전략과 항상성은 상호 의존적이다. 환경적인 요구가 없을 때, 자율신경계는 성장과 회복을 촉진시키기 위해 내장 (예: 심장, 폐, 창자와 같은 내부 기관들)의 요구에 반응한다. 그러나 환경적인 요구가 있게 되면 항상성 유지를 위한 과정은 약해지고, 자율신경계는 이러한 외적인 도전을 다루기 위해 '성장과 회복'의 기능을 하향조절함으로써 대사출력을 증가시킨다. 중추신경계는 내외적인 요구를 처리하기 위해 자원의 분배를 조절한다. 이러한 내외적인 요구들 사이의 거래는 중추신경계에 의해 감시되고 조절된다.

고위험 신생아의 생존과제
― 신생아 집중관리실에서 및 신생아 집중관리실에서 나온 이후

신생아 집중관리실에서의 생존은 수준 I과 수준 II의 자기조절과정의 달성에 달려있다. 이러한 과정들을 성공적으로 조절하는 것은 신생아가 체온, 호흡, 수유, 혈압, 수면과 같은 항상성 유지를 위한 과정을 유지하고 조절할 수 있게 해준다. 겉질의 기능, 감각의 통합, 관찰 가능한 행동의 운동적 조절과 연관되어 있는 신경생리체계를 포함하는 다른 모든 체계들은 이러한 일차적인 항상성 기능의 성공적인 조절에 달려있다. 감정조절, 사회적 행동, 인지적 발달에 대한 기반으로서의 뇌줄기 조절체계(예: 모호핵, 고립로핵, 미주신경의 등쪽운동핵)의 중요성에 대해서도 비슷한 논의가 이루어질 수 있다. 따라서 고위험 신생아에 대한 임상적인 관리에는 모호핵의 기능을 발달시키기 위한 평가 및 중재전략들이 포함되어야만 한다.

신생아 집중관리실에서의 퇴원은 수준 I과 수준 II 과정의 능숙한 자기조절과 직접적으로 연관되어 있다. 이와는 대조적으로 신생아 집중관리실에서 나온 이후의 생존은 수준 III과 수준 IV의 과정에 달려 있다. 신생아 집중관리실에서 나온 이후의 성공적인 적응은 능숙한 수준 I과 수준 II 과정을 필요로 할 뿐만 아니라, 운동적 행동, 감정표현, 인지과정, 사회적 상호작용의 조절을 필요로 하는 수준 III과 수준 IV과정에 달려있다.

초기에 자기조절의 어려움을 겪는 것이 감정적 및 사회적 발달의 문제를 유발할 수 있다는 개념은 그린스팬[Greenspan](1992)의 임상적 및 이론적 작업에서 유래되었다. 그린스팬은 여기서 설명한 계층적 수준과 같을 수 있는 순서적인 발달과제에 관해 설명하였다. 비록 그의 작업은 수준 IV의 과정에 초점을 맞추고 있지만, 그는 감각적 되먹임 및 운동조절과 연관되어 있는 보다 일차적인 생리체계의 중요성을 알고 있었다. 그린스팬은 이러한 일차적 신경생리적으로 의존적인 체계에서의 어려움은 충동조절, 집중, 창의적인 생각, 정동의 통합, 사회적인 상호작용의 문제에 영향을 미친다고 제안하였다. 현재의 수준 I과 수준 II 과정에 대한 자세한 설명 및 이들이 모호핵에 의존하고 있다는 사실은 이러한 임상적인 관찰을 보완해 주는 신경생리적 모델을 제공해 준다.

전반적인 평가전략

모호핵의 기능이 신생아의 생존에 중요하며, 이러한 기능을 RSA를 통해 평가할 수 있다는 것을 알고 있기 때문에, 우리는 전반적인 신경생리적 평가를 위한 도구를 가지고 있다. 우리는 비침습적인 평가의 전략으로 수준 I 과정을 평가하기 위해 잠자는 동안의 RSA를 측정할 수 있으며, 수준 II 과정을 평가하기 위해 수유검사를 하는 동안 RSA를 측정할 수 있다. 보다 나이가 있는 아이들의 경우에는 자율신경계 상태(즉, 수준 I과 수준 II)를 기준선이나 보다 높은 차원의 과정과 연관된 과제를 수행하는 동안에 측정할 수 있다. 운동적(예: 활동 수준), 인지적(예: 집중), 또는 사회적 요구를 필요로 하는 수준 III과 수준 IV 과정의 과제를 한 이후의 기준선에 대한 평가는 아이의 자율신경계 긴장도(즉, 수준 I)와 보다 높은 수준의 과정을 지지하기 위한 자율신경계 상태(즉, 수준 II)를 조절하는 능력을 평가하는 데 사용될 수 있다.

수준 I 평가

우리는 수준 I을 평가하기 위해서 신생아 육아실에서 최소한의 환경적 요구가 있는 기간(예: 잠을 자거나 조용한 상태)에 RSA를 측정하였다. 이 평가를 이용한 연구는 고위험 신생아와 만기 출생한 신생아(Porges, 1992)와 위험이 있는 조산아 사이의 차이를 정확하게 구별해 주었다(제4장을 보시오). 계층적 모델과 일치하는 소견으로, 연구는 신생아 집중관리실에서의 미주신경에 대한 RSA 측정이 세 살이 되었을 때의 인지적인 결과와 연관되어 있음을 증명해 주었다(Doussard-Roosevelt et al., 1997). 마찬가지로 높은 진폭의 RSA를 보여주었던 조산 신생아들은 신생아 집중관리실에서 더 나은 사회적 행동과 집중력을 보여주었다(Hofheimer et al., 1995).

수준 II 평가

우리는 수준 II를 평가하기 위해서, 신생아 양육실에서 환경적인 요구(예: 수유)가 있는 동안에 RSA의 변화를 측정하였다. 수유가 RSA의 양상에 미치는 영향을 평가하기 위해서 세 개의 연구가 시행되었다. 한 연구에서는 신생아에게 물이나 액체로 된 설탕을 빨아 먹게 하였다(Porges & Lipsitt, 1993). 단맛이 증가하자 심장박동이 증가하고 RSA의 진폭은 감소하였으며(낮은 모호핵 미주신경긴장도), 빠는 횟수가 증가하였다. 두 번째 연구에서는 신생아 집중관리실에 있는 신생아에게 젖병 수유를 하는 동안에 RSA가 측정되었다(Porges et al., 1997). 젖병 수유를 하는 동안에 RSA는 억제되었고 심장박동은 증가되었다. 수유가 끝난 이후에, 이러한 양상은 수유하기 전의 기준선으로 돌아왔다. 세 번째 연구(Suess et al., 2000)에서는 수유 이후의 RSA의 회복과 미성숙 정도 사이의 관계를 설명해 주었다. 또한, 나이가 더 많은 영아들에 대한 수유를 이용한 결과연구는 나의 연구실에서 현재 시행되고 있다. 이러한 연구들은 만약 영아가 지나치게 울고 행동을 조절하는 데 어려움이 있다면, 모호핵에 의해 중재되는 심장에 대한 미주신경의 조절에도 어려움이 있을 것이라는 점을 증명해 줄 것이다. 이러한 연구에서, RSA에 의해 관찰되는 수유에 대한 미주신경 반응성의 양상과 수유 이후의 회복이, 수준 II 평가의 지표로 사용되었다. 이러한 평가들은 평가의 결과가 임상적인 위험 요소 및 발달의 결과와 연관이 있는지에 대해 결정해 줄 것이다.

전반적인 중재전략

RSA의 측정은 모호핵이 관여하는 항상성 기능의 신경조절에서의 개인별 차이를 평가해 줄 수 있다. 이제 다음과 같은 두 가지의 의문에 답변해줄 수 있다. (1) 신경조절에서의 개인별 차이가 중재효과와 연관되어 있는지. (2) 중재가 생존과 연관된 생리적 조절에 도움이 되는지 또는 해로운지. 따라서 신경생리적 기능에 대한 우리의 지식은 모호핵의 기능을 증진시키기 위한 중재전략을 고안하는 데 유용할 것이다.

도움이 되는 중재전략은 새로운 포유류 미주신경의 기능을 증가시키기 위해 내장 감각기를 자극할 것이다. 이러한 중재법은 운동출력을 자극하고 심장박동, 호흡, 목소리, 빨기, 삼키기의 조절과 조화를 증가시킬 것이다. 긍정적인 발달의 결과(예: 체중증가, 향상된 상태조절, 각성 시간이 더 길어지는 것, 향상된 신경의 발달)는 향상된 조절과 조화의 산물이 될 것이다.

이와는 대조적으로 해로운 중재법은 파충류 미주신경의 기능을 증가시키는 감각기를 자극할 것이다. 미주신경의 등쪽운동핵 기능이 우세해지는 상황에서 중재법은 느린맥, 무호흡증, 소화문제를 유발하여 좋지 않은 결과를 유발할 것이다.

삼차신경(V번 뇌신경)과 얼굴신경(Ⅶ번 뇌신경)의 감각섬유는 모호핵에 일차적인 감각정보를 제공한다. 따라서 빨기, 입의 자극, 얼굴의 움직임을 제공하는 중재법은 모호핵 미주신경계에 대한 조절기회를 제공하여 도움이 될 것이다. 이와는 대조적으로 등쪽운동핵을 자극하는 중재법은 잠재적으로 위험할 수 있다. 예를 들면, 영아의 자세를 바꾸는 것은 혈압을 조절하는 미주신경을 통한 심장박동의 변화를 포함하여 압력수용기 반응을 유발할 것이다. 위험도가 낮은 영아의 경우에, 이러한 중재법은 혈압을 유지하고 행동의 조절에 관여하는 음성되먹임체계를 연습시킬 수 있을 것이다. 이러한 되먹임체계에는 등쪽운동핵과 모호핵에서 나오는 심혈관계에 대한 운동조절이 포함되어 있다. 모호핵의 기능이 떨어져 있는 고위험 영아의 경우에, 자세의 변화는 낮은 모호핵 미주신경긴장도를 가지고 있는(즉, 낮은 RSA 진폭) 노인에게서 관찰되는 혈관미주신경실신[vasovagal syncope]과 유사한 심한 느린맥과 의식의 소실을 유발할 수 있다.

이와 마찬가지로, 배 마사지나 골반 주변 조직에 대한 마사지는 고위험 영아에게 해로울 수 있다. 이러한 중재법은 자세 변화와 마찬가지로 모호핵과 등쪽운동핵 모두를 활성화시키는 감각경로를 자극할 수 있다. 따라서 모호핵의 긴장도가 낮을 때(고위험 영아의 특징) 이러한 중재법도 심한 느린맥과 의식의 소실을 유발할 수 있다.

주의: 많은 고위험 영아들이 낮은 모호핵 긴장도로 정의되는 약화된 생리적 상태를 가지고 있음을 강조하는 것은 매우 중요하다. 마사지를 하는 동안 배에 압력을 가하는 것, 자세 변화에 의해 압력수용기를 자극하는 것, 또는 흡입이나 입위관 영양공급을 통해 식도를 자극하는 것과 같이, 이러한 영아들에게 행해지는 중재법들은 심한 등쪽운동핵 반사를 유발해 느린맥, 무호흡증, 심지어 의식의 소실을 유발할 수 있다.

결론

비록 여기서 설명한 방법들은 신생아 시기의 고위험 영아에 초점을 둔 것이지만, 이 모델은 행동적 및 심리적 문제가 있는 나이가 더 많은 아이들과 심지어 성인들에 대한 연구에도 일반화할 수 있을 것이다. 다양한 심리적 및 정신건강의학과적 장애들과 연관되어 있는 것은 상태조절의 어려움과 연관된 증상들이다. 예를 들면, 과다활동이나 집중력의 문제는 적절한 집중과 사회적 행동을 지지하는 생리적 상태를 조절하는 데 있어서의 문제와 연관되어 있다. 이와 마찬가지로 심한 생리적 반응을 동반하는 공황, 공포, 또는 분노를 표현하는 사람들은 스스로를 진정시키거나 그들을 진정시켜주려고 하는 다른 사람들이 표현하는 사회적 태도를 받아들이지 못하는 것의 예를 제공해 준다.

앞에서 언급한 일반화를 지지하는 몇몇 연구들은 사람들을 대상으로 RSA와 수준 I 및 수준 II 과정을 조사하였다. 수준 I의 평가는 RSA의 측정(예: 잠자는 동안이나 조용한 상태에서 측정)을 통해 미주신경계의 긴장도가 개인별로 차이가 있는 것이 임상적인 위험 요소와 연관이 있는지를 평가하기 위해 사용되었다. 또한, 수준 I에 대한 평가방법은 공황장애와 같은 정신병리를 중재하는 기전을 평가하기 위해 특별한 실험적인 조작에 사용하거나, 또는 정신건강의학과적 장애에 흔히 사용되는 약물치료가 자율신경계에 미치는 영향을 평가하기 위해 사용되었다. 명확하게 정의된 도전에 대한 반응으로 나타나는 미주신경긴장도의 조절양상에 대한 정량화를 포함하는 수준 II의 평가 역시, 임상적인 연구에 사용되었다.

수준 I 평가의 예

조지 등(George et al., 1989)은 공황 동안에 어떻게 신경계가 자율신경계 상태를 조절하는지에 대한 기전을 이해하기 위해, 공황을 유발하는 것으로 알려진 젖산나트륨[sodium lactate]의 주입 및 과호흡 상태에서 RSA를 평가하였다. 이들은 두 상태 모두에서 RSA가 상당히 감소되었음을 보고하였다. 평가모델에 따르면 이러한 자료는 수준 I 과정의 심각한 결함을 나타낸다. 따라서, 유발된 공황과 심한 불안에 대한 임상적인 관찰과 일치하는 이러한 평가는 손상된 자기조절성 생리 및 행동 기능을 예측할 수 있게 해줄 것이다.

또 다른 연구는 정신작용제가 어떻게 수준 I 과정에 영향을 미치는지를 검사하였다. 평가모델에 따르면 RSA를 억제하는 약물의 정도는 행동적 및 심리적 결과에 영향을 미칠 것이다. 예를 들면, 만약 약물이 RSA를 억제시킨다면, 이것은 고차원의 과정을 약화시키고 행동은 향상되지 않게 될 것이다. 반대로 만약 약물이 RSA를 증가시키거나, 또는 감소시키지 않는다면 행동에 대한 정신작용제의 효과는 최적화될 것이라고 예측할 수 있다. 맥러드[McLeod], 혼-새릭[Hoehn-Saric], 포지스[Porges], 지멀리[Zimmerli](1992)는 이미프라민[imipramine2)]이 범불안장애[general anxiety disorder]에 미치는 효과(즉, 해밀턴척도에 의해 평가된)는 이미프라민이 RSA에 미치는 영향과 직접적으로 연관되어 있다는 것을 증명하였다. 이미프라민이 이미 알려져 있는 항콜린효과[anticholinergic effect] 때문에 RSA를 감소시킨 거라면, 이미프라민은 유익한

---

2) 삼환계 항우울증 약물로, 부작용으로는 항콜린효과를 나타낸다(역자 주).

효과를 나타내지 못한 것이다. 이와는 반대로 환자들이 이미프라민에 대한 반응으로 RSA의 감소를 나타내지 않으면, 행동적 결과는 향상될 것이다. 따라서 만약 약물이 수준 I 과정을 방해한다면, 더 높은 수준의 과정들 또한 억제될 것이다.

이 장의 초점은 제안된 정신생리적 평가모델을 임상적으로 적응하는 것이었다. 수준 I 과정에 대한 평가를, 임상적인 상황에서 사용하는 것을 증명하는 몇몇 연구들이 있었다. 제4장에서 논의했듯이 고위험 신생아들은 심각하게 낮은 RSA 진폭을 가지고 있다. 더욱이, RSA의 개인별 차이는 임상적 상태와 연관되어 있었으며, 인지적인 결과를 예측할 수 있게 해주었다(Doussard-Roosevelt et al., 1997, 2001). 이러한 소견들과 일치하는 것으로 돈친[Donchin], 콘스탄티니[Constantini], 번[Byrne], 포지스[Porges](1992)는 성인의 수술 전 RSA 수준은 임상적인 과정(즉, 신경학적 및 인지적 결과)을 예측할 수 있게 해준다는 보고를 하였다.

수준 Ⅱ 평가의 예

수준 Ⅱ 평가는 모호핵에서 나오는 미주신경긴장도를 조절하는 개인의 능력을 평가하기 위해 고안되었다. 수준 Ⅱ 평가는 모호핵에서 나오는 미주신경경로의 조절이 즉각적으로 에너지 자원을 움직이거나, 진정시키기 위해 뇌줄기의 되먹임에 영향을 주는 고위 중추성 기전에 의해 중재된다고 가정한다. 수준 Ⅱ 평가는 정상적인 수준 I의 활동을 보이는 사람을 평가하는 데 중요하다. 예를 들면, 우리는 RSA의 휴식 시의 수준과 관계없이, 집중력이 요구되는 작업을 하는 동안에 RSA가 억압되지 않는 아이들은 행동조절의 문제가 있을 가능성이 있다는 보고를 하였다(DeGangi et al., 1991). 생후 3세가 되었을 때의 행동적 문제를 예측할 수 있다는 관찰을 하였다(제7장을 보시오). 계층적 모델과 일치하는 소견으로, 이 두 연구 모두는 RSA 조절에 대한 측정이 예측적인 요소를 가지고 있다는 것을 증명한 반면, 수준 I 과정을 나타내는 RSA의 기준선은 결과를 예측하지 못하였다. 다른 연구에서는 알코올과 마약이 미주신경반사를 조절하는 능력에 미치는 급성 영향을 평가하였다. 예를 들면, 히키[Hickey], 수스[Suess], 눌린[Newlin], 스펄견[Spurgeon], 포지스[Porges](1995)는 태내에서 아편제제[opiates]에 노출되었던 아이들은 집중력에 문제가 있었으며, 또한 집중을 유지하는 동안에 미주신경긴장도를 조절하는 데 어려움이 있음을 증명하였다.

수준 II 과정에 대한 연구가 영아에서의 자율신경계 상태의 조절과 정동조절 사이의 관계를 조사하기 위해 시행되었다. 바제노바[Bazhenova], 플로스카이아[Plonskaia], 포지스[Porges](2001)는 정동 및 RSA의 역동적인 변화에 대한 개인별 차이를 평가하기 위해서 다양한 정동상태를 유발함으로써 수준 II 과정을 조사하였다. 바제노바의 연구는 정동과 RSA 사이의 변화가 일치되었던 영아들은 보다 적절한 사회적 행동과 상태조절을 보였음을 증명하였다.

신생아를 대상으로 한 우리 연구실에서의 연구는 수준 II 평가를 위해 수유를 통한 평가에 초점을 맞추었다. 수유를 이용한 예비적인 연구에서 젖병 수유(Portales et al., 1997), 빨기(Porges & Lipsitt, 1993), 또는 입위관 영양공급(DiPietro & Porges, 1991)을 하는 동안의 RSA 조절의 개인별 차이를 증명하였다. 우리는 수유를 하는 동안에 모호핵 미주신경긴장도의 조절(즉, RSA)을 평가하는 영아에 대한 표준화된 수준 II 평가방법을 개발하였다. 이 평가방법은 차분한 상태에서 RSA의 기준선을 평가함으로써 수준 I 과정을 평가하고, 수유를 하는 동안에 RSA 반응을 측정함으로써 수준 II 과정을 평가한다. 우리는 또한 집중력의 유지, 감정조절, 사회적 상호작용과 연관된 다양한 도전 상황에서, 보다 나이가 많은 아이들의 RSA 조절(수준 II 과정)을 평가하기 위해 이 평가방법의 일반성을 검토하고 있다.

요약

이 장에서 설명한 평가 및 중재방법은 모호핵에서 나오는 특별한 생리체계에 초점을 맞추고 있다. 모호핵은 미주신경경로를 통해 빨기, 삼키기, 발성, 호흡을 중재하는 뇌줄기 핵이다. 더욱이 모호핵에서 나오는 미주신경경로는 심장박동에 대한 일차적인 신경조절을 제공한다. 따라서 심장에 대한 모호핵의 조절은 환경에 참여하고 벗어나고 다시 참여하는 대사출력의 조절이 필요한 모든 행동에 대한 신경생리적 기본이 된다. 모호핵에 의해 중재되는 리듬이 있는 심장박동 양상(즉, RSA)을 관찰함으로써, 영아, 아이, 또는 성인의 신경조절능력을 평가할 수 있다. 모호핵 기능을 평가하는 방법이 사용 가능하며, 일시적인 환경적 요구에 대응하기 위해 모호핵의 출력을 조절하는 것이 필요한 과제를 고안함으로써, 보다 나이가 많은 아이와 성인에게도 일반화시켜 시행할 수 있다. 따라서 이 방법은 상대적인 위험 및 특별한 중재법의 효과를 평가하기 위해 고위험 영아나 다른 임상적인 대상의 모호핵 기능을 비침습적으로 평가하는 데 사용할 수 있다. 비록 이 장은 평가에 초점을 맞추었지만, 적절한 중재법을 개발할 필요가 있다. 연구는 미주신경의 기능과 조절에 중요한 신경성되먹임을 효율적으로 향상시킬 수 있는, 나이에 맞는 중재법을 고안하는 데 초점을 맞출 필요가 있다.

제7장

영아의 미주신경 "제동" 조절은
아동행동문제를 예측할 수 있게 해준다
— 사회적 행동의 정신생리학적 모델

심장에 대한 미주신경긴장도는 뇌줄기와 심장 사이의 기능적인 관계를 설명해 준다. 몇몇 영역에 대한 연구는 심장에 대한 미주신경긴장도와 다양한 임상적 및 행동적 측면을 연관시켰다. 예를 들면, 심장에 대한 미주신경긴장도와 영아에서의 임상적인 위험 요소들(제4장), 마취의 정도(Donchin, Feld, & Porges, 1985), 기질의 개인적인 차이 (Porges & Doussard-Roosevelt, 1997; Porges, Doussard-Roosevelt, Portales, & Suess, 1994)가 연관되었다. 대부분의 연구들은 안정적인 상태에서의 심장에 대한 미주신경긴장도를 평가한 반면, 몇몇의 연구들은 소아에게 있어서 심장에 대한 미주신경긴장도의 역동적인 변화와 어떻게 이러한 변화들이 사회적 행동 및 감정조절과 연관되어 있는지를 조사하였다(제9장을 보시오. DeGangi, DiPietro, Greenspan, & Porges, 1991). 이 장은 적절한 사회적 행동의 발달이 심장에 대한 미주신경긴장도를 조절하는 능력에 달려있다고 제안한다. 이 모델은 미주신경의 두 가지 반대되는 역할을 제시한다. 한 가지 역할은 미주신경이 항상성 기능을 지지한다는 것이고, 다른 한 가지 역할은 미주신경이 환경적인 도전에 대한 운동반응을 중재하는 역할을 한다는 것이다.

비록 심장에 대한 미주신경긴장도는, 조용한 기준선과 같은 안정적인 상태에서는 비교적 안정적이지만(Fracasso, Porges, Lamb, & Rosenberg, 1994; Izard et al., 1991; Porges et al., 1994), 환경적인 요구와 자극에는 민감하다(DiPietro & Porges, 1991; Hofheimer, Wood, Porges, Pearson, & Lawson, 1995; Porges & Lipsitt, 1993; Porter, Porges, & Marshall, 1988). 심장에 대한 미주신경긴장도의 빠른 변화는 흔히 대사요구량을 맞추기 위해 필요한 심장박출량에 있어서의 변화와 일치한다(즉, 미주신경긴장도의 감소는 심장박동과 심장박출량의 증가를 촉진시킨다). 예를 들면, 수유를 하는 동안에 관찰되는 빠른 빨기 속도는 음식섭취행동을 지지하기 위해 대사자원의 이동을 필요로 한다. 이러한 이동은 심장박동의 증가, 심장에 대한 미주신경긴장도의 감소, 빨기 속도의 증가와 함께 관찰된다(Porges & Lipsitt, 1993). 이와 마찬가지로, 포경수술과 같은 고통스러운 상황에서는 행동적 움직임을 지지하기 위해 심장에 대한 미주신경긴장도는 감소하고, 심장박출량은 증가한다(Porter et al., 1988).

미주신경긴장도의 기능적인 역할

미주신경긴장도는 두 가지의 역할을 가지고 있다. 첫째, 환경적인 요구가 낮은 상태에서(예: 잠자는 동안이나 조용한 상태) 미주신경긴장도는 성장과 회복을 촉진시키는 생리적 항상성을 강화시킨다. 둘째, 환경적인 도전이 있는 상황에서 미주신경은 심장박출량을 빠르게 조절하기 위한 제동장치와 같은 역할을 함으로써, 대사출력을 증가시킨다.[1] '미주신경제동'은 기능적으로 심장에 대한 미주신경의 출력을 증가시키고, 능동적으로 교감신경계의 영향을 억제함으로써 심장박동을 느리게 유지한다(Levy, 1984; Vanhoutte & Levy, 1979). 미주신경제동을 푸는 것은 심장박동조율기(굴심방결절sinoatrial node)에 대한 미주신경의 억제를 감소시키고, 심장박동조율기의 원래 속도, 물리적인 반사, 교감신경계의 영향 때문에 심장박동수가 증가하게 만든다. 미주신경제동은 전부 아니면 전무의 개념이 아니다. 그것보다, 미주신경제동은 날미주신경섬유를 통해 심장박동조율기를 점차적으로 억제한다. 심장박동은 미주신경제동에 의해서만 완전히 결정되는 것이 아니기 때문에, 심장에 대한 미주신경긴장도의 변화가 항상 심장박동의 변화와 높은 상관관계를 가지고 있는 것은 아니다. 환경과 상호작용을 하는 동안에, 대사출력은 환경과 작용하는 것과 작용하지 않는 것에 필요한 행동적 및 생리적 과정을 촉진시키기 위해 빠르게 조절될 필요가 있다. 이 장은 환경적인 도전에 대한 행동적인 반응을 중재하는 미주신경긴장도의 역할에 초점을 맞출 것이며, 미주신경제동 가설을 검증할 것이다. 영아의 미주신경제동에 대한 조절과 환경과의 개입 및 개입을 하지 않는데 필요한 사회적 발달 사이의 관계가 검토될 것이다.

---

1) 즉, 제동장치를 푼다(역자 주).

자율신경계 — 내장되먹임체계

포유류의 뇌줄기는 자율신경계를 통해서 성장과 회복을 촉진시키기 위해, 항상성 유지과정을 조절한다. 이러한 역할은 내장운동 신경세포들이 뇌줄기와 내장기관들 사이를 의사소통하는 자율신경계의 기능적인 신경해부학에 의해 잘 밝혀져 있다. 와이너[Weiner](1948)는 되먹임체계의 개념을 제안하면서 자율신경계를 하나의 예로 사용하였다. 와이너에 따르면, 항상성은 특별한 기능적인 범위 내에서 출력 수준을 유지하기 위해 장기의 상태를 감시하고 조절하는 양방향 의사소통을 하는 체계의 새로운 특징이다. 와이너의 모델에서처럼 자율신경계는 장기의 상태를 감시하는 감각기에서 나오는 정보를(들되먹임) 해석한 이후에, 장기로 가는 운동출력(부교감신경 또는 교감신경)을 결정하는 중추성 조절기(뇌줄기의 근원핵들)를 포함하고 있다. 생리적 항상성을 유지하기 위해서 말초기관(목동맥굴[carotid sinus]에 있는 화학수용체와 압력수용기)에서 출발하는 감각경로는 생리적 상태와 연관된 정보를 전달하며 운동경로(심장에 대한 미주신경과 교감신경경로)는 말초기관에 대한 출력을 변화시킨다. 말초에 있는 내장기관에서 나오는 감각경로는 대개 뇌줄기에서 끝이 나는 반면, 뇌줄기에서 나오는 운동경로는 대부분 말초에서 끝이 난다.

미주신경의 심장가지는 비록 자율신경계의 한 부분이지만, 되먹임체계라고 정의될 수 있다. 심장에 대한 미주신경체계는 들경로와 날경로, 뇌줄기 근원핵, 목표가 되는 내장기관, 심장으로 구성되어 있다.

외수용 및 내수용 되먹임
— 미주신경체계에 대한 경쟁적인 요구

신경계는 항상성을 지지하기 위해, 신체 내부에 있는 상태를 감지하는 수용체(즉, 내수용기^{interoceptor})와 환경적인 도전을 다루는 신체 외부에 있는 상황을 감지하는 수용체(즉, 외수용기^{exteroceptor})로부터 감각되먹임을 받는다. 심장에 대한 미주신경 출력은 이 두 가지 모두와 연관되어 있다. 일반적으로 심장에 대한 미주신경긴장도는 항상성 기능을 지지하기 위해 증가되며 환경적 도전에 대한 반응으로 특별한 운동행동을 지지하기 위해서 심장박출량을 증가시키려고 심장에 대한 미주신경긴장도를 감소시킨다.

자율신경계와 항상성 사이의 개념적인 연결은 자율신경계를 항상성 유지의 일차적인 책임을 가지고 있는 매우 느린 '조용한^{vegetative}' 체계라는 제한적인 정의를 만들어내게 하였다. 그러나 미주신경체계와 같은 자율신경계의 요소들은 환경과의 행동적 및 생리적 상호작용을 강화시키는 역동적인 역할을 한다. 미주신경체계는 환경과의 적절한 개입 및 개입하지 않는 것과 연관된 운동 및 생리적 과정을 강화시키기 위해 대사출력을 빠르게 조절한다(Rowell, 1993). 환경과 상호작용을 하기 위해서, 내장되먹임체계는 우선적으로 내장상태를, 성장과 회복을 강화시키는 데 최적화된 상태(즉, 항상성)에서 외적인 도전으로 요구되는 운동행동을 지지하기 위해 대사출력을 최적화시키는 상태로 변화시킨다. 내적내장되먹임에서 외적환경되먹임으로의 이러한 이동은 생존이 가능하게 해준다. 예를 들면, 유기체는 외부환경에 대처할 때 위협, 일, 의사소통, 사회적 행동과 연관된 환경적 요구에 효율적으로 반응하게 된다. 그러나 이러한 환경이 요구하는 것에 우선적으로 맞추는 것은 생리적인 항상성이 약해지게 만든다. 외부의 요구를 다루기 위해 대사출력을 상향조절할 때(예: 맞섬, 또는 도피 행동) 유기체는 내장의 요구를 하향조절해야 하기 때문에 항상성이 흐트러질 수 있다.

미주신경체계는 내장의 요구와 외적 도전에 대한 반응 모두를 다룬다. 내적 요구와 외적 요구 사이의 균형을 잡는 능력은 적응적인 행동전략과 항상성에 대해 새로운 정의를 하는 데 사용될 수 있을 것이다. 이 모델에 따르면, 환경적 요구에 대한 반응전략과 항상성은 상호 의존적이다. 환경적인 요구가 없을 때 미주신경체계는 성장과 회복을 증진시키기 위한 내장(예: 심장, 폐, 위, 창자)의 요구를 충족시켜준다. 그러나 환경적 요구에 대해 반응할 때 항상성 유지를 위한 과정은 약해지며, 미주신경체계는 이러한 외적인 도전을 다루기 위해 성장과 회복의 기능을 하향조절함으로써 대사출력을 증가시킨다. 중추신경계는 내외적인 요구를 다루기 위해 자원의 분배를 조절한다. 내외적인 요구 사이의 균형을 잡는 것은 중추신경계에 의해 감시되고 조절되며, 미주신경에 의한 심장의 역동적인 조절을 통해 감시될 수 있다. 이러한 역동적인 조절은 미주신경제동에 대한 점차적인 억제를 제공하며 심장박출량의 변화를 유발한다.

여러미주신경이론

여러미주신경이론(제2장을 보시오)은 미주신경제동을 소개하고 이론적인 정당성을 제시해주고 있다. 이 이론은 포유류의 성공적인 적응이 환경적인 요구에 대한 반응으로 대사출력을 빠르게 조절하는 하나의 기전인 미주신경제동을 제거하고 개입하는 것에 달려있다고 제안한다. 비교신경해부학과 발생학에 기초를 두고 있는 이 이론은 포유류가 두 개의 미주신경체계, 즉 새로운 포유류체계와 보다 조용한 '파충류'체계를 가지고 있으며, 숨뇌의 다른 핵들에 의해 조절된다고 제안한다. 포유류의 미주신경체계는 모호핵에 의해 조절되며, 보다 조용한 파충류의 미주신경체계는 등쪽운동핵에 의해 조절된다.

두 개의 체계는 다른 반응전략을 가지고 있다. 모호핵(포유류) 미주신경체계는 말이집이 형성되어 있으며, 굴심방결절$^{sinoatrial\ node}$을 통해 심장박동을 조절함으로써 빠르게 대사출력을 조절한다. 이것은 대개 빠른 미주신경의 철수와 심장박동의 증가로 관찰된다. 이와는 대조적으로 등쪽운동핵(파충류) 미주신경체계는 민말이집이며 대부분의 상황에서 심장박출량에 거의 영향을 미치지 않는다. 그러나 적은 산소만 이용할 수 있는 힘든 상황에서 파충류체계는 급격한 느린맥과 무호흡을 유발하여 에너지를 보존한다는 가설이 제기되어 있다. 따라서 심정지, 급사를 유발하는 심한 느린맥, 운동에 의해 유발된 실신과 같은 몇몇 치명적일 수 있는 현상들은 파충류에게는 적응적이지만, 포유류에게는 치명적일 수 있는 파충류의 적응적 생리적 반응의 잔재이다.

모호핵은 호흡리듬을 만들어내는 숨뇌의 한 부분이기 때문에 (Richter & Spyer, 1990) 심장에서 끝이 나는 미주신경섬유의 출력은 호흡리듬을 증가시키고 감소시키는 것이 특징이다(Porges, 1995). 굴심방결절에 대한 모호핵 미주신경긴장도의 이러한 리듬조절은 호흡굴부정맥(RSA)이라고 알려져 있는 호흡양상에 따른 심장박동의 양상을 유발한다. 따라서 RSA 진폭의 정량화는 미주신경제동의 변화하는 상태에 대한 지표를 제공해 준다.

미주신경제동과 사회적 행동의 발달

현재의 연구는 모호핵 미주신경체계에 초점을 맞추고 있으며, 영아기 동안의 적절한 미주신경제동의 철수가 발달의 결과에 대한 변수가 된다는 가설을 평가하고 있다. 구체적으로 영아기 동안의 적절한 미주신경제동의 조절은 선택적으로 환경과의 개입 및 개입에서 벗어나는 능력을 반영해 준다고 제안되었다. 미주신경제동은 영아가 사물 및 사람과 지속적으로 상호작용하는 기전을 제공해 준다. 따라서 미주신경제동은 적절한 사회적 행동의 발달을 증진시키는 신경생리학적 기전을 제공해 준다. 현재의 연구에서 생후 9개월 된 영아를 대상으로, 정신발달에 대한 베일리척도^{Bayley Scales of Mental Development}를 시행하는 동안 심장에 대한 미주신경긴장도의 조절이 평가되었다(즉, 검사를 하는 동안에 미주신경제동이 철수하는지에 대한). 베일리척도의 시행은 영아에게 복합적인 요구를 한다. 영아는 실험자와의 사회적인 상호작용을 하면서, 변화하는 자극에 개입하고 개입하지 않는 과정을 경험하게 된다. 사회적 행동의 문제는 세 살이 되었을 때, 2~3세 아동을 위한 아동행동평가척도^{Child Behavior Checklist}로 평가되었다(Achenbach, 1988).

방법

대상

24명(남자 12명, 여자 12명)의 대상들이 영아기 동안(7~9개월)에 첫 검사를 받았다. 모든 대상들은 생후 36개월에 행동문제에 대한 평가를 받았다. 대상들은, 워싱턴 DC에 거주하는 7~9개월 된 아이를 둔 엄마들을 연구에 초대한다는 신문광고와 지역 의사들 병원에서의 광고를 통해 모집되었다. 광범위한 영아행동에 대한 연구를 위해, 힘든 영아와 힘들지 않은 영아를 둔 엄마들에 대한 광고를 따로 하였다. 모든 영아들은 주요한 의학적 합병증 없이 만기출산한 아이들이었다. 엄마의 나이는 21세에서 39세까지였으며(평균=32세) 평균 16년의 교육을 받은(범위=10~21년) 엄마들이었다.

과정

생후 9개월에 시행한 검사에서, 생리적 관찰과 발달검사 과정에 대해 엄마들에게 설명하고 동의를 받았다. 발달은 아동발달에 대한 베일리척도(Bayley, 1969)로 검사하였다. 영아가 엄마의 무릎에 조용히 앉아 있는 동안에 기준선으로 3분 동안의 심전도를 찍었으며, 베일리 검사를 하는 첫 7분 동안 그리고 영아가 집중력을 요구하는 다양한 과제를 하는 동안에도 심전도를 검사하였다. 엄마들은 9개월에 해당하는 영아특성설문지Infant Characteristics Questionnaire(Bates, 1984)와 까다로운아기설문지Fussy Baby Questionnaire(Greenspan, Porges, Portales, &

Walker, 1987)를 작성하였다. 영아특성설문지의 어려운 정도에 대한 하부척도는 자료 분석에서 예측변수로 사용하기 위해 포함되었다. 이 하부척도는 척도의 안정성(Bates, 1980)뿐만 아니라 심장에 대한 미주신경긴장도와의 이론적인 연결성 때문에 선택되었다(DeGangi et al., 1991). 게다가 두 가지의 아동설문지와 베일리척도의 아동행동기록에서 얻은 정보는 임상적 아동프로그램을 위한 국립센터에서 만든 진단기준(0~3, 1994)에 따라 영아를 조절장애가 있는 또는 조절장애가 없는 집단으로 분류하기 위해 사용되었다.

아이가 세 살이 되었을 때, 엄마들은 2~3세를 위한 아동행동평가척도를 작성하였다(아동행동평가척도/2~3; Achenbach, 1988). 아동행동평가척도/2~3은 행동적/감정적 문제를 설명하는 99개의 문항으로 된, 부모가 평가하는 척도이다.

행동문제 자료의 정량화

전체적인 문제에 대한 아동행동평가척도(Achenbach, 1988)와 여섯 개의 좁은 범위 증후군척도(사회적 위축, 우울, 수면 문제, 신체적 문제, 공격적, 파괴적)에서 점수를 수집하였다. 좁은 범위 증후군척도는 요인분석을 통해 얻었으며, 척도의 점수들은 임상적 정신병리와 연관된 경계선을 결정하기 위해 표준화되었다(McConaughy & Achenbach, 1988).

심장박동 자료의 정량화

심전도는 영아의 가슴에 부착한 세 개의 염화은전극$^{AgCl\ electrode}$을 통해 측정되었다. 심전도 결과는 Vetter C-4 FM 테이프 기록기에 저장되었다(A. K. Vetter, Rebersberg, PA). 심전도 자료는 미주신경긴장도 감시장치에 재생시켜 정량화하였다(Delta-Biometrics, Bethesda, MD). 미주신경긴장도 감시장치는 R파의 꼭짓점을 거의 1/1,000초 단위로 발견하였으며, 시간에 따른 심장박동을 확인하였다. 시간에 따른 심장박동은 컴퓨터에 파일로 저장되었다. RSA의 진폭은 검사 이후에 계산되었다. RSA의 진폭은 미주신경의 모호핵 가지를 통해 심장에 미치는 숨뇌의 영향을 정확하게 제공해 준다(제2장을 보시오. Porges, 1995).

심장박동의 자료를 시각적으로 보여주고, 범위를 벗어나는 자료들을 편집하며, 심장박동과 RSA를 정량화하기 위해 MXedit 소프트웨어(Delta-Biometrics)를 사용하였다. MXedit는 RSA의 진폭을 계산하는 포지스(Porges, 1985) 방법을 통합하였다. 이 방법은 RSA보다 느린 변화 및 복합적으로 변화하는 수준과 연관된 변수들을 심장박동 양상으로부터 제거하기 위한 계산법을 포함하고 있다. 이러한 제거 계산법은 거의 1/1,000초로 측정한 심장박동값들을 필요로 하며, 250ms마다 심장박동 자료를 다시 수집하고 다항식 여과 장치$^{polynomial\ filter}$(3차 21점)와 구역통과 여과 장치(0.24~1.04Hz)를 포함하고 있다. 분석값은 제거 계산법에서 나온 출력값을 나타내며, ms^2 단위로 보고되었다. 이 연구에서 심장박동 매개변수(즉, 심장박동과 RSA)는 30초 단위로 계산되었다. 계산된 평균값은 자료 분석에 사용되었다.

계획

베일리 검사를 하는 동안에 미주신경제동이 개입하지 않는 것의 개인적 차이를 평가하기 위해, RSA와 심장박동 반응성은 기준이 되는 상태에서 나온 값에서 베일리 검사를 하는 동안에 나온 값을 뺌으로써 차이가 나는 점수들을 계산하여 평가하였다. 베일리 검사를 하는 동안에 나온 수치가 기준선보다 낮을 때, 변화의 점수는 양수이다. 양수의 점수가 더 클수록 RSA와 심장박동이 더 많이 감소하였음을 나타낸다. 영아기 동안의 미주신경제동의 기능이 아동기 동안의 행동문제와 연관되어 있다는 가설을 검증하기 위해, RSA 및 심장박동 반응성 점수와 아동행동평가척도/2~3세에서 나온 결과 사이의 연관성에 대한 상관분석을 시행하였다. 베일리 검사를 하는 동안에 RSA가 기준선보다 더 크게 감소한 아이는 3세가 되었을 때 행동문제를 더 적게 나타낼 것이라고 가정하였다. RSA의 변화와 행동문제 사이의 음성적인 상관관계는(즉, 큰 RSA의 억제가 적은 행동문제와 연관되어 있음) 이 가설을 지지해 줄 것이다.

결과

생리적 반응양상

성별의 차이가 기준선이나 심장박동 및 상태에 따른 미주신경긴장도에 영향을 미치는지를 검사하기 위해, 성별×상황에 대한 변수 분석이 시행되었다. 성별은 반응성의 수준이나 양상과 연관성이 없었다.

심장박동에 대한 상황의 영향은 중요하게 드러났다. 평균 심장박동은 기준선(445ms)에서 베일리 검사(463ms)를 할 때 크게 증가하였다[$F(1,22)=10.1$, $p\rangle.1$]. RSA의 평균 수준은 상황들 사이에서 차이가 없었다[$F(1,22)=0.6$, $p\rangle.1$]. 개인적인 차이를 살펴보기 위해 조사를 해본 결과, 대부분의 대상들은 검사를 하는 동안 심장박동이 증가하였다(숫자=19명). 그러나 RSA 반응은 보다 다양했는데, 검사를 하는 동안 13명은 감소하였고 11명은 증가하였다.

심장박동과 RSA 반응의 정도와 방향은 기준선과 연관되어 있었다. [그림 7.1]에 나타나 있듯이, 기준선에서 보였던 높은 RSA 진폭은 베일리 검사를 하는 동안에 RSA와 심장박동간격이 더 크게 감소[2]하는 것과 연관되어 있었다(즉, 보다 양성적인 점수의 변화)[각각 $r(22)=.42$, $p\langle.05$와 $r(22)=.48$, $p\langle.05$]. 마찬가지로 비록 RSA의 변화와는 상관관계가 없었지만, 기준선에서 심장박동이 더 느렸던 것과 베일리 검사를 하는 동안에 심장박동간격이 더 크게 감소하는 것은 연관되어 있었다[$r(22)=.60$, $p\langle.01$]. 이러한 두 가지의 변화점수에서 개인적인 차이의 정도 역시 상관관계가 있었다. RSA가 더 크게 감소했던 대상들은 심장박동간격도 또한 더 크게 감소하였다[$r(22)=.49$, $p\langle.05$].

---

2) 즉, 심장박동이 빨라짐(역자 주).

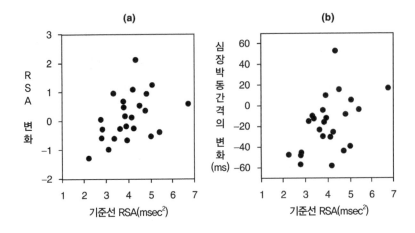

[그림 7.1] (a) 기준선 RSA와 RSA 변화
(b) 기준선 RSA와 심장박동 변화에 대한 산점도(scatterplot)

변화점수는 기준선 점수에서 베일리 검사를 하는 동안의 점수를 뺀 것이다. 양성 변화
점수는 베일리 상태에서 기준선보다 더 감소했음을 나타낸다.

미주신경제동과 3세 때의 행동

미주신경제동과 3세 때 행동과의 관계를 평가하기 위해서 상관관
계분석이 시행되었다. 분석은 9개월 때의 심장박동 및 RSA 값(기준
선과 변화점수)과 3세 때 아동행동평가척도/2~3에서 나타난 행동문
제(전체적인 문제와 여섯 개의 좁은구역증후군 점수) 사이에 대한 분석
이 시행되었다. 〈표 7.1〉에 나와 있듯이 베일리 검사를 하는 동안의
RSA 감소(즉, 변화점수의 폭)와 3세 때의 행동문제 사이의 관계가 일
관된 양상을 보였다. RSA의 더 큰 감소(즉, 집중이 요구되는 과제를 하
는 동안에 미주신경제동이 적절하게 조절되는 것)는 더 적은 행동문제와

연관되어 있었다[$r(22)=-.50$, $p<.05$]. 게다가 RSA의 더 큰 감소는 사회적 행동과 연관되어 있는 세 개의 좁은구역증후군 척도(즉, 사회적 위축, 우울, 공격적 행동)가 더 좋은 결과를 나타내는 것과 연관되어 있었다. RSA의 더 큰 감소는 더 적은 사회적 위축[$r(22)=-.42$, $p<.05$], 더 적은 우울행동[$r(22)=-.45$, $p<.05$], 더 적은 공격적 행동[$r(22)= -.53$, $p<.01$]과 상관관계가 있었다. 하나의 변수에 대한 상관관계를 봤을 때, 심장박동과 심장박동의 변화는 행동의 결과와 어떤 것도 연관되어 있지 않았다. RSA의 기준선은 우울, 수면 문제, 파괴성 척도와 연관되어 있었다. RSA 진폭이 낮았던 영아들은 우울[$r(22)=-.43$, $p<.05$], 수면 문제[$r(22)=-.57$, $p<.01$], 파괴적[$r(22)=-.39$, $p=.06$] 척도에서 더 많은 문제를 가지고 있었다. 성별은 결과와 연관되어 있지 않았으며, RSA의 변화와 행동결과 사이의 상관관계에도 영향을 미치지 않았다.

비교를 위해서, 생후 9개월에 시행한 베일리정신발달지표와 영

〈표 7.1〉 생후 9개월 생리적 변수와 3세 행동결과 변수

결과 변수	생리적 변수			
	기준선 미주신경긴장도	미주신경긴장도의 변화	기준선 심장박동	심장박동의 변화
전체 행동문제	−.37	−.50*	−.15	−.38
사회적 위축	−.20	−.42*	−.17	−.07
공격적	−.31	−.53**	−.09	−.31
우울	−.43*	−.45*	−.08	−.20
파괴적	−.39	−.16	−.27	−.27
신체적 문제	−.28	−.11	−.15	−.14
수면 문제	−.57**	−.28	−.35	−.40

*$p<.05$.
**$p<.01$.

행동지표	행동 변수	
	베일리정신발달지표	영아특성설문 어려움 점수
전체 행동문제	−.30	.19
사회적 위축	−.28	−.07
공격적	−.20	.26
우울	−.36	.10
파괴적	−.10	−.09
신체적 문제	−.44*	−.02
수면 문제	−.47*	.02

*$p < .05$.

아특성설문 어려움 점수 사이의 상관관계를 〈표 7.2〉에 제시하였다. 베일리 점수는 신체적 문제[$r(22)$=−.44, $p < .05$], 수면 문제[$r(22)$= −.47, $p < .05$]와 연관되어 있었으며, 어려움 점수는 나중의 행동을 예측하지 못하였다.

다중회귀모델

네 개의 생리적 변수들(기준선 RSA, RSA 변화점수, 기준선 심장박동간격, 심장박동간격의 변화점수)을 가지고 단계적다중회귀모델Multiple stepwise forward-regression model3)이 검토되었으며, 두 개의 행동 변수들(베일리정신발달지표, 영아특성설문 어려움 점수)을 각각의 예측모델에 입력하였다. 입력하는 알파값과 제거하는 알파값은 .10에 맞추었다. 전

---

3) 변수 간의 인과관계를 밝힐 때 사용하는 통계분석법으로 독립변수가 2개 이상일 때 사용한다(역자 주).

체 행동문제의 경우에는 RSA 변화점수만 중요한 결과에 대한 예측인자였다. 일단 RSA 변화를 이 모델에 입력했을 때, 다른 변수들(즉, 기준선 RSA, 기준선 심장박동간격, 심장박동간격의 변화, 베일리정신발달지표, 어려움)은 중요한 영향을 미치지 않았다. 이것은 사회적 위축, 우울, 공격적인 좁은구역증후군 점수에 대해서도 마찬가지였다.

다른 세 가지의 좁은구역증후군 척도에 대해서는 일관된 소견이 보이지 않았다. 파괴적증후군 점수는 중요한 예측인자가 되지 않았다. 베일리정신발달지표의 점수가 유일하게 신체적 증후군 점수에 대한 예측인자였다. 수면 문제 점수는 기준선 RSA와 어려움 점수에 의해 가장 잘 예측되었다[$F(2,21)=7.41$, $p<.01$].

논의

영아 미주신경긴장도와 아동행동문제

3세 아동의 아동행동평가척도에서 행동문제를 가장 잘 예측할 수 있는 인자는 베일리 검사를 하는 동안에 심장에 대한 미주신경긴장도를 감소시키는 영아의 능력이었다. RSA가 가장 크게 감소한 영아가 가장 적은 행동문제를 보였다. 따라서 미주신경제동을 조절하는 능력이 긍정적인 발달에 대한 중요한 예측인자였다. RSA의 감소는 전체적인 행동문제와 연관되어 있었고, 세 개의 낮은 구역증후군 척도(즉, 사회적 위축, 우울, 공격적)와도 연관되어 있었다. 이러한 세 가지 척도를 살펴본 결과, 이 척도들이 사회적 행동에 민감한 척도라는 것을 알 수 있다. 사회적 위축 척도는 사회적 상호작용을 시작하고 참여하는 데 있어서의 어려움에 초점을 맞추고 있다. 우울 척도는 사회적 상호작용을 하는 동안의 정동조절에 초점을 맞추고 있다. 공격성 척도는 공격적이고 비협조적인 사회적 상호작용에 초점을 맞추고 있다. 좁은 구역 척도들 사이의 상관관계는 세 가지의 척도가 서로 연관되어 있으며, 공격적 및 우울한 척도가 사회적 위축과 연관된 척도임을 확인시켜 주었다. 이와는 대조적으로 9개월 영아의 미주신경제동과 연관이 없었던 세 가지 척도들은 내장조절, 상태조절, 환경에 대한 인식(즉, 수면 문제, 신체적 문제, 파괴적 행동)에 더 민감한 것으로 나타났다. 이러한 관찰은 미주신경제동이 사회적 행동과 연관된 행동의 성공적인 수행과 연관된 반면, 기준선 미주신경긴장도는 내인성 항상성 기능에 더 민감하다는 것을 알려주었다.

　구체적인 좁은구역증후군 척도들과 두 개의 미주신경긴장도에 대한 측정 사이의 연관성은 앞에서 설명한 미주신경긴장도의 두 가지 역할을 나타내준다. 첫 번째 역할은 환경적인 요구가 적을 때 미주신경긴장도가 성장과 회복을 위해 생리적 항상성의 촉진을 최대화시키는 역할이다. 따라서 기준선 미주신경긴장도가 높은 수준으로 나타나는 것은 적은 수면 문제(즉, 수면 문제 척도에서 낮은 점수), 적은 신체적 문제(즉, 신체적 문제 척도에서 낮은 점수), 환경에 대한 더 큰 인식 및 반응성(즉, 파괴적 척도에서 낮은 점수)과 연관되어 있다.

　임상적 대상에 대한 연구는 낮은 기준선 미주신경긴장도가 질병 및 건강에 대한 위험(예: 제4장을 보시오. Donchin et al., 1992)과 연관되어 있음을 지지해주었다. 게다가 연구는 또한, 높은 미주신경긴장도를 가지고 있는 대상은 환경을 더 잘 인식하고 반응한다는 것을 보여주었다(예: 제9장을 보시오. Porges, 1991). 미주신경긴장도의 두 번째 역할은 사회적 상호작용과 같이 환경적인 도전이 있는 동안에 미주신경이 심장박출량을 조절하기 위해 제동장치와 같은 역할을 할 때 극대화된다. 따라서 이 연구에서처럼 사회적 상호작용이 필요하고 외적자극에 집중해야 하는 과제를 하는 동안, 미주신경긴장도가 더 크게 감소하는 것은 더 적은 사회적 행동문제(즉, 사회적 위축과 공격성 척도에서 낮은 점수), 사람들에 대한 더 긍정적이고 적절한 정동반응(즉, 우울 척도에서 낮은 점수)과 연관되어 있었다.

9개월 영아의 행동은 3세 때의 영아행동평가척도/2~3과 연관되어 있지 않았다. 9개월에 측정한 영아특성설문지의 어려움 척도는 영아행동평가척도/2~3과 연관되어 있지 않았다. 게다가 0~3 진단 매뉴얼에 기초를 두고 측정한 9개월 영아의 행동은 아이들이 조절장애가 있는지를 평가하기 위해 시행된 것이었다. 네 명의 영아들이 심한 조절장애의 진단기준을 만족시켰다. 이러한 영아들은 미주신경긴장도의 측정에서 어떠한 결함도 보이지 않았으며, 3세 때에도 심한 행동문제를 보이지 않았다. 실제로 아동행동평가척도/2~3의 점수는 한 명의 아이만 조절장애가 있다는 것을 알려주었다. 게다가 네 명의 조절장애가 있다고 나온 영아 중 임상적인 제한선 이상의 아동행동평가척도/2~3의 점수를 나타내었던 영아들은 아무도 없었다. 따라서 행동문제에 대한 영아의 평가는 미주신경긴장도와는 연관이 없었으며, 아동행동문제에 대해 예측해 주지도 못하였다.

미주신경긴장도와 미주신경제동의 조절
— 복합적인 음성되먹임체계의 두 단계

미주신경긴장도의 두 가지 기능은 두 단계의 음성되먹임체계 내에서 개념화할 수 있는데, 첫 번째 단계는 내장 항상성에 미주신경이 기여하는 것과 똑같다. 들내장신경에 의해 이루어지는 첫 번째 단계는 기본적인 음성되먹임체계(Weiner, 1948)를 나타낸다. [그림 7.2]에 나타나 있듯이, 기본적인 음성되먹임체계는 기관의 상태를 감시하는 감각입력에서 나오는 정보를 해석한 후에 기관에 가는 운동출력을 결정하는 중추성 조절기를 포함하고 있다.

미주신경조절모델의 첫 번째 단계는 기본적인 음성되먹임모델을 조금 변형한 것이다. [그림 7.3]에 설명되어 있듯이 비록 구체적인 뇌신경, 뇌줄기 핵들, 대상기관이 명시되어 있지만, 일반적인 흐름은 [그림 7.2]에 있는 것과 같다. 첫 번째 단계에서 중추성 조절기는 뇌줄기에 있는 두 개의 핵, 즉 모호핵과 고립로핵 및 이들의 사이신경성 연결interneuronal connection로 구성되어 있다. 미주신경은 중추성 조절기(뇌줄기)와 내장기관(심장) 사이의 운동성 및 감각성 경로에 관여한다. 심장으로 가는 날미주신경은 모호핵nucleus ambiguus(NA)에서 나오며, 심장에서 나오는 들미주신경은 고립로핵nucleus tractus solitarius(NTS)에서 끝이 난다.

[그림 7.3]에 설명되어 있듯이, 미주신경은 뇌줄기와 심장 사이의 양방향 연결을 제공해 준다. 뇌줄기와 심장 사이의 양방향 미주신경 의사소통은 뇌줄기가 심장박동과 심장박출량을 감시하고 조절할 수 있도록 해준다. 음성되먹임모델에서 들미주신경경로로부터 오

는 심장의 상태를 뇌줄기에서 해석한 이후에 날미주신경경로가 음성되먹임을 제공함으로써 항상성을 유지한다. 뇌줄기와 심장 사이의 양방향 의사소통은 알려진 지가 오래되었다. 다윈^{Darwin}(1872)은 양방향 의사소통을 설명하였으며, 이러한 정보는 클로드 베르나르^{Claude} ^{Bernard} 때문에 알게 되었다고 말하였다. 심장을 조절하는 날미주신경과 들미주신경의 뇌줄기 핵들 사이의 사이신경성 의사소통은 현대의 전기생리학 및 신경해부학적 연구의 주된 주제이다(Richter & Spyer, 1990).

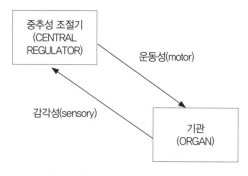

[그림 7.2] 기본적인 음성되먹임모델

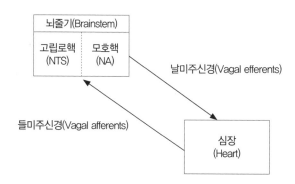

[그림 7.3] 심장에 대한 미주신경조절의 음성되먹임모델

미주신경조절체계의 두 번째 단계는 환경적 도전에 의해 결정되는 대사요구량에 맞추기 위해 심장박출량을 중재하는 미주신경긴장도를 조절할 필요가 있다. 두 번째 단계의 특징은 심장에 대한 미주신경출력을 조절하는 뇌줄기 구조물에 대한 겉질의 억제이다. 두 번째 단계는 미주신경긴장도를 억제시킴으로써 대사출력을 조절하는데, 이것은 대사적으로 요구되는 운동행동을 증가시키기 위해 심장박동과 심장박출량을 증가시킨다. 대사출력을 증가시키기 위해 겉질 구조물은 항상성 기능을 지지하는 미주신경을 능동적으로 억제시킨다. 대사출력을 감소시키기 위해, 겉질 구조물은 미주신경 출력을 조절하는 뇌줄기 구조물에 대한 억제를 중단시킨다. 미주신경 출력은 항상성 기능을 지지하기 위해 증가되며, 심장박출량은 감소된다. 미주신경 활성도에 대한 겉질의 점차적인 억제는 환경과의 상호작용과 연관되어 있는 구체적인 행동을 강화하는 데 필요한 심장에 대한 출력의 빠른 변화를 정밀하게 조절할 수 있도록 해준다. 1단계 기능(항상성)에 대한 2단계 기능의 의존(환경과의 행동적인 상호작용)은 겉질과 뇌줄기 구조물 사이의 양방향 의사소통이 요구된다. [그림 7.4]에 설명되어 있듯이, 이것은 내장의 긴장도와 대사출력을 감시하고 조절하기 위한 겉질 및 뇌줄기 구조물 사이의 역동적인 상호작용을 나타내는 모델이다. 이러한 두 가지 단계들 사이의 기능적인 상호작용은 맞섬 또는 도피 행동을 지지하기 위해 심장박출량을 증가시키거나 차분해지고, 스스로를 달래기 위해 심장박출량을 감소시키는 것이 가능하게 해주는 신경생리학적 기전을 제공해 준다.

[그림 7.4]에 설명되어 있듯이 두 번째 단계에는 음성되먹임체계의 기본적인 요소들 또한 포함되어 있다. 감각수용체(즉, 외수용기),

뇌구조물에 의한 감각정보의 해석(즉, 겉질)을 통한 환경적 자극에 대한 감시와 구체적으로 관찰이 가능한 행동의 선택적인 출력이다. 두 번째 단계의 목적은 일반적으로 불쾌하거나 생명에 위협이 되는 경험을 최소화하고, 효과법칙$^{law of effect}$4)(Thorndike, 1911)을 따르는 목적지향적인(즉, 동기가 부여된) 행동을 최대화하는 것이다. 예를 들면, 적절한 음성되먹임을 통해 긍정적인 감각적 경험(예: 즐거움)은 환경에 대한 참여를 증진시키며, 부정적인 감각적 경험(예: 고통)은 환경

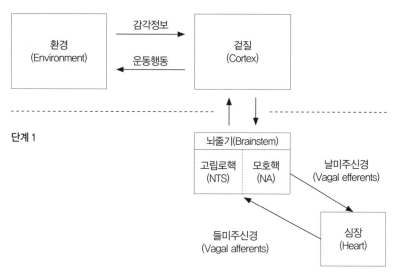

[그림 7.4] 두 단계의 음성되먹임모델

두 단계 모델은 환경적 도전(예: 사회적 상호작용)에 대한 미주신경의 반응을 설명하기 위한 이론적인 틀을 제공해 준다. 겉질과 뇌줄기 구조물들 사이의 양방향 의사소통에 주목하라.

---

4) 학습에서 성공한(만족한) 행동은 강화되고, 그 반대는 약화되는 것(역자 주).

에 대한 참여를 멀리하게 만들 것이다. 사회적 행동을 이해하고 평가할 때, 두 번째 단계는 접근과 철수의 순서가 나타내는 성질과 역동을 보여준다. 두 번째 단계는 한 개인이 언제, 누구와 무엇을 위해 행동적으로 참여하고 참여하지 않는지를 조절해 준다.

두 가지 단계의 모델은 두 번째 단계의 요구에 일차적인 우선권을 주는 계층적인 모델이다. 그러나 소화, 산소 공급, 체온조절, 혈액순환과 같은 생명을 지지하는 과정이 최대화되도록 항상성을 적절하게 조절하는 첫 번째 단계가 없이는 두 번째 단계가 기능을 할 수 있게 해주는 '에너지' 자원이 존재하지 않게 된다. 하나의 비유로써, 단계 1의 지표로서 안정적인 상태 동안에 미주신경긴장도 수준을 측정하는 것은 '잠재적으로 사용 가능한 에너지'를 나타내준다. 마찬가지로, 단계 2의 지표로서 안정적인 상태의 기준선에서 대사적으로 도전적인 상태로 미주신경긴장도의 변화는 '운동성 에너지'를 나타내준다.

[그림 7.1]에 나타나 있는 자료는 기준선 미주신경긴장도와 미주신경 반응성을 연결시키는 이러한 비유를 지지해 준다. 기준선 미주신경긴장도가 큰 영아(단계 1 기능의 지표)는 베일리 검사를 하는 동안에 심장에 대한 미주신경긴장도와 심장박동이 크게 감소되어 있었다. 이러한 소견들은 기준선 심장에 대한 미주신경긴장도, 심장박동의 진폭, 미주신경긴장도의 반응성에 있어서 개인별 차이의 관계를 보고한 다른 연구들과 일치하는 소견이다(DeGangi et al., 1991; Porges & Lipsitt, 1993; Porter & Porges, 1988).

행동은 대사적으로 비용이 든다. 예를 들면, 맞섬 또는 도피반응과 같은 행동은 흔히 급격하고 즉각적인 대사량을 요구한다. 환경에 대한 참여와 참여하지 않는 과제를 성공적으로 달성하기 위해서, 신경계는 에너지 자원을 내장 항상성(예: 민무늬근육)에서 환경을 직접적으로 다루는 관찰 가능한 행동(예: 가로무늬근육)으로 이동시켜야만 한다. 미주신경제동의 조절은 이러한 자원의 이동에 대한 지표를 제공해 준다. 즉각적으로 미주신경제동을 풀어줌으로써, 심장박출량은 행동에 의해 요구되는 대사요구량을 지지하기 위해 증가한다. 따라서, 두 단계 체계의 우선권은 즉각적인 환경적 요구에 반응하기 위해 항상성 유지를 위한 단계를 희생시킨다.

미주신경긴장도와 미주신경제동의 개념

단계 1 과정의 미주신경긴장도는 심장에 대한 날미주신경 출력의 크기를 나타낸다. 단계 1에서 최소한 심장과 연관된 측면에서 볼 때, 최적의 항상성 기능은 큰 음성되먹임을 나타내는 큰 미주신경긴장도와 연관되어 있다. 미주신경긴장도가 큰 것이 보다 최적인 생리적 상태와 연관되어 있다는 개념을 지지하는 자료들은 매우 많다. 낮은 심박변동성이나 심장에 대한 낮은 미주신경긴장도는 영아(제4장을 보시오), 신경수술 환자들(Donchini et al., 1992), 심혈관 위험이 있는 사람들(Bigger, Fleiss, & Rolnitsky, 1993)에게 위험 요소임이 확인되었다. 이러한 연구에서 나온 자료들은 영아기 동안의 심장에 대한 낮은 미주신경긴장도가 아동기의 내장 및 행동조절과 연관되어 있음을 증명해주었다.

단계 2에서 설명한 미주신경제동의 개념은 심장에 대한 날미주신경 출력의 체계적인 증감을 나타낸다. 우리의 연구에서 심장에 대한 미주신경긴장도가 감소한 것은 심장박동에 대한 미주신경의 억제 효과가 감소한 것을 나타내었다. 미주신경제동을 풀어주는 것은 심장박동과 심장박출량을 증가시킨다. 환경적 요구에 대한 반응으로, 심장에 대한 미주신경긴장도의 지표(즉, 심박변동성의 측정)가 감소된다는 보고들이 있어왔다(Allen & Crowell, 1989; Mulder & Mulder, 1987; Porges, 1972).

사회적 행동은 두 번째 단계를 요구한다. 사회적 상호작용은 적절한 행동을 강화시키기 위해 대사자원의 이동이 필요하다. 따라서, 사회적 관심 과제를 하는 동안에 미주신경제동을 푸는 영아의 능력은 사회적 발달을 증진시키는 생리적 전략과 더 적은 행동문제를 갖게 되는 생리적 전략을 반영해 준다. 이 연구에서 나온 자료는 이러한 추측을 확인시켜 주었다. 사회적 관심 과제를 하는 동안 심장에 대한 미주신경긴장도가 더 컸던 영아들(미주신경제동을 더 크게 풀 수 있었던)은 아동기에 더 적은 행동문제를 나타내었다.

요약

모호핵 미주신경체계는 내장의 요구와 외적 도전에 대한 반응 모두를 담당한다. 항상성(내적)과 환경적(외적) 요구 사이의 균형을 맞추는 능력은 성공적인 발달을 위해서 필요하다. 이 장은 환경적인 도전에 대한 반응으로 나타나는 내장 긴장도의 조절을 설명하는 하나의 비유로서 미주신경제동을 소개하였다. 비록 기준선 미주신경긴장도를 평가하는 많은 문헌들이 있지만, 역동적으로 변화하는 미주신경긴장도와 행동 반응성 사이의 관계는 이론적으로 애매했었다. 이 장은 두 단계의 신경되먹임 모델을 소개함으로써, 안정적인 상태에서의 미주신경긴장도와 환경적인 도전에 대한 반응으로 나타나는 미주신경의 반응성(즉, 미주신경제동) 사이의 관계를 설명하기 위한 첫 이론적 모델을 제공하였다.

이 장의 공동저자는

J. A. Doussard-Roosevelt, A. L. Portales, & S. I. Greenspan이었다.

제8장

자율신경계의 초기발달은
사회적 행동의 신경적 틀을 제공해 준다

임신 마지막 3개월과 출생 후 1년 동안 자율신경계는 빠르게 변화한
다. 이러한 변화들은 영아가 호흡하고, 음식을 섭취하며, 체온을 유
지할 수 있도록 해준다. 기본적인 생물학적 욕구들을 획득하는 이러
한 능력의 발달과 함께 영아의 생리적 및 행동적 상태를 조절하는 능
력의 점차적인 변화는 다른 사람(예: 엄마)과의 상호작용을 통해서 이
루어진다. 우리는 자율신경계 상태를 조절하는 신경경로의 발달 과
정에서의 변화가 역동적으로 변화하는 환경에 있는 사물 및 사람들
과 개입하는 영아 능력의 확장을 지지해 주는 신경적 틀을 제공해 준
다고 제안한다. 따라서 빠르게 발달하는 영아의 행동적 및 사회적 욕
구는 자율신경계의 성숙 과정의 맥락 안에서 연구돼야 한다.

사회적 행동이 자율신경계에 의존하고 있다는 가설과는 대조적
으로, 발달심리학에서 지배적인 이론들 내에서는 자율신경계의 역할
이 제한적인 것으로 간주되고 있다. 이와 마찬가지로 영아가 출생 전

의 환경에서 출생 후의 환경으로 전환하는 동안 생존에 중요한 자율신경계의 역할을 고려해 볼 때, 자율신경계를 조절하는 중추신경계의 기전에 대한 이해가 소아청소년과 의학에서 거의 고려되지 않고 있다는 점은 매우 놀랄만한 일이다. 일반적으로, 자율신경계 활성도의 평가는 심리학에서 동기 또는 적응적 행동과 연관되어 있고, 의학에서 건강에 대한 위험도를 나타내는 지표로 개념화되어 있었다.

우리는 생체행동학적인 측면에서 자율신경계 신경조절의 발달적 이동은 발달에 대한 자원을 제공하며, 부분적으로는 영아가 사물 및 다른 사람들과 하는 역동적인 상호작용의 많은 부분을 중재한다고 제안한다. 이러한 측면에서 우리는 순서적인, 발달적인, 신경생리학적 과정을 확인하였으며, 이것은 심장에 대한 미주신경의 조절이 개인적으로 및 발달적으로 왜 그리고 어떻게 사회적 행동 및 임상적인 결과와 연관되어 있는지를 설명할 수 있는 생물학적인 기초를 제공해 준다.

다른 사람에 대한 의존 — 자율신경계 발달과의 일치

포유류의 영아는 태어났을 때 스스로를 돌보지 못한다. 신생아는 취약하기 때문에 생존을 위해서 엄마나 다른 양육자에게 의존하게 된다. 다른 사람들로부터의 지지가 음식, 따뜻함, 보호와 같은 기본적인 생물학적 욕구를 얻기 위해서 필요하다. 이러한 다른 사람에 대한 의존은 영아가 발달하면서 점점 감소하게 된다. 이러한 의존의 감소는 자율신경계 신경조절의 변화와 함께 발생한다. 발달하는 동안에 자율신경계를 조절하는 뇌줄기 핵들에 대한 고위 뇌 회로의 조절이 시작하게 되면서 영아는 점점 독립적으로 되고, 생리적 상태를 조절하기 위해 다른 사람들과의 사회적 상호작용을 시작할 수 있게 된다. 이러한 자기조절 기술이 발달하게 되면서, 조절에 대한 일차적인 전략인 섭취-미주반사ingestive-vagal reflex(즉, 음식섭취)를 유발하는 양육자에 대한 의존이 감소하게 된다. 행동적으로 볼 때, 영아는 보다 사회적인 기술을 보이며 혼자서 시간을 더 잘 보낼 수 있게 된다. 이것은 심지어 다른 사람이 없을 때도 정동을 힘들게 하는 도전에 대해 빠르게 진정이 되고 오랫동안 차분한 상태를 유지하는 영아의 능력으로 관찰된다.

발달학적으로 상태조절의 기술이 발달하게 되면서, 중추신경계는 말초의 운동체계에 대한 더 큰 통제를 할 수 있게 되고 인지적인 능력을 발달시키도록 확장된다. 이러한 전반전인 체계(자율신경적, 인지적, 운동적)는 복합적으로 성숙하며, 성숙한 영아가 보다 독립적이고, 복잡한 환경을 탐색할 수 있도록 해준다.

계통발생적으로 연관되어 있는 우리의 파충류 조상들과는 다른 대부분의 포유류들처럼, 인간은 평생을 통해 사회적인 상호작용을 필요로 한다. 사회적인 분리 및 고립은 나이와 관계없이 생리적 상태를 조절하는 능력에 심각한 손상을 입히며, 신체적 및 정신적 건강을 약화시킨다. 이러한 붕괴는 발달의 모든 측면에 영향을 미칠 수 있으며, 운동 능력의 발달, 성장, 인지발달을 지연시킬 뿐만 아니라 전반적인 건강의 취약성, 비전형적인 사회적 및 감정적 행동을 유발시킬 수 있다. 연구들은 다양한 정도의 사회적 버림받음이 아동의 발달에 재앙적인 영향을 준다는 것을 보고하였다. 루마니아 고아들에 대한 연구는 일관되고 예측이 가능한 사회적 참여의 기회 없이, 단지 물리적인 음식, 따듯함, 보호만을 제공해 주는 양육은 전형적인 발달에 불충분하다는 것을 설명해 주었다. 예를 들면, 치점^{Chisholm}(1998)은 최소한 8개월을 고아원에서 보낸 후에 입양된 루마니아 고아들을 3년간 경과관찰을 한 결과, 입양되지 않았거나 더 빨리 입양된 아이들보다 더 많은 행동문제, 불안전한 애착, 더 낮은 지능지수를 가지고 있음을 발견하였다. 이러한 고아들을 입양한 부모들 역시 더 많은 양육 스트레스를 보고하였다. 최근의 해부학적 연구에서 많은 루마니아 고아들의 초기 사회적 및 감정적 박탈은 눈확이마이랑$^{orbital\ frontal\ gyrus}$, 둘레아래이마앞겉질$^{infralimbic\ prefrontal\ cortex}$, 안쪽관자구조물$^{medial\ temporal\ structure}$(즉, 편도와 해마의 머리), 왼쪽 갈고리다발$^{left\ uncinate\ fasciculus}$을 포함하는 뇌영역에서의 기능적 및 구조적 변화를 유발할 수 있다는 점을 밝혀내었다(Chugani et al., 2001; Eluvanthingal et al., 2006). 이러한 뇌영역에서의 기능적인 결함은 이러한 아이들에게서 흔히 보고되는 낮은 언어적 기술, 감소된 집중력, 손상된 충동성, 행동문제, 우울증에 기여할 수 있다.

파충류 및 다른 계통발생적으로 더 원시적인 척추동물들과는 달리, 포유류의 출생은 독립으로의 전환이 아니라 자궁에서 시작하는 의존의 기간이 더 연장되는 것을 의미한다. 인간에게 있어서 성숙은 다른 사람들로부터의 완전한 독립을 유발하는 것이 아니라, 짧은 기간 동안 다른 사람들과 독립적으로 기능하는 능력을 이끌어내는 것이다. 더욱이 인간은 양육자로부터 조금 더 독립적으로 되어가면서, 함께 조절할 수 있는 하나의 짝을 이룰 수 있는 적절한 다른 사람들(예: 친구, 배우자 등)을 찾게 된다. 실제로 생리적 상태를 조절하기 위해, 사람들보다는 사물과의 상호작용을 선호하는 사람들은 흔히 정신건강의학과적 진단(예: 자폐스펙트럼장애, 경계인격장애)을 받게 된다.

자율신경계의 진화는 인간의 영아가
사회적 행동을 할 수 있도록 준비시켜 주었다

자율신경계 상태가 어떻게 사회적 행동과 연결되어 있는지를 이해하기 위해서는 포유류 자율신경계의 계통발생적 기원을 이해할 필요가 있다. 이 개념은 여러미주신경이론(제2장, 제11장, 제12장을 보시오. Porges, 2001a, 2007a)에 설명되어 있다. 이 이론은 뇌줄기와 내장기관들 사이의 운동 및 감각경로를 제공하고 있는 X번 뇌신경인 미주신경의 두 개의 운동가지의 확인에서 유래하였다. 이 이론은 척추동물 자율신경계 신경해부학의 계통발생적 이동뿐만 아니라, 이러한 이동과 함께 발생한 특별하고도 적응적인 행동에 대해서도 제안하고 있다.

진화가 인간의 신경계를 형성하는 과정에서 생리적 상태를 더 정교하게 조절하고 더 큰 역동적인 범위를 만들어내기 위해 그리고 새롭고 적응적인 사회적 행동의 출현을 돕기 위해 새로운 구조물이 생기고 오래된 구조물은 수정되었다. 여러미주신경이론은 진화적인 접근법을 통합시킴으로써 계통발생적인 관점에서 사회적 행동의 발달적 이동을 조사할 수 있는 전략을 제공해 준다. 이 이론은 자율신경계 신경조절의 발달적 변화가 어떻게 사회적 행동의 제한 또는 확대를 유발하는 적응적인 행동의 변화와 연관되어 있는지에 대한 통찰을 제공해 준다. 이 이론은 포유류와 파충류를 구별해 주는 자율신경계 신경조절의 독특한 양상을 강조하며, 어떻게 이러한 양상들이 얼굴을 마주보는 사회적 행동의 출현을 위한 생체행동학적인 틀로서

작용하는지에 대해 설명해 준다. 게다가 이 이론은 자궁 내에서와 영아기에 빠르게 발달하는 생체행동학적인 기전에 대한 통찰을 제공해 준다. 정상적인 발달 동안에 자기조절을 향상시키는 신경기전이 촉진되면서 생리적 상태를 조절하기 위한 영아의 다른 사람에 대한 의존은 감소한다. 이것은 기본적인 물리적 생존 욕구(즉, 따듯함, 안전함, 음식)를 넘어서는 사회적 의사소통이 가능하게 해주며, 친사회적인 참여의 영역으로 들어갈 수 있게 해준다.

여러미주신경이론은 척추동물 자율신경계의 발달에 있어서, 어떻게 세 가지의 계통발생적 단계들이 포유류에게서 유지되고 표현되는 뚜렷한 자율신경계의 하부체계들과 연관되어 있는지를 설명해 준다. 이러한 자율신경계의 하부체계들은 계통발생적인 순서를 가지고 있으며, 행동적으로는 사회적 의사소통(예: 얼굴표정, 목소리, 듣기), 움직임(예: 맞섬, 또는 도피 행동, 성냄, 또는 자제력의 상실), 고정(예: 죽은 척하기, 혈관미주신경실신, 행동적 및 생리적 정지)과 연결되어 있다. 이러한 계통발생의 결과는 도전에 대한 적응적인 행동과 생리적 반응을 조절하는 세 가지의 뚜렷한 회로를 가진 포유류의 신경계로 나타난다.

계통발생적으로 조직화된 계층에서 사회적 의사소통과 연관되어 있는 가장 새로운 회로가 가장 처음으로 사용된다. 만약 이 회로가 안전함을 제공해 주지 못하게 되면, 그다음으로 오래된 생존회로가 순서대로 사용되게 된다. 발달적인 측면에서 볼 때, 가장 오래된 회로가 가장 먼저 발달하며 가장 새로운 회로가 가장 늦게 발달하기 때문에 가장 새로운 회로는 출생 후의 경험에 가장 민감하고 신경손상에 가장 취약하다. 가장 새로운 회로는 임신 마지막 3개월에 부분적으로만 사용이 가능하며, 임신 만기 시에 빨기, 삼키기, 호흡의 조율이 가능하게 해주는 뇌줄기 반사의 형태로 표현된다. 출생 후 6개월이 될 때까지 겉질과정과 조화를 이루게 되는 이러한 뇌줄기 반사는 생체행동학적 경로를 제공해 주며, 이를 통해서 상호적인 사회적 참여행동은 사회적 쌍(예: 엄마-영아 상호작용)의 참여자들 모두에게 생리적 상태를 진정시키고 달래줄 수 있게 해준다.

미주신경제동의 발달
— 출생 후의 적응과 사회적 행동을 위한 발달의 결과

포유류의 신경계는 위험하고 생명에 위협이 되는 상황에서 생존하기 위해 발달했을 뿐만 아니라, 안전한 환경에서 사회적 상호작용과 사회적 결합을 증진시키기 위해서도 발달하였다. 이러한 적응적인 융통성을 달성하기 위해, 안전한 환경을 필요로 하는 새로운 신경전략이 나타난 반면 방어적 전략을 조절하기 위한 더 원시적인 전략은 유지되었다. 맞섬, 또는 도피 행동과 사회적 참여행동 모두를 제공하기 위해, 새로운 포유류의 미주신경은 자율신경 상태를 빠르고도 적응적으로 변화시키도록 진화하였다. 포유류의 말이집 미주신경은 심장에 대한 미주신경긴장도를 억제하고 회복시키는 능동적인 미주신경제동(제7장을 보시오)으로서의 역할을 하는데, 이것은 사람이 빠르게 움직이거나 진정될 수 있도록 해준다. 굴심방결절에 대한 미주신경의 영향(즉, 일차적인 심장박동조율기)은 박동조율기 자체가 만들어내는 심장박동 보다 느린 안정 시의 심장박동을 유발한다. 말이집 미주신경경로를 통한 박동조율기에 대한 미주신경긴장도가 높을 때, 미주신경은 억제 또는 제동장치의 역할을 함으로써 심장박동을 느리게 하여 사람이 기능적으로 진정될 수 있도록 해준다. 박동조율기에 대한 미주신경긴장도가 낮을 때, 박동조율기에 대한 억제가 적거나 없어져서 심장박동이 증가한다. 미주신경제동의 개념은 말이집 날미주신경경로에 의해 심장박동이 기능적으로 조절되는 것을 설명하는데 사용될 수 있다.

미주신경제동의 상태는 호흡굴부정맥^{respiratory sinus arrhythmia}(RSA)이라고 알려져 있는 심장박동 양상에서 나타나는 주기적인 요소의 진폭으로 정량화시킬 수 있다. RSA는 자연스럽게 발생하는 심장박동 양상의 리듬으로 거의 자발적인 호흡의 빈도와 유사하게 변화한다. RSA는 심장박동의 변동성 부분을 나타낸다. 다양한 도전 상황에서 RSA 및 RSA와 심장박동 사이의 관계를 정량화함으로써, 말이집 미주신경제동의 역동적인 조절을 측정하여 사람과 사물에 대한 영아와 아동의 반응을 연구하는 데 사용할 수 있다(Bazhenova, Plonskaia, & Porges, 2001).

인간의 영아는 완전히 기능하는 말이집 미주신경체계를 가지고 태어나는 것이 아니다. 포유류의 미주신경은 출생 시에 부분적으로만 말이집이 형성되어 있고, 출생 후의 첫 몇 달 동안 계속 발달한다. 형태적인 연구들은 대략 임신 30~32주에서 출생 후 6개월까지 말이집 미주신경섬유가 가장 많이 증가하며 6개월에서 청소년기까지 말이집 미주신경섬유의 전체 숫자가 빠르게 증가한다는 것을 증명하였다(Sachis, Armstrong, Becker, & Bryan, 1982). 보다 최근의 신경해부학적 연구에서 말이집 신경섬유의 증가는 민말이집 신경섬유의 증가 없이 발생한다고 제안하였는데, 왜냐하면 말이집 미주신경섬유 숫자의 증가는 민말이집 대 말이집 미주신경섬유 비율의 감소와 일치하기 때문이다(Pereyra, Zhang, Schmidt, & Becker, 1992). 말이집 미주신경섬유의 상대적인 증가는 기능적으로 내장조절을 증가시키고 영아가 더 나은 행동조절이 가능하게 해주는데, 이것은 자발적인 사회참여행동을 지지해 준다. 이러한 연구를 바탕으로 볼 때, 대략 임신 30주 전에 출생한 조산아는 적절하게 기능하는 포유류 미주신경이나 미주신경제동의 결손 때문에 기능의 장애가 있을 수 있다. 적절하게 기능하는 포유류 미주신경이 없는 조산아는 내장상태를 조절하는 능력이 제한되어 있기 때문에 생리적 욕구를 만족시키기 위해, 교감신경계와 계통발생적으로 오래된 민말이집 미주신경에만 의존해야 한다. 이러한 손상된 자율신경계의 조절은 조산아로 하여금 스트레스에 대한 반응으로 움직이는 행동을 증가시키기 위해 심장박동수를 올리는 데 교감신경계에만 의존하게 만든다. 조산아는 또한 임상적으로 위험한 저혈압 상태와 느린맥 및 무호흡증에 의한 낮은 산소포화도 상태에 빠지기 쉬운데(즉, 급격한 심장박동의 저하 및 호흡의 중단) 이것은 이미 발달되어 있는 보다 원시적인 민말이집 미주신경의 활성화를 유발시키는 섭취행동(예: 빨기와 삼키기)에 의해 촉발될 수 있다.

조산아의 RSA는 말이집 미주신경섬유의 숫자와 비율 모두에서의 변화 과정과 함께 발달하는 과정을 보여주었다. 조산아의 경우에는 RSA가 임신 32주에서 37주에 해당하는 시기에 증가하는 양상을 보였다(Doussard-Roosevelt, Porges, Scanlon, Alemi, & Scanlon, 1997). 엄마와 조산아 사이의 피부 접촉(즉, 캥거루 관리[kangaroo care])은 RSA의 발달을 촉진시켰다. 이러한 저자들은 미주신경조절의 증가와 함께, 보다 빠른 상태 조직화의 발달과 보다 성숙한 신경발달을 보였음을 보고하였다. 그러나 향상된 RSA의 발달은 피부 접촉을 하지 않은 조산아에 비해 상대적으로만 향상된 것이었으며, 만기출산한 신생아의 RSA에 비해서는 상당히 낮은 상태였다(제4장을 보시오).

출생 후 1년 동안에 심장박동과 RSA를 평가했을 때, 비록 RSA 변화는 나이가 들어가면서 뚜렷하지는 않았지만, 심장박동은 신뢰할 수 있는 수준으로 느려졌다(Fracasso, Porges, Lamb, & Rosenberg, 1994; Izard et al., 1991). 이러한 연구들에서 RSA의 발달은 출생 후 6개월 동안 최대로 발생하고, 6~12개월 동안에 서서히 줄어드는 것으로 나타났다. 비록 이러한 발달경향이 보고되었지만, 자료들을 자세히 살펴보면 출생 후 1년 동안의 RSA에 대한 개인별 차이는 발달의 변화보다 훨씬 더 큰 것으로 나타났다.

RSA와 미주신경의 신경해부학적 발달 양상을 설명한 여러 문헌들을 살펴보았을 때, 우리는 두 가지의 추측을 할 수 있다. (1) 초기 영아기 동안의 RSA는 말이집 미주신경의 기능적인 출력을 나타낸다. (2) 효율적인 RSA의 반응성과 회복은 말이집 미주신경섬유의 숫자와 말이집 대 민말이집 미주신경섬유의 비율 모두에 달려있다. 영아에 대해 연구한 자료들은 임신 마지막 3개월에서 출생 후 첫 몇 달 동안에 RSA가 증가한다는 것을 증명함으로써, 이러한 가정들을 지지해 주고 있다. 두 번째 가정에 대해서는 비록 출생 후 첫 몇 달 동안 사회적인 도전을 경험할 때의 반응성을 검사하는 추가적인 연구가 필요하겠지만, 섭취-미주반사가 발생하는 수유 동안의 검사가 일차적으로 시행되었다(Bazhenova et al., 2001; Moore & Calkins, 2004; Weinberg & Tronick, 1996).

음식주기: 섭취-미주반사를 통한
미주신경제동에 대한 도전 및 연습

신생아는 음식을 적절하고 효율적으로 섭취하기 위해서 빨기, 삼키기, 호흡의 복합적인 순서를 따를 수 있는 신경조절기능을 가지고 있어야 한다. 이러한 순서를 따르기 위해서는 얼굴, 머리, 목 가로무늬근육의 조화와 기관지 및 심장에 대한 말이집 미주신경의 조절이 필요하다. 팔다리의 가로무늬근육과는 달리 얼굴, 머리, 목의 가로무늬근육은 뇌줄기에서 나오는 몇몇 뇌신경들을 통한 경로에 의해 조절된다. 이러한 경로들은 비록 그 대상이 해부학적으로는 내장으로 간주되지 않지만 특수내장날경로special visceral efferent pathway라고 알려져 있다. 이러한 경로들은 흔히 아가미분절branchiomeric이라고 불리는데 왜냐하면, 이 경로들이 발생학적으로 인두(아가미branchial 또는 원시 아가미ancient gill)궁에서 생겨난 구조물들을 조절하기 때문이다. 영아가 성숙하면서 특수내장날경로는 겉질숨뇌경로corticobulbar pathway에 의해 사용되고 사회참여행동으로 표현된다. 이러한 근육에 대한 자율신경계의 지지는 정량화된 RSA에 의해 측정되는 말이집 미주신경에 의해 제공된다. 이러한 얼굴-심장 연결은 통합된 사회참여체계(나중의 논의 참조)를 위한 필수적인 요소이다.

신경조절에 관여하는 구조물들과 빨기, 삼키기, 목소리, 호흡에 관여하는 가로무늬근육의 조절과 연관된 구조물들은 모두 말이집 미주신경과 연결되어 있기 때문에, 이러한 행동들의 기능 및 이러한 행동들과 RSA 사이의 연결은 나중에 사회참여행동에 관여하게 될 체계의 기능적인 상태에 대한 초기 지표를 제공해 준다.

얼굴-심장 연결의 상태는 얼굴의 가로무늬근육의 조율과 심장 박동 및 호흡의 변화를 필요로 하는 빨기의 섭취행동을 하는 동안에 발생하는 RSA 변화를 측정함으로써 평가할 수 있다. 포지스[Porges]와 립싯[Lipsitt](1993)은 영아가 설탕을 섭취하기 위해 빨기를 할 때, 빠는 행동과 심장박동 및 RSA의 통합을 관찰하였다. 설탕을 섭취할 때 나타나는 RSA의 감소와 심장박동의 증가는 증가된 빨기의 횟수와 일치하였다. 설탕이 다 떨어졌을 때 RSA와 심장박동은 설탕을 먹기 전의 수준으로 돌아왔다. 게다가 기준선 RSA의 개인별 차이는 미각자극에 대한 반응으로 나타났던 심장박동의 진폭과 상관관계가 있었다. 이러한 소견들은 건강한 신생아에게 있어서 조화된 섭취반응이 있으며, 미주신경제동이 빨기를 위해 증가된 대사요구량을 지지하기 위해 체계적으로 제거된다는 점을 설명해 준다.

섭취-미주반응은 체계적으로 유발될 수 있기 때문에, 음식주기는 신생아와 조산아의 미주신경조절과 얼굴, 머리, 목의 가로무늬근육의 조절을 필요로 하는 생리적-행동적 순서를 조절하는 상태를 평가할 기회를 제공해 준다. 포지스와 립싯의 연구에서 설명한 만기출산 영아들과 마찬가지로, 임상적으로 안정적인 저체중 조산아들(퇴원하는 시점) 역시 급식을 하는 동안에 RSA의 감소와 심장박동의 증가를 보였다(Portales et al., 1997). 급식이 중단되었을 때, 심장박동과 RSA는 급식 전의 수준으로 돌아왔다. 보다 임상적으로 장애가 있는 영아들을 대상으로 한 두 번째 연구에서(Suess et al., 2000) 대략 임신주수가 33~34주에 해당하는 조산아들에게 입 또는 위관 급식 전, 도중, 후의 RSA와 심장박동을 측정하였다. 조산아들은 출생 당시의 임신주수에 따라 두 집단으로 나누었다. 더 빨리 태어난 집단은 임신주수가 30주 이하인 아이들이었으며, 더 늦게 태어난 집단은 임신주수가 30주 이상인 아이들이었다. 이전에 시행한 연구에서와 마찬가지로 급식을 하는 동안 두 집단 모두에서 RSA가 감소하였다. 그러나 더 늦게 출생한 아이들에게서만 급식 후의 RSA가 급식 전의 수준으로 증가하였다(즉 회복되었다). 이러한 결과는 교정한 임신주수와 관계없이 고위험 집단은 급식하는 동안 약해진 미주신경조절을 보여준다는 가정을 확인시켜 주었다.

급식 반응의 특징적인 양상은 음식을 섭취하는 데 필요한 대사활동을 증가시키기 위해 심장에 대한 미주신경조절을 철수시키며, 급식 이후에는 차분한 상태를 유발하고 소화를 돕기 위해 미주신경긴장도를 회복시키는 것이다. 따라서 빨기와 같이 대사활동이 요구되는 섭취행동을 하는 동안에 에너지 자원의 이동을 유발하기 위해 심장에 대한 말이집 미주신경긴장도의 감소가 발생한다. 이러한 섭취행동 이후에는 소화를 돕고 영아를 진정시키기 위해 미주신경기능의 회복이 발생한다.

여기서 설명한 연구들은 만기출산한 영아들과 안정적인 조산아들이 급식하는 동안 미주신경제동을 조절한다는 것을 나타내준다. 이러한 섭취-미주반사는 뇌줄기 수준에서만 중재되며, 말이집 미주신경의 근원 핵인 모호핵(NA)과 겉질을 연결시키는 겉질숨뇌경로의 증가하는 숫자 및 효율성에는 민감하지 않을 수 있다. 진화적인 측면에서 볼 때, 이러한 고차원적인 신경해부학적 변화의 적응적인 결과는 영아가 미주신경제동을 조절하기 위해 사회적 단서를 사용할 수 있게 해주었다. 신경감각(제1장을 보시오)을 통해 사랑하는 양육자의 얼굴모습과 목소리 운율은 방어적인 반응을 약화시키고 진정시키는 미주신경제동을 불러오는 관자엽의 겉질둘레경로를 촉발시킨다. 이와는 대조적으로 낯선 사람의 얼굴모습과 목소리는 움직임, 저항, 방어적 행동을 위해 미주신경제동을 억제한다.

사회참여체계

얼굴−심장 연결은 포유류 미주신경경로의 근원핵인 계통발생적으로 오래된 등쪽미주신경(민말이집 미주신경경로)이 앞쪽으로 이동하여 모호핵(말이집 미주신경경로)으로 되는 진화를 하면서 형성되었다. 이러한 진화는 얼굴, 머리, 목의 가로무늬근육을 조절하는 특수내장날경로와 말이집 미주신경을 통한 심장에 대한 신경조절 사이의 해부학적 및 신경생리적 연결을 유발하였다. 이러한 심혈관 기능과 얼굴, 머리, 목의 조절에 필요한 뇌줄기 운동체계들 사이의 연결은 통합된 사회참여체계를 형성하였다.

겉질이 발달하면서, 겉질^{cortex}은 운동겉질$^{motor\ cortex}$에서 나와서 뇌줄기에 있는 말이집 운동섬유의 근원핵(V, VII, IX, X, XI 뇌신경)에서 끝나는 직접적(겉질숨뇌^{corticobulbar}) 및 간접적(겉질그물^{corticoreticular}) 신경경로를 통해 뇌줄기를 통제한다. 이러한 뇌신경들은 자신들의 근원핵에서 나와서 내장운동^{visceromotor} 구조물(즉, 심장, 기관지)과 아가미운동^{branchiomotor} 구조물(얼굴, 머리, 목의 근육)을 통제한다.

구체적으로 사회참여체계는 눈둘레근$^{orbicularis\ oculi}$을 통한 눈꺼풀의 조절(사회적 시선접촉과 눈짓), 얼굴표정을 담당하는 근육(감정표현), 가운데귀근육(배경음에서 사람의 목소리를 구별하는 것), 씹기근육(섭취, 빨기), 인두와 후두의 근육(발성, 삼키기, 호흡), 머리를 돌리고 기울이는 근육(사회적인 동작과 방향잡기)을 포함하고 있다. 이러한 근육들은 종합적으로 사회적 자극에 대한 여과 장치의 역할을 하며(즉 다른 사람의 얼굴표정을 관찰하고 목소리의 운율을 파악함), 사회적 환경에 참여하는 데 필요한 운동행동을 표현할 수 있게 해준다.

여러미주신경이론(제2장을 보시오)의 측면에서 봤을 때, 포유류의 말이집 미주신경의 발달은 사회적 행동과 자율신경계 조절을 연결시켜주는 얼굴-심장 연결의 발달에 매우 중요하다. 따라서 미주신경의 조절이 더 적절할수록 더 적응적인 사회적 행동이 나타나게 된다. 적절하게 기능을 하는 말이집 미주신경이 없으면 사회적 행동은 약해질 것이며, 맞섬 또는 도피의 움직임 및 성냄(교감신경계에 의해 중재되는)과 정지^{shutdown}행동(민말이집 교감신경체계에 의해 중재되는)과 같은 보다 원시적인 방어전략들이 더 자주 나타날 것이다. 임상적으로 미주신경의 말이집 상태는 신생아 및 영아가 양육자와 참여하고 참여하지 않는 시도를 하며 생리 및 행동을 조절하는 하나의 기전으로 사회적인 상호성을 탐색하는 데 있어서 중요하다.

모델 — 자율신경계 상태는 사회적 행동을 위한 하나의 신경적 틀을 제공해 준다

포유류의 사회적 행동을 지지하는 자율신경계의 독특한 양상은 임신 마지막 3개월 동안에 발달하기 시작한다. 구체적으로 모호핵^{nucleus} ^{ambiguus}(NA)에서 굴심방결절(즉, 심장박동조율기)로 가는 날미주신경섬유들의 말이집 형성이 임신 마지막 3개월 동안에 시작한다. 이 과정은 출생 후의 첫 몇 달 동안 지속되며, RSA의 진폭을 정량화함으로써 관찰할 수 있다. 말이집 미주신경의 조절(즉, 미주신경제동)은 심장의 박동조율기(즉, 굴심방결절)에 대한 제동을 풀어줌으로써, 대사출력을 빠르게 증가시키는 기전을 제공해 준다. 미주신경제동을 푸는 것은 즉각적인 심장박동의 증가를 유발한다. 그 이후에 대사요구량이 감소하면 심장에 대한 미주신경의 억제성 영향은 다시 시작하게 되고, 심장박동은 즉각적으로 감소한다. 미주신경제동의 조절은 다음과 같은 사항을 포함하는 생존과 연관된 중요한 발달 과정에 영향을 미친다. (1) 급식과 연관되어 있는 반응성의 증가와 섭취−미주반사의 회복, (2) 자기조절과 진정시키는 능력의 확장, (3) 다른 사람과 자발적으로 관계하며 다른 사람에게서 위안을 받을 수 있는 능력의 향상. 이러한 발달 시간표가 [그림 8.1]에 설명되어 있다.

미성숙, 질병 또는 방치는 미주신경회로의 발달을 약화시킬 수 있다. 이러한 회로의 비전형적인 성숙은 미주신경의 말이집 형성, 얼굴−심장 연결을 형성하는 뇌줄기 내의 사이신경적 연결, 미주신경의 활성도와 얼굴, 머리, 목의 가로무늬근육 모두를 조절하는 뇌줄기 회로에 대한 겉질숨뇌조절에서 나타난다. 이러한 신경형성의 지연 또는 손상은 낮은 RSA 수준, 덜 효율적인 미주신경제동의 반응성 및 회복, 행동조절의 어려움, 적절하지 않은 정동, 상호적인 사회참여행동 능력의 감소로 나타난다.

말이집 미주신경이 일반적인 자율신경계 상태 또는 구체적으로 심장박동에 대한 유일한 조절인자는 아니다. 심장박동은 내재된 심장기전, 주변을 둘러싸고 있는 가슴의 해부학, 교감신경계, 미주신경의 등쪽운동핵에서 나오는 민말이집 미주신경에 의해 영향을 받는다. 교감신경계와 민말이집 미주신경회로의 발달은 인간 태아에 대

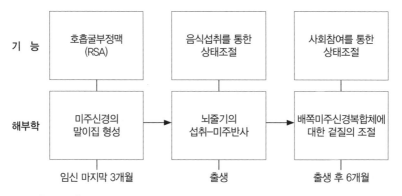

기 능	호흡굴부정맥 (RSA)	음식섭취를 통한 상태조절	사회참여를 통한 상태조절
해부학	미주신경의 말이집 형성	뇌줄기의 섭취-미주반사	배쪽미주신경복합체에 대한 겉질의 조절
	임신 마지막 3개월	출생	출생 후 6개월

[그림 8.1] 미주신경의 말이집 형성 및 사회적 행동과 연관되어 있는 발달 시간표

해서 광범위하게 연구되어 있지 않으며, 만기 출생 시에 기능을 하는 것으로 가정하고 있다. 우리는 계통발생적인 측면에서 이러한 회로들이 임신 마지막 3개월이 시작할 때 기능을 한다고 가정하고 있다. 간단하게 말해서, 우리는 중추성 조절기의 발생학적 발달과 심장박동이나 심장의 수축력에 직접적으로 영향을 미치는 말초 경로에 초점을 맞춘 제한된 문헌들을 통해 이러한 가정을 하였다. 비록 날(운동)섬유들의 발달만 논의하였지만, 들(감각)경로들도 자율신경계 기능과 정상적인 신경발달에 중요한 역할을 한다.

인간 태아의 자율신경계 발달은 앞에서 설명한 계통발생적인 진행을 따라간다. 미주신경의 등쪽운동핵dorsal motor nucleus of the vagus(DMNX)에서 나오는 민말이집 날미주신경섬유들에 의존하고 있는 계통발생적으로 가장 오래된 척추동물의 자율신경계 또한 발생학적으로 자궁 내에서 가장 먼저 발달하는 체계이다. 미성숙하고 분화되지 않은 DMNX는 임신 9주에 뇌줄기 내에 출현한다(Cheng, Zhou, Qu,

Ashwell, & Paxinos, 2004; Nara, Goto, & Hamano, 1991). 임신 13주에 큰 세포의 세분화가 보이기 시작하며, 가쪽심장운동아핵[lateral cardiomotor subnucleus]을 포함하는 DMNX의 명확한 윤곽은 임신 23주에 나타난다. 임신 28주에 모든 큰세포아핵[magnocellular subnuclei]이 성숙한 것으로 간주된다(Cheng et al., 2004). 그러나 나라[Nara] 등(1991)을 포함한 일부 연구자들은 출생 후에 핵기둥[nuclear columnar]의 길이 및 부피의 증가와 같은 DMNX의 변화들이 나타난다고 믿고 있다. 그러나 이러한 출생 후의 변화들이 존재하더라도, 신생아에게 많은 기능적인 중요성이나 생리적인 결과를 유발하는 것으로 간주되지는 않는다.

심장억제성 자율신경계인 부교감신경계의 또 다른 주요한 요소는 NA에서 나오는 새로운 말이집 미주신경체계이다. 여러미주신경이론에서 언급한 이 체계는 태아에서 가장 마지막에 발달하며 출생 후 1년까지 계속해서 기능적 발달을 한다. 성숙한 신경세포는 임신 8~9주에 NA의 입쪽 부분에 나타나며 12.5주에 핵을 다 채운다(Brown, 1990). 그러나 DMNX의 가쪽아핵에 있는 성숙한 신경세포와는 달리, 이러한 성숙한 신경세포의 축삭은 심장조직에 아직 도달하지 못하기 때문에 심장억제성 효과를 나타내지 못한다. NA에서 나오는 미주신경섬유들의 기능적인 중요성은 말이집의 형성에 달려있는데, 이것은 임신 23주까지는 시작되지 않으며 이때 축삭의 지름은 거의 성숙한 수준에 이르러있다(Wozniak & O'Rahilly, 1981). NA 미주신경섬유들의 말이집 형성은 임신 24주에서 40주까지 일직선으로 증가하며, 출생 후 첫 1년 동안에 계속 증가한다(Pereyra et al., 1992; Sachis et al., 1982).

심장흥분성 자율신경계인 교감신경계의 발달은 문헌에서 잘 설

명되어 있지 않다. 계통발생적으로 이 카테콜아민성 체계^{catecholaminergic}

명되어 있지 않다. 계통발생적으로 이 카테콜아민성 체계[catecholaminergic system1]는 포유류의 NA 미주신경체계가 발생하기 이전에 나타나며, 오래된 DMNX 미주신경이 발생한 이후에 나타난다. 여러미주신경 이론에 따르면, 인간 태아에서 이 체계는 두 개의 부교감신경계가 발달하는 사이에 발달을 시작해야만 한다. 해부학적으로 심장조직에 대한 교감신경계의 신경지배는 복잡하며 분리시키기가 어렵다. 신경절 이후심장운동핵[postganglionic cardiomotor nuclei]은 대부분 심장가슴신경절[cardiothoracic ganglia]과 중간목신경절[middle cervical ganglia] 내에 있는데, 이것은 교감신경계 위목신경절[superior cervical ganglion]의 입쪽에 위치하고 있다. 기능적으로 심장에 대한 교감신경계의 영향은 다양하다. 심장에 대해 대부분 심박수변동작용(심장박동의 감소)을 하는 두 개의 미주신경 회로들과는 달리, 교감신경계는 심장박동조율기에 대한 심박수변동작용(심장박동의 증가)과 함께 심실근육에 대한 수축촉진작용(심장수축력의 증가)도 한다. 교감신경계 활동을 측정하기 위해 태아 심장박동 감시기를 사용한 연구는 이 체계의 발달에 대한 통찰을 제공해 주었다. 킨트라이아[Kintraia], 자나제[Zarnadze], 킨트라이아[Kintraia], 카샤카쉬빌리[Kashakashvili](2005)는 임신 16~28주의 건강한 임산부 28명에 대한 24시간 태아 심장박동을 관찰한 연구에서 태아의 운동 활동이 임신 16~20주 사이에 증가되어 있음을 보고하였다. 이 단계에서 증가된 활동성은 심장박동의 증가와 동반되어 나타났으며, '조용한' 태아의 시기 동안에 다시 정상으로 돌아왔다. 태아의 발달에 있어서 이 시기

---

1) 카테콜아민(catecholamine)은 교감신경 자극전달물질로 아드레날린(adrenaline), 노르아드레날린(noradrenaline), 도파민(dopamine)으로 구성되어 있다(역자 주).

동안에는 미주신경제동이 기능을 하지 않기 때문에 이러한 심장박동의 증가는 교감신경계의 활동 때문일 가능성이 가장 크다. 게다가 저자들은 임신 24주가 될 때까지, 이러한 운동 활동의 증가와 동반되는 심장박동의 증가가 없는 것을 '발달지연'으로 해석하였다.

RSA의 측정은 말이집 미주신경의 발달을 평가할 수 있으며, 섭취-미주반사의 상태를 정량화하기 위해서 급식 동안에 유발되는 미주신경 반응성과 회복성을 역동적으로 측정할 수 있게 해준다. 급식 동안에 RSA 반응양상과 RSA의 진폭 모두는 조산아 및 만기출산 신생아의 위험에 대한 민감한 지표가 된다는 문헌이 있다. 급식 동안에 유발되는 섭취-미주반사는 나중에 사회참여행동과 연관되는 신경회로를 평가할 기회를 제공해 준다. 이러한 반사를 유발하는 것은 얼굴과 목의 가로무늬근육과 미주신경제동 모두를 조율하는 신경회로를 운동시킬 기회를 제공해 준다. 영아가 발달하면서, 섭취-미주반사와 연관된 뇌줄기 구조물들은 사회적 상호작용에 관여하는 얼굴 및 목소리 양상을 조절하는 고위 뇌구조물들에 의해 점차 사용된다. 따라서 뇌줄기의 섭취-미주반사가 기능을 하고 있을 때, 출생 후 첫 1년에는 사회참여를 위해 뇌줄기 핵을 조절하는 겉질숨뇌경로의 효율성이 증가하는 특징이 나타난다. 만약 초기 영아기 동안에 섭취-미주반사가 효율적으로 작용을 하지 않는다면, 빨기, 삼키기, 호흡의 조절에 어려움이 발생할 것이다. 이러한 생존과 연관된 과정의 조절에서의 문제는 사회적 행동뿐만 아니라 적절한 행동 및 생리적 상태의 조절에 의존하는 인지적 및 언어적 기술의 발달에 어려움을 유발하는 것에 대한 민감한 예측지표를 제공해 줄 수 있다.

RSA의 변화는 심장에 대한 미주신경의 억제성 기능(미주신경제동)을 나타내준다. 기능적으로 미주신경제동의 제거는 환경에 있는 위험을 감시하기 위한 예방적인 심리적 과정으로서의 경계를 증진시켜 준다. 이러한 평가의 결과에는 사회적 행동을 진행시키거나 또는 교감신경계의 흥분이 필요한 맞섬 또는 도피전략의 유발과 같은 각각 다른 생리적 상태가 포함된다. 만약 안전을 유지하는 데 방어적인 행동이 필요하지 않다면, 자율신경계 상태를 약화시키는 미주신경의 조절기전이 빠르게 다시 시작되어, 개인이 차분해지고 스스로를 달랠 수 있게 해준다. 이러한 해석을 지지해 주는 것은 RSA의 억압은 영아가 더 오래 집중할 수 있고 더 쉽게 달래질 수 있다는 엄마의 보고와 상관관계가 있다는 것이다(Huffman et al., 1998). 예를 들면, 허프만^{Huffman} 등(1998)은 높은 기준선 RSA를 가지고 있는 12주의 영아들이 낮은 기준선 RSA를 가지고 있는 같은 나이의 영아들보다 부정적인 행동을 덜 나타내며 실험 과정에서 덜 산만해진다는 보고를 하였다. 게다가 미주신경제동의 개념과 일치하는 것으로, 실험적인 평가를 하는 동안에 RSA가 감소된 영아들은 집중을 하는 기간이 길고 더 쉽게 달래진다고 기질척도에 대한 엄마들의 보고에서 나타났다.

　행동 상태의 조절은 한 개인이 표현할 수 있는 사회적 행동의 범위를 결정해 준다. 행동 상태를 중재하는 기전은 자율신경계와 밀접하게 연관되어 있다. 자율신경계 상태에 대한 미주신경조절이 변화하는 것은 영아들이 보이는 몇몇 행동양상에 대한 이해를 제공해 주었다. 예를 들면, 도전적인 상황에서 RSA를 더 잘 억제할 수 있는 것은 더 나은 상태조절, 더 큰 자기진정, 더 나은 집중력, 더 큰 사회참여 능력과 연관되어 있다(제7장을 보시오. Calkins, Graziano,

& Keane, 2007; DeGangi, DiPietro, Porges, & Greenspan, 1991; Huffman et al., 1998; Stifter & Corey, 2001).

상태를 조절하는 능력은 삶의 초기에 발달경로를 따라 나타난다. 상태조절과 연관되어 있는 신경회로는 발달하는 아이에게 점점 더 사용이 가능해지며, 사회참여행동의 기회가 더 증가하고, 강력한 사회적 결합의 발달을 가능하게 해준다. 만약 출생 시에 섭취행동에 관여하는(즉, 섭취-미주반사) 역동적이고 효율적인 말이집 미주신경이 없다면, 행동 상태를 조절하고 사회참여체계의 양상(즉, 얼굴표정, 목소리의 운율)을 사용하는 것이 어려울 것이다. 낮은 수준의 RSA와 RSA 조절의 어려움으로 나타나는 미주신경체계의 발달적 제한은 부정적이거나 애매한 환경적 단서에 대한 문턱값^{threshold}을 낮춰 저항하는 과다활동을 보이고 스스로를 달래거나 진정시키는 능력에서의 심한 제한을 유발할 수 있다.

사회적 행동과 도전을 다루는 능력은 생리적 상태의 신경조절에 달려있다. 생리적 상태를 조절하는 데 관여하고 있는 신경회로는 임신 기간과 출생 후의 기간 동안에 계속해서 조정된다. 만약 이러한 회로를 쉽게 사용할 수 있고 효율적으로 기능을 한다면 학습의 법칙과 경험의 영향은 행동을 형성할 것이다. 그러나 만약 발달하는 과정이나 환경적인 위험이 증가된 시기 동안에 이러한 회로를 사용할 수 없다면, 상태조절은 약해지고 사회적 기술은 쉽게 배울 수 없게 되며, 사회적 결합은 형성하기 힘들게 될 것이다. 대부분의 삶의 과정 동안에 미주신경제동과 사회참여체계의 다른 양상들은 쉽게 사용이 가능하고 사회적인 학습이 발생할 수 있는 기회를 제공해 준다. 방어체계(예: 맞섬 또는 도피 행동)를 차단하는 효율적인 미주신경제동이

없다면 친사회적인 행동은 제한되고 사회적 학습과 사회적 결합의
기회는 감소될 것이다.

이 장의 공동저자는 S. A. Furman이었다.

제3부

사회적 의사소통과 관계

SOCIAL COMMUNICATION
AND RELATIONSHIPS

제9장

미주신경긴장도와 감정의 생리적 조절

감정은 생리적인 과정이기 때문에, 감정의 경험과 조절은 기능적으로 신경계의 상태에 달려있어야만 한다. 만약 감정변화의 주요원인이 신경계에 달려있다면, 이것은 어떻게 평가될 것인가? 이 장의 목적은 감정의 표현과 조절에 있어서 개인적 및 발달적 차이에 기여하는 하나의 평가 가능한 변수로서의 미주신경긴장도를 소개함으로써 이 문제에 답을 할 것이다.

우리는 감정표현과 조절에 있어서 개인적 및 발달적 차이를 결정하는 기전을 이해하는 것이 감정을 조절하는 능력을 다르게 표현하는 대상들을 확인하는 하나의 논리를 제공해 줄 것이라고 제안한다. 따라서 신경계의 개인적인 차이가 감정의 표현과 조절을 중재할 가능성이 있다. 감정과 자율신경계의 상관관계에 대한 대부분의 연구들은 교감신경계의 활성화(예: 전기피부반응galvanic skin response)에 초점을 맞춘 것들이었다. 우리는 여기서, 심장에 대한 미주신경조절을 반영하는 미주신경긴장도$^{vagal\ tone}$라고 불리는 개념에 초점을 맞춤으로써, 부교감신경계 긴장도의 개인적인 차이가 감정의 조절과 연관되어 있다는 것을 증명하려는 시도를 할 것이다.

생리와 감정 — 자율신경계

자율신경계$^{autonomic\ nervous\ system}$(ANS)는 항상성 기능을 조절하며 두 개의 하부체계, 즉 부교감신경계$^{parasympathetic\ nervous\ system}$(PNS)와 교감신경계$^{sympathetic\ nervous\ system}$(SNS)로 구성되어 있다. PNS와 SNS는 뇌줄기에서 나오는 신경계를 나타내며 눈, 눈물샘, 침샘, 땀샘, 혈관, 심장, 후두, 기관, 기관지, 폐, 위, 부신, 콩팥, 췌장, 내장, 방광, 외부 생식기를 포함하는 다양한 표적장기들의 조절에 관여하고 있다. 일반적으로 PNS는 성장 및 회복과 연관된 기능을 촉진시킨다. 이와는 대조적으로 SNS는 신체 외부의 도전을 다루기 위해 대사출력을 증가시킨다. 그러나 두 가지 모두를 흥분시키는 상태들(예: 성적인 각성)도 존재한다. 번슨^{Berntson}, 카시오포^{Cacioppo}, 퀴글리^{Quigley}(1991a)에 의한 ANS에 대한 제안은 SNS와 PNS 과정 사이의 복합적이고 역동적인 관계에 대한 통찰을 제공해 준다.

일반적으로 내장기관이 SNS와 PNS 모두에 의해 신경지배를 받고 있을 때, 그 효과는 서로 반대되는 것이다. 예를 들면, SNS 신경세포는 동공을 확대시키고, 심장박동을 증가시키며, 내장운동을 억제하고, 방광과 직장의 조임근을 수축시킨다. PNS 신경세포는 동공을 수축시키고, 심장박동을 느리게 하며, 장꿈틀운동$^{peristaltic\ movement}$을 촉진시키고, 방광과 직장의 조임근을 이완시킨다. PNS는 신체에너지의 회복과 보존 및 생명기관의 휴식과 연관된 합성대사작용을 주로 담당한다. 이와는 대조적으로 SNS의 자극은 외적 도전에 대한 반응으로, 방어와 보호에 필요한 강력한 근육을 이용한 활동을 준비할 수 있도록 해준다. SNS는 빠르게 신체에 존재하는 에너지를 이용한다.

　다윈은 감정의 조절에 있어서 PNS 과정의 중요성에 대한 통찰을 제공하였다. 비록, 다윈은 감정을 얼굴표정으로 정의했지만, 그는 자발적인 감정의 표현에 동반되는 부교감신경계 구조물들과 중추신경계 활동 사이의 역동적인 관계에 대해서 알고 있었다. 다윈은 감정과 연관된 자율신경계 활동의 구체적인 양상(예: 심장박동)과 뇌의 상태 사이에 필요한 의사소통을 제공하는 특별한 신경경로가 있다고 가정하였다. 다윈의 공식에 의하면 감정이 발생할 때 심장박동은 즉각적으로 변화하며, 심장 활성도의 변화는 뇌 활성도에 영향을 미치고 뇌줄기 구조물들은 뇌신경(즉, 미주신경)을 통해 심장을 자극한다. 비록 다윈은 처음의 감정이 심장으로 전달되는 신경생리적인 기전에 관해서는 설명하지 않았지만, 이러한 공식은 우리에게 세 가지의 중요한 요점을 제공해 준다. 첫째, 다윈은 심장에서 뇌로 가는 들되먹임을 강조함으로써, 자율신경계 되먹임을 감정의 경험과 연결시킨 윌리엄 제임스[William James]의 관점을 예측하였다. 둘째, 그는 척수 및 교감신경계와 관계없이 내장기관에서 오는 감각정보를 전달하는 들미주신경경로의 능력을 알고 있었다. 셋째, 감정의 표현에 있어서 폐위신경[pneumogastric nerve](19세기 말에 미주신경으로 명칭이 바뀌었다)의 조절역할에 대한 다윈의 통찰은 이 장의 주요주제를 예측하였다.

　감정과 감정조절에 대한 현대의 모델들(Ekman, Levenson, & Friesen, 1983; Schachter & Singer, 1962)은 이전의 연구자들이 그랬

듯이 교감신경계에 초점을 맞추었고 PNS의 주된 구성요소인 미주신경체계는 무시하였다. 따라서 비록 다윈이 100년 전에 미주신경을 통한 뇌와 심장 사이의 양방향 의사소통에 대해 가정했지만, 감정의 표현, 경험, 조절에서의 들미주신경과 날미주신경의 중요성은 언급되지 않았다.

미주신경긴장도 — 배경과 정의

미주신경은 X번 뇌신경이다. 미주신경은 뇌줄기에서 나와서 척수와는 관계없이, 심장과 소화체계를 포함하는 신체 내부에 있는 많은 기관에 뻗어있다. 미주신경은 하나의 신경경로가 아니라 뇌줄기와 다양한 표적장기들을 연결하는 말이집 가지들을 가지고 있는 복합적인 양방향체계이다. 이러한 신경경로들은 뇌줄기 구조물들과 구체적인 기관들 사이의 직접적이고도 빠른 의사소통을 가능하게 해준다. 미주신경은 날섬유(즉, 운동)와 들섬유(즉, 감각)를 모두 가지고 있기 때문에, 항상성을 조절하기 위해 뇌조절중추와 표적장기들 사이의 역동적인 되먹임을 증진시킨다.

　　말초자율신경계는 비대칭성이다. 자율신경계의 말초표적장기들은 명확하게 한쪽으로 치우쳐져 있다. 예를 들면, 심장은 왼쪽으로 치우쳐져 있고, 위도 왼쪽으로 기울어져 있으며, 폐는 오른쪽이 더 크고, 콩팥은 왼쪽이 더 위에 있다. 자율신경계의 신경분포는 비대칭성을 필요로 하며, 미주신경을 통한 중추신경계의 조절 역시 한쪽으로 치우쳐져 있다. 비록 겉질기능의 비대칭성은 잘 알려져 있고 감정조절에 기여하는 것으로 이론이 형성되어 있지만(Fox, 1994), 자율신경계의 비대칭적인 조절에 대해서는 그동안 무시돼 왔다.

미주신경은 왼쪽과 오른쪽 가지를 가지고 있다. 각각의 가지는 두 개의 근원핵을 가지고 있는데, 등쪽운동핵과 모호핵에서 나오는 신경섬유가지를 가지고 있다. 신경해부학과 신경생리학의 전통적인 교과서들(Truex & Carpenter, 1969; Williams, 1989)은 미주신경의 등쪽운동핵에만 초점을 맞추었고 미주신경경로의 비대칭성과 모호핵에서 나오는 경로의 중요한 기능에 대해서는 무시하였다.

등쪽운동핵에도 쪽치우침^{lateralization}이 있다. 왼쪽과 오른쪽 등쪽운동핵에서 나와, 위로 가는 경로들은 서로 다른 조절기능을 가지고 있다. 왼쪽 등쪽운동핵은 일차적으로 위액의 분비를 증진시키는 위의 들문부분$^{cardiac\ portion}$과 몸통부분$^{body\ portion}$을 신경지배한다(Kalia, 1981; Loewy & Spyer, 1990). 오른쪽 등쪽운동핵은 샘창자^{duodenum}로 음식물이 이동하는 것을 조절하는 위의 아랫부분의 날문조임근$^{pyloric\ sphincter}$을 신경지배한다(Fox & Powley, 1985; Pagani, Norman, & Gillis, 1988).

모호핵 역시 쪽치우침이 있다. 오른쪽 모호핵은 심방박동(Hopkins, 1987)과 심장박동을 조절하는 굴심방^{sinoatrial}(SA)결절에 미주신경을 보내는 반면, 왼쪽 모호핵은 심실의 박동을 조절하는 방실^{atrioventricular}(AV)결절에 미주신경을 보낸다(Thompson, Felsten, Yavorsky, & Natelson, 1987). 모호핵을 조절하는 날경로가 같은 쪽을 조절한다는 사실을 고려해 볼 때, 오른쪽 뇌의 손상은 오른쪽 모호핵 조절의 결함과 연관되어 있다. 따라서 오른쪽 뇌 손상과 연관된, 집중을 요구하는 과제를 하는 동안에 관찰되는 운율(Ross, 1981)과 심장박동 변화의 결핍(Yokoyama, Jennings, Ackles, Hood, &

Boller, 1987)은 목소리 어조와 집중력의 조절을 담당하는 오른쪽 모호핵에 그 원인이 있음을 보여준다. 비대칭적인 모호핵의 조절은 물렁입천장, 인두, 식도와 같은 다른 기관에서는 덜 명확하다.

　기능적으로 등쪽운동핵은 소화 및 호흡과 같은 조용한 기능 vegetative function과 연관되어 있다. 이와는 대조적으로 모호핵은 운동, 감정, 의사소통과 연관된 과정에 더 관여하고 있다. 예를 들면, 신체의 빠른 움직임은 SA결절에 대한 미주신경입력을 제거함으로써, 심장박동을 조절하여 달성할 수 있다. 후두에 연결되어 있는 미주신경에 의해 중재되는 목소리의 어조는 감정 및 의사소통의 과정과 밀접하게 연관되어 있다. 감정의 표현과 정보의 전달에 중요한 얼굴표정은 미주신경의 기능과 연관되어 있다. 고양이의 경우에, 들미주신경 섬유는 얼굴의 운동신경세포에 직접적인 영향을 미친다(Tanaka & Asahara, 1981). 따라서 등쪽운동핵에서 나오는 미주신경은 조용한 미주신경vegetative vagus이라고 부를 수 있고, 이와는 대조적으로 모호핵에서 나오는 미주신경은 감정적 또는 활발한 미주신경smart vagus이라고 부를 수 있다. 〈표 9.1〉에는 미주신경 각각의 가지와 연관되어 있는 표적장기들 목록이 제시되어 있다.

　심장에 대한 교감신경계 지배 역시 비대칭성이다(Randall & Rohse, 1956). 게다가 심장에 대한 교감신경계 입력의 쪽치우침은 감정상태와 연관되어 있다는 가설이 제기되어 왔다(Lane & Schwartz, 1987). 심장과 후두에 대한 미주신경의 조절 연구에서 오른쪽 대뇌반구의 손상은 왼쪽 대뇌반구의 손상에 비해 교감신경계에 더 큰 영향을 미친다는 것이 증명되었다(Hachinski, Oppenheimer, Wilson, Guiraudon, & Cechetto, 1992).

<표 9.1> 등쪽운동핵 및 모호핵과 연관되어 있는 표적장기

등쪽운동핵(Dorsal Motor Nucleus)	모호핵(Nucleus Ambiguus)
기관(Trachea)	심장(Heart)
폐(Lungs)	물렁입천장(Soft palate)
위(Stomach)	인두(Pharynx)
창자(Intestines)	후두(Larynx)
췌장(Pancreas)	식도(Esophagus)
잘록창자(Colon)	기관지(Bronchi)

중추성 조절은 같은 쪽의 미주신경을 조절한다. 따라서 오른쪽 미주신경은 오른쪽 등쪽운동핵이나 오른쪽 모호핵에서 나온다. 앞에서 설명한 바와 같이 오른쪽 모호핵은 SA결절에 입력을 제공하는 오른쪽 미주신경 가지의 일차적인 근원핵을 포함하고 있다. 따라서 모호핵에서 나오는 출력은 SA결절에 대한 미주신경조절의 변화를 측정함으로써 관찰할 수 있다. SA결절은 심장의 일차적인 심장박동조율기이다. SA결절에 대한 미주신경의 자극은 심장박동의 시작을 지연시키며(즉, 심장박동을 느리게 한다), 미주신경의 철수(즉, 신경전달의 지연 또는 차단)는 심장박동들 사이의 간격을 줄인다(즉, 심장박동을 빠르게 한다). 대부분의 빠른 심장박동의 변화(즉, 심박수변동의 기전)는 미주신경에 의해 중재된다. 운동이나 맞섬, 또는 도피 행동이 요구되는 것과 같이 대사요구량이 증가될 때 교감신경계가 심장박동에 영향을 미친다. 따라서 심장에 대한 미주신경조절의 연구는 감정상태의 변화와 연관된 빠른 자율신경계의 변화에 대한 중요한 정보를 제공해 줄 것이다.

미주신경긴장도 ― 감정과의 연결 가능성

SA결절에 대한 미주신경조절(즉, 심장에 대한 미주신경긴장도)을 평가하는 가장 쉬운 방법은 호흡굴부정맥$^{respiratory\ sinus\ arrhythmia}$(RSA)을 정량화하는 것이다. RSA는 호흡에 따라 심장박동이 리듬 있게 증가하고 감소하는 특징을 나타낸다. 숨을 들이마실 때 뇌줄기에 있는 호흡기전이 심장에 대한 날미주신경의 작용을 약화시키면 심장박동이 증가한다. 숨을 내쉴 때 심장에 대한 날미주신경의 작용이 다시 시작되어 심장박동은 감소한다.

감각적, 인지적, 내장적 도전에 대한 반응으로 발생하는 RSA 진폭의 변화는 오른쪽 모호핵에서 나와 심장, 물렁입천장, 인두, 후두, 기관지, 식도에서 끝나는 날미주신경을 조절하기 위한 '중추성 명령 $^{central\ command}$'을 나타낸다. 말초자율신경계 활동에 대한 모호핵 조절의 이러한 변화들은 대사출력의 조절에 의한(즉, 심장박동의 변화) 동작, 감정, 의사소통의 표현 및 발성과 연관된 기관을 지지한다(제13장을 보시오).

도전적인 환경적 요구가 없을 때 자율신경계는 미주신경을 통해, 성장과 회복을 촉진시키는 내장의 요구를 충족시킨다. 그러나 환경적 요구가 있게 되면, 항상성 유지를 위한 과정은 약화되며 자율신경계는 이러한 외적 도전을 다루기 위해 미주신경의 철수와 교감신경계의 흥분을 통해 대사출력을 증가시킨다. 중추신경계는 자원의 분배를 중재함으로써 내외적 요구를 다루기 위해, 자율신경계 반응의 강도와 기간을 조절한다. 자극의 실제적인 물리적 특징과 관계없이 잠재적인 생명의 위협에 대한 인식은 부교감신경계 긴장도의 급격한 철수와 교감신경계 긴장도의 흥분을 유발한다. 흔히 감정표현과 연관된 보다 덜 강렬한 환경적인 요구는 약간의 교감신경계 긴장도의 증가 또는 교감신경계와 관계없는 부교감신경계 긴장도의 약한 철수를 유발한다. 이러한 내외적 요구들 사이의 균형은 중추신경계에 의해 감시되고 조절된다.

RSA를 통해 측정된 미주신경긴장도는 정동, 집중력, 대사요구량과 연관되어 있음이 증명되었다(나중의 논의를 보시오). 비록 미주신경은 양쪽에서 나오지만, 모호핵에서 나오는 오른쪽 가지가 RSA를 주로 결정한다. 이러한 쪽치우침은 포유류 신경계의 신경생리학 및 신경해부학에 의해 결정된다. 포유류 신경계에서 뇌줄기의 오른쪽은 항상성과 생리적 반응성에 대한 일차적인 중추성 조절을 제공한다. 따라서 오른쪽 뇌줄기 구조물들은 집중의 과정, 감정의 표현, 대사출력의 변화를 촉진시키기 위해 미주신경긴장도를 변화시킴으로써 말초의 생리적 상태를 조절한다.

오른쪽 대뇌반구 — 감정의 조절

뇌파를 통해서 평가되거나, 국소적인 손상에 의해 장애가 발생한 오른쪽 대뇌반구의 기능은 미주신경긴장도의 측정에 의해 나타나는 행동들과 연관되어 있다. 연구는 오른쪽 대뇌반구가 감정의 표현 및 해석(Bear, 1983; Heilman, Bowers, & Valenstein, 1985; Pimental & Kingsbury, 1989; Tucker, 1981), 집중력의 조절(Heilman & Van Den Abell, 1980; Mesulam, 1981; Pimental & Kingsury, 1989; Voeller, 1986)과 연관되어 있다는 것을 증명하였다. 연구는 또한 오른쪽 대뇌반구의 결함과 말에 운율이 없는 것 또는 감정적 표현의 결핍 (Ross, 1981; Ross & Mesulam, 1979; Zurif, 1974), 약화된 자율신경계의 반응성(Heilman, Schwartz, & Watson, 1978)과도 연관되어 있음을 증명하였다. 몇몇 연구자들은 오른쪽 대뇌반구가 감정에 대한 일차적인 조절을 담당한다고 논의하였다(보다 자세한 내용은 Molfese & Segalowitz, 1988; Pimental & Kingsbury, 1989; Silberman & Weingartner, 1986을 보시오).

감정의 쪽치우침이론을 지지하기 위해 사용된 뇌파연구(Dwason, 1994; Fox, 1994; Fox & Davidson, 1984)는 긍정적인 감정(예: 흥미)은 왼쪽 대뇌반구와 연관되어 있고 부정적인 감정(예: 역겨움이나 스트레스)은 오른쪽 대뇌반구와 연관되어 있다는 감정표현에 대한 하나의 모델을 제시하였다. 긍정적 및 부정적 정동의 조절에 있어서 대뇌반구의 비대칭성은 터커[Tucker](1981)에 의해서도 제시되었다. 쪽치우침에 대한 다른 이론들은 주로 부정적인 감정 및 맞섬 또는 도피 행동의 조절에 대한 오른쪽 대뇌반구의 역할에 주로 초점을 맞추었다 (Silberman & Weingartner, 1986). 자료들은 영아, 아동, 성인의 오른쪽 대뇌반구 뇌파의 활성도와 부정적인 감정의 표현 사이의 관계를 강력하게 지지해 주고 있지만, 왼쪽 대뇌반구 뇌파의 활성도와 긍정적인 감정의 표현 사이의 관계를 증명하는 연구들은 아직 결론이 나지 않은 상태이다.

아동에게 있어서 오른쪽 대뇌반구의 기능장애는 집중, 사회적 및 감정적 문제들과 연관되어 있다. 보엘러[Voeller](1986)는 오른쪽 대뇌반구에만 병변이 있거나, 기능장애가 있는 16명의 아동들을 신경심리학적 검사 및 컴퓨터축단층촬영[Computerized axial tomography](CAT)으로 평가한 자료를 보고하였다. 이러한 아동들 중 15명은 극도로 산만하고 집중을 하지 못하여 DSM-Ⅲ 진단기준의 집중력결핍장애에 해당되었으며, 특히 8명은 또한 과다활동장애에도 해당되었다. 8명은 수줍음이 많고 위축되어 있어서 케이건Kagan(1994)이 설명한 억제된 아동 inhibited child의 행동적 특성을 나타냈으며, 9명은 비전형적인 감정표현(즉, 운율, 얼굴표정, 몸짓)을 나타내었다. 이러한 아동들 대부분은 다른 사람들과 시선접촉을 하지 않았으며 실제로 동료들과의 관계가 좋지 못하였다.

실버만Silberman과 바인가르트너Weingartner(1986)는 정상인 대상과 병변이 있는 대상 모두에 대한 조사를 통해서 오른쪽 대뇌반구가 자극의 감정적인 측면을 조직화하는 데 더 우세하다고 제안하였다. 이들은 오른쪽 대뇌반구가 감정조절에 우세한 것은 높은 생존적 가치를 가지고 있는 방어적 또는 회피성 기전에 더 우선권을 주는 신경계의 조직화를 반영하는 것이라고 제안하였다. 유추하자면, 이러한 회피 및 방어적인 기전에는 자율신경계 기능의 전체적이고도 즉각적인 이동이 요구된다.

오른쪽 대뇌반구 ― 자율신경계 조절과 반응성

뇌의 오른쪽 역시 감정조절에 특별한 역할을 한다. 감정의 쪽치우침 이론을 지지하는 자료들은 머리덮개scalp에서 나온 전기생리적 기록에 대한 연구들(Fox, 1994)과 뇌손상이 있는 환자들의 기능장애에 대한 신경생리적 연구들(Silberman & Weingartner, 1986)에 기초를 둔 것들이다. 우리는 말초자율신경계 활동에 대한 오른쪽 뇌의 조절을 강조하는 접근법을 제안한다.

자율신경계 조절의 비대칭성은 이전 단락에서 설명하였다. 말초 장기들은 형태나 위치가 대칭을 이루고 있지 않기 때문에, 자율신경계의 신경조절이 한쪽으로 치우쳐져 있다는 것을 별로 놀랄만한 일이 아니다. 예를 들면, 심장은 왼쪽에 위치하고 있으며, SA결절로 가는 오른쪽 미주신경과 AV결절로 가는 왼쪽 미주신경을 가지고 있다. 두 개의 미주신경지배를 받는 다른 장기들은 흔히 기울어져 있고(예: 위와 창자) 한쪽이 높거나(예: 콩팥) 한쪽이 크다(예: 폐).

자율신경계 지배를 받는 장기들의 비대칭성에 대한 강조는 중추성 조절체계와 겉질의 진화에 대해 알려준다. 포유류의 경우에 자율신경계 지배를 받는 말초장기들과 뇌줄기 구조물들은 종들 사이에 유사점을 가지고 있다. 자율신경계의 비대칭적인 조절은 포유류의 특징이다. 그러나 대뇌화encephalization 과정은 포유류 종들 사이에서 다르며, 인간은 유난히 큰 대뇌겉질을 가지고 있다. 미주신경에 대한 신경조절은 같은 쪽에서 이루어지기 때문에(예: 왼쪽 미주신경은 뇌줄기의 왼쪽에서 나온다), 오른쪽 대뇌반구(오른쪽 겉질 및 겉질밑 구조물들을 포함하는)는 뇌줄기에 있는 근원핵을 통해 자율신경계 기능의 효율적인 조절을 증진시킬 것이다. 예를 들면, 신경해부학적 및 전기생리학적 연구들은 오른쪽 모호핵을 조절하는 편도의 오른쪽 중심핵right central nucleus of the amygdala의 중요한 조절기능을 증명하였다.

우리는 자율신경계 기능을 조절하는 뇌 오른쪽의 기능적인 우세가 뇌의 왼쪽에서 운동 및 언어의 우세가 이루어지도록 하는 데 영향을 미쳤다고 제안한다. 항상성을 조절하고 내적(즉, 내장) 및 외적(즉, 환경적) 되먹임 모두에 반응하여 생리적 상태를 조절하는 오른쪽 뇌의 책임은 뇌의 왼쪽이 다른 기능의 조절을 하도록 진화되게 만들었다. 사람과 같이, 보다 인지적인 포유류 종의 특징인 큰 대뇌화는 특수한 기능들이 한쪽으로 치우치는 것이 더욱더 가능해지게 해주었다.

자발적이고 감정적인 항상성을 유지하는 과정에 대한 조절의 공유는 사람으로 하여금, 뇌의 왼쪽을 통해 복합적이고 자발적인 수준의 의사소통과 움직임을 가능하게 해주었고, 뇌의 오른쪽을 통해 보다 강렬한 감정의 항상성을 유지하는 과정을 가능하게 해주었다. 만약 이러한 과정들이 한쪽으로 치우쳐져 있다면, 자율신경계의 조절에 대해서도 그러할 것이다. 물론, 중추신경계는 복합적이며 많은 경우에 있어서 같은 쪽 및 반대쪽과 의사소통하고 있다. 이것은 일부의 사람들에게 언어와 주로 사용하는 손의 운동을 뇌의 왼쪽 대신에 오른쪽에서 통제할 수 있도록 해주었다. 그러나 자율신경계 지배를 받는 말초장기들과 자율신경계에 대한 숨뇌에서의 조절이 비대칭적이기 때문에, 뇌의 오른쪽은 항상 자율신경계의 기능과 감정의 조절에 우세하다.

왼쪽과 오른쪽 시야를 사용한 자극연구들은(Hugdahl, Franzon, Andersson, & Walldebo, 1983; Weisz, Szilagyi, Lang, & Adam, 1992) 오른쪽 겉질의 활성화가 더 크고 더 신뢰할 수 있는 자율신경계 반응을 유발한다고 보고하였다. 게다가 뇌손상 환자들을 대상으로 한 연구들은 오른쪽 대뇌반구의 손상이나 기능장애가 감정표현에 있어서 얼굴, 목소리, 자율신경적 요소들의 더 심한 결핍과 연관되어 있음을 보여주었다(Pimental & Kingsbury, 1989; Silberman & Weingartner, 1986). 이와 유사하게 교감신경계의 비대칭성 역시 보고되었는데, 오른쪽 별신경절[stellate ganglionl]은 왼쪽 별신경절 보다 심혈관조절능력이

더 크다(Yanowitz, Preston, & Abildskov, 1966). 그러나 오른쪽 대뇌
반구의 장애를 가지고 있는 대상으로 한 심장에 대한 미주신경긴장
도를 평가한 연구는 아직 없었다. 심장에 대한 미주신경긴장도는 자
율신경계 활동에 대한 오른쪽 대뇌반구의 조절과 신경생리적으로 연
결되어 있기 때문에, 자율신경계 기능을 조절하고 감정을 표현하는
한 개인의 기능적인 능력을 나타내는 지표가 될 것이다.

감정조절의 미주신경회로 ― 하나의 모델

오른쪽 미주신경과 심장에 대한 미주신경긴장도는 동작, 감정, 의사
소통의 표현 및 조절에 관여하는 과정과 연관되어 있다. 이러한 과정
들은 개인이 환경에서의 사건과 사물에 접근하거나 철수하는 것이 가
능하게 해준다. 적절한 사회적 행동에 필요한 집중력의 조절은 이러
한 과정에 포함되어 있다. 따라서 접근/철수의 범위에는 심리적인 것
뿐만 아니라 물리적인 공간에서의 동작도 포함된다. 심장에 대한 미
주신경의 조절은 신체적인 접근 또는 철수를 위해 필요한 대사출력을
조절한다. 목소리 어조에 대한 미주신경의 조절은 다른 사람이 접근
하기에 안전한지 또는 위험한지를 알려주는 단서를 제공해 준다. 우
리 자신의 얼굴근육에서 나와서 미주신경으로 가는 되먹임과 다른 사
람의 얼굴근육과 언어를 포함하는 사회적 단서에 집중하는 능력은 우
리가 적절한 접근이나 철수의 행동을 할 수 있도록 해준다.

---

1) 아랫목신경절(inferior cervical ganglion)과 제1가슴교감신경절(1st thoracic sympathetic ganglion)이 결합
하여 별 모양을 이루고 있는 것(역자 주).

모든 행동은 접근과 철수 행동의 측면에서 설명될 수 있다고 제안한 슈네얼라Schneirla(1959)의 견해와 마찬가지로, 접근과 철수는 감정의 미주신경조절에 대한 우리의 모델에서 중심적인 역할을 한다. 슈네얼라는 자극의 강도가 높을 때는 교감신경계가 우세해지도록 자율신경계를 조절하고, 낮을 때는 부교감신경계가 우세해지도록 조절한다고 가정하였다. 그러나 우리의 감정조절 모델에서는 교감신경계의 조절이 항상 필요한 것은 아니며, 미주신경계가 심장박동과 목소리의 어조에 대한 오른쪽 모호핵을 통한 접근이나 철수를 촉진시킬 수 있다.

감정조절의 미주신경회로는 [그림 9.1]에 설명되어 있다. 이 회로는 모호핵에서 나와서 후두 및 심장의 SA결절로 가는 미주신경을 통한 오른쪽 대뇌반구의 감정상태의 조절에 초점을 맞추고 있다. 후두의 오른쪽에 대한 미주신경의 조절은 감정의 표현과 연관된 목소리 어조를 변화시킨다. SA결절에 대한 미주신경의 조절은 특별한 감정과 연관된 심혈관상태를 유발하며 집중이나 맞섬 또는 도피 행동을 촉진시킨다.

감정과정은 겉질 수준에서 유발되거나 내장기관에서 오는 들되먹임에 의해 시작되고 조절될 수도 있다. 예를 들면, 만약 감정이 심리적 과정(예: 특별한 자극의 인식)에서 유발되었다면, 다음과 같은 단계들이 발생할 수 있다. (1) 겉질 영역이 편도를 자극한다. (2) 편도의 중심핵은 모호핵을 자극한다. (3) 오른쪽 미주신경은 SA결절 및 후두의 오른쪽과 의사소통함으로써 심장박동 및 목소리 어조를 조절한다. 감정반응에 대한 조절은 또한 다음과 같은 특수한 경로를 따를 수도 있다. (1) 내장기관의 상태와 연관된 감각정보가 들미주신경을 자극하고, 한쪽으로 치우쳐져 있는 들미주신경은 뇌줄기에 있는 고

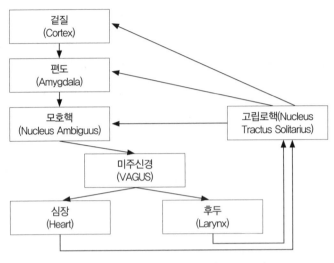

[그림 9.1] 감정조절의 미주신경회로(뇌의 오른쪽)

립로핵을 자극하며, 고립로핵에서 나오는 신경섬유들이 감정표현을
조절하기 위해 겉질, 편도, 모호핵을 자극한다. 또는 (2) 감정상태가
들내장섬유(예: 위통)에 의해 시작되어 겉질, 겉질밑, 뇌줄기 그리고
감정과 연관된 자율신경계 반응을 촉발시킬 수 있다.

　이러한 회로의 어떠한 수준에서 발생하는 전달의 방해도 감정조
절문제나 심각한 기분상태를 포함하는 정동장애를 유발할 수 있다.
이 회로의 기능장애는 뇌손상, 약물에 의한 신경전달의 문제, 또는
학습된 기능장애에 의해 유발될 수 있다. 학습모델은 자율신경계 기
능을 변화시키는 고전적조건화classical conditioning 및 다른 연상학습은 겉
질-자율신경 및 편도-자율신경경로에 의존하고 있다는 근거에 기
초를 두고 있다. 따라서 모호핵으로 들어가거나 나오는 자율신경계
의 가지들은 신경병증, 약물, 또는 다른 정동상태를 유발하기 위한

연상학습에 의해 증폭, 약화, 또는 차단될 수 있다.

　우리가 제안하는 감정조절의 미주신경회로는 감정과 감정조절 생리의 개념화에 몇 가지 중요한 발전을 이루게 하였다. 이 모델은 감정의 생리에 있어서 미주신경체계의 중요성을 소개하며 미주신경의 양방향성(즉, 들되먹임) 생리적 특성을 강조하고 있다. 게다가 미주신경회로는 모호핵을 통해 자율신경계 기능에 대한 오른쪽 숨뇌의 조절에 신경해부학적으로 의존하고 있으며, RSA의 정량화를 통해 비침습적으로 평가를 할 수 있게 해주고, 신경생리에서의 결함과 연상학습 때문에 발생한 개인적인 차이를 설명해 주며, 뇌손상 연구의 소견들과 일치한다. 결국, 감정조절의 미주신경회로는 들되먹임과 신경계의 다양한 수준들 사이의 의사소통을 강조함으로써 감정조절에 있어서 특수한 중재법들(영양공급을 하지 않는 빨기, 마사지, 운동, 요가, 인지적인 전략)의 효과에 대한 설명을 제공해 준다.

미주신경조절과 감정

자율신경계 기능의 개인적인 차이를 표현하는 데 있어서 하나의 조절기전으로서의 미주신경긴장도에 관심을 가지는 것은 새로운 것이 아니다. 에핑거Eppinger와 헤스Hess는 개인적인 차이로 나타나는 미주신경긴장도의 개념을 자신들의 논문 「Die Vagotonie」(1910)에서 소개하였다. 이들은 알려져 있는 해부학적인 근거가 없는 자율신경계의 기능이상을 설명하였다. "의사가 … '신경증neurosis'이라는 진단을 내려야 할 때 흔히 불만족스럽다. 질병의 증상과 연관된 어떠한 해부학적인 근거를 찾을 수 없는 것은 항상 내부 장기의 신경증이라는 진단을 하게 만든다"(p. 1). 이들 논문의 목적은 이러한 장애를 설명할 수 있는 생리적인 근거를 확인하는 것이었기 때문에, 임상적으로 관찰되는 다양한 신경증의 기전을 제공하는 것이었다.

비록 에핑거와 헤스는 임상의학에 관심이 있었지만, 이들의 증례연구는 감정의 조절과 밀접하게 연관된 자율신경계 기능조절에서의 문제들을 설명하였다. 이들의 관찰은 다음 네 가지의 중요한 이유에서 감정의 조절과 표현에 대한 우리의 관심과 연관성이 있다. 첫째, 이들은 우리에게 생리적 및 심리적 반응을 중재하는 미주신경체계의 중요성에 대해 경각심을 갖게 해주었다. 둘째, 이들은 개인적인 생리의 차이(즉, 미주신경긴장도)를 개인적인 행동의 차이(즉, 신경증)와 연관시켰다. 셋째, 이들은 미주신경체계가 콜린성 약물에 민감하다는 것을 인식하였다. 넷째, 이들은 의료사회가 미주신경이 다양한 말초장기에 신경지배를 하고 있다는 것에 관심을 가지게 만들었다.

우리는 우리의 미주신경조절 모델에서 자극-유기체-반응의 접근법을 채택하였다. 감정의 표현과 조절은 자극과 유기체에 의해 이중으로 결정되는 반응이다. 반응을 유발하는 것은 단지 자극만이 아니며 반응은 자극의 지각, 들되먹임, 미주신경체계를 통한 접근-철수 행동의 조절이 관여하는 행동-생리적 반응의 복합적인 체계에 의해 결정된다. 오른쪽 미주신경과 동작, 감정, 의사소통 사이의 연결 때문에 낮은 미주신경긴장도와 좋지 않은 미주신경조절을 가지고 있는 사람은 감정상태의 조절에 어려움을 나타내고, 사회적인 단서와 몸짓에 적절하게 반응하지 못하며, 적절한 감정을 표현하지 못한다. 따라서 미주신경체계가 감정상태의 조절에 대한 생리적 기반을 제공해 줄 가능성이 있다. 미주신경긴장도의 개인적인 차이는 생리적으로 반응하고 자기조절을 하는 개인의 능력과 연관된 지표가 될 수 있다.

미주신경긴장도에 대한 연구

우리는 미주신경조절에 대한 우리의 모델을 검증하기 위해, 미주신경긴장도가 낮고 미주신경긴장도를 조절하는 데 있어서 어려움이 있는 사람들이 동작, 감정, 의사소통에서도 문제가 있는지를 평가하였다. 움직이고, 감정을 표현하며, 의사소통을 할 수 있는 사람들은 환경에 대한 접근-철수를 조절할 수 있을 것이다. 이러한 기능을 하는 데에는 행동적인 활동성, 얼굴의 표현성, 감정조절을 포함하는 몇 가지 중요한 행동들이 있다.

만약 미주신경긴장도가 감정의 표현과 조절을 중재한다면, 미주신경긴장도의 발달적 이동은 관찰된 정동표현의 발달적 이동에 기여할 것이다. 연구는 자율신경계에 대한 미주신경의 조절이 신경계가 성숙하면서 발달적으로 증가됨을 증명하였다. 우리는 조산아를 대상으로 임신주수와 미주신경긴장도 사이의 관계를 보고하였으며(Porges, 1983), 쥐를 대상으로 한 연구에서는 출생 시부터 생후 18일이 될 때까지 미주신경긴장도가 증가한다는 것을 보고하였다(Larson & Porges, 1982). 쥐에게서의 이러한 변화들은 상태조절, 탐색, 집중력의 향상을 포함하는 행동조직화의 증가와 함께 발생하였다. 인간 영아를 대상으로 한 현대의 연구에서, 미주신경긴장도가 출생 3개월에서 13개월까지 증가한다는 것이 증명되었다(Izard et al., 1991).

미주신경긴장도가 감정의 표현과 정동상태의 조절을 설명하는 데 사용될 수 있는지를 평가하기 위해서, 다음에 있는 단락들에서,

반응성, 감정의 표현, 자기조절 영역에서의 변수들과 미주신경긴장
도 사이의 관계에 대한 연구들을 검토해 놓았다.

반응성

우리는 여기서 미주신경긴장도의 개인적 차이가 영아의 심장박동 및
행동적 반응성과 연관되어 있다는 가설에 대한 이론적인 정당성 및
경험적 지지를 제공할 것이다. 핵심적인 제안은 미주신경긴장도가
한 개인을 과소 또는 과다활동하게 만드는 중추신경계 조직화의 양
상을 나타낸다는 것이다. 따라서 높은 수준의 미주신경긴장도를 가
지고 있는 대상들은 보다 짧은 기간 동안 더 큰 자율신경계 반응의
정도를 보이는 보다 조직화된(즉 일관된) 자율신경계 반응을 보여야
만 한다.

1970년 이전에, 심장박동 반응은 개별적인 자극에 빠르게 증
가하고 감소하는 것으로 정의되었다. 이러한 반응양상은 정위반응
orienting response과 연관된 자율신경계의 반응으로 해석되었다(Graham &
Clifton, 1966). 자율신경계 반응성의 개인적인 차이를 중재하는 생리
적 기전에 대한 연구는 시행되지 않았다. 심장박동 반응에서 관찰된
변화들은 자극의 물리적인 특징 및 대상의 자극과 연관된 과거의 경
험에 달려있다고 가정하였다. 이러한 두 가지 원인에 관여하지 않는
개인적인 차이는 경험적인(즉 평가상의) 오류로 간주되었다.

1970년대 초반에, 우리의 연구는 자발적인 심박변동성의 기준선
에서의 개인적인 차이가 심장박동 반응성과 연관되어 있음을 증명하
였다. 이러한 연구들은 심박변동성을 중재하는 미주신경의 기전과

심장에 대한 미주신경의 영향을 정량화하는 방법의 개발에 대한 우리의 관심을 자극하였다. 첫 번째 연구(Porges, 1972, 1973)는 대학생들을 대상으로 하여, 기준선 상태 동안에 측정된 심박변동성의 개인적인 차이가 심장박동 반응성 및 반응시간과 연관되어 있다는 점을 증명하였다. 그다음 연구들은 신생아를 대상으로 하여 기준선 심박변동성과 간단한 시각적 및 청각적 자극에 대한 심장박동 반응의 크기 사이의 관계를 증명하였다. 높은 기준선 심박변동성을 가지고 있는 신생아는 청각적 자극의 시작과 끝에 더 큰 심장박동 반응으로 반영하였으며(Porges, Arnold, & Forbes, 1972), 불빛이 증가하는 자극에 더 빠른 반응을 보였다(Porges, Stamps, & Walter, 1974). 불빛이 감소하였을 때에는 높은 심박변동성을 보인 신생아들만 반응하였다. 이러한 소견들과 일관되게, 높은 심박변동성을 가진 신생아들만 조건화된 심장박동 반응을 보였다(Stamps & Porges, 1975).

　　RSA를 측정한 다른 연구들에서 나온 결과들은 미주신경긴장도가 반응성의 지표라는 주제와 일치하였다. 포터[Porter], 포지스[Porges], 마샬[Marshall](1988)은 정상 신생아를 대상으로 한 연구에서, RSA의 개인적인 차이는 포경수술에 대한 심장박동 반응성과 연관되어 있다는 점을 증명하였다. 높은 RSA 진폭을 가지고 있는 신생아는 수술적 시술에 더 큰 심장박동의 증가를 보였을 뿐만 아니라 기본적으로 우는 횟수가 더 적었는데, 후자의 경우는 더 큰 미주신경의 영향과 연관되어 있다고 가정되었다(Lester & Zeskind, 1982). 이러한 소견들과 일관되게, 포터[Porter]와 포지스[Porges](1988)는 미숙아를 대상으로 한 연구에서 RSA 긴장도의 개인적인 차이는 허리천자[lumbar punctures]를 하는 동안의 심장박동 반응과 연관되어 있음을 증명하였다.

신생아행동평가척도[Neonatal Behavioral Assesment Scale](Brazelton, 1984)로 측정한 환경적 자극에 대한 반응으로 나타나는 행동적 반응성과 과민성 역시, 미주신경긴장도와 연관되어 있었다. 만기출산한 건강한 신생아를 대상으로 한 연구에서 디피에트로[DiPietro], 라슨[Larson], 포지스[Porges](1987)는 모유 수유를 받은 신생아들의 RSA 진폭이 더 높았으며 보다 반응적이었고 검사를 받는 데 더 많은 노력이 필요하다는 것을 발견하였다. 디피에트로[DiPietro]와 포지스[Porges](1991)는 조산아를 대상으로 하여 인공영양공급을 하는 동안의 RSA와 행동적 반응성 사이의 관계를 평가하였다. 인공영양공급은 코 또는 입관을 위에 삽입하여 음식물을 주입함으로써 조산아에게 영양을 공급하는 데 흔히 사용된다. RSA의 개인적인 차이는 인공영양공급에 대한 행동적 반응성과 높은 상관관계가 있었다.

RSA와 반응성 사이의 관계에 대한 유사한 결과가 보다 나이 든 신생아들에게서도 보고되었다. 린네마이어와 포지스[Linnemeyer and Porges](1986)는 높은 RSA 진폭을 가지고 있는 6개월 된 영아들은 새로운 자극을 더 오랫동안 지켜보고, 오직 높은 RSA 진폭을 가지고 있는 영아들만 시각적인 자극에 중요한 심장박동 반응성을 보인다는 것을 발견하였다. 리차드[Richards](1985, 1987)는 높은 RSA 진폭을 가지고 있는 영아들이 시각적인 자극에 덜 산만하고 더 빨리 심장박동 반응이 감소한다는 것을 발견하였다. 허프먼[Huffman] 등(1998)은 높은 RSA 진폭을 가지고 있는 3개월 된 영아가 낮은 RSA 진폭을 가지고 있는 영아보다 새로운 시각적 자극에 더 빨리 습관화된다는 것을 관찰하였다. 전자는 집중력이 요구되는 과제를 하는 동안에 RSA를 억제할 가능성이 더 크며, 후자보다 더 나은 집중력 점수를 획득하였다.

요약하자면 미주신경긴장도는 유기체의 행동적 및 감정적 반응을 중재하며, 미주신경긴장도의 지표인 RSA는 행동적 및 감정적 반응성을 평가할 수 있도록 해준다. 높은 RSA 진폭을 가지고 있는 신생아, 영아, 아이, 어른은 적절한 자율신경계 반응성을 나타내며, 따라서 자극에 대한 적절한 행동적, 자율신경적, 감정적 반응을 보여준다.

감정의 표현

몇몇 연구들이 얼굴표정의 개인적인 차이를 매개변수로 하여 미주신경긴장도의 개인적 차이를 연구하였다. 이러한 연구가 전제하고 있는 두 가지의 중요한 이유들이 있다. 첫째, 자율신경계와 얼굴반응 모두는 이론적으로 감정의 표현과 연관되어 있다. 둘째, RSA의 측정은 얼굴표정에 필요한 신경적 조직화에 대한 지표를 제공해 준다(얼굴표정과 자율신경계 반응을 중재하는 신경생리학적 기전에 의해 제안된 이론). 감정상태와 연관된 얼굴표정과 자율신경계 반응은 서로 밀접하게 근접해 있는 뇌줄기 구조물들(즉, 얼굴신경과 미주신경의 근원핵들)에 의해 조절된다. 흔히 얼굴신경은 '미주신경복합체[vagal complex]'의 한 부분으로 간주된다. 따라서 만약 표현력이 얼굴신경의 신경긴장도에 의해 결정되는 개인적인 차이의 원인으로 간주된다면, 미주신경의 신경긴장도에 대한 측정은 영아의 표현력과 연관되어 있을 것이다. 따라서 스트레스가 없는 동안에 측정된 미주신경긴장도는 얼굴표정을 유발하는 신경적 성향의 지표가 될 것이다.

이 가설을 지지하는 연구들은 휴식 시의 심박변동성을 표현력과 연관시켰다. 필드[Field], 우드슨[Woodson], 그린버그[Greenberg], 코헨[Cohen](1982)

은 휴식 시에 높은 심박변동성을 보인 신생아가 보다 표현적이라고 보고하였으며, 폭스[Fox]와 겔레스[Gelles](1984)는 휴식 시에 높은 심박변동성을 보인 3개월 된 영아들이 흥미 있는 표정을 더 오랜 시간 동안 보였음을 발견하였다. 이러한 소견들과 일관되게, 스티프터[Stifter], 폭스[Fox], 포지스[Porges](1989)는 5개월 된 영아의 RSA와 표현력 사이의 관계를 평가하고, 높은 RSA 진폭을 가진 영아들이 낯선 사람에 대해 보다 많은 관심, 즐거움, 얼굴을 돌리는 행동을 보인다는 것을 발견하였다.

자기조절

자기조절은 조작하기가 힘든 과정이다. 집중력의 유지, 얼굴표정, 달래는 데 걸리는 시간과 같은 다양한 행동들이 조절력으로 해석될 수 있다. 몇몇 연구들은 심장에 대한 미주신경긴장도와 집중 사이의 관계를 증명하였다(제4장을 보시오). 일반적으로 집중을 요구하는 과제를 하는 동안의 높은 미주신경긴장도와 적절한 미주신경긴장도에 대한 억제가 더 나은 실행과 연관되어 있다. 미주신경긴장도와 감정의 자기조절의 논의에 있어서 더 중요한 것은 심장에 대한 미주신경긴장도의 지표(예: RSA)가 자기를 진정시키는 능력과 연관되어 있다는 점이다.

만기출산한 영아와 조산아 모두에게 있어서 자기를 진정시키는 능력은 RSA 진폭으로 측정한 미주신경긴장도와 반대되는 상관관계가 있었다. 높은 미주신경긴장도를 가지고 있는 신생아들이 더 민감하고 스스로를 진정시키는 데 더 큰 어려움을 보였다. 그러나 그 이후에는 높은 미주신경긴장도를 가진 신생아들이 스스로를 진정시키는 능력이 명확하게 증가하였다. 높은 미주신경긴장도를 가진 신생아의 반응성은 엄마로부터의 더 많은 양육을 유발하며, 일단 이러한 영아들이 생리적으로 안정되면 스스로를 진정시키는 능력은 그 이후에 증가한다고 추측할 수 있을 것이다. 따라서 자기조절은 신생아와 보다 나이가 많은 영아에게 다르게 나타날 수 있으며, 미주신경긴장도는 변화하는 환경적 요구 하에서 자기를 조절하는 이러한 경향에 대한 지표가 될 수 있을 것이다. 이러한 가설을 지지하는 3개월 된 영아들을 대상으로 한 연구에서, RSA 진폭과 진정시키는 능력 사이에 중요한 상관관계가 있음을 발견하였다(Huffman et al., 1998). 높은 기준선 RSA 진폭은 낮은 달램 점수(즉, 달래주는 것이 적게 필요한) 및 높은 로스바트 진정성 점수^{Rothbart soothability score}(즉, 스트레스가 쉽게 감소되는)와 상관관계가 있었다.

이러한 연구들은 RSA 진폭으로 측정한 미주신경긴장도의 기본 수준이 자기조절성 자율신경계 및 행동 반응에 대한 중요한 결정인자라는 가설을 지지해 준다. 불행하게도, 이러한 관계는 매우 복잡하며, 높은 미주신경긴장도를 가지고 있지만 조절이 요구되는 상황에서 미주신경긴장도를 억제하지 못하고 감정조절을 잘하지 못하는 영아들도 있다(DeGangi, DiPietro, Greenspan, & Porges, 1991; Doussard-Roosevelt, Walker, Portales, Greenspan, & Porges, 1990). 그린스팬^{Greenspan}(1991)에 따르면 산만하고, 민감하며, 스스로를 진정시키지 못하고, 변화를 견디지 못하거나 과다각성상태를 보이는 6개월 이상 된 영아들이 조절장애가 있는 것으로 가장 잘 설명될 수 있다고 말하였다.

예비적인 자료들은 조절장애가 있는 영아들에 대한 두 가지의 중요한 점을 제안하고 있다. 첫째, 이러한 영아들은 높은 미주신경긴장도를 가지고 있는 경향이 있다. 둘째, 이러한 영아들은 집중이 요구되는 상황에서 미주신경긴장도를 억제하는 능력에 결함이 있는 경향이 있다. 9개월에 측정하였을 때 미주신경긴장도를 억제하지 못하는 것은 3세(제7장을 보시오)와 54개월(Dale et al, 출판 중)에서의 행동문제를 예측할 수 있게 해준다. 이러한 '산만한 아기들'은 환경적인 자극뿐만 아니라 내장되먹임에 있어서도 과다활동을 보이는 것으로 나타났다. 높은 미주신경긴장도와 큰 반응성 사이의 관계는 지지되고 있지만, 과제를 하는 동안에 평가된 행동 및 미주신경긴장도의 억제, 미주신경긴장도와 자기조절능력 사이의 관계, 이것들은 정상 영아들에게서 관찰된 것과 일치하지 않았다.

결론

미주신경긴장도는 감정을 조절하고 표현하는 개인의 능력에 대해 무엇을 알려주는가? 우리는 이 질문에 답을 하기 위해서 말초자율신경계를 조절하는 뇌 기능과 연관된 정보들을 통합하는 하나의 모델을 제안하였다. 이 모델은 다음과 같은 관찰들에 바탕을 두고 있다.

1. 말초자율신경계는 비대칭성이다.
2. 자율신경계에 대한 숨뇌의 조절 역시 비대칭성이며, 오른쪽에 있는 구조물들이 감정과 연관된 생리적 반응을 더 많이 조절한다.

3. 오른쪽 모호핵은 오른쪽 미주신경의 근원핵이며, 후두 및 심장의 SA결절에 대한 통제를 하고, 목소리 어조 및 심장에 대한 미주신경긴장도를 조절한다.

4. 편도의 오른쪽 중심핵은 감정과 연관된 후두 및 심혈관 반응을 증진시키기 위해 오른쪽 모호핵에 직접적인 영향을 미친다 (즉, 목소리의 어조를 높이고 심장박동을 증가시킨다).

5. 오른쪽 대뇌반구에 의해 주로 처리되는 자극은 왼쪽 대뇌반구에 의해 처리된 자극보다 더 큰 심혈관반응을 유발한다.

6. 오른쪽 대뇌반구의 손상은 얼굴표정, 목소리 어조, 자율신경계 반응성을 둔화시킨다.

비록 이러한 요점들이 발표되기는 했지만, 최근에서야 행한 연구에서 미주신경긴장도와 오른쪽 대뇌반구의 감정조절을 연결시키는 이 모델을 검증하기 위한 실험이 진행되었다(Dufey, Hrtado, Fernandez, Manes, & Ibanez, 출판 중). RSA는 오른쪽 모호핵에서 SA결절로 가는 출력을 민감하게 평가해주기 때문에, 이것은 감정적 자극을 처리하고 감정반응을 조절하는 오른쪽 대뇌반구의 능력에 대한 비침습적인 평가를 가능하게 해준다. 이 모델을 적절하게 검증하기 위해서 오른쪽 대뇌반구에 장애가 있는 사람들의 미주신경긴장도와 미주신경 반응성을 평가하고, 뇌 손상이 없는 대상들의 감정표현과 감정해석 및 미주신경긴장도와 미주신경 반응성의 개인적인 차이 사이의 공동변수를 측정하는 실험이 필요할 것이다.

이 모델을 지지하는 과거의 연구들은 RSA와 감정의 표현 및 조절과 연관된 세 가지 측면(반응성, 표현성, 자기조절) 사이의 관계를 설명하였다. 문헌들과 우리의 진행 중인 연구는 다음과 같은 일반화를 가능하게 해준다.

첫째, 발달단계와 관계없이, 심장에 대한 미주신경긴장도의 지표인 RSA는 자율신경계의 반응성과 높은 상관관계가 있다. 높은 RSA 진폭을 가지고 있는 사람은 보다 크고 더 신뢰할 수 있는 자율신경계 반응을 지속적으로 보인다. 둘째, RSA와 감정표현력 사이의 관계는 발달과 연관되어 있다. 예비적인 연구는 5개월 된 영아들에게서 높은 RSA 진폭이 더 큰 얼굴표현력과 연관되어 있음을 증명하였지만, 10개월 된 영아들에게서는 이러한 관계가 증명되지 않았다. 이러한 자료들은 얼굴표현력의 신경생리적인 조절은 발달에 따른 변화가 있음을 암시한다. 영아가 나이 들어가면서, 얼굴표현력은 점점 더 고차원의 뇌조절에 의존하며 뇌신경의 출력으로 나타나는 뇌줄기 기능의 개인적인 차이와는 덜 연관된다(제8장을 보시오).

셋째, 발달단계와 관계없이, RSA는 자기조절과 상관관계가 있다. 높은 RSA 진폭을 가지고 있는 사람은 환경에서 오는 정보를 받아들이기 위해 RSA나 심박변동성을 지속적으로 억제한다. 넷째, 높은 미주신경긴장도를 가지고 있지만 정보처리 과정에서 RSA나 심박변동성을 억제하지 않는 유형의 사람들이 있다. 이러한 사람들은 행동적 및 생리적 수준 모두에서 나타나는 조절[regulatory]장애를 가지고 있다. 조절장애가 있는 아동들은 흔히 계속 울고 조직화되지 않은 행동을 보이기 때문에 산만하다고[fussy] 평가되며, 스스로를 진정시키고 진정된 상태를 유지하는 데 어려움을 보인다(Dale et al., 출판 중).

마지막으로, 영아가 성숙해가면서 표현력의 범위가 증가하고 감정의 자기조절이 증가하며 미주신경긴장도가 증가한다. 정상적인 발달 과정에서 증가된 미주신경긴장도와 연관되어 있는 말이집의 증가와 자율신경계의 조절은 감정상태의 범위 및 조절과 일치한다(제8장을 보시오). 따라서 발달 및 개인적인 차이 측면 모두에서 미주신경긴장도는 반응성, 표현력, 자기조절의 과정과 명확하게 연관되어 있다.

우리는 미주신경긴장도를 감정의 표현과 조절에서의 개인적 및 발달적 차이를 설명하는 데 유용한 생리적 개념으로 소개하였다. 미주신경긴장도는 감정의 중추적, 자율신경적, 생리적 구성요소들을 통합하는 데 유용하다. RSA로 측정되는 미주신경긴장도는 교감신경계 반응의 빠른 표현과 약화를 촉진시키기 위한 자율신경계의 항상성 유지기능에서의 개인적 차이를 나타내는 지표가 될 수 있다. 이 기능은 자율신경계의 반대되는 작용을 하는 가지들 사이의 상호 관계에 대한 신경조절에 의존하고 있다.

감정적인 상태에서 정상적인 항상성 유지의 기능은 감정을 표현하기 위해 제한된다. 우선 반대되는 작용을 하는 미주신경긴장도의 철수로 인해 교감신경계의 활성도가 표현된다. 심지어 뚜렷한 교감신경계의 활성화가 없더라도 미주신경의 철수는 교감신경계의 활성화를 증진시키는데, 왜냐하면 특별한 기관에 대한 두 체계는 반대되는 영향을 미치기 때문이다. 미주신경의 철수는 자율신경계와 연관된 감정을 촉발시킨다.

만약 감정상태가 오래 지속된다면, 생리적인 상태는 교감신경계와 내분비체계의 활성화에 의해 유지될 것이다. 과도한 교감신경계의 활성화는 정상적인 항상성 유지를 위한 자율신경계의 기능에서 벗어난 상태를 의미하는데, 이것은 자기를 조절하고 자율신경계 상태를 항상성 유지를 위한 상태로 돌아가게 만드는 미주신경의 활성화를 유발한다. 높은 미주신경긴장도와 적절한 미주신경조절능력을 가지고 있는 사람의 자율신경계는 반응하고(즉, 적절한 반응성과 표현성), 빠르게 항상성 유지를 위한 상태로 돌아가는(즉, 자기조절과 자기진정) 능력을 가지고 있다.

오른쪽 대뇌반구, 오른쪽 미주신경 그리고 동작, 감정, 의사소통의 표현과 조절 사이의 관계는 감정조절의 연구에 RSA를 검사하는 의미를 명확하게 밝혀준다. 우리가 제안한 감정조절 미주신경회로의 관점에서 RSA와 RSA의 조절은 동작, 감정, 의사소통을 조절하는 한 개인의 능력에 대한 생리적인 평가를 제공해 줄 것이다.

요약

신경해부학에 대한 현대의 지식과 심장에 대한 미주신경긴장도에 대한 우리의 예전 연구들에 기초를 두고, 우리는 감정조절의 미주신경회로를 제안하였다. 감정조절의 미주신경회로는 감정의 표현에 있어서 한쪽으로 치우쳐져 있는 뇌의 기능과 말초자율신경계의 조절을 통합시켰다. 미주신경과 미주신경회로는 다른 신경생리적 및 신경내분비적 체계와 별개로 기능하지 않는다. 뇌 활성도에 대한 연구들(Dawson, 1994; Fox, 1994)과 부신겉질 활성도 adrenocortical activity에 대한 연구(Stansbury & Gunnar, 1994)는 코르티솔 수준이 감정상태와 연관되어 있으며 우리가 연구한 것처럼 개인적인 차이와도 연관되어 있다는 것을 증명하였다.

미주신경회로는 감정조절에 있어서 미주신경뿐만 아니라 특별한 뇌구조물들의 한쪽으로 치우침에 대해서도 강조하고 있다. 오른쪽 뇌줄기 구조물에서 나오는 미주신경회로에 대한 강조는 감정조절을 하는 오른쪽 뇌에 있는 특별한 구조물들의 기능과 연관된 몇몇 검증 가능한 가설들을 유발하였다. 이러한 가설들은 감정을 표현하는 동안 비대칭적인 뇌파 활동을 증명한 다른 연구들(Dawson, 1994; Fox, 1994)의 결과와 일치한다. 게다가 미주신경회로는 코르티솔을 조절하는 뇌구조물 및 펩티드 체계와 독립적으로 존재하지 않는다 (Stansbury & Gunnar, 1994). 미주신경 활성도를 조절하는 뇌줄기 영역들(제12장과 제19장을 보시오) 또한 코르티솔을 조절하는 펩티드 (예: 옥시토신, 바소프레신, 부신겉질자극호르몬방출호르몬^{corticotropin-releasing hormone})에 민감하다.

우리는 이 장에서 미주신경긴장도와 감정조절 사이의 관계에 대한 정보를 제공하였다. 연구들은 RSA의 기준선과 RSA 반응성이 반응성에 대한 행동적 평가, 감정의 표현, 자기조절 기술과 연관되어 있음을 알려주었다. 따라서 우리는 심장에 대한 미주신경긴장도(즉, RSA)가 감정조절의 지표가 될 수 있다고 제안한다.

역사적으로 미주신경 및 부교감신경계의 다른 요소들은 감정의 이론들에 포함되지 않았었다. 최근에 발달한 방법들은 우리가 심장에 대한 미주신경긴장도를 정의하고 정확하게 정량화할 수 있게 해주었다. 감정의 표현 및 조절과 부교감신경계를 연관시키는 이론들은 이제 몇몇 연구실에 검증 중이다.

이 장의 공동저자는 J. A. Doussard-Roosevelt와 A. K. Maiti이었다.

제10장

감정
— 자율신경계에 대한 신경조절의 진화적 부산물

자율신경계의 진화를 정동경험, 감정표현, 목소리를 통한 의사소통, 사회적 행동과 연결시키는 새로운 이론인 감정의 여러미주신경이론이 제시되었다. 여러미주신경이론은 유기체가 대사출력을 조절하는 능력을 확장시킨 자율신경계의 신경조절에서의 충분히 입증된 계통발생적 이동에서 유래되었다. 이 이론은 부교감신경계의 주요 신경인 미주신경의 구조와 기능에 대한 계통발생적인 측면을 강조한다. 세 가지의 계통발생적인 신경발달의 단계들이 설명되었다. 첫 번째 단계는 소화를 촉진시키고 대사자원을 보호하기 위해 심장박출량을 감소시킴으로써, 새로운 것이나 위협에 반응하는 원시적인 민말이집의 조용한 미주신경체계이다. 첫 번째 단계는 행동적으로 고정행동과 연관되어 있다. 두 번째 단계는 '맞섬 또는 도피'에 필요한 움직이는 행동을 강화시키기 위해 내장에 대한 미주신경체계의 영향을 억제하고 대사출력을 증가시킬 수 있는 척수의 교감신경계이다. 세 번째 단계는 포유류에게만 독특하게 존재하며, 환경에 대한 참여와 비참여를 강화시키기 위해 심장박출량을 빠르게 조절할 수 있는 말이집의 미주신경체계이다. 말이집 미주신경은 원시적인 아가미궁에서 진화한 뇌줄기에서 나오며, 포유류의 경우에 얼굴표정, 빨기, 삼키기, 호흡, 발성을 조절한다. 포유류의 미주신경체계는 초기의 엄마-영아 상호작용을 촉진시키며, 복합적인 사회적 행동의 발달을 위한 기초를 제공해 준다. 게다가 포유류의 미주신경체계는 심장에 대한 교감신경계 경로를 억제하는 효과가 있어서 진정시키는 행동과 친사회적인 행동을 증진시킨다.

감정의 여러미주신경이론은 자율신경계의 진화가 정동과정의 적응적인 중요성을 해석하기 위한 조직화 원칙을 제공한다고 제안한다. 이 이론은 포유류 자율신경계의 진화, 특히 미주신경 및 연관된 다른 뇌신경들을 조절하는 뇌줄기가 포유류의 사회적 행동에 필요한 감정적 경험과 정동과정을 위한 기반을 제공한다고 제안한다. 이러한 측면에서 볼 때 신경계의 진화는 감정표현 능력을 제한하거나 확장시키며, 이에 따라 접근성, 사회적인 접촉, 의사소통의 질을 결정한다. 여러미주신경이론은 두 가지의 미주신경 가지들 사이의 신경생리학적 및 신경해부학적 구별을 설명하고, 이들이 가지고 있는 행동전략과의 독특한 관계를 제시하기 위해 앞에서 소개하였다(제2장을 보시오). 이 장은 여러미주신경이론을 더 자세히 설명하고, 정동전략들이 여러미주신경의 조절을 유발한 진화적 과정의 부산물임을 제안할 것이다.

정동이 얼굴근육과 자율신경계에 의해 조절되는 장기들에 의해 표현된다는 점에서는 의견이 일치되어 있다. 그러나 감정의 생리적 기반을 교감-부신체계로 간주하였던 캐논[Cannon](1927, 1928)을 제외하고는 정동상태의 신경적 조절에 대해서 조사가 이루어지지 않았다. 심지어 자율신경계와 정동상태를 연구하는 현대의 연구자들(Ax, 1953; Ekman, Levenson, & Friesen, 1983; Levenson, Ekman, & Friesen, 1990; Schachter, 1957)도 감정은 교감신경계의 반영을 나타낸다는 캐논의 가정을 암묵적으로 받아들이고 있는 실정이다.

기능이 형태(즉, 구조)에 우선한다는 건축학 격언과는 달리, 자율신경계의 기능은 구조의 부산물이다. 자율신경계 기능의 융통성 또는 변화성은 완전히 구조에 의존하고 있다. 자율신경계 기능을 조절하는 구조의 계통발생적 발달을 살펴봄으로써, 자율신경계 구조의 진화에 의존하고 있는 자율신경계의 반응성을 관찰하는 것이 가능해진다. 계통발생적 접근은 뇌줄기와 뇌신경의 형태와 기능이 산소에 민감한 체계(즉, 원시적인 아가미궁)에서 정동적인 의사소통을 위해 얼굴근육, 심장박출량, 목소리를 조절하는 체계로의 이동을 강조한다.

캐논의 실수

캐논은 감정이 교감-부신 흥분의 표현이라는 생각을 강조하였다. 캐논은 감정경험을 오직 교감-부신의 활동과 연관된 움직임으로만 국한함으로써, 내장 느낌의 중요성을 부정하고 부교감신경계의 기여를 무시하였다. 캐논의 시각은 내장되먹임과 부교감신경계의 중요성에 대해 앞에서 언급한 내용들과 일치하지 않는다. 예를 들면, 다윈[Darwin](1872)은 『인간과 동물의 감정표현[The Expression of Emotion in Man and Animals]』에서, '폐위[pneumogastric]' 신경을 통한 심장과 뇌 사이의 양방향 신경성 의사소통의 중요성을 강조하였다. X번 뇌신경인 폐위신경은 이제 미주신경이라고 불리며 부교감신경계의 주요한 구성요소이다.

다윈에게 있어서 감정상태는 얼굴표정과 자율신경계 긴장도 사이의 공동변수였다. 그러나 그는 구체적인 신경생리적 기전을 설명하지는 않았다. 신경계의 신경해부학, 발생학, 계통발생학에 대한 우리의 현대적 지식이 다윈에게는 없었다. 그 당시에는 미주신경섬유들이 몇몇 숨뇌핵들에서 나오며, 미주신경의 가지들이 다른 되먹임 체계를 통해서 말초를 통제하고, 미주신경 가지들의 기능이 계통발생적인 원칙을 따른다는 것이 알려지지 않았었다. 그러나 다윈의 언급은 중요한데, 왜냐하면 척수 및 교감신경계와는 별도로 심장에서 뇌로 가는 들되먹임을 강조했을 뿐만 아니라 감정의 표현에 대한 미주신경의 조절 역할을 강조하였기 때문이다.

자율신경계는 내장상태의 조절 및 움직임 또는 고정과 연관된 행동의 조절과 관련되어 있다. 예를 들면, 교감신경계의 흥분은 움직임과 명백하게 연관되어 있다. 척추동물에게 있어서 교감신경계의 특징은 신경절^{ganglion}의 줄기^{trunk} 또는 기둥^{column}이 척수의 분절과 나란하게 존재한다는 것이다. 팔다리로 가는 뼈대운동경로들$^{skeletal\ motor}$ ^{pathways}은 맞섬 또는 도피와 연관된 대사를 요구하는 행동을 촉진시키기 위해 교감신경섬유들과 나란히 존재한다. 실제로 캐논 및 캐논을 따르는 많은 사람들의 관점에 따르면, 교감신경계는 그 자체의 움직임 능력 때문에 감정과 연관된 자율신경계의 구성요소였다. 그러나 이러한 관점은 얼굴표정, 발성, 또는 특별한 고정반응을 통해 신호를 보내는 것과 같은 과정을 포함하는 대사적으로 보존적인 정동적 경험의 자율신경적 요소를 무시한 것이었다.

감정을 결정하는 자율신경계 요소

우리는 지난 100년 동안 자율신경계, 자율신경계의 진화적인 기원, 자율신경계가 어떻게 감정과 연관되어 있는지에 대해서 배워왔다. 우리는 처음에 자율신경계의 세 가지 구성요소들(들내장[visceral afferents], 교감신경계, 부교감신경계)을 구별할 수 있었고, 어떻게 각각의 구성요소들이 정동경험과 연관되어 있는지를 추측하였다. 첫째, 들내장은 '느낌[feelings]'을 결정하는 데 주요한 역할을 하는 것으로 간주하였다. 우리에게 배고픔을 알게 해주는 이러한 기전은 또한 감정적인 스트레스가 있을 때 구역감[sense of nausea]을 전달해 준다. 우리는 흔히 부정적인 경험과 함께 동반되는 심한 감정적인 고통의 시기에 "속이 메슥거린다"라는 주관적인 느낌의 보고를 듣게 된다. 마찬가지로, 부정적인 상태는 숨을 쉴 수 없다거나 심장이 멈추는 것 같은 느낌과 동반된다. 둘째, 교감신경계와 부신겉질의 활동은 움직임[mobilization]과 연관되어 있다. 교감신경계의 활성화는 흔히 주요한 팔다리의 뼈대움직임의 증가와 연관되어 있다. 따라서 캐논의 견해와 마찬가지로, 교감신경계는 맞섬 또는 도피 행동에 필요한 대사자원을 제공한다. 교감신경계는 심장박출량을 증가시키고 위의 운동에 대한 적극적인 억제를 통해 소화관의 대사요구를 감소시킴으로써 움직임을 증가시킨다. 셋째, 다윈과 버나드가 제안했듯이 부교감신경계, 구체적으로 미주신경은 감정상태와 연관되어 있다. 몇 안 되는 연구자들만이 부교감신경계 활동과 정동상태 사이의 관계를 연구하였다. 그러나 지난 10년 동안 우리 연구소에서는 이 문제에 초점을 맞추었다. 우리는 부교감신경계 조절의 한 요소인 심장에 대한 미주신경긴장도가 정동 및 정동조절과 연관되어 있음을 보고하였다(제9장을 보시오. Porges, 1991; Porges & Doussard-Roosevelt, 1997). 우리는 적절한 사회적 행동의 발달에 있어서 미주신경조절의 중요성을 설명하는 이론적인 모델을 제시하였다(제7장을 보시오). 부교감신경계는 일반적으로 성장 및 회복을 촉진시키는 것과 연관되어 있다(Porges, 1992, 1995). 더욱이, 여러미주신경체계에 대한 지식은 정동적 및 행동적 반응전략을 결정하는 데 있어서 미주신경섬유들이 나오는 뇌줄기의 중요성을 인식할 수 있도록 해준다(제7장을 보시오. Porges, Doussard-Roosevelt, Portales, & Suess, 1994).

연구자들과 임상가들은 완전히 다른 원인 또는 행동적 표현을 가지고 있는 것처럼 보이는 강렬한 정동상태의 조직화 또는 범주화에 어려움을 가지고 있었다. 예를 들면, 강렬한 공포의 느낌은 완전한 고정^{immobilization}이나 얼어붙음^{freezing}을 유발할 수 있다. 이와는 대조적으로, 강렬한 분노나 불안의 느낌은 급격한 움직임 활동과 연관될 수 있다. 이러한 문제는 부분적으로, 정동상태에 대한 설명이 얼굴표정(즉, 다윈의 의견에 따른)이나 교감신경계 활동(즉, 캐논의 의견에 따른)과 같은 명확하게 관찰되는 행동의 측면에서 정의되었기 때문에 나타나는 것이다. 교감신경계 활동에 대한 강조는 세 가지의 역사적인 요소들에 기초를 두고 있다. 첫째, 감정에 대한 이론들은 부교감신경계를 최소화하거나 완전히 무시하였다. 둘째, 캐논이 맞섬 또는 도피와 연관된 날교감신경 및 움직임 반응을 감정적인 상태 동안에 나타나는 자율신경계 반응성의 유일한 상태라고 간주한 점이, 그동안 도전을 받지 않았었다. 셋째, 구체적인 정동상태에 대한 자율신경계의 신호를 확인하기 위해 수집된 정동과 연관된 자율신경계 자료들은 교감신경계 기능과 연관된 것으로 간주되는 것들이 대부분이었다(Ax, 1953; Ekman et al., 1983; Levenson et al., 1990; Schachter, 1957).

자율신경계의 진화 — 인간과 동물에서 감정표현을 위해 새롭게 나타난 구조물들

비록 자율신경계와 얼굴이 감정을 표현하는 데 하나의 역할을 한다는 것에는 동의하지만, 구체적 또는 개별적인 감정에 대한 자율신경계의 '특징signature'에 대해서는 명확하지가 않다. 정동경험에 대한 자율신경계 반응을 평가하는 많은 연구자들은 캐논이 그랬듯이, 교감신경계가 감정을 결정하거나 최소한 감정에 대한 주요한 생리적 공동변수라고 간주하였다. 물론 이것은 부교감신경계의 역할 및 얼굴 근육, 눈 운동, 동공의 확장, 침의 분비, 삼키기, 발성, 듣기, 호흡을 포함하는 얼굴 구조물들과 부교감신경계의 연관성을 무시한 것이다. 우리는 자율신경계의 진화를 조사함으로써 자율신경계의 기능과 얼굴표정 사이의 접점에 대한 통찰을 얻을 수 있게 되었다. 다음 단락에서 자율신경계의 계통발생적 발달이 정동경험을 분류하는 하나의 조직화 원칙으로 사용될 것이다.

감정의 여러미주신경이론은 자율신경계의 진화에 대한 조사를 통해 나왔다. 이 이론은 몇 가지 규칙과 가정들을 포함하고 있다.

1. 감정은 자율신경계와 뇌 사이의 의사소통에 의존하고 있다. 들내장은 생리적 상태에 대한 정보를 뇌에 전달하며 감정의

감각적 또는 생리적 경험에 중요하고, 뇌신경과 교감신경계는 뇌에서 나오는 감정표현의 신체운동 및 내장운동적 조절에 대한 출력을 제공한다.

2. 진화는 자율신경계의 구조를 수정하였다.

3. 감정경험과 표현은 진화과정으로 인한 자율신경계의 구조적 변화의 기능적인 부산물이다.

4. 포유류의 자율신경계는 계통발생적으로 오래된 자율신경계의 유산을 가지고 있다.

5. 자율신경계의 계통발생적 '수준'은 정동상태와 사회적 행동의 범위를 결정한다.

6. 도전에 대한 포유류 자율신경계의 반응전략은 계통발생적인 계층을 따르는데, 가장 새로운 구조물에서 시작하고 만약 반응전략들이 실패하면 가장 원시적인 구조적 체계의 반응전략을 사용하게 된다.

이 장은 척추동물 심장에 대한 신경성 조절의 계통발생적 이동에 초점을 맞추고 있다. 심장이 선택된 이유는 환경에서의 도전에 반응하여, 맞섬 또는 도피를 위한 움직임 또는 죽은 척하거나 숨기 위한 고정을 위해 심장박출량이 조절돼야 하기 때문이다. 심장박출량을 조절하기 위해 몇몇 날구조물들이 진화되었다. 이러한 구조물들은 두 가지의 반대되는 체계를 나타낸다. (1) 크롬친화조직chromaffin tissue1) 과 척수교감신경spinal sympathetic을 포함하는 교감신경-카테콜아민체계

---

1) 크롬염에 갈색으로 염색되는 조직으로 부신속질(adrenal medulla) 등에 존재하며 카테콜아민을 분비한다 (역자 주).

sympathetic-catecholamine system, (2) 숨뇌 근원핵(즉, 미주신경의 등쪽운동핵과 모호핵)에서 나오는 가지들을 가진 미주신경체계(부교감신경계의 한 요소). 게다가 척추동물들은 높은 농도의 카테콜아민[2]을 포함하고 있는 크롬친화조직을 가지고 있다. 크롬친화조직은 부신속질과 유사한 형태적 및 조직화학적 특성을 가지고 있는 것으로 정의된다. 부신속질을 가지고 있지 않은 척추동물들은 순환하는 카테콜아민을 조절하는 크롬친화조직을 상대적으로 더 많이 가지고 있다.

〈표 10.1〉은 척추동물 심장에 영향을 주는 조절성 구조물들의 목록이다(Morris & Nilsson, 1994; Santer, 1994; Taylor, 1992). 두 가지의 계통발생 원칙들을 〈표 10.1〉에서 추출해낼 수 있다. 첫째, 심장에 대한 조절의 계통발생 양상은 내분비 의사소통에서 민말이집 신경에 그리고 마지막으로 말이집 신경에 이른다. 둘째, 대사출력의 빠른 조절을 제공하기 위해, 흥분과 억제의 반대되는 신경기전의 발달이 이루어졌다.

가장 원시적인 어류인 둥근 입 어류에서, 심장에 대한 신경조절은 매우 원시적이다. 먹장어와 같은 일부 둥근 입 어류는 심장에 대한 흥분성 영향을 제공하기 위해 크롬친화조직에서 나온 순환하는 카테콜아민을 사용한다. 칠성장어와 같은 다른 둥근 입 어류는 심장 미주신경을 가지고 있다. 그러나 신경절 이후 무스카린 콜린수용체 postganglionic muscarinic cholinoceptors를 통해 작용하는 심장억제성 미주신경을 가지고 있는 다른 모든 척추동물들과는 반대로, 둥근 입 어류의 미주신경은 흥분성이며 니코틴 콜린수용체 nicotinic cholinoceptors를 통해 작용한

---

2) 에피네프린(아드레날린), 노르에피네프린(노르아드레날린), 도파민으로 구성되어 있으며, 맞섬 또는 도피 반응 시 부신속질에서 에피네프린과 노르에피네프린이 분비된다(역자 주).

<표 10.1> 계통발생에 따른 척추동물의 심장조절 방법

	CHM	DMX	SNS	ADN	NA
둥근 입 어류(Cyclostomes)					
먹 장 어(Myxinoids)	x+				
칠성장어(Lamproids)	x+	x+			
연 골 어 류(Elasmobranchs)	x+	x−			
경 골 어 류(Teleosts)	x+	x−	x+		
양 서 류(Amphibians)	x+	x−	x+		
파 충 류(Reptiles)	x+	x−	x+	x+	
포 유 류(Mammals)	x+	x−	x+	x+	x−

CHM=크롬친화조직, DMX=미주신경의 등쪽운동핵에서 나오는 미주신경경로, SNS=교감신경계,
ADN=부신속질, NA=모호핵에서 나오는 미주신경경로, +=심장박출량의 증가, −=심장박출량의 감소.

다. 둥근 입 어류의 심장에 대해 한 가지 놀랄만한 양상은 많은 양의 에피네프린과 노르에피네프린을 저장하고 있는 크롬친화조직의 심장 내에서의 위치이다. 다른 척추동물들처럼 크롬친화조직에서 생산된 순환하는 카테콜아민은 심장에 있는 베타아드레날린 수용체[beta-adrenergic receptors]를 자극한다. 따라서 둥근 입 어류는 심장을 조절하는 데 있어서 오직 흥분성 기전만 가지고 있다.

연골어류는 심장억제성 미주신경을 가지게 된 첫 번째 척추동물이다. 연골어류에 있는 미주신경은 억제성이며 심장에 있는 콜린수용체는 다른 척추동물들에서처럼 무스카린성이다. 연골어류의 심장억제성 미주신경은 저산소증에 기능적으로 반응을 한다. 산소가 부족한 상황에서 대사출력은 심장박동을 감소시킴으로써 조절된다. 이러한 신경조절의 변형은 연골어류로 하여금 수온 및 산소 이용도의 변화를 다루기 위해 대사출력을 조절하는 신경기전을 제공함으로써, 자신들의

활동 영역을 더 증가시킬 수 있도록 해주는 기전을 제공해 주었다. 그러나 더 진화된 어류 또는 다리가 네 개인 생물들과는 달리, 연골어류는 심장에 대한 직접적인 교감신경계 입력을 하지 않는다. 대신에 심장박동 및 수축력의 향상은 크롬친화조직에서 방출된 순환하는 카테콜아민에 의해 자극된 베타아드레날린 수용체를 통해 중재된다. 따라서 대사출력의 활성화는 카테콜아민에 의해 이루어지고 직접적인 신경지배에 의해 이루어지는 것이 아니기 때문에, 일단 흥분체계가 촉발되면 스스로를 진정시키거나 달래는 능력은 제한된다.

교감신경과 미주신경지배 모두를 가지고 있는 척추동물의 경우에, 굴심방결절에 대한 미주신경의 영향은 교감신경의 영향을 억제하거나 약화시키며 행동의 즉각적인 변화를 가능하게 해주는 대사출력의 빠른 감소를 증진시킨다(Vanhoutte & Levy, 1979). 전반적으로 경골어류는 다리가 네 개인 생물에서 발견되는 것과 유사한 신경지배를 가지고 있는데, 심장에 대한 교감신경 및 부교감신경지배를 모두 가지고 있는 계통발생학상 첫 번째 척추동물로 간주된다. 이것은 빠른 대사출력의 변화를 가능하게 해주며, 움직임^{mobilization}에서 고정 ^{immobilization}으로의 변화를 가능하게 해준다. 이러한 변화는 '빠른 움직임^{darting}'과 '얼어붙음^{freezing}' 행동에서 관찰된다. 경골어류와 유사하게, 양서류 역시 심장에 대한 두 개의 신경지배를 가지고 있는데, 척수에서 나오는 교감신경줄기$^{sympathetic chain}$를 통해 심장박동과 수축력을 증가시키는 신경경로와 뇌줄기에서 나오는 미주신경을 통해 심장억제기능을 하는 신경경로를 가지고 있다.

크롬친화조직으로 형성되어 있는 별개의 속질인 진정한 부신 $^{adrenal gland}$은 조류, 파충류, 포유류에서만 존재한다(Santer, 1994). 부신속질의 척수교감신경에 의한 신경조절은 심혈관 기능을 자극하기 위해, 에피네프린과 노르에피네프린의 빠르고도 조절된 분비를 위한 신경기전을 제공해 준다. 경골어류에서 크롬친화조직은 주로 심혈관 체계와 연관되어 있지만, 크롬친화조직은 또한 콩팥과도 연관되어 있다. 그러나 양서류의 크롬친화조직은 주로 콩팥과 연관되어 있으며, 많은 크롬친화세포들의 집합체들이 교감신경줄기 신경절^{sympathetic chain ganglia}을 따라 위치하고 있다. 따라서 우리는 크롬친화조직 위치의 계통발생적인 이동과 콩팥 근처에 있는 별개의 부신속질의 동반된 진화를 관찰할 수 있다.

포유류에서는 미주신경의 형태가 변화한다(제2장을 보시오). 심장 억제성 미주신경을 가지고 있는 다른 모든 척추동물과는 달리, 포유류의 미주신경은 두 개의 가지를 가지고 있다. 하나의 가지는 미주신경의 등쪽운동핵에서 나오며 소화관과 같은 가로막밑 장기들에 대한 신경조절을 제공한다. 그러나 심장 수준에서 미주신경의 등쪽운동핵은 심장박출량의 정상적인 역동적 조절에 주요한 역할을 하지 않는다. 그보다, 포유류가 발생학적인 발달을 하는 동안에 미주신경의 등쪽운동핵에서 나온 세포들이 배쪽 및 가쪽으로 이동하여 모호핵을 형성하는데(Schwaber, 1986), 이곳에서 심장의 심장박동조율기인 굴심방결절에 강력한 억제작용을 하는 내장운동 말이집 축삭을 위한 세포체^{cell body}를 형성한다.

포유류는 심장에 대한 심장억제성 미주신경긴장도를 일시적으로 하향조절함으로써(즉, 미주신경제동의 제거) 교감-부신체계의 활성화 없이 심장박출량을 빠르게 증가시킬 수 있게 되었다. 포유류는 교감-부신체계 보다는 이 체계를 조절함으로써 즉각적인 움직임을 위한 대사출력을 빠르게 증가시킬 기회를 가지게 되었다. 도전적인 상황이 오래 지속되면, 교감신경계 역시 활성화될 수 있다. 그러나 포유류는 미주신경체계를 빨리 재작동시킴으로써 심장에 대한 교감신경계 입력을 억제할 수 있고, 스스로를 진정시키고 차분하게 만들기 위해 대사출력을 빠르게 감소시킬 수 있다.

자율신경계의 계통발생적 발달
─ 인간감정을 위한 조직화 원칙

척추동물의 심장에 대한 조절을 하는 구조물들을 요약한 〈표 10.1〉을 자세히 살펴보면, 다양한 척추동물의 행동적 양상을 추측할 수 있는 기반을 얻을 수 있다. 이러한 추측은 자율신경계의 계통발생적 발달이 정동경험에 대한 조직화 원칙을 제공하고 사회적 행동과 친화력의 제한점을 결정한다는 자율신경계의 계통발생적 발달에 대한 전제를 지지해 준다. 계통발생적인 발달은 일반적으로 대사출력을 빠르게 증가시키거나 감소시킬 수 있는 기전을 통해 심장에 대한 신경조절을 증가시켰다. 이러한 계통발생적인 과정은 행동, 즉 환경적 도전에 개입하고 개입하지 않는 행동에 대한 중추신경계의 조절을 더 확장시켰다.

우리는 자율신경계에 대한 신경조절의 계통발생적 발달의 영향에 초점을 맞추기 위해 다섯 가지의 계통발생에 의존하고 있는 반응체계를 관찰할 수 있다. (1) 심장박출량을 증가시키고 움직임을 지지하기 위한 카테콜아민이 풍부한 크롬친화조직을 통한 화학적 흥분체계chemical excitatory system, (2) 대사자원이 부족할 때 심장박출량을 감소

시키고 위험에 대해 고정으로 반응하게 해주는 미주신경의 등쪽운동
핵을 통한 억제성 미주신경체계^{inhibitory vagal system}, (3) 맞섬 또는 도피
와 연관된 행동을 위해 빠른 움직임을 증진시키기 위한 신경성 흥분
을 제공하는 척수교감신경체계^{spinal sympathetic nervous system}, (4) 오래 지속
되는 맞섬 또는 도피 행동의 움직임을 지지하기 위해 순환하는 카테
콜아민의 방출에 대해 보다 직접적인 통제를 제공해 주며 신경적으로
조절되는 부신속질체계^{adrenal medulla system}, (5) 점차적인 미주신경제동의
철수를 통해 일시적인 움직임을 증진시키고 교감신경계나 부신의 활
성화 없이 교감신경계 긴장도를 표현할 수 있게 해주는 포유류 미주
신경체계^{mammalian vagal system}. 이러한 새로운 미주신경의 출현은 원시적
인 미주신경의 억제를 통한 대사의 정지나 교감-부신의 활성화를 통
한 대사의 흥분 없이 환경과의 일시적인 참여가 가능해지게 되었다.

이러한 다섯 가지의 계통발생적인 반응체계는 정동경험 및 표
현과 연관된 세 가지의 신경해부학적 구성요소들과 연관되어 있다.
(1) 등쪽미주신경복합체^{dorsal vagal complex}(DVC), (2) 교감신경계^{sympathetic}
^{nervous system}(SNS), (3) 배쪽미주신경복합체^{ventral vagal complex}(VVC). 이러
한 세 가지 구성요소들 각각은 인간에게서 관찰할 수 있는 특별한 감
정 하부체계와 연결되어 있다. 각각의 감정 하부체계는 특별한 적응
적 기능(대사자원을 보존하기 위한 고정, 대사자원을 얻기 위한 움직임, 또
는 최소한의 에너지를 사용하면서 신호보내기)을 하기 위해 중추신경계
에서 나오는 운동출력을 통해 나타난다. 〈표 10.2〉에 각각의 하부체
계와 연관되어 있는 반응들의 목록이 제시되어 있다.

〈표 10.2〉 자율신경계의 하부체계와 연관된 생리적 기능

	VVC	SNS	DVC
심 장 박 동	+/-	+	-
기 관 지	+/-	+	-
위 창 자		-	+
혈 관 수 축		+	
땀		+	
부 신 속 질		+	
발 성	+/-		
얼 굴 근 육	+/-		

VVC=배쪽미주신경복합체, SNS=교감신경계, DVC=등쪽미주신경복합체, DVC는 심장박동의 감소, 기관지
수축, 위창자 기능을 자극한다. SNS는 심장박동의 증가, 기관지 확장, 위창자 기능의 억제, 혈관의 수축, 땀
분비 증가, 부신속질에서의 카테콜라민 분비를 증가시킨다. 신경긴장도의 정도에 따라 VVC는 심장박동을 느
리게 하거나 빠르게 하고, 기관지를 수축시키거나 확장시키며, 목소리 어조를 낮추거나 높이고, 얼굴표정을
증가시키거나 감소시킨다.

등쪽미주신경복합체 ― 남아있는 고정체계

DVC는 포유류에게 있어서 소화, 미각, 저산소증 반응과 주로 연관
되어 있다. DVC에는 고립로핵^{nucleus tractus solitarius}(NTS) 및 NTS와 미주
신경의 등쪽운동핵^{dorsal motor nucleus of the vagus}(DMX) 사이의 의사소통을
담당하는 사이신경세포^{interneuron}가 포함되어 있다. DVC의 날신경들
은 DMX에서 나오며, 들미주신경은 NTS에서 끝이 난다. DVC는 가
로막밑 장기들에 대한 신경조절을 제공한다. 이러한 낮은 긴장도의
영향은 심장과 폐에 대한 파충류 미주신경조절의 잔재이다. 파충류
와는 대조적으로, 포유류는 산소 요구량이 크며 산소의 감소에 취약
하다. 포유류의 대사요구량은 같은 몸무게의 파충류에 비해 대략 다

섯 배 정도 더 크다(Else & Hulbert, 1981). 따라서 파충류가 의존하고 있는 이 체계는 잠수를 하거나 죽은 척할 때, 자원을 보존하기 위해서 대사활동을 정지시키는 기능을 제공해 준다. DVC는 민말이집 신경섬유를 통해서 심장의 굴심방결절에 억제성 입력을 제공하기 때문에 VVC에서 나오는 말이집 신경섬유들 보다 덜 엄격하게 조절된다. 저산소증이나 인지된 낮은 산소 자원은 DVC를 촉발하는 주된 자극이 된다. 일단 촉발이 되면 심한 느린맥과 무호흡증이 관찰되며 흔히 배변이 동반된다. 이러한 반응전략은 저산소증의 인간 태아에서도 관찰된다. 비록 파충류에게는 적응적이지만, 포유류에게는 저산소증으로 인한 이 체계의 촉발이 치명적일 수 있다. 게다가 DVC는 인간에게 도움이 되는 기능을 가지고 있다는 점을 주목하는 것이 중요하다. 대부분의 정상적인 상황에서 DVC는 창자에 대한 긴장도를 유지하며 소화과정을 촉진시킨다. 그러나 만약 상향조절이 되면 DVC는 지나친 위액 분비를 통한 궤양의 형성 및 장염을 포함하는 병태생리학적인 상황을 유발한다. 연구는 느린맥에서 민말이집 미주신경섬유의 중요성을 지지하며(Daly, 1991), 심한 느린맥은 DVC와 연관되어 있는 민말이집 미주신경섬유들에 의해 결정될 가능성을 제안하고 있다(Jones, Wang, & Jordan, 1995).

교감신경계
― 맞섬 또는 도피 행동을 위한 적응적인 움직임체계

SNS는 주요한 움직임의 체계이다. SNS는 심장박출량을 증가시키고, 피부를 보호하고, 미끄럽게 하기 위해 땀샘을 자극하며, 대사자원이 많이 소모되는 위창자관을 억제시킴으로써 신체가 응급상황에 대비하도록 해준다. 교감신경계의 진화는 척수의 분절화를 따라 이루어졌는데, 신경절 이전 교감운동 신경세포의 세포체^{cell bodies of the preganglionic sympathetic motor neurons}는 척수의 가쪽뿔^{lateral horn of the spinal cord}에 위치하고 있다. 교감신경계는 감정과 연관되어 있는 것으로 오래전부터 알려져 왔다. '교감^{sympathetic}'이란 말은 '느낌을 가진^{with feelings}' 신경계로서 이 체계의 역사적인 주체성을 반영해주며, '느낌이 생기지 않도록 조심하는^{guards against feelings}' 신경계를 반영해주는 부교감^{parasympathetic}신경계와는 대조되는 것이다.

배쪽미주신경복합체
― 동작, 감정, 의사소통을 위한 포유류의 신호체계

VVC의 주요 날섬유들은 모호핵에서 나온다. VVC의 주요 들섬유들은 얼굴신경과 삼차신경의 근원핵에서 끝이 난다. VVC는 인두, 후두, 기관지, 식도, 심장을 포함하는 가로막위 장기들을 조절한다. VVC에서 나와서 내장운동기관(예: 심장과 기관지)과 신체운동 구조물(예: 인두, 후두, 식도)로 가는 운동경로들은 엄격한 통제와 빠른 반응을 위해, 말이집이 형성되어 있다. 포유류의 경우에, 심장으로 가는 내장운동섬유들은 높은 수준의 긴장조절을 나타내며, 환경적인 도전을 다루기 위한 대사출력의 역동적인 변화를 제공하기 위해 심장억제의 긴장도를 빠르게 변화시킬 수 있다. 이러한 빠른 조절은 SNS의 움직임 없이 환경에 대한 빠른 개입과 개입하지 않는 것을 가능하게 해주는 포유류 미주신경제동의 특징을 나타내준다.

VVC의 주된 특징은 신체운동 구조물들을 조절하는 신경섬유들이 V, VII, IX, X, XI번 뇌신경을 형성하기 위해 진화한 아가미 또는 원시적인 아가미궁에서 유래되었다는 것이다. 이러한 뇌신경들에서 나온 신체운동섬유들은 얼굴근육, 씹기근육, 목근육, 인두, 후두, 식도와 가운데귀근육을 포함하는 아가미분절근육들branchiomeric muscles을 조절한다. 날내장운동섬유들은 침샘과 눈물샘뿐만 아니라 심장과 기관지도 조절한다. VVC로 가는 주요 들섬유들은 얼굴과 입의 들섬유에서 나와 얼굴신경과 삼차신경, 들내장신경을 거쳐 NTS에서 끝이 난다. VVC는 빨기, 삼키기, 발성과 호흡을 조율하고 조절하는 데 관여한다.

진화와 해체 — 계층적 반응전략

자율신경계의 진화는 세 가지 감정체계의 출현에 대한 기질을 제공해 주었다. 이러한 자율신경계의 계통발생적인 적응은 처음에 원시적인 척추동물이 물에서 산소를 추출하기 위해, 피에 산소를 공급하고 전달하기 위해 그리고 필요한 자원에 대한 대사요구량을 맞추기 위해서 진화한 감정표현을 위해 만든 구조물들의 선택적인 진화(Crews, 1997)를 나타낸다. 감정의 여러미주신경이론은 계통발생적인 모델에 기초를 두고 있다. 감정의 여러미주신경이론은 도전에 대한 계통발생적인 반응전략을 제안하는데, 가장 최근에 진화한 방법이 가장 먼저 사용되고 가장 원시적인 방법이 가장 나중에 사용된다. 우리의 사회적인 행동은 처음에 얼굴표정과 목소리를 통한 의사소통에 초점을 맞추는 전략에 뒤따라 나타난다. 이 전략은 낮은 대사요구량을 필요로 하며 만약 적절하게 해석된다면 언어-얼굴 기전을 통해 사회적인 상호작용을 유발한다. 흔히 손동작과 고개의 움직임은 의사소통과 연관된 포유류의 행동을 증가시킨다. 이러한 친사회적 행동의 중요한 특징은 낮은 대사요구량과 일시적인 참여 및 일시적으로 참여하지 않는 전략 사이의 빠른 이동이다(즉, 말하고 나서 이야기를 듣는).

이러한 계통발생에 기초를 두고 있는 계층적 반응전략은 신경계의 질환을 설명하기 위해 잭슨^{Jackson}(1958)이 제안한 해체^{dissolution}의 개념과 일치한다. 잭슨은 "더 높은 신경계가 더 낮은 신경계를 억제(또는 조절)하기 때문에, 더 높은 신경계가 갑자기 기능을 하지 못하게 되면 더 낮은 신경계가 활동하게 된다"라고 제안하였다. 이것은 질병의 측면이 아니라 생존을 위한 반응전략의 측면에서, 감정의 여러미주신경이론에서도 관찰된다. '신호를 보내고', '의사소통을 하는' 기전을 가지고 있는 VVC는 환경에 대한 초기반응을 제공한다. VVC는 심장의 수준에서 SNS의 강력한 움직인 반응을 억제한다. 잭슨의 모델에서처럼, VVC의 철수는 심장에 대한 교감신경계의 통제를 '탈억제'하게 된다. 이와 유사하게 교감신경계의 철수는 위창자에 대한 DVC의 통제를 "탈억제"하고 심장과 기관지를 취약하게 만든다. 통제를 받지 않는 DVC로 인해 나타나는 몇몇 임상적인 결과에는 조임근의 이완과 소화관 움직임의 증가로 인한 배변, 기관지의 수축으로 인한 무호흡증, 굴심방결절에 대한 자극으로 나타나는 느린맥이 포함된다. 따라서 다른 모든 전략들이 실패했을 때, 신경계는 원시적인 척추동물에게는 적응적이지만 포유류에게는 치명적일 수 있는 대사를 보존하는 전략을 선택하게 된다. 잭슨의 해체원칙과 일치하는 것으로, 정동조절장애로 정의되는 구체적인 정신병리는 세 가지의 계통발생적 자율신경계 조절과 연관되어 있다. 이러한 세 가지의 반응은 전부 아니면 전무의 형태로 나타나기보다는 내장되먹임과 고차원의 뇌구조물 모두에 의해 결정되는 단계적인 조절과정으로 나타난다.

다윈의 이론

감정에 대한 현대의 연구 및 이론은 다윈과 그의 저서인 『인간과 동물의 감정표현^{The Expression of Emotions in Man and Animals}』(1872)의 영향을 많이 받았다. 다윈은 얼굴표정에 대한 주의 깊은 관찰을 통해, 적응과 자연선택의 진화모델 내에서 감정표현을 통찰력 있게 해석하였다. 그러나 다윈의 신경생리학 및 신경해부학에 대한 지식은 한계가 있었다. 얼굴표정의 적응적 기능에 대한 다윈의 창의적인 통찰과는 대조적으로, 얼굴근육과 감정 사이의 연결과 생리적 기전에 대한 그의 이해는 여러 가지를 종합하고 다른 것들을 본뜬 것이었다. 그는 얼굴표정에 대한 생리학적 설명을 위해, 찰스 벨 경^{Sir Charles Bell}이 쓴 『표현의 해부학과 철학^{Anatomy and Philosophy of Expression}』1844년 판을 반복적으로 참고하였다. 다윈은 감정표현에서 얼굴근육의 중요성을 지지하기 위해, 자신의 책에 뒤센^{Duchenne}의 작업을 통합시켰다. 뒤센은 사람 얼굴에 전기자극 실험을 하였다. 선택된 얼굴근육에 대한 전기자극은 다른 감정상태를 나타내는 얼굴표정을 유발하였다.

정동의 표현과 경험에 대한 일차적인 조직화 원칙으로 자율신경계의 진화를 사용하고 있는 감정의 여러미주신경이론과는 대조적으로, 다윈의 저술들은 감정의 진화에 관여하고 있는 구조물로서의 신경계의 중요성을 강조하지 않았다. 그보다 그는 인간감정의 얼굴표정과 목소리 표현을 유발하고 진화에 반응하는 하나의 기능적인 체계로서의 정동에 초점을 맞추었다. 다윈은 진화의 압력에 취약한 구조물인 신경계를 취급하는 중요성을 무시하였다. 정동을 기능적인 행동체계로 조사하는 것과 정동을 구조적인 결정인자(즉, 신경계)로 조사하는 것 사이의 선택은 다윈의 뒤를 이은 연구자들에 의해 명확하게 이루어졌다. 이러한 연구전통은 얼굴표정을 정동적인 범주로 조직화하는 관찰적인 접근법을 유발하였다. 비록 정동과 얼굴표정의 생리적 연관성이 조사되었지만(Ekman et al., 1983; Levenson et al., 1990; Stifter, Fox, & Porges, 1989), 이러한 조사들은 정신생리학적 수준에서 이루어졌으며 구체적인 신경조절과정에 대해서는 강조하지 않았다.

톰킨스Tomkins(1962, 1963)는 관찰적 접근법을 이용하여 얼굴을 하나의 의사소통을 위한 구조일 뿐만 아니라 자기되먹임 구조로서의 중요성을 강조한 정동의 이론을 개발하였다. 톰킨스 이후에 에크먼Ekman(1978)과 이저드Izard(1979)는 얼굴정동을 위한 자세한 부호체계를 개발하였으며, 개인적인 차이, 발달적 이동, 얼굴표정의 범문화적인 일치성을 연구하는 데 이 방법을 사용하였다.

현대의 몇몇 감정에 대한 이론들은 다윈이 처음에 제안했던 것과 비슷한 방식으로 얼굴표정에 초점을 맞추었다. 연구자들과 이론가들은 얼굴의 신경조절이나 자율신경계 기능의 신경조절 진화에 대한 지식을 통합하기보다는 얼굴표정의 순서나 양상의 기능적인 중요성의 측면에서 정보를 조직화하려는 시도를 하였다. 다윈의 모델에 기초를 두고 있는 이러한 어려운 작업들은 흔히 의미적인 측면, 철학적인 불일치, 반복성으로 인해 교착상태에 빠졌다. 다윈은 감정에 대한 설명에서 종에 특별한 정동반응양상에 기여하는 자연선택의 가설적인 예들을 추측하고 제공하였다. 그러나 특별한 감정을 설명하기 위해 사용한 용어들은 흔히 문화마다 다른 것들이었다. 톰킨스 및 그 이후의 에크먼과 이저드는 얼굴표정에 관여하는 구체적인 얼굴근육이나 근육집단의 측면에서 정동표현의 설명을 향상시켰다. 그러나 이들은 그 이후에 이러한 얼굴표정을 명명하는 주관적인 설명을 하였다.

우리는 얼굴표정의 밑에 있는 신경조절에 대해 조사함으로써 다윈의 이론을 '밝혀낼' 수 있을 것이다. 얼굴표정은 뇌신경에 의해 조절된다. 삼차신경(V)에서 나오는 운동경로는 관자근^{temporalis}, 깨물근^{masseter}, 안쪽근^{medial}, 가쪽날개근$^{lateral\ pterygoid\ muscle}$으로 가는 가지를 통해 씹기근육들을 조절한다. 얼굴신경(VII)에서 나오는 운동경로는 광대근^{zygomaticus}, 이마근^{frontalis}, 눈둘레근^{frontalis}, 올림근^{elevator}, 입둘레근$^{orbicularis\ oris}$, 내림근^{depressor}, 넓은목근^{platysma}을 포함하는 얼굴표정 근육들을 조절한다. 모호핵은 혀인두신경(IX), 미주신경(X) 더부신경(XI)을 포함하는 것으로 몇몇 뇌신경을 통해 지나가는 운동경로를 위한 세포체의 근원으로서의 역할을 한다. 혀인두신경에서 나오는 경로들은 인두근육을 조절한다. 미주신경에서 나오는 경로들은 인두와 후두의 근육을 조절하며, 더부신경에서 나오는 경로들은 목근육을 조절하여 목의 회전과 기울이기가 가능하게 해준다. 이러한 뇌신경들은 원시적인 아가미궁에서 유래되며(Gibbins, 1994; Langley, 1921), 전체적으로 배쪽미주신경복합체라고 불린다. 따라서 이러한 뇌신경들을 통한 신체운동경로들의 진화적인 근원(즉, 원시적인 아가미궁)은 우리에게 정동표현을 이해할 수 있는 조직화 원칙을 제공해 준다. 앞에서 설명한 신체운동 구조물들에 대한 신경조절에 더해서 이러한 아가미분절(즉, 원시적인 아가미궁에서 유래된) 뇌신경들을 또한 침 분비, 눈물, 호흡, 심장박동과 연관된 내장운동과정도 조절한다.

감정표현에 관여하는 다른 뇌신경들도 있다. 혀밑신경^{hypoglossal} (XII)은 혀의 근육을 조절한다. 도르래신경^{trochlear}(IV), 갓돌림신경 ^{abducens}(VI), 눈돌림신경^{oculomotor}(III)은 눈 및 눈꺼풀의 움직임과 연관된 근육들을 조절한다. 따라서 다윈에 의해 관찰되고, 톰킨스에 의해 세밀화되었으며, 에크먼과 이저드에 의해 부호화된 얼굴표정은 뇌신경에 의한 얼굴조절을 직접적으로 나타내주는 것이다.

주술 또는 미주신경 죽음? 여러미주신경이론의 검증

감정의 여러미주신경이론은 캐논^{Cannon}(1957)과 리히터^{Richter}(1957)가 설명한 주술 또는 공포의 죽음$^{voodoo\ or\ fright\ death}$ 현상을 설명할 수 있는 이론적인 틀을 제공해 준다. 캐논은 특별한 행동적 양상과 관계없이 극단적인 감정적 상태는 교감-부신의 흥분 정도의 측면에서 설명될 수 있다고 믿었다. 캐논은 1942년에 주술죽음으로 알려진 현상을 설명하였다. 주술죽음은 감정적인 스트레스와 직접적으로 연관되어 있다고 간주되어 왔다. 캐논은 감정적 경험의 교감부신 모델을 믿고 있었기 때문에 주술죽음은 교감신경계의 흥분으로 인한 지속적인 에피네프린의 방출 때문에 발생한 쇼크 상태의 결과로 간주하였다. 캐논의 모델에 따르면 희생자는 매우 빠른 호흡과 빠른 심장박동을 나타내었을 것으로 예상된다. 심장이 매우 빨리 뛰어 점차적으로 지속적인 수축상태에 빠졌을 것이며, 결국 뛰지 않게 되어 사망에 이르렀을 수 있다. 그의 추측은 경험에 근거한 것이 아니었기 때문에 다음과 같이 주술죽음에 대한 그의 모델을 검증할 수 있는 기회가 생기기를 바랐다. "그러나 만약 미래에 누군가가 '주술죽음'의 순간을 목격하는 기회가 온다면, 희생자가 마지막 숨을 거두기 전에 그가 간단한 실험을 할 수 있기를 바란다."

리히터는 캐논의 제안에 동물 모델을 가지고 반응하였다. 물결이 이는 욕조에 쥐를 넣고 익사할 때까지의 시간을 측정하였다. 대부분의 실험용 쥐들은 몇 시간을 생존하였지만 예상 밖으로 야생 쥐들은 15분 이내에 죽었다. 실제로 몇몇 야생 쥐들은 욕조의 바닥까지 가라앉아 표면으로 떠오르지 않고 죽었다. 리히터는 스트레스가 유발한 갑작스런 죽음은 교감신경 때문이라는 캐논의 가설을 검증하기 위해 심장박동을 관찰하였고 죽은 이후에 심장이 수축상태였는지 확장상태였는지를 살펴보았다. 그는 캐논의 추측에 따라 죽음 이전에 빠른맥이 선행될 것이고 죽을 당시에는 심장박동조율기와 심근에 대한 자율신경계 흥분의 강력한 효과를 반영하는 심장의 수축상태가 나타날 것이라고 가정하였다. 그러나 리히터의 자료는 캐논의 모델과 반대되는 것이었다. 심장박동은 죽기 전에 느려졌고 죽을 당시에 심장은 피로 가득 차 있었는데 이것은 심장이 확장상태였음을 나타내는 것이었다. 리히터는 이러한 자료를 쥐가 교감부신체계 보다는 부교감신경계의 과다자극으로 인한 "미주신경" 죽음으로 인해 죽었음을 증명해주는 것이라고 해석하였다. 그러나 리히터는 치명적인 미주신경의 영향이 "절망"의 심리적 상태와 연관되어 있다는 것을 제외하고는 다른 생리적인 설명을 제공하지 않았다.

리히터의 실험에서 보았던 야생 쥐의 즉각적인 죽음은 보다 전체적인 고정전략을 나타낸다. 갑작스럽게 오래 지속되는 고정이나 죽은 척하기는 많은 포유류에게서 발견되는 적응적인 반응이다. 호퍼 Hofer(1970)는 몇몇 설치류들은 위협을 받았을 때 매우 느린 심장박동을 동반하는 지속적인 고정을 보인다는 것을 증명하였다. 일부 설치류에서 고정상태 동안의 심장박동은 기본적인 심장박동의 50% 이하로 떨어졌다. 오랜 고정의 상태에서 호흡은 비록 횟수는 증가하지만, 너무 얕아져서 관찰하기가 힘들 정도가 된다. 호퍼는 비록 생리적으로는 비슷하지만 지속되는 고정과 죽은 척하기를 구별하였다. 죽은 척하기의 시작은 매우 빨리 나타나며 뚜렷한 운동 기능의 상실을 보인다. 호퍼는 리히터와 마찬가지로 이러한 두려움에 의해 유발된 심장박동의 저하를 미주신경 현상으로 해석하였다. 그는 이러한 해석을 지지하기 위해 지속적인 고정을 보였던 네 가지 종 중 미주신경에서 기원한 심장부정맥이 대상의 71%에서 나타났으며, 이와는 대조적으로 고정행동을 보이지 않았던 두 가지 종에서는 오직 17%에서만 미주신경 기원의 심장부정맥이 나타났음을 보고하였다.

감정의 여러미주신경이론은 리히터와 호퍼의 관찰을 전체적인 안목으로 관찰하였다. 설치류는 잭슨의 해체원칙을 따라서 다음과 같은 반응전략의 순서를 보였을 것이다. (1) VVC 긴장도의 제거, (2) 교감신경계 긴장도의 증가, (3) DVC 긴장도의 급격한 증가. 리히터의 실험에서, 보다 유순한 실험용 쥐는 교감신경계 긴장도를 증가시키기 위해 분명히 VVC 긴장도를 제거하였고 그 이후에 지쳐서 죽었다. 그러나 야생 쥐는 달랐다. 야생 쥐는 갇히고 사람의 손에 다루어지는 것에 완전히 익숙하지 않았고 콧수염들이 제거된 상태였기 때문에 교감신경계 긴장도의 증가에 의한 움직임 전략은 기능을 하지 못했다. 대신에 야생 쥐는 DVC를 통해 대사자원을 보존하는 가장 원시적인 전략을 사용하였다. 이 전략은 고정반응을 증진시켜 운동 활동의 감소, 무호흡, 느린맥을 유발하였다. 불행하게도 이러한 방식의 반응은 파충류에게는 적응적이지만 포유류에게는 치명적이다. 이와 유사하게 호퍼에 의해 설명된 죽은 척하기의 시작은 교감신경계의 활성화를 필요로 하는 전략이 실패하자 DVC와 연관된 죽은 것처럼 흉내를 냄으로써 대사량을 보존하기 위한 고정상태로의 갑작스럽고 빠른 변화를 설명해 준다.

이러한 자료들은 심한 감정적 상태에 미치는 미주신경의 영향을 설명해 주며, 미주신경이 극단적인 공포와 같은 '고정'의 감정적 상태와 연관되어 있음을 제시해 준다. 여러미주신경적 접근법은 미주신경 처리 과정을 세 가지 전략으로 분리할 수 있게 해준다. (1) VVC 긴장도가 높을 때 얼굴표정, 목소리, 몸짓을 통한 의사소통의 능력이 나타난다. (2) VVC 긴장도가 낮을 때 교감신경계가 활성화되어 맞섬 또는 도피 행동과 같은 움직임을 쉽게 지지해준다. (3) DVC 긴장도가 높을 때 고정과 잠재적으로 생명에 위협이 되는 느린맥, 무호흡, 심장부정맥이 발생한다.

결론

세 가지의 중요한 과학적인 제안이 이 이론의 기초를 제공해 준다. 첫째, 다윈은 계통발생적인 변화에 기여하는 진화의 개념과 과정을 제공해주었다. 둘째, 잭슨은 뇌 기능장애를 설명할 수 있는 해체의 개념을 제공하였다. 셋째, 맥린[MacLean](1990)은 인간의 뇌가 계통발생적으로 보다 원시적인 유기체들과 연관된 구조물들을 보유하고 있다는 개념을 제공해주었다.

감정의 여러미주신경이론은 감정적 경험을 조직화하고, 사회적 행동에서 감정의 역할을 이해할 수 있게 해주는 하나의 주제로서 감정의 표현과 경험에 연관된 구조물의 신경적 및 신경화학적 조절의 진화에 초점을 맞추고 있다. 잭슨은 100년 전에 다윈의 진화론에 매력을 느끼고 '해체'라고 명명한 진화의 역행이 어떻게 질병과 연관되어 있는지를 자세하게 설명하였다. 잭슨에 따르면 고차원의 신경계 구조물들이 저차원의 구조물 또는 체계를 억제하거나 통제하기 때문에 "고차원의 구조물들이 기능을 하지 않게 되면 저차원의 구조물들을 역할을 넘겨받게 된다." 감정의 여러미주신경이론은 이러한 잭슨의 원칙을 따른다.

제11장

사랑

— 포유류 자율신경계에 새로 나타난 특성

사랑에는 두려움이 없다. 그러나 완벽한 사랑은 두려움을 몰아낸다. – 1 요한 4:18

사랑은 다양하게 표현돼 왔다. 우리 문화에서 가장 중요한 것은 다른 성별 간의 사랑이다. 이러한 사랑의 결실은 아이, 생존을 위한 협조적이고 공유하는 책임감, 문화의 전달, 즐거움과 황홀함으로 관찰된다. 우리는 비록 사랑이 인간만이 가지고 있는 유일한 감정이라고 간주하지만, 사랑의 경험 및 표현에 관여하고 있는 몇몇 신경생물학적 과정들은 다른 포유류들과 공유하고 있다. 이러한 과정들의 계통발생적인 기원은 조상들의 적응적인 기능을 나타내준다. 이러한 과정의 핵심에는 자율신경계가 있다. 이 장의 초점은 어떻게 자율신경계가 사랑의 감정 및 출산과 연관된 행동에 관련이 있는지를 설명하는데 있다. 이 장에서는 자율신경계의 계통발생적 변화가 사랑의 두 가지 구성요소(연애 및 유혹하는 행동과 연관된 욕구단계, 열정적인 성적 행동 및 지속적인 결합을 형성하는 것과 연관된 완성단계)의 출현과 연관되어 있다는 가설모델을 제안한다. 이 모델에 따르면 연애와 유혹은 계통발생적으로 새로운 구조물에 의존하고 있다. 예를 들면, 겉질은 겉질숨뇌경로를 통해서 미래의 배우자에게 접근 가능성을 표현하기 위해 얼굴표정과 목소리를 조절한다. 이와는 대조적으로, 열정적인 육감은 시상하부 및 숨뇌와 같은 계통발생적으로 오래된 구조물에 의존하는데 이러한 구조물들은 계통발생적으로 보다 최근의 신경펩티드들(옥시토신[oxytocin] 및 바소프레신[vasopressin])과 연관되어 있다.

진화와 해체
─ 배우자 선택을 하는 동안의 계층적 반응전략

자율신경계의 진화는 앞에서 설명한 세 가지의 감정 하부체계의 출현을 위한 기질을 제공하였다. 비록 맥린[MacLean](1990)이 제안한 삼위일체의 뇌가 존재하지만, 여러미주신경이론은 계통발생적으로 더 원시적인 구조물들도 그 구조와 기능이 변화하였다는 점을 강조한다. 이러한 자율신경계의 계통발생적인 적응은 감정을 표현하기 위해 구조물들의 선택적인 진화(즉, 기능의 변화)가 있었음을 나타낸다. 원시 척추동물들의 특징을 나타나게 하는 원시적인 아가미궁은 얼굴표정, 몸짓, 목소리의 의사소통을 통해 감정상태를 전달하는 구조물들로 진화하였다.

여러미주신경이론은 자율신경계의 계통발생적인 변화들을 강조한다. 구체적으로 포유류가 진화하면서 내장에 대한 미주신경의 조절은 두 가지 미주신경경로에 의해 유지되었다. 두 번째 미주신경회로는 말이집 날경로를 가지고 있으며 미주신경의 등쪽운동핵의 배쪽에 있는 모호핵에서 나온다. 배쪽미주신경회로는 배쪽미주신경복합 ventral vagal complex(VVC)라고 불린다. 등쪽미주신경회로는 대부분의 척추동물들이 가지고 있으며 등쪽미주신경복합체dorsal vagal complex(DVC)라고 불린다. 이러한 두 가지 미주신경회로는 교감신경sympathetic nervous system(SNS)과 협력하여 내장을 조절하는 계층적 체계를 형성한다. 여러미주신경이론은 환경적 도전에 대한 계층적인 반응전략이 있다고 제안하는데, 가장 최근에 진화한 전략(즉, VVC에 의한)이 먼저 사용되고 가장 원시적인 전략(즉, DVC)이 가장 나중에 사용된다. 그러나 반응전략은 전부 아니면 전무의 방식을 취하는 것이 아니라, 세 가지 감정 하부체계의 경계들이 일시적으로 섞이는 과정이 포함된다. 이러한 일시적인 혼합은 내장되먹임과 고위 뇌구조물들(시상하부 및 숨뇌에 있는 미주신경의 근원핵들 사이를 의사소통하는 바소프레신과 옥시토신경로를 포함하는)에 의해 결정된다. 따라서 특별한 상태 및 행동의 신경생리학적인 기질은 하나의 감정체계 이상의 활성화를 혼합한 것일 수 있다. 예를 들면, 얼굴의 붉어짐, 땀 분비, 빠른맥이 나타나는 얼굴 및 목소리의 표현을 동반하는 성적인 흥분은 VVC와 SNS의 활성화가 혼합된 양상을 나타낸다.

계층적인 반응전략은 인간의 사회적 행동을 탐색하는 하나의 모델을 제시한다. 이러한 계통발생적인 전략은 인간의 짝짓기 전략에서 관찰된다. 우리의 짝짓기 행동은 흔히 대사요구량이 적게 필요한 전략인 얼굴표정과 목소리를 통한 의사소통으로 시작된다. 만약 적절하게 사용된다면 의사소통은 접근을 유발하고 생식행동을 증진시키는 접근 가능성을 결정하게 될 것이다. 또는, 이러한 전략은 사회적 거리감을 유지하고 다른 배우자를 찾게 만드는 접근하지 않는 행동을 유발할 것이다. 이러한 배우자 선택전략의 중요한 양상은 당사자가 개입 및 개입하지 않는 행동 사이를 빠르게 전환시킬 수 있도록 해줌으로써 취약성과 위험을 감소시킨다(즉, 말하고 나서 이야기를 듣는 것으로; 접근했다가 빠르게 철수하는).

이러한 계통발생에 기초를 두고 있는 계층적 반응전략은 신경계의 질환을 설명하기 위해 존 헐링스 잭슨$^{John Hughlings Jackson}$(1958)이 제안한 해체^{dissolution}의 개념과 일치한다. 잭슨은 "더 높은 차원의 신경계가 더 낮은 차원의 신경계를 억제(또는 통제)하기 때문에 높은 차원의 신경계가 갑자기 기능을 상실하게 되면 더 낮은 차원의 신경계가 활성화된다"라고 제안하였다. 여러미주신경이론(제10장을 보시오)은 질병이나 뇌 외상의 측면에서가 아니라 다른 도전들에 대한 반응전략으로서 해체의 개념을 제안하였다. 신호를 보내고 의사소통을 하는 VVC는 환경에 대해 처음으로 반응을 한다. VVC는 심장의 수준에서 SNS의 강력한 움직임^{mobilization} 반응을 억제한다. 잭슨의 이론처럼 VVC의 철수는 심장에 대한 교감신경계의 조절을 탈억제한다. 이와 마찬가지로 교감신경계의 철수는 위장창자관, 기관지, 심장에 대한 DVC의 조절을 탈억제한다. DVC의 활성화로 인해 관찰되는 임상적인 결과에는 조임근의 이완과 소화관 운동성의 증가로 인한 배변, 기관지의 수축으로 인한 무호흡증, 굴심방결절에 대한 자극으로 인한 느린맥이 포함된다. 따라서 다른 반응전략들이 실패했을 때 신경계는 원시적인 척추동물에게는 적응적이지만 포유류에게는 치명적일 수 있는 대사를 보존하는 과정을 선택한다. 잭슨의 해체개념처럼 정동조절장애라고 정의되는 특별한 정신병리들은 자율신경계 조절의 세 가지 계통발생적 수준과 연관되어 있을 수 있다.

사회참여체계
─ 배쪽미주신경복합체에 의해 새로 나타난 특징

계통발생적으로 VVC는 가장 최근의 신경생리적 정동체계이다. VVC는 특수내장날경로$^{special\ visceral\ efferents}$로 구성되어 있는 신체운동요소$^{somatomotor\ component}$와 모호핵에서 심장의 굴심방결절 및 기관지로 가는 말이집 미주신경경로로 구성되어 있는 내장운동요소^{visceromotor} ^{component}로 이루어져 있다. [그림 11.1]에 설명되어 있듯이 특수내장날경로와 미주신경제동은 함께 새로 출현한 사회참여체계를 구성하고 있다. VVC의 신체운동요소는 사회적 환경의 탐색(즉, 보기, 듣기, 먹기) 및 사회적 접촉의 인식에 관여하는 행동(즉, 얼굴표정, 머리 움직임, 목소리)의 조절에 관여한다. 더 구체적으로 VVC의 신체운동요소는 고개돌리기(XI번 뇌신경을 통해), 목소리(IX, X), 얼굴표정(VII, V), 배경의 소리로부터 인간의 목소리를 찾아내기 위해 가운데귀근육을 통해 낮은 주파수의 소리를 걸러내기(VII), 씹기(V)에 관여한다. VVC의 내장운동요소는 사회적인 상황에서 참여하고 참여하지 않는 활동에 대한 대사자원을 제공해 주는 심장과 기관지에 대한 미주신경(X)의 조절에 관여한다.

세 가지의 중요한 양상들이 사회참여체계를 정의해준다. 첫째, 사회참여체계를 조절하는 날경로는 숨뇌구조물들(즉, V, VII번 뇌신경의 핵, 모호핵)에서 나온다. 둘째, 이마겉질$^{frontal\ cortex}$에서 나오는 겉질숨뇌경로$^{corticobulbar\ pathways}$(즉, 위운동신경세포$^{upper\ motor\ neuron}$)는 이러한 숨

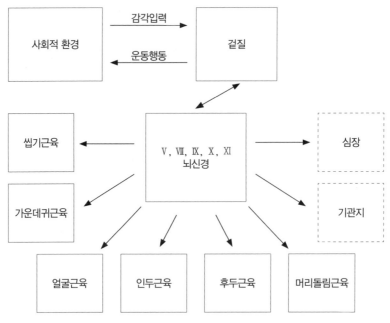

[그림 11.1] 사회참여체계: 사회적 의사소통은 겉질숨뇌경로를 통해
숨뇌에 있는 핵들에 대한 겉질의 조절에 의해 결정된다

사회참여체계는 신체운동요소(머리의 근육들을 조절하는 특수내장날경로)와 내장운
동요소(심장과 기관지를 조절하는 미주신경제동)로 구성되어 있다.

뇌의 근원핵들(즉, 아래운동신경세포$^{lower\ motor\ neuron}$)에 대한 효율적인 겉
질의 조절이 가능하게 해준다. 셋째, 숨뇌 수준에서 사회적 의사소통
에 대한 날조절을 하는 구조물들은 섭취(예: 빨기, 삼키기, 침 분비) 및
심장박출량을 조절하는 구조물들과 신경해부학적으로 의사소통을
한다. 따라서 미주신경제동의 조절은 진정시키고, 스스로를 달래는
상태를 촉진시키거나(즉, 심장에 대한 교감신경계 영향을 약화시킴) 움직
임(즉, 심장에 대한 교감신경계 영향을 증가시킴)을 지지할 수 있다.

포유류는 심장박동을 조절하는 말이집 섬유를 포함하고 있는 독특한 미주신경체계를 가지고 있다. 심장에 대한 미주신경긴장도를 빠르게 억제하고 탈억제하는 능동적 미주신경제동의 기능을 하는 포유류의 미주신경(제7장을 보시오)은 사물 및 사람들과의 즉각적인 개입 및 개입하지 않는 행동을 증진시키기 위해 심장박출량을 변화시킬 수 있다. 따라서 사회적 상호작용과 함께 움직이는 자율신경계 구성요소들은 그동안 간주되어왔던 교감신경계 각성의 변화보다는 심장에 대한 미주신경긴장도의 변화에 의해 중재된다. 여러미주신경이론에서 설명하듯이 미주신경제동 조절에서의 어려움은 환경적인 도전을 다루기 위한 심장박출량을 조절하기 위해 계통발생적으로 더 오래된 체계(즉, 부신과 SNS의 조절을 담당하는)의 활성화를 유발할 수 있다. 고전적인 '맞섬-도피' 행동과 교감신경계 활성화가 특징적으로 나타나는 움직임 상태에서 미주신경제동과 사회참여체계의 행동적 요소들은 쉽게 사용할 수가 없다.

심장에 대한 포유류 미주신경의 기능적인 영향은 호흡굴부정맥respiratory sinus arrhythmia(RSA)이라고 알려져 있는 심장박동 양상을 유발한다. RSA는 자발적인 호흡을 하는 동안에 관찰되는 심장박동의 리듬 있는 증가와 감소를 말한다. 포유류 미주신경을 조절하는 뇌줄기 핵들은 신경해부학적 및 신경생리적으로 얼굴표정을 조절하는 특수내장날경로의 뇌줄기 근원핵들과 연결되어 있기 때문에, RSA와 심장박동의 역동적인 변화를 측정하는 것은(즉, 미주신경제동) 사회참여체계의 상태를 평가하는 효율적이고 비침습적인 방법을 제공해 준다.

유혹과 연애 — 사회참여체계의 특수화된 기능

유혹과 연애행동은 신체적 및 심리적 거리를 감소시키는 신호를 전달한다. 영장류는 얼굴표정, 머리동작, 목소리를 조절하는 VVC에 있는 뇌줄기 핵에 대한 겉질의 조절을 통해서 이러한 신호를 전달한다. 포유류의 사회적 행동은 [그림 11.1]에 있는 VVC와 말초 구조물들에 대해 겉질에서 조절하는 새롭게 나타난 특징이다. 연애 및 다른 사회참여행동들은 VVC의 숨뇌 근원핵들에 대한 직접적인 겉질의 조절을 필요로 한다. 숨뇌에 대한 이러한 겉질의 조절은 겉질밑 구조물들(예: 편도, 시상하부)에 의존하고 있는 방어 및 보호반응을 억제한다. 그러나 연애 및 다른 사회적 행동의 표현들은 신경생리적 상태와 별개의 것이 아니다. 맞섬 또는 도피 행동과 연관된 상태와 같이 뇌줄기가 겉질밑의 통제 상태에 있을 때, 잠재적인 갈등에 반응하거나 회피하는 데 필요한 움직임 행동을 지지하기 위해 SNS를 활성화시킴으로써 심장박출량이 증가된다. 심장에 대한 겉질의 내장운동조절은(즉, 미주신경제동) 심장박출량을 상당히 감소시키며 적응적인 맞섬 또는 도피 행동의 효율성을 약화시킨다. 따라서 VVC에 대한 겉질의 조절은 안전하다는 인식이 될 때만 작동한다. 안전에 대한 인식이나 최소한 맞섬 또는 도피반응이 없는 것은 숨뇌핵에 대한 겉질의 조절이 접근성을 증진시키고 생식행동의 가능성을 증가시키는 신경생리적 상태를 제공한다.

사랑과 여러미주신경이론

여러미주신경이론에 따라 세 가지의 단계를 포함하고 있는 신경생물학적 모델을 예상할 수 있을 것이며, 세 가지 감정의 하부체계에 대해서는 이미 제10장에서 설명하였다. 첫 번째 두 가지의 단계는 쉽게 확인이 된다. 첫 번째 단계는 미래의 배우자에게 체계적으로 신호를 보내고 개입하는 사회참여체계 및 이러한 행동을 하는 데 필요한 대사자원을 조절하는 미주신경제동의 조절과 연관되어 있다. 첫 번째 체계는 안전함이 인식된 기간에만 기능을 한다. 두 번째 단계는 움직임 mobilization과 연관되어 있으며, 생식행동을 위한 접근성을 촉진시키고 방어하기 위해 교감신경계의 활성화를 통한 에너지를 공급해준다. 그러나 고정immobilization과 연관되어 있는 세 번째 단계는 여러미주신경으로 설명하기에, 보다 더 어려운 개념이다. 비록 성적 행동이 고정의 상태를 흔히 포함하고 있지만, 성교하는 동안의 고정은 여러미주신경이론에 의해 예상되는 두려움의 상태와는 다른 것이다. 게다가 여러미주신경이론의 초기 설명에는 성적 행동과 연관된 즐거움 및 황홀감의 경험에 대한 언급이 없었다. 따라서 사랑의 신경생리학적 설명을 제공하기 위해서 여러미주신경이론의 수정이 필요하게 되었다.

두려움이 없는 사랑 — DVC에 대한 시상하부의 조절

여러미주신경이론의 세 번째 감정적 하부체계는 고정이 위험에 대한 반응으로 나타날 때만 적응적인 것으로 간주하였다. 두려운 상태는 유혹 및 애정과 연관된 행동 상태와 일치하지 않는다. 그러나 많은 포유류의 경우에, 여성의 행동적 고정은 삽입에 필요하다. 이러한 운동행동의 능동적인 억제는 인간에게서 시기적절하게 발생하며, 두려움이나 공포의 상태가 아니라 배우자의 안전함과 신뢰를 바탕으로 하는 상태에서 발생한다. 만약 신뢰감과 안전함이 성교하는 동안에 나타나지 않는다면, 성교는 고통스러울 것이며 조직에 상처를 유발할 것이다. 마찬가지로 만약 안전에 대한 잘못된 감각이 발생한다면, 남성과 여성 모두 포식자에게 취약한 상태가 될 것이다.

포유류는 어떻게 두려움 없이 고정$^{immobilization\ without\ fear}$될 수 있을까? 그리고 두려움에 의해 유발된 정지^{shutdown}반응의 생리적 결과가 없는 행동적인 고정을 가능하게 하는 짝짓기 의식의 기초가 되는 생리적 기전은 무엇일까요?

비록 여러미주신경이론은 미주신경의 등쪽운동핵의 급격한 활성화와 연관된 치명적인 정지에 대해 강조하였지만, DVC는 다른 기능에도 관여한다. 미주신경의 등쪽운동핵에서 나오는 운동섬유와 고립로핵 및 맨아래구역$^{area\ postremal)}$에서 끝이 나는 들섬유를 가지고 있는 DVC는 항상성 기능에 관여하는 것으로 알려져 왔다(Leslie, 1985). DVC는 신체에너지의 회복과 보존 및 생명장기$^{vital\ organ}$의 휴식과 연관된 합성대사활동$^{anabolic\ activities}$을 증진시킨다. DVC는 소화 폴리펩티드와 위운동을 조절함으로써 소화를 조절한다(Rogers & Hermann, 1992). 게다가 우브너스 모버그$^{Uvnas-Moberg}$(1989, 1994)는 DVC가 하는 위창자 호르몬의 조절과 스트레스, 배고픔, 포만을 포함하는 내장상태의 조절과 연관되어 있다고 제안하였다. 외적인 도전이 없을 때,

---

1) 제4뇌실이 척수의 중심관으로 연결되는 부분 앞에 있는 뇌줄기 부분(역자 주).

DVC는 내장의 기능을 최적화한다. 이와는 대조적으로 외적인 도전이 있을 때는 SNS가 이러한 도전을 직접적으로 다루기 위해 대사출력을 증진시킴으로써 유기체와 환경 사이의 관계를 최적화시키려고 시도한다. 따라서 온도, 소음, 통증, 발열을 유발하는 물질의 증가는 교감신경계 활성화를 증가시킬 뿐만 아니라 창자에 대한 DVC의 활동을 능동적으로 억제시킨다(Uvnas-Moberg, 1987).

뇌실곁핵과 DVC

시상하부hypothalamus의 뇌실곁핵paraventricular nucleus2)은 DVC에 대한 중요한 조절 역할을 한다. 뇌실곁핵과 DVC 사이의 의사소통은 항상성뿐만 아니라 방어적이고 보호적인 반응(예: 구역과 구토, 조건적 맛 기피conditioned taste aversion, 행동적 방어)에도 관여한다. 뇌실곁핵과 DVC 사이의 의사소통은 경험에 따라 변하기 때문에, 학습이나 기억의 영향을 받는다. 환경적 양상이나 경험과 내장운동반응 사이에 빠른 연결이 형성될 수 있다. 아마도 조건적 맛 기피에서, 이러한 기억은 구체적인 환경적 양상과 구역 사이에 학습된 연결로 나타날 수 있다. 일단 연결이 되면, 그다음에 환경적인 양상에 노출이 되었을 때 즉각적인 구역과 방어적인 회피 행동이 나타날 수 있다. 경험과 연관된 뇌실곁핵과 DVC 사이의 변화하는 의사소통에 대한 이러한 추측은 기피학습의 일반적인 이론과 일치한다(Garcia, Lasiter, Bermudez-Rattoni, & Deems, 1985).

---

2) 제3뇌실 옆에 있으며 옥시토신, 바소프레신, 부신겉질자극호르몬방출호르몬[CRH], 갑상샘자극호르몬분비호르몬[TRH]을 분비하며 스트레스에 대한 반응 및 식욕과 연관된 기능을 한다(역자 주).

DVC에 대한 뇌실곁핵의 조절은 도망과 회피 행동이 내장 항상성의 유지에 기여했던 계통발생적으로 오래된 척추동물들에서 진화된 것이다(Lawes, 1990). 초기 척추동물은 자신들의 내장을 조절할 수 있는 정교한 신경계가 없었기 때문에, 행동은 항상성 유지를 위한 주요한 기전(예: 체온조절과 산소 요구량을 조절하기 위해 이동하는 것)이었다. 신경계가 진화하면서 자율신경계와 신경내분비 기전들이 새로 나타나고 내적인 상태를 조절하기 위해 행동을 사용해야 할 필요성이 대체되었다. 내적상태에 대한 신경적 및 신경내분비적 조절은 행동적 과정을 환경적인 도전으로 향하도록 해주었다. 그러나 계통발생적으로 오래된 종들의 항상성 유지를 위한 행동을 조절했던 뇌구조물, 구체적으로 뇌실곁핵은 계통발생적으로 새로운 종들에서는 내적인 항상성 기능을 조절하는 구조물로 진화하였다(Leslie, Reynolds, & Lawes, 1992).

현대의 척추동물에서 DVC에 대한 조절을 담당하던 뇌실곁핵의 역할은 계통발생적으로 오래된 기능을 유지하고 있으며, 내장 및 내분비 반응을 유발함으로써 위협적인 상황에 대해 계속적으로 반응하고 있다. 그러나 이러한 계통발생적인 조직화는 취약성을 유발하는데, 왜냐하면 실제로 생명에 대한 위협이 되든 그렇지 않든 생명의 위협에 대한 인식은 정상적인 생리적 기능을 약화시키는 내장 및 내분비 반응을 유발할 수 있기 때문이다.

여러미주신경이론은 방어와 회피 행동이 DVC를 통한 미주신경에 의해 이루어진다는 점을 강조한다. 예를 들면, DVC에 의해 중재되는 생리적 정지는 죽은 척하기나 얼어붙음과 같은 회피 행동을 지지해 준다. 그러나 DVC에 대한 시상하부 조절의 진화는 대체반응을 제공하였다. 구체적으로 포유류에서 뇌실곁핵은 두 가지의 신경펩티드 즉, 옥시토신과 바소프레신을 생산하는데, 이들은 DVC의 감각 및 운동 부분과 다르게 의사소통을 한다. 랜드그라프 등(Landgraf et al., 1990)은 밀고 당기는 관류기술을 사용하여, 옥시토신과 바소프레신 모두가 DVC로 방출된다는 것을 증명하였다. 바소프레신의 결합 위치는 감각 부분에 풍부하게 있었지만, 운동 부분에서는 관찰되지 않았다(Fuxe et al., 1994). 이와는 대조적으로 옥시토신은 뇌실곁핵에서 미주신경의 등쪽운동핵까지의 일차적인 경로를 가지고 있으며, DVC에 대한 옥시토신의 주입은 섭취행동 직후에 정상적으로 관찰되는 미주신경 반응과 유사한 반응을 유발하였다(Rogers & Hermann, 1992). 고립로핵에서 뇌실곁핵으로 가는 직접적인 경로는 내장운동 기능에 미치는 시상하부의 영향에 대한 강력한 되먹임을 제공한다(Sawchenko & Swanson, 1982). DVC와 뇌실곁핵 사이의 의사소통은 심혈관계(Nissen, Cunningham, & Renaud, 1993)와 위창자 체계(Bray, 1985)를 포함하는 내장운동 반사를 조절하는 것으로 보인다.

옥시토신과 바소프레신

옥시토신과 바소프레신은 일차적으로 시상하부의 뇌실곁핵과 시신경교차위핵supraoptic nuclei에서 만들어지며, 중추성은 작은세포신경세포parvocellular neuron을 통해 전신성은 큰세포신경세포magnocellular neuron를 통해 방출된다(Swanson & Sawchenko, 1977). 이러한 신경펩티드들의 중추성 및 전신성 효과는 다르다. 중추에서 방출되는 옥시토신은 미주신경 등쪽운동핵의 출력을 조절하며, 대개 항상성 유지에 적절한 수준의 출력을 유지한다. 말초에서 방출되는 옥시토신은 젖의 분비, 자궁의 수축, 사정^{ejaculation}과 연관되어 있다(Arletti, Benelli, & Bertolini, 1992; Wakerley, Clarke, & Summerlee, 1994). 중추에서 방출되는 바소프레신은 내장에서 오는 들되먹임을 조절하고 민감도와 관계없이 압력수용기반사$^{baroreceptor\ reflex}$와 같은 미주신경반사에 대한 설정값$^{set\ point}$을 이동시키는 것과 연관되어 있다(Michelini, 1994). 압력수용기의 설정값을 올리는 것은 심장박출량을 증가시킴으로써 맞섬 또는 도피 행동을 강화시키고, 항상성 유지를 위한 미주신경반사에 방해를 받지 않는 심장에 대한 교감신경계의 활성화가 가능하게 해준다. 따라서 옥시토신의 중추성 수준은 미주신경 과정과 연관되어 있고, 바소프레신의 중추성 수준은 교감신경계 과정과 연관되어 있다(Uvnas-Moberg, 1997).

옥시토신과 바소프레신의 말초에 대한 영향은 주로 DVC의 감각 요소를 통한 되먹임을 통해 이루어지기 때문에 그 영향이 다소 덜 명확하며 농도에 의존적일 수 있다. 예를 들면, 들미주신경의 자극에 의해 분비된 말초 바소프레신은 미주신경의 등쪽운동핵을 통한 급격한 미주신경 반응을 유발할 수 있다. 이러한 추측을 지지하는 것으로, 인간에게 있어서, 옥시토신이 아닌 말초의 바소프레신은 멀미하는 동안에 경험하는 구역질과 연관되어 있는 것으로 알려져 있다(Koch, Summy-Long, Bingaman, Sperry, & Stern, 1990). 게다가 전신 바소프레신은 압력수용기에 의해 중재된 교감신경계 긴장도의 철수를 유발할 수 있는데, 이것은 압력수용기에 의해 유발된 느린맥의 증가와 노르에피네프린의 혈장농도 감소로 관찰된다(Buwalda, Koolhaas, & Bohus, 1992; Michelini, 1994).

안전함이 인식된 시기와 같이 특별한 상황에서 말초 바소프레신의 작은 증가는 작은세포신경세포에서의 옥시토신 및 바소프레신의 분비 모두를 촉발시킬 수 있다. 이것은 말초 들미주신경이나 맨아래구역[area postrema]에 있는 바소프레신 수용체의 자극을 통해서 발생할 수 있다. 이러한 자극은 뇌실곁핵과 DVC의 감각 및 운동핵 모두와의 의사소통을 유발할 수 있다. 중추성 옥시토신과 바소프레신의 동시 분비는 미주신경과 교감신경 활성도 모두를 활성화시킬 것이다. 이러한 독특한 생리적 상태는 성적인 각성으로 특징되며 친밀한 행동을 지지해줄 것이다. 안뜰[vestibular3)]에 대한 자극은 전신 바소프레신의 방출을 자극하기 때문에(Koch et al., 1990), 동작에 대한 지각이나 움직이는 환경은 친근감에 의해 넘어가기 쉬운 내장의 상태를 유발한다. 이것은 열정적인 사랑을 유발하고 경험하기 위해 그네 의자, 기차, 배, 비행기, 물침대나 심지어 롤러코스터를 선택하는 이유에 관해 설명해 준다.

옥시토신은 환경을 안전한 것으로 지각하는 것과 연관된 복합적인 반응의 한 부분이 될 수 있다. 이러한 관점과 일치하는 것으로, 우브너스-모버그[Uvnas-Moberg](1997), 카터와 알테머스[Carter and Altemus](1997)는 옥시토신이 스트레스에 저항하는 상태(즉, 항스트레스)를 촉진시킨다고 제안하였다. 이와는 대조적으로, 바소프레신은 환경이 도전적이거나 위험한 것으로 지각하는 것과 연관된 복합적인 반응의 한 부분이 될 수 있다. 실제로 중추성 바소프레신은 교감신경계 항진을 통해서 움직임 반응을 증진시킬 수 있으며, 높은 전신

---

3) 속귀에 위치하며 몸의 균형을 담당한다(역자 주).

성 바소프레신의 농도는 등쪽운동핵에 대한 되먹임과 교감신경계 활성화의 억제를 통해 두려움과 연관된 생리적 정지(예: 느린맥)를 강화시킬 수 있다(Ferguson & Lowes, 1994). 게다가 DVC의 감각요소(바소프레신에 민감한)로 향하는 내장입력을 기능적으로 차단하는 들미주신경의 병변은 특수한 조건적 맛 기피를 약화시키거나 없앨 수 있다(Andrews & Lawes, 1992).

여러미주신경이론의 관점에서 볼 때, 모호핵에서 시작하는 말이집 운동섬유를 가지고 있는 포유류 미주신경 또는 활발한 미주신경 smart vagus 은 의사소통의 친사회적 행동과 연관된 특별한 양상을 가지는 환경에 자발적으로 참여하는 체계를 제공한다. 이러한 미주신경의 진화적인 이동과 같은 것은 포유류가 옥시토신과 바소프레신을 통한 DVC에 대한 시상하부 조절의 변화이다. 옥시토신과 바소프레신에 대한 수용체들이 발달하면서, DVC와 연관된 적응적인 기능의 범위 역시 증가하였다. 포유류에게 있어서, DVC의 운동요소인 미주신경의 등쪽운동핵은 옥시토신에 민감하고 바소프레신에 둔감하다. 이와는 대조적으로, DVC의 감각요소인 고립로핵과 맨아래구역은 바소프레신에 가장 민감하다. 비록 고립로핵은 옥시토신에 대한 수용체를 가지고 있지만(Landgraf et al. 1990), 맨아래구역은 옥시토신에 의해 직접적인 영향을 받지 않는다(Carpenter, 1990). 이러한 신경펩티드들에 대한 DVC 구성요소들의 다른 민감도(내장기능에 대한 중추성 및 전신성 방출의 다른 효과와 농도 의존성)는 다양한 범위의 선택적 반응을 유발하였으며, 원시적인 미주신경체계가 회피(죽은 척하기, 구토), 참여(예: 양육, 수유), 성교를 지지할 수 있도록 해주었다.

조건적 사랑 — 친밀함의 학습과 기억에 관여하는 생리적 기전

고전적조건화[classical conditioning4)]는 위창자반응과 구체적인 감각 사건을 연결시키는 신경생리적 과정을 제공해 준다. 고전적조건화는 뇌실곁핵과 등쪽미주신경복합체를 연결시키는 옥시토신 및 바소프레신 경로를 통합시킬 수 있다. 가르시아 등(Garcia et al., 1985)은 기피학습[aversion learning]의 일반적인 이론을 설명하면서 포유류에게서 진화된 두 가지의 특수한 대응 체계를 제시하였다. 첫 번째 대응 체계에는 포식자의 공격으로부터 스스로를 보호하기 위한 행동이 포함되어 있다. 이 체계는 능동적인 접근과 회피 행동을 포함하는 중요한 움직임 행동을 사용한다. 두 번째 대응 체계는 독성이 있는 음식으로부터 장을 보호하는 체계이며 음식을 먹는 것과 성교를 하는 동안에 내장의 자극에서 오는 쾌락적 인식을 포함하고 있다. 두 번째 체계는 빠르게 조건화되고 없애기 힘든 미각-내장의 연결을 유발한다. 가르시아와 동료들은 수용적인 짝에게 접근하는 것은 첫 번째 단계의 결과물이고, 성적으로 만족시켜주는 짝을 발견하는 것을 더 선호하는 것은 두 번째 단계의 결과물이라고 제안하였다. 접근하는 행동과 조건화된 내장 느낌 사이의 이러한 구별은 유혹과 조건적 또는 열정적 사랑 사이를 구별하는 사랑의 신경생물학적 이론과 일치하는 것이다.

긍정적인 내장의 느낌과 짝 사이의 조건적인 연결은 성교의 결과라는 가설과 일치하는 것으로, 카터와 동료들(Carter, Devries, & Getz, 1995; Carter et al., 1997)은 옥시토신과 바소프레신을 통해 중

---

4) 개에게 무조건자극(음식)을 줄 때 조건자극(종소리)과 결합시키면, 나중에 무조건자극 없이 조건자극만 공급해도 개가 침을 흘리는 과정(역자 주).

재되는 성적인 상호작용이 짝들의 결합을 촉진시킨다는 것을 보여주었다. 옥시토신은 신체적인 접근, 접촉, 친사회적 행동, 음식의 섭취와 같은 긍정적인 상태와 연관되어 있다(Carter et al., 1997; Uvnas-Moberg, 1997). 옥시토신은 또한 소화의 머리기$^{cephalic phase}$와 연관되어 있다. 초기 소화기인 머리기는 음식이 위로 들어가기 전에 음식과 연관된 시각, 후각, 미각과 같은 심리적 요소들에 의해 자극된다. 머리기의 특징은 음식이 통과하기 위해 수용적인 환경을 제공해 주며 위에서 음식의 소화를 효율적으로 돕기 위해 위액 분비를 촉진시키는 것으로 나타난다(Rogers & Hermann, 1992).

옥시토신과 바소프레신은 다른 학습된 반응과도 연관되어 있다. 예를 들면, 옥시토신을 대뇌 뇌실에 주입하면 수동적인 회피가 약화되는 반면(Kovacs & Telegdy, 1982), 바소프레신은 수동적인 회피가 증가된다(DeWied, 1971). 이 두 가지 신경펩티드 모두의 중추에서의 농도는 사회적 단서의 학습 및 배우자 선호도의 발달에 관여한다는 일관된 증거들이 있다(Carter, 1998; Engelmann, Wotjak, Neumann, Ludwig, & Landgraf, 1996). 게다가 젖을 짜는 동안에 분비되는 옥시토신은 조건화될 수 있다는 것이 잘 알려져 있다(Wakerley et al., 1994). 이와 마찬가지로, 성교하는 동안에 분비되는 옥시토신 역시 조건화될 수 있으며 특별한 사회적인 단서와도 연관되어 있다. 따라서 짝을 이룬 배우자들 사이의 관계는 옥시토신의 분비를 촉발시킬 수 있으며, 이것은 그 이후의 성적인 접촉에 대한 잠복기를 감소시킬 수도 있다.

뇌실곁핵과 DVC 사이의 의사소통
― 사랑과 두려움에 대한 포유류의 체계

감정적 연결과 학습된 연결 모두에 관여하는 뇌실곁핵과 DVC 사이의 신경적 및 신경펩티드에 의한 의사소통은 포유류로 하여금 두려움과 연관된 환경적 단서 및 안전과 연관된 환경적 단서 모두에 반응할 수 있는 생리적 기전을 제공해 준다. 따라서 두 가지의 연관된 펩티드들(바소프레신과 옥시토신)의 나누어져 있는 역할을 통한 이러한 의사소통은 몇 가지 행동들을 촉진시킨다. 첫째, 뇌실곁핵에서 미주신경의 등쪽운동핵으로 가는 옥시토신 경로는 파충류의 특징인 오래된 두려움에 의해 유발되는 고정체계와 관련된다. 옥시토신은 미주신경의 등쪽운동핵에 의해 중재되는 두려움에 의한 정지반응을 둔화시킴으로써, 항상성을 증진시키고 내장의 기능이 번식을 위한 행동과 열정의 경험을 증진시키는 쪽으로 이동하도록 만든다. 둘째, 미주신경의 등쪽운동핵과 중추성 옥시토신의 의사소통이 없을 때, 증가된 전신성 바소프레신은 계통발생적으로 기원한 하나의 정지반응체계인 두려움에 의한 회피반응을 촉발시킨다. 셋째, 중추성 바소프레신은 교감신경계의 활성화를 통해 움직임을 촉발시킨다. 넷째, 전신성 바소프레신의 작은 증가는 성적 각성의 특징인 교감신경계 및 미주신경계 모두의 말초성 활성화와 일치하는 중추성 옥시토신과 바소프레신의 동시 활성화를 촉발시킨다.

내장(즉, 미주신경)조건화 및 짝짓기에 대한 문헌(Carter et al., 1997)과 일치하는 것으로, 뇌실곁핵과 미주신경의 등쪽운동핵 사이의 옥시토신에 의한 의사소통은 짝에 대한 접근을 포함하는 구체적인 생식행동이 어떻게 긍정적인 내장의 느낌과 연관되어 있는지를 설명해 줄 수 있는 신경생리적 기전을 제공해 준다. 조건화과정은 성적 각성을 촉발시키는 전신성 바소프레신과 미주신경 반응을 조절하는 중추성 옥시토신 모두에 의해 촉발될 수 있다. 조건화 과정은 부모-아이 결합, 우정을 포함하는 다른 형태의 행동 및 죽음이나 사랑의 맹세에 대한 위반으로 인해 사랑하는 사람을 잃었을 때 나타나는 내장반응을 설명할 수 있는 기전을 제공해 준다. 예를 들면, 흔히 특징적으로 불쾌한 내장반응을 유발하는 애도와 짝사랑은 전신성 바소프레신의 증가에 의해 중재되며 미주신경 반응을 촉발하고(즉, 구역과 실신) 옥시토신에 의해 항상성의 범위 내에서 조절되거나 보호받는 상태를 더 이상 유지하지 못하게 된다. 바소프레신과 옥시토신은 다른 행동적 상태들과 함께 작용할 수 있다. 예를 들면, 성적인 행동이나 수유 행동을 하는 동안에, 말초 옥시토신의 분비는 내장이 반응을 잘하고 순응하게 만들고, 중추성 옥시토신과 바소프레신의 분비는 고립로핵에 대한 전기적 자극 이후에 나타나는 것과 같은 고통스러운 촉각 자극을 약화시키거나 조절해 줄 수 있다(Ren, Randich, & Gebhart, 1990; Uvnas-Moberg, 1998).

추가적인 신경해부학적 구조물들이 친밀함의 형성에 관여하고 있다. 편도는 두려움이나 기피와 연관된 것들을 유지하는 데 주요한 역할을 한다(Davis, 1992; LaBar & LeDoux, 1996; LeDoux, Iwata, Cicchetti, & Reis, 1988). 예를 들면, 편도의 중심핵에 발생한 병변은 조건적 각막망막전위conditioned corneoretinal potential(Gentile, Jarrell, Teich, McCabe, & Schneiderman, 1986)나 심장박동 정위반응orienting response의 크기(Kapp, Frysinger, Gallagher, & Haselton, 1979)와 관계없이 두

려움과 연관된 조건적 느린맥을 약화시킨다. 이러한 연구들은 부정적인 정동상태를 유지하는 편도의 역할을 증명해 준다. 그러나 조건적 사랑과 같이, 친사회적인 행동과 연관된 긍정적인 정동의 유지에서의 편도의 역할에 대해서는 아직 조사되지 않았다.

두려움 없는 고정 — 인지된 안정의 중요성

여러미주신경이론은 신경펩티드인 옥시토신과 바소프레신이 DVC에 미치는 영향을 통합함으로써 두 가지의 고정행동을 설명하는 데 사용될 수 있다. 하나는 두려움과 연관되어 있고 다른 하나는 애정과 연관되어 있다. 포유류는 음식을 효율적으로 소화시키기 위해서, 잠을 자기 위해서, 생식하기 위해서 안전에 대한 인식이 필요하다. 위협이나 두려움을 인식했을 때 이러한 과정들이 억제된다. DVC에 대한 뇌실곁핵의 조절은 구체적인 DVC 과정을 강화할지 또는 억제할지를 결정하는 중추성 회로에 대한 기전을 제공해 준다. 따라서 DVC의 신경펩티드 조절은 두 가지의 중요한 과정에 영향을 준다. 첫째, 고정이 두려움 때문인지 안전 때문인지에 대한 결정. 둘째, 각각의 행동 상태와 구체적으로 조건화된 연결. 다른 조건적 미주신경 반응(예: 맛 기피)과 마찬가지로, 두려움이나 안전과의 학습된 연결은 쉽게 형성되며 없애기가 힘들다.

뇌실곁핵에서 미주신경의 등쪽운동핵으로 가는 옥시토신 경로는 소화, 생식을 위한 배출, 안전한 느낌, 즐거움과 황홀감의 내장감각, 짝과 내장의 조건적인 연결에 대한 신경적 자극을 조절한다. 이와는 대조적으로 뇌실곁핵에서 고립로핵 및 맨아래구역으로 가는 바소프레신 경로는 소화, 제거, 생식을 억제하여 맞섬 또는 도피(움직임) 행동을 촉진시킨다. 시상하부에서 DVC로 가는 다른 신경경로는 원시적인 회피 행동(얼어붙음 및 죽은 척하기와 같은)이나 SNS와 연관되어 있고, 보다 계통발생적으로 발전한 맞섬 또는 도피 행동을 증진시킨다. 게다가 편도에서 나오는 경로는 시상하부와 DVC 사이의 의사소통을 조절하며(Lawes, 1990) 구체적인 두려움과 연관된 행동에 관여한다(LeDoux et al., 1988; Rosen, Hamerman, Sitcoske, Glowa, & Schulkin, 1996).

포유류의 신경펩티드는 사랑과 연관된 행동을 하는 동안에 자율신경계 기능을 조절한다. 여러미주신경이론은 모호핵에서 나오는 계통발생적으로 보다 최근의 미주신경경로를 강조한다. 모호핵 미주신경경로는 일반적인 유혹을 포함하는 사회참여에 필요한 자발적인 행동에 관여한다. 그러나 황홀감의 내장적 경험, 광범위한 내장적 즐거움, 무통증은 계통발생적으로 더 오래된 DVC와 연관되어 있다. 여러미주신경이론에 따르면, DVC는 고정의 두려움체계와 연관되어 있다. 그러나 시상하부의 뇌실곁핵에서 나오는 포유류의 신경펩티드인 옥시토신은 DVC의 기능을 불러들이는 신경생리적 기전을 제공한다. 옥시토신은 DVC의 기능을 두려움의 고정체계에서 애정이나 사랑의 고정체계로 변화시킬 수 있다. 비록 옥시토신은 미주신경(예: DVC)의 활성을 자극하지만, 유기체가 생리적 항상성을 정지시키는 급격한 미주신경의 활성화를 경험하는 것으로부터 보호하는 기능적인 범위로 미주신경 활성도를 제한한다.

유혹 또는 강간?

자율신경계는 인간 짝짓기의 몇몇 측면들에 관여한다. 첫째, 앞에서 논의했듯이 자율신경계는 유혹(참여의 행동)을 도와줄 수 있다. 얼굴 표정과 목소리의 신체감각 조절을 하는 포유류 또는 활발한 미주신경 smart vagus은 이러한 사회참여의 시기를 위한 신경성 조절 구조물들을 제공해 준다. 둘째, 심장박출량은 미주신경계의 억제와 SNS의 활성화를 통해 증가되어 환영받지 못하는 참여로부터의 능동적인 철수, 짝을 보호하기 위한 맞섬 행동, 짝과의 거리를 줄이기 위한 접근 행동을 포함하는 행동적인 움직임을 지지해 준다. 셋째, 계통발생적으로 오래된 DVC(내장 또는 조용한 미주신경vegetative vagus)는 생리체계의 원시적인 정지를 유발함으로써 행동적인 고정을 유발한다. 이러한 형태의 고정은 흔히 움직일 수 있는 선택사항이 없을 때 두려움에 대한 반응으로 나타난다. 넷째, 뇌실곁핵에서 나오는 신경펩티드는 DVC의 작용을 불러냄으로써 성적인 각성, 두려움이 없는 고정, 성교 행동, 긍정적인 내장의 경험, 배우자와의 조건적인 연결을 증진시킨다.

생리적인 정지반응은 강간, 원하지 않고 생리적으로 위험한 사건 동안에 여성에게서 나타나는 특징이다. 미주신경의 등쪽운동핵의 급격한 활성화로 인해 발생하는 이러한 생리적 정지는 특별한 사건이나 개인과 연관되거나 조건화된 것일 수 있다. 이러한 고전적조건화 반응의 학습은 단 한 번의 사건으로도 발생할 수 있으며, 소거 extinction5)가 잘 되지 않을 수 있다. 예를 들면, 강간 이후에는 원하는

---

5) 고전적조건화에서 행동을 강화시켜주던 무조건자극이 없어지면 조건자극에 의한 조건반사가 없어지는 것(역자 주).

배우자라고 할지라도 성적인 만남은 미주신경실신을 유발할 수 있다. 또는 강간을 당한 여성은 성적인 접촉에 대해 불안해질 수 있으며 도망가기 위해 교감신경계를 활성화시킬 수 있다. 고정단계의 중요한 측면은 조건적 맛 기피를 설명하기 위해 사용된 DVC에 의해 중재되는 조건적 내장반응의 법칙(예: 구역과 구토)을 따를 수 있다는 것이다(Garcia et al., 1985). 유사한 반응이 죽음을 두려워하는 사람들과 절망적이라고 묘사되는(Richter, 1957) 아마도 외상후스트레스장애와 같은 임상적 장애를 벗어날 수 없다고 믿는 사람들에게서 특징적으로 나타날 수 있다.

유혹은 배우자를 선택하는 데 있어서 친사회적인 행동을 제공한다. 적절한 배우자의 선택은 여성의 내장적 및 생리적 경험이 두려움의 고정에서 애정의 고정으로 이동할 수 있도록 변화시켜주며, 이러한 상태는 삽입을 위해서 필요하다. 유혹은 외상없이 친밀함이 발생하도록 해준다. 여성은 남성이 안전함을 제공해 준다고 인식할 때 사랑의 고정체계를 시작한다. 이러한 사랑의 고정체계는 생리적 및 심리적으로 두려움의 고정체계와 함께 존재할 수 없다. 비록 두 가지의 고정체계가 공통된 생리적 기질을 가지고 있지만 반응하는 양상은 다르게 나타난다. 두려움의 고정체계는 생리적인 정지를 유발하며 사회적 행동, 성적인 수용성, 생식기에 대한 수용성을 기능적으로 억제한다. 두려움의 고정체계가 시작되었을 때, 이 체계는 실신을 유발할 수 있는 심장박동 및 혈압의 저하를 통해 행동과 의식을 정지시키려고 시도하게 된다. 이와는 대조적으로, 사랑의 고정체계는 생식기의 자극, 생식조직에서의 윤활액의 분비, 혈압의 유지, 통증 문턱값의 상승을 통해 성적인 각성을 증가시킨다. 사랑의 고정체계는 DVC

와 뇌실곁핵의 의사소통을 활성화시키며, 고정체계를 두려움과 연관되어 심리적으로 해리되고 생리적으로 약화된 상태로부터 사랑과 연관되어 심리적으로 황홀하고 생식적으로 가능한 상태로 변화시킨다.

사랑의 고정체계는 뇌실곁핵과 DVC 사이의 의사소통을 활성화시킴으로써 생식행동을 강화시킨다. 사랑의 고정상태에서 발생하는 생식행동은 배우자와 황홀한 경험 사이의 연결을 지속시키도록 도와준다. 이러한 연결의 발달은 내장조건화의 법칙을 따르는데, 왜냐하면 이루어지기가 쉽고 비교적 영구적인 결합을 유발하기 때문이다(Carter et al., 1997). 사랑은 지속적으로 소거에 저항하는 고전적 조건화의 반응일 수 있다. 아마도 일부일처제의 양상이 종마다 다른 것은(Carter et al., 1995; Dewsbury, 1987) 친사회적인 연결학습에서 DVC에 대한 뇌실곁핵의 조절능력이 다른 것과 연관되어 있을 수 있다. 만약 이것이 사실이라면, 유혹 시기의 선택적인 성향과 움직임 시기의 맞섬 또는 도피 행동은 이러한 연결의 취약성에 대한 기능적인 장벽이 될 수 있다. 따라서 우리가 우리 스스로와 우리의 아이들이 누구에게 신체적으로 가깝게 다가갈 수 있을지 그리고 누구와 성적인 행동을 할지에 대해서 신중하게 고려할 때, 우리는 애정적인 사랑의 특징인 조건화에 대한 우리의 취약성을 존중하고 있는 것이다.

우리의 신경계는 어떻게 이러한 독특하고도 중요한 행동을 조직화할까? [그림 11.1]에 설명되어 있듯이, 사회참여체계와 미주신경제동은 유혹의 기전을 설명하기 위해 신경생물학적인 기초를 제공하고 있다. 사회참여체계의 조절은 상징적인 접근 행동(예: 얼굴표정, 머리 기울이기, 목소리)을 가능하게 해주며 미주신경제동의 조절은 미래의 배우자에게 신체적으로 다가가는 데 필요한 행동적 움직임에 대한 대사적 지원을 제공해 준다. 그러나 미래의 배우자에 대한 예상이 일치하지 않을 때 신체적인 거리를 증가시키기 위해 움직임이 발생할 수 있다. 이러한 움직임 반응은 교감신경계의 활성화와 미주신경제동(활발한 미주신경)의 철수가 필요하다. 만약 신체적으로 도망갈 수 없을 때, 조용한 미주신경(DVC)이 약화된 항상성의 조절(예: 혈압의 저하)로 인한 생리적 정지와 의식의 소실이 특징적으로 나타나는 원시적인 회피전략을 제공하기 위해 활성화될 수 있다.

성공적인 짝짓기와 결합은 다른 순서^{sequence}로 나타나는 산물이다. 이러한 순서에서 유혹이 성공하게 되면, 미래의 배우자들 사이의 거리는 감소된다. 성교의 준비 및 성교와 연관된 신체적인 활동을 위해 움직임이 제한된다. 결국, 여성에 대한 삽입을 수월하게 하고 남성의 성교 후의 회복을 위해 고정체계가 자극된다. 이러한 고정체계는 안전함이 인식되는 상황에 국한된다. 포유류에게 있어서 고정의 상태는 취약한 시기이기 때문에 이러한 유형의 고정은 상호 간의 신뢰가 있는 안전한 환경에서만 발생한다. 따라서 사랑하는 경험의 중요한 양상은 신체적인 매력에 의해 중재되는 것이 아니라 신뢰와 안전에 의해 유발된다.

[그림 11.2]에 설명되어 있듯이 시상하부-DVC의 조절은 융통성이 있다. 고위 뇌구조물들은 시상하부-DVC의 의사소통이 두려움의 고정반응을 유발할지 사랑의 고전 반응을 유발할지를 결정한다. 편도는 어떤 시상하부-DVC 회로를 불러올지에 대한 결정을 하는 데 중요한 역할을 한다. 만약 파블로프의 조건화가 조건적 사랑이 지속되는 양상에 대한 비유적인 설명을 제공해 준다면(Garcia et al., 1985), 편도는 이러한 학습된 연결을 유지시키는 데 관여할 것이다.

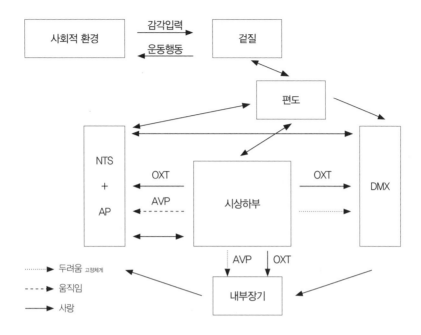

편도와 겉질을 포함하는 고위 뇌구조물들은 시상하부—등쪽미주신경복합체(dorsal vagal complex: DVC)의 의사소통에 영향을 미친다. DVC는 고립로핵(nucleus of the solitary tract: NTS)과 맨아래구역(area postrema: AP)에 있는 감각핵 및 미주신경의 등쪽운동핵(dorsal motor nucleus of the vagus: DMX)에 있는 운동핵을 포함하고 있다. 위험을 인식하고 움직임이 적응적일 때, 중추성 바소프레신경로(vasopressinergic pathways: AVP)는 교감신경계 활성화를 촉진시키는 미주신경반사의 설정값을 변화시키기 위해 NTS 및 AP와 의사소통한다. 두려움에 의한 고정은 맞섬 또는 도피 행동을 사용할 수 없을 때 발생한다. 두려움에 의한 고정은 DMX에서 내부 장기들로 가는 미주신경의 급격한 활성화에 의해 강화되며 이것은 전신성 AVP에 의해 강화된다. 전신성 AVP는 NTS와 AP를 통한 들내장경로를 자극함으로써 DMX 출력을 증가시킨다. 안전함이 인식되었을 때, 옥시토신(oxytocin: OXT)은 사랑의 고정체계를 강화하기 위해 중추성 및 전신성으로 방출된다. 중추성 OXT는 항상성을 보호하는 기능적인 범위로 DMX 출력을 제한하며 전신성 OXT는 내부 장기들을 자극한다. 중추성 AVP의 작은 증가는 들미주신경이나 AP에 있는 바소프레신 수용체에 대한 직접적인 자극을 통해 중추성 AVP와 OXT를 촉발하며 성적인 각성을 증가시킨다.

여기서 제안하는 모델은 신경펩티드들(즉, 옥시토신과 바소프레신)과 자율신경계의 역할을 통합하려고 시도한다. [그림 11.2]에 설명되어 있듯이, 고위 뇌구조물들의 인식기전은 상황이 위험한지 또는 안전한지를 결정한다. 두려움이 인식되었을 때에는 두 가지의 선택사항이 있다. 유기체는 움직이고 맞섬 또는 도피 행동을 나타낸다. 또는 만약 첫 번째 선택사항을 사용할 수 없다면 유기체는 고정될 것이다. 고정은 행동적인 정지, 죽은 척하기, 의식의 소실을 유발한다. 작은세포신경세포를 통해 중추성으로 분비되는 바소프레신의 역할은 시상하부와 DVC의 감각 부분(고립로핵과 맨아래구역) 사이의 의사소통을 통해 내장에서 오는 되먹임을 억제하고 교감신경계를 활성화시켜 움직임을 증가시킨다. 그러나 시상하부에 있는 큰세포신경세포를 통해 전신성으로 분비되는 바소프레신은 들내장을 자극하고 DVC로의 되먹임을 촉진시켜 생리적 정지와 연관된 급격한 미주신경의 활성화를 유발한다.

이와는 대조적으로, 인식된 안전은 원래 두려움을 대처하기 위해 진화한 고정체계를 생식을 증진시키고 심리적으로 강화시켜주는 감각적 경험을 높여주는 체계로 변화시킨다. 인식된 안전은 중추적으로 내장을 자극하는 미주신경 방출을 조절하고 전신적으로 생식을 강화시키고 감각되먹임을 증가시키는 옥시토신의 방출이 가능하게 해준다. 증가된 감각되먹임은 긍정적인 내장상태를 제공하는데, 이것은 배우자와 생식 가능성 사이의 조건적 연결을 증진시킨다. 게다가 감각되먹임은 통증의 조절 역할을 하는데(Komisaruk & Whipple, 1995) 이것은 다른 상황에서 고통스럽다고 인식했을 감각을 다르게 경험할 수 있는 신체 영역을 제공한다. 긍정적인 내장의 느낌은 즐거움, 황홀감을 경험할 수 있게 해주며 우리가 사랑과 연결시키는 다소 명확하게 정의되지는 않은 감정적인 상태를 경험하게 해준다. 따라서 자율신경계에 미치는 옥시토신의 영향을 통해서 두려움과 경계의 기관들은 즐거움, 돌봄, 생식의 기관이 된다. 포유류에게만 존재하는 옥시토신은 두려움에 의해 유발되는 정지체계를 수용적이고 황홀감을 유발하는 생식체계로 변화시켜 준다. 게다가 앞에서 언급했듯이, 안전하다고 인식된 환경(예: 그네 의자 혹은 범선)에서의 부드러운 안뜰vestibular에 대한 자극에 의해 유발되는 적은 농도의 말초 바소프레신은 중추성 옥시토신의 방출을 촉발시킨다.

물론 신뢰의 위반은 이러한 상황을 변화시키며, 한때는 안전한 감각을 전달했던 배우자가 이제는 위험의 단서를 전달해줄 수 있게 된다. 따라서 신뢰의 위반은 맞섬 또는 도피 행동의 움직임을 유발하거나 두려움이 있는 고정과 연관된 정지행동을 유발할 수 있다. 게다가 짝사랑이나 사랑하는 사람의 상실은 실신이나, 옥시토신의 보호적 또는 조절하는 영향이 없는 상태에서 분비되는 전신성 바소프레신 때문에 발생하는 미주신경 활성화의 특징인 구역nausea과 연관된 내장 느낌을 유발할 수 있다.

일부일처제로의 전환 및 결혼 전 생물학

감정적이고 동기부여 해주는 과정인 사랑은 생식 및 안전과 연관된 적응적인 이점을 최대화하기 위해 진화되었다. 그러나 이러한 이점을 획득하기 위해서는 위험에 대처하는 데 드는 두 가지의 상대적인 비용을 협상할 필요가 있다. (1) 포식자에 대한 취약성, (2) 짝짓기 이후의 지속적인 사회적 결합을 유지시키기 위한 신경계의 취약성. 첫 번째 위험은 명확하다. 환경은 경쟁적이며 흔히 적대적이다. 생존하기 위해서는 연합을 형성해야 한다. 이러한 연합 중에서 가장 강력한 것은 배우자 사이의 사회적 결합이다. 두 번째 위험은 우리의 신경계가 부적절한 짝과의 사회적 결합을 지속적으로 형성하도록 자극될 수 있다는 점이다. 두 번째 위험은 과학적인 측면에서 새로운 것이다. 두 번째 위험은 과학적인 측면보다는 성별과 연관된 미신 및 순결, 난잡함, 결혼에 대한 문화적인 예상의 초점이 되어왔다. 유혹과 성적인 만남이 계속 발생할 것이라고 예상되는 현대의 문화에서 일부일처제는 초점의 대상이 되고 있다. 그러나 모든 성적인 경험과 사랑의 경험이 일부일처제의 관계로 이루어지게 하는 것은 아니다. 비록 사랑의 경험을 두 가지의 순서적인 요소(유혹과 조건적 또는 지속적인 사랑)를 가지는 것으로 나누는 것은 일부일처제를 전제로 한 것이지만, 많은 사람들은 유혹에 초점을 맞추고 일부일처제가 아닌 관계를 선택할 수도 있다.

지속적인 사회적 결합을 유지하는 조건적 사랑은 일부일처제로의 전환으로 개념화시킬 수 있는 신경생리적 상태를 필수 조건으로 요구할 수 있다. 일단 선택된 배우자와 일부일처제를 유지하기로 하게 되면 한 개인은 두려움 없는 고정상태가 되며 신경계는 조건적 사랑에 취약해진다. 또 다른 대안으로는 일부일처제로부터 스스로를 보호하기 위해, 심지어 성적인 접촉을 하는 동안에도 움직임 전략을 사용하여 일부일처제로의 전환을 무력하게 만들 수 있다. 움직임 전략은 SNS 기전을 사용하여 DVC 기전과 연관되어 있는 조건적 과정을 억제한다. 예를 들면, 만약 성적인 활동이 신체적으로 활발하고 성적 배우자 모두가 고정의 시기를 제한한다면, 난잡한 성생활은 지속적인 결합을 유지할 필요가 없다. 이러한 전략은 성적 각성의 활성화를 경험하는 동안 옥시토신 분비를 제한할 것이다. 바람을 피우는 것이 이러한 모델에 들어맞는데, 특히 만약 성적인 활동이 짧고, 강렬하며, 들킬 수 있는 위협의 상황에 있을 때 더 그렇다.

조건적 사랑의 상태에 대한 위험이나 취약성은 성별에 연관된 미신들에서 언급되어 왔는데, 이러한 미신들은 여성의 순결을 장려하고 남성의 난잡함과는 대조적으로 여성이 첫사랑에 취약하다고 묘사되어 왔다. 이러한 미신의 바탕에는 배우자와의 결합이나 조건적 사랑을 장려하는 신경생리적 기전인 일부일처제로의 전환에 대한 암묵적인 이해가 있었을 것이다. 예를 들면, 여성의 두려움 없는 고정은 조건적 또는 학습된 사랑에 대한 취약성을 고조시킨다. 따라서 여성의 두려움을 정복하고 여성에게 안전함과 안전성을 부여해주는 남성은 여성과의 성관계를 허락받을 뿐만 아니라 여성이 자신에게 영원히 결합될 수 있게 된다. 이러한 성별에 대한 치우침은 포유류의 성관계가 여성이 두려움이 없는 상황에서 고정되는 것을 필요로 했기 때문에 그렇게 진화되었을 수 있다. 이와는 대조적으로 남성은 성행위를 할 때, 보다 움직이는 경향이 있다. 남성은 사정을 한 이후에만 고정되며 환경으로부터의 신체적인 위험에 처하게 된다. 남성을 조건적 사랑으로부터 보호하는 것은 이러한 움직임이다. 아마도 만약 남성이 성행위 이후에 여성이 있는 상태에서 계속 고정되어 있거나 잠을 잔다면, 조건적 사랑에 대해 여성만큼 취약해질 것이다. 심지어 성관계를 한 이후에도 함께 밤을 보내는 것을 문화적으로 및 스스로 금지하는 것은 이러한 현상에 대한 암묵적인 생물학적 인식을 반영해 주는 것일 수 있다.

조건적 사랑의 취약성에 대한 잠재적인 성별의 차이는 언급되지 않았지만, 결혼 전 생물학을 말해준다. 결혼 전 생물학은 미래의 배우자들 사이의 상호작용적인 협상을 나타내주는데, 남성은 여성의 생식기에 대해 전적으로 성교를 할 수 있는 권리를 요구하고 여성은 일부일처제로 전환하기 전에 자신의 안전을 남성이 보장해 달라고 요구하는 것을 나타낸다. 결혼 전 생물학에 대한 위반은 남성이 여성을 신체적으로 학대하거나 여성이 다른 남성과 성관계를 할 때 발생한다. 이러한 두 가지의 위반은 성별에 따라 다른 것이다. 이러한 가설을 지지하는 것으로 버스Buss, 라르센Larsen, 웨스턴Westen과 셈멜로스Semmelroth(1992)는 남성이 특히 배우자의 성적인 부정에 더 스트레스를 받는 반면 여성은 배우자의 감정적인 부정에 더 스트레스를 받는다고 보고하였다. 결혼 전 생물학에 대한 위반은 사랑의 결합에 파괴적이며 양쪽 성별 모두에 대한 신뢰와 안전의 결손을 유발한다. 이러한 성별에 따른 결혼 전 생물학은 우리의 역사에 너무나도 뿌리 깊게 자리 잡고 있어서 우리의 결혼 서약 및 종교적인 교리에 스며들어 있으며, 이러한 것들은 일부일처제를 지지하는 데 사용돼 왔다.

결론

자율신경계의 신경적 및 호르몬적 조절의 진화는 빠르게 변화하고 도전적인 환경에서 생식을 촉진시키는 하나의 적응적 과정으로, 포유류의 사랑을 이해할 수 있는 하나의 틀을 제공해 주었다. 사랑과 친밀함의 발달은 안전과 생식행동을 증진시키는 적응적인 기능을 가진 몇 가지의 순서적인 과정으로 이루어져 있다. 하나의 신경생리적 개념으로서의 사랑은 생식을 증진시킬 뿐만 아니라 도전적인 환경에서 안전함을 증진시키는 부부의 결합을 제공한다. 이러한 적응적인 관점에서, 사랑은 신체적인 접근성을 증진시키고 친밀함과 생식행동을 증진시키기 위해서 느리고 흔히 지루하며 잠재적으로 성공적이지 않을 수 있는 의사소통과 사회참여의 과정을 빠르게 통과할 수 있는 지름길의 기능을 하도록 진화되었다.

제12장

사회참여와 애착

— 계통발생적인 측면

해부학과 신경생리학의 과학적 지식이 확장됨에 따라, 아동 정신질환의 원인을 밝혀줄 정상적인 사회적 행동의 발달과 비전형적인 사회적 행동의 발현에서의 신경적 과정이 미치는 영향에 점점 관심이 증가하고 있다. 최근의 신경과학적 발달은 연구자들이 건강하게 살고 있는 사람의 신경계 기능과 구조에 대해 연구할 수 있게 해주었다. 이제 신경기능에 대한 연구가 가능해졌으며, 동물 모델과 사망 후의 조직학에 대한 연구를 통해 나온 구조적인 가설들을 실험하고 설명할 수 있게 되었다. 신경구조와 기능을 분석하는 이러한 새로운 방법들은 분자유전학과 함께 새로운 도구와 모델을 제공하고 있으며, 신경내분비 및 자율신경계 변수들의 추출을 통해 효율적으로 역동적인 신경기능을 조사하던 기존의 전략들과 통합될 수 있게 되었다.

사회적 행동을 정의하기 — 크게 나누어진 개념

이 장의 목적은 동물 모델과 임상적 대상 모두를 통해서 사회적 행동의 발달을 연구하는 연구자들을 연결시키는 다리를 형성하는 것이다. 두 집단 모두 정상적 및 비전형적인 사회적 행동의 기전과 연관된 지식을 일반화시켜 임상적인 실제에서 사용할 수 있도록 하려는 공통된 목적이 있다고 간주되고 있다. 이 두 집단의 연구전략과 방법들 사이의 차이점은 이러한 가정의 재평가를 요구하고 있다.

동물 모델은 흔히 사회적 행동의 조절인자로 특별한 신경체계, 신경전달물질, 신경펩티드, 호르몬, 또는 뇌구조물의 역할을 강조한다. 이와는 대조적으로 임상적인 연구는 흔히 임상적 대상들에게서 나타나는 비정상적인 과정을 연구하는 데 초점을 맞추고 있다. 신경생리체계가 임상적 대상을 통해 연구될 때, 연구의 설계는 질병과의 상관관계를 밝히는 데 초점을 맞추며 일반적으로 생리적인 연관성이 질병의 원인인지 또는 결과인지를 구별하는 것은 제외한다.

비록 두 연구전략들은 흔히 비슷한 용어들을 사용하지만, 이러한 용어들은 사회적인 행동의 다른 영역을 나타내는 것일 수 있다. 동물 모델은 짝의 결합을 형성하는 데 초점을 맞추며 이러한 결합의 강한 정도를 평가하는 경향이 있다. 이와는 대조적으로 아동을 대상으로 한 연구는 정상적 및 비전형적인 사회적 행동을 조사하고 개인들 사이의 사회적 및 신체적 거리를 감소시키는 행동에 초점을 맞추는 경향이 있다. 예를 들면, 사회적 행동을 평가하고 정의하는 것과 연관된 용어들은 시설에 있는 아동에 의해 나타나는 약화된 사회참여체계 전략과 들쥐가 짝의 결합을 형성하는 능력을 대조할 때 다르다.

크게 나누어진 개념에 있어서 당황스러운 부분은 신경과학적 원칙과 연구결과를 임상적인 실제에서 사용하는 것과 연관되어 있다. 임상가들은 이러한 삼각관계에서 세 번째 부분에 해당된다. 역설적으로 비록 아동의 사회적 행동과 정신질환 사이의 연결이 임상적인 관찰에서 나온 것이지만, 동물 모델 및 정상적인 아동과 비전형적인 아동에 대한 실험실 연구 모두에서 나타나는 사회적 행동의 양상은 흔히 임상가들이 병리를 정의하기 위해 사용하는 것들과 다르다. 사회적 행동을 연구하는 임상 연구자들은 어떻게 기준을 벗어난 행동들이 임상적인 진단의 양상과 중복되는지 또는 어떻게 행동적, 심리적, 생리적 변수들이 임상적 대상과 정상적 대상을 구별해 줄 수 있는지에 관심이 있다. 흔히 관심이 있는 변수들이나 최소한 임상집단을 정상집단과 구별해 주는 변수들은 임상적인 상황에서 관찰되는 행동이나 병리를 정의하기 위해 사용되는 것(예: 코르티솔)과 명확한 연관성이 없는 것들이다.

정신병리에 대한 대부분의 연구는 진단기준에 포함되는지를 확인하고, 장애의 바탕에 있는 심리적 과정과 비전형적인 신경생리적 반응양상을 증명하려는 시도를 하는 임상적 평가와 진단체계(예: DSM-IV)의 유효성을 받아들이고 있다. 임상적인 대상에서 얻은 것이든 표현되는 행동이 임상적 대상과 유사한 것으로 간주하는 동물모델을 연구함으로써 얻은 것이든, 과정과 기전에 대한 연구는 임상적인 영역에 쉽게 들어오지 못하고 있으며 임상적인 평가에 많은 정보를 주지 못하고 있다. 이와 마찬가지로 전 세계적인 진단과 표준화된 평가 장비에서 나온 정량화된 정보들보다는 임상가의 관심을 촉발한 행동의 특별한 양상에 대한 임상적인 관찰에서 나온 작은 정보들이 쉽게 연구되고 있다. 따라서 사회적 행동의 개념은 동물 모델을 검토하는 연구자, 정상적인 사회적 행동을 연구하는 연구자, 임상적인 진단의 바탕에 있는 심리적 및 신경생리적 기전과 과정을 연구하는 연구자, 아동의 사회적 행동문제를 진단하고 치료하는 임상가들에 의해 다르게 취급되고 있다. 이러한 비유, 세계관, 인식체계, 진단 모델이 혼합된 것에서 빠진 것은 연구결과들을 임상적인 실제(즉, 평가와 치료)로 전환시키고 이론적인 모델을 검정할 수 있도록 임상적인 정보를 사용할 수 있게 하는 과제의 공유이다.

사회적 행동과 애착

아동의 사회적 행동의 발달에 대해 연구하는 몇몇 연구자들은 애착의 개념에 초점을 맞추었다. 이러한 연구자 중의 몇몇은 보울비^{Bowlby}(1982)의 관찰과 에인즈워스^{Ainsworth} 등(1972)의 인식체계의 변화를 유발한 연구에서 나온 연구들을 시행하였다. 인간애착에 대한 현재 연구들의 많은 부분은 에인즈워스의 유형에 기초를 두고 있는데, 이것은 분리에 대한 영아의 반응을 평가한 것이다. 발달정신병리학 분야에 있는 임상가들과 연구자들은 에인즈워스의 분류체계와 최근의 파생물들(Cassidy & Shaver, 1999)이 구체적인 장애의 심리적 기전에 대한 통찰을 제공해 줄 것이라고 가정하고 있다. 실제로 진단범주에는 반응성애착장애^{reactive attachment disorder}(RAD)와 같은 장애들이 포함되었다.

　　보울비 이론에서 유래된 전통적인 애착도식은 사회적 행동의 아주 작은 부분만을 구성하고 있다. 게다가 엄마-영아 관계에 초점을 두고 있는 전통적인 애착이론은 동료, 친척, 배우자 사이에 지속되는 결합에서 관찰되는 다른 애착행동은 포함시키지 않고 있다. 전통적인 애착이론에서 빠진 것은 개인적인 결합이나 애착형성 사이의 참여를 중재하는 기전에 대한 설명이다.

사회참여 — 사회적 결합의 시작

사람은 사회적 결합을 발달시키기 위해서 가깝게 접근해야 한다. 엄마-영아의 애착과 사회적 일부일처제와 연관된 강력한 결합이 모두 이것에 해당된다. 이 두 모델은 모두 분리를 통해 관계의 강한 정도와 양상을 검사하였다. 물론 엄마-영아의 애착과 배우자의 사회적 결합 사이의 주요한 차이점에 대해서도 검사되었다. 한 가지 특별한 차이점은 엄마-영아와 배우자들 사이의 운동성이다. 엄마-영아의 관계에서는 불균형이 있는데, 영아는 엄마에게 다가가거나 엄마에게서 멀어지는 능력에 제한이 있다. 그러나 배우자들 사이의 관계에서는 두 성인이 가지는 행동 능력에 균형이 있다.

　비록 접근성은 사회적 결합의 형성에 중요하지만, 접근성이 자발적인 행동을 통해 물리적인 거리를 탐색하는 능력에 의해서 전적으로 유발되는 것은 아니다. 만약 사회적인 결합이 자발적인 운동 능력에 달려있다면, 신생아는 많은 불이익을 받을 것인데, 왜냐하면 출생 시에 척수의 운동경로에 대한 신경조절이 아직 미숙하며 완전히 발달하는 데 몇 년이 걸리기 때문이다. 그러나 포유류에서 모든 근육들이 겉질척수경로corticospinal pathways에 의해 움직이는 것은 아니다. 몸통과 팔다리의 가로무늬근육과는 달리, 겉질숨뇌경로corticobulbar pathways

는 얼굴과 머리의 가로무늬근육을 조절한다. 겉질숨뇌경로는 출생 시에 충분히 발달되어 있기 때문에 만기출산한 영아가 양육자에게 신호(예: 목소리, 얼굴 찡그림)를 보낼 수 있고, 세상의 사회적 측면(예: 시선, 미소)과 영양적 측면(예: 빨기)에 참여할 수 있다. 이러한 운동경 로는 뇌줄기에서 시작되며 다섯 개의 뇌신경(V, Ⅶ, Ⅸ, Ⅹ, Ⅺ)을 통 해 근육을 조절한다. 따라서 중요한 사회적 단서를 제공하는 근육에 대한 신경조절은 양육자와의 사회적인 상호작용을 촉진시키는 데 사 용할 수 있게 해주며, 종합적으로 하나의 통합된 사회참여체계로서 기능을 할 수 있게 해준다(Porges, 2001a).

얼굴과 머리의 근육들은 사회적 단서의 표현과 수용 모두에 영향 을 미치며, 사회적인 거리를 효율적으로 감소시키거나 증가시킬 수 있다. 이것은 행동적으로 얼굴표정, 시선, 목소리, 머리돌림으로 관 찰된다. 이러한 근육들에 대한 신경조절은 시선접촉을 하고, 목소리 의 운율을 나타내며, 연관된 얼굴표정을 보여주고, 배경음에서 사람 의 목소리를 추출하는 것을 향상시키기 위해 가운데귀근육을 조절하 는 것을 통해서 사회적 거리를 줄여줄 수 있다. 그렇지 않으면, 이러 한 근육들의 긴장도를 감소시킴으로써 눈꺼풀이 처지고, 목소리의 운율이 없어지며, 긍정적이며 연관된 얼굴표정이 감소되고, 배경음 에서 사람의 목소리를 추출하는 능력이 약화되며, 다른 사람들의 사 회참여행동에 대한 인식이 상실되게 된다. 따라서 얼굴과 머리의 가 로무늬근육에 대한 신경조절은 심리적인 거리를 감소시켜주는 능동 적 사회참여체계의 기능과 다른 사람의 참여행동에 대한 인식에 영 향을 줄 수 있는 하나의 여과 장치의 역할 모두를 한다.

특수내장날경로special visceral efferent pathways는 얼굴과 머리의 가로무

늬근에 대한 신경조절을 중재한다. 특수내장날경로는 뇌줄기에 있는 세 개의 핵(삼차신경의 핵, 얼굴신경의 핵, 모호핵)에서 나오며, 다섯 개의 뇌신경(삼차신경, 얼굴신경, 혀밑신경, 미주신경, 더부신경) 내에 포함되어 있는 운동경로를 제공한다. 이러한 경로들은 아가미궁에서 발생한 구조물들을 조절한다. 임상적 및 연구적 측면에서 볼 때, 얼굴과 머리의 가로무늬근육은 애착의 강도나 사회적 결합의 스트레스 평가뿐만 아니라 표현에 사용되는 행동적 측면에 대한 강력한 정보를 제공해 준다. 예를 들면, 얼굴표현력과 목소리의 운율은 분리의 스트레스에 대해 정량화할 수 있는 반응뿐만 아니라 임상적인 지표로도 사용돼 왔다(Newman, 1988).

사회참여체계
— 행동적 및 자율신경계 요소들의 계통발생적 기원

사회참여체계와 연관되어 있는 행동의 계통발생적 기원은 자율신경계의 계통발생과 서로 얽혀있다. 특수내장날경로를 통해 가로무늬근육이 사회참여행동을 조절하는 행동체계로 진화하면서 자율신경계의 신경조절에 상당한 변화가 발생하였다. 계통발생적으로 감각운동 및 내장운동조절 모두에서의 이러한 변화들은 파충류에서 포유류로 이동하는 과정에서 발견되었다. 얼굴과 머리의 근육들이 섭취(즉, 수유)와 사회참여체계로 진화하면서 자율신경계의 새로운 구성요소(즉, 말이집 미주신경)가 진화되었는데, 이것은 얼굴과 머리의 가로무늬근육의 조절에도 참여하는 뇌줄기 핵(모호핵)에 의해 조절된다. 이러한 신경기전은 사회참여의 행동적 및 내장적 양상 사이의 동반 상승효과를 가진 통합된 사회참여체계를 유발하였다. 따라서 신체운동요소의 활성화는 사회참여를 지지하는 내장적 변화를 촉발하며, 내장상태의 조절은 사회참여행동을 증진시키거나 방해할 수 있다. 예를 들면, 움직임을 증진시키는 내장상태의 자극(즉, 맞섬 또는 도피 행동)은 사회참여행동을 표현하는 능력을 방해할 수 있는 반면, 말이집 미주신경을 통한 활동성의 증가는 진정된 내장상태와 연관되어 있는 사회참여행동을 증진시킬 수 있다.

우리는 젖을 먹이고 흔들어주는 행동이 차분한 행동적 및 내장적 상태를 촉진시키는 효과와 연관된 특수한 신경기전을 추론할 수 있다. 구체적으로 수유와 연관된 섭취행동과 영아가 수동적으로 흔들리는 것 모두는 말이집 미주신경에 의해 차분함을 증진시킨다. 수유는 삼차신경의 날경로를 통해 씹는 근육을 활성화시키고, 그다음에 모호핵(즉 말이집 미주신경의 근원핵)에 들되먹임을 제공한다. 흔들어주는 것은 압력수용기를 통해 들미주신경경로를 자극함으로써 미주신경에 대한 효율적이고 직접적인 영향을 제공한다. 게다가 사회참여체계의 활성화는 맞섬, 도피 또는 얼어붙는 행동을 지지하는 둘레구조물^{limbic structures}을 포함하는 신경회로를 약화시킨다.

여러미주신경이론
— 반응성을 조절하는 세 가지의 신경회로

진화의 힘은 인간의 생리 및 행동을 변화시켰다. 포유류의 신경계는 진화과정을 통해 내장의 항상성을 유지하기 위해, 도전에 반응하는 특수한 신경적 및 행동적 양상을 새롭게 만들어내게 되었다. 이러한 반응들은 생리적 상태를 변화시키며 포유류에게 있어서 감각적 인식, 운동행동, 인지적 활동성을 제한한다. 포유류는 생존을 위해서 친구와 적을 구별하고, 환경이 안전한지를 구별하며, 사회적 구성원들과 의사소통을 해야만 한다. 이러한 생존과 연관된 행동은 포유류가 신체적으로 접근할 수 있는 범위와 포유류가 새로운 연합대상을 형성하거나 의사소통할 수 있는지를 제한하는 특수한 신경행동적 상태와 연관되어 있다.

포유류 특히 영장류는 계통발생의 단계를 통해서 사회적 행동을 지지하기 위해 내장상태를 조절하는 기능적인 신경조직을 진화시켰다. 여러미주신경이론(제2장, 제10장, 제11장을 보시오. Porges, 2001a)은 사회적 및 방어적 행동을 조절하고 자폐증 및 몇몇 정신건강의학과적 장애를 가진 환자들에게서 손상된 뇌구조물들의 계통발생적인 기원을 강조한다. 여러미주신경이론은 포유류 자율신경계의 진화가 사회적 행동의 주요한 구성요소인 감정적 경험과 정동적 과정을 위한 신경생리적 기질을 제공하였다고 제안한다. 이 이론은 생리적 상태가 행동 및 심리적 경험의 범위를 제한한다고 제안한다. 이러한 측면에서 볼 때, 신경계의 진화는 감정표현의 범위, 의사소통의 질, 신체적 및 행동적 상태를 조절하는 능력을 결정한다. 여러미주신경이론은 자율신경계의 진화를 정동적 경험, 감정표현, 얼굴표정, 목소리를 통한 의사소통, 사회적 행동과 연결시킨다. 따라서 이 이론은 몇몇 사회적, 감정적, 의사소통 행동과 장애들에 대한 만족할 만한 설명을 제공한다.

사회참여체계

여러미주신경이론은 자발적인 사회적 행동에서의 어려움이 어떻게 얼굴표현력 및 내장상태의 조절과 연관되어 있는지 그리고 사회적 행동이 어떻게 생리적 활동의 조절인자가 되는지에 대한 명확한 신경생리학적 모델을 제공해 준다. 이 이론은 어떻게 이러한 어려움들이 몇몇 정신건강의학과적 장애를 형성할 수 있는지를 설명해 주는 기전을 제안한다. 이러한 정신건강의학과적 장애에 대한 초점과 연관된 것은 사회참여체계의 신체운동(예: 시선접촉을 못함, 적은 얼굴표정, 목소리의 운율이 없음, 씹기 장애)과 내장운동(심폐 및 소화문제를 유발하는 자율신경계 장애) 모두에서 나타나는 몇몇 진단과 연관된 구체적인 결함들이다. 예를 들면, 임상가들과 연구자들은 자폐스펙트럼 장애가 있는 사람들이 이러한 결함을 가지고 있다는 것을 보고하였다. 사회참여체계의 결함은 자발적인 사회적 행동, 사회적 인식, 정동표현, 운율, 언어발달에 손상을 준다. 이와는 대조적으로, 사회참여체계의 신경조절을 향상시키는 중재법들은 이론적으로 자발적인 사회적 행동, 상태와 정동의 조절을 증진시키고 자동반복행동 stereotypical behaviors을 줄이며 언어기술을 향상시킨다.

발생학적으로, 특수내장날경로로 알려져 있는 몇몇 뇌신경들의 구성요소들은 사회참여체계의 신경적 기질을 형성하기 위해 함께 발달한다(제11장을 보시오). [그림 3.1](p. 131)에 설명되어 있듯이, 이러한 체계는 사회적 및 감정적 행동과 연관된 신경구조물들을 제공해 준다. 사회참여체계는 눈꺼풀의 조절(예: 바라보기), 얼굴근육(예: 감정표현), 가운데귀근육(예: 배경소음에서 사람 목소리를 추출하기), 씹기

근육(예: 섭취), 인두와 후두근육(예: 목소리와 언어), 머리돌림근육(예: 사회적 몸짓과 방향잡기)을 통제하기 위해 뇌줄기핵(즉, 아래운동신경세포lower motor neurons)을 조절하는 겉질에 있는 통제요소(즉, 위운동신경세포upper motor neurons)를 가지고 있다. 종합적으로 이러한 근육들은 사회적 자극을 제한하는 여과 장치로서의 기능(예: 얼굴표정을 관찰하고 사람의 목소리를 듣는)과 사회적 환경에 참여할지를 결정하는 기능을 한다. 이러한 근육들에 대한 신경조절은 사회적 경험을 결정한다. 게다가 뇌줄기에 있는 이러한 신경들의 근원핵(즉, 아래운동신경세포)은 심장박동을 느리게 하고 혈압을 낮추는 억제성 신경계와 직접적으로 의사소통을 하며, 우리의 신경생리체계의 성장과 회복을 위해 차분한 상태를 증진시킬 목적으로 각성을 능동적으로 감소시킨다. 겉질숨뇌경로는 이 체계의 조절에 대한 겉질의 이마영역(즉, 위운동신경세포)의 영향을 나타낸다. 더욱이 미주신경을 통해 숨뇌영역(예: 고립로핵)으로 가는 들되먹임은 몇몇 정신건강의학과적 장애들과 연관되어 있는 것으로 간주되는 앞뇌forebrain에 영향을 미친다. 게다가 사회참여체계와 연관되어 있는 해부학적 구조물들은 시상하부-뇌하수체-부신(HPA)축, 옥시토신과 바소프레신 같은 신경펩티드, 면역체계와 신경생리적으로 상호작용을 한다(Porges, 2001a).

비교해부학, 진화생물학, 발생학적 연구는 얼굴근육에 대한 신경조절, 새롭게 나타난 심리적 경험과 행동 사이의 기능적인 연관성에 대한 중요한 정보를 제공해 줄 수 있을 것이다. 얼굴과 머리의 근육을 조절하는 신경은 몇몇 공통된 양상을 공유하고 있다. 다섯 개의 뇌신경에서 나오는 경로들은 얼굴과 머리의 근육들을 조절한다. 종합적으로 이러한 경로들은 특수내장날경로라고 불린다. 특수내장날신경들은 발생학적으로 원시적인 아가미궁에서 발달한 구조물들을 조절하는 가로무늬근육들을 조절한다(Truex & Carpenter, 1969). 특수내장날경로는 씹기근육(예: 섭취), 가운데귀근육(예: 인간의 소리 듣기), 얼굴근육(예: 감정표현), 인두와 후두근육(예: 운율과 어조), 머리기울임과 돌림근육(예: 몸짓)들을 조절한다. 실제로 눈꺼풀의 조절에 관여하는 신경경로는 또한 가운데귀에 있는 등자근^{stapedius muscle}을 긴장시키는데, 이것은 인간의 목소리를 잘 들을 수 있게 해준다. 따라서 시선접촉에 관여하는 신경기전은 인간의 목소리를 듣는 데 필요한 것들과 공유되어 있다. 종합적으로 시선접촉, 인간 목소리의 추출, 얼굴표정, 머리동작, 운율에서의 문제는 자폐증이 있는 사람들의 공통적인 양상이다.

사회참여체계의 장애
— 비적응적인 행동전략인가 아니면 적응적인 행동전략인가?

몇몇 정신건강의학과적 및 행동장애를 가지고 있는 사람들은 관계를 형성하고 유지하는데 어려움이 있다. 몇몇 임상적 진단범주에는 사회적 행동을 표현하고 사회적 단서를 읽는 것(즉, 사회적 인식) 모두와 연관된 양상들을 포함하고 있다. 이러한 양상들은 자폐증, 사회적 불안, 외상후스트레스장애, 반응성애착장애를 포함하는 다양한 정신건강의학과적 진단을 가진 사람들에게서 발견된다.

비록 손상된 사회참여체계가 '비적응적인' 사회적 행동을 유발하지만, 이러한 비사교적인 행동전략이 '적응적인' 양상을 가지고 있는 것은 아닐까? 척추동물 자율신경계의 계통발생학은 이러한 적응적인 양상을 이해하는 데 하나의 지침(즉, 여러미주신경이론)을 제공해 준다. 계통발생적으로 척추동물 자율신경계는 세 가지의 일반적인 발달단계를 따른다. 각각의 단계는 다른 행동범주를 지지하는데, 계통발생적으로 가장 최근에 만들어진 것(즉, 말이집 미주신경)만이 사회참여행동을 지지해 준다. 말이집 미주신경의 신경조절은 사회참여체계와 통합되어 있기 때문에 사회참여체계가 손상을 입었을 경우에는 그 영향이 행동 및 자율신경계 모두에서 나타난다. 그 결과로 나타나는 자율신경계 상태에서의 변화는 적응적인 방어행동의 범위를 지지해 준다. 구체적으로, 손상된 사회참여체계는 신경생리적으로 자율신경계의 조절에서의 변화와 연관되어 있는데, 이것은 심장에 대한 말이집 미주신경(즉, 모호핵을 포함하는 배쪽미주신경복합체)의 영향이 감소하는 특징으로 나타난다. 심장에 대한 배쪽미주신경복합체의 조절성 영향력의 제거는 두 가지의 계통발생적으로 오래된 신경계(즉, 교감신경계, 미주신경의 등쪽운동핵을 포함하는 등쪽미주신경복합체)를 활성화시킨다. 이러한 두 가지의 오래된 신경계는 교감신경계를 통한 맞섬 또는 도피의 움직임 행동이나 등쪽미주신경복합체를 통한 죽은 척하기, 얼어붙기, 행동의 정지와 같은 고정행동을 강화시킨다.

신경감각 — 위험에 대한 신경계의 평가

애착 모델이나 애착 모델의 인지적, 정동적, 행동적, 또는 생물학적 개념과 관계없이 상호작용의 가치를 결정하는 중요한 양상은 안전의 인식과 연관되어 있다. 따라서 안전에 대한 인식은 대부분의 포유류가 하는 관계의 발달에 있어서 전환점이 된다. 안전에 대한 인식은 행동이 친사회적인지(즉, 사회참여) 또는 방어적인지를 결정해 준다. 만약 다른 사람이 안전하다고 인식되면, 사회적 결합을 하려는 사람은 사회참여의 표현을 하기 위해 적응적인 원시 신경생물학적 방어반응을 억제하게 된다. 그러나 애착과 사회적 결합의 형성을 위해 방어를 위한 적응적인 신경생물학적 체계를 억제하는 것이 어떻게 적절한 사회참여의 부산물일까?

사회적 결합이 발생하기 전에, 두 사람 모두는 서로를 안전하다고 인식해야만 한다. 무엇이 각 개인의 참여하는 능력을 중재하는 것일까? 왜 영아는 양육자를 바라보고 옹알이를 하지만 낯선 사람이 접근하면 시선을 피하고 울음을 터트릴까? 왜 연인이 해주는 부드러운 포옹은 즐거움으로 경험되지만 낯선 사람이 안으려고 하는 것은 하나의 공격으로 경험되는 것일까? 포유류는 방어적인 행동과 사회참여행동 모두를 위한 적응적인 신경생물학적 체계를 가지고 있다. 그러나 무엇이 방어기전을 억제시킴과 동시에 참여행동이 발생하게 만드는 것일까? 척추동물 자율신경계의 계통발생에 초점을 두고 있는 여러미주신경이론은 포유류가 긍정적인 사회참여와 방어적인 행동전략 사이에서 기능적으로 전환할 수 있게 해주는 기전을 확인하고 이해할 수 있게 해준다. 방어적인 전략에서 사회참여전략으로 효율적으로 전환하기 위해서 포유류의 신경계는 두 가지의 중요한 과정을 실행할 필요가 있다. (1) 위험을 평가하기와 (2) 만약 환경이 안전하다고 인식되면 맞섬, 도피, 또는 얼어붙는 행동을 조절하는 보다 원시적인 둘레구조물에 대한 억제이다.

신경계는 환경에서 오는 감각정보의 처리 과정을 통해서 위험을 지속적으로 평가한다. 위험에 대한 신경적 평가는 의식적인 인식을 필요로 하지 않기 때문에, 안전한, 위험한, 또는 생명에 위협이 되는 상황들을 구별할 수 있는 안전–위험 발견체계의 기능을 하는 신경회로를 강조하기 위해서 *신경감각*^neuroception(제1장을 보시오)이라는 용어가 소개되었다. 포유류의 계통발생적 유산 때문에 신경감각은 겉질밑 구조물(예: 둘레계통)에 의존하는 비교적 원시적인 기전을 통해 인지적인 인식 없이 작동될 수 있다. 진화의 결과로, 포유류에게서 진화된 새로 나타난 신경계에는 겉질밑 구조물에 대한 조절을 하는 겉질과 많은 경우에 생식행동 및 짝짓기와 연관된 다른 기능을 지지하기 위한 원시적인 구조물들의 방어적인 기능을 불러내는 체계가 포함되어 있다(제11장을 보시오).

환경의 상대적인 위험도에 따라 사회참여 및 방어행동은 적응적 또는 비적응적인 것으로 해석될 수 있다. 예를 들면, 사회참여체계에 의한 방어체계의 억제는 안전한 환경에서만 적응적이고 적절한 것이 될 수 있다. 임상적인 측면에서 볼 때, 안전한 환경에서 방어체계를 억제시키지 못하거나(예: 불안장애, 반응성애착장애) 위험한 환경에서 방어체계를 활성화시키지 못하는 것(예: 윌리엄스증후군^Williams syndrome1))은 정신병리를 정의하는 데 기여한다. 따라서 안전이나 위험에 대한 잘못된 신경감각은 비적응적인 생리적 반응성 및 구체적인 정신건강의학과적 장애들과 연관된 방어적인 행동의 발현에 기여한다.

위험이 없는데 위험을 발견하는 잘못된 신경감각과 맥윈^McEwen의 '생체적응부하^allostatic load2)' 사이에는 공통점이 있다(McEwen &

---

1) 7번 염색체 이상으로 생기는 질병으로 지나치게 사교적이며 낯선 사람을 두려워하지 않는 양상을 보인다(역자 주).
2) 반복적이고 만성적인 스트레스가 신체의 손상을 유발한다는 개념(역자 주).

Wingfield, 2003). 실제적인 위험에 대한 생리적인 반응은 비록 대사적으로 비용이 들기는 하지만 적응적이다. 따라서 맞섬 또는 도피의 움직임 행동을 지지하는 데 필요한 대사활동의 증가는 짧은 기간에는 적응적이지만, 만약 지속된다면 너무 많은 대사적 비용이 들게 된다. 반응의 기간은 적응적인 반응과 비적응적인 반응 사이를 구별하는 중요한 요소이다. 복합적인 포유류 신경계는 산소에 많이 의존하도록 진화되었으며 파충류와는 달리 아주 짧은 기간만 산소 없이 생존할 수 있다. 따라서 포유류가 숨을 참는 것은 아주 짧은 시간 동안에만 적응적이다. 이와는 대조적으로, 무호흡은 파충류에게는 적응적인데 왜냐하면 파충류는 산소를 많이 필요로 하지 않기 때문이다. 파충류는 오랜 시간 동안 호흡을 억제할 수 있는 반면 포유류에게 무호흡은 치명적일 수 있다(Porges et al., 2003). 이와 마찬가지로 부분적으로는 일시적인 양상이 생체적응부하를 결정할 수 있다. 맥원은 만성적인 스트레스나 생체적응 상태를 비록 짧은 시간 동안에는 적응적인 기능을 할 수 있지만, 만약 더 이상 필요가 없는 데 오랜 시간 동안 사용된다면 손상을 줄 수 있는 생리적 반응으로 설명하였다(즉, 잘못된 신경감각). 맥원은 이러한 적응의 대사적 비용 또는 '비적응'을 생체적응부하라고 불렀다.

안전은 두려움을 이긴다

안전한 환경에서 자율신경계 상태는 교감신경계의 활성화를 약화시키고, 등쪽미주신경복합체의 대사적으로 보존적인 반응으로부터 산소의존적인 중추신경계를 보호하기 위해 적응적으로 조절된다. 그러나 신경계는 어떻게 환경이 안전한지, 위험한지, 또는 생명에 위협이 되는지를 알며, 어떤 신경기전이 환경에서의 위험도를 평가하는 것일까?

기능자기공명영상과 같은 새로운 기술들은 위험을 감지하는 것과 연관된 구체적인 신경구조물들을 확인하였다. 관자엽^{temporal lobe}은 신경감각의 개념을 확장시키고 적응적인 방어행동과 자율신경계 상태를 조절하는 신경기전을 확인하는 데 관심의 대상이 되고있다. 기능자기공명영상 기법은 관자겉질^{temporal cortex}, 방추형이랑^{fusiform gyrus}(FG), 위관자고랑^{superior temporal sulcus}(STS)이 안전함이나 신뢰감을 인식하는 데 기여하는 동작, 목소리, 얼굴과 같은 양상을 발견하는 데 관여한다는 것을 보여주었다(Adolphs, 2002; Winston, Strange, O'Doherty, & Dolan, 2002). 이러한 자극들의 작은 변화들도 위협이 될 수 있고 애정을 나타내는 것이 될 수도 있다. 관자겉질의 이러한 영역들과 편도 사이의 연결성은 방어전략의 표현에 관여하는 구조물들에 대한 적극적인 억제를 할 수 있는 얼굴 양상의 처리 과정에 대한 하향식 조절을 암시해 준다(Pessoa, McKenna, Gutierrez, & Ungerleider, 2002).

동물을 대상으로 한 신경해부학적 및 신경생리학적 연구는 편도와 수도관주위회색질^{periaqueductal gray}(PAG) 사이의 연결을 통한 방어적 행동의 조절 및 억제와 연관된 추가적인 정보를 제공해 준다. PAG는 제3뇌실과 제4뇌실을 연결해 주는 대뇌수도관^{cerebral aqueduct}을 둘러싸고 있는 회색질로 구성되어 있는 중간뇌^{midbrain} 구조물이다. 연구들은 맞섬, 도피, 또는 얼어붙는 행동 및 이러한 행동들을 지지하는 자율신경계 상태를 조절하도록 조직화되어 있는 PAG의 영역들을 확인하였다(Keay & Bandler, 2001). PAG의 가쪽$^{lateral\ PAG}$(lPAG)과 뒤가
쪽$^{dorsolateral\ PAG}$(dlPAG)을 입쪽에서 자극하면 직면하는 방어적 행동(즉,
맞섬)이 유발되며, PAG의 가쪽과 뒤가쪽을 꼬리쪽에서 자극하면 도
망가는 행동(즉, 도피)이 유발된다. 심장박동과 혈압의 증가와 같은
자율신경계 상태의 변화는 이러한 행동과 함께 발생한다. 이와는 대
조적으로 PAG의 배가쪽$^{ventrolateral\ PAG}$(vlPAG)을 자극하면 고정의 수동
적 반응, 혈압과 심장박동의 감소가 유발된다. 흥미롭게도 vlPAG의
흥분은 적응적으로 통증 문턱값을 올리는 아편유사제^{opioid}에 의해 중
재된 진통효과를 유발한다. 게다가 항통각^{antinociception}과 고정 모두를
중재하는 편도의 중심핵과 vlPAG 사이의 기능적인 연결에 대한 증
거도 있다(Leite-Panissi, Coimbra, & Menescal-De-Oliveira, 2003).
여러미주신경이론과 일치하는 것으로 vlPAG는 등쪽미주신경복합체
와 의사소통을 하는 반면, lPAG와 dlPAG는 교감신경계와 의사소통
을 한다.

위협이 없을 때, FG와 STS에서 편도로 가는 억제성 회로는 둘레
계통의 방어체계를 능동적으로 억제한다. 이러한 억제는 사회적 행
동이 발생할 수 있는 기회를 제공한다. 따라서 친구나 배우자의 출현
은 둘레계통의 활성화를 억제시켜 접근, 신체적 접촉 그리고 다른 사
회참여행동을 유발하게 된다. 이와는 대조적으로 위험이 높다고 평
가되는 상황에서는 편도와 PAG의 다양한 영역들이 활성화된다. 편
도와 PAG는 중심핵을 통해서만 연결된다(Rizvi, Ennis, Behbehani,
& Shipley, 1991).

안전함의 발견은 둘레구조물에 의존하고 있는 적응적인 방어체
계를 억제시킨다. 따라서, 환경적 위험에 대한 신경적 발견(즉, 신경

감각)이 안전한, 위험한, 생명에 위협이 되는 환경에 대한 반응으로 나타나는 적응적인 행동을 지지하기 위해 행동 및 생리적 상태를 어떻게 조절해 주는지에 대한 모델을 제공한다. 결과적으로 안전을 발견하는 과정은 위험을 발견하는 과정을 포함하고 있다. 따라서, 보다 원시적인 방어체계를 중재하는 신경회로는 포유류의 생존에 필요한 사회적 행동을 지지하기 위해 진화과정 동안에 사용돼 왔다. 이러한 행동에는 사회참여 및 사회적 결합과 연관된 행동(예: 생식행동과 수유)이 포함되어 있다.

생식행동, 수유, 사회적 결합의 형성을 위해 사용되는 고정방어체계

방어체계인 고정은 계통발생적으로 오래되었고 감소한 대사요구량 및 증가한 통증 문턱값과 연관되어 있다. 파충류는 산소를 적게 필요로 하기 때문에 고정은 매우 효율적인 방어전략이다. 이와는 대조적으로 포유류는 산소를 많이 필요로 하기 때문에 고정행동을 지지하는 자율신경계 상태로의 이동(즉, 무호흡증과 느린맥)은 치명적일 수 있다(Hofer, 1970; Richter, 1957). 그러나 포유류의 사회적 행동의 몇몇 측면들은 고정을 필요로 하지만, 두려움이 없는 고정immobilization without fear을 필요로 한다. 두려움이 없는 고정은 생식, 수유, 짝짓기를 포함하는 다양한 범위의 사회적 요구를 충족시키기 위해 고정과 통증 문턱값을 조절하는 구조물을 사용하게 된다. 우리는 얼어붙는 행동을 조율하는 PAG 영역에 초점을 맞춤으로써, 어떻게 원시적인 고정 방어체계가 포유류의 친밀함에 대한 사회적 욕구를 충족시키기 위해 진화되고 수정되어 왔는지를 볼 수 있다. 게다가 우리가 vlPAG

를 연구할 때 이 부분에는 출산, 수유, 짝과의 결합과 연관된 신경펩티드인 옥시토신의 수용체들이 풍부하다는 것을 발견하였다(Carter, 1998; Insel & Young, 2001).

고정을 조직화하는 PAG 영역(즉, vlPAG)과 중복되는 영역은 자극했을 때 척주앞굽음^{lordosis}과 척주뒤굽음^{kyphosis}을 유발하는 영역이다. 척주앞굽음반사는 호르몬에 의존적인 행동으로 짝짓기를 할 때 암컷 설치류와 다른 포유류 종들에서 나타나는 현상이다. 대부분의 포유류에서, 척주앞굽음은 여성이 웅크린 자세로 고정됨으로써 남성이 성교할 수 있도록 뒤쪽을 개방해주는 현상을 포함하고 있다. 신경추적 연구들은 vlPAG가 척주앞굽음을 조절하는 신경회로와 연관되어 있는 부분임을 증명하였다(Daniels, Miselis, & Flanagan, 1999). 척주뒤굽음은 팔다리의 움직임은 억제한 채 똑바로 서서 등을 뒤쪽으로 웅크리는 자세를 말한다. 이러한 자세는 젖꼭지에 접촉할 때 자극되며, 어미 말이 동시에 많은 새끼들에게 수유할 수 있는 기회를 제공해 준다. 말이 수유를 시작할 때 행동 상태는 즉각적으로 높은 활동에서 고정으로 이동한다(Stern, 1997). vlPAG의 꼬리쪽에 병변이 있을 때 다음과 같은 중요한 결과들이 나타난다: (1) 척주뒤굽음 수유의 감소한다. (2) 새끼들 체중증가의 감소한다. (3) 이곳에 병변이 있는 쥐들은 더 공격적으로 되며 낯선 수컷들을 더 자주 공격한다(Lonstein & Stern, 1998).

모델의 검증

애착 및 사회적 결합의 형성 과정에는 적절한 사회참여전략들이 요구된다. 앞 단락에서 사회참여를 애착 및 사회적 결합의 형성에 연결시키는 예비적인 모델을 설명하였다. 이 모델은 여러미주신경이론에서 확장된 것이며 다음과 같은 점들을 강조하고 있다. (1) 사회참여 행동과 맞섬, 도피, 또는 얼어붙음의 방어적인 전략을 지지하는 잘 정의된 신경회로들이 있다. (2) 신경계는 의식적인 인식 없이도 환경에서의 위험을 평가하며 안전, 위험, 또는 생명에 대한 위협이 되는 환경의 신경감각에 맞는 적응적 행동을 조절한다. (3) 사회참여행동 및 사회적 지지와 연관된 생리적 상태의 이점은 안전의 신경감각을 필요로 한다. (4) 수유, 생식과 연관된 사회적 행동과 강력한 짝 결합의 형성은 두려움이 없는 고정을 필요로 한다. (5) 두려움이 없는 고정은 사회적 결합의 형성에 관여하는 신경펩티드인 옥시토신을 통해 방어적인 얼어붙음 반응을 조절하는 신경회로를 사용함으로써 조절된다(Carter & Keverne, 2002; Winslow & Insel, 2002).

[그림 12.1], [그림 12.2], [그림 12.3]은 신경감각이 사회참여, 맞섬, 도피, 또는 얼어붙는 행동을 조절하기 위해 사용되는 신경회로들을 결정하는 데 작용하는 역할을 설명하고 있다. 각각의 그림은 다른 환경(즉, 안전, 위험, 생명에 대한 위협)에서의 역할을 설명하고 있다. [그림 12.1]은 안전한 환경에서 사회참여행동을 증진시키는 것과 연관된 신경회로를 설명하고 있다. 얼굴, 목소리, 동작을 통해 안전 또는 신뢰에 대한 발견은 방어적인 둘레기능([그림 12.2]와 [그림 12.3]을 보시오)을 억제하기 위해 관자겉질(즉, FG, STS)에서 편도의 중심핵으로 가는 신경회로를 활성화시킨다. 이러한 회로는 맞섬, 도피, 또는 얼어붙는 행동을 조절하고 조직화하는 둘레계통의 방어체계를 억제시키며, 사회참여행동을 조절하는 겉질숨뇌경로를 활성화시

킨다([그림 3.1] p. 131을 보시오). [그림 12.2]는 위험의 신경감각에 대한 반응에 관여하는 신경회로를 설명하고 있다. 둘레계통의 방어회로는 위험에 대한 반응으로 개인을 적응적으로 방어하는 기능을 한다. 직면할지 또는 회피할지(즉, 맞섬 또는 도피)에 대한 구체적인 방어전략은 PAG에 의해 조절된다. 이러한 움직임 행동을 지지하기 위해 교감신경계가 활성화되며 자율신경계 상태에서 우세해진다. [그림 12.3]은 생명의 위협에 대한 반응에 관여하는 신경회로를 설명하고 있다. 생명의 위협에 대한 반응으로 포유류의 신경계는 고정이나 얼어붙는 행동을 증진시킨다. 하나의 방어전략으로서의 얼어붙음은 PAG에 의해 조절된다. 고정상태 동안에 대사활동을 억제하기 위해

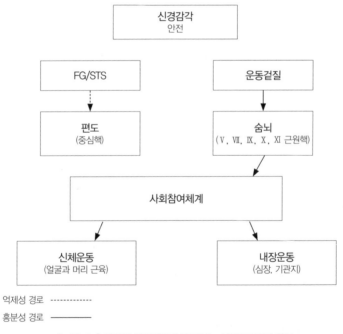

[그림 12.1] 안전의 신경감각에 관여하는 신경구조물과 경로

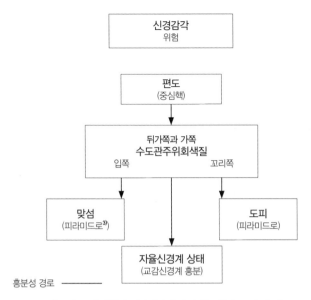

[그림 12.2] 위험의 신경감각에 관여하는 신경구조물과 경로

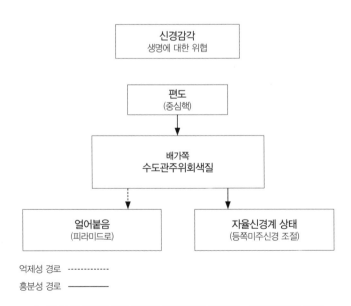

[그림 12.3] 생명에 대한 위협의 신경감각에 관여하는 신경구조물과 경로

자율신경계는 등쪽미주신경복합체의 조절을 받게 된다. 여러미주신경이론에서 제안되었듯이 각각의 적응적인 행동전략을 하는 동안의 자율신경계 반응은 계통발생의 과정에서 척추동물의 자율신경계가 변화하여 고정에서 움직임으로 그리고 사회적 참여로 변화하는 계층적인 조직화가 되었다.

환경이 안전한지 또는 다른 사람이 믿을 만한지에 대해 평가하는 능력은 다양한 정신건강의학과적 진단을 받은 사람들에게는 힘든 일이다. 최근의 연구는 둘레계통의 방어반응을 억제하는 것으로 간주되고 있는 관자겉질(즉, FG, STS)에 있는 영역들이 사회참여행동에 어려움을 가지고 있는 사람들(예: 자폐증, 조현병schizophrenia)에게서는 활성화되지 않는다고 제안하였다. 게다가, 사회적 행동이 손상된 진단적 양상을 가지고 있는 불안장애 및 우울증과 같은 다른 정신건강의학과적 장애를 가지고 있는 사람들은 내장상태의 조절(예: 심장에 대한 미주신경의 조절이 약한)과 사회참여행동을 지지하는 데 어려움을 가지고 있다(예: 얼굴표정의 감소와 얼굴 및 머리의 가로무늬근에 대한 운동조절의 감소). 따라서 이론적인 측면에서 볼 때, 몇몇 정신건강의학과적 장애의 원인은 환경에서 안전을 발견하고 상호작용에서 신뢰를 발견하는 능력이 감소되어 있어서 적절한 사회참여행동을 표현하지 못하는 것과 연관되어 있을 수 있다.

반응성애착장애와 같은 애착장애에 대한 연구는 적절한 애착과 사회적 행동을 중재하는 신경감각의 중요한 역할에 대한 흥미로운 검증을 제공하였다. 반응성애착장애는 DSM-Ⅳ(미국정신의학회,

---

3) 피라미드로(pyramidal tract): 대뇌겉질에서 척수로 가는 겉질척수로와 숨뇌로 가는 겉질숨뇌로를 말하며 숨뇌의 피라미드를 통과한다(역자 주).

1994)와 ICD-10(국제보건기구, 1992) 정신건강의학과 진단매뉴얼 모두에 기술되어 있다. 반응성애착장애는 두 개의 임상적 양상으로 구성되어 있다(즉, 억제형과 탈억제형). 억제형의 특징은 감정적으로 위축되어 있고 반응을 하지 않으며 애착행동이 나타나지 않는 것이다. 탈억제형의 특징은 무분별한 애착을 보이는 것인데 흔히 낯선 사람에게 나타낸다. 이러한 양상들은 시설에서 자란 아동과 학대받은 아동들에서 관찰되었다(Zeanah, 2000). 신경감각의 측면에서 볼 때, 두 가지 유형 모두 환경에서의 위험에 대한 평가가 정확하지 않다.

루마니아의 시설에서 자란 아동들에 대한 최근의 연구결과는 반응성애착장애에 대한 관심을 증가시켰으며, 이러한 사회적 발달의 장애를 치료할 중재법 개발에 대한 자극을 주었다. 만약, 환경에 대한 정확한 신경감각이 정상적인 사회적 행동에 필요하다면 환경에 있는 어떤 양상이 정상적인 사회적 발달을 증진시키는 것일까? 루마니아 유아들에 대한 최근의 연구(Smyke, Dumitrescu, & Zeanah, 2002)는 이러한 과정에 대한 통찰을 제공해 주었다. 이 연구에서, 반응성애착장애의 지표는 소아에게 다른 양육자의 숫자가 미치는 영향으로 평가되었다. 시설에서 자란 두 집단의 아이들이 평가되었고, 시설에서 자라지 않은 아이들과 비교되었다. 한 집단은 20명의 다른 양육자들이 교대근무를 하는 표준시설에 있었던 아이들로, 대략 세 명의 양육자가 30명의 아이를 돌봤다. 두 번째 집단은 실험적인 시설에 있었던 아이들로, 수용된 아이들의 숫자를 대략 10명으로 줄였고 양육자의 수도 4명으로 감소시켰다. 만약 적절한 사회적 행동을 증진시키는 데 안전의 신경감각이 필요하다면 양육자의 친숙함은 중요할 것이다. 익숙한 양육자가 있을 때, 아이들이 양육자의 얼굴, 목소리, 동작(안전하고 믿을 수 있는 사람을 정의하는 양상)에서 발견하는 안전함은 둘레계통의 방어체계를 약화시키는 억제성 경로를 촉발시켜야 하며 사회참여체계에 의해 표현되는 행동을 강화시켜야 한다. 이러한 모델을 지지하는 것으로서, 이 연구는 아이가 접촉하는 다른 양육자의 숫자와 반응성애착장애의 지표 사이의 관계를 증명하였다. 모든 평가에서 표준시설에 있었던 아동들은 반응성애착장애의 지표를 가지고 있을 확률이 높았으며, 실험적인 집단의 아이들은 시설에서 자라지 않은 아이들과 몇몇 평가에서 큰 차이가 없었다. 따라서 일단 우리가 방어적인 행동전략을 중재하는 신경회로를 억제시키는 사회적 양상을 이해하게 되면 우리는 사회참여행동을 증진시키는 신경회로의 발달을 최적화시킬 수 있다.

제13장

여러미주신경 가설

― 자율신경조절, 목소리, 듣기를 중재하는 공통적인 기전

목소리는 포유류의 복합적인 생체행동학적 양상의 복잡한 구성요소이다. 목소리는 포유류에게 있어서 친사회적이고 생존과 연관된 행동을 조율하는 데 관여하고 있기 때문에, 포유류 목소리에 대한 대부분의 연구들은 구체적인 목소리 양상의 적응적인 기능을 설명하는 데 초점을 맞추어왔다. 이와는 대조적으로, 자율신경계의 조절과 목소리의 생성 및 청각적 정보의 처리 사이의 신경생리적 관계를 조사한 연구들은 거의 없었다. 이 장은 포유류의 목소리를 해석하기 위해 여러미주신경이론(제2장을 보시오. Porges, 2001a, 2007a)에서 나온 가설과 원칙들을 적용할 것이다. 이 이론은 자율신경계의 신경조절 및 같은 종들 사이의 목소리 의사소통을 최적화시키는 양상을 포함하는 통합된 사회참여체계의 진화적인 출현 모두에서의 계통발생적인 이동을 강조하고 있다. 이 장에서는 포유류 목소리의 적응적인 기능을 새롭게 해석하는 방법으로서 여러미주신경 가설을 설명할 것이

다. 이 장은 목소리의 생성과 수용 사이의 상호 관계를 포함하는 사회적 의사소통과 연관된 신경기전을 강조하고 있다.

여러미주신경이론: 세 가지의 계통발생적인 반응체계

여러미주신경이론(제2장을 보시오. Porges, 2001a, 2007a)은 적응적 행동을 동반한 자율신경계의 신경조절에서의 계통발생적인 변화들을 연결시킨다. 이 이론은 내장상태를 조절하는 데 관여하는 주요한 부교감신경계 뇌신경인 미주신경의 계통발생적 변화를 강조한다. 이 이론은 여러미주신경이론이라 부르는데, 왜냐하면 포유류에서만 미주신경이 두 개의 다른 날경로를 가지고 있기 때문이다. 포유류는 다른 척추동물들(즉, 파충류, 양서류, 경골어류, 연골어류)과 공유하고 있는 미주신경의 등쪽운동핵에서 나오는 민말이집 경로 이외에도, 모호핵에서 나오는 말이집 경로를 가지고 있으며 이 회로는 사회적 의사소통의 몇몇 양상들(예: 얼굴표정, 목소리, 듣기)과 연관되어 있는 얼굴과 머리의 가로무늬근을 조절하는 근원핵이 있는 뇌줄기와 의사소통한다.

여러미주신경이론은 사회적 의사소통의 표현 및 수용 모두의 영역에 대한 내장상태의 조절과 연관된 포유류에게 독특한 해부학적 및 생리적 회로를 연결시킬 수 있는 생리적인 기초를 제공한다. 이러한 양상들의 발달은 파충류와 포유류 사이의 계통발생적인 구별을 반영해 주며, 포유류에게 계통발생적으로 생겨난 구조물들의 기능에 의존하고 있는 행동들을 포함하고 있다. 이러한 변화들에는 분리된 가운데귀뼈들, 가로막의 발달, 가로막밑 장기들을 조절하는 민말이집 미주신경체계와는 다른 가로막위 장기들을 조절하는 말이집 미주신경체계가 포함된다. 포유류에 대한 고전적인 정의는 젖샘^{mammary} ^{glands}과 머리털의 관찰에 초점을 둔 것이었다. 그러나 화석자료들은 이러한 양상들을 확인할 수 없었기 때문에 포유류를 정의하는 특징으로서 분리된 가운데귀뼈들의 식별에 의존하고 있다. 가운데귀뼈들의 분리와 일치하는 다른 계통발생적인 변화는 얼굴과 머리의 가로무늬근육을 조절하는 영역과 혼합되어 미주신경을 조절하는 뇌줄기 영역의 변화이다. 이러한 변화의 결과는 내장상태의 조절과 상호작용하는 사회적 의사소통 양상(예: 얼굴표정, 머리 움직임, 목소리, 듣기)을 동반한 역동적인 사회참여체계이다.

여러미주신경이론은 척추동물 자율신경계 발달의 세 가지 계통발생적인 단계들 각각이 포유류에게서 어떻게 남아있고 어떻게 뚜렷한 자율신경계 하부체계와 연관되어 있는지를 설명해 준다. 이러한 자율신경계의 하부체계들은 계통발생적으로 순서가 있으며 행동적으로 사회적 의사소통(예: 얼굴표정, 목소리, 듣기), 움직임(예: 맞섬 또는 도피 행동), 고정(예: 죽은 척하기, 혈관미주실신, 행동억제)과 연결되어 있다. 사회적 의사소통(즉, 사회참여체계, 나중의 논의를 보시오)에는 말이집 미주신경이 관여하는데, 이것은 심장에 대한 교감신경계 영향을 억제하고 시상하부−뇌하수체−부신축을 약화시킴으로써 진정된 행동 상태를 강화시키는 역할을 한다(Bueno et al., 1989). 움직임체계는 교감신경계의 기능에 의존하고 있다. 계통발생적으로 가장 원시적인 고정체계는 민말이집 미주신경에 의존하고 있는데, 이것은 대부분의 척추동물들이 가지고 있다. 계통발생적 발달 때문에 발생한 신경적 복합성의 증가로 인해 유기체의 행동적 및 정동적 범위는 풍부해졌다. 세 가지의 회로는 안전한, 위험한, 생명에 위협이 되는 사건들에 대한 적응적인 반응을 제공하기 위해 역동적으로 조절된 것으로 개념화할 수 있다.

파충류와는 달리, 포유류의 신경계는 위험하고 생명에 위협이 되는 환경에서 살아남기 위해서뿐만 아니라 안전한 환경에서 사회적 상호작용과 사회적 결합을 증진시키기 위해서 진화되었다. 포유류의 신경계는 이러한 적응적인 융통성을 달성하기 위해서, 방어전략 (즉, 맞섬 또는 도피 및 죽은 척하는 행동)을 조절하는 두 가지의 보다 원시적인 신경회로를 보존하는 동시에 안전한 환경을 위한 새로운 신경전략도 발달시켰다. 사회적 행동, 사회적 의사소통, 내장의 항상성은 방어전략을 지지하는 두 가지의 신경회로에 의해 촉진되는 신경생리적 상태 및 행동들과 함께 공존할 수 없다는 점에 주목하는 것이 중요하다. 따라서 포유류의 신경계는 진화를 통해서 계통발생적으로 조직화된 계층에 있는 세 가지의 신경회로들을 가지고 있다. 이러한 적응적 반응의 계층에서 사회적 의사소통과 연관되어 있는 가장 새로운 회로가 가장 먼저 사용되는데, 만약 이 회로가 안전을 제공하지 못하게 되면 더 오래된 생존과 연관된 회로들이 순서적으로 사용되게 된다.

척추동물 심장의 조절에 대한 계통발생을 조사함으로써(제2장과 제10장을 보시오. Morris & Nilsson 1994; Taylor, Jordan, & Coote, 1999) 새로 출현한 행동 및 사회적 의사소통과 연관된 추측에 대한 기초를 제공해 주는 네 가지의 원칙들이 추출되었다. 이러한 원칙들은 사회참여, 맞섬 또는 도피, 죽은 척하는 행동을 지지하는 구체적인 신경기전과 연관된 검증 가능한 가설을 유발하였다.

1. 내분비적 의사소통에서 민말이집 신경으로 그리고 마지막에는 말이집 신경으로 이동하는 심장의 조절에 대한 계통발생적인 변화가 있었다.
2. 대사출력에 대한 빠른 조절을 제공하기 위해 흥분과 억제의 서로 반대되는 신경기전의 발달이 있었다.
3. 미주신경경로의 뇌줄기 근원핵들이 오래된 등쪽운동핵에서 앞쪽으로 이동하여 모호핵을 형성하면서 얼굴-심장의 연결이 형성되었다. 이것은 말이집미주신경을 통한 심장에 대한 신경적 조절과 통합된 사회참여체계를 형성하는 얼굴과 머리의 가로무늬근육을 조절하는 특수내장날경로 사이의 해부학적 및 신경생리적 연결을 유발하였다([그림 3.1]을 보시오, 보다 자세한 내용은 12장을 보시오; Porges 2001a, 2007a).
4. 겉질이 발달하게 되면서 겉질은 운동겉질에서 시작해서 뇌줄기에서 나오는 말이집 운동신경[예: V, VII, IX, X, XI 뇌신경 내에 있는 특수한 신경경로들로 내장운동구조물(즉, 심장, 기관지)과 신체운동구조물(얼굴과 머리의 근육)을 조절한다]의 근원핵에서 끝이 나는 직접적(예: 겉질숨뇌corticobulbar) 및 간접적(예: 겉질그물체corticoreticular) 신경경로를 통해 뇌줄기에 대한 통제를 더 많이 하게 되었다.

사회참여체계

비교해부학, 진화생물학, 발생학에 대한 연구는 얼굴과 머리의 가로무늬근육에 대한 신경조절과 얼굴표정, 머리 움직임, 목소리를 포함하는 새롭게 나타난 행동들 사이의 기능적 관계에 대한 중요한 정보를 제공해 준다. 얼굴과 머리의 근육을 조절하는 신경들은 몇 가지 공통된 양상을 가지고 있다. 다섯 개의 뇌신경에서 나오는 경로들이 얼굴과 머리의 근육들을 조절한다. 종합적으로 이러한 경로들은 특수내장날경로라고 불린다. 특수내장날 신경들은 발생학적으로 원시 아가미궁에서 발생한 구조물을 조절하는 가로무늬근육을 지배한다(Truex & Carpenter, 1969). 특수내장날경로들은 씹기근육(예: 섭취), 가운데귀근육(예: 같은 종의 목소리 듣기), 얼굴근육(예: 감정표현), 인두와 후두근육(예: 운율과 어조), 머리돌림과 기울임근육(예: 몸짓)을 조절한다. 실제로 인간에게 있어서 눈꺼풀을 감을 수 있게 해주는(예: 눈 깜박임) 신경경로는 또한 인간의 목소리를 잘 들을 수 있도록 가운데귀의 등자근$^{stapedius \ muscle}$을 긴장시키는 데에도 관여한다(Djupesland, 1976).

얼굴과 머리의 가로무늬근육을 조절하는 회로의 근원핵들은 뇌줄기 내에서 통합된 사회참여체계를 형성하는 말이집 미주신경의 근원핵과 상호작용한다. 이 체계([그림 3.1] p. 131에 설명되어 있는)는 사회적 및 감정적 행동과 연관된 신경구조물들을 제공해 준다. 사회참여체계는 눈꺼풀 열기(예: 바라보기), 얼굴근육(예: 감정표현), 가운데귀근육(예: 배경소음에서 목소리 추출하기), 씹기근육(예: 섭취), 인두와 후두근육(예: 목소리), 머리돌림근육(예: 사회적 몸짓과 방향잡기)을 조절하는 뇌줄기 핵들(즉, 아래운동신경세포)을 통제하는 겉질에 있는 통제요소(즉, 위운동신경세포)를 가지고 있다. 종합적으로 이러한 근육들은 사회적 단서들(예: 얼굴표정을 관찰하고 목소리를 듣는)을 제한하는 여과 장치의 역할을 하며 사회적 환경에 참여할 것인지를 결정한다. 이러한 근육들에 대한 신경조절은 얼굴표정의 변화시키고(특히 사람과 다른 영장류에서), 목소리의 어조를 조절하기 위해 인두와 후두 근육의 조절하고, 호흡과 얼굴 및 목소리를 조율함으로써 사회적 경험을 결정한다(Smotherman, Schwartz, & Metzner, 2010). 게다가 호흡의 빈도는 목소리의 표현과 연결되어 짧은 날숨(즉, 빠른 호흡)과 연관된 짧은 말을 표현함으로써 긴박함을 전달하고, 긴 날숨(즉, 느린 호흡)과 연관된 긴말을 표현함으로써 차분함을 전달할 수 있다.

특수내장날경로의 근원핵들(즉, 아래운동신경세포)은 뇌줄기에 있으며, 성장과 회복의 대사요구와 일치하는 차분한 상태를 증진시키기 위해 각성을 능동적으로 감소시킬 목적으로 내장기능을 억제하는 (예: 심장박동과 혈압의 감소 등) 신경경로로서의 기능을 하는 포유류 말이집 미주신경의 근원핵들과 의사소통한다. 직접적인 겉질숨뇌경로들은 겉질의 이마영역이(즉, 위운동신경세포) 이 체계에 대해 조절을 한다는 것을 나타내준다. 더욱이 감각미주신경을 통해 숨뇌영역으로 가는 들되먹임(예: 고립로핵)은 앞뇌영역에 영향을 미치며 각성 및 경계의 상태를 조절한다. 게다가 사회참여체계와 연관되어 있는 해부학적 구조물들은 시상하부-뇌하수체-부신축, 옥시토신 및 바소프레신과 같은 신경펩티드, 면역체계와 신경생리적인 상호작용을 한다(Porges, 2001a).

가운데귀의 계통발생학

척추동물이 파충류에서 포유류로 진화하면서, 아래턱뼈의 끝에 있던 부분이 분리되어(Luo, 2007; Luo, Crompton, & Sun, 2001; Rowe,

1996; Wang, Hu, Meng, & Li, 2001) 가운데귀의 작은뼈들^{auditory ossicles}을 형성하였다. 인간과 다른 포유류에게 있어 환경에서 들리는 소리는 고막에 닿은 후에 가운데귀에 있는 작은뼈들을 통해 속귀로 전달된다. 바라니^{Bárány}(1938)는 육지에 사는 포유류에게 있는 귓속의 작은뼈들이 연결된 목적은 뼈전도를 통해서 들리는 낮은 주파수의 소리를 줄이기 위한 것이라고 하였다. 아래턱뼈의 분리가 만들어낸 여과효과 이외에 등자근^{stapedius muscle}(얼굴신경의 가지에 의해 신경지배 됨)과 고막긴장근^{tensor tympani muscle}(삼차신경의 가지에 의해 신경지배 됨)이 수축될 때 또 다른 조율이 이루어진다. 근육들의 긴장은 가운데귀 작은뼈들의 움직임을 감소시키고 속귀로 들어가는 환경에서 오는 낮은 주파수 청각자극의 진폭을 약화시킨다. 이러한 과정은 큰북의 표면을 팽팽하게 조이는 것과 유사하다. 큰북의 표면이 긴장되면 북소리의 높이가 더 높아진다. 작은뼈들이 긴장되면 팽팽해진 북의 표면처럼 고막의 움직임이 감소되고 고막에 닿는 높은 주파수의 소리만 속귀 및 뇌의 청각처리 영역에 전달되게 된다. 환경에서 들리는 소리에 대해 이러한 근육들이 미치는 영향은 낮은 주파수의 소리를 뚜렷하게 감소시켜주며 이것은 인간의 목소리 및 다른 포유류의 목소리와 연관된 보다 높은 주파수대의 소리를 듣는 것이 수월해지도록 해준다.

아래턱뼈에서 가운데귀뼈들이 분리된 것은 다음과 같은 두 가지의 계통발생적 이동과 일치한다. (1) 턱뼈가 이제 더 이상 머리뼈의 확장을 제한하지 않게 되어, 현대 포유류의 특징인 겉질의 발달을 증진시켰다(Rowe, 1996). (2) 포유류의 가운데귀는 심지어 청각적 환경이 낮은 주파수의 소리가 지배적이더라도 낮은 진폭의 높은 주파수 소리(즉, 목소리의 주파수와 같은 소리)를 듣는 것이 가능하게 해주었다.

포유류 가운데귀의 진화는 포유류로 하여금 뼈전도에 의존하고 있기 때문에 낮은 주파수의 소리를 주로 들을 수 있는 파충류에 의해서는 감지되지 않는 주파수대의 소리로 의사소통을 할 수 있게 해주었다. 크고 낮은 주파수의 소리가 많은 환경에서 낮은 진폭, 높은 주파수의 소리를 들을 수 있는 능력은 가운데귀근육들이 긴장되어 작은뼈들을 경직되게 했을 때 이루어진다. 이러한 기전은 포유류 목소리와 연관된 높은 주파수의 소리를 배경음들과 구별할 수 있게 해준다. 포유류가 작은뼈들을 경직되게 하지 못한다면 이러한 장점을 잃게 될 것이며 부드러운 목소리는 배경음에 의해 쉽게 소실될 것이다 (Borg & Counter, 1989). 실제로 의도적으로 가운데귀근육들을 수축시킬 수 있는 사람은 500Hz 이하의 주파수에서 대략 30dB 정도를 약화시킬 수 있지만, 1,000Hz 이상의 주파수에서는 소리를 약화시키지 못하거나 아주 적은 정도만 약화시킬 수 있었다(Kryter, 1985).

초기 포유류들은 크기가 작았고 자신들의 주된 포식자(즉, 파충류)들의 청각범위 밖에서 목소리를 통한 의사소통을 하는 것이 생존에 매우 중요하였다. 가운데귀의 물리학은 듣기 위해서 더 낮은 음압수준을 요구하는 특별한 주파수 범위를 만들어내게 하였다. 작은 포유류에게 있어서 이러한 주파수대는 뼈전도에 대한 의존 때문에 파충류가 쉽게 들을 수 있는 주파수대보다 훨씬 더 높다. 그러나 포유류가 진화하면서 선택압[selective pressure1)]은 더 큰 포유류가 생존하는 결과를 유발하였다. 포유류의 몸 크기가 커지면서 가운데귀 구조물들의 크기 역시 커졌으며, 가운데귀의 공명주파수는 낮아지게 되었다.

---

1) 경쟁에 유리한 개체가 살아남게 해주는 여러 가지 요인(역자 주).

따라서 몸집이 큰 포유류들(예: 코끼리와 고래)의 가운데귀 구조물들은 뼈전도를 통해 듣는 파충류의 낮은 주파수와 중복되고 아주 먼 거리를 전달할 수 있는 파장을 가진 초저주파수의 의사소통이 가능하게 되었다.

같은 종의 목소리에 대한 민감도에 가운데귀 구조물들이 미친 영향

소리의 인식은 모든 주파수에서 같은 것이 아니다. 우리는 낮은 주파수의 소리를 실제적인 물리적 에너지보다 더 부드러운 소리인 것처럼 듣게 된다. 이와는 대조적으로 인간은 목소리와 연관된 주파수의 청각에너지를 평가하는 데 비교적 정확하다. 이러한 현상은 처음에 플레처-먼슨 등음곡선^{Fletcher-Munson equal loudness contours2)}으로 소개되었는데(Fletcher & Munson, 1933) 이것은 어떻게 인간의 지각이 낮은 주파수의 소리를 약화시키는지를 설명해 주었다. 측정기술이 발달하게 되면서 연구자들은 등음곡선을 더 발전시켰고 소음측정기는 데시벨(dB)로 알려져 있는 척도를 포함시키도록 수정되었으며 이것은 인지되는 소리의 차이를 주파수에 따라 보정시켜 주었다(즉, 낮은 주파수의 청각에너지는 높은 주파수의 소리처럼 인지되기 위해서 많이 증가시켜주어야 한다). 이러한 음압 수준에 대한 대비는 신호의 물리적인 에너지를 설명해 주었으며 청각자극이 가지고 있는 주파수에 대한 인식에

---

2) 청각으로 들리는 같은 크기의 음압과 음의 주파수 관계를 나타내는 곡선(역자 주).

바탕을 둔 가중치는 적용이 되지 않은 것이었다.

배경소음에서 같은 종의 목소리를 발견하는 지각과정은 가운데 귀근육들의 여과 기능을 설명해 준다(낮은 주파수의 소리를 약화시키는 것). 가운데귀근육들의 이러한 여과 기능 이외에 가운데귀 구조물들은 자연적인 증폭기의 역할을 하여 같은 종의 목소리를 발견하는 데 도움을 준다. 증폭은 목소리의 청각에너지가 가운데귀 구조물들의 공명주파수와 중복되는 주파수 대역에 의해 특징지어질 때 발생한다. 따라서 가운데귀근육들의 능동적이고 선택적인 여과 기능과 가운데귀 구조물들의 수동적인 증폭 기능 때문에 같은 종에게만 특수한 등음곡선이 발생한다. 일반적으로 같은 종의 목소리는 이러한 지각의 이점을 사용할 수 있는 주파수대로 나타난다.

뎀메이저, 데익, 체놀트, 매니, 마머렌[Dammeijer, Dijk, Chenault, Manni, & Mameren](2007)은 쥐의 등자근에 대한 소음 노출의 영향을 평가하였다. 이들의 자료는 큰 소음이 없더라도 등자근은 활동을 하며 청각반사를 유발하는 데 필요한 것보다 훨씬 낮은 음압에도 수축한다는 것을 보여주었다(Pilz, Ostwald, Kreiter, & Schnitzler, 1997). 게다가 이들의 자료는 등자근이 일상생활에서 접하는 지속적인 낮은 주파수의 소음을 약화시킴으로써 높은 주파수의 신호를 발견할 수 있게 해준다는 가정과 일치하였다(Pang & Guinan, 1997). 가운데귀근육들은 주로 빠른연축근섬유[fast-twitch fibers]로 이루어져 있다(deJong, Kingma, Wirtz, Berge, & Marres, 1988). 이 근육들은 최소한 쥐에서는 비교적 높은 무산소성, 당분해성, 산소산화효소 활동을 특징적으로 가지고 있기 때문에 쉽게 피곤해지지 않는다. 게다가 작은 운동 단위를 나타내는 많은 운동종말판[motor end plates]과 많은 축삭다발[axon bundles]을 가지고 있기 때문에 가운데귀근육들은 매우 미세하고 단계적인 수축을 실행할 수 있다는 가정을 지지해 준다. 우리는 실험실에서 인간의 가운데귀근육들의 강도조절 기능을 증명하고 있다.

청각적 처리 과정에서 가운데귀근육들의 여과 기능은 낮은 주파수의 배경음이 달팽이기전^{cochlear mechanism}에 미치는 영향을 고려할 때 특히 연관성이 있게 된다. 달팽이관의 바닥막^{basilar membrane}의 많은 부분에 닿게 되는 정상파^{standing wave3)}의 강도가 증가되면 강렬한 자극에 대한 달팽이관 여과 장치의 민감도가 감소하게 된다. 이러한 과정은 등음곡석이 평평해지는 것으로 관찰된다. 따라서 심지어 청각반사의 문턱값 아래에 있는 낮은 주파수의 소리도 약화시키는 가운데귀근육들의 수축은 주파수에 대한 민감성을 향상시키며 포유류 목소리의 주파수대에 있는 바깥털세포^{outer hair cell}에 의해 중재되는 선택성을 증가시킨다.

가운데귀 구조물의 물리학은 다른 여과 특징을 부여해 준다. 비록 작은뼈들의 경직이 가운데귀근육들의 수축 및 낮은 주파수의 소리가 속귀로 들어가는 것을 약화시키는 여과 장치의 기능을 하지만, 작은뼈들의 물리적인 특징은 속귀에 들어가는 청각에너지에도 영향을 미친다. 작은뼈 관성^{ossicle inertia}은 가운데귀를 통과할 수 있는 가장 높은 주파수를 결정한다(Hemilä et al., 1995). 높은 주파수의 한계는 작은뼈들 크기에 반비례한다. 비록 일반적으로 더 큰 포유류가 더 큰 작은뼈를 가지고 있지만, 포식자, 먹잇감, 집단과 연관된 소리를 잘 듣기 위해서 작은뼈의 크기가 적응적으로 변해 높은 주파수를 들을

---

3) 진행하지 않고 수직 운동만 하는 파(역자 주).

수 있는 큰 동물들도 존재한다. 예를 들면, 고양이는 매우 높은 주파
수의 소리에 매우 민감하며 작은 설치류가 내는 높은 주파수의 소리
를 듣는 데 도움을 받는다(Forsman & Malmquist, 1988; Rosenzweig
& Amon, 1955).

지각하기 쉬운 주파수대

매우 작은 포유류의 경우에 있어서 가운데귀와 속귀 구조물들은 인
간이 들을 수 있는 소리보다 훨씬 더 넓은 범위의 청각적 정보를 전
달할 수 있다. 인간의 경우에 들을 수 있는 소리의 위쪽 한계 주파수
는 대략 20,000Hz이다. 따라서 20,000Hz는 흔히 청각범위에서 들
을 수 있는 소리와 초음파를 구별하는 기준이 된다. 그러나 이러한
용어는 잘못된 것인데 왜냐하면 초음파라고 정의된 청각자극들을 몇
몇 포유류 종들은 들을 수 있기 때문이다.

　　포유류의 청력도를 로그함수의 x축에 그렸을 때(Fay, 1988) 가장
낮은 문턱값은 가운데귀근육이 통과시키는 고주파수, 올리브달팽이
기전[olivary-cochlear mechanisms], 작은뼈의 관성이 연합하여 만들어내는 주
파수대에서 관찰된다. 지각하기 쉬운 이러한 주파수대(즉, 듣기에 낮
은 문턱값을 가지는)는 각각의 포유류 종에 따라 다르며, 일반적으로
높은 주파수를 듣기에 더 쉽게 되어있다. 그러나 낮은 주파수의 소리
들이 대부분의 청각적 환경에서 우세하기 때문에, 이러한 지각하기
에 쉬운 주파수대는 낮은 주파수가 청각기관을 압도하지 않을 때 가
장 잘 들리게 된다. 따라서 가운데귀근육들을 수축시키는 것의 중요
성은 낮은 주파수에 있는 청각에너지를 감소시키는 것에 있다. 일반

적으로 포유류 종들이 자신의 종과 연관된 목소리를 만들어내는 것은 이러한 듣기 쉬운 주파수대에 포함되어 있다. 예를 들면, 인간의 경우에 인간이 일반적으로 들을 수 있는 주파수는 20~20,000Hz이지만 인간이 지각하기 쉬운 주파수대는 대략 500~4,000Hz이다. 이 주파수대에, 인간의 남성 및 여성이 내는 소리의 제2, 제3의 포먼트 formant[4]가 항상 포함되며 많은 경우에 첫 번째 포먼트도 포함된다. 인간 목소리의 정보를 전달하는 이러한 선택된 주파수대는 낮은 주파수를 약화시키는 가운데귀근육들의 여과 기전과 높은 주파수를 약화시키는 올리브달팽이 기전에 의해 기능적으로 증폭된다. 쥐에서 나타나는 이와 유사한 기전은 대략 5~50kHz에서 듣기에 쉬운 주파수대를 제공해 준다(Bjork, Nevalainen, Hakumaki, & Voipio, 1999).

청각정보는 인간의 목소리에 대한 추출을 향상시키는 이러한 주파수대에서 증폭될 수 있다. 두 가지의 방법이 이러한 증폭을 가능하게 해주는데, 하나는 '발음지수index of articulation'(Kryter, 1962)이고 다른 하나는 보다 최근에 나온 '언어명료도지수speech intelligibility index'이다(미국 표준협회, 1997).[5] 이러한 지수들은 인간의 목소리에 들어있는 언어와 연관된 정보를 전달하는 데 특수한 주파수가 상대적으로 중요하다는 점을 강조하고 있다. 정상적인 귀에서 이러한 지수들이 나타내는 일차적인 주파수를 가지는 청각에너지는 가운데귀에서 속귀로 전달될 때 약해지지 않는다. 발음지수에서 정의하는 주파수대는 작곡가들이 역사적으로 선율을 표현하기 위해 선택했던 주파수대와 유사하

---

4) 사람이 내는 소리를 주파수 분석기로 분석하면 세 개로 이루어지는 주파수분포 도형이 나타나며 낮은 주파수부터 제1, 제2, 제3의 포먼트라고 부른다(역자 주).
5) 두 지수 모두 문장, 단어, 음절 등을 인지하는 정도를 예측하는 도구이다(역자 주).

다. 이것은 또한 엄마들이 자신들의 아기를 진정시키기 위해 사용하는 자장가의 주파수대이기도 하다. 노래와 같은 인간 목소리의 주파수 내에 있는 청각에너지의 조절은 목소리의 운율과 유사하며, 가운데귀근육들의 신경조절을 유도하고 기능적으로는 심장에 대한 미주신경의 조절을 증가시켜 행동적 및 생리적 상태를 진정시키고 보다 자발적인 사회참여행동을 증진시킨다. 목소리를 이용한 음악은 목소리 운율의 효과를 증폭시키며 전체적인 사회참여체계를 조절하는 신경기전을 촉발시켜 얼굴에서 나타나는 정동과 자율신경계 상태를 변화시킨다. 기본적으로 우리는 선율을 들을 때 더 많이 바라보고 더 좋은 느낌을 받게 된다.

청각체계는 청각자극의 범위를 압축시킬 수 있다. 이러한 압축과정의 대부분은 말초에서 발생한다. 예를 들면, 등자근의 수축은 낮은 주파수의 소리가 전달되는 것을 감소시킨다. 즈위슬로키 Zwislocki(2002)는 다음과 같이 말했다. "말초 청각체계에서 자극을 압축하는 것은 다른 체계들이 생물학적으로 보다 쉽게 달성할 수 있는 범위에서 작동할 수 있도록 해주는 진화적으로 매우 중요한 적응과정이었음이 틀림없다"(p. 14601). 즈위슬로키가 말했듯이 크고 낮은 주파수의 에너지를 압축함으로써 속귀와 고위 뇌구조물들은 목소리의 범위에 있는 높은 주파수의 청각신호를 처리할 수 있다. 기술공학적인 측면에서 볼 때, 말초체계에서 압축을 하는 기전은 체계의 남아 있는 부분에서 필요한 역동의 범위를 줄여준다. 이러한 압축 기전은 목소리보다 낮은 주파수의 청각에너지를 여과시키는 데 필요한 자동적인 조절을 하게 해주며, 고위 뇌구조물들이 이러한 좁은 주파수 범위 내에 있는 청각에너지를 처리함으로써 의미를 추출해낼 수 있도록 해준다.

비록 인간과 다른 포유류들은 지각하기 쉬운 주파수대 밖의 소리도 낼 수 있지만, 같은 종 내에서의 의사소통은 대개 이러한 주파수대 내에서 조절된 목소리를 특징적으로 사용한다. 이와는 대조적으로 위험과 고통의 신호들은 이러한 주파수대의 위쪽 한계에 있는 날카로운 소리(즉, 주파수의 조절이 감소된 높은 음색)일 수 있다. 게다가 공격적인 신호는 이 주파수대의 밖에 있는 낮은 주파수의 목소리(예: 사자의 으르렁거림)를 유발할 수 있다. 이러한 사회적인 맥락에서의 목소리 주파수의 변화는 같은 종들 내에서 가장 쉽게 발견될 수 있고 적응적인 양상을 지니고 있지만, 또한 도전을 유발하기도 한다. 특히 이러한 목소리의 주파수는 청각에너지의 처리에 의존하고 있으며 뼈전도에 의해 쉽게 전달되는 주파수를 넘어서는 것이다. 더 높은 주파수를 가지고 있는 포유류의 목소리(들을 수 있는 초음파)는 특징적으로 빨리 퍼져나가는 매우 짧은 파장을 가지고 있다. 이와는 대조적으로 낮은 주파수는 매우 멀리 퍼져나가는 긴 파장을 가지고 있다.

포유류 목소리의 짧은 파장은 적응적인 사회참여행동을 돕기 위해 진화되었다(Porges, 2007a). 인간을 포함하는 많은 포유류들에게 있어서 얼굴표정과 행동적 자세(예: 영장류가 손을 사용하는)는 청각적 메시지의 애매모호함을 감소시키기 위해 운율의 변화(어조)와 함께 조율된다(Corballis, 2013). 따라서 스트레스와 위험의 신호는 흔히 얼굴표정의 단서와 손동작을 필요로 한다(Eberl, 2010). 관자겉질에 있는 영역들은 목소리를 내는 동안에 발생하는 이러한 청각—시각적 입력에 민감하다. 말과 일치하는 시각적 입력은 위관자겉질superior temporal cortex에 있는 다감각신경세포multisensory neurons를 활성화시킨다. 이와는 대조적으로 청각 및 시각적 언어 입력의 통합이 요구되는 과제를 하는 동안에 이 영역의 활성화가 감소되는 것은 흔히 환청과 연관되어 있는 장애인 조현병 환자들에게서 보고되었다(Surguladze et al., 2001). 기능적으로 인간의 목소리를 들으면서 얼굴과 머리의 동작을 동시에 관찰하는 것은 언어의 명료도를 향상시키며(McGurk & MacDonald, 1976; Munhall, Jones, Callan, Kuratate, & Vatikiotis-Bateson, 2004) 대략 10~20dB의 배경음에서 말을 추출하는 능력을 향상시키는 것으로 보고되었다(Chen & Rao, 1998; Sumby & Polack, 1954).

사회적 의사소통을 위해서 높은 주파수에 의존하는 것의 한 가지 결과는 영아가 엄마의 보호로부터 멀리 떨어져서 돌아다니지 못하는 것이다. 많은 작은 포유류 종들(예: 쥐, 생쥐)의 경우에 새끼들이 내는 초음파 목소리는 어미가 새끼로부터 벗어날 수 있는 범위를 더 제한한다. 쥐의 경우에 의사소통을 위해 사용하는 주파수가 발달을 하는 동안 변한다. 쥐의 새끼가 성장하면서 탐색행동을 하게 될 때, 목소리는 새끼 때의 초음파에서 성인형의 소리로 변화한다(Takahashi, 1992). 쥐의 새끼가 성장을 하게 되면, 잘 조직화된 움직임 행동이 탐색을 지지해 주며 엄마로부터 멀리 떨어져 탐색할 수 있는 거리를 확장시킨다. 이러한 어른 목소리로의 이동은 목소리의 생산과 발음에 관여하는 인두와 후두의 신경조절과 함께 발생하며, 말이집 미주신경을 통한 심장에 대한 신경조절의 증가도 함께 발생한다(Larson & Porges, 1982).

목소리에 대한 능동적 청취를 위한 적응적 대가

낮은 주파수의 소리에 대한 민감성을 능동적으로 약화시키고 듣기에 쉬운 주파수대의 소리를 듣는 것과 연관된 신경기전을 사용하는데 드는 비용이 있다. 듣기에 쉬운 주파수대의 소리를 듣는 것은 뇌에 도달할 수 있는 낮은 주파수의 청각정보를 감소시키기 위해 능동적인 여과 장치를 사용하는 신경기전을 필요로 한다. 낮은 주파수가 특징인 포식자와 연관된 소리, 특히 큰 동물의 움직임 소리는 이러한 능동적인 '청취'의 과정과 연관되어 있기 때문에 포식자를 발견할 수 있는 능력을 감소시킴으로써 비적응적인 결과를 유발할 수 있다. 따라서, 같은 종의 목소리를 잘 들을 수 있는 능력은 또한 대가를 치르게 된다. 야생의 세계에서 사회적인 의사소통의 잠재적인 대가는 포식자에 대한 발견이 감소하는 것이다. 이러한 취약성에 대한 적응은 듣기에 쉬운 주파수대 내에서의 듣기(사회참여와 사회적 의사소통의 중요한 요소)를 주로 둥지와 굴과 같은 안전한 환경에서 사용하는 것으로 제한하게 하였다.

사회참여체계와 여러미주신경 '목소리' 가설

여러미주신경이론에서 제안했듯이 듣기와 목소리의 생성에 연관되어 있는 얼굴과 머리의 가로무늬근육의 기능과 발달은 말이집 미주신경의 성숙과 일치한다(Larson & Porges, 1982). 통합된 사회참여체계를 형성하는 몇몇 신경회로들의 발달([그림 3.1] p. 131을 보시오)은 다음과 같은 몇 가지 적응적인 행동을 촉진시키는 결과를 유발하였다. (1) 스스로를 진정시키고 차분한 상태를 유지하기 위한 말이집 미주신경경로(즉, 미주신경제동)를 통해 생리적 상태를 조절하는 능력 뿐만 아니라 탐색하고 돌아다니고 방어하기 위해 미주신경제동을 철수시킴으로써 움직일 수 있는 능력을 향상시켰다. (2) 적응적인 가치가 높은 목소리를 만들어내는 기전을 통해 선택적으로 중요한 동료와 양육자에게 듣기 쉬운 주파수대의 목소리를 만들어내는 인두와 후두의 신경조절을 증가시켰다. (3) 자율신경계가 성숙하면서 양육자의 필요를 감소시키는 체온조절 활동이 향상되었다.

여러미주신경이론은 자율신경계의 신경조절에서의 변화 및 얼굴과 머리의 가로무늬근육에 대한 신경조절의 변화가 계통발생적으로 함께 일어났음을 강조한다. 이러한 점은 포유류의 목소리에 대한 연구 결과들과 일치하는데, 왜냐하면 얼굴과 머리의 가로무늬근육들은 목소리의 발견(듣는 동안) 및 호흡기전과 함께 인두와 후두근육의 조율을 통해 이러한 목소리를 만들어내는 것과 연관되어 있기 때문이다.

포유류 목소리의 발견과 생산에 관여하는 구조물들에 대한 신경조절에서의 이러한 계통발생적인 변화는 여러미주신경 가설을 만들어내게 하였다. 구체적으로 포유류만이 호흡과 목소리의 조화를 위한 가로막을 가지고 있다. 포유류의 가로막에 대한 의존은 포유류만이 가지고 있는 미주신경의 두 가지 사이의 차이에서 기인한다. 하나는 가로막위 기관들을 조절하며 다른 하나는 가로막밑 기관들을 조절한다. 가로막밑 미주신경의 조절은 배호흡과 연관되어 있는 반면, 가로막위 미주신경의 조절은 청각적 양상을 형성하는 인두와 후두근육을 조율하며 목소리의 운율을 동반하는 얼굴표정을 제공해 준다. 게다가 사회적 목소리의 표현과 연관되어 있는 호흡과정인 느린 날숨은 진정된 상태를 촉진시키는 심장에 대한 말이집 미주신경의 영향을 증가시킨다.

여러미주신경 가설은 목소리의 청각적인 특징이 환경과 연관된 양상을 같은 종에게 의사소통해 주는 역할을 할 뿐만 아니라, 목소리를 만들어내는 사람의 생리적 상태도 반영해 준다. 파충류나 다른 계통발생적인 선조들과는 달리 포유류만 말이집 미주신경, 가로막, 분리된 가운데귀 및 말이집 미주신경의 조절과 얼굴 및 머리의 가로무늬근육의 조절을 연결시키고 조율하는 뇌줄기에 있는 신경회로들을 가지고 있다. 구체적으로 이러한 회로들은 차분하고 안전한 상태를 전달하고 표현해 주며, 차분한 생리적 상태를 증진시키기 위해 심장과 폐에 대한 미주신경의 영향을 증진시키는 것과 연관되어 있고, 듣기가 쉬운 주파수대에서의 청취를 최적화시키기 위해 가운데귀근육들에 대한 신경조절을 증가시키며, 듣기에 쉬운 주파수대 목소리의 청각에너지를 이동시키기 위해 인두와 후두의 근육들에 대한 신경조절을 증가시키는 것과 연관되어 있다. 이와는 대조적으로, 이러한 회로들의 철수는 위험과 스트레스의 상태를 표현하고 전달하며 빠른 심장박동과 호흡, 높은 어조의 목소리와 연관되어 있다. 따라서 인간에게 있어서 목소리 운율의 양상은 사회적 상호작용을 하는 동안에 표현되며 정신적 및 신체적 질병이 있을 때에는 감소된다. 이와 마찬가지로 작은 포유류의 목소리는 인간과 비슷한 운율을 가지고 있다. 쥐는 놀거나 보다 긍정적인 정동상태를 경험하고 있을 때 쥐가 듣기에 쉬운 주파수대 내에서 자신들의 초음파 목소리를 조절하는 반면, 위험과 같은 부정적인 상태를 목소리로 의사소통할 때에는 다른 신경기전을 통해서 비교적 일정한 주파수의 목소리를 낸다

(Brudzynski, 2007).

여러미주신경 가설과 일치하는 것으로, 의학적으로 장애가 있는 인간의 영아는 짧은 폭발음과 같이 주파수의 조절이 거의 없는 높은 어조의 울음을 나타낸다(Lester & Zeskin, 1982; Porter, Porges, & Marshall, 1988). 영아 울음의 어조는 모호핵에 있는 근원핵을 통해 후두근육과 심장으로 가는 신경조절에 의해 조절된다. 생리적으로 스트레스를 받은 영아의 경우에 감소된 신경조절은 이론적으로 심장과 기관지에 대한 억제성 효과와 인두근육의 수축을 감소시키기 때문에 심장박동과 호흡횟수 그리고 기본적인 울음횟수를 급격하게 증가시킨다.

포터와 동료들Porter and colleagues(1988)은 심장에 대한 미주신경긴장도의 철수(즉, 호흡굴부정맥에 의해 측정되고 모호핵에서 나오는 말이집 미주신경에 의해 중재되는)와 포경수술의 통증으로 인해 신생아가 기본적으로 우는 횟수가 변하는 것 사이의 일치성을 보고하였다. 심장에 대한 미주신경긴장도는 포경수술의 심한 스트레스 동안에 상당히 감소되며, 이러한 감소는 영아 울음소리의 어조가 상당히 증가하는 것과 일치하였다. 이러한 결과들은 사회참여체계가 '스트레스'와 통증에 반응하고 신호를 보내는 데 중요한 역할을 한다는 점을 알려주며, 목소리가 내장 및 감정적 상태에 대한 정보를 전달해 준다는 것을 증명해 주었다.

요약

여러미주신경이론은 자율신경계의 신경조절에 대한 계통발생적인 변화와 어떻게 이러한 신경조절에 대한 진화적인 변화가 포유류의 목소리 의사소통을 촉진시키기 위한 가운데귀근육들의 조절에 영향을 미쳤는지에 대해 강조한다. 이 이론은 방어적인 행동(맞섬 또는 도피 및 얼어붙음)과 사회적 상호작용을 지지하는 다른 신경회로들을 강조한다. 이 이론에 따르면, 가운데귀근육들이 수축하지 않는 방어적인 상태 동안에 청각적 자극은 강도에 의해 우선권이 주어지며, 안전한 사회참여 상태 동안에 청각적 자극은 음색에 의해 우선권이 주어진다. 안전한 상태 동안에 같은 종의 목소리와 연관되어 있는 주파수를 듣는 것은 선택적으로 증폭되는 반면 다른 주파수들은 약화된다. 방어적인 상태 동안에 포식자를 알려주는 크고 낮은 주파수의 소리는 더 쉽게 발견되며, 같은 종의 목소리가 내는 부드럽고 높은 주파수의 소리는 배경음에 묻히게 된다. 사회참여행동을 하는 동안에 통합된 사회참여체계는 교감신경계 활동을 약화시키고 부교감신경계 긴장도는 증가시키는 자율신경계 상태의 변화를 조절함과 동시에 얼굴과 머리의 가로무늬근육에 대한 신경적 긴장도는 증가시킨다(즉, 얼굴표정, 증가된 시선접촉과 연관된 눈의 신호, 증가된 운율, 가운데귀근육들을 수축시킴으로써 증가된 듣기). 사회적 상호작용을 하는 동안에 이러한 작은뼈들의 경직은 가운데귀의 전달능력을 능동적으로 변화시키며 낮은 주파수의 소리는 기능적으로 약화시키고 같은 종이 내는 목소리를 추출하는 능력은 향상시킨다. 그러나 같은 종의 목소리를 선택적으로 듣는 것에는 대가가 있는데, 포식자에 의해 만들어지는 낮은 주파수의 소리에 대한 발견이 더 힘들어진 것이다. 따라서 안전을 확인하고 안전한 환경을 만드는 것(예: 굴, 둥지, 또는 집)은 친사회적인 행동을 증진시키는 사회참여체계가 가능해지게 하는 데 중요한 역할을 한다.

이 장의 공동저자는 G. F. Lewis이었다.

제4부

치료적 및 임상적 측면

THERAPEUTIC AND
CLINICAL PERSPECTIVES

미주신경

— 자폐증과 연관된 행동적 및 생리적 양상의 매개체

하나의 체계로서의 미주신경은 자폐증의 진단과 연관된 몇몇 행동적, 심리적, 생리적 양상들을 조사하는 데 많은 원칙들을 제공해 준다. 미주신경은 말초의 곳곳에 퍼져 있는 뇌신경일 뿐만 아니라 특별한 운동 및 감각신호들을 양방향으로 전달하는 중요한 신경이며 내장상태와 정동의 조절에 관여하는 뇌구조물들을 포함하는 더 큰 통합된 되먹임체계의 한 부분이기도 하다. 이 장의 전제는 만약 미주신경이 중요한 요소인 신경계에 대한 보다 통합된 모델이 제공된다면 자폐증의 몇몇 양상들이 더 잘 이해할 수 있게 되리라는 것이다.

미주신경과 정동조절

정동과 들미주신경 활성도 사이의 관계는 최근 생각이 아니다. 다윈

Darwin(1872)은 『인간과 동물의 감정표현The Expression of Emotions in Man and Animals』에서 지금은 미주신경으로 알려져 있는 '폐위'신경을 통한 심장과 뇌 사이의 양방향 신경성 의사소통의 중요성을 언급하였다.

현대의 연구는 내장상태, 감정, 정동의 조절에 있어서 들미주신경의 중요성을 강조하고 있다. 연구들은 들미주신경에 대한 자극이 간질(Boon et al., 2001), 우울증(George et al., 2000) 그리고 흔히 자폐증과 연관되어 있는 반복적인 자기파괴적 행동에 관여하는 뇌구조물들을 조절한다는 것을 증명하였다(Murphy, Wheless, & Schmoll, 2000).

여러미주신경이론
─ 반응성을 조절하는 세 가지의 신경회로

포유류, 특히 영장류는 계통발생의 단계를 통해서 사회적 행동을 지지하기 위해 내장상태를 조절하는 기능적인 신경조직화를 발달시켰다. 여러미주신경이론(제2장, 제10장, 제11장을 보시오. Porges, 2001a)은 사회적 및 방어적 행동을 조절하고 자폐증이 있는 사람들에게 손상된 뇌구조물의 계통발생적인 기원을 강조하고 있다. 여러미주신경이론은 포유류 자율신경계의 진화가 사회적 행동의 주요한 요소인 감정적 경험과 정동적 과정을 위한 신경생리적 기질을 제공하였다고 제안한다. 이 이론은 생리적인 상태가 행동 및 심리적 경험의 범위를 제한한다고 제안한다. 이러한 측면에서 볼 때, 신경계의 진화는 감정표현의 범위, 의사소통의 질, 신체적 및 행동적 상태를 조절하는 능력을 결정한다. 여러미주신경이론은 자율신경계의 진화를 정동경험,

감정표현, 얼굴표정, 목소리를 통한 의사소통, 사회적 행동과 연결시 킨다. 따라서 이 이론은 자폐증과 연관된 몇몇 사회적, 감정적, 의사 소통적 행동 및 장애들에 대한 타당한 설명을 제공해 준다.

여러미주신경의 개념은 미주신경의 두 개의 가지들 사이의 신경 생리적 및 신경해부학적 구별을 강조하고 증명하며, 각각의 미주신경 가지가 다른 적응적 행동적 전략과 연관되어 있음을 제안하기 위해 소 개되었다. 이 이론은 다른 가지들은 독특하고 적응적인 행동전략들과 연관되어 있음을 제안하고 포유류 자율신경계의 계통발생적인 세 가 지 단계의 발달에 관해 설명한다. 이러한 단계들은 세 개의 개별적인 하부체계의 출현을 나타내며 각각은 계통발생적으로 순서가 있고 사 회적 의사소통(예: 얼굴표정, 목소리, 듣기), 움직임(예: 맞섬 또는 도피 행 동), 고정(예: 죽은 척하기, 혈관미주실신, 행동적 정지)과 연관되어 있다. 움직임체계는 교감신경계의 기능에 의존하고 있다. 계통발생적으로 가장 원시적인 고정체계는 대부분의 척추동물들이 가지고 있는 민말 이집 또는 '조용한' 미주신경에 의존하고 있다. 계통발생적인 발달로 인해 점점 더 복잡해진 신경계를 가지게 된 유기체의 행동적 및 정동 적 반응양상은 더 풍부해지게 되었다(〈표 14.1〉을 보시오).

이 이론은 얼굴과 머리의 가로무늬근육과 내장의 민무늬근육 모 두의 신경적 조절에 대한 기능적인 측면을 강조하는데, 왜냐하면 이 들의 기능은 공통된 뇌줄기 구조물에 의존하고 있기 때문이다. 이 이 론은 미주신경체계나 미주신경체계와 연관된 뇌줄기 구조물을 조절 하는 뇌구조물의 구조적인 손상에 대한 어떠한 가정도 하지 않는다. 따라서 비록 로디어와 동료들[Rodier and colleagues](1996)이 설명한 손상된 뇌줄기의 양상들이 여러미주신경이론이 예측하고 있는 것과 일치하

<표 14.1> 여러미주신경이론에 의해 제안된 심장에 대한 신경조절의 세 가지 계통발생적 단계

계통발생적 단계	자율신경계 요소	행동적 기능	아래운동신경세포
Ⅲ	말이집 미주신경	사회적 의사소통, 자기달램 및 진정, 교감-부신의 영향을 억제	모호핵
Ⅱ	교감-부신	움직임(능동적인 회피, 등쪽미주신경의 영향을 억제)	척수
Ⅰ	민말이집 미주신경	고정(죽은 척하기, 수동적인 회피)	미주신경의 등쪽운동핵

지만, 이 이론은 기능적인 결함을 강조하고 구조적인 손상을 가정하지는 않는다.

척추동물 심장에 대한 조절의 계통발생학을 조사함으로써 (Morris & Nilsson, 1994) 세 가지의 원칙들이 도출되었다. 첫째, 심장에 대한 조절의 계통발생적인 이동이 있었는데 내분비적 의사소통에서 민말이집 신경으로 그리고 마지막으로 말이집 신경으로의 이동이었다. 둘째, 단계적인 대사출력의 빠른 조절을 제공하기 위해서 흥분과 억제의 서로 반대되는 신경기전의 발달이 있었다. 셋째, 겉질의 발달이 증가하면서, 겉질은 운동겉질에서 시작해서 뇌줄기에서 나오는 말이집 운동신경[예: V, Ⅶ, Ⅸ, Ⅹ, Ⅺ 뇌신경 내에 있는 특수한 신경경로들로 내장운동구조물(즉, 심장, 기관지)과 신체운동구조물(얼굴과 머리의 근육)을 조절한다]의 근원핵에서 끝이 나는 직접적(예: 겉질숨뇌corticobulbar) 및 간접적(예: 겉질그물체corticoreticular) 신경경로를 통해 뇌줄기에 대한 통제를 더 많이 하게 되었다.

이러한 계통발생적 원칙들은 자폐증과 연관된 행동적 및 생리적 반응에 대한 추측을 할 수 있는 기초를 제공해 준다. 이러한 새로운 미주신경체계를 통해서 교감-부신의 활성화와 연관된 심한 생물학적 비용이 없이도 환경에 대한 일시적인 탐색이나 잠재적인 포식자로부터의 철수가 시작될 수 있게 되었다. 심장에 대한 신경조절의 이러한 변화와 함께 사회적 의사소통과 연관된 복합적인 얼굴표정과 목소리가 가능하게 해 준 얼굴, 인두, 후두에 대한 신경조절의 증가가 있었다. 이러한 계통발생적인 과정은 환경적 도전에 개입하거나 개입하지 않는데 필요한 행동을 지지해 주는 생리적 상태에 대한 중추신경계의 통제가 더 커지게 만들었다.

미주신경제동

굴심방결절(즉, 심장의 박동조율기)에 대한 미주신경의 긴장성 영향 때문에 휴식 시의 심장박동은 심장박동조율기의 원래 속도보다 훨씬 낮다. 심장박동조율기에 대한 미주신경의 긴장도가 높을 때 미주신경은 뛰는 심장에 대한 제동기의 역할을 한다(제7장을 보시오). 심장박동조율기에 대한 미주신경의 긴장도가 낮을 때 심장박동조율기에 대한 억제는 없거나 아주 적다. 따라서, 신경생리적으로, 미주신경제동은 사회적 의사소통을 지지하거나 움직임을 지지하는 생리적인 상태 사이를 빠르게 전환할 수 있는 메커니즘을 제공한다. 기능적으로, 미주신경제동은 내장상태를 조절함으로써 사람이 물체와 다른 사람에게 빠르게 개입하고 개입하지 않는 행동을 가능하게 해주며 스스로를 달래는 행동과 차분한 행동 상태를 증진시켜 준다. 이러한 행동들은 자폐증에서 명확하게 결핍되어 있다. 자폐증은 미주신경제동의 결함과 연관되어 있고 방어적인 행동이나 사회적인 행동을 강화시키는 신경생리적 상태 사이를 이동하는 능력에 결함이 있는 것일까?

여러미주신경이론은 자발적인 사회적 행동의 어려움이 어떻게 얼굴표정 및 내장상태의 조절과 연결되어 있는지에 대한 명확한 신경생물학적인 모델을 제공해 준다. 이 이론은 어떻게 이러한 어려움들이 몇몇 정신건강의학과적 장애의 핵심적인 영역을 형성하는지에 대해 설명할 수 있는 기전을 제안해 준다. 자폐증은 사회참여체계의 신체운동영역(예: 시선접촉을 못함, 적게 나타나는 얼굴의 정동, 운율의 결핍, 잘 씹지 못함)과 내장운동영역(예: 자율신경계 조절의 어려움으로 인한 심폐 및 소화문제) 모두에서의 특별한 결함들과 연관되어 있다. 사회참여체계의 결핍은 자발적인 사회적 행동, 사회적인 인식, 정동의 표현, 운율, 언어의 발달을 약화시킨다. 이와는 대조적으로, 사회참여체계의 신경조절을 향상시키는 중재법은 가설적으로 자발적인 사회적 행동과 상태, 정동조절을 향상시켜야 하며 자동반복행동stereotypical behaviors을 감소시키고 언어기술을 향상시켜야 한다.

인간의 배아embryo가 발달하는 동안에 특수내장날경로로 알려져 있는 몇몇 뇌신경들은 사회참여체계의 신경적 기질을 형성하기 위해 함께 발달한다(제11장을 보시오). [그림 3.1](p. 131)에 설명되어 있는 이 체계는 사회적 및 감정적 행동과 연관된 신경구조물들을 제공해 준다. 사회참여체계는 눈꺼풀 올리기(예: 바라보기), 얼굴근육(예: 감정표현), 가운데귀근육(예: 배경소음에서 사람 목소리 추출하기), 씹기근육(예: 섭취), 인두와 후두근육(예: 목소리와 언어), 머리돌림근육(예: 사회적 몸짓, 방향잡기)을 조절하는 뇌줄기핵(즉, 아래운동신경세포)을 통제하는 요소를 겉질에 가지고 있다(즉, 위운동신경세포). 종합적으로 이러한 근육들은 사회적 자극들을 제한하는 여과작용(예: 얼굴표정 관찰하기, 사람의 목소리 듣기)과 사회적 환경에 대한 개입을 결정하는 작용을 한다. 게다가 뇌줄기에 있는 이러한 신경들의 근원핵(즉, 아래운동신경세포)은 심장박동을 느리게 하고, 혈압을 낮추며, 인간 신경생리체계의 성장과 회복을 위한 대사요구량에 맞는 차분한 상태를 증진시키기 위해 각성을 능동적으로 줄이는 억제성 신경체계와 직접적으로 의사소통을 한다.

직접적인 겉질숨뇌경로는 이 체계를 조절하는 겉질의 이마영역의 영향(즉, 위운동신경세포)을 반영해 준다. 더욱이 미주신경을 통해 숨뇌영역(예: 들미주신경의 근원핵인 고립로핵)으로 가는 들되먹임은 몇몇 정신건강의학과적 장애들과 연관되어 있는 것으로 간주되는 앞뇌영역에 영향을 미친다. 게다가 사회참여체계에 관여하고 있는 해부학적 구조물들은 시상하부-뇌하수체-부신축, 옥시토신 및 바소프레신과 같은 신경펩티드, 면역체계와 신경생리적 상호작용을 한다(Porges, 2001a). 시선접촉, 사람 목소리의 추출, 얼굴표정, 머리동작, 운율, 상태조절의 어려움은 자폐증이 있는 환자들의 공통되는 양상들이다. 예를 들면, 눈꺼풀을 올리는 신경경로는 인간의 목소리를 듣는 것을 촉진시키는 가운데귀의 등자근 또한 긴장시킨다(Borg & Counter, 1989). 따라서 시선접촉을 하게 만드는 신경기전은 인간의 목소리를 듣는 데 필요한 신경기전을 공유하고 있다.

연구들은 크고 낮은 주파수의 배경소음에서 인간의 목소리를 추출하는 데 필요한 기전인 가운데귀근육들의 신경조절이 언어지연, 학습장애, 자폐스펙트럼장애를 가진 사람들에게 결핍되어 있다는 것을 증명하였다(Smith et al., 1988; Thomas et al., 1985). 가운데귀 감염(즉, 가운데귀염otitis media)은 등자근의 '반사적인' 수축을 완전히 발생하지 못하게 할 수도 있다(Yagi & Nakatani, 1987). 얼굴신경의 기능에 영향을 미치는 장애들(즉, 벨마비Bell's palsy1))은 등자근 반사뿐만 아니라(Ardic, Topaloglu, Oncel, Ardic, & Uguz, 1997) 언어를 구별하는 환자의 능력에도 영향을 미친다(Wormald et al., 1995). 따라서 많은 자폐증 환자들에게서 관찰되는 배경음에서 사람의 목소리를 추출하지 못하는 현상은 얼굴표정과 연관된 신경계에 의존하고 있을 수 있다.

여러미주신경이론에 기초를 둔 예측

자폐증 환자들의 행동 및 생리적 반응에 대한 관찰은 이들이 사회참여체계를 조절하는 신경회로에 문제가 있음을 보여준다. 자폐증은 움직임(즉, 맞섬 또는 도피 행동)이나 고정의 적응적 방어전략(예: 정지)을 지지함으로써 직접적인 사회적 접촉을 하지 못하게 하는 자율신경계 상태와 연관되어 있는 것처럼 보인다. 행동적으로 사회참여체계와 연관된 신경조절의 위축은 얼굴과 머리근육의 제한된 사용 및 조절로 나타난다. 얼굴표정과 머리동작 제한의 기능적인 결과는 배경음으로부터 사람의 목소리를 추출하는 능력을 약화시키고 운율을 감소시킨다.

　　신경생리적으로 미주신경은 말초 및 중추 구조물 모두와 연관된 몇몇 되먹임체계에 통합되어 있기 때문에 미주신경의 조절장애나 기

---

1) 얼굴신경의 마비로 인해 이마에 주름을 잡을 수 없고, 눈이 감기지 않으며, 마비된 쪽의 입이 늘어지고, 물을 마시거나 음식을 먹을 때 마비된 쪽으로 새어 나오는 등의 증상이 나타난다(역자 주).

능의 저하는 몇 가지 수준으로 나타날 수 있다. 첫째, 이것은 창자, 심장, 췌장과 같은 장기의 조절을 약화시킨다. 둘째, 미주신경은 통증의 조절과 시토카인^{cytokines} 및 시상하부-뇌하수체-부신축의 조절에 관여하고 있기 때문에 이러한 체계의 조절장애가 있을 수 있다. 셋째, 말이집 미주신경체계를 조절하는 뇌줄기 영역은 다른 뇌구조물과 연관된 되먹임체계에 입력과 출력 모두를 제공하기 때문에 미주신경체계는 고차원의 신경과정을 평가하고 자극하는 통로를 제공해 줄 수 있다. 비록 자폐증에 대한 미주신경의 역할을 평가한 과학적 문헌들은 제한적이지만, 이러한 예측들의 타당성이 다른 임상적 대상들에 대한 연구들을 포함하는 현대의 문헌들과 함께 이 장에서 검토되고 논의되었다.

심장박동과 심박변동성에 대한 미주신경의 조절

심장으로 가는 날미주신경경로는 심장억제성이기 때문에 미주신경긴장도의 변화는 심장박동과 심박변동성에 영향을 줄 수 있다. 일반적으로 심장에 대한 미주신경긴장도가 클수록 심장박동수는 더 느려지며 자극에 대해 반응하는 심장박동의 일시적인 변화가 더 커진다. 굴심방결절과 연접^{synapse}을 이루고 있는 말이집 날미주신경은 호흡리듬을 가지고 있다. 미주신경을 통한 심장억제성 활동의 이러한 리듬 있는 증감은 호흡굴부정맥$^{respiratory \; sinus \; arrhythmia}$(RSA)이라고 알려져 있는 심장박동의 리듬을 만들어낸다. 미주신경을 통한 심장억제효과가 더 클수록 심장박동리듬의 증감이 더 커진다. 따라서 RSA의 진폭은 말이집 미주신경이 심장에 미치는 영향을 나타내주는 민감한 지표를 제공해 준다. 특별한 자극에 대한 반응으로 나타나는 심장박동의 빠른 변화는 주로 미주신경의 통제 때문에 발생한다. 자극의 변화에 대한 심장박동 양상의 특징(즉각적인 감속에 따라오는 지속적인 감속이나 가속)은 말이집 미주신경에 의한 심장억제 활동의 역동적인 증가 또는 감소 때문에 발생한다. 문헌들은 자폐증이 다양한 자극과 과제에 대한 일시적인 심장박동의 반응양상과 RSA의 진폭에서의 차이점과 연관이 있다고 제시하고 있다.

허트, 로리스트, 리처[Hutt, Rorresst, and Richer](1975)는 정상적인 아동은 자폐증 아동보다 RSA를 더 크게 억제한다고 보고하였다. 마찬가지로 알트하우스[Althaus] 등(1999)은 달리 분류되지 않은 전반발달장애[pervasive developmental disorder not otherwise specified](PDD-NOS)가 있는 아동은 RSA를 억제하지 않는다는 것을 발견하였다. 이러한 소견들과 일치하는 것으로, 조현병 진단을 받은 아동을 대상으로 한 연구에서는 (Piggott et al., 1973) 호흡에서의 중요한 차이 및 호흡과 심장박동 사이의 공동변화에서의 중요한 차이가 있다는 것을 확인하였다. 조현병 아동은 보다 빠르고 얕게 호흡하는 양상을 가지고 있으며 이러한 양상은 감소된 날미주신경 활성도와 일치하였다.

다른 연구들은 자폐증 아동은 다양한 자극에 대한 일시적인 심장박동의 변화가 약해져 있음을 보고하였다. 잔, 럼지, 반 카멘[Zahn, Rumsey, and Van Kammen](1987)은 청각자극에 대한 반응으로 비정상적으로 작은 심장박동의 감소가 있음을 보고하였다. 팔코비츠와 위젠펠드[Palkovitz and Wiesenfeld](1980)는 사회적으로 연관된 언어, 무의미한 말, 500Hz 어조에 대한 심장박동의 반응이 약화되어 있음을 보고하였다. 코로나[Corona] 등(1998)은 자폐증이 있는 아동의 심장박동이 상태에 따라 변하지 않음을 보고하였다.

미주신경 자극

미주신경 자극은 비록 현재 자폐증의 치료에 사용되고 있지 않지만, 간질과 우울증의 치료에 효과가 있었다. 미주신경 자극은 들미주신경에 대한 자극이 고위 뇌구조물의 조절에 직접적인 영향을 미친다는 가정에 근거를 두고 있다. 들미주신경의 근원핵은 고립로핵이다. 숨뇌에 있는 이 핵은 행동 상태, 호흡, 혈압의 조절과 고위 뇌구조물들에 정보를 전달하는 데 중요한 역할을 한다. 고립로핵은 다음의 세 가지 경로를 통해 들어오는 감각정보를 연결해 준다. (1) 말초장기를 조절하기 위한 되먹임, (2) 숨뇌에 있는 그물체reticular formation2)로의 직접적인 투사, (3) 주로 팔옆핵parabrachial nucleus과 청색반점locus ceruleus을 통해 앞뇌로 가는 직접적인 투사이다. 팔옆핵과 청색반점은 신경정신건강의학과적 장애들과 연관이 있는 영역인 앞뇌의 모든 영역(예: 뇌섬엽insula, 눈확이마겉질orbitofrontal cortex, 이마앞겉질prefrontal cortex을 조절하는 시상영역들과 시상하부, 편도)에 직접적인 연결섬유들을 보낸다. 따라서 들미주신경 자극은 뇌줄기에 있는 아래운동신경세포 및 사회참여 체계를 조절하는 겉질에 있는 위운동신경세포 모두에 직접적인 입력을 제공한다. 최근의 보고는 이러한 중재법에 대한 신경생리적 기초에 대한 자세한 설명(George et al., 2000) 및 미주신경 자극을 통해

---

2) 뇌줄기에 있는 핵들이 그물모양으로 연속해서 연결되어 있는 구조물로, 의식(각성)과 관계가 있다(역자 주).

우울증을 치료하는 것과 연관된 신경기전에 대한 설명을 제공하고 있다(Marangell et al., 2002). 이러한 설명들에서 빠진 것은 들미주신경과 사회참여체계의 운동요소를 형성하는 얼굴과 머리의 가로무늬 근육을 조절하는 신경(즉, 특수내장날경로)의 근원핵 사이의 의사소통에 대한 지식이다. 여러미주신경이론에서 강조하는 것이 이러한 상호작용이다(Porges, 2001a).

미주신경 자극모델을 통해 다른 형태의 미주신경 자극도 효과가 있을 것이라고 추론할 수 있다. 행동적으로 미주신경 자극의 가장 강력한 전략은 혈압을 조절하는 말초 압력수용기를 자극하는 것이다. 머리의 위치가 심장의 위치와 비교하여 변화되는 머리 흔들기는 압력수용기를 자극하여 이러한 되먹임고리에 관여할 것이다. 이것은 자폐증이 있는 사람들에게서 흔히 관찰되는 머리 흔들기가 효율적으로 기능을 하지 않고 있는 미주신경체계를 자극하고 조절하기 위해 자연적으로 발생하는 생체행동적 전략을 나타내는 것일 수도 있다.

한 연구에서는 미주신경 자극이 자폐유사행동을 감소시킨다는 보고를 하였다(Murphy et al., 2000). 이 연구에서는 의학적으로 치료되지 않는 간질과 해로운 자폐행동을 동반하는 선천뇌기형인 시상하부과오종hypothalamic hamartoma이 있는 여섯 명의 환자들에게 미주신경 자극을 하였다. 여섯 명 중 네 명은 좋지 않은 의사소통, 의례적인 행동rituallisms, 강박행위, 사회적 기술이 없음, 자해 및 다른 증상들을 가지고 있었다. 저자들은 미주신경 자극을 하는 동안, 네 명 모두 행동의 향상이 있음을 보고하였다. 대상자 중의 한 명은 일시적으로 미주신경 자극을 중단했을 때 간질의 빈도가 악화됨 없이 바로 호전되었던 증상들이 사라졌다.

창자에 대한 미주신경의 조절

자폐증이 있는 사람들에게 위창자 증상의 유병률이 매우 높기 때문에(Horvath & Perman, 2002; Wakefield et al., 2002) 자폐증을 결정하는 요인으로서 창자와 위를 연결시키는 데 관심이 있어왔다. 이러한 관심은 세크레틴$^{secretin3)}$의 정맥주사가 자폐증상을 감소시킨다는 부모들의 보고에 의해 자극을 받았다. 그러나 세크레틴을 무작위로 속임약^{placebo}-대조, 이중맹검$^{double-blind}$으로 투여했을 때 세크레틴의 효과를 증명할 수 있는 증거가 없었다(Owley et al., 2001).

현대의 연구는 위창자 증상의 유병률이 자폐증에서 해결되지 않은 문제를 나타낸다고 제안하였다. 그러나 만약 우리가 이 문제를 '미주신경적' 관점에서 개념화한다면 들미주신경이 중요한 정보를 뇌 구조물에 제공하기 때문에, 미주신경이 창자에 대한 주요한 조절인자임을 확인할 수 있다. 이러한 논점을 지지해 주는 결과가 동물을 대상으로 한 연구에서 나왔는데, 이 연구에서는 미주신경이 세크레틴의 조절에 관여한다는 것을 증명하였다(Li, Chang, & Chey, 1998; Lu & Owyang, 1995). 따라서 사회참여체계의 행동적 요소들의 결함을 고려해 봤을 때, 자폐증 환자들의 경우에 위창자에 대한 미주신경의 조절 또한 결함이 있다는 것을 발견하는 것은 그리 놀랄 일은 아닐 것이다.

창자에서 오는 들미주신경이 감각적 경험을 조절하는 역할을 한다는 것에 대한 또 다른 정보는 식사장애 환자들에 관한 연구에서 나

---

3) 샘창자(duodenum)에서 분비되는 소화 호르몬으로 췌액분비를 촉진시킨다(역자 주).

왔다. 연구는 들미주신경이 미주신경반사$^{vagovagal\ reflexes}$를 통해 포만감을 조절할 뿐만 아니라 고립-척수경로$^{solitary-spinal\ pathway}$를 통해 통각의 조절에도 관여한다고 제안하였다. 패리스^{Faris} 등(2000)과 레이몬드^{Raymond}, 에커트^{Eckert} 등(1999)은 폭식과 구토에 의한 들미주신경의 활성화는 내려오는 통증억제경로 역시 활성화시켜 통증 문턱값을 올린다고 제안하였다. 이와 유사하게 이들은 신경성식욕부진$^{anorexia\ nervosa}$ 환자들에게서 통증 문턱값이 증가되어 있음을 보고하였다(Raymond, Faris, et al., 1999). 이들의 연구는 신경성폭식증$^{bulimia\ nervosa}$ 환자들에게 하나의 치료법으로 온단세트론$^{ondansetron4)}$을 투여하게 하였다(Faris et al., 2000). 온단세트론은 항암치료제에 의해 유발되고 미주신경에 의해 중재되는 구토를 예방하기 위해 시중에 나와 있는 약물이다.

미주신경과 면역체계

가로막밑 들미주신경은 면역기능을 조절하는 중추 구조물에 신호를 보내는 것으로 개념화할 수 있다. 다른 연구자들은 날미주신경경로를 면역기능과 연결시켰다. 불로크와 포메란츠$^{Bulloch\ and\ Pomerantz}$(1984)는 미주신경을 통해 가슴샘$^{thymus5)}$으로 가는 운동경로를 설명하였다. 면역기능의 미주신경조절과 여러미주신경이론 사이의 관계는 아직 불명확하다. 그러나 가슴샘에 대한 말이집 미주신경의 직접적인 신

---

4) 세로토닌의 작용을 억제하여 구토를 억제하는 효과가 있다(역자 주).
5) 가슴뼈 뒤에 있는 림프 면역기관(역자 주).

경조절과 교감신경계에 대한 직접적인 억제는 면역기능을 증진시키는 생리적 상태를 촉발시킨다는 추측은 타당할 것이다. 이와 마찬가지로 심장에 대한 미주신경긴장도의 철수, 교감신경계 긴장도의 증가, 코르티솔의 분비를 유발하는 움직임 전략은 감소된 면역기능과 연관되어 있다. 정신건강의학과적 장애들의 발현과 연관된 것은 들미주신경이 복부 염증 이후에 발생하는 말초의 면역신호에 반응하여 행동적 우울증을 유발하지만, 열을 유발하지는 않는다는 소견이다(Konsman et al., 2000). 이 모델과 일치하는 것으로 발달적인 퇴행을 보이는 자폐스펙트럼장애 환자들은 과도한 선천적 면역반응을 나타낸다는 것이 보고되었다(Jyonouchi, Sun, & Le, 2001).

시상하부-뇌하수체-부신축에 대한 미주신경의 조절

미주신경은 시상하부-뇌하수체-부신$^{hypothalamic-pituitary-adrenal}$(HPA)축의 조절에 관여하고 있다. 들미주신경은 HPA축을 억제하고 코르티솔 분비를 감소시킨다(Bueno et al., 1989; Miao et al., 1997). 연구들(Cacioppo et al., 1995; Gunnar et al., 1995)은 코르티솔의 증가와 심장에 대한 미주신경긴장도(즉, RSA의 진폭) 감소 사이의 공동변화를 증명하였다. 따라서 말이집 미주신경을 통해 미주신경긴장도를 철수시킴으로써 움직임 행동과 대사활동성을 증진시키는 기능 및 교감신경계의 활성화와 HPA축의 활성화 모두를 증가시키는 기능 사이의 조율이 존재한다.

몇몇 연구들은 자폐 아동에게서 HPA축의 조절장애가 있음을 보고하였다. 잘 발달하지 못한 자폐 아동은 덜 심한 아동보다 비정상적인 일일주기리듬diurnal rhythm과 덱사메타손 억제검사dexamethasone suppression test에서 비정상적인 반응을 더 보일 가능성이 높았다(Hoshino et al., 1987). 이러한 결과는 HPA축의 음성되먹임 기전이 자폐증 아동, 특히 잘 발달하지 못한 아이들에게서 장애가 있음을 암시해준다. 이와 유사하게 얀센, 리얼무토, 가핀켈Jensen, Realmuto, and Garfinkel(1985)은 연구 대상이었던 거의 대부분의 자폐 환자들이 덱사메타손 검사에 코르티솔을 억제하지 못했다고 보고하였다. 이러한 보고와 일치하게, 얀센Jansen 등(2000)은 달리 분류되지 않는 전반발달장애(PDD-NOS) 아동들이 신체적인 스트레스에 감소된 코르티솔 반응을 보인다고 보고하였다.

조직화 원칙으로서의 미주신경체계

나는 이 장에서 미주신경이 어떻게 자폐증의 몇몇 증상들의 표현과 연관되어 있는지를 설명하였다. 여러미주신경이론과 일치하는 것으로, 이러한 증상들은 미주신경체계의 요소들과 연관되어 있었다. 첫째, 특수내장날경로를 통한 얼굴의 가로무늬근육에 대한 신경조절(즉, 사회참여체계의 신체운동요소)과 행동적 특징들이 연관되어 있다. 둘째, 자폐증은 날미주신경경로(즉, 사회참여체계의 내장운동요소)에 의해 조절되는 표적장기(예: 심장, 창자)에 대한 기능장애와 연관되어 있다. 셋째, 들미주신경은 자폐증에서 기능장애가 있는 몇몇 체계들(내장 통각 및 접촉 통각의 문턱값, HPA축, 면역체계를 포함하는)에 강력한 억제성 영향을 미친다. 넷째, 고립로핵(들미주신경의 근원핵)은 자폐증에서 손상이 있을 것이라고 가정되는 앞뇌의 영역에 영향을 미친다.

제15장

경계인격장애와 감정조절

'경계인격장애^{borderline personality disorder}(BPD)' 개념의 발생은 1800년대 초
기로 거슬러 올라가는데, 그 당시에 임상의들은 신경증적 및 정신증
적 증상을 함께 보이는 환자들에 대한 진단을 하지 못하고 있었다.
임상의들은 이러한 환자들이 신경증과 정신증 사이의 '경계'에 있다
고 보았기 때문에 BPD가 하나의 진단범주로 발달하였고, 1980년에
DSM-Ⅲ가 발간되었을 때 Ⅱ축의 장애에 포함되었다(Hodges, 2003).
현재의 DSM-Ⅳ-TR에서는 BPD 환자들이 불안정한 정동, 강렬하
고 변동이 심한 대인관계, 분노 조절의 어려움, 충동성, 자살 경향,
자해를 포함하는 증상들을 가지고 있음을 강조하고 있다(미국정신의
학회, 2000; Rothschild, Haslam, Cleland, & Zimmerman, 2003). 이
러한 증상들은 BPD가 감정, 행동 상태, 관계를 조절하는 데 어려움
이 있음을 나타내준다. BPD는 심한 정신장애로 여성에게 더 많고,
전체 인구의 대략 2%(미국정신의학회, 2000; Hodges, 2003; Swartz,

Blazer, George, & Winfield, 1990; Torgersen, Kringlen, & Cramer, 2001) 그리고 입원해 있는 정신건강의학과 환자들의 대략 20%가 이 질환을 가지고 있다고 믿어지고 있다(Zanarini & Grankenbrug, 2001).

BPD는 감정조절의 문제와 일상생활에서의 사건에 적절하게 반응하지 못하는 것과 연관되어 있기 때문에 직장과 연관된 문제 (Zweig-Frank & Paris, 2002), 강한 대인관계의 발달에서의 기능장애(Daley, Burge, & Hammen, 2000), 사회적 부적응, 감소된 학업성취(Bagge et al., 2004)를 포함하는 다양한 범위에서의 좋지 않은 결과와 연결되어 있다. 흔히 관찰되는 이러한 문제들의 기간과 심한 정도 때문에, BPD는 효과적으로 치료하기가 어려운 질환으로 알려져 왔다(Hoffman, Buteau, Hooley, Fruzzetti, & Bruce, 2003).

BPD와 과거의 성폭력 및 비기능적인 가족 사이의 높은 연관성(Weaver & Clum, 1993)은 BPD가 어린 시절의 외상적 경험의 결과로 인해 발생하는 것일 수 있다는 발달적 가설이 만들어지게 하였다. 버림받음 또는 버림받음에 대한 공포 그리고 양육자와의 안전한 감정적 애착의 결함과 같은 다른 사건들도 흔히 BPD와 동반된다(Benjamin, 1996; Gunderson, 1996). 게다가 BPD는 흔히 다른 기분 및 불안장애들과 동반해서 발병한다(Hodges, 2003; Skodol, Gunderson, et al., 2002; Weaver & Clum, 1993).

BPD의 유병률과 심한 정도에도 불구하고 이 장애의 신경학적 및 생리적 기전에 대해 조사한 연구들은 몇 안 되었다(Schmahl et al., 2004). 코카로와 카부시[Coccaro and Kavoussi](1991)는 BPD의 증상을 중재하는 신경학적 및 생리적 기전에 대한 이해의 향상은 보다 효과적인 치료법의 개발을 이끌어낼 것이라고 제안하였다. 지난 10년 동안 연구들은 BPD와 대조군 사이를 구별해 주는 구체적인 신경생물학적 양상들을 확인하기 시작하였다. 이러한 양상들은 BPD 환자들이 경험하는 감정조절에서의 문제들을 중재하는 기전에 대한 단서를 제공해 줄 것이다.

충동조절이 BPD와 연관된 특징적인 결함이기 때문에 이마앞겉질[prefrontal cortex]의 기능장애가 BPD의 매개체라는 가설이 있어왔다. 이러한 가설은 이마앞겉질 영역에 손상이 발생한 이후에 충동성이 증가되는 관찰에 기초를 둔 것이었다(Blair & Cipolott, 2000). 이러한 가설과 일치하는 것으로 BPD 환자들은 이마앞겉질의 기능을 평가하는 하나의 충동조절검사인 반응/비반응검사[go/no-go test1)]를 잘 수행하지 못한다(Völlm et al., 2004). 게다가 영상기법을 사용하여 부피를 측정한 연구들에서 BPD 환자들은 이마엽의 부피가 더 작은 것이 발견되었다(Lyoo, Han, & Cho, 1998).

영상연구는 또한 BPD 환자의 감정조절과 연관된 둘레계통[limbic system] 구조물들에도 이상이 있음을 확인하였는데 해마[hippocapus]와 편도[amygdala]의 부피가 더 작았다(Tebartz van Elst et al., 2003). 부피의 감소, 특히 해마 부피의 감소는 BPD 환자들이 경험한 과도한 스트레스에 의해 유발된 것이라고 생각되고 있다(Schmahl, Vermetten, Elzinga, & Bremner, 2003). 해마와 편도는 감정적 자극을 처리하고 반응하는 데 관여하기 때문에(Anderson & Phelps, 2000; Nolte, 1993) 부피의 감소는 BPD 환자가 경험하는 감정조절의 어려움과 연관되어

---

1) 제시하는 두 가지 신호 중 하나에만 반응하고 다른 하나에는 반응하지 않도록 지시하는 검사(역자 주).

있을 수 있다.

감정조절, 충동성, 공격적인 행동과 같은 과정을 중재하는 다른 신경생리적 체계에 대해서도 연구가 되었다. 공격성, 충동성, 자살 행동과 연관되어 있는 신경전달물질인 세로토닌[serotonin]의 이상이(Coccaro, 1989) BPD 환자들에게서 보고되었다(Hansenne et al., 2002; New & Siever, 2002; Paris et al., 2004; Skodol, Siever, et al., 2002). BPD는 스트레스 반응, 불안, 감정적 반응성과 연관되어 있는 체계인 시상하부-뇌하수체-부신[hypothalamic-pituitary-adrenal](HPA)체계의 과다반응과도 연관되어 있다(Rinne et al., 2002). 이러한 소견들은 BPD 환자들에게 동반되어 있는 반응성과 감정조절 체계의 기능장애에 대한 제한된 증거들을 제공해 준다.

BPD의 몇몇 양상들은 행동적 상태와 감정적 반응성 조절에서의 문제들과 연관되어 있기 때문에 자율신경계의 평가는 이 장애의 신경기전을 이해하는 것에 대한 통로를 제공해 줄 수 있다. 따라서 다음과 같은 가설을 세울 수가 있다. (1) 맞섬 또는 도피 행동을 지지하는 자율신경계의 교감신경계가 과다각성되었을 수 있다. (2) 차분한 내장상태와 사회참여행동을 지지하는 부교감신경계의 활성도가 낮아져 있을 수 있다. 과거의 연구들(Herpertz, Kunert, Schwenger, & Sass, 1999; Schmahl et al., 2004)은 BPD 환자들과 대조군에서 교감신경계에 의해 조절되는 생리적 반응을 비교하였다. 허퍼츠[Herpertz] 등(1999)은 다양한 감정적인 상태(즐거운, 중립적인, 불쾌한)와 시각적인 강도에 대한 심장박동, 피부전도, 놀람반응을 관찰하였다. 슈말[Schmahl] 등(2004)은 심한 스트레스 경험(즉, 버림받음, 외상)을 떠올렸을 때의 심장박동, 피부전도, 혈압을 측정하였다. 이 연구들 모두 BPD

의 진단과 교감신경계의 과다각성이 연관되어 있다는 어떠한 증거도 발견하지 못하였다. 그러나 두 연구 모두 자율신경계의 부교감신경계는 평가하지 않았거나, BPD 환자들을 역동적으로 변화하는 감정적인 자극(예: 동영상)에는 노출시키지 않았다.

여러미주신경이론(제2장, 제10장, 제12장을 보시오. Porges, 2001a)에서 설명한 자율신경계의 계통발생적 모델은 BPD 환자에서 부교감신경계의 관여를 연구할 수 있는 혁신적이고 이론적인 틀을 제공하고 있다. 이 이론은 자율신경계가 친사회적 및 방어적 행동 모두를 중재하는 역할에 초점을 맞추고 있다. 이 이론은 사회참여행동(예: 바라보기, 표현, 운율, 몸짓)에 관여하는 얼굴과 머리의 근육을 조절하는 통합된 사회참여체계와 내장상태를 진정시키고 교감신경계와 HPA 활성도를 약화시키는 심장에 대한 말이집 미주신경경로인 부교감신경계의 요소를 강조하고 있다. 여러미주신경이론은 자율신경계 상태를 조절하는 신경회로가 어떻게 도전에 대한 다양한 적응적 생체행동적 반응을 지지하기 위해 진화되었는지를 강조한다. 이 이론은 도전에 대한 자율신경계의 반응이 세 가지의 적응적인 생체행동적 전략을 가지고 있는 계통발생적인 순서 및 계층을 따른다고 제안한다. 각각의 생체행동적 전략은 안전한, 위험한, 또는 생명에 위협이 되는 상황에서 적응적인 전략을 최대화시키기 위해 진화된 특수한 신경생리적 기질을 나타낸다. 이 모델에서 신경계는 '신경감각'의 과정을 통해서 환경에 있는 위험과 안전을 지속적으로 평가한다. 신경감각은 의식적인 과정이 아니며 이러한 세 가지의 적응적 신경회로들 중의 하나를 촉발시키는 무의식적인 겉질밑 체계를 통해 발생한다. 따라서 여러미주신경이론의 관점에서 봤을 때, BPD의 진단과 연관되어 있는 감정조절의 문제는 위험하고 생명에 위협이 되는 상황에서의 적응적인 전략을 지지하기 위해 진화된 생리적 상태의 행동적인 표현으로 해석될 수 있다. 여러미주신경이론에 따르면 계통발생적으로 포유류에게 진화된 말이집 미주신경은 두 가지 이유에서 중요하다. 하나는 방어적인 둘레계통회로를 억제하기 위해서, 다른 하나는 사회적인 결합을 형성하기 위해서 중요하다(제12장을 보시오).

계통발생적으로 포유류가 얼굴과 머리의 가로무늬근육을 조절하기 위한 특수내장날경로(예: 얼굴표정, 머리동작)를 사용하게 되면서 심장에 대한 신경조절이 민말이집에서 말이집 미주신경으로 함께 이동하였다. 이러한 새로운 말이집(즉, 포유류의) 미주신경은 심장에 대한 교감신경계의 영향을 능동적으로 억제하며 HPA축 활성도를 약화시킨다(Porges, 2001a). 포유류 미주신경은 사회적인 상황에서 차분한 상태를 유지하기 위해 능동적 미주신경제동(제7장을 보시오)으로서의 기능을 한다. 그러나 위험이 발견되면 미주신경제동은 방어적인 움직임 행동을 지지하기 위해 빠르게 철수된다. 따라서 BPD는 사회적인 상황에서 미주신경제동을 조절하는 데 있어서의 어려움과 연관되어 있을 수 있다.

포유류의 심장은 말이집 미주신경경로를 통해서 심장의 심장박동조율기(즉, 굴심방결절)에 대한 강한 미주신경의 영향을 미치는 것이 특징이다. 기능적으로 미주신경제동의 영향은 심장박동조율기의 타고난 속도 보다 상당히 낮은 기준선 또는 휴식 시의 심장박동을 유발한다. 미주신경제동이 제거되었을 때 심장박동은 교감신경계의 영향 없이 심장박동조율기의 원래 속도에 접근할 수 있다. 말이집 미주신경을 통한 심장에 대한 미주신경긴장도가 높을 때 미주신경은 심장박동의 속도를 제한 또는 제동하는 장치의 역할을 한다. 심장박동 조율기에 대한 미주신경긴장도가 낮을 때 심장박동조율기에 대한 억제는 없거나 아주 조금만 존재하게 된다. 따라서 미주신경제동은 말이집 날미주신경경로에 의한 심장박동의 기능적인 조절을 설명할 수 있는 개념으로 사용될 수 있다.

미주신경제동은 심장박동 속도를 느리거나 빠르게 함으로써 내장상태를 변화시키는 신경기전을 제공해 준다. 신경생리적으로 미주신경제동의 영향은 움직임(예: 맞섬 또는 도피 행동)을 지지하기 위해 그리고 사회참여행동을 유지하거나 증가시키기 위해 필요한 대사적 요구를 맞추려고 감소되거나 제거될 수 있다. 호흡굴부정맥^{respiratory} ^{sinus arrhythmia}(RSA)의 진폭은 미주신경제동의 상태를 나타내는 지표이다. RSA는 대략적으로 자발적인 호흡의 빈도에 따라 나타나는 심장박동 양상의 자연적인 리듬이다. RSA의 진폭은 말이집 미주신경이 심장에 미치는 영향에 대한 민감한 지표이다(제2장을 보시오). 다양한 도전 상황에 대한 RSA를 정량화함으로써 미주신경제동의 역동적인 조절을 평가할 수 있다.

정상적으로 행동하는 사람들과는 달리, BPD 환자들은 사회적인 상황에서 미주신경제동을 유지하는 데 어려움이 있다는 가설이 만들어졌다. 따라서 BPD 환자들은 사회적인 자극에 대한 반응으로 차분한 상태(즉, 높은 진폭의 RSA)에서 재빨리 흥분상태(즉, 낮은 진폭의 RSA)로 이동해야 한다. 우리는 이 가설을 검증하기 위해서 감정적인 내용을 나타내는 동영상을 보여주는 동안 BPD 환자들과 대조군에서의 RSA 진폭을 측정함으로써 미주신경제동의 조절을 비교하였다. 게다가 참여자와 실험자 사이의 상호작용이 필요한 이 실험은 사회적 상호작용과 연관된 이차적인 요소를 제공해 준다.

방법

참여대상

참여대상(모두 여성)은 18~45세 사이의 BPD 환자 9명과 대조군 11
명이었다. BPD 진단을 받는 사람들의 대부분이 여성이고 자율신경
계 상태의 신경생리적 조절에서 작용할 수 있는 성별의 변수를 제거
하기 위해서 여성들만 대상으로 선정하였다. 대상들은 교육 수준과
나이가 동등했다. BPD 환자들은 워싱턴 DC 지역의 임상의들에 의
해 연구를 위해 추천되었다. BPD 환자들은 성 엘리자베스 병원(워
싱턴 DC)에 있는 국립정신보건원 연구자들에 의해 동반진단이 있는
지를 확인하였고, 없는 사람들만 선정되었다. 대조군은 국립보건원
이 가지고 있는 목록에서 지원한 사람들로 선정되었다. 두 집단 모
두는 약물과 알코올 남용이 없었으며 처방된 약이나 불법 약물을 현
재 복용하지 않는 사람들이었다. DSM-Ⅳ(미국정신의학회, 1994)의
진단기준에 맞춘 진단은 DSM-Ⅲ-R의 구조화된 임상면담(Spitzer,
Williams, Gibbon, & First, 1990, 1992)과 경계환자들을 위한 진단면
담(Gunderson, Kolb, & Austin, 1981)에 의해 내려졌다. BPD 환자들
은 성 엘리자베스 병원에서 검사를 받았다. BPD 환자들은 연구에 참
여하는 동안에 복용하던 약을 모두 중단했으며 예방적인 차원에서
병원에 입원하였다. 대조군은 정신건강의학과적 또는 신경학적 장애
가 없는 사람들이었다. 대조군은 병원에 입원하지 않았으며 성 엘리

자베스 병원이나 발달평가연구소(메릴랜드대학교)에서 비슷한 환경상태로 검사를 받았다.

절차

연구대상들은 사전동의를 받고 조용한 방에서 텔레비전 화면을 마주 보면서 앉게 하였다. 심장박동과 RSA 자료를 추출할 심전도를 측정하기 위해 세 개의 일회용 은-염화은전극을 대상자의 가슴에 부착하였고 이 전극은 심전도 증폭기에 연결되었으며 출력은 미주신경 감시기-II(Delta-Biometrics)로 나오게 하였다. 대상들은 처음에 기준선 측정을 한 이후에 세 개의 10분짜리 동영상을 바라보도록 지시를 받았다. 각각의 동영상을 본 이후에는 방금 본 동영상에 대한 구체적인 질문을 받았다. 10분 단위로 네 번의 상황(즉, 기준선, 동영상 1, 동영상 2, 동영상 3)에 대한 생리적인 자료들이 수집되었다. 각각의 동영상의 구체적인 감정적 내용에 대한 자율신경계 반응을 나타내는 안정적인 지표를 측정하고 각각의 동영상의 시작 때문에 발생하는 생리적 상태의 이동이 가능하게 해주기 위해서 네 개의 상태 각각에서 최소한 5분이 분석되었다. 실험은 대략 한 시간가량 지속되었다. 심장박동과 RSA는 기준선과 동영상을 보는 상태에서 수집되었다. 대상자들은 실험하는 동안 최소한만 움직이도록 지시를 받았다. 실험자들은 실험과정 동안에 대상자들과 함께 실험실에 있었는데, 왜냐하면 BPD는 혼자 있는 것을 견딜 수 없는 것과 연관되어 있기 때문이었다(Gunderson, 1996). 실험자는 실험실에 있는 동안에 장비를 운용하였고 각각의 동영상에 대해 질문을 하였다.

동영상 1과 3은 강력한 감정적 반응을 유발하기 위해 선택되었다. 동영상 1은 영화 「프랜시스Frances」에서 나오는 엄마와의 갈등장면이었고, 동영상 3은 영화 「위대한 산티니The Great Santini」에서 나오는 아빠와의 갈등장면이었다. 이 두 갈등장면과는 달리 동영상 2는 영화 「한 줌의 먼지A Handful of Dust」에서 나오는 중립적인 장면이었다. 대상자들은 각각의 동영상을 0점(각성되지 않음)에서 10점(극도로 각성됨)의 리커트 척도Likert scale로 평가하였다. 대상자들의 평가는 각각의 동영상의 예상했던 감정적인 내용들을 확인시켜 주었다. 첫 번째 갈등장면은 평균점수가 7.25였고 두 번째 갈등장면은 평균점수가 9.15였다. 이와는 대조적으로 중립적인 장면은 평균점수가 1.75였다. 갈등장면들은 중립적인 장면보다 상당한 각성을 유발했던 것으로 평가되었다($p < .001$). 평가에 있어서 두 집단 사이의 중요한 차이는 없었다.

자료의 정량화

미주신경긴장도 감시기는 R파의 꼭짓점과 시간 순서대로 나타나는 심장박동을 1msec 정확도로 측정했으며(Riniolo & Porges, 1997) RSA와 심장박동의 분석을 위해 파일로 저장되었다. 시간 순서대로 나타난 심장박동(즉, msec의 R-R 간격)의 자료 파일은 움직임과 계수화 오류에 의해 발생되는 기준점 밖의 자료를 편집하기 위해 MXedit(2.21판) 소프트웨어(Delta-Biometrics)에 입력되었다. 편집은 순차적인 값들의 더하기나 나누기로 구성되어 있었다.

RSA 측정값들은 다음과 같은 과정을 사용하여 계산되었다 (Porges, 1985). (1) 심장박동을 연속적인 500msec 간격으로 재추출함으로써 시간에 따른 자료로 변환되었다. (2) 시간에 따른 자료를 21포인트 다항식 여과 장치를 사용하여 부드러운 연속적인 틀을 만들었다. (3) 잔류시간을 만들어내기 위해 원래의 자료에서 연속적인 틀의 자료를 뺐다. (4) 0.12~0.40Hz의 주파수대(즉, 성인의 자발적인 호흡의 주파수)에 있는 변수를 빼기 위해서 잔류시간을 25계수를 가진 통과주파수 여과 장치로 처리하였다. (5) 통과주파수 변수는 자연적인 로그함수로 변환되었고 RSA를 정량화하기 위해 사용되었다. 우리의 연구실에서 나온 자료(Denver, Reed, & Porges, 2007)는 이 방법이 자발적인 호흡과 연관된 심박변동수를 정확하게 측정한다는 것을 증명해 주었다. 덴버[Denver] 등(2007)은 심장박동과 호흡에서 관찰된 주파수 사이에 0.99의 상관관계가 있음을 보고하였다. 더욱이 스펙트럼 분석에서 나온 심장박동의 진폭은 MXedit 분석에서 나온 값들과 0.99의 상관관계를 보였다. 이러한 과정들은 심장에 대한 말이집 미주신경섬유의 영향에 대한 민감하고도 비침습적인 지표를 유발하였다(제2장을 보시오. Porges, 2001a).

분석

RSA와 심장박동간격의 통계적인 효과를 확인하기 위해 상황(기준선, 동영상 1, 동영상 2, 동영상 3)에 따른 집단(BPD, 대조군)의 변량분석[analyses of variance](ANOVA)이 사용되었다. 기준선 상황 동안에 측정한 한 참가자의 자료는 기술적인 오류로 인해 상실되었다. 실험상황 동안에 나온 이 사람의 자료는 분석이 되었다. 심장박동간격은 심전도의 연속적인 R파 사이의 msec 간격으로 계산되었다. 현재의 분석을 위해 사용된 측정법은 각각의 상황에 대한 평균적인 R-R 간격을 msec로 나타낸 것이다. 각각의 동영상을 보는 동안 심장박동간격의 변화에 미치는 미주신경의 영향을 평가하기 위해서 심장박동간격의 기준선에서 나온 변화들과 RSA 사이의 상관관계가 계산되었다. 높은 상관관계는 두 변수 모두에서의 변화가 공통된 기전(즉, 심장에 대한 미주신경의 조절)에 의해 중재된다는 것을 설명해 줄 것이다. 만약 심장박동간격의 변화가 완전히 미주신경의 조절에 의존하고 있다면 RSA와의 상관관계는 1.0에 접근해야만 한다. 이와는 대조적으로 낮은 상관관계는 심장박동간격이 미주신경에 의해 완전히 조절되는 것이 아니며 다른 기전에 의해 조절될 수도 있음을 암시하는 것이다.

결과

모든 상황에서 RSA에 대한 중요한 집단 효과가 있었다. $F(1,77)=7.16$, $p<.05$. 대조군은 BPD 집단보다 더 높은 RSA를 보였다. 이것은 실험 동안의 집단의 궤적trajectory에 의해 결정되었으며 통계적으로는 집단×상황의 상호작용에서 나타났다. $F(3,51)=3.62$, $p<.05$. [그림 15.1a]에 나타나 있듯이 실험 동안의 RSA 궤적은 두 집단에서 다르게 나타났다. RSA 값은 기준선 동안에는 두 집단이 유사했다. 그러나 실험과정 동안에 대조군은 RSA가 증가하였고 BPD 환자들은 RSA가 감소하였다. 이러한 양상의 차이는 다른 신경적 전략을 반영해 준다. BPD 환자들은 맞섬 또는 도피 행동에 대한 증가된 대사요구량을 지지하는 미주신경의 철수를 나타낸다. 대조군은 심장에 대한 미주신경의 영향력이 증가하였는데 이것은 사회참여행동을 지지

해 준다. [그림 15.1b]에 설명되어 있듯이 심장박동에 대한 상당한 집단×상황의 상호작용이 있었다. $F(3,51)=6.49$, $p<.05$. 실험 동안의 심장박동 간격의 반응양상은 집단의 심장에 대한 미주신경긴장도가 특별하게 이동함을 확인시켜 주었다. BPD 집단은 점점 짧아지는 심장박동간격(즉, 빠른 심장박동)을 나타낸 반면, 대조군은 점점 길어지는 심장박동간격(즉, 느린 심장박동)을 나타내었다. 단순효과[simple]

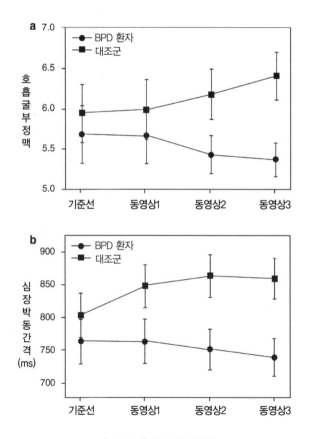

[그림 15.1] 실험 상황 동안의
(a) 호흡굴부정맥($msec^2$)과 (b) 심장박동간격(msec)에 대한 평균값(±표준오차)

effect[2])는(〈표 15.1〉을 보시오) 실험의 끝에 집단별 차이가 변수들 모두에서 나타남을 확인시켜 준다. RSA 자료와 일치하는 것으로 상황 전체에서 심장박동에 대한 집단 효과가 있었다. $F(1,77)=14.2$, $p<.0.5$.

실험을 하는 동안 심장박동간격의 변화에 대한 미주신경의 영향은 기준선 심장박동의 변화와 기준선 RSA의 변화 사이의 상관관계를 통해 측정되었다. 상관관계는 관찰된 기준선에서 구체적인 동영상으로의 심장박동의 변화가 미주신경의 조절하에 있었는지를 평가하기 위해 각각의 집단 내에서 계산되었다. [그림 15.2]에 설명되어 있듯이, RSA와 심장박동간격의 변화 사이의 관계는 대조군에서만 유의한 상관관계가 있었다. BPD 집단에서는 비록 미주신경의 철수

〈표 15.1〉 ANOVA에 대한 단순효과

	BPD 환자(9명)	대조군(11명)	t-값	df(자유도)	p-값
호흡굴부정맥(msec²)					
기준선	5.69[a](1.0)	5.96(1.2)	−0.520	17	.6098
동영상 1	5.67(1.1)	6.00(1.2)	−0.636	18	.5329
동영상 2	5.44(0.72)	6.19(1.1)	−1.81	18	.0867
동영상 3	5.38(0.64)	6.42(0.98)	−2.74	18	.0134[b]
심장박동(msec)					
기준선	762(123)	803(114)	−0.748	17	.4645
동영상 1	763(103)	848(121)	−1.66	18	.1134
동영상 2	751(94)	863(109)	−2.43	18	.0256[b]
동영상 3	739(86)	859(103)	−2.78	18	.0123[b]

[a] 평균(그리고 표준편차)
[b] $p<.05$.의 통계적인 유의미성

2) 하나의 독립변수에 대한 구체적인 효과를 행별로 평균들의 차이를 살펴보는 것(역자 주).

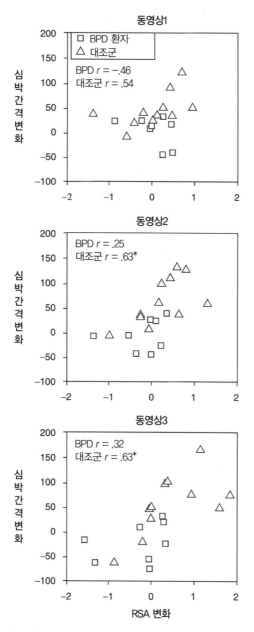

[그림 15.2] 동영상 1, 2, 3에서의 심장박동간격의 기준선에서의 변화와 RSA의 기준선에서의 변화 사이의 상관관계. *p<.05.

가 있었지만, RSA의 변화는 심장박동의 변화를 설명하기에는 충분하지 않았다. 이러한 소견들은 BPD 환자들의 미주신경조절이 좋지 않으며, 심장박동의 변화가 교감신경계의 활성화와 같은 다른 영향 때문일 수 있다는 것을 보여준다.

논의

BPD 환자의 자율신경계에 대한 과거의 조사들은 교감신경계의 지표에 초점을 맞춘 것들이었다. 이러한 연구들은 BPD와 대조군 사이의 차이를 확인하지 못했다(Herpertz et al., 1999; Schmahl et al., 2004). 이와는 대조적으로 현재의 연구는 자율신경계의 부교감신경계에 초점을 맞춤으로써 BPD와 연관된 독특한 자율신경계 조절의 특징들을 제공하였다.

우리는 외상후스트레스장애의 정신생리를 연구한 제한적인 문헌들(Sahar, Shalev, & Porges, 2001)을 바탕으로 BPD 환자들과 대조군은 기준선 RSA가 유사할 것으로 가정하였다. 이러한 가정은 확인되었다. 대상들에게 높은 감정적 내용(동영상 1과 3)과 낮은 감정적 내용(동영상 2)을 담은 동영상을 보여줌으로써 실험자는 두 집단 모두에서 높은 감정적 자극에 대해 미주신경제동이 철수하고(즉, 낮은 RSA와 짧은 심장박동) 낮은 감정적 자극에 미주신경제동이 복귀(즉, 높은 RSA와 긴 심장박동)할 것으로 예상하였다. 그러나 우리는 BPD 환자들이 정동적 자극에 대한 민감성과 상태조절의 어려움 때문에 지나친 미주신경제동의 철수(즉, 낮은 RSA와 짧은 심장박동)를 보일 것으로 예상하였다. 흥미롭게도 우리는 두 집단 모두 동영상과 연관된 반응을 보이지 않았음을 발견하였다. 대신에 [그림 15.1a]와 [그림 15.1b]에 설명되어 있듯이 대조군은 실험 전반을 통해 심장에 대한 미주신경의 영향이 증가하는 궤적을 보인 반면 BPD 집단은 심장에 대한 미주신경의 영향이 감소하는 궤적을 보였다.

실험을 시작할 때, 심장에 대한 미주신경의 영향은 두 집단 모두에서 유사하였다. 그러나 실험이 진행되면서 두 집단 사이에 흥미로운 차이가 나타났다. 여러미주신경이론은 실험이 진행되는 동안 나타났던 각 집단의 생리적 상태의 적응적인 양상에 대한 두 가지의 통찰을 제공해 준다. 첫째, 여러미주신경이론은 실험의 끝에 각 집단을 특징적으로 나타내었던 생리적 상태가 다른 유형의 행동을 지지하고 있다는 점을 강조한다. 미주신경의 철수가 특징적으로 나타났던 BPD 집단의 생리적 상태는 맞섬 또는 도피의 움직임 행동을 지지하고 있다. 이와는 대조적으로 심장에 대한 미주신경의 영향이 특징적으로 증가했던 대조군의 생리적 상태는 자발적인 사회참여행동을 지지하고 있다. 흥미롭게도 BPD 진단에 포함되어 있는 양상들은 사회적 상호작용 동안의 과다활동이나 감정조절장애를 포함하는 손상된 사회참여행동과 연관되어 있다. 따라서 비록 실험상황은 모든 대상들에게 똑같은 내용과 과제를 제공하였지만, BPD 집단은 방어적 행동을 증진시키는 내장상태로 반응을 한 반면 대조군은 자발적인 사회참여행동을 증진시키는 내장상태로 반응을 하였다. 둘째, 여러미주신경이론(제1장을 보시오)은 방어전략을 촉발시키는 기전(즉, 신경감각)을 제안한다. BPD의 임상적 양상을 고려해 볼 때, 낯선 사람(즉, 실험자)과의 사회적인 상호작용은 신경계를 촉발시키고 맞섬 또는 도피 행동을 지지하는 생리적 상태를 유발하는 사회적 자극을 제공하였을 수 있다. 그러나 이 실험에서 사용한 동영상 즉 사회적인 상호작용을 묘사한 동영상은 움직임을 필요로 하게 만들었을 수 있다. 실험실에 실험자가 없는 상태에서, 두 집단의 생리적 상태가 동영상을 보는 동안에 여전히 다르게 나타났을지를 관찰하는 것도 흥미로운 일이 될 것이다. 아마도 두 집단의 생리적 상태는 실험자가 없는 상태에서는 더 유사하고 안정적이었을 수도 있을 것이다. 이러한 상황에서 BPD 환자들은 위험을 발견하지 못할 것이고 방어전략을 유발하지 않을 것이며, 대조군은 실험자로부터 자발적인 사회참여행동을 촉발시키는 단서들을 발견하지 못할 것이다.

RSA와 심장박동의 상관관계는 정신건강의학과적 장애가 없는 사람들은 미주신경조절과 심장박동에 대한 통제 사이에 강력한 연결이 있다는 가설을 지지하는 추가적인 증거를 제공한다. 우리는 예전의 연구에서 조절행동에 어려움이 있는 다른 정신건강의학과적 장애에서 이러한 공동변수들이 손상되어 있음을 보고하였다(Sahar et al., 2001; Umhau et al., 2002). BPD 환자에게서 RSA와 심장박동 사이의 상관관계가 결핍되어 있는 것은 이러한 연구들과 일치하는 것이다.

환경에 대한 신경감각이 BPD 환자에게 위험에 대한 근거 없는 지표를 제공할 수 있다. 따라서 '위협적이지 않은' 사람이 존재할 때 차분하게 있는 것보다 자율신경계는 맞섬 또는 도피를 지지하는 상태로 조절되고 자발적인 사회참여를 지지하는 상태로는 조절되지 않을 것이다. 만약 사회적 자극과 연관된 근거 없는 신경감각이 BPD 환자들을 정확하게 설명한다면 왜 BPD 환자들이 실제 상황에서 사회적인 관계와 연관되어 좋지 않은 결과를 보이고 감정적인 불안정성을 보이는지에 대한 이유를 부분적으로 설명해 줄 수 있을 것이다.

　이 연구는 BPD 환자와 대조군 사이의 자율신경계 차이에 대한 증거를 처음으로 제공하였다. 따라서 이 연구는 BPD와 연관되어 있는 감정적인 반응성을 설명하는 이론적인 틀을 제공해 준다. 그러나 이 연구는 적은 대상군의 숫자, 고립된 실험적 조작, 검증과 재검증을 통한 신뢰도의 측정이 없는 것을 포함하여 몇 가지 한계점들을 가지고 있다. 그러나 BPD 환자의 자율신경계 반응에 대한 이러한 조사는 다양한 사회적 도전 상황에서의 자율신경계 상태와 신경감각을 연결시키는 우리의 가설을 확인해주는 추가적인 연구를 유발할 것이다. 따라서 사회적인 도전 상황에서 RSA를 측정하는 것은 BPD 환자의 신경감각에 대한 측정 가능한 지표를 제공해 줄 것이며 방어적인 행동을 유발하는 자율신경계 상태를 촉발하는 사회적 환경의 양상을 설명해 주는 방법을 제공해 줄 것이다.

이 장의 공동저자는 M. A. Austin과 T. C. Riniolo이었다.

제16장

학대력은 자율신경조절과 연관되어 있다

많은 사람들은 소아기나 성인기 때 학대를 경험하며 소아기 학대를 경험한 사람들은 성인기 때 학대를 경험할 가능성이 더 크다(Desai, Arias, Thompson, & Basile, 2002). 여성이 희생자가 될 확률이 극히 높으며(Bremner & Vermetten, 2001) 학대는 또한 희생자와 가까이에 있는 사람에 의해 발생할 확률이 더 높다. 아동 학대의 경우에 다양한 유형의 성인 학대(예: 가정폭력, 성적 학대, 감정적 학대)가 함께 발생할 수 있다. 이렇게 중복이 많은 점을 고려해 볼 때, 특별한 유형의 아동 또는 성인 학대의 영향을 조사하는 것이 힘들다. 연구는 여성의 약 16%에서 발생하는 소아기 성적 학대의 과거력이 여성 외상후스트레스장애post-traumatic stress disorder(PTSD)의 가장 흔한 원인이라고 제안하였다(Bremner & Vermetten, 2001).

여성은 PTSD의 심한 양상 없이도 성적 학대를 포함한 학대를 경험할 수 있다는 점을 주목하는 것이 중요하다. 이러한 여성들은 다른 정신건강의학과적 진단과 일치하거나 일치하지 않는 증상들을 나타낼 수 있다. 학대 희생자들은 우울증(Schuck & Widom, 2001)을 포함한 기분장애(Zavaschi et al., 2006)가 발생할 수 있다. 우울 증상들은 학대 희생자에게 흔한 문제인 자존감과 연관되어 있을 수 있다(Arata, Langhinrichsen-Rohling, Bowers, & O'Farrill Swails, 2005). 학대 희생자는 또한 비적응적인 대응 전략을 사용할 수 있는데 이것은 내적인 자극에 대한 지나친 관심 및 환경적 단서들을 왜곡시키는 것과 연관되어 있을 수 있다(Rothschild, 2000). 이러한 비적응적인 대응 전략들은 처음에는 적응적이었다가 결국 약물남용, 식사장애, 자살과 같은 해로운 결과들을 유발한다(Doyle, 2001).

학대가 희생자의 신체적 반응에 미치는 영향에 대해서는 잘 알려져 있지 않다. 학대가 자율신경계에 미치는 영향에 대한 연구들은 일반적으로 만성 PTSD 환자들을 대상으로 한 것들이었다. 이러한 연구들의 결과는 일치하지 않았다(Buckley & Kaloupek, 2001). 예를 들면, 보고된 기준선 심장박동의 차이는 자율신경계 상태에서의 차이를 신뢰성 있게 반영하지 못했으며, 대상자가 검사를 받았던 실험실 환경, 실험에 대한 인식, 심리적 상태(예: 예기불안)를 포함하는 다른 심리적으로 연관된 요소들에 의해 영향을 받은 것일 수 있었다(Prims, Kaloupek, & Keane, 1995). 게다가 PTSD는 교감신경계의 과다항진과 연관되어 있다는 생각을 지지하는(Blanchard, 1990) 연구들은 외상적 사건들과 연관된 자극에 대한 과다한 생리적 반응성을 보고하였다(Elsesser, Sartoy, & Tackenberg, 2004). 따라서 기준선과 스트레스 이후의 심혈관조절에 대한 평가는 정상적이고 비위협적인 상황에서 반응하고 진정된 상태를 유지시켜주는 생리적 반응전략에 외상력이 영향을 미치는지를 결정하는데 유용한 정보를 제공해 줄 수 있을 것이다.

비록 학대가 PTSD를 유발하지 않는다고 하더라도 학대는 일상의 경험에 영향을 미치며 사회적 관계의 발달에도 영향을 미칠 수 있다. 학대력은 실제적인 위험이 없더라도 방어적인 맞섬 또는 도피 행동을 준비하고 조심하도록 신경계를 '조절'할 수 있다. 운동의 대사요구량은 맞섬 또는 도피 행동과 연관된 생리적 상태와 유사한 생리적 적응을 요구하기 때문에 학대력은 운동 후에 차분해지는 것과 연관된 신경회로에 영향을 미칠 수 있다. 가벼운 운동 후의 심장박동 양상을 조사함으로써, 한 개인의 운동 후의 차분한 상태를 촉진시키고 자기조절하는 능력을 평가할 수 있다.

호흡굴부정맥$^{\text{respiratory sinus arrhythmia}}$(RSA)의 정량화는 운동 후에 회복되는 과정에서 나타나는 심장에 대한 미주신경조절의 변화를 역동적으로 평가할 수 있는 기회를 제공해 준다(제2장을 보시오). 심장에 대한 미주신경의 조절은 자기조절행동과 연관되어 있다. 최적의 상태에서는 움직임이 요구되는 도전을 하는 동안에 증가된 대사요구량을 지지하기 위해 심장박동수를 올리려고 심장에 대한 미주신경의 억제가 빠르게 철수되며, 운동 이후에는 진정된 상태를 촉진시키기 위해 미주신경긴장도가 빠르게 회복된다. 사회참여행동을 지지하기 위한 이러한 빠른 미주신경의 조절을 미주신경제동이라고 부른다(제7장을 보시오).

미주신경조절의 결함은 폭력적인 학대의 가해자에게 존재하며(Umhau et al., 2002) PTSD(Sack, Hopper, & Lamprecht, 2004; Sahar, Shalev, & Porges, 2001), 범불안장애(McLeod, Hoehn-Saric,

Porges, Kowalski, & Clark, 2000), 우울증(Rottenberg, Solomon, Gross, & Gotlib, 2005)과 같은 다양한 정신건강의학과적 장애들과 연관되어 있다. 심장에 대한 미주신경조절을 증명하는 문헌들은 상당히 많으며 심장에 대한 미주신경긴장도와 미주신경제동에 대한 효율적인 조절은 감정적 반응성, 사회참여, 스트레스에 대한 반응과 같은 과정들과 연관되어 있다.

학대 희생자들은 자기보호적인 행동 상태로 치우치는 상태조절에서의 어려움을 가지고 있다. 이렇게 방어적이게 되는 취약성은 다른 사람과 있을 때 안전하게 느끼는 것과 신뢰하는 사회적 관계를 발달시키는 데 어려움을 유발한다. 상태조절의 어려움에 대한 자기인식, 특히 다른 사람이 있을 때 차분함을 유지하지 못하는 것은 당사자로 하여금 요가와 같은 다른 대안을 찾도록 만든다. 요가는 우울증과 불안 증상을 감소시키는 데 도움이 되며 자기효율감을 증진시키며(Lee, Mancuso, & Charlson, 2004) 자율신경계의 조절을 향상시킨다(Sovik, 2000). 따라서 요가를 하는 사람은 학대와 연관된 손상을 정상화시키고 자기를 조절하는 능력을 향상시키기 위해 자율신경계의 운동을 연습하고 있는 것일 수 있다.

요가 수업에 참석하고 있는 사람들이 이 연구를 위한 대상들을 섭외하는 회의에 도움을 주었다. 우리는 학대력이 있지만, PTSD 진단을 받지 않은 여성들이 가벼운 운동 이후에 낮은 RSA와 적은 RSA 회복을 특징적으로 보이는 생리적인 대처에서의 어려움을 보일 것이라고 가정하였다. 우리는 추가로, 학대력이 비기능적인 대응 전략의 사용, 증가된 기분장애, 낮은 자기개념과 연관되어 있을 것이라는 가설도 세웠다.

방법

지역 요가 교실에서 섭외된 49명의 여성 대상자들을 분석하였다. 45명은 백인, 한 명은 라틴아메리카인, 세 명은 다민족인이었다. 많은 사람들(69.4%)이 다른 사람들과 관계를 맺고 있었으며 대략 절반(46%)은 아이를 키우고 있었다. 대부분(96%)은 대학 및 대학원 교육을 받은 사람들이었다. 대상자들의 나이는 17~66세 사이에 있었다. 대상자들 중 어느 누구도 PTSD를 가지고 있지 않았지만, 우울증(7명)과 불안장애(4명)의 진단은 가지고 있었다.

대상자들은 자신들만의 속도로 고정된 자전거를 1.5km 타기 전 5분과 타고 난 후 5분 동안 심장박동에 대한 자료를 측정하였다.

결과

보고된 학대력

보고된 학대력이 〈표 16.1〉에 나와있다. 22명의 참가자들이 학대력이 없었으며 27명은 아동 학대나 성인 학대의 과거력을 보고하였다. 교차분석은 학대집단에서 정신건강 진단의 발생률이 높은 것을 나타내었다. $\chi^2(1, N=49)=6.23$, $p < .05$. 구체적으로, 현재 정신건강 진단을 보고한 11명 중의 9명이 학대력을 보고하였다. 요가 운동의 횟수는 생리적 반응양상이나 학대력과 연관이 없었다.

<表 16.1> 보고된 학대력: 숫자와 백분율

아동 학대	21(42.9%)	성인 학대	18(36.7%)
감정적 학대	16(32.7%)	감정적 학대	14(28.6%)
신체적 학대	10(20.4%)	신체적 학대	5(10.2%)
성적 학대	9(18.4%)	성적 학대	3(6.1%)
방치	7(14.3%)	배우자 학대	5(10.2%)

학대력이 자율신경계조절과 심리적 행복에 미치는 영향

학대력이 자율신경계의 조절에 미치는 영향을 검사하기 위해 변수들에 대한 반복적인 측정을 하였고 운동 전후의 RSA와 심장박동의 양상을 평가하였다. 이 분석을 위해서 대상자들은 학대력에 따라 두 집단으로 분리되었다. 학대력이 없는 집단은 22명이었고 학대력이 있는 집단은 27명이었다.

심장박동은 운동에 민감했지만 학대력과는 연관이 없었다. 심장박동은 학대력에 관계없이 운동 후에 의미 있게 증가하였다. $F(1,47)=76.17$, $p<.001$. 심장박동 분석과는 대조적으로 RSA는 학대력과 연관이 있었다. 나이가 운동 전의 RSA와 유의미한 상관관계를 보였기 때문에[$r(49)=-.53$, $p<.001$], RSA 수준과 RSA 반응성에 나이가 미치는 영향을 제거하기 위해 공동변수 분석이 시행되었다. 나이가 공동변환되었을 때 학대력은 RSA 수준에 영향을 주었으며[$F(1,46)=4.63$, $p<.05$], 운동에 대한 반응성과 상호작용하였다. $F(1,46)=4.06$, $p=.05$. [그림 16.1]에 설명되어 있듯이, 학대력이 있는 대상자들은 낮은 RSA를 가지고 있었으며 운동 후 RSA는 운동 전 수준으로 회복되지 않았다.

게다가 학대력은 비기능적인 대처[$F_{(1,47)}=4.67$, $p<.05$], 전체적인 자기개념과 연관되어 있었다. $F_{(1,47)}=9.24$, $p<.01$. 학대력이 있는 여성들은 보다 비기능적인 대응 전략을 사용하는 것으로 보고되었다. 학대력이 있는 여성들은 또한 유의미하게 낮은 자기개념이 보고되었다.

학대가 얼마나 최근에 발생했는지가 반응에 영향을 미치는지를 결정하기 위해, 대상자들을 세 개의 집단으로 나누었다. 학대 없음 (22명), 아동 학대만(9명), 아동 학대를 동반 또는 동반하지 않는 성인 학대(18명). 나이와 함께 공동변환된 분석은 운동 전 RSA 수준이 학대집단과 유의미한 상관관계가 있었으며, 성인 학대가 있었던 집단의 RSA가 가장 낮았다. $F_{(2,45)}=3.33$, $p=.05$. 게다가 성인 학대를 경험한 집단은 낮은 RSA 수준을 가지고 있었을 뿐만 아니라 가장 적은 회복을 보여주었다.

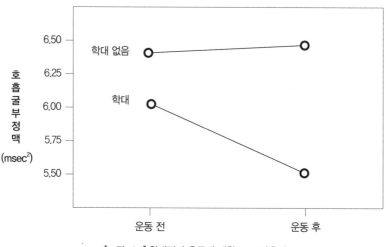

[그림 16.1] 학대력과 운동에 대한 RSA 반응성

누적된 학대지수가 학대가 없는 집단(22명)에게 0, 아동 학대만 있었던 집단(9명)에게 1, 성인 학대만 있었던 집단(6명)에게 2, 아동 학대와 성인 학대 모두가 있었던 집단(12명)에서 3을 부여함으로써 산출되었다. 비록 이러한 범주화는 자가보고에 의해서만 이루어졌지만 자가보고된 학대지수가 높을수록 운동 후의 RSA의 감소가 더 컸으며 심장박동은 연관이 없었다. $r(49)=.34$, $p<.05$. 이러한 관계는 변화점수에 대한 기준선 RSA의 영향을 제거했을 때에도 여전히 남아있었다. $r(49)=.41$, $p<.01$. 따라서 자율신경계 조절의 두 가지 지표인 기준선 RSA와 RSA 반응성은 학대력과 따로 연관되어 있었다.

논의

이 연구는 PTSD 진단을 받지 않은 여성에서의 학대력의 영향을 조사하였다. 비록 대상자의 절반 이상이 소아기나 성인기의 학대를 보고하였지만, 어느 누구도 PTSD의 진단을 보고하지 않았다. 이러한 높은 학대의 비율은 정상적인 자료에 비해 더 높은 것이었다(아동청소년과 가족관리부, 2006). 학대력을 보고한 여성 중의 몇몇은 숙련된 요가 운동가들이었다. 요가수련은 자기를 조절하는 능력을 향상시키고 생리적 반응성을 약화시키며 신체에 대한 보다 편안함을 느낄 수 있도록 해주었을 가능성이 있다.

우리는 학대력이 맞섬 또는 도피 행동의 방어적인 움직임 전략을 촉진시키도록 자율신경계를 '조절'하였으며, 가벼운 운동을 한 이후의 생리적인 회복을 약화시켰을 것으로(즉, 낮은 RSA와 좋지 않은 RSA 회복) 가설을 세웠다. 이러한 가설은 지지받았다. 학대력이 있는 여성은 가벼운 운동 전에 낮은 RSA를 가지고 있었고, 가벼운 운동 이후에 RSA의 회복이 좋지 않았다. 이러한 소견들은 학대력이 있는 여성이 운동 후에 미주신경'제동'의 진정시키는 효과를 불러오는 능력이 약하다는 것을 암시해 준다. 비록 이러한 소견들은 외상사건을 떠올렸을 때 RSA가 감소되는 관찰을 한 색[Sack] 등(2004)의 소견과 일치하는 것이었지만, 우리의 소견들은 독특한 것이었는데 왜냐하면 실험적인 조작이 외상이나 학대와 연관된 것이 아니었기 때문이다.

사람의 자율신경계는 사회참여나 움직임을 촉진시키는 생리적 상태 사이를 빠르고 효율적으로 이동하기 위해 진화되었다. 말이집 미주신경은 행동적 요구에 생리적 상태를 빠르게 적응시키는 기전을 제공한다. 이러한 미주신경회로는 포유류에게만 있으며 방어체계를 약화시키기 위해 진화하였다. 말이집 미주신경회로는 우리(그리고 다른 포유류)가 '안전한' 사람과 있을 때는 선택적으로 방어체계를 하향 조절하고 '위험한' 사람과 있을 때는 필요한 맞섬 또는 도피 행동을 촉진시키기 위해 이러한 '제동'을 제거하게 해준다. 기능적으로 심장에 대한 미주신경의 입력은 심장박동조율기가 원래 가지고 있는 리듬보다 훨씬 낮은 심장박동을 유발한다. 심장박동조율기에 대한 미주신경의 영향이 감소할 때 심장은 즉각적으로 빠르게 뛰게 된다. 따라서, 심지어 기능을 잘 하고 있는 것처럼 보이는 사람이 가지고 있는 학대력은 미주신경제동의 영향을 감소시키고 미주신경제동이 빠르게 회복되어 진정된 생리적 상태를 지지하는 말이집 미주신경회로의 능력을 제한할 수 있다.

학대력과 진정된 생리적 상태를 지지하기 위한 미주신경의 조절이 빠르게 되지 않는 것 사이의 관계는 학대를 경험한 사람들이 스트레스에 대해 맞섬 또는 도피 행동과 같은 반응을 보일 가능성이 더 높고, 움직임 상태에서 차분한 상태로의 이동이 어려운 것과 같은 임상적인 양상을 보이는 것과 일치한다. 이러한 소견들은 좋지 않은 미주신경의 조절이 사회불안을 포함한 생리적인 기능장애(Movius & Allen, 2005) 및 우울증 환자들의 느린 회복(Rottenberg et al., 2005)과 연관되어 있다는 것을 증명한 연구결과들과 일치하는 것이다.

기분장애와 자기개념에 대한 학대력의 영향 역시 조사되었다. 요가를 하고 있는 여성들은 상태의 조절, 특히 다른 사람이 있을 때 차분해지는 상태의 조절에 어려움이 있기 때문에 스스로 요가를 선택했을 가능성이 있으며 상태를 조절하기 위한 대응기술로서 요가를 사용하고 있을 수 있다. 이러한 예상과 일치하는 것으로, 학대력이 있는 사람들은 낮은 자기개념을 가지고 있다. 더욱이 전체적인 학대를 고려해 봤을 때 누적된 학대경험과 자기개념 및 기분장애 사이에 연관성이 있다. 이러한 소견들은 학대 희생자들은 자존감의 문제(Arata et al., 2005) 및 우울증(Schuck & Widom, 2001)을 포함한 기분장애(Zavaschi et al., 2006)가 발생할 수 있음을 제안한 연구결과들과 일치한다.

학대력이 자율신경계와 연관되어 있다는 소견들은 여러미주신경이론(제2장을 보시오. Porges, 2001a, 2007a)과 일치한다. 이 이론은 자율신경계 반응성의 적응적인 기능에 초점을 맞추고 있으며, 어떻게 척추동물 자율신경계 발달에서의 세 가지 계통발생적 단계들 각각이 인간에게서 남아있고 표현되는 각각의 자율신경계 하부체계와 연관되어 있는지에 대해서 설명해 준다.

학대경험은 적응적인 생존기전에 위협을 준다. 여러미주신경이론에 따르면, 적응은 포식자에 대해 보다 민감해지고 과다각성을 하게 됨으로써 환경에 대해 보존적인 자세를 취하도록 반응하게 만든다. 가설적으로, 학대경험은 자율신경계를 '재조율'하게 만들 것이다. 기능적으로, 학대력은 사회적으로 '신뢰하는' 행동을 표현하는 능력을 약화시키고 맞섬 또는 도피 행동을 준비하기 위해 보다 경계하는 상태를 촉진시킬 것이다. 이 연구에서는 RSA를 측정함으로써 미주신경제동 기능에 대한 지표를 역동적으로 평가하였다. 미주신경제동은 신뢰하는 상호작용과 사회참여행동을 지지하기 때문에 학대력이 이러한 회로의 효율성을 약화시켰을 것이라는 가설을 세웠다. 연구결과들은 이러한 가설을 지지하며, 이 연구에서 검사를 받은 학대력을 가진 사람들은 심장에 대한 미주신경긴장도가 약화되어 있으며 가벼운 운동 때문에 발생한 일시적인 생리적 상태의 붕괴를 진정시키는 미주신경제동을 다시 불러들이는 능력이 손상되어 있음을 증명하였다. 따라서 미주신경제동을 다시 불러들이지 못하는 비적응적인 상태는 위험에 대해 과다경계를 촉발시키고 즉각적인 맞섬 또는 도피 행동을 실행할 수 있도록 함으로써 잠재적인 학대의 위협에 대해 적응적으로 반응하려던 행동에서 나온 것일 수 있다.

PTSD는 움직임의 방어전략을 사용할 수 없는, 흔히 피할 수 없는 상황에서 사용되는 민말이집 미주신경의 원시적인 방어체계가 촉발된 결과일 수도 있다는 추측이 있었다(Porges, 2007a). 이러한 상태에서 흔히 파충류가 사용하는 뇌줄기는 말초의 생리를 조절한다. 이러한 체계는 산소가 들어있는 혈류가 뇌로 가는 것을 줄여 기절을 유발하거나 해리의 경험을 유발한다. 움직임에 대한 문턱값이 낮고 위험에 대한 과다경계는 이러한 상황에서 생존을 보장해 줄 수 있다.

따라서 적응적인 측면에서 볼 때, 움직임에 대한 낮은 문턱값은 이러한 원시적인 정지회로를 불러들이는 것으로부터 개인을 보호할 수 있다.

우리는 이 연구에서 PTSD가 있는 사람들을 평가하지는 않았다. 그러나 PTSD의 과거력이 있는 사람들은 운동 실험에서 학대력이 있는 사람들과 유사한 반응을 보였을 수도 있다. 따라서 PTSD 과거력이 있는 사람들은 미주신경제동을 제거하는 데 대한 낮은 문턱값을 가지고 맞섬 또는 도피의 전략을 사용할 가능성이 있다.

이 연구는 학대력이 있는 사람들에게서 임상적으로 흔히 관찰되는 맞섬 또는 도피반응을 중재하는 기전에 대한 타당한 설명을 제공하고 있다. 이 연구는 개인적인 경험을 자세하게 설명해 주는 것의 중요성을 강조하며, 학대의 결과는 다양한 영향을 미치고 심리적 및 생리적 영역에도 영향을 미치는 점에 대한 이해를 제공해 주고 있다. 외상은 다른 사람에 대한 인식을 재조율하여 다른 사람들과 있는 것을 안전하다고 느끼지 못하게 할 뿐만 아니라, 방어적으로 반응하는 문턱값을 낮춤으로써 신경회로를 재조율할 수 있다. 이러한 변화들은 사회적으로 참여하는 능력에 영향을 미쳐 비기능적인 대응 전략을 유발하고, 자기개념을 낮추며, 기분장애 증상을 더 유발할 수 있다.

따라서 자율신경계 조절의 재조율이 핵심적인 양상인 외상과 학대의 다양한 개념화를 통합하기 위한 평가와 중재법이 필요할 것이다. 이 모델에서 치료는 의뢰인이 맞섬 또는 도피 상태에서 안전 및 사회참여와 연관된 생리적 상태로 이동할 수 있는 임상적인 전략을 적용시킬 수 있을 것이다(Ogden, Minton, & Pain, 2006). 만약 치료법이 의뢰인을 진정된 생리적 상태로 이동시킬 수 없다면 정신치료의 기본이 되어왔던 심리적 기전과 과정에 대한 접근법도 효율적으로 사용되지 못할 것이다(제3장을 보시오).

이 장의 공동저자는

L. P. Dale, L. E. Carroll, G. Galen, J. A. Hayes, K. W. Webb이었다.

제17장

음악치료, 외상, 여러미주신경이론

음악은 문명화의 상징이다. 문화는 음악을 교육 과정, 종교, 집단의 례, 애국심의 표현에 통합시켰다. 가사와 선율을 통한 음성음악은 중요한 문화적, 도덕적, 역사적 사건과 가치를 전달하는 현대적인 수단 및 기록의 방법으로 사용되고 있다. 음악은 진정시키기 위해, 안전한 느낌을 받기 위해, 연대감을 형성하기 위해, 사람들 사이의 사회적 거리를 줄이기 위해 사용돼 왔다.

음악은 인간경험의 중요한 요소이다. 음악은 감정, 정동조절, 대인관계적인 사회적 행동, 그리고 환경적, 대인관계적, 개인 내적인 도전에 대한 개인적인 반응과 연관된 다른 심리적 과정들과 혼합되어 있다. 음악의 유형은 특별한 느낌, 경험, 사회적 상호작용과 연관되어 있다. 이러한 심리적 과정은 우리의 자기감^{sense of self}을 형성하며 관계를 형성하는 우리의 능력에 기여하고 다양한 환경이나 특별한 사람들과 있을 때 우리가 안전하다고 느끼는지를 결정해 준다. 비록 이러한 과정이 객관적으로 관찰되고 주관적으로 설명될 수 있지만 이러한 과정은 우리의 심리적인 경험과 우리의 생리 사이의 복합적인 상호작용을 나타낸다.

이 장은 음악이 신체적 및 정신적 건강을 도와주는 하나의 치료법이라는 새로운 통찰을 제공한다. 음악을 듣고, 노래를 부르거나 악기를 연주하는 것 이상으로 음악치료는 세 가지 양상들 사이의 역동적인 상호작용에 관여한다: (1) 치료자, (2) 의뢰인, (3) 음악. 다음 쪽에서 음악치료가 어떻게 그리고 왜 신체적 건강을 지지해 주고, 외상의 결과를 포함하는 정신적 및 신체적 질환들과 동반된 손상된 상태들을 도와주는지를 설명하는 타당한 모델을 제시하기 위해 여러미주신경이론이 사용되었다. 여러미주신경이론은 음악 및 음악치료가 사회참여행동을 증진시키고 신체적 및 행동적 상태에 대한 조절을 촉진시키는 기전과 과정을 설명하기 위한 전략을 제공해 준다. 이 이론은 음악치료를 신경계와 건강에 대한 결과와 연결시키는 통찰을 제공해 주며 음악치료를 두 가지의 구성요소로 나누는 데 사용되었다: (1) 치료자와 의뢰인 사이의 대인관계, (2) 임상적인 치료와 연관된 치료적 환경에서 사용되는 음악의 청각적인 양상.

여러미주신경이론

우리의 신경계는 환경에 있는 위험을 지속적으로 평가하는 감시기능을 한다. 우리의 뇌는 신경적 감시기전(즉, 신경감각)을 통해서 위험이나 안전의 양상을 확인한다(제1장을 보시오). 위험과 안전의 많은 양상들은 학습된 것이 아니라 인식하도록 우리의 신경계에 이미 만들어져 있는 것이며 우리의 계통발생적인 역사와 연관된 적응적인 전략을 반영한다. 음악을 구성하는 특별한 청각적 주파수대에 우리가 반응하는 방식은 우리 환경에서 위험을 평가하는 데 사용하는 것과 같은 신경회로에 의해 결정된다. 예를 들면, 낮은 주파수의 소리는 포식자가 접근하는 것과 연관된 위험한 감각을 유발한다. 프로코피예프Prokofiev는 「피터와 늑대Peter and the Wolf」에서 낮은 주파수의 북소리를 사용하여 곧 닥쳐올 예상할 수 있는 위험을 나타내기 위해 이러한 생물학적 양상을 사용하였다.

낮은 주파수의 으르렁거리는 소리는 우리의 계통발생적인 역사 때문에 우리의 주의를 사회적인 상호작용에서 환경에 있는 잠재적인 위험으로 이동시키도록 한다. 이러한 반응은 파충류와 양서류를 포함하는 다른 척추동물도 공유하고 있다. 이와는 대조적으로, 다른 포유류가 내는 높은 음조의 비명(우리 아이들뿐만 아니라 개나 고양이도 포함하는)은 인지된 통증이나 상처에 대한 반응으로 나타나는 급한 관심이나 공감을 유발한다. 인간의 경우에 높은 주파수의 비명은 우리의 관심을 사회적인 집단이나 대상에서 비명을 지르는 구체적인 개인에게로 이동하게 만든다. 그러나 인간 목소리의 주파수대에 있는 음악은 다가오는 위험이나 급박한 감각이 아닌 내장 및 감정상태를 유발한다. 이와 마찬가지로 인간 목소리의 주파수대에 있는 음악은 흔히 작곡가의 기능적 및 은유적인 '목소리'를 전달하기 위해 선율을 포함하여 사용된다. 따라서 인간 목소리 범위 내의 소리를 만들어내는 관현악단에서 사용하는 악기들(예: 바이올린, 플롯, 클라리넷, 트럼펫, 오보에, 프랑스 호른)은 작곡가의 감정적인 이야기를 표현하기 위해 사용된다.

환경에 있는 구체적인 청각의 주파수대는 적응적인 생리적 상태와 일치하는 다양한 감정적 경험을 유발한다. 이러한 생리적 상태들 각각은 기능적으로 정동조절, 사회참여행동, 의사소통을 하는 우리의 능력에 영향을 미치는 적응적인 상태이다. 우리는 이러한 상태들을 안전, 위험, 또는 궁극적인 죽음(즉, 생명에 대한 위협)과 연관된 느낌으로 경험한다. 생리적 상태는 음악을 듣거나 만들어내는 주관적인 경험의 내재적인 요소이다. 음악은 우리의 감정적인 상태를 변화시킬 뿐만 아니라 불안, 공포, 공황, 고통의 느낌과 일치하는 우리의 생리에서의 변화도 유발한다. 예를 들면, 우리는 특정한 선율을 들을 때 이완되고 심장박동이 느려지며 미소를 짓게 된다. 그러나 우리가 다른 음악을 듣고 있을 때는 위험을 상상하고 전쟁에 나가거나 우리가 사랑하는 사람을 보호하는 장면을 떠올릴 수도 있다. 위험한 느낌은 우리의 얼굴표정을 변화시키고 심장박동을 증가시킬 것이다.

올리버 색스^{Oliver Sacks}(2007)가 『뮤지코필리아^{Musicophilia}』에서 논의했듯이 비록 음악을 설명하거나 표현하는 뇌영역이나 회로가 확인되지는 않았지만, 음악은 인간경험의 한 부분이다. 여러미주신경이론의 측면에서 볼 때 이것은 다른 관점으로 볼 수 있다. 음악을 처리하고 표현하는 데 필요한 구체적인 신경조절을 찾기보다는 음악을 처리하는 데 필요한 신경기전과 사회참여행동 및 환경에서의 위험을 처리하는데 필요한 신경기전 사이의 유사성과 일치성에 초점을 둘 필요가 있다. 게다가 생리적 상태 및 음악과 연관된 감정경험 사이의 일치성은 신경생리적으로 결정되며 여러미주신경이론으로 설명될 수 있다(제2장, 제10장, 제11장, 제12장을 보시오. Porges, 2001a, 2007a). 이 논의가 진행되면서 여러미주신경이론(제2장을 보시오)은 음악, 특히 음악치료를 통해 표현되는 음악이 어떻게 얼굴근육과 내장상태를 통합하는 신경기전을 불러들일 수 있고, 결과적으로 회복을 시켜주는 정동상태와 친사회적 행동을 증진시키는지를 설명할 수 있는 하나의 조직화된 원칙으로 사용되었다.

이러한 연결을 완전히 설명하기 위해서 여러미주신경이론의 기원에 대해 간략하게 설명하는 것이 중요할 것 같다. 여러미주신경이론은 척추동물 자율신경계autonomic nervous system(ANS)의 진화에 대한 연구에서 나왔으며 심장, 폐, 창자를 포함하는 몇몇 주요장기들을 자동으로 조절하는 ANS의 기능에 기초를 두고 있다. 뇌에 있는 회로들은 역동적으로 ANS를 조절한다. 이러한 조절은 양방향성이다. 뇌와 뇌의 신경적 감시는 신체상태를 지속적으로 주시하며 신체상태는 역동적으로 뇌의 기능에 영향을 미친다. 더욱이 ANS의 신경조절은 다른 사람들에게 우리의 감정상태를 전달하는 얼굴과 머리의 근육들에 대한 신경조절과 연결되어 있다. 이러한 얼굴과 머리의 근육들은 노래 부르기를 통해서든(즉, 인두와 후두근육의 조절) 악기연주를 통해서든(즉, 악기의 입술 대는 부분을 조절하는 얼굴과 입근육의 조절) 음악을 만들어내고 능동적으로 듣는(즉, 가운데귀근육의 조절) 것과 연관되어 있다. 여러미주신경이론은 많은 우리의 사회적 행동과 감정장애에 대한 취약성이 우리의 신경계 내에 이미 만들어져 있다고 가정한다. 이 이론을 바탕으로 외상반응을 포함하는 정신건강의 다양한 측면을 이해하고 사람들이 다른 사람들과 더 잘 의사소통을 하고 관계를 맺을 수 있도록 도와주는 치료기법을 개발할 수 있다.

이러한 이론적인 측면은 청각자극의 처리와 치료적인 환경에서의 얼굴을 마주 보는 사회적 상호작용 모두에 필요한 음악치료의 기전을 이해하는 데 특히 중요하다. 따라서 여러미주신경이론은 음악치료의 유익한 영향에 대한 통찰을 제공해주는데, 왜냐하면 이 이론은 음악치료의 두 가지 양상과 연관된 구조물의 신경조절에 대한 이해를 제공해 주기 때문이다: (1) 의뢰인과 치료자 사이의 사회적 상호작용, (2) 음악을 듣고 표현하는 것. 음악치료의 이러한 양상들에 의해 유발되는 신경기전은 이 장의 후반부에 자세하게 설명될 것이다.

안전, 생존, 고통 없는 죽음을 위한 생체행동적 탐색

여러미주신경이론은 포유류 ANS의 진화가 정동적 과정 및 스트레스 반응을 위한 신경생리적 기질을 제공한다고 제안한다. 이 이론은 신경생리적 상태가 적응적 행동 및 심리적 경험의 범위를 제한한다고 제안한다. 따라서 신경계의 진화는 감정표현의 범위, 의사소통의 질 그리고 스트레스와 연관된 반응의 표현과 회복을 포함한 신체 및 행동 상태를 조절하는 능력을 결정한다. 적응적인 사회적 및 감정적 행동들과 연관해서 이러한 계통발생적인 원칙들은 뇌−얼굴−심장회로의 출현을 설명해 주며, 정신건강 및 자율신경계 조절 사이의 관계를 조사해 줄 수 있게 해줄 뿐만 아니라 음악과 음악치료가 어떻게 정신건강과 신체건강을 지지해 줄 수 있는지를 분석할 수 있도록 해준다.

인간의 계통발생적인 역사에 대한 조사는 척추동물이 턱없는 물고기에서 인간 및 다른 포유류로 진화하면서 발생한 신경조절의 변화를 확인시켜준다. 계통발생적인 발달은 인간이 말이집 미주신경체계를 통한 심장에 대한 신경조절이 증가하게 만들었다. 말이집 미주신경의 발달은 얼굴, 인두, 후두에 대한 신경조절의 증가를 유발하였다. 이렇게 통합된 얼굴－심장체계는 생리적 상태에 영향을 미치는 사회적 의사소통과 연관된 복합적인 얼굴표정 및 목소리를 가능하게 해주었다. 얼굴－심장체계는 얼굴표정이나 목소리를 통해서 다른 사람에게 안전과 위험의 단서를 제공해줄 수 있으며, 심장박동의 증가를 통해 일시적인 움직임을 촉진시킬 수도 있다. 심장에 대한 말이집 미주신경의 억제를 제거하는 것은 이러한 움직임의 생체행동적 과정을 생리적으로 지지해 준다. 이러한 기전들은 우리에게 어떻게 따뜻한 미소가 동시에 차분한 상태를 반영해 주며 관찰자가 안전한 느낌과 자애로운 느낌을 받을 수 있도록 해주는지에 대한 이해를 제공 해준다. 이와는 대조적으로 화가 난 얼굴은 움직임 상태를 반영해 주며 관찰자에게 방어적인 상태를 촉발시킨다. 얼굴표정과 함께 목소리도 신체상태를 반영해 주고 촉발시킬 수 있다. 방금 설명한 미소와 차분한 상태 사이의 관계와 마찬가지로, 일반적으로는 날카롭거나 크게 울리지 않는 목소리 선율의 양상은 비교적 안전함을 나타내는 단서를 관찰자에게 제공해 준다. 그러나 낮은 어조의 울리는 목소리는 흔히 관찰자를 놀라게 하거나 겁먹게 하는 반면 높은 어조의 날카로운 목소리는 일반적으로 불안과 두려움을 유발한다.

사회참여체계

사회참여체계는 사회적 시선과 감정적 표현을 증진시키는 눈 주변의 조임근을 포함하는 얼굴근육, 배경음에서 사람 목소리의 추출을 가능하게 해주는 가운데귀근육, 섭취와 연관된 씹기근육, 빨기, 삼키기, 목소리 내기, 호흡에 사용되는 인두와 후두근육, 머리를 돌리고 기울이는 것과 같은 사회적인 몸짓과 방향잡기를 증진시키는 머리근육을 조절한다. 이러한 근육들은 종합적으로 사회적인 환경과의 개입을 결정하고 사회적인 자극들을 여과하는 역할을 한다. 표현에 관여하는 눈 주변의 조임근인 눈둘레근^{orbicularis oculi}을 조절하는 신경경로는 가운데귀에 있는 등자근^{stapedius muscle}의 역동적인 조절에도 관여한다는 점은 흥미로운 사실이다(Djupesland, 1976). 따라서 시선접촉을 통해 감정적인 단서를 제공하는 신경기전은 사람의 목소리를 듣는 데 필요한 신경기전과 공유되고 있다.

사회참여체계와 연관된 행동에서의 어려움(예: 시선회피, 사람의 목소리에 반응하지 않는 것, 감소된 얼굴정동과 목소리의 운율, 비전형적인 머리 움직임이나 머리 움직임의 결핍)은 자폐증, 외상후스트레스장애 그리고 다른 정신건강의학과적 장애들을 가진 사람들의 공통적인 양상이다. 이러한 정보는 관찰력이 예리한 임상의들에게 얼굴표정과 목소리 운율을 통해서 사회참여행동과 생리적 상태의 조절에 문제가 있다는 추론을 할 수 있도록 해준다. 몇몇 정신건강의학과적 장애들은 사회참여체계의 신체운동요소(예: 좋지 않은 시선접촉, 얼굴 정동표현의 감소, 운율의 결핍, 잘 씹지 못함)와 내장운동요소(예: 심폐문제 및 소화문제를 포함하는 자율신경계 조절의 어려움) 모두에서 결함을 보인다. 사회참여체계의 결함은 자발적인 사회적 행동, 사회적 인식, 정동의 표현, 운율, 언어발달을 약화시킨다.

외상에 대한 인간의 반응은 사회적 행동과 감정조절을 약화시킨다. 생명에 대한 위협에 포유류가 반응하는 기전을 이해하는 것은 이러한 결과들을 쉽게 설명할 수 있게 해준다. 이러한 신경생리적인 관점에서 볼 때, 심하게 손상된 사회적 행동과 감정조절의 어려움을 포함하는 다양한 임상적 양상들은 예측이 가능하다. 외상에 대한 반응으로 나타나는 이러한 비전형적인 행동들을 중재하는 기전에 대한 이해는 의뢰인과 가족에게 도움이 되며, 지지적이고 회복적인 환경과 치료를 개발하는 치료자에게도 도움이 된다.

기능적으로 우리의 신경계는 신경감각이라는 무의식적인 과정을 통해 환경에 있는 위험을 지속적으로 평가한다(제1장을 보시오). 생리적 상태를 촉발하는 환경에 있는 구체적인 양상은 안전, 위험, 또는 궁극적인 죽음의 느낌과 연관되어 있다. 우리는 맞섬 또는 도피 행동을 필요로 하는 상황 이후에 쉽게 적응하고 차분해질 수가 있다. 우리는 진정시키고 진정되기 위해 조율된 얼굴표정, 목소리의 어조(즉, 운율), 시선접촉을 통한 사회적 상호작용을 사용한다. 그러나 위험에 대한 도전과는 대조적으로 생명의 위협에 대한 반응은 쉽게 회복되지 않는다. 외상을 경험한 사람을 사회적으로 참여시키게 하려는 시도는 그 사람을 진정시키기보다는 분노의 방어적인 전략을 불러일으킬 수 있다. 생명에 대한 위협은 원시적인 신경회로를 촉발시켜 사회참여행동을 심하게 제한하고 위험에 대한 잘못된 발견을 유발하는 왜곡된 신경감각을 불러일으킬 수 있다. 따라서 외상의 치료에는 사회참여체계와 연관된 차분한 상태를 촉발하기 위해 얼굴을 마주 보고 대화하는 전통적인 정신치료적 전략과는 다른 새로운 모델이 필요하다. 음악과 음악치료 전략은 사회참여체계로 들어가는 새로운 통로를 제공해 줄 수 있으며, 외상을 경험한 사람에 의한 위협으로 잘못 해석될 수 있는 초기에 얼굴을 마주 보는 상호작용을 피할 수 있게 해준다.

어떻게 음악과 운율이 있는 목소리가
사회참여체계를 촉발하는가

척추동물이 파충류에서 포유류로 진화하면서 아래턱뼈 끝에 있던 구조물이 분리되어 가운데귀뼈가 되었다(Luo, Crompton, & Sun, 2001; Rowe, 1996; Wang, Hu, Meng, & Li, 2001). 인간과 다른 포유류에게 있어서, 환경에서의 소리는 고막에 닿게 되고 작은뼈들[ossicles]이라고 알려져 있는 가운데귀에 있는 작은뼈들을 통해 속귀로 전달된다. 등자근(얼굴신경의 가지에 의해 조절되는)과 고막긴장근[tensor tympani](삼차신경의 가지에 의해 조절되는)이 수축하면 작은뼈사슬[ossicular chain]은 더 경직되어, 환경에서 속귀로 전달되는 낮은 주파수의 청각적 자극의 진폭이 줄어든다. 이러한 과정은 북의 표면을 조이는 것과 같다. 북의 표면을 조이게 되면 북소리의 음색이 높아진다. 작은뼈사슬이 경직되면, 팽팽해진 북의 표면과 같이 고막에 부딪히는 높은 주파수의 소리들만 속귀와 뇌의 청각처리 영역에 도달되게 된다. 이러한 기능적인 관계는 「사이언티픽 아메리칸[Scientific American]」 월간지에 실린 보그와 카운터[Borg and Counter](1989)의 논문에 잘 설명되어 있다.

인간 가운데귀의 진화는 심지어 큰 포식자가 내는 낮은 주파수의 소리가 지배적인 청각적 환경에서도 인간이 들을 수 있는 비교적 높은 주파수의 소리인 낮은 진폭의 소리를 들을 수 있게 해주었다. 분리된 가운데귀뼈들은 파충류는 들을 수 없는 주파수대에서 포유류가 서로 의사소통할 수 있게 해 준 계통발생적인 혁신이었다. 파충류는 높은 주파수의 소리를 듣지 못하는데, 왜냐하면 파충류의 소리 듣기는 뼈전도에 의존하고 있기 때문이다.

연구들은 낮은 주파수의 배경소음의 큰 소리에서 부드러운 인간의 목소리를 추출하는 데 필요한 기전인 가운데귀근육의 이러한 중요한 신경조절이 언어지연, 학습장애, 자폐스펙트럼장애가 있는 사람들에게 결핍되어 있다는 것을 증명하였다(Thomas, McMurry, & Pillsbury, 1985). 게다가, 가운데귀의 감염(즉 가운데귀염[otitis media])은 등자근의 반사적인[reflexive] 수축을 완전히 차단할 수 있다(Yagi & Nakatani, 1987). 얼굴신경의 신경기능에 영향을 주는 장애들(즉, 벨마비[Bell's palsy])은 등자근반사에 영향을 줄 뿐만 아니라(Ardic, Topaloglu, Oncel, Ardic, & Uguz, 1997) 말을 구별하는 환자의 능력에도 영향을 미칠 수 있다(Wormald, Rogers, & Gatehouse, 1995). 배경음에서 사람의 목소리를 추출하는 데 있어서의 어려움이 관찰되는 다양한 신체적 및 정신적 장애를 가진 환자들의 어려움은 얼굴표정을 조절하는 것과 같은 신경체계와 연관되어 있다. 따라서 사회참여체계의 결함은 감정의 표현뿐만 아니라 사회적 인식과 언어발달의 손상도 유발한다.

음악치료, 외상, 사회참여체계

음악에 있는 대부분의 주파수는 인간 목소리의 주파수대에 있다. 기능적으로 가온 다[middle C]음[1]과 그 위로 두 옥타브[octaves][2]까지의 소리는 가운데귀근육의 긴장도와 관계없이 가운데귀 구조물들을 쉽게 통과

---

1) 피아노 건반의 가운데 도이며, 261.6Hz(역자 주).
2) 2배의 주파수를 말한다(역자 주).

할 수 있다. 일단 이러한 주파수가 가운데귀를 통과하면, 이러한 소리는 작은뼈사슬을 수축시키는 신경되먹임기전을 촉발한다. 성악^{vocal} ^{music}은 목소리의 운율을 전달하며 사회참여체계를 조절하는 신경기전을 촉발하여 얼굴정동과 자율신경계 상태를 변화시킨다. 기본적으로 우리는 선율을 들을 때 바라보기 시작하고 더 나은 느낌을 받게 된다. 따라서 음악치료의 공통적인 목적은 사회참여이지만, 여러미주신경이론을 결부시키게 되면 음악치료가 어떻게 사회참여체계를 연습할 수 있는 기회를 제공해 주는지에 대한 타당한 과학적인 정당성을 부여해 준다.

음악과 사회적 의사소통은 일치하기 때문에, 같은 주파수대의 선율과 인간의 목소리를 통해서 모든 정보들(즉, 언어적인 내용)이 의사소통된다. 말을 더 잘 이해하기 위해 이러한 주파수대가 조정된 것이 '발음지수$^{index\ of\ articulation}$'라고 알려져 있으며(Kryter, 1962) 더 최근의 것은 '언어명료도지수$^{speech\ intelligibility\ index}$'라고 알려져 있다(미국규격협회, 1997). 이러한 지수들은 인간의 말에 담긴 정보를 전달하는 데 있어서 특별한 주파수의 상대적인 중요성을 강조한다. 정상적인 귀에서 이러한 지수에 있는 일차적인 주파수의 청각에너지는 가운데귀에서 속귀로 전달될 때 약해지지 않는다. 발음지수를 정의하는 주파수대는 작곡가들이 역사적으로 선율을 표현하기 위해 선택한 주파수대와 유사하다. 엄마가 자장가를 부르면서 아기들을 진정시킬 때 사용하는 것도 이러한 주파수대이다.

외상은 사회참여체계를 차단할 수 있다. 외상력이 있는 사람에게 자발적인 사회적 행동을 유발하기보다 사회적 참여를 유도하려는 시도는 방어적이고 공격적인 행동을 촉발시킬 수 있다. 임상적인 측면에서 봤을 때, 외상을 경험한 사람들은 흔히 시선을 회피하고 얼굴정동의 표현이 감소된 양상을 보인다. 만약 우리가 이러한 사람들의 생리적 상태를 주시한다면 맞서거나 도피하려는 준비를 하고 있는 자율신경계(즉, 빠른 심장박동과 낮은 심장에 대한 미주신경의 조절)를 관찰하게 될 것이다. 외상의 경험은 기능적으로 위험이 없을 때도 보존을 위해 위험을 발견하도록 신경감각을 재조율한다. 대부분의 치료적인 전략들은 직접적으로 얼굴을 마주 보는 개입을 하려고 시도한다. 외상을 경험한 사람들을 치료하는 것은 치료자들에게 많은 어려움을 유발하는데, 왜냐하면 치료자의 정상적인 사회참여행동이 두려움과 반응적인 방어적 전략을 촉발시킬 수 있기 때문이다. 음악치료는 처음에 얼굴을 마주 보는 상호작용 없이도 사회참여체계에 재개입할 수 있도록 해주는 특별한 통로를 제공해 준다. 음악은 얼굴을 마주 보는 상호성 없이도 사회참여체계를 자극하기 위해 사용될 수 있다. 선율이 있는 음악은 목소리의 운율과 유사한 청각적인 특성을 가지고 있기 때문에 음악은 가운데귀근육의 신경조절을 통해 사회참여체계를 불러오는 데 사용될 수 있다. 만약 사회참여체계가 효율적으로 불러들여진다면 긍정적인 얼굴표정이 나타날 것이고 시선은 자발적으로 치료자에게 향할 것이며, 외상을 경험한 사람은 보다 차분하고 긍정적인 생리적 상태로 이동하게 될 것이다.

결론

여러미주신경이론에 근거를 두고, 음악치료의 요소들은 사회참여체계를 자극하는 생체행동적 과정으로 나눠질 수 있다. 사회참여체계가 자극되었을 때, 의뢰인은 행동적 및 생리적으로 반응한다. 첫째, 관찰 가능한 사회참여의 양상들은 얼굴과 목소리가 더 표현적으로 되면서 점점 더 자발적이게 된다. 둘째, 행동조절과 차분함의 증가로 표현되는 생리적 상태의 조절이 변화한다. 향상된 상태조절은 건강, 성장, 회복을 직접 증진시키는 말이집 미주신경에 의해 중재된다. 그러나 일부 의뢰인들, 특히 외상을 경험한 의뢰인들의 경우에는 얼굴을 마주 보는 상호작용이 위협될 수 있으며 안전의 신경감각을 유발해내지 못할 수도 있다. 이러한 상황에서 사회참여체계는 직접 얼굴을 마주 보는 상호작용을 최소화하는 목소리의 운율이나 음악을 통해 활성화될 수 있다.

여러미주신경이론의 관점에서 볼 때 음악치료는 두 가지의 통합적인 과정으로 나눌 수 있다. [그림 17.1]에서 설명되어 있듯이, 치료 환경은 흔히 치료자와 의뢰인 사이의 얼굴을 마주 보는 상호작용을 요구한다. 만약 이러한 얼굴을 마주 보는 상호작용이 효과적이라면 의뢰인의 안전에 대한 신경감각을 촉발시킬 것이다. 둘째, 선율과 연관된 주파수대는 기능적으로 인간의 목소리로 정보를 전달하는 주파수대와 같다. 인간의 신경계는 이러한 주파수에 매우 선택적이도록 진화되었다. 음악, 특히 성악은 이러한 주파수를 조절함으로써 선율을 만들어낸다. 이러한 과정은 향상된 사회감정적 행동과 생리적 상태를 유발하는 사회참여체계의 신경조절을 참여하게 하고 연습하게 해준다. 흥미롭게도 음악의 악구 나누기[phrasing3)] 역시 이러한 과정의 중요한 요소이다. 음악의 악구 나누기는 특히 노래를 부르거나 관악

---

3) 연속적인 선율을 나누어서 부르거나 연주하는 것(역자 주).

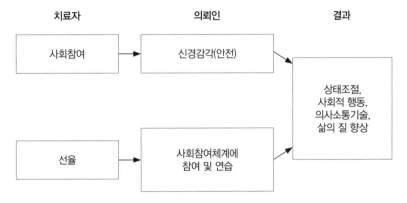

[그림 17.1] 여러미주신경이론의 측면에서 본 음악치료의 구성

기를 사용할 때 짧은 들숨과 긴 날숨을 유발한다. 생리적으로 호흡은
심장에 대한 말이집 미주신경의 영향을 조절해 준다. 기능적으로 우
리가 숨을 들이마실 때 미주신경의 영향이 약해져서 심장박동은 증
가한다. 이와는 대조적으로 우리가 숨을 내쉴 때 미주신경의 영향이
증가하여 심장박동은 감소한다. 이러한 호흡의 단순한 기계적인 변
화는 말이집 신경의 진정시키는 효과와 우리의 신체를 건강하게 해
주는 이점을 증가시킨다. 따라서 사회참여체계에 참여시키고 연습하
게 해주는 음악치료는 삶의 질과 연관된 몇몇 양상들을 향상시키는
긍정적인 결과들을 유발할 것이다.

제5부

사회적 행동과 건강

SOCIAL BEHAVIOR AND HEALTH

제18장

정동의 지각과 표현에 있어서 신체와 뇌 사이의 상호영향

감정, 정동조절, 대인관계적인 사회적 행동은 사건, 환경적인 도전, 사람들에 대해 반응하는 기본적인 인간의 경험을 설명해 주는 생리적인 과정이다. 이러한 과정들은 우리의 자기감$^{sense\ of\ self}$을 형성하고 관계를 형성하는 우리의 능력에 기여하며 다양한 상황이나 특별한 사람에 대해서 우리가 안전함을 느낄 수 있는지를 결정해 준다. 비록 이러한 과정들이 객관적으로 관찰될 수 있고 주관적으로 설명될 수 있지만, 이들은 우리의 심리적 경험과 우리의 생리적 조절 사이의 복합적인 상호작용을 나타낸다. 이러한 심리적-생리적 상호작용은 뇌와 말초장기들을 연결시켜주는 중추신경계와 말초기관 사이의 역동적인 양방향 의사소통에 의존하고 있다. 예를 들면, 뇌와 심장 사이의 양방향 의사소통을 제공해 주는 신경회로들은 보호적인 맞섬 또는 도피 행동을 지지하기 위해 심장박동을 빠르게 증가시키거나, 사회적인 상호작용을 지지하기 위해 심장박동을 빠르게 감소시키는 것을 촉발할 수 있다. 말초의 생리적 반응들은 환경에서의 위험을 감지한 뇌에 의해 유발될 수 있고, 반대로 말초의 생리적 상태의 변화는 뇌에 영향을 미쳐 세상에 대한 우리의 인식을 변화시킬 수 있다. 따라서 정동과 대인관계적인 사회적 행동은 심리적인 과정이라기보다는 생체행동적인 과정이라고 보다 정확하게 설명할 수 있는데, 왜냐하면 우리의 생리적 상태는 이러한 심리적 과정과 우리의 느낌의 질에 상당한 영향을 미칠 수 있기 때문에 결과적으로 우리의 생리에서의 역동적인 변화를 결정하게 된다.

우리의 신경계는 환경에 있는 위험을 지속적으로 평가하는 감시자의 역할을 한다. 우리의 뇌는 신경적 감시기전(즉, 신경감각)을 통해서 위험이나 안전의 양상을 확인한다. 위험과 안전의 많은 양상들은 학습되는 것이 아니라 우리의 신경계에 내재되어 있으며, 우리의 계통발생적인 역사와 연관된 적응적인 전략들을 반영해 준다. 예를 들면, 낮은 주파수의 소리는 포유류에게 접근하는 포식자와 연관된 위험의 감각을 촉발한다. 이러한 반응은 파충류 및 양서류를 포함하는 다른 척추동물들과 공유하고 있다. 우리의 계통발생적인 역사때문에 낮은 주파수의 으르렁거리는 소리는 우리의 주의를 사회적인 상호작용에서 환경에 있는 잠재적인 위험으로 이동시킨다. 이와는 대조적으로 다른 포유류가 내는 높은 어조의 비명(우리의 아이들뿐만 아니라 개와 고양이를 포함한)은 고통을 느끼거나 상처를 입었을 수 있는 다른 누군가에 대한 급박한 관심이나 공감을 유발한다. 인간에게 있어서 높은 주파수의 비명은 우리의 주의를 비명을 지르는 구체적인 사람에게 이동시킨다. 우리는 노출과 연관학습을 통해서 이러한 양상들을 다른 사건들과 연결시킬 수 있다. 환경에 있는 특별한 양상은 안전, 위험, 또는 궁극적인 죽음(즉, 생명에 대한 위험)의 느낌과 각각 다르게 연관되어 있는 생리적 상태를 불러온다. 이러한 상태들 각각은 정동조절, 사회참여, 의사소통을 위한 특별한 능력들에 의해 특징적으로 나타난다(제12장을 보시오).

정동신경과학 분야의 현대적 연구는 특별한 동기 및 감정적 과정과 연관되어 있는 뇌구조물과 신경회로에 초점을 맞추고 있다(Panksepp, 1998). 이러한 중요한 발견들은 인간의 복합적인 정동의 출현과 연관된 겉질 및 겉질밑 구조물과 이들이 사회적 관계에 미치는 영향을 강조한다(Schore, 1994, 2003; Siegel, 2007). 그러나 이러한 영향의 바탕에 있는 것은 중요하지만, 흔히 간과되는 신경생물학적인 기질이며 이러한 정동회로의 사용 가능성에 영향을 미치는 신체상태와 뇌줄기 구조물 사이의 상호적인 의사소통을 중재하는 신경회로들이다. 이러한 바탕에 있는 신경회로들은 느낌을 증진시킬 뿐만 아니라(Damasio, 1999) 신체상태에 영향을 미치고 때때로 세상에 대한 우리의 인식을 왜곡시킬 수 있는 정신적 및 심리적 과정을 가능하게 해주는 양방향 신경회로를 형성한다(Darwin, 1872). 따라서 정동적 과정, 특히 정동의 친사회적 및 치유의 역할에 대한 연구는 자율신경계에 의해 중재되는 고위 뇌구조물과 뇌줄기 사이 그리고 뇌줄기와 내장(예: 심장) 사이의 신경회로에 대한 이해를 필요로 한다. 모든 정동적 또는 감정적 상태는 내장상태에 대한 아래뇌조절[lower brain regulation]과 말초에서 뇌로 가는 중요한 내장적, 촉각적, 통각적 단서들에 의존하고 있다. 더욱이 행동의 다른 영역을 강화시키는 개별적인 내장의 조절 상태가 존재한다. 이러한 상태들은 고위 뇌구조물에서 오는 중요한 양방향성 정보를 배제하지 않는다.

이 장은 표현, 느낌, 감정과 정동상태의 인식을 특징적으로 나타
내주는 관찰 가능한 얼굴 동작 및 동반되는 주관적인 내장경험에 대
한 신경조절을 강조할 것이다. 이 장은 친사회적 감정에 대한 접근성
및 회복적인 정동상태에 대한 내장상태의 역할을 설명하는 하나의
조직화 원칙으로서 여러미주신경이론(제2장, 제10장, 제11장, 제12장을
보시오. Porges, 2001a, 2007a)을 사용하고 있다. 여러미주신경이론은
정동, 감정, 사회적 의사소통 행동과 연관된 특별한 적응적인 기능
을 위해 내장을 조절하는 것과 연관되어 있는 특별한 신경회로에 초
점을 두고 자율신경계에 대한 우리의 개념을 재조직화하려는 시도를
한다.

여러미주신경이론은 사회적 상호작용과 감정을 생체행동적인 과
정으로 해석한다. 따라서 이 이론은 약물치료를 하지 않고 치료적인
환경에서의 사회적 상호작용에 초점을 맞추는 정신치료자들에게 특
히 중요하다. 사회적 상호작용을 하나의 생체행동적인 과정으로 간
주함으로써 치료를 약물에 의존하지 않고, 신체상태와 행동의 신경
조절에 대한 사회적 상호작용과 대인관계적 행동의 긍정적인 영향에
두는 것으로 개념화하는 것이 가능하다. 정신치료는 이러한 양방향
의 생체행동적인 과정을 탐색함으로써 생리적 상태의 신경조절을 변
화시킬 수 있으며, 대인관계적인 상호작용에서 오는 이점을 더 지지
해 주게 될 것이다.

감정, 동작, 내장상태 — 정신건강의 양상들

흔히 논쟁의 여지가 있지만, 감정^{emotion}과 정동^{affect} 또는 감정적 표현

과 느낌feelings 사이의 구분이 있음에도 불구하고 생리적 상태(예: 자율신경, 내분비, 근육의 활성도)의 평가가 정동신경과학에 포함될 필요가 있는데, 특히 경험이 많은 임상의와 기능적인 대화를 할 때 더 그렇다. 대부분의 경우에 생리적 상태는 감정과 정동을 유발하는 것으로 간주되는 고위 뇌구조물(예: 겉질)의 결과 또는 연관된 것으로 개념이 형성돼 왔다. 그러나 정동적인 과정과 연관되어 있는 뇌 회로들과 말초의 생리적 상태 사이의 양방향성 영향과 연결을 탐색하지 않는 것은 지식이 부족한 것이다.

생리적 상태는 불안, 공포, 공황, 고통과 같은 구체적인 심리적 개념들과 연관되어 있는 주관적인 경험의 내재적인 요소이다. 생리적 상태와 감정적 경험이 일치하는 것은 신경생리적으로 결정된 것인데 왜냐하면 얼굴과 신체의 근육을 조절하는 데 필요한 대사요구량은 자율신경계 상태의 변화를 필요로 한다. 모든 감정적 및 정동적인 상태는 이들의 표현을 촉진시키고 내재적인 목적에 도달하기 위해(예: 맞섬, 도피, 얼어붙음, 접근 등) 특별한 생리적인 상태의 변화를 필요로 한다.

척추동물 자율신경계의 계통발생적 변화에 대한 연구를 통해, 인간의 감정이 표현되는 다른 양상들과 척추동물에서 관찰되는 내장 조절의 계통발생적인 이동을 연결시키는 것이 가능해졌다. 생리적인 상태에 대한 관찰은 이러한 반응을 조사할 수 있는 중요한 통로를 제공해 주는데, 왜냐하면 일부 정동적인 반응들은 흔히 명백한 행동으로 관찰되지 않기 때문이다. 예를 들면, 자율신경계 상태와 얼굴표정을 중재하는 신경기전 사이의 일치는 파충류에서 포유류로의 이동과정에서 계통발생적으로 발생하였다(제2장을 보시오. Porges, 2007a).

얼굴 및 내장(예: 심장)의 신경조절을 뇌 회로와 연결시키는 역사적인 연구들은 많이 있었다. 겔혼^{Gellhorn}(1964)은 얼굴근육에서 나오는 고유감각$^{proprioception1)}$이 어떻게 뇌 기능에 영향을 미치고 내장상태의 변화를 증진시키는지에 대해서 설명하였다. 따라서 말초와 중추 구조물 사이의 양방향성에 대한 예를 제공하였으며 얼굴표정과 신체느낌 사이의 관계에 대한 신경생리적인 기초를 제공하였다. 그보다 빨리 다윈^{Darwin}(1872)은 뇌와 심장 사이의 중요하고도 흔히 무시되었던 양방향 관계에 대해 알고 있었다.

비록 헤스^{Hess}가 자신의 논문에서 내장상태에 대한 중추성 조절의 중요성을 강조함으로써 1949년에 생리학 또는 의학 분야의 노벨상을 수상하였지만[2], 현대 정동신경과학(예: 「자연신경학$^{Nature Neuroscience}$」)과 정신건강의학(예: 「생물학적 정신건강의학$^{Biological Psychiatry}$」) 학술지는 주관적인 정동경험과 내장상태조절 사이의 단절을 발표하였다. 영상기법과 신경화학의 도움을 받고 있는 현대 정동신경과학은 분명한 동기와 목적이 있는 적응적 행동과 연관된 다양한 신경회로에 기여하는 뇌구조물들에 초점을 맞추었다.

---

1) 자신의 신체 위치, 자세, 평형, 움직임에 대한 정보를 파악하여 중추신경계로 전달하는 감각(역자 주).

2) 1949년에 헤스는 생리학 또는 의학 분야의 노벨상을 수상하였다(https://www.nobelprize.org/prizes/medicine/1949/hess/facts/). 그의 노벨상 강의의 제목은 "내장의 활성도에 대한 중추성 조절"이었다. 그의 강의에서 그는 자율신경계 모델의 중요성을 알고 있었는데 이 모델에서는 내장에 대한 짝을 이루어 작용하는 서로 반대되는 신경지배와 교감신경 및 부교감신경기능에 대한 정의를 강조하였다. 그러나 그는 자율신경계에 대한 시상하부의 영향을 증명하는 자신의 연구를 설명함으로써, 내장상태의 조절에 있어서 중추성 구조물의 중요성을 강조하여 이러한 개념을 더 뛰어넘었다. 헤스는 말초장기에 대한 역동적 조절을 중재하는 중추성 기전을 강조함으로써 내장의 기능과 상태를 조절하는 뇌구조물과 말초신경이 관여하는 신경회로를 지속적으로 관찰할 수 있고, 자율신경계를 하나의 말초체계로 보는 기존의 개념에서 벗어날 수 있도록 해주는 방법과 기술 발달의 필요성을 예측하였다. 헤스의 강의는 (1) 말초장기와 뇌구조물을 연결하는 되먹임회로의 중요성과 이러한 되먹임회로의 양방향성을 강조하였다. (2) 비록 전통적인 실험적 방법(예: 신경차단, 수술, 전기자극)에 의해 신경적 기질과 기능에 대한 많은 것을 배울 수 있었지만, 매 순간의 역동적인 변화가 일어나는 역동적인 되먹임회로는 이러한 방법을 통해서는 적절하게 연구될 수 없다는 것을 알고 있었다.

판크세프^{Panksepp}(1998)는 정동경험을 추구하기, 분노, 두려움, 욕망, 염려, 공황, 놀이를 포함하는 일곱 개의 신경에 바탕을 둔 동기체계로 조직화하였다. 그러나 이러한 기능적으로 적응적인 동기회로에서 빠진 것은 내장상태에 대한 신경조절이 이러한 회로들을 강화시키거나 약화시키는 역할이다. 예를 들면, 만약 누군가가 미주신경철수와 교감신경계가 활성화된 생리적 상태에 있다면, 빠른 심장박동의 신체적인 느낌이 경험되고 공격적으로 반응하려는 문턱값은 낮아진다. 이와는 대조적으로 말이집 미주신경이 관여하는 생리적 상태에 있을 때, 교감신경계와 시상하부–뇌하수체–부신축의 반응성은 약해진다. 생리적 상태는 '차분한' 것으로 경험된다. 과거에 미주신경 활성도가 철수되었을 때 공격적인 행동을 촉발시켰던 침습적인 자극은 현재 약화된 반응을 유발할 것이다. 이러한 생리적 상태에서의 변화와 동반되는 것은 사회적 상호작용을 통해서 반응성을 더 약화시킬 수 있는 선택권이다.

대부분의 정동신경과학 지지자들은 관찰되는 감정표현이나 주관적 경험에 활성화되는 뇌영역을 확인하는 영상연구나, 적절하게 기능하고 있는 회로를 방해하는 차단연구를 통해 인정되는 '신경적' 구체성을 연결시키는 병행과학$^{science\ of\ parallelism3)}$을 받아들이고 있다. 따라서 많은 신경과학자들에게 정동은 뇌에 존재하고 있으며 신체를 뇌에 연결시키는 입력이나 출력은 필요하지 않다고 본다. 이러한 연구와 이론적인 설명에서 빠진 것은 중추성 회로에 영향을 미치는 말

---

3) 심리적인 것은 물질적인 것에 서로 대응하면서 병행한다고 주장하는 과학으로, 심리적인 변화가 있을 때는 반드시 이에 대응하는 뇌의 변화가 병행한다는 것(역자 주).

초에서 오는 감각적 입력과 중추성 회로에 의해 움직이는 말초로의 운동적 출력 모두가 필요하다는 사실에 대한 인식이다. 말초에서 오는 감각 및 운동의 기여에 대한 연구 없이 중추성 회로에만 초점을 맞추는 것은 평상시의 온도에 대한 정보와 난방, 환기, 냉방을 할 수 있는 능력에 대한 정보 없이 자동온도조절기를 연구하는 것과 같다.

헤스는 노벨상 강의에서 체계의 복합적인 양상에 관해 이야기하였다. 그의 견해에 따르면, 비록 되먹임회로의 구성요소들이 개별적으로 확인되고 연구되었지만, 독립적인 부분들의 기능은 체계가 전체로서 매 순간의 도전에 어떻게 역동적으로 기능을 하는지 설명할 수 없을 것이다. 이러한 제한점은 부분적으로 쉽게 자르거나 자극될 수 있거나 쉽게 확인 가능한 신경(예: 미주신경)이나, 특별한 신경전달물질(예: 아세틸콜린, 에피네프린)을 공유하고 있는 자율신경계의 '전체적인' 가지들을 차단하거나, 자극하기 위해 약물학적, 수술적, 또는 전기적 조작이 필요한 신경생리를 연구하는 방법에 달려있었다.

정신건강분야에서는 장애의 양상들을 중재하는 되먹임회로에 초점을 두지 않고 질병의 모델을 받아들이고 있었다. 정신건강의학과의 의료적인 원칙 내에서 불안과 우울은 임상적인 양상에 의해 정의되었고 측정 가능한 생리적 기질에 의해서는 정의되지 않았다. 신경생리적 변수들(예: 영상, 자율신경계 측정)을 사용하는 정신건강 연구들은 불안이나 우울을 정의하지 않고 신경생리적 변수들을 임상적 진단과 연관된 것으로 사용하였다.

다른 측면을 받아들이는 것의 가치는 불안의 개념으로 설명될 수 있을 것이다. 만약 불안이 한 개인에게 있어서 교감신경계가 우세한 생리적 상태로의 이동에 의존하고 있다고 간주된다면, 새로운 임상적 연구전략은 어떻게 불안의 상태와 불안해지는 취약성이 다른 자율신경계 상태에 의해 강화되거나 약해지는지에 초점을 맞추게 될 것이다. 그 이후에 치료는 다음과 같이 발달될 것이다: (1) 교감신경계 긴장도를 약화시키는 것이나 (2) 증가된 교감신경계 흥분과 연관된 반응성을 덜 촉발시킬 수 있는 환경이나 상태로 이동하게 만드는 것. 불행하게도 대부분의 정신건강의학과와 심리학 분야 연구자들은 비록 내장의 양상이 흔히 자신들이 치료하는 장애의 증상들로 나타나지만, 자율신경계의 조절을 다양한 정신건강의학과적 장애의 '취약성'을 나타내는 지표로 간주하는 데 관심을 거의 두지 않고 있다.

임상적인 원칙들은 내장상태가 몸에 미치는 기능을 거의 인정하지 않고 있다. 임상의들은 환자들에게서 나타나는 미주신경의 철수나 교감신경계의 항진을 거의 주시하지 않는다. 이러한 자율신경계 상태의 이동은 둔마된 정동, 청각처리 과정의 어려움, 청각과민hyperacusis, 빠른맥, 변비를 포함하는 몇몇 신체적 및 정신건강의학과적 증상들로 나타난다. 게다가 정신장애에 대한 전통적인 모델들은 환경에 있는 단서들과 역동적으로 상호작용하는 신경생리적인 기전의 역할을 무시한다. 이와는 대조적으로, 이러한 모델들은 거의 반사적으로 약물치료를 하도록 만드는 뇌에 있는 수용체의 기능과 연관된 개념들은 받아들이는 반면 뇌의 전반적인 기능에 대한 내장상태와 내장 들되먹임의 중요한 역할에 대해서는 인식하지 못하고 있다. 이러한 전략은 포유류 자율신경계의 계통발생학이나 유전자에서 행동으로 이어지는 연속선에 개입하는 신경생리적 및 생체행동적인 체계를 고려하지 않는다. 그보다 이러한 원칙들은 관찰되는 행동이나 주관적인 경험이 특별한 뇌 회로에 있는 신경화학적인 수준에 직접 연결되어 있는 것으로 간주한다. 따라서 이러한 전략은 약물적인 치료 없이 직접 생리적 상태에 영향을 줌으로써 치료적일 수 있는 심리적 및 행동적 중재법들(환경의 변화를 포함하는)의 중요한 잠재력을 놓치고 있다.

상태조절과 자율신경계 ― 역사적인 관점

연구자들은 100년 넘게 자율신경계 변수들(예: 심장박동, 손바닥 땀샘의 활동성)을 인지된 스트레스(예: 두려움, 정신적인 노력, 업무량, 불안)와 연관된 감정적인 상태의 지표로 측정해 왔다. 역사적으로 각성이론 arousal theory(Berlyne, 1960; Darrow, 1943; Gray, 1971)은 뇌-행동의 관계를 연구하는 연구자들에게 자율신경계의 교감신경계 가지에 의해 조절되는 말초생리의 활성화에 대한 측정이 뇌의 '각성' 또는 '활성화'에 대한 민감한 지표라는 모델을 제공하였다. 이러한 관점은 말초기관(예: 땀샘, 심장)에서 쉽게 측정되는 변화들이 어떻게 뇌가 감정적인 자극을 처리하는지에 대한 정확한 지표라고 간주하는 자율신경계에 대한 아주 기초적인 이해에 바탕을 두고 있다. 처음에 캐논 Cannon(1929b)이 설명했던 것처럼, 감정상태는 항상 맞섬 또는 도피 행동 및 교감-부신체계(예: 심장박동, 땀샘 활동성, 순환하는 카테콜아민의 증가)와 연관되어 있었다. 셀리에 Selye(1936, 1956)에 따르면 감정상태는 또한 HPA축의 증가된 활성도(예: 코르티솔의 증가)와 연관되어 있었다. 심리적인 측면에서 볼 때 각성이론들은 맞섬 또는 도피 행동을 강조했으며, 사회적인 상호작용을 촉진시키는 친사회적인 정동상태 및 고정의 방어적인 전략(예: 기절, 죽은 척하기) 모두의 중요성은 무시하거나 최소화하였다.

단 하나의 각성체계를 받아들이는 것은 수면, 속임수, 성적 행동, 불안에 대한 연구를 포함하는 몇몇 연구 영역에서 인정되고 있었다. 더욱이 이것은 흥분성이나 억제성 신경경로의 활성화 사이에 존재하는 차이에는 관심을 두지 않고, 각성의 개념을 받아들임으로써 겉질의 '각성'에 대한 연구와 뇌파, 단일광자방출컴퓨터단층촬영, 기능자기공명영상 및 다른 영상기법들의 사용을 유발하였다. 이것은 '활성화'가 구체적인 신경구조물의 작동을 나타내는지 작동의 중단을 나타내는지에 대한 개념형성에 어려움을 유발하였다. 생리적인 측면에서 볼 때 각성이론은 중추성 겉질의 활성화와 교감신경계 활동 및 부신 호르몬의 증가가 뚜렷하게 나타나는 말초성 각성 사이의 연속성을 강조한다. 그러나 각성이론은 자율신경계의 부교감신경 가지 및 뇌구조물과 내장 사이의 양방향 의사소통의 중요성 모두를 무시한다.

뇌와 말초 각성 사이의 연속성은 자율신경계 기능을 조절하는 뇌구조물에 대한 이해, 어떻게 이러한 구조물들이 가장 원시적인 척추동물에서 포유류로 진화되었는지, 어떻게 자율신경계가 면역체계, 시상하부-뇌하수체-부신축, 옥시토신과 바소프레신 같은 신경펩티드와 상호작용을 하는지, 자율신경계의 복잡성이 증가하면서 발생한 스트레스와 대응 전략의 공동발달을 포함하는 몇 가지 중요한 요소들을 무시하는 연구 환경을 유발하였다. 이러한 논의에서 빠진 것은 심장과 같은 특별한 내장과 뇌 사이의 양방향 통로를 제공하고 있는 부교감신경계, 특히 미주신경(X번 뇌신경)의 역할에 대한 논의이다.

여러미주신경이론 — 기초

여러미주신경이론(제2장을 보시오)은 척추동물 자율신경계의 진화에 대한 연구에서 나왔다. 이 이론은 우리의 사회적 행동의 많은 부분과 감정장애에 대한 취약성은 우리의 신경계에 '내재되어' 있다고 가정한다. 이 이론의 측면에서 볼 때, 정신건강의 많은 측면들을 이해할 수 있으며 사람들이 다른 사람들과 더 잘 의사소통하고 더 잘 관계를 맺을 수 있도록 도와줄 수 있는 치료적 기법들을 개발하는 것이 가능하다. '여러미주신경^{polyvagal}'이라는 용어는 '여러 개^{many}'를 뜻하는 '여러^{poly}'와 '미주신경^{vagus}'이라고 불리는 중요한 신경인 '미주신경^{vagal}'을 합친 것이다. 우리는 이 이론을 이해하기 위해서 자율신경계의 주요한 요소인 미주신경의 양상들을 조사할 필요가 있다. 미주신경은 뇌줄기에 있으며 심장을 포함하는 몇몇 기관들을 조절하는 가지들을 가지고 있다. 이 이론은 미주신경에는 각각 다른 행동전략과 연관되어 있는 두 개의 가지가 있는데 하나는 안전한 환경에서의 사회적 상호작용과 연관되어 있고 다른 하나는 생명의 위협에 대한 적응적인 반응과 연관되어 있다고 제안한다.

역사적으로 자율신경계는 교감신경과 부교감신경으로 불리는 두 개의 반대되는 요소로 나누어져 있었다. 이러한 모델은 1800년대 후반과 1900년대 초반까지 자율신경계의 기능을 설명하는 데 사용되었다. 1920년대에 이러한 짝대항작용모델이 공식화되었다(Langley, 1921). 이 모델은 자율신경계의 기능을 맞섬 또는 도피 행동과 연관된 교감신경계와 성장, 건강, 회복과 연관된 부교감신경계 사이의 끊임없는 싸움으로 특징지었다. 심장, 폐, 창자와 같은 신체에 있는 대부분의 기관들은 교감신경과 부교감신경 모두의 지배를 받고 있기 때문에, 이러한 짝대항작용모델$^{paired-antagonism\ model}$은 '균형이론$^{balance\ theory}$'으로 발달하였다. 균형이론은 신체건강 및 정신건강 모두에 '긴장성^{tonic}' 불균형을 연결시키려는 시도를 하였다. 예를 들면 교감신경계의 우세는 불안, 과다활동, 또는 충동성과 연관되어 있는 반면 부교감신경계의 우세는 우울 또는 무기력함과 연관되어 있을 수 있다. 자율신경계 상태의 긴장성 상태에 더해서 짝대항작용모델은 또한 자율신경계의 반응성 양상들을 설명해줄 수 있다고 간주되었다. 비록 그 사이의 100년 동안 신경생리학이 자율신경계 기능을 조절하는 데 관여하는 두 번째 미주신경경로를 발표했음에도 불구하고, 이러한 '자율신경계 불균형' 개념에 대한 의존은 여전히 교과서에서 널리 사용되고 있다. 불행하게도, 두 번째 미주신경경로에 대한 새로운 지식은 생리학의 교육에 아직 스며들지 못하고 있으며, 생리학 교육은 여전히 자율신경계의 교감신경계와 부교감신경계 사이의 짝대항작용에 대한 설명이 우세한 상태이다.

　　말초기관에 대한 주요한 부교감신경계의 영향은 뇌에 존재하고 위창자관, 호흡기, 심장, 복부 내장에 신경지배를 하는 뇌신경인 미주신경을 통해 전달된다. 미주신경은 뇌줄기의 다른 영역에서 나오고 끝나는 몇몇 감각섬유와 운동섬유를 포함하고 있는 하나의 관 또는 전선으로 개념화될 수 있다. 예를 들면, 아래쪽 창자를 조절하는 일차적인 미주신경 운동경로는 미주신경의 등쪽운동핵$^{dorsal\ motor\ nucleus}$에서 나오며 심장과 폐를 조절하는 일차적인 미주신경 운동경로는 모호핵$^{nucleus\ ambiguus}$에서 나오고 창자에서 나오는 감각정보를 전달하는 미주신경경로는 고립로핵$^{nucleus\ of\ the\ solitary\ tract}$에서 끝이 난다.

여러미주신경이론은 자율신경계가 실제 세상의 도전에 대해서 예측이 가능한 계층적인 방식으로 반응을 하는데, 척추동물 자율신경계의 계층발생적인 역사와 반대되는 순서로 반응한다고 제안한다. 바꿔 말하면, 만약 우리가 척추동물의 자율신경계가 어떻게 진화과정을 거쳤는지에 대해 연구한다면(즉, 고대의 턱없는 어류에서 뼈가 있는 어류, 양서류, 파충류, 포유류), 겉질cortex(대뇌의 바깥층)의 성장 및 복잡성의 증가가 있었을 뿐만 아니라 자율신경계의 기능과 구성에도 변화가 있었음을 배우게 된다. 포유류에게 있어서 자율신경계는 교감신경계와 부교감신경계 사이의 균형으로서가 아니라 계통발생적인 순서와 반대되는 계층적인 체계로 기능을 한다.

자율신경계의 계통발생적인 변화들(말초장기들을 조절하는 신경회로와 뇌줄기 영역에 있어서의 변화를 포함하는)은 자율신경계가 도전에 어떻게 반응하는지를 결정해 준다. 인간 및 다른 포유류에게 있어서 이러한 계층은 새로운 회로가 오래된 회로보다 더 우선시 되는 능력을 가진 세 가지의 신경회로로 구성되어 있다. 우리 환경에서의 대부분의 도전 상황에서, 우리는 우선 가장 새로운 체계(즉, 말이집 미주신경)로 반응을 한다. 만약 이 회로가 안전을 위한 우리의 생체행동적인 요구를 충족시켜주지 못하게 되면 더 오래된 회로가 자발적으로 반응을 하게 된다(즉, 교감신경계). 마지막으로 만약 이전 전략이 성공적이지 못하게 되면, 우리의 마지막 선택사항으로 우리는 가장 오래된 회로(즉, 민말이집 미주신경)를 반사적으로 촉발시키게 된다. 기능적으로 인간에게 있어서 가장 오래된 미주신경회로는 고정immobilization 및 대사자원의 감소가 특징적으로 나타나는 적응적인 반응과 연관되어 있는 반면 새로운 회로는 자발적인 사회참여와 건강, 성장, 회복 모두를 증진시키는 차분한 상태를 조절하는 것과 연관되어 있다. 계통발생적인 계층에 따라서 두 개의 미주신경회로 사이에 있는 교감신경계는 맞섬 또는 도피 행동을 지지한다.

여러미주신경이론 ― 안전을 위한 생체행동적인 탐색

포유류는 생존하기 위해서 친구와 적을 결정해야 하며, 환경이 안전할 때 자신의 사회적 구성원들과 의사소통을 한다. 이러한 생존과 연관된 행동은 포유류의 목소리가 이해될 수 있는지, 연합이 형성될 수 있는지와 같은 신체적으로 접근할 수 있는 범위를 제한한다. 게다가 '삶의 스트레스'를 해결해 나가기 위해 사용되는 이러한 행동전략은 사회적 행동과 고차원의 인지과정이 발달되고 표현될 수 있는 기초가 된다. 따라서 학습 및 다른 광범위한 정신적 과정들은 환경이 어떻게 스트레스와 연관된 생리적 상태를 강화하거나 개선하는지의 맥락 내에서 형성되고, 조작되며, 연구돼야 한다.

여러미주신경이론은 포유류 자율신경계의 진화는 정동적인 과정과 스트레스 반응을 위한 신경생리적인 기질을 제공해 준다고 제안한다. 이 이론은 생리적 상태가 적응적 행동과 심리적 경험을 제한한다고 제안한다. 따라서 신경계의 진화는 감정표현의 범위, 의사소통의 질 그리고 스트레스와 연관된 반응의 표현과 회복을 포함하는 신체상태와 행동 상태를 조절하는 능력을 결정한다. 적응적인 사회적 행동 및 감정적 행동과 연관된 이러한 계통발생적인 원칙들은 뇌-얼굴-심장회로의 출현을 설명해 주며 정신건강과 자율신경계 조절의 몇몇 양상들 사이의 관계를 조사할 수 있는 기초를 제공해 준다.

포유류의 신경계에는 진화과정을 통해서 내장의 항상성에 대한 도전에 반응하기 위해 특별한 양상들이 출현하였다. 일반적으로 항상성 분야의 연구들은 심폐, 소화, 생식, 면역기능과 연관된 내장체계에 초점을 맞추었다. 예를 들면, 연구들은 도전을 경험한 이후에 스트레스 이전으로 심장박동이 회복되는 데 얼마나 시간이 걸리는지를 평가하였다. 적응적인 대응 전략은 증가된 심장박동, 혈압, 코르티솔, 또는 소화 장애 등 어디에서 이탈이 관찰되든, 이러한 이탈의 정도와 기간을 최소화시킬 필요가 있다.

척추동물 심장의 조절에 대한 계통발생을 조사함으로써(Morris & Nilsson, 1994) 세 가지의 원칙들이 추출될 수 있었다. 첫째, 심장에 대한 조절이 내분비적인 의사소통에서 민말이집 신경으로 그리고 마지막으로 말이집 신경으로의 계통발생적인 이동이 있었다. 둘째, 대사출력의 빠른 조절을 제공하기 위해 흥분과 억제의 반대되는 신경기전의 발달이 있었다. 셋째, 겉질의 발달이 증가하면서 겉질은 운동겉질에서 시작되어 뇌줄기에서 나오는 말이집 운동신경(예: Ⅴ, Ⅶ, Ⅸ, Ⅹ, Ⅺ번 뇌신경 내에 있는 특수신경회로들)의 근원핵에서 끝나는 직접적인 신경경로(예: 겉질숨뇌corticobulbar)와 간접적인 신경경로(예: 겉질그물체corticoreticular)를 통해 뇌줄기에 대한 통제를 더 많이 하게 되었으며, 내장운동구조물(즉, 심장, 기관지, 가슴샘thymus) 및 신체운동구조물(얼굴과 머리의 근육)에 대한 조절은 사회적 행동을 촉진시키고 차분한 행동 상태를 유지시키는 기능을 하는 신경회로를 형성하게 되었다.

이러한 계통발생적인 원칙들은 뇌-얼굴-심장회로의 출현을 설명해 주며, 정신건강과 자율신경계 조절의 몇몇 양상들 사이의 관계를 조사하기 위한 기초를 제공해 준다. 일반적으로 계통발생적인 발달은 얼굴근육에 대한 신경조절의 증가와 일치하는 말이집 포유류 미주신경체계를 통해 심장에 대한 증가된 신경조절을 유발하였다. 이러한 통합된 체계는 교감신경계나 부신활동(즉, 심장에 대한 말이집 미주신경의 억제를 제거함으로써 심장박동을 증가시키는) 없이 교감신경계 긴장도를 표현하고 일시적인 움직임을 증진시키면서 다른 사람에게 안전과 위험의 '단서'를 제공해 줄 수 있게 되었다. 기능적으로 이러한 계통발생적인 발전은 빠르게 반응할 수 있고(즉, 말이집 경로를 통해서) 반응의 정도(즉, 반대되는 억제성과 흥분성 회로를 통해)와 양상의 구체성(즉, 얼굴과 자율신경계 반응성 사이의 연결에 대한 조절을 통해서)을 선택적으로 조절할 수 있게 해주었다. 이러한 새로운 미주신경 체계를 통해서, 환경 속으로의 일시적인 탐색이나 잠재적인 포식자로부터의 철수가 교감-부신 활성화와 연관된 대사적인 흥분이 없이도 시작될 수 있게 되었다. 심장에 대한 신경조절의 이러한 변화와 일치하는 것은 사회적 의사소통과 연관되어 있는 복합적인 얼굴표정과 목소리를 가능하게 해주는 얼굴, 인두, 후두에 대한 증가된 신경조절이다. 이러한 계통발생적인 과정은 행동, 특히 환경적 도전에 빠르게 개입하고 개입하지 않는 것이 필요한 행동에 대한 중추신경계의 조절이 더 증가하게 만들었다. 뇌와 내장 사이의 양방향 의사소통을 더 크게 증가시킨 이러한 계통발생적인 이동은 신체상태에 영향을 주기 위해 자발적인 행동을 포함하는 정신적 과정에 대한 기회를 제공해 주었다. 따라서 이러한 상호작용을 중재하는 회로에 대한 더 많은 이해는 내장상태를 진정시키고 친사회적인 상호작용을 증진시키는 중재법에 대한 기능적인 모델을 유발할 수 있을 것이다. 이러한 경향과 일치하는 것으로 새로운 연구와 임상적인 프로그램들이 나타나고 있다. 예를 들면 클리블랜드 병원은 박켄 심장-뇌 연구소[Bakken Heart-Brain Institute]를 설립하였으며 "심장-뇌 연결에 대한 이해와 협력을 자극하고 연구, 교육, 환자관리에 긍정적인 영향을 주기 위해 연구자, 임상의 및 다른 사람들을 함께" 초대하는 연례 심장-뇌 연구소 정상회담을 개최하고 있다.

계통발생적으로 정의된 세 가지의 자율신경계 회로들이 적응적인 행동을 지지한다

여러미주신경이론(제2장, 제3장, 제10장, 제11장, 제12장을 보시오. Porges, 2001a, 2007a)은 미주신경(즉, X번 뇌신경)의 두 가지 가지들 사이의 신경생리적 및 신경해부학적인 차이를 강조하고 설명하고 있으며, 각각의 미주신경 가지가 스트레스 사건에 대해 다른 적응적 행동적 및 생리적 반응전략과 연관되어 있다고 제안한다. 이 이론은 포유류 자율신경계의 발달에 대한 세 가지의 계통발생적인 단계를 설명하고 있다. 이러한 단계들은 세 가지의 다른 하부체계의 출현을 나타내며, 이러한 하부체계는 계통발생적인 순서가 있고 사회참여, 움직임, 고정과 행동적으로 연결되어 있다. 계통발생적인 관점은 우리의 관심을 우리의 계통발생적인 조상들로부터 적용되거나 공유하고 있는 부교감신경계 구조물과 신경행동적인 체계에 돌리게 하였다. 계통발생적인 발달 때문에 더 증가된 신경계의 복잡성을 통해 유기체의 행동적 및 정동적인 범위가 더 풍부해졌다.

　　여러미주신경이론은 사회적 및 방어적 행동을 조절하는 뇌구조물의 계통발생적인 기원을 강조한다. 예를 들면 친사회적인 행동은 다른 사람들에게 환경이 안전하다는 신호를 보낸다. 안전한 환경은 개인에게 위험을 발견하기 위해 필요한 과다경계가 필요 없음을 알려주며, 이러한 주의하는 전략이 신체적 접촉을 더 가깝게 할 수 있도록 해주는 사회적 상호활동으로 대체할 수 있도록 해준다. 포유류의 원형적인 친사회적 행동은 수유, 생식, 상호 간의 놀이와 연관되어 있으며 다른 사람이 있을 때 차분해질 수 있도록 해준다. 이와는 대조적으로 방어적인 행동은 두 가지 영역으로 분류될 수 있다. 하나는 맞섬 또는 도피 행동을 포함하는 움직임과 연관되어 있고 다른 하나는 해리성 심리상태와 연관될 수 있는 고정과 죽은 척하기와 관련되어 있다. 이러한 두 가지의 방어전략 내에서 몰래 접근하거나 경계하는 행동과 같은 움직임이 없이 근육의 긴장을 증가시키는 얼어붙는 행동은 움직임 범주에 포함된다. 이와는 대조적으로 고정은 근육 긴장의 감소와 연관되어 있으며 흔히 기절 및 대사활동성이 감소하는 다른 양상과 연관된다. 건강적인 측면에서 볼 때, 친사회적인 행동은 정동조절과 사회적 상호작용을 지지할 뿐만 아니라 건강, 성장, 회복을 증진시키는 신경생리적 회로를 촉발시킨다.

여러미주신경이론은 적응적인 사회적 및 감정적 행동과 연관하여 다음과 같은 가정을 한다.

1. 진화는 자율신경계의 구조를 수정시켰다.
2. 포유류 자율신경계는 계통발생적으로 오래된 자율신경계의 유산들을 보유하고 있다.
3. 감정조절과 사회적 행동은 진화과정 때문에 자율신경계에 발생한 구조적 변화의 기능적인 파생물이다.

4. 포유류에게 있어서 도전에 대한 자율신경계의 반응전략은 계통발생적인 계층을 따르는 데 가장 새로운 구조물이 먼저 반응하고 다른 모든 반응전략들이 실패했을 때 가장 원시적인 구조적 체계로 돌아가게 된다.
5. 자율신경계의 계통발생적인 단계는 환경에 있는 사람과 물체에 대한 반응성의 행동적, 생리적, 정동적인 양상을 결정한다.

계통발생적인 관점은 우리의 관심을 우리의 계통발생적인 조상들로부터 적용되거나 공유하고 있는 부교감신경계 구조물과 신경행동적인 체계에 돌리게 하였다. 첫째, 여러미주신경이론에서는 세 가지 반응체계를 제안한다: (1) 얼굴을 조절하고 차분한 자율신경계 및 행동 상태를 중재하는 뇌신경, (2) 대사출력을 증가시키기 위한 교감-부신체계, (3) 대사출력을 감소시키고 고정과 배변을 증진시키는 억제성 미주신경체계. 이러한 세 가지의 반응전략들은 다른 신경생리체계의 산물이다. 둘째, 이러한 별개의 신경생리체계는 포유류에 나타난 얼굴표정을 조절하는 뇌신경의 사용(영장류에서 잘 발달되어 있는), 파충류를 포함한 다른 척추동물들과 공유하고 있는 교감-부신체계, 양서류, 경골어류, 연골어류를 포함한 보다 원시적인 척추동물들과 공유하고 있는 억제성 미주신경체계(제10장, 제11장을 보시오)를 반영해 준다. 이러한 세 가지의 체계들은 계통발생적으로 다른 신경발달단계를 나타낸다. 이러한 계통발생적인 발달은 원시적인 행동억제체계에서 시작하여 맞섬 또는 도피체계로 진행하고, 인간(그리고 다른 영장류)에게서는 복합적인 얼굴표정과 목소리체계로 나타난다. 따라서 계통발생적인 측면에서 볼 때, 척추동물의 신경계는 우리가 흔히 사회참여행동을 연상시키는 상태를 포함하는 더 큰 범위의 행동과 생리적 상태를 지지하기 위해 진화되었다.

어떻게 '포유류' 자율신경계가 미주신경제동을 통해 친사회적 행동을 강화시키는가

포유류 미주신경(즉, 말이집 날경로)은 능동적인 미주신경제동(제7장을 보시오)의 기능을 하는데, 심장에 대한 미주신경긴장도의 빠른 억제와 탈억제는 행동적 고정이나 자기진정 및 차분해지는 상태를 지지해 줄 수 있다. 심장박동조율기에 대한 미주신경긴장도가 높을 때 미주신경은 심장박동을 제한하는 구속장치나 제동장치의 역할을 한다. 심장박동조율기에 대한 미주신경긴장도가 낮을 때에는 심장박동조율기에 대한 억제가 없거나 아주 조금 있게 된다. 굴심방결절(즉, 심장의 박동조율기)에 대한 미주신경의 영향 때문에 휴식 시의 심장박동은 심장박동조율기의 원래 속도보다 훨씬 낮다. 신경생리적으로 미주신경제동은 움직임과 의사소통 행동에 필요한 대사요구량을 지지해주는 기전을 제공해 준다. 기능적으로 미주신경제동은 내장상태를 조절함으로써 개인이 다른 사람이나 물체에 빠르게 개입하고 개입하지 않는 것을 가능하게 해주며, 스스로를 진정시키는 행동과 차분한 행동 상태를 증진시키게 해준다. 따라서 미주신경제동의 철수는 움직임의 적응적 상태와 연관되어 있으며, 미주신경제동의 재개는 차분한 행동의 회복과 연관되어 있다. 포유류에게 있어서 일차적인 미주신경의 억제성 경로는 모호핵에서 나오는 말이집 미주신경을 통해서 발생한다.

포유류는 심장에 대한 심장억제성 미주신경긴장도를 일시적으로 하향조절함으로써(즉, 미주신경제동의 제거) 교감-부신체계의 활성화 없이 심장박출량을 빠르게 증가시킬 수 있다. 이것은 차분한 참여 상태에서, 움직임을 지지하는 빠른 심장박출량의 증가를 유발하는 미주신경의 철수가 경계하는 상태로 빠르게 이동시킬 수 있게 해준다. 그러나 시작하고 약해지는 것이 느린 교감-부신전략과는 달리, 미주신경제동의 재개입은 차분한 상태를 유발하기 위한 심장박출량의 하향조절이 즉각적으로 일어나게 한다(Vanhoutte & Levy, 1979). 포유류는 교감-부신체계를 자극하기보다는 미주신경제동을 철수함으로써 제한적인 움직임이지만 즉각적으로 대사출력을 빠르게 증가시킬 수 있는 기회를 가지게 된다. 만약 움직임의 기간과 강도가 증가되면 교감신경계가 활성화된다.

미주신경제동의 철수는 생리적 상태를 조절하기 위해 다른 신경기전(예: 교감신경이나 민말이집 미주신경경로의 활성화)과 신경화학적인 기전(예: 시상하부-뇌하수체-부신축)의 사용을 촉진시킬 것이다. 따라서 여러미주신경이론과 일치하는 것으로, 만약 미주신경제동이 기능을 하지 않거나 유기체의 생존 욕구를 충족시켜주지 못한다면, 그다음에는 계통발생적으로 '더 오래된' 체계(예: 교감-부신체계 또는 미주신경의 등쪽운동핵에서 나오는 민말이집 미주신경)가 환경적 도전을 다루기 위한 대사출력을 조절하기 위해 사용될 것이다. 예를 들면, 만약 미주신경제동이 기능을 하지 않는다면 심혈관계의 교감신경성 흥분에 더 많이 의존하게 될 가능성이 높다. 심장박출량을 조절하기 위해 교감신경계의 활성화에 의존하는 것은 건강에 대한 위험(예: 고혈압)을 유발할 수 있으며 행동 상태조절의 어려움(즉, 분노, 공황, 공격성)을 유발할 수 있다. 여러미주신경이론의 가정과 일치하는 것으로, 미주신경제동은 심장박동에 영향을 주기 위해 심장에 대한 억제성 미주신경조절을 감소시키거나 증가시킴으로써 심장박출량의 조절에 기여하기 때문에 움직임이나 사회참여행동을 지지하기 위한 대사자원들을 조절한다.

사회참여체계

포유류가 원시적인 척추동물에서 진화하면서, 환경에서의 안전한 신호를 발견하고 표현하기 위해서(예: 얼굴표정과 목소리의 어조를 구별하고 표현하기 위해서) 그리고 접근성과 사회적 행동을 강화할 목적으로 방어체계를 차단하고 빠르게 차분해지기 위해서(즉, 말이집 미주신경을 통한) 새로운 회로가 발생하였다. 이러한 새로운 신경회로를 사회참여체계social engagement system라고 개념 지을 수 있다. 사회참여체계에는 정동과 감정의 표현, 발견, 주관적인 경험을 조절하는 몇몇 뇌신경(즉, Ⅴ, Ⅶ, Ⅸ, Ⅹ, Ⅺ)을 통해 지나가는 경로들이 포함된다. 신경해부학적으로 사회참여체계는 얼굴과 머리의 가로무늬근육을 조절하는 특수내장날경로와 심장과 폐를 조절하는 말이집 미주신경경로가 포함되어 있다(제11장, 제12장을 보시오. Porges, 2001a).

사회참여체계는 얼굴의 가로무늬근육을 조절하는 신체운동요소와 말이집 미주신경을 통해 심장을 조절하는 내장운동요소 모두를 가진 통합된 체계이다. 이 체계는 교감신경계 및 시상하부-뇌하수체-부신축의 활성도를 약화시킬 수 있다. 이 체계는 내장을 진정시키고 얼굴근육을 조절함으로써 안전한 맥락에서 긍정적인 사회적 상호작용을 가능하게 해주고 증진시킬 수 있다.

신체운동요소에는 사회적 및 감정적 행동에 관여하는 신경구조물들이 포함된다. 특수내장날신경은 발생 과정을 통해 원시 아가미궁에서 나온 구조물들을 조절하는 가로무늬근육을 지배한다(Truex & Carpenter, 1969). 사회참여체계는 눈 뜨기(예: 바라보기), 얼굴근육(예: 감정표현), 가운데귀근육(예: 배경소음에서 사람의 목소리 추출하기), 씹기근육(예: 섭취), 인두와 후두근육(예: 목소리의 운율), 머리돌림근육(예: 사회적 몸짓과 방향잡기)을 조절하는 뇌줄기의 핵(즉, 아래운동신경세포)을 통제하는 겉질에 있는 통제요소(즉, 위운동신경세포)를 가지고 있다. 종합적으로 이러한 근육들은 환경과의 사회참여를 조절하고 다른 사람들에게 의사를 표현하는 안전의 양상들을 발견하고 표현하는(예: 운율, 얼굴표정, 고갯짓, 시선) 신경적 문지기와 같은 역할을 한다.

사회참여체계와 연관된 행동의 계통발생적인 기원은 자율신경계의 계통발생학과 서로 얽혀있다. 얼굴과 머리의 근육들이 사회참여 구조물들로 나타나게 되면서, 미주신경의 등쪽운동핵의 배쪽에 있는 숨뇌의 핵인 모호핵에 의해 조절되는 자율신경계의 새로운 요소(즉, 말이집 미주신경)가 발생하였다. 이렇게 일치되는 신경기전은 행동적 및 내장적인 요소가 상승작용을 할 뿐만 아니라 섭취, 상태조절, 사회참여 과정 동안에 상호작용을 하는 통합된 사회참여체계를 유발하였다. 시선접촉, 사람 목소리의 추출, 얼굴표정, 고갯짓, 운율에서의 어려움은 사회참여체계가 손상된 자폐증 및 다른 정신건강의학과적 장애를 가진 사람들의 공통된 양상들이다. 따라서 우리는 얼굴과 목소리 운율의 기능을 통해서 사회참여행동과 생리적 상태조절 모두에 어려움이 있음을 추측할 수 있다.

특수내장날경로의 근원핵들(즉, 아래운동신경세포)과 말이집 미주신경의 근원핵 사이에는 신경세포들 사이의 연결이 있다. 이러한 신경생리적인 회로들은 심장박동을 느리게 하고 혈압을 낮추는 억제성 경로를 제공하며, 이들은 자율신경계 각성을 능동적으로 감소시킴으로써 사회참여행동을 표현하고 건강, 성장, 회복을 지지하는 데 필요한 차분한 상태를 증진시킨다. 이 체계의 뇌줄기 근원핵들은 고위 뇌구조물들과 들내장에 의해 영향을 받는다. 직접적인 겉질숨뇌경로들은 겉질의 이마영역(즉, 위운동신경세포)이 이 체계의 숨뇌에 있는 근원핵들에 미치는 영향을 반영해 준다. 더욱이 들미주신경(예: 고립로)을 통해 숨뇌영역(예: 고립로핵)으로 가는 되먹임은 이 체계의 근원핵들 및 몇몇 정신건강의학과적 장애들과 연관되어 있다고 간주되고 있는 앞뇌 모두에 영향을 미친다(Craig, 2005; Thayer & Lane, 2000). 게다가 사회참여체계와 연관된 해부학적 구조물들은 시상하부-뇌하수체-부신축, 사회적 신경펩티드(예: 옥시토신과 바소프레신), 면역체계와 신경생리적으로 상호작용을 하고 있다(제19장을 보시오. Carter, 1998; Porges 2001b).

얼굴과 머리근육을 포함하는 사회참여체계의 대상기관들에서 나오는 들경로들은 사회참여체계의 내장 및 신체요소 모두를 조절하는 근원핵들에 강력한 들정보를 제공한다. 따라서 행동적 요소(예: 듣기, 섭취하기, 보기)의 활성화는 사회참여를 지지하는 내장의 변화를 촉발할 수 있는 반면, 굴심방결절에 대한 말이집 날미주신경의 영향이 증가하는지 감소하는지에 의존하고 있는 내장상태의 조절(즉, 미주신경 제동 영향의 증가 또는 감소)은 사회참여행동을 증진시키거나 방해할 수 있다. 예를 들면, 움직임(즉, 맞섬 또는 도피 행동)을 증진시키는 내장상태의 자극은 사회참여행동을 표현하는 능력을 방해할 것이다.

정신건강의학과적 장애들과 연관되어 있는 것은 사회참여체계의 신체운동요소(예: 시선접촉을 못함, 적은 얼굴정동, 운율의 결핍, 잘 씹지 못함)와 내장운동요소(심폐와 소화에 문제를 유발하는 자율신경계 조절의 어려움) 모두에서의 결함이다. 예를 들면 임상의들과 연구자들은 자폐증이 있는 사람들에게 이러한 결함이 있음을 증명하였다. 따라서 사회참여체계의 결함은 자발적인 사회적 행동, 사회적 인식, 정동표현, 운율, 언어발달을 약화시킬 것이다. 이와는 대조적으로 사회참여체계의 신경조절을 향상시키는 중재법들은 가설적으로 자발적인 사회적 행동, 상태와 정동의 조절을 증가시키고 자동반복행동 stereotypical behaviors을 감소시키며 목소리 의사소통(즉, 언어표현에서의 운율과 배경음에서 사람 목소리를 추출하는 능력 모두를 증가시키는 것 포함)을 향상시킬 것이다. 이것은 타당한 가설 이상의 것이다. 우리는 심장에 대한 미주신경의 조절과 사회참여행동 사이의 관계를 증명했을 뿐만 아니라 예비적인 연구에서 사회참여체계에 대한 신경조절을 증진시킴으로써(즉, 운율을 증가시킨 청각자극을 통해 가운데귀근육의 신경조절을 자극하는 것), 자폐증 환자의 사회참여행동의 향상이 가능하다는 것을 증명함으로써 효율적으로 다른 사람을 진정시키는 사람들의 특징인 운율과 얼굴표정 같은 대인관계에서의 사회적 양상들을 이해할 수 있는 경험적인 기반을 제공하였다.

사회참여체계의 장애
― 비적응적인 행동전략인가 적응적인 행동전략인가?

몇몇 정신건강의학과적 및 행동장애들은 관계를 형성하고 유지하는 데 있어서의 어려움을 특징으로 하고 있다. 진단양상은 흔히 사회적인 행동을 표현하는 것과 사회적인 단서를 읽는 것(즉, 사회적 인식) 모두에서 어려움을 가지고 있는 것과 연관되어 있다. 이러한 양상들은 자폐증, 사회적 불안, 외상후스트레스장애를 포함하는 다양한 정신건강의학과적 진단에서 관찰된다. 정신병리적인 측면에서 볼 때 이러한 임상적 장애들은 다른 원인과 양상을 가지고 있다. 그러나 '여러미주신경적' 관점에서 볼 때, 이들은 공통된 핵심을 공유하고 있다. 이러한 핵심적인 요소들의 특징은 사회참여체계의 감소로 인한 좋지 않은 정동조절, 정동인식, 생리적 상태조절이다. 비록 손상된 사회참여체계가 '비적응적인' 사회적 행동을 유발하지만, 이러한 비사회적인 행동전략이 '적응적인' 양상을 가지고 있는 것은 아닐까? 척추동물 자율신경계의 계통발생학은 이러한 적응적인 양상을 이해하는 데 하나의 안내서의 역할을 해준다.

여러미주신경이론의 관점으로 볼 때, 척추동물 자율신경계는 계통발생적인 발달의 세 가지 일반적인 단계를 따른다. 포유류 자율신경계에서 각각의 단계를 나타내는 구조와 회로가 남아있지만, 다양한 적응적인 기능들을 사용하고 있다. 각각의 단계와 연관되어 있는 신경회로는 각각 다른 행동의 범주를 지지하며, 계통발생적으로 가장 최근의 혁신(즉, 말이집 미주신경)은 높은 수준의 사회참여행동이 가능하게 해준다. '새로운' 포유류 말이집 미주신경(즉, 배쪽미주신경)

의 신경조절은 사회참여체계에 통합되어 있기 때문에 사회참여체계가 손상되었을 때 그 영향은 행동과 자율신경계 모두에 미친다. 그 결과로 나타나는 자율신경계 상태의 변화는 자발적인 사회참여행동을 약화시키며 차분한 상태를 감소시키지만, 적응적이고 방어적인 다양한 행동을 지지해 준다. 구체적으로 손상된 사회참여체계([그림 3.1]을 보시오)는 신경생리적으로 자율신경계 조절에서의 변화와 연관되어 있는데, 특징적으로 심장에 대한 말이집 미주신경의 영향이 감소되어 행동 상태조절의 어려움을 유발하며, 몇몇 임상적 장애에서 흔히 관찰되는 둔마된 정동을 중재하는 얼굴근육의 신경조절의 소실을 유발한다. 심장에 대한 말이집 미주신경의 조절성 영향이 제거되는 것은 두 가지의 계통발생적으로 오래된 신경체계(즉, 교감신경계와 민말이집 미주신경)의 표현을 강화시킨다(즉, 탈억제). 이러한 두 가지의 오래된 신경체계는 교감신경계를 통해 맞섬 또는 도피의 움직임 행동을 강화시키거나 민말이집 미주신경을 통한 죽은 척하기, 얼어붙기, 행동적 정지의 고정행동을 강화시킨다. 따라서 말이집 미주신경회로의 철수는 그 대가로 보다 원시적인 적응적 방어체계로의 접근을 제공해 준다. 만약 이러한 철수가 오래 지속된다면 말이집 미주신경의 스트레스로부터 보호해주고 스스로를 진정시키는 양상 및 사회참여체계의 친사회적 양상이 상실되게 되어, 신체적 질병(예: 심혈관장애)과 정신적 질병(예: 불안장애, 우울증)에 대한 위험이 증가된다.

신경감각
— 적응적 및 비적응적 생리적 상태에 대한 단서

포유류 신경계는 방어적인 전략에서 사회참여전략으로 효율적으로 이동하기 위해서 두 가지의 중요한 적응적 과제를 수행할 필요가 있다: (1) 위험에 대한 평가, (2) 만약 환경이 안전한 것으로 인식된다면 맞섬, 도피, 또는 얼어붙는 행동을 조절하는 보다 원시적인 둘레계통 구조물들을 억제하는 것. 바꿔 말하면, 유기체의 안전에 대한 경험을 증가시킬 가능성이 있는 어떠한 중재법도 사회참여체계의 친사회적 행동을 지지하는 진화적으로 보다 발전된 신경회로를 불러올 가능성을 가지고 있다.

신경계는 환경과 내장에서 오는 감각정보의 처리 과정을 통해서 지속적으로 위험을 평가한다. 위험에 대한 신경적 평가는 의식적인 인식을 필요로 하지 않고 겉질밑 둘레계통 구조물들이 관여하고 있기 때문에(Morris, Ohman, & Dolan, 1999) 지각^{perception}과 다른 신경과정을 강조하기 위해 신경감각^{neuroception}이라는 개념이 소개되었으며(제1장을 보시오), 신경감각은 환경(그리고 내장)에서의 안전, 위험, 또는 생명에 대한 위협을 구별할 수 있다. 안전한 환경에서 자율신경계 상태는 교감신경계 활성화를 약화시키고 산소에 의존적인 중추신경계, 특히 겉질을 등쪽미주신경복합체의 대사보존적인 반응으로부터 보호하기 위해 적응적으로 조절된다. 그러나 신경계는 어떻게 환경이 안전한지, 위험한지, 또는 생명에 위협이 되는지를 알며 어떤 신경기전이 이러한 위험을 평가하는 것일까?

신경감각은 관자겉질$^{temporal\ cortex}$이 관여하는 양상 탐지기를 가지고 있는데(나중의 논의를 보시오), 왜냐하면 관자겉질은 익숙한 목소리, 얼굴, 손동작에 반응하며 둘레계통의 반응성에 영향을 미칠 수 있기 때문이다. 따라서 익숙한 사람, 적절한 운율의 목소리와 따뜻한 얼굴표정을 가지고 있는 사람에 대한 신경감각은 안전한 감각을 증진시키는 사회적 상호작용으로 전환된다. 대부분의 사람들(즉, 정신건강의학과적 장애나 신경병리가 없는 사람들)의 신경계는 위험을 평가하고 신경생리적인 상태를 환경에 있는 실제적인 위험과 일치시킨다. 환경이 안전하다고 평가되었을 때 방어적인 둘레계통의 구조물들은 억제되어 사회참여체계가 가능해지고 차분한 내장상태가 나타날 수 있도록 해준다. 이와는 대조적으로, 일부 사람들은 부조화를 경험하며 실제로 환경이 안전할 때에도 신경계가 환경을 위험한 것으로 평가할 수 있다. 이러한 부조화는 맞섬, 도피, 또는 얼어붙는 행동을 지지하고 사회참여행동은 지지하지 않는 생리적 상태를 유발한다. 이 이론에 따르면 사회적 의사소통은 이러한 방어회로가 억제되었을 때에만 사회참여체계를 통해서 효율적으로 표현될 수 있다. 신경감각은 인간이 안전과 위험을 구별함으로써 사회적 행동에 참여할 수 있게 해주는 신경과정을 나타낸다. 신경감각은 긍정적인 사회적 행동, 감정조절, 내장 항상성의 표현과 붕괴 모두를 중재하는 타당한 기전으로 제안되었다.

기능자기공명영상과 같은 새로운 기술들은 위험을 발견하는 것과 연관된 구체적인 신경구조물들을 확인해 주었다. 관자엽은 신경감각의 개념을 확장하고 위험을 발견하고 평가함으로써 적응적이고 방어적인 행동과 자율신경계 상태의 표현을 조절해 주는 신경기전을 확인하는 데 특히 관심을 받고 있다. 기능적 영상기법은 안전이나 신뢰를 인지하는 데 기여하는 동작, 목소리, 얼굴과 같은 양상들의 발견을 포함하는 생물학적 동작과 의도를 평가하는 데 관자겉질temporal cortex, 방추형이랑fusiform gyrus, 위관자고랑superior temporal sulcus이 관여한다는 것을 확인시켜 주었다(Adolphs, 2002; Winston, Strange, O'Doherty, & Dolan, 2002). 이러한 자극들의 작은 변화들은 위협이나 애정으로 평가될 수 있다. 관자겉질의 이러한 영역들과 편도 사이의 연결성은 방어적인 전략의 표현에 관여하는 구조물들의 활동을 억제할 수 있는 얼굴표정의 처리 과정에 대한 하향식 조절을 암시해 준다(Pessoa, McKenna, Gutierrez, & Ungerleider, 2002).

사회참여와 방어행동은 환경에 있는 상대적인 위험에 기초하여 적응적이거나 비적응적인 것으로 해석될 수 있다. 예를 들면 사회참여체계에 의한 방어체계의 억제는 안전한 환경에서만 적응적이고 적절한 것이 될 것이다. 임상적인 측면에서 볼 때, 안전한 환경에서 방어체계를 억제하지 못하는 것(예: 불안장애, 외상후스트레스장애, 반응성애착장애)이나 위험한 환경에서 방어체계를 활성화시키지 못하는 것(예: 다른 사람의 감정적인 상태를 발견하지 못하거나 존중하지 않는 행동이 특징적으로 나타나는 유전질환인 윌리엄스증후군Williams syndrome)은 정신병리의 양상을 정의하는 데 기여할 수 있을 것이다. 따라서 안전이나 위험에 대한 잘못된 신경감각은 비적응적인 생리적 반응성 및 진단기준에 사회적 결핍(예: 자폐증, 사회불안증, 윌리엄스증후군)이나 공포(예: 다양한 공포증, 강박장애)를 포함하고 있는 특별한 정신건강의학과적 장애들과 연관된 방어적인 행동의 표현에 기여할 수 있다 (Leckman et al., 1997). 그러나 대부분의 사람들이 가지고 있는 신경감각은 정확하게 위험도를 평가하며 위험에 대한 인지적인 인식과 위험에 대한 내장반응 사이에 일치를 보인다.

환경에 있는 위험의 양상만이 신경감각을 유발하는 것은 아니다. 내장에서 오는 들되먹임은 사회참여행동과 연관된 친사회적회로에 대한 접근성에 중요한 중재역할을 한다. 예를 들면, 여러미주신경이론은 움직임의 상태가 긍정적인 사회적 단서를 발견하는 우리의 능력을 약화시킬 것이라고 예상한다. 기능적으로, 내장상태는 다른 사람들과 사물에 대한 우리의 지각에 영향을 미친다. 따라서 한 사람이 가지고 있는 똑같은 양상도 대상이 되는 사람의 생리적 상태에 따라 다른 결과를 유발할 수 있다. 만약 참여하고 있는 사람이 사회참여체계에 쉽게 접근할 수 있는 상태에 있다면 상호적인 친사회적 상호작용이 발생할 가능성이 높다. 그러나 만약 그 사람이 움직임의 상태에 있다면 똑같은 참여반응도 철수나 공격성의 비사회적인 양상으로 반응될 수 있다. 이러한 상태에서는 움직임 회로를 약화시키고 사회참여체계가 다시 회복될 수 있도록 하는 것이 매우 힘들다.

뇌섬엽insula은 신경감각의 중재와 연관되어 있을 수 있는데, 왜냐하면 뇌섬엽은 내장에서 오는 광범위한 되먹임을 인지적인 인식으로 전달하는 데 관여하는 뇌구조물로 제안되고 있기 때문이다. 기능영상 실험들은 뇌섬엽이 통증의 경험 및 분노, 두려움, 역겨움, 행복, 슬픔을 포함하는 몇몇 감정의 경험에 중요한 역할을 한다는 것을 증명하였다. 크리츨리, 빈스, 로스스테인, 오멘과 돌란Critchley, Wiens, Rothstein, Ohman and Dolan(2004)은 내적인 신체상태가 뇌섬엽에서 나타나며 주관적인 느낌에 기여한다고 제안하였으며, 뇌섬엽의 활동성은 내수용감각의 정확성과 상관관계가 있다는 것을 증명하였다.

생식행동, 수유, 사회적 결합의 형성을 위해
고정 방어체계를 불러오기

방어체계로서의 고정은 계통발생적으로 오래되었으며 감소된 대사 요구량 및 증가된 통증 문턱값과 연관되어 있다. 산소의 감소에 대한 내성이 큰 파충류에게 있어서, 고정은 매우 효과적인 방어전략이다. 이와는 대조적으로, 포유류는 산소를 많이 필요로 하기 때문에 고정 행동을 지지하기 위해 자율신경계의 상태를 움직임을 억제하는 쪽으로 이동시키는 것(즉, 무호흡과 느린맥)은 치명적인 결과를 유발할 수 있으며(Hofer, 1970; Richter, 1957) 죽은 척하기와 같은 행동은 실제로 죽음에 이르게 할 수도 있다. 인간에게 있어서 죽음이나 고통스러운 손상에 대한 예상으로 나타나는 실신이나 해리는 이러한 반응의 덜 극단적인 형태를 나타낸다.

그러나 생명에 대한 위협이 없을 때 포유류의 사회적 행동의 몇 몇 측면들은 고정을 필요로 한다. 이러한 측면에서 두려움이 없는 고정immobilization without fear이 요구된다. 두려움이 없는 고정은 생식, 수유, 짝짓기를 포함하는 다양한 범위의 사회적 요구를 충족시키기 위해 생명의 위험에 대한 반응으로 나타나는 고정행동을 조절하는 구조물들을 불러옴으로써 달성될 수 있다. 원시적인 방어체계로서의 고정을 조율하는 수도관주위회색질periaqueductal gray 영역은 포유류에서 친밀한 사회적 욕구를 충족시키기 위해 변형되었다. 게다가 수도관주위회색질의 배가쪽 부분은 출산, 수유, 짝짓기와 연관되어 있는 신경펩티드인 옥시토신의 수용체들이 풍부하다는 것이 보고되었다(Carter, 1998; Insel & Young, 2001).

놀이를 위해 움직임 방어체계를 불러오기

포유류에게서 관찰되는 장난스럽게 노는 행동들은 적응적인 방어적 및 공격적 행동을 발달시키기 위해서 연습하는 것으로 해석된다. 그러나 놀이[play]는 또한 본질적으로 동기를 부여하고 독특하고도 긍정적인 경험을 제공해 준다(Panksepp, 1998). 최소한 장난스럽게 노는 거친 신체놀이의 특징은 움직임이다. 따라서 놀이는 교감신경계의 활성화를 증가시킴으로써 대사출력을 기능적으로 증가시키는 맞섬 또는 도피 행동과 같은 신경생리적인 기질을 공유하고 있다. 교감신경계의 활성화와 일치하는 것은 미주신경제동의 특징을 나타내는 말이집 미주신경경로의 철수이다. 생명의 위협에 대한 반응으로 나타나는 고정을 중재하는 원시적인 기전이 사랑과 수유과정을 지지하기 위해 불러내질 수 있는 것처럼, 움직임기전도 방어적인 맞섬 또는 도피 행동과 즐거운 '놀이' 모두를 촉진시키기 위해 발생할 수 있다.

놀이를 어떻게 공격적인 행동과 구별할 수 있을까? 더 중요하게는 공격적인 보복을 약화시키거나 강화시키는 '신경감각적인' 과정이 있는 것일까? 만약 우리가 놀이를 관찰한다면 공격이나 차분함을 유발하는 단서들을 관찰할 수 있다. 흔히 놀이는 고통스럽고 잠재적으로는 공격성인 활동을 유발한다. 예를 들면, 흔히 놀이친구는 다친다. 이러한 현상은 다양한 포유류 종에서 발생한다. 개들이 놀 때, 너무 세게 물어 놀이친구에게 고통스러운 비명을 유발하기도 한다. 사람이 개와 놀 때, 개가 우연히 코와 같이 취약하고 부드러운 부분을 할퀼 수도 있다. 사람이 농구와 같은 운동경기를 할 때, 팔꿈치로 얼굴을 칠 수도 있다. 어떻게 이런 상황들이 정리될까? 어떤 과정이 분노를 포용하고 경기가 재개되게 만드는 것일까?

사회참여체계에 대한 접근은 잠재적인 공격성을 놀이로 전환시킬 수 있다. 사회참여체계는 다른 사람들에게 그 행동의 '의도'가 악질적인 것이 아니라는 단서를 전달해 준다. 예를 들면, 만약 농구 경기를 하던 도중에 우연히 다른 사람의 얼굴을 쳤던 사람이 얼굴을 마주 보고 걱정해주는 과정을 통한 화해 없이 그냥 지나쳐버린다면 싸움이 발생할 가능성이 높다. 이와 마찬가지로 개들도 우연히 발생했지만, 매우 아프게 문 다음에 얼굴을 마주 보는 개입을 하지 않는다면 놀이가 계속되지 못할 것이다. 놀이 과정에서의 사회참여체계의 중요성과 일치하는 것으로, 자폐증은 상호작용하지 않는 놀이(즉, 평행 놀이parallel play4))와 연관되어 있다. 따라서 사회참여체계에 대한 접근은 움직임을 공격성이 아니라 놀이로 정의하는 데 있어 매우 중요하다. 우리의 문화권에서 매우 보편화되어 있는 단체경기는 의도적으로 신호를 보내기 위해 얼굴을 마주보는 상호작용이 요구되는 움직임 전략이 관여하며, 사회참여체계를 움직임과 통합하는 공통된 양상을 공유하고 있다.

달리기 및 다른 형태의 운동들 역시 단체경기나 어울려서 노는 놀이와 유사한 생리적 상태를 유발한다. 그러나 운동과는 달리 놀이에 대한 '여러미주신경적' 정의에는 상호작용 및 다른 사람의 행동에 대한 지속적인 인식을 요구한다. 놀이는 맞섬 또는 도피 행동과는 다르다. 비록 맞섬 또는 도피 행동이 흔히 다른 사람에 대한 인식이 필요하지만, 상호작용 및 움직임을 제한하는 능력이 필요하진 않다. 놀

---

4) 다른 아동들 틈에서 놀기는 하지만 서로 접촉하거나 간섭을 하지 않고 혼자서 노는 놀이(역자 주).

이는 공격적이고 방어적인 행동을 포용할 수 있는 다른 회로를 불러온다. 사회참여체계의 빠른 호출은 고통스러운 반응을 유발한 사건에서 의도성이 있는지에 대해 즉각적으로 면대면 평가를 하게 만든다. 위관자고랑과 같은 겉질 영역은 이러한 신경감각적 과정에 대해 합당한 설명을 해준다. 위관자고랑은 생물학적 동작과 의도성을 평가하는 뇌의 영역으로 제안돼 왔다. 따라서 익숙한 목소리, 진정시키는 자세, 적절한 얼굴표정은 신체적 갈등을 빠르게 분산시켜 준다. 심지어 개들도 놀다가 코를 부딪치거나 다리를 물려서 낑낑거리게 되면 빠르게 얼굴을 마주 보는 개입을 하고 그 사건이 의도적인 것이 아니었음을 확인시켜주는 태도를 기다린다.

사회참여체계는 어떻게 우리를 진정시키고, 우리가 부적절한 공격적인 행동을 표현하지 않도록 해주는 것일까? 첫째, 방어적인 행동과 연관된 둘레계통의 반응성을 약화시키는 관자겉질에서 나오는 억제성 경로가 있다. 둘째, 거의 50년 전에 젤혼^{Gellhorn}(1964)이 언급했듯이, 얼굴근육의 활성도는 내장상태를 조절하는 뇌구조물에 영향을 미친다. 이것은 진정시키기 위해 빠는 행동을 사용하는 매우 어린 영아에서 진정시키기 위해서 대화, 듣기, 미소, 섭취를 사용하는 나이 많은 노인에 이르기까지, 모든 나이대의 사람들에게서 흔히 관찰된다. 갈등을 완화시키는 이러한 전략들과 반대되는 갈등을 무시하거나 외면하는 행동은 폭력적인 반응을 유발할 수 있다.

우리는 놀이와 연관된 독특한 생리적 기전을 조사함으로써, 놀이를 정의하고 놀이를 운동 및 다른 행동과 구별할 수 있는 상호작용의 독특한 특성을 밝힐 수 있었다. 놀이는 운동 동작을 표현하고 서로가 하는 활동을 수용적으로 억제하는 것을 번갈아 가며 받아들여야 한다. 이것은 또한 말하기와 듣기, 던지기와 받기, 숨기와 찾기에서도 관찰된다. 장난스럽게 뒤엉켜 노는 것과 같이 상호적인 활동과 접촉이 있을 때, 단서를 오해하고 공격적인 행동이 유발될 기회가 더 많다. 그러나 만약 면대면 개입이 관심과 공감의 적절한 양상과 함께 빨리 발생한다면, 신체적 접촉으로 발생한 생리적 상태는 의도성을 평가하고 면대면 상호교환에 관여하는 두 사회참여체계 사이의 적절한 단서 교환을 통해서 사라지게 된다. 비록 놀이는 맞섬 또는 도피 행동에 관여하는 신경기전의 일부를 공유하고 있지만, 혼자서 하는 운동과는 달리 안전한 상호작용을 보장하기 위해 상태에 대한 역동적인 신경조절을 필요로 한다. 따라서 운동 활동을 위한 대사출력을 증가시키기 위한 교감신경계의 활성화와 움직임을 제한하고 사회참여체계의 기능을 지지하기 위한 미주신경제동 모두가 상호 간의 즐거운 놀이 활동을 위해 불러들여지게 된다. 교감신경계의 흥분성 과정과 미주신경계의 억제성 과정이 함께 활성화되는 또 다른 적응적 과정이 있다. 이 과정은 성적인 각성과 연관되어 있는데, 행동이 돌봐주는 것인지 상처를 주는 것인지를 결정하기 위해 신체적 접촉의 의도를 평가하는 면대면 상호작용이 진화적으로 요구되는 또 다른 취약한 상태이다.

요약

여러미주신경이론은 정동, 감정, 목표지향적인 행동을 포함하는 특별한 적응적인 기능을 위해, 내장기관들을 조절하는 데 관여하는 특수한 신경회로들에 초점을 맞추어 자율신경계에 대한 우리의 개념을 다시 조직화하려는 시도이다. 이 이론은 특별한 적응적 회로들에 대한 변화하는 신경조절을 역동적으로 평가하기 위해 사용될 수 있는 구체적인 변수들을 확인하였다. 이 이론적 모델에 들어있는 것은 검증이 가능한 가설의 발달에 직접적으로 영향을 미치는 네 가지의 주요한 양상들이다: (1) 자율신경계를 조절하는 구체적인 뇌구조물들과 신경회로의 역할, (2) 모호핵에서 나오는 말이집 미주신경과 등쪽 운동핵에서 나오는 민말이집 미주신경을 통해 표적장기로 가는 역동적인 미주신경의 출력을 구별하고 추적할 수 있는 방법을 개발하는 정당성, (3) 자율신경계 상태를 조절하는 신경회로들 사이를 잇는 들내장경로와 감각탐지기의 역할, (4) 내장기관의 조절 및 정동인식과 감정표현을 포함하는 사회참여체계에 관여하는 얼굴과 머리의 가로무늬 근육에 대한 조절 사이의 관계.

여러미주신경이론은 정동적 및 감정적 상태가 내장상태에 대한 아래쪽 뇌의 조절 및 뇌와 말초 사이를 지나가는 중요한 내장, 촉각, 통각적인 단서에 의존하고 있다고 제안한다. 여러미주신경이론의 관점에서 볼 때, 구체적인 신체적 상태는 다른 영역의 행동을 강화시킨다. 구체적으로 다섯 가지의 생리적 상태들에 대한 신경조절이 설명되었으며 각각의 상태는 특별한 생물학적인 근거를 가지고 있는 행동들과 연결되어 있다.

1. 사회참여^{social engagement}: 잘 정의된 사회참여체계에 의존하는 상태. 이 체계는 긍정적인 사회적 상호작용을 증진시키고 심리적인 거리감을 감소시키며 사람들 사이의 안전한 느낌을 증진시킨다.

2. 움직임^{mobilization}—맞섬 또는 도피^{fight-or-flight}: 이 상태는 맞섬 또는 도피 행동을 지지하며 대사출력의 증가를 필요로 한다.

3. 놀이^{play}: 1, 2번의 혼합. 놀이는 사회참여와 움직임 상태 모두에서 나오는 양상들을 필요로 하는 혼합된 상태이다.

4. 고정^{immobilization}—생명에 대한 위협^{life threat}: 이 상태는 생명에 대한 위협과 연관되어 있으며 대사출력의 감소와 행동의 정지^{shutdown}가 특징적으로 나타난다. 원시적인 이 신경회로는 파충류에게는 매우 효과가 좋지만, 포유류에게는 잠재적으로 치명적일 수 있다.

5. 두려움 없는 고정^{immobilization without fear}: 이 상태는 급격한 대사자원의 감소 없이 동작의 감소를 필요로 하는 친사회적이고 긍정적인 상태와 연관되어 있다. 이 회로는 고정회로에서 나오는 경로를 불러들이며 수유, 출산, 생식행동과 소화 및 회복 과정 동안에 사용된다.

기능적으로 이러한 다섯 가지 상태는 다른 사람과 사물에 대한 우리의 지각에 영향을 준다. 따라서 만약 대상이 되는 사람이 다른 생리적 상태에 있다면 다른 사람에 개입하고 있는 사람의 똑같은 양상이 다양한 결과를 유발할 수 있다. 만약 개입하고 있는 사람이 사회참여체계에 쉽게 접근할 수 있는 상태에 있다면, 상호적인 친사회적인 상호작용이 발생할 가능성이 높다. 만약 그 사람이 움직임의 상태에 있다면 똑같은 참여반응도 철수나 공격성의 비사회적인 양상으로 반응될 수 있다. 이러한 자극-유기체-반응^{stimulus-organism-response}(S-O-R) 모델은 우드워스^{Woodworth}(1928)가 유기체는 자극과 반응 사이를 능동적으로 개입한다고 제안한 것을 연상시킨다. 이 우드워스의 모델에서 유기체의 내적인 과정은 행동에 미치는 자극에 의해 중재된다. 여러미주신경이론에서 볼 때, 신경감각은 하나의 S-O-R 모델이다. 이러한 측면에서 볼 때, 자율신경계 상태는 외적인 신체적 자극을 대인관계적인 상호작용의 질을 결정하는 복합적이고 내적인 인지적-정동적인 과정으로 변환시키는 데 관여하고 개입하는 과정이다.

앞에서 설명한 다섯 가지의 상태는 판크세프^{Panksepp}(1998)가 설명한 일곱 가지의 신경에 근거한 체계를 성공적으로 표현하기 위해 필요한 생리적 상태들과 잘 들어맞는다. 더욱이 내장조절에서의 계통발생적인 이동을 강조하고 있는 여러미주신경의 관점은 심리적 개념으로 사용하는 데에도 특별한 통찰을 제공해 준다. 예를 들면, 여러미주신경이론은 두려움의 감정에 대한 세 가지의 다른 내장상태를 설명해 줄 수 있다. 한 가지 유형의 특징은 맞섬 또는 도피 행동의 양상과 일치하는 움직임 전략이다. 두 번째 유형의 특징은 고정(예: 죽은 척하기)으로 나타나는 생체행동적인 상태로 대사억제 때문에 포유류에게는 잠재적으로 치명적일 수 있다. 인간에게 있어서 이것은 기절, 배변, 해리로 관찰될 수 있다. 세 번째 유형은 보다 인지적인 것으로 행동의 의도를 평가하기 위해 조심하는 반응으로 나타나는 사회참여체계의 일시적인 억제를 포함한다. 만약 행동이 위험한 것으로 평가되면 맞섬 또는 도피의 움직임 행동을 지지하기 위해 교감신경계가 활성화된다. 이 세 가지 모두가 '두려움' 반응이지만, 이들은 다른 행동양상 및 다른 신경생리적인 기질을 가지고 있다. 따라서 정동적인 경험 및 이러한 경험을 '감정'과 같은 심리적 개념으로 조직화시키는 전략에 대한 이해를 내장에 대한 신경조절에서의 구체적인 계통발생적인 변화와 계통발생적으로 오래된 척추동물의 이러한 다양한 정동상태의 적응적인 양상 사이의 공동변수에 대한 이해로써 알 수 있을 것이다.

결론

정동신경과학은 신경계 기능과 임상적 장애 및 정동적인 경험 사이를 연결하는 연구전략을 최적화시키기 위해서 방법들을 통합시키고, 전후 사항에 대한 평가(즉, 신경감각)와 내장상태의 신경조절 모두에 관여하는 중추성 구조물들과 우리의 확장된 신경생리학적 지식에 의존하는 가설들을 검증할 필요가 있을 것이다. 이러한 질문들은 내장상태와 정동적인 경험의 주관적인 상태(즉, 감정) 사이의 차이를 연결시키려고 시도했던 과거의 연구자들(Cannon, Darwin, James, Gellhorn, Hess)과 현대의 연구자들(Critchley, 2005; Ekman, Levenson, & Friesen, 1983; Thayer & Lane, 2000)에게 동기를 부여하였다. 이러한 차이를 메우기 위해, 변화하는 상황에 있는 다양한 생리적 변수들(예: 호흡, 심장박동, 혈압, 혈관운동 긴장도, 운동 활성도) 사이의 상호작용과 역동적인 변화를 평가할 수 있는 새로운 방법들이 필요하다. 이러한 요구에 반응하여 여러미주신경이론이 개발되었다.

여러미주신경이론은 임상적인 장애들의 양상들을 쉽게 설명할 수 있는 관점을 제공해 준다. 이 이론은 몇몇 정신건강의학과적 장애들에서 관찰되지만, 예전에는 서로 다른 것으로 간주되었던 증상들을 조직화할 수 있는 원칙들을 제공한다(즉, 사회참여체계 기능의 결함). 더욱이 적응적인 관점에서 장애의 양상들을 설명함으로써, 중재법들이 자발적인 사회참여행동을 증진시키고 사회적 상호작용을 방해하는 방어적인 전략의 표현을 약화시키는 신경회로를 촉발시키도록 고안될 수 있을 것이다.

제19장

신경생물학과 진화

— 양육의 기전, 매개체, 적응적인 결과

양육은 음식, 보호, 또는 다른 자원들을 제공해 주는 것을 포함한다. 그러나 양육은 또한 이러한 물리적인 요소들을 넘어서, 관계와 안전에 대한 욕구를 충족시켜주기 위한 사회적인 지지도 포함한다. 인간과 설치류를 포함한 대부분의 포유류는 출생 후에 부모가 일정 시간 동안 돌봐주어야 하며, 양육은 영아의 발달되지 않은 운동체계와 자율신경계를 보완해 주기 위해 필요하다. 영아는 겉질척수운동체계corticospinal motor system가 아직 미성숙하기 때문에 혼자서 음식을 얻거나 포식자로부터 자신을 보호할 수 없다. 영아는 자율신경계가 아직 미성숙하기 때문에 혼자서 생존을 위해 필요한 체온조절을 할 수가 없다. 따라서 '공생적 조절symbiotic regulation' 모델을 형성하기 위해 양육자의 성숙한 신경계가 영아의 덜 발달된 신경계와 서로 얽히게 된다. 양육자는 영아의 생물학적 및 행동적 욕구를 지지하기 위해 하나의 복합적인 되먹임체계의 일부분이 된다. 양육자는 이러한 공생적 조절의 모델 내에서 혼자서만 영아에게 뭔가를 제공하는 것이 아니다. 영아의 행동 역시 강력한 결합의 형성을 돕기 위해 특별한 생리적 과정(예: 신경적 및 내분비적 되먹임회로)을 촉발하며 양육자에게 감정적인 편안함을 제공하고 신경경로를 자극하며 양육자의 건강을 지지해 준다.

성숙 과정을 통해서 운동체계와 자율신경계가 변화한다. 영아가 성숙해 나가면서 생체행동적인 과정의 조절을 위한 양육자에게서의 의존에서 자기조절 단계로의 이동이 발생한다. 그러나 대부분의 포유류는 평생을 통해 적절한 안녕과 상태조절을 유지하기 위해서 다른 사람들에게 계속 의존하게 될 것이다(Hrdy, 2008). 일부 포유류 종들(전부는 아닌)에서 양육은 선택적이고 강화된 감정적인 사회적 관계와 결합에 의존하거나 유발한다(제11장을 보시오, Carter, 1998). 오래 지속되는 결합이 존재하고 있을 때, 분리나 상실에 대한 엄청나게 충격적인 반응들이 나타나게 될 것이다(Bowlby, 1988).

양육은 상호적이거나 상호적이지 않을 수 있다. 그러나 상호성 및 주고받는 역할의 자발적인 역전은 강력한 결합의 긍정적인 양상이며 공생적 조절의 적절한 양상이다. 반대로 상호성의 결핍은 흔히 스트레스가 되는 취약한 관계를 유발한다. 한 개인이 상호적이고 사회적인 관계를 형성하고 유지하지 못하는 것은 몇몇 정신건강의학과적 장애에서 보이는 하나의 양상이다(Teicher et al., 2003).

포유류의 어미는 출산 이후에 처음 자신의 아기와 상호작용을 할 때, 대개 그 신생아에게 젖을 주게 된다. 모성적 양육의 시작은 일반적으로 출산 및 수유와 연관되어 있다. 출산과 수유라는 신체적인 사건은 강력한 사회적 결합의 형성을 위한 내분비적인 통로의 가능성을 제공해 준다. 따라서 출산과 수유의 호르몬은 양육의 이점을 설명할 수 있는 합당한 근거를 제공해 준다(Carter, 1998; Numan, 2007).

양육체계의 진화 — '자기조절'에서 '다른 조절'로의 전환

진화이론은 근본원인과 선택압[selection pressure1)]에 초점을 두고 종들 사이와 종 내에서의 변화를 설명하려고 한다. 이러한 이론들은 과거의 역사적 사건들에 근거를 두고 있으며 화석의 기록에 의존하고 있다. 따라서 현재 동물들의 생리나 표현되는 행동의 측면에서 진화이론을 검증하는 것은 힘들다. 그러나 파충류에서 포유류로의 생물학적 및 행동적 변화를 조사하는 계통발생적인 관점은 사회성의 바탕에 있는 몇몇 신경생물학적 양상들을 설명해 준다. 예를 들면, 포유류에서 양육 및 친사회성과 연관된 대부분의 행동들은 포유류에게서만 존재하며 파충류에서는 분명하지 않다. 포유류 종들 사이의 차이, 개별적인 변화, 사회적 접촉과 양육에서의 발달적 변화는 흔히 나타난다. 이러한 변화들에 대한 분석은 사회성의 신경생물학에 새로운 전망을 보여줄 본성에 대한 실험을 제공해 준다.

파충류에서 포유류로의 계통발생적인 이동은 부분적으로 '자기조절'을 할 수 있는 유기체에서 '다른 조절'에 의존하는 유기체로의 이동으로도 볼 수 있다. 사회성의 신경생물학이 나타나는 것은 '다른 사람'에 의한 조절이 적용되는 바로 이러한 계통발생적인 전환 내

---

1) 어떤 집단에서 환경에 가장 적합한 일원이 부모로 선택될 확률이 높은 것(역자 주).

에 있다. 포유류의 조절 모델에서 '다른 사람'을 정의해 주는 양상은 흔히 따뜻함, 음식, 보호를 포함하는 다양한 영역의 지지를 통해 생존할 수 있게 해주는 결과를 유발한다. 대부분의 포유류, 특히 인간에게 있어서 자기조절능력의 발달적 증가는 신경계의 특수한 양상의 발달과 일치한다. 신체가 성장하면서 겉질에서 뇌줄기로 가는 신경회로들은 자율신경계를 조절하는 데 대한 효율성이 증가되며 안전한 상황과 위험한 상황 모두에서 생리적인 항상성을 유지할 수 있게 해준다(Porges, 2001a). 이러한 성숙은 자기조절을 할 수 있는 능력을 제공해 주며 다른 사람에 대한 의존을 감소시켜 준다.

포유류 사회참여체계와 의사소통체계의 발생학

포유류 자율신경계는 세 가지의 신경회로를 가지고 있으며 이들은 계통발생적으로 조직화된 계층을 따라서 표현된다(〈표 19.1〉 참조). 이러한 적응적 반응의 계층에서 사회적 의사소통과 연관되어 있는 가장 새로운 회로가 가장 먼저 사용된다. 만약 새로운 회로가 안전을 제공해 주지 못하면 더 오래된 생존과 연관된 회로들이 순차적으로 사용된다. 사회적 행동, 사회적 의사소통, 내장의 항상성은 맞섬 또는 도피 및 고정의 방어적 전략들을 지지하는 회로들에 의해 조절되는 신경생리적인 상태 및 행동들과는 함께 존재할 수 없다는 것을 명심하는 것이 중요하다. 일반적으로 방어적이거나 보호적인 억제체계는 사회적 참여를 시작하고 긍정적인 사회적 행동을 하기 위해서 필요하다. 반대로 긍정적인 사회적 행동은 힘든 상황이 오래 지속되는 동안에는 억제될 수 있다. 그러나 사회성을 지지하는 체계는 또한 만

자율신경계 구성요소	운동신경세포의 근원	행동적 기능	자율신경계 기능
말이집 미주신경 (*배쪽미주신경 복합체*)	모호핵 (NA)	사회참여체계와 양육 (social engagement & caregiving) 조율된 얼굴–심장 연결로 표현되며 얼굴과 머리의 가로무늬근육에 대한 증가 된 조절로 관찰되고 교감– 부신기능의 약화와 함께 내장상태를 진정시킨다. 증 가된 얼굴근육에 대한 조 절은 운율, 듣기, 감정표현 의 증가를 유발한다.	신경보호 (neuroprotection) 심장을 보호하고 뇌에 대 한 산소 공급을 증가시키 는 호흡굴부정맥을 포함하 는 자율신경계 과정들의 안정화. 이러한 자율신경계 기능들은 상태를 조절하고 개인을 진정시킴으로써 사 회성이 가능하게 해주며 공생적이고 상호적인 사회 적 상호작용에 필요한 자 원을 제공해 준다.
교감–부신체계 (*교감신경계*)	척수 (spinal cord)	움직임 (mobilization) 맞섬 또는 도피반응을 포 함하는 능동적인 적응.	활성화 (activation) 심장박동의 증가, 글루코코 르티코이드와 카테콜아민 의 분비. 포도당을 포함한 에너지의 생산과 노르에피네프린에 서 에피네프린으로의 전환.
민말이집 미주신경 (*등쪽미주신경 복합체*)	미주신경의 등쪽운동핵 (DMX)	고정 (immobilization) 죽은 척하기, 의식소실을 포함하는 수동적인 적응.	보존 (conservation) 느린맥과 무호흡. 에너지 생산의 감소.

성적인 두려움이나 스트레스의 파괴적인 영향에 반대되는 보호 작용
을 할 수 있다(Porges, 2001a, 2007b).

여러미주신경이론

흔히 간과되는 것이지만, 사회적 및 감정적 행동에 특히 중요한 것은

자율신경계이다(제2장을 보시오). 중추신경계는 산소와 에너지를 공급해 주는 내장의 지지 없이는 기능을 할 수 없다. 자율신경계는 양방향 경로를 통해 내장을 조절하며 시상하부, 편도, 새겉질^{neocortex}에 정보를 전달한다. 내장에서 오는 감각정보는 인간이 '감정' 또는 '감정적 상태'로 경험하는 것에 기여한다. 이러한 감정적 상태는 그다음에 사회참여를 자극하고 사회성이 강화되도록 경험시켜주는 '동기'체계의 구성요소이다. 흔히 이러한 감정적 및 동기적 상태에는 도파민^{dopamine}과 내인아편유사제^{endogenous opioids}에 의존하는 다른 뇌의 체계들이 관여한다.

포유류의 사회적 행동에 특히 중요한 것은 자율신경계의 부교감신경계이다. 포유류에게 있어서 부교감신경계의 진화는 복합적인 사회적 상호작용과 사회적 의사소통이 출현할 수 있게 해주었다. 뇌줄기 및 연관된 뇌신경에 내재되어 있는 것들은 현대 포유류의 생리와 행동에 필수적인 보존적이고 진화된 요소들이다(제2장, 제11장, 제12장을 보시오. Porges, 2001a, 2007b). 미주신경(X번 뇌신경)이 특별히 연관되어 있는데, 왜냐하면 미주신경은 뇌와 심혈관, 호흡, 소화, 면역기능에 관여하는 말초장기들 사이의 복합적인 양방향 의사소통을 전달하고 통합시키기 때문이다. 포유류의 사회성을 이해하는 것에 있어서 중요한 것은 내장상태의 조절과 감정을 사회적 의사소통의 표현적 및 수용적 영역 모두와 연결시키는 사회참여체계의 신경해부학적인 경로의 기원에 대한 지식이다.

포유류(파충류는 아닌)의 미주신경은 각각 다른 뇌줄기 근원핵을 가진 두 개의 다른 날경로(운동)를 가지고 있다(〈표 19.1〉과 [그림 3.1] p. 131을 보시오). 게다가 미주신경섬유의 대략 80%는 들경로이며 내장에서 뇌줄기로 감각정보를 전달한다.

여러미주신경체계의 진화는 파충류와 포유류의 계통발생적인 차이와 일치하며, 포유류에게서 계통발생적으로 처음 발생한 구조물들의 기능에 의존하고 있는 행동들을 포함하고 있다. 이러한 변화들에는 가운데귀뼈의 분리, 가로막의 발달, 가로막위 기관들을 조절하는 말이집 미주신경체계가 포함된다. 나중에 발생한 미주신경체계는 주로 가로막밑 기관들을 조절하는 민말이집 미주신경과는 다르다. 그러나 말이집 및 민말이집 미주신경은 모두 심장으로 가며 여기에서 빠르게 변화하는 물리적 및 사회적 환경의 행동적 요구 때문에 발생하는 산소 요구량을 조절해 준다.

포유류 신경계의 계통발생학은 사회적 행동에 대한 중요한 단서를 제공해 준다. 수중 생활에서 육지 생활로 이동하는 과정에서 원시적인 아가미궁은 얼굴과 머리를 형성하게 되었고 새로운 기능 또는 추가적인 기능을 포함하는 이러한 구조물들의 새로운 형태를 만들어내게 되었다. 아가미궁과 연관된 근육과 신경에서도 변화들이 발생하였다. 사람을 포함하는 현대의 포유류에게서 종합되어 나타난 이러한 체계는 빨기, 삼키기, 얼굴표정을 포함하고 사회참여와 사회적 의사소통이 가능하게 해주었으며 목소리의 생성과 듣기가 가능하게 되었다.

미주신경의 날가지(운동)를 조절하는 뇌줄기 구조물은 두 가지의 근원핵들을 가지고 있다. 심장박동을 느리게 해주는 미주신경의 민말이집unmyelinated 요소는 미주신경의 등쪽운동핵에서 나오며 등쪽미주신경복합체의 날요소들을 제공해 준다. 민말이집 미주신경은 포유류와 다른 척추동물들(즉, 파충류, 양서로, 경골어류, 연골어류)과 공유하고 있다. 미주신경의 등쪽운동핵은 민말이집 미주신경의 근원핵이며 신경정보를 전달하여 심장박동을 느리게 할 수 있다. 보다 현대적인 가지는 배쪽미주신경복합체의 모호핵에서 나오며 말이집^{myelinated}이 형성되어 있고 뇌와 내장 사이의 빠른 상호작용을 가능하게 해준다. 말이집 미주신경은 심혈관 기능을 안정화시켜주고 자발적인 호흡과 유사한 주기성을 가지는 심장박동 양상의 리듬 있는 요소인 호흡굴부정맥$^{respiratory\ sinus\ arrhythmia}$(RSA)을 담당한다. RSA는 말이집 미주신경이 심장에 미치는 역동적인 영향을 나타내는 지표이다. 배쪽미주신경복합체는 또한 다른 얼굴신경뿐만 아니라 자율신경기능을 하는 근원 핵들을 포함하고 있다. RSA가 철수할 때(말이집 미주신경긴장도가 감소할 때) 심장박동은 빠르게 증가한다. 따라서 감정적인 상태와 사회적 의사소통은 내장의 요구와 조율될 수 있다(제2장을 보시오).

　　RSA의 정량화를 통해 측정할 수 있는 말이집 미주신경에서 나오는 정보는 심장에 대한 보호 작용을 하며 겉질의 산소 공급에 직접적으로 영향을 미친다. RSA는 심장에 대한 배쪽미주신경의 영향에 민감하기 때문에 흔히 인간의 건강과 회복력에 대한 지표로 사용된다. 영장류의 큰 겉질에 산소를 공급하는 비교적 현대적인 과정은 높은 수준의 인지적인 기능이 나타날 수 있게 하였다. 이러한 과정은 인간이 가진 인지의 독특함에 대한 핵심적인 부분일 수 있다. 게다가 말이집 미주신경은 얼굴과 머리를 지배하는 뇌신경을 가진 뇌줄기와도 연관되어 있다(제3장을 보시오). 따라서 말이집 미주신경의 기능은 빨기, 삼키기 및 호흡과 목소리를 조율하는 인두와 후두의 신경조절에도 관여한다. 인간의 얼굴근육, 특히 위쪽 얼굴의 근육은 미세한 감정적 표현과 연관되어 있으며 이 체계에서 나오는 투사를 받으며 사회적 의사소통에 특히 중요하다(제13장을 보시오).

사회적 인지의 신경해부학

확장하는 포유류의 겉질은 인간의 인지, 언어 그리고 엄마−영아 상호작용을 넘어서는 더 정교한 형태의 양육을 위한 발판을 마련해 주었다. 확장하는 겉질과 함께 발생한 몇몇 해부학적 양상들은 포유류의 사회적 의사소통에 필요한 기전을 제공해 주었다.

포유류에 대한 전통적인 정의는 젖샘$^{mammary\ gland}$과 머리털의 발생에 초점을 두고 있다. 그러나 화석자료는 포유류의 양상을 정의하는 것으로 턱뼈에서 가운데귀뼈가 분리된 것의 확인에 의존하고 있다. 작은 가운데귀뼈들은 작은뼈사슬$^{ossicular\ chain}$을 형성하여 소리의 진동을 고막에서 속귀로 전달한다. 가운데귀근육이 가운데귀 구조물들을 긴장시키거나 이완시킴으로써 속귀로 전달되는 주파수대를 변화시킨다. 위험이 없는 방어체계가 하향조절된 안전한 환경에서, 작은뼈사슬은 비교적 긴장되어 있다. 이러한 작은뼈사슬의 긴장은 포유류로 하여금 파충류가 들을 수 있는 것보다 더 높은 주파수대의 소리를 처리할 수 있게 해준다. 따라서 포유류의 청각적 의사소통은 대개 파충류가 들을 수 없는 주파수대에서 발생한다. 턱뼈에서 가운데귀뼈로의 해부학적인 분리는 청각적인 의사소통이 가능하게 해주었다(제13장을 보시오). 동시에 미주신경을 조절하는 뇌줄기 영역에서의 계통발생적인 변화는 얼굴과 머리의 가로무늬근육을 조절하는 뇌줄기 영역과 물리적 및 기능적으로 얽히도록 발생하였다. 이러한 변화의 결과는 사회적 의사소통 양상을 가진 역동적인 사회참여체계의 출현이다(즉, 머리동작, 목소리의 생성, 같은 종의 목소리를 통한 의사소통을 선택적으로 들을 수 있는 능력).

이러한 새로운 포유류 해부학을 지지하는 것으로 말이집 미주신경이 나타났다. 말이집 미주신경은 교감신경계 및 시상하부-뇌하수체-부신축을 억제할 수 있다. 자율신경계의 이러한 양상은 포유류가 움직임을 억제하고 차분한 행동적 상태를 경험할 수 있도록 해주었다. 이러한 과정들을 통해 포유류는 높은 수준의 사회적 상호작용에 참여하는 것이 가능하게 되었다.

파충류에서 포유류로의 계통발생적인 전환은 또한 얼굴과 머리의 가로무늬근육이 말이집 미주신경의 차분하게 만드는 영향을 유발하는 것과 똑같은 뇌줄기 영역에 의해 조절되는 얼굴-심장 연결을 유발하였다. 얼굴과 머리의 가로무늬근육은 사회적인 단서의 전달 (예: 얼굴표정, 목소리, 듣기, 고갯짓 등)과도 연관되어 있다. 이러한 체계들은 환경에서 위험과 안전함을 발견하는 신경계의 양상 탐지기에 자극을 '촉발하는' 역할을 한다(신경감각에 대한 논의를 보시오). 그러나 확장된 포유류의 겉질은 또한 많은 양의 산소를 필요로 한다. 포유류의 겉질에 대한 산소 공급은 부분적으로 상호적 사회성을 가능하게 해준 자율신경계의 적응과 똑같은 과정을 통해 이루어졌다. 새겉질에 대한 산소 공급을 지지해 주는 육지 생활에 맞는 폐와 네 개의 심방심실로 이루어져 있는 심장을 포함하는 이러한 체계들은 또한 부분적으로 미주신경의 말이집 가지에 의해 조절된다.

포유류에서의 이러한 신경계의 상승작용은 행동의 공생적 조절을 가능하게 해주었으며 상호적인 양육을 더 정교화시킬 수 있도록 해주었다. 사회적 행동이 인지와 건강에 중요한 영향을 미칠 수 있게 해주는 동안, 이러한 것과 체계들이 이루어졌다. 인간의 신경계에서 사람 대 사람 간의 상호작용 양상은 적응적인 생체행동적 체계에 대한 타고난 촉발요인이며 건강과 치유를 지지해 줄 수 있다. 사회적 상호작용이 없거나 사회적인 어려움이 많은 상황에서 다양한 형태의 비적응적 행동과 질병들이 나타날 수 있다.

위협과 위험에 대한 신경감각과 사회적인 대처

말이집 미주신경의 통합된 기능은 긍정적인 감정의 표현과 사회적 의사소통을 가능하게 해준다. 그러나 신경계는 또한 '신경감각'의 과정을 통해서 환경에 있는 위험을 계속 평가하는데(제1장을 보시오), 그러는 동안에 맞섬 또는 도피의 방어전략이나 그 대안인 정지를 지지하는 특수한 신경회로가 촉발된다.

　포유류 신경계는 위협이나 위험이 존재할 때 사용할 수 있는 능동적 또는 수동적 대처방법으로 두 가지의 원시적인 방어적 신경회로를 가지고 있다. 맞섬 또는 도피체계는 움직임이 가능하게 해주며 능동적으로 대처한다. 이 체계는 사용 가능한 에너지를 증가시키는 카테콜아민^{catecholamine}과 글루코코르티코이드$^{glucocorticoids2)}$의 분비를 포함하는 교감부신체계$^{sympathoadrenal\ systems}$에 의해 지지를 받는다. 그러나 능동적인 회피는 포유류가 위협이나 위험에 대처할 수 있는 유일한 기전은 아니다. 피할 수 없는 위험이나 다른 형태의 극단적인 스트레

---

2) 부신겉질에서 만들어지고 분비되는 스테로이드 호르몬으로 코르티솔이 포함된다(역자 주).

스와 같은 일부 상황들에서 움직임 전략은 억제될 수 있다. 이러한 대안적인 방어전략의 특징은 수동적인 대처와 고정이다. 보다 심한 상황에서는 새겉질에 의존하는 체계를 포함하는 많은 체계들이 정지될 수 있다. 이러한 상황에서 동물들은 죽은 척을 하고 '무기력한' 행동을 보여준다.

민말이집 미주신경은 심장박동을 감소시키는데, 이것은 위험에 처했을 때 에너지를 보존하기 위해 얼어붙는 전략을 사용하는 파충류의 적응적인 전략과 일치하는 것이다. 그러나 큰 겉질을 가지고 있는 포유류는 비교적 높은 농도의 산소가 없이는 각성을 유지할 수가 없다. 따라서 심장박동이 느려진 상태가 오래 지속되는 것은 의식의 소실을 유발할 수 있으며 결국 사망에까지 이르게 할 수 있다. 심장과 뇌가 정지하는 것을 보호하는 신경생리적인 기전들이 존재한다. 앞에서 잠깐 설명했듯이, 펩티드 호르몬의 분비는 이러한 신경기전들 중의 하나이다.

사회참여체계

인간의 사회적 행동에 중요한 것은 얼굴과 머리의 근육들을 조절하는 다섯 개의 뇌신경에서 나오는 경로들이다. 이러한 운동경로들을 종합적으로 특수내장날경로special visceral efferents라고 부른다. 특수내장날경로는 씹기근육(예: 섭취), 가운데귀근육(예: 목소리 듣기), 얼굴근육(예: 감정표현), 인두와 후두근육(예: 목소리 운율과 어조), 머리기울임과 머리돌림근육(예: 고갯짓)을 조절한다. 얼굴과 머리의 가로무늬근육을 조절하는 회로들의 근원핵들은 뇌줄기 내에 있는 말이집 미주신경의 근원핵(즉, 모호핵)과 상호작용하며 함께 통합된 사회참여체계를 형성한다. 이 체계는 사회적 및 감정적 행동의 표현 및 이러한 행동과 연관된 느낌에 관여하는 신경구조물들을 제공한다.

포유류의 사회적 의사소통과 사회적 인지의 진화

대개, 말 및 목소리를 포함하는 긍정적인 형태의 의사소통은 전형적으로 성공적인 양육의 구성요소이다. 목소리는 또한 생리적 상태에 대한 정보를 전달해 준다. 예를 들면 영아의 울음소리는 건강상태를 알려주며 양육을 유발할 수 있다. 사회적 의사소통과 내장체계의 조율된 조절은 긍정적인 사회적 경험과 건강 사이의 관계를 설명해 준다.

사회적 의사소통과 심혈관, 소화, 면역체계의 조절과 같은 내장기능은 공통된 신경경로를 공유하고 있다. 예를 들면 뇌줄기는 말이집 미주신경을 통해서 목소리 의사소통뿐만 아니라(즉, 호흡 및 인두와 후두의 근육을 조절하는 경로) 심장박동도 조절한다. 따라서 RSA로 표현되는 호흡과 목소리의 청각적 양상, 표현되는 운율은 통합된 사회참여체계에서 나오는 결과물들이다.

저하된 사회참여체계의 특징은 심장박동 변화성의 저하(즉, 말이집 미주신경을 통한 RSA의 낮은 진폭)와 목소리 어조의 감소(즉, 운율의 저하)이다. 운율이 없는 사람의 목소리는 다른 사람들의 관심을 끌지 못하며 감정적으로 둔하거나 지루한 사람으로 인식되게 만든다. 이와는 대조적으로 적절하게 기능하는 사회참여체계는 심장박동의 변화성이 높고(즉, 높은 진폭의 RSA) 목소리 어조도 풍부하다(즉, 높은 운율). 운율이 없는 것은 낮은 진폭의 RSA와 마찬가지로 위험 요소이며, 이 둘 모두는 건강에 대한 위험을 나타내주는 지표로 사용될 수 있다.

청각적 목소리의 양상에 집중하는 것은 심장에 대한 미주신경조절에 대한 통찰을 제공해 준다. 예를 들면 사회적 상호작용에서 목소리 운율의 긍정적인 양상은 RSA와 동시성을 이룰 수 있다. 이러한 조율된 기능의 근원은 사회참여와 사회적 의사소통을 위한 신경해부학적 기전의 진화에서 쉽게 이해될 수 있다.

얼굴과 머리의 근육들은 종합적으로 사회적 자극들을 제한하는 여과 장치의 기능을 하며(예: 얼굴표정을 관찰하고 목소리를 듣는) 사회적 환경과의 참여를 결정한다. 이러한 근육들의 신경조절은 얼굴 양상의 변화(특히 인간과 다른 영장류), 목소리 어조를 조절하는 인두와 후두근육의 조절(운율), 호흡작용과 얼굴 및 목소리 운동 긴장도의 조율에 의한 사회적 경험을 결정한다. 게다가 호흡의 빈도는 의미를 전달(말의 내용에 관계없이)할 수 있는 목소리의 표현과 결합되어 있다. 예를 들면 긴박함은 짧은 날숨(즉, 빠른 호흡)과 연관된 짧은 목소리로 전달되는 반면, 차분함은 긴 날숨(즉, 느린 호흡)과 연관된 긴 목소리로 전달될 수 있다.

신경화학과 사회적 신경계

신경펩티드는 사회성, 감정, 자율신경계를 조절한다. 사회적 행동은 내분비와 자율신경계 과정에 의해 지지되고 조율된다(Grippo, Trahanas, Zimmerman, Porges, & Carter, 2009). 생식과 항상성을 위해 필요한 생화학체계의 복잡한 신경망은 사회적 행동에도 영향을 미친다. 사회적인 상호작용에 필요한 에너지를 고려해볼 때, 사회적 행동에 관여하고 있는 신경전달물질들과 똑같은 신경전달물질들이 자율신경계도 조절한다는 점은 별로 놀랄 일이 아니다. 두 가지의 포유류 호르몬/신경조절물질neuromodulators인 옥시토신과 바소프레신은 포유류의 사회성에 특히 중요한 것으로 알려져 왔다. 이러한 똑같은 분자들, 특히 옥시토신의 기능이 다른 사람들에게서 나타나는 사회적인 단서에 대한 민감성 및 신뢰, 양육과 같은 개념을 포함하는 긍정적인 사회적 행동의 원인과 결과에 핵심적이라는 증거들이 증가하고 있다(Heinrichs, von Dawans, & Domes, 2009).

옥시토신과 바소프레신은 아홉 개의 아미노산들 중에 두 개만 서로 다른 작은 신경펩티드이다(Landgraf & Neumann, 2004). 옥시토신은 교차위핵supraoptic nucleus과 뇌실곁핵paraventricular nucleus을 포함하는 시상하부핵들에서 주로 생산된다. 바소프레신은 교차위핵과 뇌실곁핵뿐만 아니라 감정적인 행동과 하루주기리듬circadian rhythms을 조절하는 다른 뇌영역들에서도 생산된다. 게다가 특히 남성에게서, 바소프레신은 사회적 및 감정적 조절과 자기방어에 특히 중요한 뇌영역들(예: 편도, 종말줄stria terminalis의 바닥핵bed nucleus, 가쪽사이막lateral septum)에 풍부하다(De Vries & Panzica, 2006).

옥시토신과 바소프레신은 시상하부(즉, 교차위핵과 뇌실곁핵)에서 포유류의 뇌하수체 뒤쪽으로 전달되어, 여기에서 혈류로 방출되며 자궁이나 젖조직mammary tissue과 같은 말초의 대상조직에 호르몬으로 작용한다. 뇌 내에서 이러한 화학물질들은 또한 신경조절물질의 역할도 하는데 다양한 범위의 신경과정에 영향을 미친다. 옥시토신과 바소프레신은 수동적 확산을 통해서 중추신경계 전체로 이동할 수 있다(Landgraf & Neumann, 2004). 이러한 분자들의 수용체들은 사회적 행동과 연관된 다양한 뇌영역들에서 발견되었다(Gimpl & Fahrenholz, 2001). 대부분의 생물학적인 활동성 화합물들과 대조적으로 옥시토신은 단 하나의 수용체만 가지고 있다. 바소프레신은 각각 다른 기능을 가진 최소한 세 개의 수용체를 가지고 있다. 그러나 옥시토신 펩티드는 또한 바소프레신 수용체에 영향을 줄 수 있으며 그 바소프레신도 옥시토신 수용체에 영향을 줄 수 있다.

옥시토신체계의 신경해부학은 행동, 자율신경계의 기능, 말초조직에 대한 조율된 영향을 미친다. 바소프레신과 옥시토신은 각자의 수용체에 대항제antagonists로 작용을 할 수 있기 때문에 전부는 아니지만 일부 반대되는 기능을 가지고 있으며, 다른 경우에는 비슷한 영향을 미친다. 옥시토신과 바소프레신의 역동적인 상호작용은 생리와 행동을 번갈아 조절하며 친사회적인 사회적 행동과 방어적 상태 사이를 이동할 수 있게 해준다(Viviani & Stoop, 2008).

옥시토신과 바소프레신의 진화

사회성에 필수적인 요소들은 물과 무기질을 보존하기 위한 생리적인 과정에서 발생했을 가능성이 높다. 이러한 적응 과정은 태내 수정과 임신 그리고 태반을 통한 생식을 포함하는 수중 생활에서의 삶에서 육지에서의 삶으로의 이동을 가능하게 해주었다. 비록 바소프레신은 '항이뇨호르몬antidiuretic hormone'으로 알려져 있지만 옥시토신과 바소프레신 모두는 물과 무기질을 보존하기 위해 성인의 콩팥 기능에 영향을 미친다. 물을 유지하거나 흡수하는 능력은 육상생활을 하는 포유류의 진화에 중요한 요소였다. 태내 수정, 태반의 발달, 젖분비 능력은 잘 발달된 물조절체계를 필요로 하였다. 이러한 변화는 또한 자녀들의 출생 전후를 위한 보호적인 환경을 제공하였으며 현대의 새겉질과 인지가 출현할 수 있도록 해주었다.

옥시토신과 바소프레신을 위한 유전자는 매우 오래전인 대략 70억 년 전에 발생한 것으로 추측된다(Donaldson & Young, 2008). 이러한 유전자는 척추동물과 무척추동물이 구분되기 전에 존재하고 있었다. 펩티드가 진화하게 된 원래의 분자구조는 바소토신[vasotocin]으로 믿어지고 있다. 바소토신은 옥시토신 및 바소프레신과 단 하나의 아미노산만 다르다. 바소토신은 포유류 태아에서 발견되지만, 그 발현은 출생 시에 감소된다.

옥시토신과 바소프레신을 정의하는 특별한 부호화 순서[coding sequence]는 한 번 이상 진화되었지만, 현재의 형태는 아마도 포유류가 처음 출현했을 때 즈음에 진화되었을 것이다. 옥시토신은 출산과 젖분비 기능을 통해서 비교적 미성숙한 영아의 모성 양육을 도와준다(Brunton & Russell, 2008; Numan, 2007). 자궁수축을 유발하는 옥시토신의 능력은 인간 머리뼈와 겉질 그리고 인지의 확장을 가능하게 해주었다. 이러한 변화들은 인간의 목소리가 언어로 발전하고 인지적 기능과 겉질의 구조에 의존하고 있는 다른 형태의 사회적 의사소통에 기여하였다.

신경펩티드는 뇌줄기에 대한 효과를 통해
자율신경계 기능에 영향을 준다

시상하부의 뇌실곁핵(옥시토신과 바소프레신을 합성하는 세포를 포함)은 다양한 형태의 도전에 대한 내분비 및 심혈관 반응을 조율하는 신경적 의사소통에 중요한 위치이다(Michelini, Marcelo, Amico, & Morris, 2003). 뇌실곁핵의 수준에서, 옥시토신은 시상하부-뇌하수체-부신축과 자율신경계 기능 모두에 영향을 미친다. 등쪽미주신경복합체에 옥시토신의 수용체가 존재하는 것은 설치류에 대한 자가조직방사선촬영autoradiography을 통해 확인되었다(Gimpl & Fahrenholz, 2001). 편도, 시상하부, 아래쪽 뇌줄기는 겉질과의 연결을 통해서 감각적, 인지적, 감정적 정보를 통합한다. 편도의 중심핵 역시 옥시토신과 바소프레신 및 그 수용체들을 가지고 있으며, 편도의 중심핵으로의 투사와 중심핵에서의 투사는 감정적 반응성의 중요한 결정인자가 된다. 따라서 편도의 중심핵은 긍정적인 감정에서 부정적인 감정으로의 변화가 조절될 수 있는 하나의 장소(몇몇 장소 중에서)이다. 옥시토신과 바소프레신의 수용체들은 편도에서 발견되며, 이러한 펩티드들이 사회적 및 감정적 기능들을 통합할 수 있는 기회를 제공해 준다.

옥시토신과 바소프레신은 또한 자율신경계에 대한 영향을 통해 감정과 행동에 영향을 줄 수 있다. 많은 문헌들이 옥시토신 및 바소프레신과 미주신경회로 사이의 상호작용을 보고하고 있다. 예를 들면 옥시토신과 바소프레신 사이의 상호작용이 편도의 중심핵 수준에서 발생하며, 이러한 상호작용은 미주신경회로를 조절하는 아래쪽 뇌줄기 핵들에 입력을 제공한다는 증거가 있다. 이러한 과정은 특히 두려움이나 감정조절장애의 상태에서 옥시토신이 부분적으로 편도의 활동을 하향조절하는(기능자기공명영상에 의해 측정) 능력을 설명해 준다(Meyer-Lindenberg, 2008). 바소프레신은 혈압과 심장박동뿐만 아니라 교감-부신축과 부교감신경계의 기능에 대한 영향을 통해 행동에 대한 복합적인 역할을 한다. 바소프레신 펩티드와 바소프레신 수용체(V1aR) 모두는 편도의 중심핵에서 확인되었으며, 옥시토신을 포함하는 과정이 발견된 배쪽미주신경복합체의 근원핵과 말이집 미주신경을 포함하는 뇌줄기 영역의 조절에도 영향을 미친다.

옥시토신과 바소프레신 수용체들은 모두 말이집 미주신경을 조절하는 경로들에서 발견되었다. 그러나 옥시토신 수용체는 특히 민말이집 미주신경을 조절하는 등쪽미주신경복합체에 풍부하다. 앞에서 설명했듯이, 민말이집 미주신경은 원시적인 방어체계의 한 부분으로 심장박동을 느리게 할 수 있으며 혈압의 급격한 저하와 실신을 유발할 수 있다. 그러나 정상적인 상황에서 말이집 미주신경체계는 민말이집 미주신경을 억제시키며 이 체계가 심장을 멈추게 하는 것으로부터 보호해 준다(Porges, 2007b). 출산과 같은 극도로 스트레스를 받는 상황에서, 정지 및 감정적, 사회적, 인지적 기능의 감소를 유발할 수 있는 이러한 옥시토신은 보다 원시적인 미주신경체계로 전환되는 것을 보호하는 기능을 한다(등쪽미주신경복합체를 포함하는 신경적 대상들에 대해). 옥시토신과 바소프레신이 분리된 신경펩티드로 발생한 것을 포함한 신경펩티드 기능에서의 이러한 진화적인 변화는 포유류의 출산 과정을 촉진시켰으며(Brunton & Russell, 2008) 이러한 펩티드들은 포유류의 사회적 행동의 상호조절성 양상들을 증진시켰다(Carter, 1998; Numan, 2007). 위에서 언급한 모델에 대한 요약이 [그림 19.1]에 설명되어 있다.

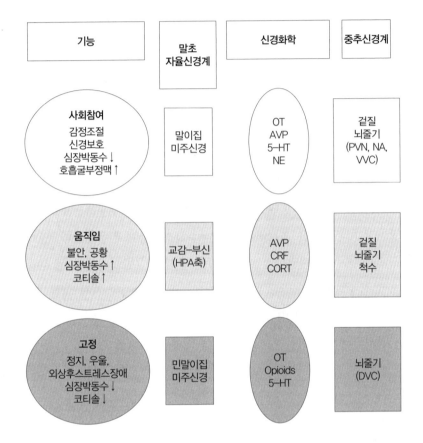

[그림 19.1] 여러미주신경이론: 사회적 행동과 스트레스 경험에 대한 적응적인 관리에
영향을 미치는 신경내분비 및 자율신경계 과정의 계층적 조직화

옥시토신(OT), 바소프레신(AVP), 부신겉질자극호르몬방출인자(corticotropin-releasing
factor: CRF), 내인아편유사제(endogenous opioids)뿐만 아니라 세로토닌(5-HT), 노르
에피네프린(NE)과 같은 신경전달물질들은 뇌에 대한 직접적인 활동뿐만 아니라 배쪽
미주신경복합체(VVC), 등쪽미주신경복합체(DVC), 시상하부-뇌하수체-부신축(HPA
axis)을 포함하는 자율신경계의 다른 요소들에 대한 간접적인 활동을 통해 행동과 감
정에 영향을 미친다. 뇌줄기에서 작용하는 옥시토신, 세로토닌, 내인아편유사제들은
정지와 고정 동안이나 정지와 고정에 대한 보호 작용을 한다.

신경펩티드와 스트레스 경험의 관리

시상하부, 특히 뇌실곁핵은 스트레스, 정동 그리고 사회적 행동에 대한 심혈관조절과 연관된 신경성 의사소통에 매우 중요한 곳이다. 따라서 옥시토신이 시상하부-뇌하수체-부신축과 자율신경계 기능에 영향을 미친다는 사실은 그리 놀라운 일이 아니다(Carter, 1998; Viviani & Stoop, 2008). 옥시토신이 부족한 쥐는 교감-미주신경 균형이 붕괴되었으며 스트레스를 관리하는 능력에 결함을 보였다 (Michelini et al., 2003). 게다가 옥시토신은 일반적으로 시상하부-뇌하수체-부신축의 활동성을 억제한다(Neumann, 2008).

뇌실곁핵에서 중요한 뇌줄기 영역으로 가는 옥시토신 투사는 심혈관조절에 중요하다. 옥시토신이 결합하는 자리는 등쪽미주신경복합체에서 발견되었으며 옥시토신은 미주신경세포의 흥분성을 증가시킨다(Viviani & Stoop, 2008). 게다가 뇌줄기에 있는 옥시토신 수용체는 압력의 변화에 대한 느린맥 반응을 촉진시킴으로써 심장박동에 대한 압력반사의 조절을 보여주었다. 따라서 적절한 상황에서, 옥시토신에 의존하고 있는 체계는 과다각성을 조절하고 제한하며 이것은 도전에 대한 적절한 관리를 할 수 있도록 해주고 사회적 참여와 양육 또한 가능하게 해준다(Porges, 2007b).

말초 옥시토신의 투여는 심장박동과 혈압을 감소시킬 수 있다 (Michelini et al., 2003). 옥시토신의 보호 효과의 결핍 또는 옥시토신의 결핍은 어렵거나 스트레스가 많은 상황에 직면했을 때 가장 흔히 관찰된다. 예를 들면, 매우 사회적인 초원들쥐에게(Carter, DeVries, & Getz, 1995) 옥시토신을 투여하면 고립에 의해 유발된 행동과 심장박동의 변화가 완화되었다(Grippo et al., 2009). 이것은 내인endogenous 옥시토신이 고립에 의해 유발된 자율신경계 기능의 변화를 완화시키기에 불충분하며 추가적인 외인exogenous 옥시토신의 공급이 상당한 효과를 낼 수 있음을 시사한다. 옥시토신의 추가적인 공급이 고립되지 않았던 초원들쥐의 심장박동은 낮추지 않았다는 점을 주목하는 것이 중요하다. 따라서 최소한 옥시토신의 몇 가지 이점은 스트레스와 힘든 상황에서만 분명하게 나타난다.

중추성으로 분비되는 옥시토신은 스트레스 경험과 연관된 방어적인 행동전략을 억제시킬 수 있다. 옥시토신은 또한 바소프레신 및 시상하부−뇌하수체−부신축에 중요한 역할을 하는 부신겉질자극호르몬방출인자corticotropin-releasing factor와 같은 다른 적응적인 펩티드의 중추성 효과를 억제한다(Neumann, 2008). 항상 그렇지는 않지만, 일반적으로 내인 옥시토신의 효과는 신경보호적인 것이다. 우리는 초원들쥐를 대상으로 한 연구에서 강력한 스트레스(구속된 상태로 사회적인 침입자에 노출시키는 것과 같은)는 옥시토신과 바소프레신 모두를 방출시킬 수 있다는 것을 발견하였다. 건드리는 것과 같은 가벼운 스트레스는 바소프레신의 혈중 농도를 증가시켰지만, 항상 옥시토신의 농도를 증가시키지는 않았다. 새끼 들쥐에게 노출시키는 것과 같은 경험은 일시적으로 옥시토신의 분비를 증가시켰는데, 이것은 생식 경험이 없는 수컷에게서 특히 더 그러하였다. 새끼 들쥐에게 노출시키는 것은 스트레스와 연관된 부신스테로이드의 증가를 차단하고 짝짓기 형성을 촉진시키는 효과가 있었다(Carter, Grippo, Pournajafi-Nazarloo, Ruscio, & Porges, 2008). 이러한 예들과 다른 예들은 옥시토신이 스트레스 경험의 관리에 중요한 역할을 하며 사회적 행동 또한 촉진시킨다는 일반적인 가설을 지지해 주고 있다.

동물연구는 옥시토신이 면역체계에 영향을 미치며 발달하는 동안 가슴샘[thymus]을 '교육하는' 역할을 한다는 것을 보여주었다. 옥시토신은 생체 내와 생체 외 모두에서 염증 반응을 감소시키는 능력을 가진 강력한 항염증제가 될 수 있다. 예를 들면 옥시토신은 화상 이후의 조직 회복을 증진시키고 폐혈증[sepsis]으로부터 보호하며 병원체[pathogens]에 대한 반응을 감소시킬 수 있다. 비교적 높은 농도의 내인 옥시토신은 인간에게서도 상처의 회복을 증진시킨다(Gouin et al., 2010). 옥시토신의 이러한 기능들은 옥시토신의 분비가 가능하게 해주는 양육과 같은 상황에서 양육을 주고받는 사람 모두를 보호하는 또 다른 기전을 제공해 줄 수 있을 것이다.

양육과 스트레스 관리에서 성별의 차이

양육을 하거나 양육을 받는 데 있어서의 성별의 차이는 흔히 관찰되며 토론의 대상이 되었다. 여성은 때때로 배우자나 부모의 역할을 통해서 또는 수유와 같은 전문적인 능력을 가지고 직접적인 양육을 더 잘 제공한다. 남성에게 있어서 양육은 가족이나 자원의 방어와 보호 같은 덜 직접적인 양육 행동으로 표현된다.

문화와 경험은 성별 차이의 발달, 표현, 유지에 중요한 역할을 한다. 그러나 양육 능력에서의 남성과 여성의 차이는 부분적으로 생물학에 근거를 둔 것일 수 있는데, 이것은 성적으로 두 가지 형태의 행동적 성향과 상태에 영향을 줄 수 있다(Carter, Boone, Pournajafi-Nazarloo, & Bales, 2009).

생식샘스테로이드호르몬^{gonadal steroid hormones}과 그 수용체들은 성별
차이에 영향을 줄 수 있으며 특히 초기 발달에서 더 그렇다. 게다가
옥시토신과 바소프레신 같은 내인 신경펩티드들과 그 수용체의 성별
차이는 성적으로 두 가지 형태의 사회적 행동에 영향을 미칠 수 있
다. 예를 들면, 살아 있는 동안 에스트로겐^{estrogen}에 대한 다른 노출은
옥시토신의 사용 가능성을 증가시킬 수 있다. 그러나 이러한 문제에
관해 언급한 연구들은 극히 적으며 최소한 혈액에서의 옥시토신 농
도는 남성과 여성에게서 차이가 없다. 게다가 에스트로겐과 옥시토
신의 영향 모두는 상황에 따라 달라진다(Grippo et al., 2009). 따라서
시상하부-뇌하수체-부신축 및 생식샘축의 호르몬을 포함하는 다른
체계들과 활성화 또는 움직임과 연관되어 있는 자율신경계 상태는
내인 및 외인 옥시토신의 결과에 영향을 미칠 수 있다.

혈중 바소프레신 농도 또한 성별 사이에 차이가 없다. 그러나 중
추성^{central} 바소프레신 농도에는 성별 차이가 있는데 특히 편도, 종말
줄의 바닥핵, 가쪽사이막을 포함하는 신경축에서 그렇다(De Vries &
Panzica, 2006). 이 체계는 부정적 및 긍정적 자극에 대한 반응을 결
정하는 데 중요하며 성적으로 두 가지 형태를 나타내는 것이 뚜렷하
고, 스트레스 경험에 대한 사회적 행동 및 감정적 반응에 차이가 나
는 자폐증을 포함한 다양한 장애들의 선택적인 행동적 양상을 설명
하는 데 도움이 될 것이다(Carter, 2007). 바소프레신의 효과는 옥
시토신에 의해 역동적으로 영향을 받으며 그 반대의 경우도 그렇다
(Viviani & Stroop, 2008).

사회적 경험은 옥시토신과 바소프레신 및 그 수용체의 합성 모
두를 조절하는 중요한 요소이다. 따라서 한 개인의 사회력은 생리

및 행동의 잠재적인 결과를 유발하는 신경펩티드 기능의 보정에 영향을 미친다. 외인 옥시토신이나 바소프레신에 대한 발달 과정에서의 노출 또한 평생 동안 지속되는 영향을 미칠 수 있다(Carter et al., 2009). 이러한 발달 과정에서의 영향은 성별과 상호작용하는데 왜냐하면 남성과 여성은 흔히 외인 펩티드에 다르게 반응하며 평생 동안 나타나는 행동양상을 변화시킬 가능성을 가지고 있기 때문이다. 펩티드와 그 수용체의 후성적 변화들^{epigenetic changes}은 사회적 경험이 평생 동안 지속되는 개인적인 차이로 전환되는 기전들 중의 하나일 가능성이 높다. 동종육아^{alloparenting3)}를 포함하는 사회적 행동은 어린 시기의 사회적 및 호르몬 경험에 특히 민감하다. 따라서 양육의 기본적인 요소는 나중의 삶에서 사회성과 감정적 반응성을 조절할 수 있는 옥시토신과 바소프레신 같은 호르몬과 초기의 사회적 경험 사이의 상호작용에 의해 수정되는 능력과 함께 진화되었다.

긍정적인 사회적 경험의 임상적 영향

현대의 의학, 특히 지난 10년 동안의 현대의학은 질병의 기전에 초점을 맞추어왔다. 의학적인 발전은 대부분 기법적인 것이었다. 건강과 치유의 바탕에 있는 자연적인 기전은 아직 잘 이해되지 않은 채로 남아있다. 포유류에게만 독특한 원시적인 신체적 체계에 바탕을 둔 정교한 신경기전이 인간의 신체로 하여금 지속적으로 자신의 건강을

---

3) 친부모가 아니더라도 같은 종의 자녀를 양육하는 것(역자 주).

주시하고 관리하며 회복시키도록 해준다. 그러나 인간은 매우 사회적인 생명체이다. 우리가 스스로를 치유할 수 있는 능력은 다른 사람들과의 관계와 신체적으로 연결되어 있다. 사회적인 결합이 없거나 사랑하는 사람의 상실에 의해 붕괴되었을 때 우리의 건강 역시 위험에 처하게 된다.

양육의 측면에서 볼 때, 양육자와 양육을 받는 사람 사이의 상호관계의 질은 생존에 중요하다. 흔히 여기에는 '적절한' 몸짓, 얼굴표정, 운율, 접근성, 접촉이 포함된다. 특별한 임상적인 치료 외에도, 친구 및 가족에 의한 사회적인 지지와 사회참여행동 역시 질병을 회복시키고 건강을 유지시킬 수 있다(Harris, 2009). 옥시토신은 자율신경계와 면역체계에 대한 영향을 통해서 사회적인 지지의 긍정적인 결과를 유발하는 데 중요하다. 예를 들면, 인간에게 있어서 세균(지질다당질$^{lipopolysaccaride4)}$)에 대한 면역반응은 옥시토신 병행치료에 의해 차단될 수 있다(Clodi et al., 2008).

신경회로를 촉발시키는 사람 간의 상호작용은 건강, 치유, 성장과정에 기여하는 차분한 생리적 상태를 증진시킨다. 이와는 반대로 위협하는 상호작용은 움직임(예: 맞섬 또는 도피 행동)이나 고정(예: 행동 정지, 실신, 죽은 척하기)을 지지하는 생리적 상태와 연관된 방어적인 전략을 촉발한다. 앞에서 설명했듯이 신경계는 지속적으로 환경이 안전한지, 위험한지, 생명에 위협이 되는지를 평가한다(제1장을 보시오). 이러한 신경감각의 과정을 통해서, 건강과 치유를 지지하거나 맞섬 또는 도피 또는 정지의 방어적인 전략을 지지하는 신경회로가

---

4) 세균의 외막에 존재하는 분자(역자 주).

촉발된다. 신경감각은 옥시토신과 바소프레신을 포함하는 신경펩티드에 의해 조절될 수 있는 편도를 포함하는 뇌구조물과 연관되어 있다. 적절한 상황에서, 사람들 간의 상호작용은 건강과 치유를 지지하는 적응적인 생체행동적 체계를 위한 인간의 신경계를 촉발할 수 있다. 양육이나 사랑을 주고받는 것은 보호, 치유, 회복의 능력을 가지고 있다. 이러한 과정의 바탕에 있는 기전은 이제 점점 명확해지고 있다.

요약

우리가 평생에 걸쳐서 나타나는 사회적 행동을 관찰할 때, 자발적인 사회참여행동을 포함하는 자기조절행동이 표현되는 기간이 길다는 것을 알 수 있다. 이와 대조적으로, 우리는 이러한 시기들이 양육자에게 의존하고 있다는 것도 알게 된다. 이러한 양육자에 대한 의존은 말이집 미주신경을 통한 자율신경계 상태에 대한 신경조절 제한과 일치한다. 양육자에 대한 의존의 시기가 신경펩티드에 의해 조절되는지는 앞으로의 연구가 해야 할 일이다. 아마도 이러한 시기 동안의 옥시토신의 조절은 영아나 노인이 양육자에 대해 덜 선택적이도록 해주며 다양한 양육자에 의해 달래지거나 편안해질 수 있도록 해줄 수 있을 것이다. 신경조절회로가 발달하고 사회적으로 참여할 수 있는 기회가 많아지면서, 옥시토신과 바소프레신은 강력한 사회적 결합의 형성을 촉진시키는 상태를 조절하는 데 더 중요한 역할을 한다.

하나의 종으로서, 인간은 매우 사회적인 포유류이며 생존과 생식을 위해 다른 사람들에게 의존한다. 적절한 상황에서 이러한 의존성은 공생적이고 상호적이다. 사회성의 진화된 신경적, 자율신경적, 내분비적인 기반은 다른 종들과 공유되어 있으며, 사회성과 연관된 과정의 여러 종에 대한 분석이 가능하게 해준다. 사회참여와 사회적 결합의 신경생물학을 이해하는 것은 또한 건강 및 질병으로부터의 회복과 연관된 사회적 지지 및 양육과 같은 인간적인 개념에 대한 통찰을 제공해 준다. 이러한 체계는 옥시토신과 바소프레신 같은 호르몬이 행동, 자율신경계, 면역체계에 영향을 주는 뇌줄기의 수준을 포함하는 신체 전반에 통합되어 있다. 이러한 원시적인 체계로 들어가고 나오는 투사들은 겉질을 포함하는 보다 현대적인 뇌구조물에 의해 전체적으로 때때로는 강력한 느낌이나 감정으로 경험된다. 높은 수준의 사회적 행동과 사회적 결합을 가능하게 해주는 똑같은 신경내분비 및 자율신경계는 스트레스 경험의 관리를 조절하며 스스로를 치유하는 포유류의 신체의 능력을 조절한다. 그러나 뇌줄기와 자율신경계의 활동성은 상황에 의존하고 있다. 안전하거나 비교적 약하거나 급성인 스트레스가 있을 때의 옥시토신 분비는 건강과 회복을 증진시킬 수 있다. 만성적인 스트레스나 두려움이 있을 때 이러한 똑같은 적응적인 체계의 활동은 해롭거나 파괴적인 결과를 유발할 수 있다. 진화의 기원과 사회성의 신경생물학에 대한 지식은 포유류 양육 행동의 원인과 결과 모두를 이해하기 위한 전반적인 관점을 제공해 준다.

이 장의 공동저자는 C. S. Carter이었다.

맺음말

여러미주신경이론은 신경과학에서 나온 지식의 증가와 임상가들의 지속적인 되먹임을 통해 계속 발전하고 있다. 미래에 여러미주신경이론(Porges, 2007a, 2007b)은 면역, 내분비, 자율신경계의 신경조절에 대한 구체적인 뇌구조물의 역할을 통합시킬 신경내장조절의 통합된 이론으로 확장될 것이다. 이러한 통합은 정신적인 과정이 신체기능에 미치는 영향과 신체기능이 정신적 과정에 미치는 영향 모두에 대한 충분한 이해가 가능해지도록 해줄 것이다. 신경해부학적인 수준에서의 이러한 체계의 통합은 분명하며 이미 오래전에 이루어진 것이다. 비록 이러한 체계들이 공통되는 신경해부학적 구조물들을 공유하고 있지만, 연구단체들은 마치 독립적인 것처럼 선택된 반응 체계들(즉 면역, 내분비, 또는 자율신경계)을 최대화하도록 고안된 패러다임을 가지고 독립적으로 등장했다. 확장된 여러미주신경이론을 제안함으로써, 면역과 내분비반응은 여러미주신경이론에 대해 처음 소개할 때 설명한 세 가지의 회로들처럼(제2장 참조) 계통발생적인 계층 내에서 해석될 것이다. 더욱이 면역 및 내분비 반응을 스트레스 또는 손상과 연관시켜 해석되기보다는 계통발생적인 틀 내에서 해석될 것이며 이러한 반응들의 적응적인 기능이 강조될 것이다. 확장된 이 이론은 신체가 스스로를 치유하는 능력 및 신체적 질환과 정신적 건강 사이의 관계와 같은 중요한 과정을 설명할 수 있는 양방향성의 마음-신체 및 뇌-신체의 반응에 대해 더 나은 이해를 할 수 있도록 해줄 것이다.

임상가들, 특히 외상학자들은 여러미주신경이론이 정신건강 증상의 이해 및 의뢰인의 안전에 대한 욕구를 존중하는 중재법과 치료법의 개발에 도움이 된다는 것을 발견하였다. 이 이론은 또한 한 개인이 생리적 상태를 조절하고 안전함을 느끼는 데 사용하는 전략들에 대한 더 나은 이해를 할 수 있도록 해주었다. 여러미주신경이론은 정신건강의 영역 내에서 이미 임상가들이 실제로 모든 정신건강의학과적 질환에서 억압되어 있는 사회참여체계와 연관된 핵심적인 양상들을 볼 수 있게 해주었다. 임상가들은 미래에 이러한 양상들에 더욱 민감해질 수 있도록 수련을 받게 될 것이며, 목소리의 운율, 얼굴표정, 시선, 청각 과다민감증을 진단 및 예후에 대한 지표로 인식하게 될 것이다.

확장된 여러미주신경이론을 통해 쉽게 측정되는 방법들(예: 심장박동, 얼굴근육의 활동성, 목소리의 청각적인 양상)은 내분비 및 면역조절에 관여하는 통합된 체계뿐만 아니라 뇌구조물의 기능 및 백색질 장애와 뇌 기능의 다른 장애 때문에 발생하는 손상들을 반영해 주는 변수들을 제공해 줄 것이다. 더욱이 미래에는 고해상도 적외선 카메라와 같은 비접촉 기법들을 통해, 이러한 변수들을 조사하는 것이 가능해질 것이다. 우리의 연구실에서 우리는 다음 세대의 기술로 넘어가고 있으며, 적외선 카메라를 통해 심장박동과 호흡을 측정할 수 있다. 우리의 목표는 이러한 비접촉 방법들을 의뢰인이 방어적인 전략

(즉, 두려움에 의해 유발된 움직임이나 고정행동)을 지지하거나 안전 및 사회참여와 연관된 차분한 상태를 지지하는 생리적 상태에서 이동하는 것을 알려주는 여러미주신경 감시기와 통합시키는 것이다. 이러한 기술은 치료자들이 자신들의 의뢰인들의 빠르게 변화하고 흔히 취약한 생리적 상태에 대한 인식을 증가시키는 데 도움이 될 것이다.

여러미주신경이론은 현재의 신경해부학 및 척추동물 자율신경계의 진화에 대한 지식에 초점을 맞춤으로써, 자율신경계의 반응을 구체적인 행동과 생리적 반응들이 발생하는 데 대한 하나의 신경적 틀로서 재해석하게 해주었다. 이러한 모델 내에서 많은 행동과 생리적 과정은 학습되는 것이 아니며 신경생리적 과정과 상관관계가 없는 것이다. 그보다 이 모델은 많은 행동과 생리적 과정이 잘 정의된 신경생리적 상태에서 새로 출현한 특성이라는 점을 강조한다. 따라서 신경생리적인 상태는 흔히 돌봄과 사랑이라고 알려져 있는 두 사람 사이의 공생적인 신경행동적 조절을 포함하는 구체적인 자발적 행동과 심리적인 과정이 발생하는 데 필요하지만 충분하지는 않은 상태이다(제18장, 제19장 참조). 이 모델의 측면에서 볼 때, 정신적 및 신체적 건강을 위한 새로운 치료법들은 정신적 및 신체적 건강과 사회적 행동을 위한 적절한 틀을 제공하는 신경생리적인 상태를 조절하는 데 초점을 맞추게 될 것이다.

여러미주신경이론은 과학자들이 말초기관 및 뇌에 있는 다양한 구조물들 사이의 의사소통에 관여하는 양방향성의 계층적인 신경되먹임회로들의 관점에서 생각해 볼 수 있도록 해준다. 이 이론은 임상가들이 비전형적인 행동과 생리적 반응들을 적응적인 것으로 해석할 수 있도록 해준다. 여러미주신경이론은 이러한 조직화 원칙 내에서 인간이 사회적 행동과 건강을 촉진시키고 최적화시킬 수 있는 양상을 이해하는 데 도움이 될 것이다.

저작권

Part I: Theoretical Principles

Chapter 1. Porges, S. W. (2004). Neuroception: A subconscious system for detecting threat and safety. *Zero to Three Journal*, 24(5), 9 – 24. Copyright ⓒ 2004 ZERO TO THREE. Reprinted by permission of Zero to Three.

Chapter 2. Porges, S. W. (1995). Orienting in a defensive world: Mammalian modifications of our evolutionary heritage. A polyvagal theory. *Psychophysiology*, 32, 301 – 318. Reprinted by permission of John Wiley and Sons.

Chapter 3. Porges, S. W. (2009). The polyvagal theory: New insights into adaptive reactions of the autonomic nervous system. *Cleveland Clinic Journal of Medicine*, 76(Suppl2), S86 – S90. Reprinted with permission. Copyright ⓒ 2009 Cleveland Clinic Foundation. All rights reserved.

Part Ⅱ : Biobehavioral Regulation During Early Development

Chapter 4. Porges, S. W. (1992). Vagal tone: A physiological marker of stress vulnerability. Pediatrics, 90, 498 – 504. Reprinted by permission of the American Academy of Pediatrics.

The preparation of this chapter and much of the research described have been supported, in part, by grant HD 22628 from the National Institute of Child Health and Human Development. The construct of cardiac vagal tone described in this chapter has been measured with patented methods. These methods have been developed with support from National Institutes of Health grants HD-15968 and HD-05951 and National Institute of Mental Health grants MH-00054 and MH-18909 awarded to Dr. Porges. The methods have been incorporated in a vagal tone monitor that can evaluate vagal tone in real time. (Details regarding the vagal tone monitor can be obtained from Delta-Biometrics, Inc., 9411 Locust Hill Road, Bethesda, MD 20814-3960.)

The research described in this chapter was supported, in part, by NIH Grant R01 HD053570 from the National Institute of Child Health and Human Development and NIH Grant T32 MH18882 from the American Psychological Association Diversity Program in Neuroscience.

Part Ⅲ: Social Communication and Relationships

Chapter 9. Porges, S. W., Doussard—Roosevelt, J. A., & Maiti, A. K. (1994). Vagal tone and the physiological regulation of emotion. In N. A. Fox (Ed.), *The development of emotion regulation: Behavioral and biological considerations*, Monographs of the Society for Research in Child Development, 59(2 – 3, Serial No. 240), 167 – 186. Reprinted by permission of John Wiley and Sons.

Chapter 10. Porges, S. W. (1997). Emotion: An evolutionary by—product of the neural regulation of the autonomic nervous system. *Annals of the New York Academy of Sciences, 807, 62 – 77.* Reprinted by permission of John Wiley and Sons.
Special thanks are extended to Sue Carter for encouraging me to formalize the ideas presented in this chapter. In addition, I would like to thank Jane Doussard—Roosevelt for commenting on earlier drafts and the students in my graduate seminar who provided a forum for the discussion of the concepts described in the polyvagal theory of emotion.

Chapter 11. Porges, S. W. (1998). Love: An emergent property of the mammalian autonomic nervous system. *Psychoneuroendocrinology, 23, 837 – 861.* Reprinted by permission of Elsevier.
The preparation of this chapter was supported in part by grant HD 22628 from the National Institute of Child Health and Human Development and by grant MCJ 240622 from the Maternal and Child Health Bureau. Special thanks are extended to Sue Carter for encouraging me to formalize the ideas presented here. In addition, I would like to thank Jack Clark, Jane Doussard—Roosevelt, Jaak Panksepp, and Kerstin Uvnas—Moberg for commenting on earlier drafts.

Chapter 12. Porges, S. W. (2003). Social engagement and attachment: A phylogenetic perspective. *Annals of the New York Academy of Sciences*, 1008, 31 – 47. Reprinted by permission of John Wiley and Sons.
This study was supported in part by a grant from the National Institutes of Health (MH60625). Several of the ideas presented in this article are the product of discussions with C. Sue Carter.

Chapter 13. Porges, S. W., & Lewis, G. F. (2010). The polyvagal hypothesis: Common mechanisms mediating autonomic regulation, vocalizations, and listening. In S. M. Brudzynsk (Ed.), *Handbook of mammalian vocalizations:* An integrative neuroscience approach (pp. 255 – 264). Amsterdam: Academic Press. Reprinted by permission of Academic Press.

Part Ⅳ: Therapeutic and Clinical Perspectives

Chapter 14. Porges, S. W. The vagus: A mediator of behavioral and physiologic features associated with autism. In M. L. Bauman & T. L. Kemper (Eds.), *The neurobiology of autism* (2nd ed.), (pp. 65 – 78). ⓒ 1994, 2005 The Johns Hopkins University Press. Reprinted with permission of The Johns Hopkins University Press.

The preparation of this chapter was supported in part by grant MH60625 from the National Institutes of Health. The author gratefully acknowledges the assistance of George Nijmeh in the preparation of this manuscript.

Chapter 15. Austin, M. A., Riniolo, T. C., & Porges, S. W. (2007). Borderline personality disorder and emotion regulation: Insights from the polyvagal theory. *Brain and Cognition, 65,* 69 – 76. Reprinted by permission of Elsevier.

A special thanks to Katherine C. Johnson for her input with this chapter, and to Janice Laben. The preparation of this manuscript was supported in part by a grant from the National Institutes of Health (MH60625).

Chapter 16. Dale, L. P., Carroll, L. E., Galen, G., Hayes, J. A., Webb, K. W., & Porges, S. W. (2009). Abuse history is related to autonomic regulation to mild exercise and psychological wellbeing. *Applied Psychophysiology and Biofeedback, 34,* 299 – 308. Reprinted by permission of Springer.

The authors wish to acknowledge the support of the administrators and participants at the local yoga studio. We are also grateful to Amanda Bliss, Allison M. Mattison, Lorinn M. Inserra, and Rebekah Jackson who helped with data collection; Jordana Klein and James DiLoretto who helped with data scoring; Rachel Schein who helped oversee the data scoring and entry; and Drs. Keri Heilman and John Denver for help with the physiological data.

Chapter 17. Porges, S. W (2010). Music therapy and trauma: Insights from the polyvagal theory. In K. Stewart (Ed.), *Music therapy & trauma: Bridging theory and clinical practice* (pp. 3 – 15). New York: Satchnote Press. Reprinted by permission of Satchnote Press.

Part V: Social Behavior and Health

Chapter 18. Porges, S. (2009). Reciprocal influences between body and brain in the perception and expression of affect: A polyvagal perspective. In D. Fosha, D. Siegel, & M. Solomon (Eds.), *The healing power of emotion: Affective neuroscience, development, and clinical practice* (pp. 27 – 54). New York: Norton. Reprinted by permission of W. W. Norton & Company.

Chapter 19. Porges, S. W., & Carter, C. S. (in press). Neurobiology and evolution: Mechanisms, mediators, and adaptive consequences of caregiving. In S. Brown, R. Brown, & L. Penner (Eds.), *Self interest and beyond: Toward a new understanding of human caregiving.* New York: Oxford University Press. Reprinted by permission of Oxford University Press.

참고문헌

Achenbach, T. M. (1988). *Child behavior checklist for ages 2 - 3*. Burlington, VT: University Associates in Psychiatry.

Administration on Children Youth and Families Children's Bureau. (2006). *Child maltreatment*. Retrieved from http://www.acf.hhs.gov/programs/cb/pubs/cm06/index.htm April 15, 2008.

Adolphs, R. (2002). Trust in the brain. *Nature Neuroscience*, 5, 192 - 193.

Agostoni, E., Chinnock, I. E., DeBurgh Daly, M., & Murray, I. G. (1957). Functional and histological studies of the vagus nerve and its branches to the heart, lungs and abdominal viscera in the cat. *Journal of Physiology*, *135*, 182 - 205.

Ainsworth, M., Blehar, M., Waters, E., et al. (1978). Patterns of attachment: A psychological study of the strange situation. Hillsdale, NJ: Erlbaum.

Allen, M. T., & Crowell, M. D. (1989). Patterns of autonomic response during laboratory stressors. *Psychophysiology*, 26, 603 - 614.

Althaus, M., Mulder, L. J. M., Mulder, G., et al. (1999). Cardiac adaptivity to attentiondemanding tasks in children with a pervasive developmental disorder not otherwise specified (PDD-NOS). *Biological Psychiatry*, *46*,799 - 809.

American National Standards Institute. (1997). *Methods for calculation of the speech intelligibility index* (ANSI Publication no. S3.5). New York: Acoustical Society of America.

American Psychiatric Association. (1994). *Diagnostic and statistical manual of mental disorders* (4th ed.). Washington, DC: Author.

American Psychiatric Association. (2000). *Diagnostic and statistical manual of mental disorders* (4th ed., text revision). Washington, DC: Author.

Anderson, A. K., & Phelps, E. A. (2000). Expression without recognition: Contributions of the human amygdala to emotional communication. *Psychological Science, 11,* 106–111.

Andrews, P. L. R., & Lawes, I. N. C. (1992). A protective role for vagal afferents: An hypothesis. In S. Ritter, R. C. Ritter, & C. D. Barnes, C. D. (Eds.), *Neuroanatomy and physiology of abdominal vagal afferents* (pp. 280–302). Boca Raton, FL: CRC Press.

Apgar, V. (1953). A proposal for a new method of evaluation of the newborn infant. *Current Researches in Anesthesia and Analgesia, 32,* 260–268.

Arata, C. M., Langhinrichsen–Rohling, J., Bowers, D., & O'Farrill Swails, L. (2005). Single versus multitype maltreatment: An examination of the long term effects of child abuse. *Journal of Aggression, Maltreatment & Trauma, 11,* 29–52.

Ardic, F. N., Topaloglu, I., Oncel, S., Ardic, F., & Uguz, M. Z. (1997). Does the stapes reflex remain the same after Bell's palsy? *American Journal of Otology, 18,* 761–765.

Arletti, R., Benelli, A., & Bertolini, A. (1992). Oxytocin involvement in male and female sexual behavior. In C. A. Pedersen, J. D. Caldwell, G. F. Jirikowski, & T. R. Insel (Eds.), *Oxytocin in maternal, sexual, and social behaviors.* New York: Annals of the New York Academy of Sciences.

Ax, A. F. (1953). The physiological differentiation between fear and anger in humans. *Psychosomatic Medicine, 15,* 433–442.

Ayres, A. J. (1972). *Sensory integration and learning disorders.* Los Angeles: Western Psychological Services.

Bagge, C., Nickell, A., Stepp, S., Durrett, C., Jackson, K., & Trull, T. J. (2004). Borderline personality disorder features predict negative outcomes 2 years later. *Journal of Abnormal Psychology, 113,* 279–288.

Bárány, E., 1938. A contribution to the physiology of bone conduction.

Acta Otolaryngology Supplement, 26, 1 – 233.

Barbas—Henry, H. A., & Lohman, A. H. M. (1984). The motor nuclei and primary projections of the IXth, Xth, XIth, and XIIth cranial nerves in the monitor lizard, *Varanus exanthematicus. Journal of Comparative Neurology, 226,* 565 – 579.

Bates, J. E. (1980). The concept of difficult temperament. *Merrill— Palmer Quarterly, 26,* 299 – 319.

Bates, J. E. (1984). *The infant characteristics questionnaire.* Unpublished manuscript, Indiana University.

Bayley, N. (1969). *Bayley scales of infant development: Birth to two years.* New York: Psychological Corporation.

Bazhenova, O. V., Plonskaia, O., & Porges, S. W. (2001). Vagal reactivity and affective adjustments in infants during interaction challenges. *Child Development, 72,* 1314 – 1326.

Bear, D. M. (1983). Hemispheric specialization and the neurology of emotion. *Archives of Neurology, 40,* 195 – 202.

Becker, L. E., Zhang, W., & Pereyra, P. M. (1993). Delayed maturation of the vagus nerve in sudden infant death syndrome. *Acta Neuropathologica, 86,* 611 – 622.

Behrman, R. E., & Vaughan, V. C. (1987). *Nelson textbook of pediatrics* (13th ed.). Philadelphia: Saunders.

Bennett, J. A., Ford, T. W, Kidd, C., & McWilliam, P. N. (1984). Characteristics of cat dorsal motor vagal motoneurones with axons in the cardiac and pulmonary branches. *Journal of Physiology, 351,* 27.

Benjamin, L. S. (1996). *Interpersonal diagnosis and treatment of personality disorders* (2nd ed.). New York: Guilford Press.

Berlyne, D. E. (1960). *Conflict, arousal, and curiosity.* New York: McGraw—Hill.

Bernard, C. (1973). Lessons on the phenomena of life common to animals and vegetables. Second lecture, The three forms of life. In L. Langley, Ed., *Homeostasis: Origins of the concept* (pp. 129 – 151). Stroudsburg, PA: Dowden Hutchinson & Ross.

Berntson, G. G., Cacioppo, I. T., & Quigley, K. S. (1991). Autonomic determinism: The modes of autonomic control, the doctrine of autonomic space, and the laws of autonomic constraint. *Psychological Review, 98*, 459-487.

Berntson, G. G., Cacioppo, J. T., & Quigley, K. S. (1993a). Cardiac psychophysiology and autonomic space in humans: Empirical perspectives and conceptual implications. *Psychological Bulletin, 114*, 296-322.

Berntson, G. G., Cacioppo, J. T., & Quigley, K. S. (1993b). Respiratory sinus arrhythmia: Autonomic origins, physiological mechanisms, and psychophysiological implications. *Psychophysiology, 30*, 183-196.

Berntson, G. G., Cacioppo, J. T., & Quigley, K. S. (1994). Autonomic cardiac control. I. Estimation and validation from pharmacological blockades. *Psychophysiology, 31*, 572-585.

Bieger, D., & Hopkins, D. A. (1987). Viscerotropic representation of the upper alimentary tract in the medulla oblongata in the rat: The nucleus ambiguus. *Journal of Comparative Neurology, 262*, 546-562.

Bigger, J. T., Jr., Fleiss, J. L., & Rolnitsky, L. M. (1993). The ability of several short-term measures of RR variability to predict mortality after myocardial infarction. *Circulation, 88*, 927-932.

Billman, G. E., & DuJardin, J.-P. (1990). Dynamic changes in cardiac vagal tone as measured by time-series analysis. *American Journal of Physiology, 258*, H896-H902.

Bjork, E., Nevalainen, T., Hakumaki, M., & Voipio, H.-M. (1999). R-weighting provides better estimation for rat hearing sensitivity. *Laboratory Animals, 34*, 136-144.

Blair, R. J. R., & Cipolott, L. (2000). Impaired social response reversal. A case of "acquired sociopathy." *Brain, 123*, 1122-1141.

Blanchard, E. B. (1990). Elevated basal levels of cardiovascular responses in Vietnam veterans with PTSD: A health problem in the making? *Journal of Anxiety Disorders, 4*, 233-237.

Boon, P., Vonck, K., De Reuck, J., et al. (2001). Vagus nerve stimulation for refractory epilepsy. *Seizure, 10*, 448-455.

Borg, E., & Counter, S. A. (1989). The middle-ear muscles. *Scientific American, 261*, 74-80.

Bowlby, J. (1973). *Attachment and loss: Vol 2. Separation:* Anxiety and anger. New York: Basic Books.

Bowlby, J. (1982). *Attachment and loss: Vol. 1. Attachment.* New York: Basic Books.

Bowlby, J . (1988.). *A secure base: Parent-child attachment and healthy human development.* New York: Basic Books.

Bray, G. A. (1985). Autonomic and endocrine factors in the regulation of food intake. *Brain Research Bulletin, 9,* 279-286.

Brazelton, T. B. (1984). *Neonatal behavioral assessment scale* (2nd ed.). Philadelphia: Lippincott.

Bremner, J. D., & Vermetten, E. (2001). Stress and development: Behavioral and biological consequences. *Development and Psychopathology, 13,* 473-489.

Brems, C., Johnson, M. E., Neal, D., & Freemon, M. (2004). Childhood abuse history and substance use among men and women receiving detoxification services. *American Journal of Drug and Alcohol Abuse, 30,* 799-821.

Brown, J. W. (1974). Prenatal development of the human chief sensory trigeminal nucleus. *Journal of Comparative Neurology, 156,* 307-335.

Brown, J. W. (1990). Prenatal development of the human nucleus ambiguus during the embryonic and early fetal periods. *American Journal ofAnatomy, 189,* 267-283.

Brudzynski, S. M. (2007). Ultrasonic calls of rats as indicator variables of negative and positive states: acetylcholinedopamine interaction and acoustic coding. *Behavior and Brain Research, 182,* 261-273.

Brunton, P. J., & Russell, J. A. (2008). The expectant brain: Adapting for motherhood. *Nature Review of Neuroscience, 9,* 11-25.

Buckley, T. C., & Kaloupek, D. G. (2001). A meta analytic examination of basal cardiovascular activity in posttraumatic stress disorder. *Psychosomatic Medicine, 63,* 585- 594.

Bueno, L., Gue, M., Fargeas, M. J., Alvinerie, M., Junien, J. L., & Fioramonti, J. (1989). Vagally mediated inhibition of acoustic stress-induced cortisol release by orally administered kappa-opioid substances in dogs. *Endocrinology, 124,* 1788-1793.

Bulloch, K., & Pomerantz, W. (1984). Autonomic nervous system innervation of thymicrelated lymphoid tissue in wildtype and nude mice. *Journal of Comparative Neurology, 228*, 58–68.

Buss, D. M., Larsen, R. J., Westen, D., & Semmelroth, J. (1992). Sex differences in jealousy: Evolution, physiology, and psychology. *Psychological Science, 3*, 251–255.

Buwalda, B., Koolhaas, J. M., & Bohus, B. (1992). Behavioral and cardiac responses to mild stress in young and aged rats: Effects of amphetamine and vasopressin. *Physiology and Behavior, 51*, 211–216.

Byrne, E. A., & Porges, S. W. (1993). Data–dependent filter character– istics of peak–valley respiratory sinus arrhythmia estimation: A cautionary note. *Psychophysiology, 30*, 397–404.

Cacioppo, J. T., Berntson, G. G., Binkley, P. E, Quigley, K. S., Uchino, B. N., & Fieldstone, A. (1994). Autonomic cardiac control II. Noninvasive indices and basal response as revealed by autonomic blockades. *Psychophysiology, 31*, 586–598.

Cacioppo, J. T., Malaarkey, W. B., Kiecolt–Glaser, J. K., et al. (1995). Heterogeneity in neuroendocrine and immune responses to brief psychological stressors as a function of autonomic cardiac activation. *Psychosomatic Medicine, 57*, 154–164.

Calkins, S. D., Graziano, P. A., & Keane, S. P. (2007). Cardiac vagal regulation differentiates among children at risk for behavior problems. *Biological Psychology, 74*, 144–153.

Cannon, W. B. (1927). The James–Lange theory of emotions: A critical examination and an alternative theory. *American Journal of Psychology, 39*, 106–124.

Cannon, W. B. (1928). The mechanism of emotional disturbance of bodily functions. *New England Journal of Medicine, 198*, 877–884.

Cannon, W. B. (1929a). *Bodily changes in pain, hunger, fear and rage. An account of recent researches into the function of emotional excitement.* New York: Appleton.

Cannon, W. B. (1929b). Organization for physiological homeostasis. *Physiology Reviews, 9*, 399–431.

Cannon, W. B. (1957). "Voodoo" death. Psychosomatic Medicine, 19, 182–190. (Reprinted from *American Anthropology, 44* [1942], 169–181.)

Carpenter, D. O. (1990). Neural mechanisms of emesis. *Canadian Journal of Physiology and Pharmacology, 68*, 230–236.

Carter, C. S. (1998). Neuroendocrine perspectives on social attachment and love. *Psychoneuroendocrinology, 23*, 779–818.

Carter, C. S. (2007). Sex differences in oxytocin and vasopressin: Implications for autism spectrum disorders? *Behavioural Brain Research, 176*, 170–186.

Carter, C. S., & Altemus, M. (1997). Integrative functions of lactational hormones in social behavior and stress management. *Annals of the New York Academy of Sciences, 807*, 164–174.

Carter, C. S., Boone, E. M., Pournajafi-Nazarloo, H., & Bales, K. L. (2009). The consequences of early experiences and exposure to oxytocin and vasopressin are sexuallydimorphic. *Developmental Neuroscience, 31*, 332–341.

Carter, C. S., Devries, A. C., & Getz, L. L. (1995). Physiological substrates of mammalian monogamy: The prairie vole model. *Neuroscience Biobehavioral Reviews, 19*, 303–314.

Carter, C. S., DeVries, A. C., Taymans, S. E., Roberts, R. L., Williams, J. R., & Getz, L. L. (1997). Peptides, steroids, and pair bonding. *Annals of the New York Academy of Sciences, 807*, 260–272.

Carter, C. S., Grippo, A. J., Pournajafi-Nazarloo, H., Ruscio, M. G., & Porges, S. W. (2008). Oxytocin, vasopressin and social behavior. *Progress in Brain Research, 170*, 331–336.

Carter, C. S., & Keverne, E. B. (2002). The neurobiology of social affiliation and pair bonding. In D. W. Pfaff et al. (Eds.), *Hormones, brain, and behavior* (pp. 299–337). San Diego: Academic Press.

Carver, C. S., Scheier, M. F., & Weintraub, J. K. (1989). Assessing coping strategies: A theoretically based approach. Journal of *Personality and Social Psychology, 56*, 267–283.

Cassidy, J., & Shaver, P. R. (1999). *Handbook of attachment: Theory, research, and clinical application.* New York: Guilford Press.

Chen, T., & Rao, R. R. (1998). Audio-visual integration in multimodal communication. *Proceedings of the IEEE, 86* (5), 837–852.

Cheng, G., Zhou, X., Qu, J., Ashwell, K. W. S., & Paxinos, G. (2004).

Central vagal sensory and motor connection: Human embryonic and fetal development. *Autonomic Neuroscience: Basic and Clinical, 114,* 83 – 96.

Chisholm, K. (1998). A three year follow-up of attachment and indiscriminate friendliness in children adopted from Romanian orphanages. *Child Development, 69,* 1092 – 1106.

Chugani, H. T., Behen, M. E., Muzik, O., Juhasz, C., Nagy, F., & Chugani, D. C. (2001). Brain functional activity following early deprivation: A study of postinstitutionalized Romanian orphans. *NeuroImage, 14,* 1290 – 1301.

Cicchetti, D. (1993). Developmental psychopathology: Reactions, reflections, projections. *Developmental Review, 13,* 471 – 502.

Cicchetti, D., & White, J. (1990). Emotion and developmental psychopathology. In N. Stein, B. Leventhal, & T. Trabasso (Eds.), *Psychological and biological approaches to emotion* (pp. 359 – 382). Hillsdale, NJ: Erlbaum.

Clodi, M., Vila, G., Geyeregger, R., Riedl, M., Stulnig, T. M., Struck, J., et al. (2008). Oxytocin alleviates the neuroendocrine and cytokine response to bacterial endotoxin in healthy men. *American Journal of Physiology: Endocrinology and Metabolism, 295,* E686 – 391.

Cloitre, M., Stovall-McClough, C., Miranda, R., & Chemtob, C. (2004). Therapeutic alliance, negative mood regulation, and treatment outcome in child abuse-related posttraumatic stress disorder. *Journal of Consulting and Clinical Psychology, 72,* 411 – 416.

Cloitre, M., Stovall-McClough, C., Zorbas, P., & Charuvastra, A. (2008). Attachment organization, emotional regulation, and expectations of support in a clinical sample of women with childhood abuse histories. *Journal of Traumatic Stress, 21,* 282 – 289.

Coccaro, E. F. (1989). Central serotonin in impulsive aggression. *British Journal of Psychiatry, 155,* 52 – 62.

Coccaro, E. F., & Kavoussi, R. J. (1991). Biological and pharmacological aspects of borderline personality disorder. *Hospital and Community Psychiatry, 42,* 1029.

Cooper, C., Katona, C., & Livingston, G. (2008). Validity and reliability of the brief COPE in carers of people with dementia: The LASER AD study. Journal of *Nervous and Mental Health, 1,* 838 – 843.

Corballis, M. (2003). From mouth to hand: Gesture, speech, and the evolution of righthandedness. *Behavior and Brain Science, 26,* 199 – 260.

Corona, R., Dissanayake, C., Arbelle, S., et al. (1998). Is affect aversive to young children with autism? Behavioral and cardiac responses to experimenter distress. Child Development, 69, 1494 – 1502.

Cottingham, J. T., Porges S. W., & Lyon, T. (1988). Soft tissue mobilization (Rolfing pelvic lift) and associated changes in parasympathetic tone in two age groups. *Physical Therapy, 68,* 352 – 356.

Cournand, A. (1979). Claude Bernard's contributions to cardiac physiology. In E. D. Robin (Ed.), *Claude Bernard and the internal environment* (pp. 97 – 121). New York: Marcel Dekker.

Craig, A. D. (2005). Forebrain emotional asymmetry: A neuroanatomical basis? *Trends in Cognitive Sciences, 9,* 566 – 571.

Crews, D. (1997) Species diversity and the evolution of behavioral controlling mechanisms. *Annals of the New York Academy of Sciences, 807,* 1 – 21.

Critchley, H. D. (2005). Neural mechanisms of autonomic, affective, and cognitive integration. *Journal of Comparative Neurology, 493,* 154 – 166.

Critchley, H. D., Wiens, S., Rothstein, P., Ohman, A., & Dolan, R. J. (2004). Neural systems supporting interoceptive awareness. *Nature Neuroscience, 7,* 189 – 195.

Dale, L. P., O'Hara, E. A., Schein, R., Inserra, L., Keen, J., Porges, S. W. (in press). Infant measures of behavioral and physiological state regulation predict 54−month behavior problems. *Journal of Infant Mental Health.*

Daley, S. E., Burge, D., & Hammen, C. (2000). Borderline personality disorder symptoms as predictors of four−year romantic relationship dysfunction in young women: Addressing issues of specificity. *Journal of Abnormal Psychology, 109,* 451 – 460.

Daly, M. deBurgh. (1991). Some reflex cardioinhibitory responses in the cat and their modulation by central inspiratory neuronal activity. *Journal of Physiology, 422,* 463–480.

Damasio, A. (1999). *The feeling of what happens.* New York: Harcourt, Brace.

Dammeijer, P., Dijk, P., Chenault, M., Manni, J., & Mameren, H. (2007). Stapedius muscle fibre characterization in the noise exposed and auditory deprived rat. *Hearing Research, 233,* 54–66.

Daniels, D., Miselis, R. R., & Flanagan–Cato, L. M. (1999). Central neuronal circuit innervating the lordosis–producing muscles defined by transneuronal transport of pseudorabies virus. *Journal of Neuroscience, 19,* 2823–2833.

Darrow, C. W. (1929). Differences in the physiological reactions to sensory and ideational stimuli. *Psychological Bulletin, 26,* 185–201.

Darrow, C. W. (1943) Physiological and clinical tests of autonomic function and autonomic balance. *Physiological Reviews, 23,* 1–36.

Darrow, C. W., Jost, H., Solomon, A. P., & Mergener, J. C. (1942). Autonomic indicators of excitatory and homeostatic effects on the electroencephalogram. *Journal of Psychology, 14,* 115–130.

Darwin, C. (1872). *The expression of the emotions in man and animals.* New York: D. Appleton. (Reprint: Chicago: University of Chicago Press, 1965.)

Davis, M. (1992) The role of the amygdala in conditioned fear. In J. P. Aggleton (Ed.), *The amygdala: Neurobiological aspects of emotion, memory, and mental dysfunction* (pp. 255–306). New York: Wiley.

Dawson, G. (1994). Frontal electroencephalographic correlates of individual differences in emotion expression in infants: A brain systems perspective on emotion. In N. A. Fox (Ed.), *Emotion regulation: Behavioral and biological considerations.* Monograph of the Society for Research in Child Development, 59(2–3): 135–151.

DeGangi, G. A., DiPietro, J. A., Greenspan, S. I., & Porges, S. W. (1991). Psychophysiological characteristics of the regulatory disordered infant. *Infant Behavior and Development, 14,* 37–50.

deJong, F., Kingma, H., Wirtz, P., Berge, H., & Marres, E. (1988). Indications of a differentiated regulation of sound transmission by the middle ear muscles of the rat. *American Journal of Otology, 9,* 70 – 75.

Dellinger, J. A., Taylor, H. L., & Porges, S. W. (1987). Atropine sulfate effects on aviator performance and on respiratory–heart period interactions. *Aviation Space Environment Medicine, 58,* 333 – 338.

De Meersman, R. E. (1993). Aging as a modulator of respiratory sinus arrhythmia. *Journal of Gerontology: Biological Sciences, 48,* B74 – B78.

Denver, J. W., Reed, S. F., & Porges. S. W. (2007). Methodological issues in the quantification of respiratory sinus arrhythmia. *Biological Psychology, 74*(2) 286 – 294.

Desai, S., Arias, I., Thompson, M. P., & Basile, K. C. (2002). Child–hood victimization and subsequent adult revictimization assessed in a nationally representative sample of women and men. *Violence and Victims, 1,* 639 – 653.

De Vries, G. J., & Panzica, G. C. (2006). Sexual differentiation of central vasopressin and vasotocin systems in vertebrates: Different mechanisms, similar endpoints. *Neuroscience, 138,* 947 – 955.

De Wied, D. (1971) Long–term effect of vasopressin on the main-tenance of a conditioned avoidance response in rats. *Nature, 232,* 58 – 60.

Dewsbury, D. A. (1987) The comparative psychology of monogamy. In D. W. Leger & N. E. Lincoln (Eds.), *Nebraska symposium on motivation* (pp. 1 – 50). Lincoln: University of Nebraska Press.

Dexter, E., Levy, M. N., & Rudy, Y. (1989). Mathematical model of the changes in heart rate elicited by vagal stimulation. *Circulation Research, 65,* 1330 – 1339.

DiPietro, J. A., Larson, S. K., & Porges, S. W. (1987). Behavioral and heart–rate pattern differences between breast–fed and bottle–fed neonates. *Developmental Psychology, 23,* 467 – 474.

DiPietro, J. A., & Porges, S. W. (1991). Vagal responsiveness to gavage feeding as an index of preterm status. Pediatric Research, 29, 231 – 236.

Djupesland, G. (1976). Nonacoustic reflex measurement: Procedures, interpretations and variables. In A. Feldman & L. Wilber (Eds.),

Acoustic impedance and admittance: The measurement of middle ear function (pp. 217 – 235). Baltimore, MD: Williams and Wilkins.

Donald, D. E., Samueloff, S. L., & Ferguson, D. (1967). Mechanisms of tachycardia caused by atropine in conscious dogs. American Journal of Physiology, 212, 901 – 910.

Donaldson, Z. R., & Young, L. J. (2008). Oxytocin, vasopressin and neurogenetics of sociality. Science, 322, 900 – 904.

Donchin, Y., Constantini, S., Szold, A., Byrne, E. A., & Porges, S. W. (1992). Cardiac vagal tone predicts outcome in neurosurgical patients. Critical Care Medicine, 20, 941 – 949.

Donchin, Y., Feld, J. M., & Porges, S. W. (1985). Respiratory sinus arrhythmia during recovery from isoflurane–nitrous oxide anesthesia. Anesthesia and Analgesia, 64, 811 – 815.

Doussard–Roosevelt, J. A., McClenny, B. D., & Porges, S. W. (2001). Neonatal cardiac vagal tone and school–age developmental outcome in very low birth weight infants. Developmental Psychobiology, 38, 56 – 66.

Doussard–Roosevelt, J. A., Porges, S. W., Scanlon, J. W., Alemi, B., & Scanlon, K. B. (1997). Vagal regulation of heart rate in the prediction of developmental outcome for very low birth weight preterm infants. Child Development, 68, 173 – 186.

Doussard–Roosevelt, J. A., Walker, P. S., Portales, A. L., Greenspan, S. I., & Porges, S. W. (1990). Vagal tone and the fussy infant: Atypical vagal reactivity in the difficult infant [Abstract]. Infant Behavior and Development, 13, 352.

Doyle, C. (2001). Surviving and coping with emotional abuse in childhood. Clinical Child Psychology and Psychiatry, 6, 387 – 402.

Dozier, M., Stovall, K. C., & Albus, K. E. (1999). Attachment and psychopathology in adulthood. In J. Cassidy & P. R. Shaver (Eds.), Handbook of attachment: Theory, research, and clinical applications (pp. 497 – 519). New York: Guilford Press.

Drossman, D. A., Leserman, J., Nachman, G., Li, Z., Gluck, H., Toomey, T. C., & Mitchell, C. M. (1990). Sexual and physical abuse in women with functional or organic gastrointestinal disorders.

Annals of Internal Medicine, 113, 828 – 833.

Dufey, M., Hrtado, E., Fernandez, A. M., Manes, F., & Ibanez, A. (in press). *Social Neuroscience, 23,* 1 – 15. [Epub ahead of print]

Duffy, E. (1957). The psychological significance of the concept of "arousal" or "activation." *Psychological Review, 64,* 265 – 275.

Eberl, E. M. (2010). Control of gestures and vocalizations in primates. In S. M. Brudzynski (Ed.), *Handbook of mammalian vocalization: An integrative neuroscience approach* (vol. 19). Amsterdam: Elsevier.

Ekman, P. (1978). Facial action coding system: *A technique for the measurement of facial movement.* Palo Alto, CA: Consulting Psychologists Press.

Ekman, P., Levenson, R. W., & Friesen, W. V. (1983). Autonomic nervous system activity distinguishes among emotions. *Science, 221,* 1208 – 1210.

Else, P. L., & Hulbert, A. J. (1981). Comparison of the "mammal machine" and the "reptile machine": Energy production. *American Journal of Physiology, 240,* R3 – R9.

Elsesser, K., Sartoy, G., & Tackenberg, A. (2004). Attention, heart rate, and startle response during exposure to trauma relevant pictures: A comparison of recent trauma victims and patients with posttraumatic stress disorder. *Journal of Abnormal Psychology, 1,* 289 – 301.

Eluvathingal, T. J., Chugani, H. T., Behen, M. E., Juhász, C., Muzik, O., Magbool, M., et al. (2006). Abnormal brain connectivity in children after early severe socioemotional deprivation: A diffusion tensor imaging study. *Pediatrics, 117,* 2093 – 2100.

Engelmann, M., Wotjak, C. T., Neumann, I., Ludwig, M., & Landgraf, R. (1996). Behavioral consequences of intracerebral vasopressin and oxytocin: Focus on learning and memory. *Neuroscience Biobehavioral Review, 20,* 341 – 358.

Eppinger, H., & Hess, L. (1917). *Vagotonia: A clinical study in vegetative neurology.* Nervous and Mental Disease Monograph Series No. 20. New York: The Nervous and Mental Disease Publishing Company.

Faris, P. L., Kim, S. W., Meller, W. H., et al. (2000). Effect of decrea–

sing afferent vagal activity with ondansetron on symptoms of bulimia nervosa: A randomised, doubleblind trial. *Lancet, 355,* 792 – 797.

Fay, R. R. (1988). Comparative psychoacoustics. *Hearing Research, 34,* 295 – 306.

Feldman, R., & Eidelman, A. I. (2003). Skin–to–skin contact (kangaroo care) accelerates autonomic and neurobehavioural maturation in preterm infants. *Developmental Medicine & Child Neurology, 45,* 274 – 281.

Ferguson, A. V., & Lowes, V. L. (1994). Functional neural connections of the area postrema. In I. R. A. Barraco (Ed.), *Nucleus of the solitary tract* (pp. 147 – 157). Boca Raton, FL: CRC Press.

Field, T., Woodson, R., Greenberg, R., & Cohen, D. (1982). Discrimination and imitation of facial expressions by neonates. *Science, 218,* 179 – 181.

Finger, T. E., & Dunwiddie, T. V. (1992). Evoked responses from an in vitro slice preparation of a primary gustatory nucleus: The vagal lobe of goldfish. *Brain Research, 580,* 27 – 34.

Fitts, W. H., & Warren, W. L. (1996). *Tennessee self concept scale* (2nd ed.). Los Angeles: Western Psychological Services.

Fletcher, H., & Munson, W. A. (1933). Loudness: Its definition, measurement, and calculation. *Journal of the Acoustical Society of America, 5,* 82 – 108.

Ford, T. W., Bennett, J. A., Kidd, C., & McWilliam, P. N. (1990). Neurons in the dorsal motor vagal nucleus of the cat with non–myelinated axons projecting to the heart and lungs. *Experimental Physiology, 75,* 459 – 473.

Forsman, K. A., & Malmquist, M. G. (1988). Evidence for echolocation in the common shrew, *Sorex araneus. Journal of Zoology, 216,* 655 – 662.

Fouad, E. M., Tarazi, R. C., Ferrario, C. M., Fighaly, S., & Alicandro, C. (1984). Assessment of parasympathetic control of heart rate by a noninvasive method. *American Journal of Physiology, 246,* H838 – H842.

Fox, N. A. (1989). Psychophysiological correlates of emotional re-activity during the first year of life. *Developmental Psychology, 25,* 364 - 372.

Fox, N. A. (1994) Dynamic cerebral processes underlying emotion regulation. In N. A. Fox (Ed.), *Emotion regulation: Behavioral and biological considerations.* Monograph of the Society for Research in Child Development, *59,* 152 - 166.

Fox, N. A., & Davidson, R. J. (1984). Hemispheric substrates of affect: A developmental model. In N. A. Fox & R. J. Davidson (Eds.), *The psychobiology of affective development. Hillsdale,* NJ: Erlbaum.

Fox, N. A., & Gelles, M. (1984). Face-to-face interaction in term and preterm infants. *Infant Mental Health Journal, 5,* 192 - 205.

Fox, N. A., & Porges, S. W. (1985). The relationship between de-velopmental outcome and neonatal heart period patterns. *Child Development, 56,* 28 - 37.

Fracasso, M. P., Porges, S. W., Lamb, M. E., & Rosenberg, A. A. (1994). Cardiac activity in infancy: Reliability and stability of indi-vidual differences. *Infant Behavior and Development, 17,* 277 - 284.

Frysinger, R. C., & Harper, R. M. (1986). Cardiac and respiratory relationships with neural discharge in the anterior cingulate cortex during sleep-waking states. *Experimental Neurology, 94,* 247 - 263.

Frysinger, R. C., & Harper, R. M. (1989). Cardiac and respiratory correlations with unit discharge in human amygdala and hippo-campus. *Electroencephalography and Clinical Neurophysiology, 72,* 463 - 470.

Frysinger, R. C., Zhang, J. X., & Harper, R. M. (1988). Cardiovascular and respiratory relationships with neuronal discharge in the central nucleus of the amygdala during sleep-waking states. *Sleep, 11,* 317 - 332.

Futa, K. T., Nash, C. L., Hansen, D. J., & Garbin, C. P. (2003). Adult survivors of childhood abuse: An analysis of coping mechanisms used for stressful childhood memories and current stressors. *Journal of Family Violence, 18,* 227 - 239.

Fuxe, K., Agnati, L. F., Covenas, R., Narvaez, J. A., Bunnemann,

B., & Bjelke, B. (1994). Volume transmission in transmitter peptide costoring neurons in the medulla oblongata. In I. R. A. Barraco (Ed.), *Nucleus of the solitary tract* (pp. 75–89). Boca Raton, FL: CRC Press.

Galen, G., Dale, L. P., Ruzansky, B., Inserra, L., Jackson, R., Wawrzyniak, K., et al. (2007). The yoga experience scale: *A measure of experience with and benefits of yoga*. Paper presented at the 21st Annual Connecticut Psychological Association Convention, Windsor, CT.

Garcia, J., Lasiter, P. S., Bermudez–Rattoni, F., & Deems, D. A. (1985) A general theory of aversion learning. *Annals of the New York Academy of Sciences, 443*, 8–21.

Gellhorn, E. (1964). Motion and emotion: The role of proprioception in the physiology and pathology of the emotions. *Psychological Review, 71*, 457–472.

Gellhorn, E. (1967). *Principles of autonomic–somatic integrations: Physiological basis and psychological and clinical implications.* Minneapolis: University of Minnesota Press.

Gentile, C. G., Jarrell, T. W., Teich, A., McCabe, P. M., & Schneiderman, N. (1986). The role of amygdaloid central nucleus in the retention of differential Pavlovian conditioning of bradycardia in rabbits. *Behavior and Brain Research, 20*, 263–273.

George, D. T., Nutt, D. J., Walker, W. V., Porges, S. W., Adinoff, B., & Linnoila, M. (1989). Lactate and hyperventilation substantially attenuate vagal tone in normal volunteers: A possible mechanism of panic provocation? *Archives of General Psychiatry, 46*, 153–156.

George, M. S., Sackeim, H. A., Rush, A. J., et al. (2000). Vagus nerve stimulation: A new tool for brain research therapy. *Biological Psychiatry, 47*, 287–295.

Gibbins, I. (1994). Comparative anatomy and evolution of the autonomic nervous system. In S. Nilsson & S. Holmgren (Eds.), *Comparative physiology and evolution of the autonomic nervous system* (pp. 1–68). Singapore: Harwood Academic Publishers.

Gimpl, G., & Fahrenholz, F. (2001). The oxytocin receptor system: Structure, function and regulation. *Physiological Reviews, 81*, 629–683.

Goldberger, J. J., Ahmed, M. W., Parker, M. A., & Kadish, A. H.

(1994). Dissociation of heart rate variability from parasympathetic tone. *American Journal of Physiology, 266,* H2152 – H2157.

Gonzalez Gonzalez, J., & de Vera Porcell, L. (1988). Spectral analysis of heart rate variability of lizard, Gallotia galloti. *American Journal of Physiology, 254,* R242 – R248.

Gouin, J. P., Carter, C. S., Pournajafi–Nazarloo, H., Glaser, R., Malarkey, W. B. Loving, et al. (2010). Marital behavior, oxytocin, vasopressin and wound healing. *Psychoneuroendocrinology, 35,* 1082 – 1090.

Graham, E. K., & Clifton, R. K. (1966). Heart–rate change as a component of the orienting response. *Psychological Bulletin, 65,* 305 – 320.

Gray, J. A. (1971). *The psychology of fear and stress.* New York: Mc–Graw–Hill.

Greenspan, S. I. (1992). *Infancy and early childhood: The practice of clinical assessment and intervention with emotional and developmental challenges.* Madison, CT: International Universities Press.

Greenspan, S. I., Portales, A. L., & Walker, P. S. (1987). *Fussy baby questionnaire.* Unpublished assessment tool.

Gribben, B., Pickering, T. G., Sleight, P., & Peto, R. (1971). Effect of age and high blood pressure on baroreflex sensitivity in man. *Circulation Research, 29,* 424 – 431.

Grippo, A. J., Lamb, D. G., Carter, C. S., & Porges, S. W. (2007). Cardiac regulation in the socially monogamous prairie vole. *Physiological Behavior, 90,* 386 – 393.

Grippo, A. J., Trahanas, D. M., Zimmerman II, R. R., Porges, S. W., & Carter, C. S. (2009). Oxytocin protects against isolation–induced autonomic dysfunction and behavioral indices of depression. *Psychoneuroendocrinology, 34,* 1542 – 1553.

Grossman, P., Karemaker, J., & Weiling, W. (1991). Prediction of tonic arasympathetic cardiac control using respiratory sinus arrhythmia: The need for respiratory control. *Psychophysiology, 28,* 201 – 216.

Grossman, P., & Kollai, M. (1993). Respiratory sinus arrhythmia, cardiac vagal tone, and respiration: Within– and between–individual relations. *Psychophysiology, 30,* 486 – 495.

Gunderson, J. G. (1996). The borderline patient's intolerance of aloneness. Insecure attachments and therapist availability. *American Journal of Psychiatry, 153,* 752 – 758.

Gunderson, J. G., Kolb, J. E., & Austin, V. (1981). The diagnostic interview for borderlines. *American Journal of Psychiatry, 138,* 896 – 903.

Gunnar, M. R., Porter, F. L., Wolf, C. M., et al. (1995). Neonatal stress reactivity: Predictions to later emotional temperament. *Child Development, 66,* 1 – 13.

Hachinski, V. C., Oppenheimer, S. M., Wilson, J. X., Guiraudon, C., & Cechetto, D. F. (1992). Asymmetry of sympathetic consequences of experimental stroke. *Archives of Neurology, 49,* 697 – 702.

Hager, J. C., & Ekman, P. (1985). The asymmetry of facial actions is inconsistent with models of hemispheric specialization. *Psychophysiology, 22,* 307 – 318.

Harper, R. M., Frysinger, R. C., Trelease, R. B., & Marks, J. D. (1984). State-dependent alteration of respiratory cycle timing by stimulation of the central nucleus of the amygdala. *Brain Research, 306,* 1 – 8.

Harris, J. C. (2009). Toward a restorative medicine—the science of care. *Journal of the American Medical Association, 301,* 1710 – 1712.

Haselton, J. R., Solomon, I. C., Motekaitis, A. M., & Kaufman, M. P. (1992). Bronchomotor vagal preganglionic cell bodies in the dog: An anatomic and functional study. *Journal of Applied Physiology, 73,* 1122 – 1129.

Heilman, K. M., Bowers, D., & Valenstein, E. (1985). Emotional disorders associated with neurological diseases. In K. M. Heilman & E. Valenstein (Eds.), *Clinical neuropsychology* (pp. 377 – 402). New York: Oxford University Press.

Heilman, K. M., Schwartz, H. D., & Watson, R. T. (1978). Hypoarousal in patients with neglect syndrome and emotional indifference. *Neurology, 28,* 229 – 233.

Heilman, K. M., & Van Den Abell, R. (1980). Right hemisphere dominance for attention: The mechanism underlying hemispheric asymmetries of inattention (neglect). *Neurology, 30,* 327 – 330.

Heinrichs, M., von Dawans, B., & Domes, G. (2009). Oxytocin, vasopressin and human social behavior. *Frontiers in Neuroendocrinology, 30,* 548–557.

Hemilä, S., Nummela, S., Reuter, T., 1995. What middle ear parameters tell about impedance matching and high frequency hearing. *Hearing Research, 85,* 31–44.

Hering, H. E. (1910). A functional test of heart vagi in man. Menschen *Munchen Medizinische Wochenschrift, 57,* 1931–1933.

Herpertz, S. C., Kunert, H. J., Schwenger, U. B., & Sass, H. (1999). Affective responsiveness in borderline personality disorder: A psychophysiological approach. *American Journal of Psychiatry, 156,* 1550–1556.

Hess, W. R. (1954). *Diencephalon, autonomic and extrapyramidal functions.* New York: Grune & Stratton.

Hickey, J. E., Suess, P. W., Newlin, D. B., Spurgeon, L., & Porges, S. W. (1995). Vagal tone regulation during sustained attention in boys exposed to opiates in utero. *Addictive Behaviors, 2,* 43–59.

Hodges, S. (2003). Borderline personality disorder and posttraumatic stress disorder: Time for integration? *Journal of Counseling & Development, 81,* 409–417.

Hofer, M. A. (1970) Cardiac respiratory function during sudden prolonged immobility in wild rodents. *Psychosomatic Medicine, 32,* 633–647.

Hofer, M. (2006). Psychobiological roots of early attachment. *Current Directions in Psychological Science, 15,* 84–88.

Hoffman, P. D., Buteau, E., Hooley, J. M., Fruzzetti, A. E., & Bruce, M. (2003). Family members' knowledge about borderline personality disorder: Correspondence with their levels of depression, burden, distress, and expressed emotion. *Family Process, 42,* 469–478.

Hofheimer, J. A., Wood, B. R., Porges, S. W., Pearson, E., & Lawson, E. E. (1995). Respiratory sinus arrhythmia and social interaction patterns in preterm newborns. *Infant Behavior and Development, 18,* 233–245.

Hopkins, D. A. (1987). The dorsal motor nucleus of the vagus nerve and the nucleus ambiguus: Structure and connections. In R. Hainsworth, P. N. Williams, & D. A. G. G. Many (Eds.), *Cardiogenic reflexes: Report of an international symposium* (pp. 185 – 203). Oxford: Oxford University Press.

Horvath, K., & Perman, J. A. (2002). Autism and gastrointestinal symptoms. Current *Gastroenterology Reports, 4,* 251 – 258.

Hoshino, Y., Yokolyama, F., Hashimoto, S., et al. (1987). The diurnal variation and response to dexamethasone suppression test of saliva cortisol level in autistic children. *Japan Journal of Psychiatry and Neurology, 41,* 227 – 235.

Hrdy, S. B. (2008). *Mothers and others: The evolutionary origins of mutual understanding.* Cambridge, MA: Belknap Press.

Huffman, L. C., Bryan, Y. E., del Carmen, R., Pedersen, F. A., Doussard–Roosevelt, J. A., & Porges, S. W. (1998). Infant temperament and cardiac vagal tone: Assessments at twelve weeks of age. *Child Development, 69,* 624 – 635.

Hugdahl, K., Franzon, M., Andersson, B., & Walldebo, G. (1983). Heart–rate responses (HRR) to lateralized visual stimuli. *Pavlovian Journal of Biological Science, 18,* 186 – 198.

Humphrey, T. (1970). Function of the nervous system during prenatal life. In U. Stave (Ed.), *Physiology ofthe perinatal period* (pp. 751 – 796). New York: Appleton–Century– Crofts.

Hutt, C., Forrest, S. J., & Richer, J. (1975). Cardiac arrhythmia and behavior in autistic children. *Acta Psychiatric Scandinavia, 51,* 361 – 372.

Insel, T. R., & Young, L. J. (2001). The neurobiology of attachment. *Nature Reviews Neuroscience, 2,* 129 – 136.

Izard, C. E. (1979). *The maximally discriminative facial movement coding system (MAX).* Newark: University of Delaware Instructional Resource Center.

Izard, C. E., Porges, S. W., Simons, R. F., Parisi, M., Haynes, O. M., & Cohen. B. (1991). Infant cardiac activity: Developmental changes and relations with attachment. *Developmental Psychology, 27,* 432 – 439.

Jackson, J. H. (1958). Evolution and dissolution of the nervous system. In J. Taylor (Ed.), *Selected writings of John Hughlings Jackson* (pp. 45 – 118). London: Stapes Press.

Jacob, J. S., & McDonald, H. S. (1976). Diving bradycardia in four species of North American aquatic snakes. *Comparative Biochemistry and Physiology, 53*, 69 – 72.

Jansen, L. M. C., Gispen-de Wied, C. C., Van der Gaag, R. J., et al. (2000). Unresponsiveness to psychosocial stress in a subgroup of autistic-like children, multiple complex developmental disorder. *Psychoneuroendocrinology, 25*, 753 – 764.

Jaycox, L. H., Foa, E. B., & Morral, A. R. (1998). Influence of emotional engagement and habituation on exposure therapy for PTSD. *Journal of Consulting and Clinical Psychology, 66*, 185 – 192.

Jennings, J. R., & McKnight, J. D. (1994). Inferring vagal tone from heart rate variability. *Psychosomatic Medicine, 56*, 194 – 194.

Jensen, J. B., Realmuto, G. M., & Garfinkel, B. D. (1985). The dexamethasone suppression test in infantile autism. *Journal of the American Academy of Child and Adolescent Psychiatry, 24*, 263 – 265.

Jerrell, T. W., Gentile, C. G., McCabe, P. M., & Schneiderman, N. (1986). Sinoaortic denervation does not prevent differential Pavlovian conditioning of bradycardia in rabbits. *Brain Research, 100*, 3 – 10.

Jones, J. F. K., Wang, X. Y., & Jordan, D. (1995) Heart rate responses to selective stimulation of cardiac vagal C fibers in anesthetized cats, rats and rabbits. *Journal of Physiology, 489*, 203 – 214.

Jordan, D., Khalid, M. E. M., Schneiderman, N., & Spyer, K. M. (1982). The location and properties of preganglionic vagal cardiomotor neurones in the rabbit. *Pflugers Archive, 395*, 244 – 250.

Jyonouchi, H., Sun, S., & Le, H. (2001). Proinflammatory and regulatory cytokine production associated with innate and adaptive immune responses in children with autism spectrum disorders and developmental regression. *Journal of Neuroimmunology, 120*, 170 – 179.

Kagan, J. (1994) On the nature of emotion. In N. A. Fox (Ed.), *Emotion regulation: Behavioral and biological considerations.* Monograph of the Society for Research in Child Development, 59, 7 – 24.

Kalia, M. (1981). Brain stem localization of vagal preganglionic neurons. *Journal of the Autonomic Nervous System, 3,* 451 – 481.

Kalia, M., & Mesulam, M. – M. (1980). Brain stem projections of sensory and motor components of the vagus complex in the cat. II. Laryngeal, tracheobronchial, pulmonary, cardiac, and gastrointestinal branches. *Journal of Comparative Neurology, 193,* 467 – 508.

Kapp, B. S., Frysinger, R. C., Gallagher, M., & Haselton, J. R. (1979) Amygdala central nucleus lesions: Effect on heart rate conditioning in the rabbit. *Physiology and Behavior, 23,* 1109 – 1117.

Katona, P. G., & Jih, R. (1975). Respiratory sinus arrhythmia: A noninvasive measure of parasympathetic cardiac control. *Journal of Applied Physiology, 39,* 801 – 805.

Keay, K. A., & Bandler, R. (2001). Parallel circuits mediating distinct emotional coping reactions to different types of stress. *Neuroscience and Biobehavioral Reviews, 25,* 669 – 678.

Kintraia, P. I., Zarnadze, M. G., Kintraia, N. P., & Kashakashvili, I. G. (2005). Development of daily rhythmicity in heart rate and loco-motor activity in the human fetus. *Journal of Circadian Rhythms, 3,* 1 – 12.

Koch, K. L., Summy–Long, J., Bingaman, S., Sperry, N., & Stern, R. M. (1990) Vasopressin and oxytocin responses to illusory self-motion and nausea in man. *Journal of Clinical Endocrinology and Metabolism, 71,* 1269 – 1275.

Komisaruk, B. R., & Whipple, B. (1995) The suppression of pain by genital stimulation in females. *Annual Review of Sex Research, 6,* 151 – 186.

Kovacs, G. L., & Telegdy, G. (1982) Role of oxytocin in memory and amnesia. *Pharmacology and Therapeutics, 18,* 375 – 395.

Kryter, K. D. (1962). Methods for the calculation and use of the articulation index. *Journal of the Acoustical Society of America, 34,* 1689 – 1697.

Kryter, K. D. (1985). *The effects of noise on man.* New York: Academic Press.

Kuypers, H. G. J. M. (1958). Corticobulbar connexions to the pons and lower brain-stem in man. An anatomical study. *Brain, 81,* 364 - 388.

Lacey, B. C., & Lacey, J. I. (1978). Two way communication between the heart and the brain. *American Psychologist, 33,* 99 - 113.

Lacey, J. I. (1967). Somatic response patterning and stress: Some revisions of activation theory. In M. H. Appley & R. Trumbull (Eds.), *Psychological stress: Issues in research* (pp. 14 - 37). New York: Appleton-Century-Crofts.

Landgraf, R., Mallkinson, T., Horn, T., Veale, W. L., Lederis, K., & Pittman, Q. J. (1990). Release of vasopressin and oxytocin by paraventricular stimulation in rats. *American Journal of Physiology, 258,* 155 - 159.

Landgraf, R., & Neumann, I. D. (2004). Vasopressin and oxytocin release within the brain: A dynamic concept of multiple and variable modes of neuropeptide communication. *Frontiers in Neuroendocrinology, 25,* 150 - 176.

Lane, R., & Schwartz, G. (1987). Induction of lateralized sympathetic input to the heart by the CNS during emotional arousal: A possible neuro-physiologic trigger of sudden cardiac death. *Psychosomatic Medicine, 49,* 274 - 284.

Langley, J. N. (1921). *The autonomic nervous system.* Cambridge: Heffer & Sons.

Larson, S. K., & Porges, S. W. (1982). The ontogeny of heart period patterning in the rat. *Developmental Psychobiology, 15,* 519 - 528.

Lawes, I. N. C. (1990). The origin of the vomiting response: A neuroanatomical hypothesis. Canadian *Journal of Physiology and Pharmacology, 68,* 254 - 259.

LaBar, K. S., & LeDoux, J. E. (1996). Partial disruption of fear conditioning in rats with unilateral amygdala damage: Correspondence with unilateral temporal lobectomy in humans. *Behavioral Neuroscience, 110,* 991 - 997.

Leckman, J. F., Grice, D. E., Boardman, J., Zhang, H., Vitale, A., Bondi, C., et al. (1997). Symptoms of obsessive-compulsive disorder. *American Journal of Psychiatry, 154,* 911 - 917.

LeDoux, J. E., Iwata, J., Cicchetti, P., & Reis, D. J. (1988). Different projections of the central amygdaloid nucleus mediate autonomic and behavioral correlates of conditioned fear. *Journal of Neuroscience, 8*, 2517–2519.

Lee, S. W., Mancuso, C. A., & Charlson, M. E. (2004). Prospective study of new participants in a community–based mind–body training program. *Journal of General Internal Medicine, 19*, 760–765.

Leite–Panissi, C. R., Coimbra, N. C., & Menescal–de–Oliveira, L. (2003). The cholinergic stimulation of the central amygdala modifying the tonic immobility response and antinociception in guinea pigs depends on the ventrolateral periaqueductal gray. *Brain Research Bulletin, 60*, 167–178.

Leslie, R. A. (1985). Neuroactive substances in the dorsal vagal complex of the medulla oblongata: Nucleus of the tractus solitarius, area postrema, and dorsal motor nucleus of the vagus. *Neurochemistry International, 7*, 191–211.

Leslie, R. A., Reynolds, D. J. M., & Lawes, I. N. C. (1992). Central connections of the nuclei of the vagus nerve. In S. Ritter, R. C. Ritter, & C. D. Barnes (Eds.), *Neuroanatomy and physiology of abdominal vagal afferents* (pp. 81–98). Boca Raton, FL: CRC Press.

Lester, B. M., & Zeskind, P. S. (1982). A biobehavioral perspective on crying in early infancy. In H. E. Fitzgerald, B. M. Lester, & M. W. Youngman (Eds.), *Theory and research in behavioral pediatrics* (pp. 133–180). New York: Plenum.

Levenson, R. W., Ekman, P., & Friesen, W. V. (1990). Voluntary facial action generates emotion–specific autonomic nervous system activity. *Psychophysiology, 27*, 363–384.

Levy, M. N. (1977). Parasympathetic control of the heart. In W. C. Randall (Ed.), *Neural regulation of the heart* (pp. 95–129). New York: Oxford University Press.

Levy, M. N. (1984). Cardiac sympathetic–parasympathetic interactions. *Federation Proceedings, 43*, 2598–2602.

Li, P., Chang, T. M., & Chey, W. Y. (1998). Secretin inhibits gastric acid secretion via a vagal afferent pathway in rats. *American

Journal of Physiology, 275, G22 – G28.

Lindsley, D. (1951). Emotion. In S. S. Stevens (Ed.), *Handbook of experimental psychology* (pp. 473 – 516). New York: Wiley.

Linnemeyer, S. A., & Porges, S. W. (1986). Recognition memory and cardiac vagal tone in 6–month–old infants. *Infant Behavior, 9,* 43 – 56.

Lonstein, J. S., & Stern, J. M. (1998). Site and behavioral specificity of periaqueductal gray lesions on postpartum sexual, maternal, and aggressive behaviors in rats. *Brain Research, 804,* 21 – 35.

Lu, Y., & Owyang, C. (1995). Secretin at physiological doses inhibits gastric motility via a vagal afferent pathway. *American Journal of Physiology, 268,* G1012 – G1016.

Luo, Z. X. (2007). Transformation and diversification in early mammal evolution. *Nature, 450*(7172), 1011 – 1019.

Luo, Z. X., Crompton, A. W., & Sun, A. L. (2001). A new mammalia-form from the early Jurassic and evolution of mammalian charac-teristics. *Science, 292,* 1535 – 1540.

Lyoo, K., Han, M. H., & Cho, D. Y. (1998). A brain MRI study in subjects with borderline personality disorder. *Journal of Affective Disorders, 50,* 235 – 243.

Machado, B. H., & Brody, M. J. (1988). Effect of nucleus ambiguus lesion on the development of neurogenic hypertension. *Hyperten-sion, 11,* 135 – 138.

MacLean, P. D. (1990). *The triune brain in evolution.* New York: Plenum Press.

Malik, M., & Camm, J. A. (1993). Components of heart rate varia-bility—What they really mean and what we really measure. *Ameri-can Journal of Cardiology, 72,* 821 – 822.

Malmo, R. B. (1959). Activation: A neurophysiological dimension. *Psy-chological Review, 66,* 367 – 386.

Marangell, L. B., Rush, A. J., George, M. S., et al. (2002). Vagal nerve stimulation (VNS) for major depressive episodes: One year outcomes. *Biological Psychiatry, 51,* 280 – 287.

McAllen, R. M., & Spyer, K. M. (1976). The location of cardiac vagal preganglionic motoneurones in the medulla of the cat. *Journal of Physiology, 258,* 187–204.

McAllen, R. M., & Spyer, K. M. (1978). Two types of vagal preganglionic motoneurones projecting to the heart and lungs. *Journal of Physiology, 282,* 353–364.

McCabe, P. M., Yongue, B. G., Porges, S. W., & Ackles, P. K. (1984). Changes in heart period, heart period variability and a spectral analysis estimate of respiratory sinus arrhythmia during aortic nerve stimulation in rabbits. *Psychophysiology, 21,* 149–158.

McConaughy, S. H., & Achenbach, T. M. (1988). *Practical guide for the child behavior checklist and related materials.* Burlington, VT: University of Vermont Department of Psychiatry.

McDonald, H. S. (1974). Bradycardia during death-feigning of *Heterodon plalyrhinos* Latreille (Serpentes). *Journal of Herpetology, 8,* 157–164.

McEwen, B. S., & Wingfield, J. C. (2003). The concept of allostasis in biology and biomedicine. *Hormones and Behavior, 43,* 2–15.

McGurk, H., & MacDonald, J. (1976). Hearing lips and seeing voices. *Nature, 264,* 746–748.

McLeod, D. R., Hoehn-Saric, R., Porges, S. W., Kowalski, P. A., & Clark, C. M. (2000). Therapeutic effects of imipramine are counteracted by its metabolite, desipramine, in patients with generalized anxiety disorder. *Journal of Clinical Psychopharmacology, 20,* 615–621.

McLeod, D. R., Hoehn-Saric, R., Porges, S. W., & Zimmerli, W. D. (1992). Effects of alprazolam and imipramine on parasympathetic cardiac control in patients with generalized anxiety disorder. *Psychopharmacology, 107,* 535–540.

McNair, D. M., Lorr, M., & Droppleman, L. F. (1992). *POMS manual: Profile of mood states.* San Diego: Edits/Education and Instructional Testing Service.

Mera, E., Wityk, R., & Porges, S. W. (1995, May). *Abnormal heart variability in brainstem injury.* Paper presented at the American Academy of Neurology, Seattle, WA.

Mesulam, M. M. (1981). A cortical network for directed attention and unilateral neglect. *Annals of Neurology, 10,* 309 – 325.

Meyer-Lindenberg, A. (2008). Impact of prosocial neuropeptides on human brain function. *Progress in Brain Research, 170,* 463 – 470.

Miao, F. J.-P., Janig, W., Green, P. G., et al. (1997). Inhibition of bradykinin-induced plasma extravasation produced by noxious cutaneous and visceral stimuli and it modulation by vagal activity. *Journal of Neurophysiology, 78,* 1285 – 1292.

Michelini, L. C. (1994) Vasopressin in the nucleus tractus solitarius: A modulator of baroreceptor reflex control of heart rate. *Brazilian Journal of Medical and Biological Research, 27,* 1017 – 1032.

Michelini, L. C., Marcelo, M. C., Amico, J., & Morris, M. (2003). Oxytocin regulation of cardiovascular function: studies in oxytocin-deficient mice. *American Journal of Physiology: Heart and Circulatory Physiology, 284,* H2269 – 2276.

Mitchell, G. A. G., & Warwick, R. (1955). The dorsal vagal nucleus. *Acta Anatomica, 25,* 371 – 395.

Molfese, D. L., & Segalowitz, S. J. (Eds.). (1988). *Brain lateralization in children: Developmental implications.* New York: Guilford Press.

Moore, G. A., & Calkins, S. D. (2004). Infants' vagal regulation in the still-face paradigm is related to dyadic coordination of mother – infant interaction. *Developmental Psychology, 40,* 1068 – 1080.

Morris, J. L., & Nilsson, S. (1994). The circulatory system. In S. Nilsson & S. Holmgren (Eds.), *Comparative physiology and evolution of the autonomic nervous system* (pp. 193 – 240). Chur, Switzerland: Harwood Academic Publishers.

Morris, J. S., Ohman, A., & Dolan, R. J. (1999). A subcortical pathway to the right amygdala mediating "unseen" fear. *Proceedings of the National Academy of Sciences USA, 96,* 1680 – 1685.

Movius, H. L., & Allen, J. J. B. (2005). Cardiac vagal tone, defensiveness, and motivational style. *Biological Psychology, 68,* 147 – 162.

Mulder, L. J. M., & Mulder, G. (1987). Cardiovascular reactivity and mental workload. In O. Rompelman & R. J. Kitney (Eds.), *The beat –by-beat investigation of cardiovascular function* (pp. 216 – 253).

Oxford: Oxford University Press.

Munhall, K. G., Jones, J. A., Callan, D. E., Kuratate, T., & Vati-kiotis-Bateson, E. (2004). Visual prosody and speech intelligibility: Head movment improves auditory speech perception. *Psychological Science, 15*, 133 – 137.

Murphy, J. V., Wheless, J. W., & Schmoll, C. M. (2000). Left vagal nerve stimulation in six patients with hypothalamic hamartomas. *Pediatric Neurology, 23*, 167 – 168.

Nara, T., Goto, N., & Hamano, S. (1991). Development of the human dorsal nucleus of vagus nerve: A morphometric study. *Journal of the Autonomic Nervous System, 33*, 267 – 276.

Nelson, N. M. (1976). Respiration and circulation before birth. In C. A. Smith & N. M. Nelson (Eds.), *The physiology of the newborn infant* (4th ed, pp. 15 – 116). Philadelphia: Thomas.

Neuheuber, W. L., & Sandoz, P. A. (1986). Vagal primary afferent terminals in the dorsal motor nucleus of the rat: Are they making monosynaptic contacts on preganglionic efferent neurons? *Neuro-science Letters, 69*, 126 – 130.

Neumann, I. D. (2008). Brain oxytocin: A key regulator of emotional and social behaviours in both females and males. *Journal of Neuro-endocrinology, 20*, 858 – 865.

New, A. S., & Siever, L. J. (2002). Neurobiology and genetics and borderline personality disorder. *Psychiatric Annals, 32*, 329 – 336.

Newman, J. D. (1988). *The physiological control of mammalian vocali-zations.* New York: Plenum Press.

Ni, H., Zhang, J. X., & Harper, R. M. (1990). Respiratory-related discharge of periaqueductal gray neurons during sleep-waking states. *Brain Research, 511*, 319 – 325.

Nissen, R., Cunningham, J. T., & Renaud, L. P. (1993). Lateral hypothalamic lesions alter baroreceptor-evoked inhibition of rat supraoptic vasopressin neurones. *Journal of Physiology (London), 470*, 751 – 766.

Nolte, J. (1993). *The human brain: An introduction to its functional anatomy* (3rd ed.). St. Louis, MO: Mosby-Year Book.

Numan, M. (2007). Motivational systems and the neural circuitry of maternal behavior in the rat. Developmental *Psychobiology, 49,* 12 – 21.

Obrist, P. A. (1976). The cardiovascular behavioral interaction—As it appears today. *Psychophysiology, 13,* 95 – 107.

Obrist, P. A. (1981). *Cardiovascular psychophysiology.* New York: Plenum Press.

Ogden, P., Minton, K., & Pain, C. (2006). *Trauma and the body: A sensorimotor approach to psychotherapy.* New York: Norton.

Owley, T., McMahon, W., Cook, E. H., et al. (2001). Multisite, double-blind, placebocontrolled trial of porcine secretin in autism. *Journal of the American Academy of Child Psychiatry, 40,* 1293 – 1299.

Pagani, F. D., Norman, W. P., & Gillis, R. A. (1988). Medullary para-sympathetic projections innervate specific sites in the feline stomach. *Gastroenterology, 9,* 277 – 288.

Palkovitz, R. J., Wiesenfeld, A. R. (1980). Differential autonomic responses of autistic and normal children. *Journal of Autism and Developmental Disorders, 10,* 347 – 360.

Pang, X.D., Guinan, J.J., 1997. Effects of stapedius–muscle con-tractions on the masking of auditory–nerve responses. *Journal of the Acoustic Society of America, 102,* 3576 – 3586.

Panksepp J. (1998). *Affective neuroscience.* New York: Oxford Univer-sity Press.

Panksepp, J. (2009). Brain emotional systems and qualities of mental life: From animal models of affect to implications for psy-chotherapeutics. In D. Fosha, D. J. Siegel, & M. F. Solomon (Eds.), *The healing power of emotion: Affective neuroscience, development, clinical pratice* (pp. 1 – 26). New York: Norton.

Paris, J., Zweig–Frank, H., Ng, Y. K., Schwartz, G., Steiger, H., & Nair, N. P. V. (2004). Neurobiological correlates of diagnosis and underlying traits in patients with borderline personality disorder compared with normal controls. *Psychiatry Research, 121,* 239 – 252.

Parmeggiani, P. L. (1985) Homeostatic regulation during sleep: Facts and hypotheses. In D. H. McGinty et al. (Eds.), *Brain mechanisms of sleep* (pp. 385 – 397). New York: Raven Press.

Pereyra, P. M., Zhang, W., Schmidt, M., & Becker, L. E. (1992). Development of myelinated and unmyelinated fibers of human vagus nerve during the first year of life. *Journal of Neurological Sciences, 110,* 107 – 113.

Pessoa, L., McKenna, M., Gutierrez, E., & Ungerleider, L. G. (2002). Neuroprocessing of emotional faces requires attention. *Proceedings of the National Academy of Sciences USA, 99,* 11458 – 11463.

Pianta, R., Egeland, B., & Adam, E. (1996). Adult attachment classification and selfreported psychiatric symptomatology as assessed by the Minnesota Multiphasic Personality Inventory–2. *Journal of Consulting and Clinical Psychology, 64,* 273 – 281.

Pigott, L. R., Ax, A. F., Bamford, J. L., et al. (1973). Respiration sinus arrhythmia in psychotic children. *Psychophysiology, 10,* 401 – 414.

Pimental, P. A., & Kingsbury, N. A. (1989). *Neuropsychological aspects of right brain injury.* Austin: Pro–Ed.

Pilz, P. K., Ostwald, J., Kreiter, A., & Schnitzler, H. U. (1997). Effect of the middle ear reflex on sound transmission to the inner ear of rat. *Hearing Research, 105,* 171 – 182.

Porges, S. W. (1972). Heart rate variability and deceleration as indexes of reaction time. *Journal of Experimental Psychology, 92,* 103 – 110.

Porges, S. W. (1973). Heart rate variability: An autonomic correlate of reaction time performance. *Bulletin of the Psychonomic Society, 1,* 270 – 272.

Porges, S. W. (1983). Heart rate patterns in neonates: A potential diagnostic window to the brain. In T. M. Field & A. M. Sostek (Eds.), *Infants born at risk: Physiological and perceptual responses* (pp. 3 – 22). New York: Grune & Stratton.

Porges, S. W. (1985). U.S. Patent No. 4,520,944: Method and apparatus for evaluating rhythmic oscillations in aperiodic physiological response systems.

Porges, S. W. (1986). Respiratory sinus arrhythmia: Physiological basis, quantitative methods, and clinical implications. In P. Grossman, K. Janssen, & D. Vaitl (Eds.), *Cardiorespiratory and cardio–*

somatic psychophysiology (pp. 101 – 115). New York: Plenum Press.

Porges, S. W. (1988). Neonatal vagal tone: Diagnostic and prognostic implications. In P. N. Vietze & H. G. Vaughn (Eds.), *Early identification of infants with developmental disabilities* (pp. 147 – 159). Philadelphia: Grune & Stratton.

Porges, S. W. (1991). Vagal tone: An autonomic mediator of affect. In J. A. Garber & K. A. Dodge (Eds.), *The development of affect regulation and dysregulation* (pp. 111 – 128). New York: Cambridge University Press.

Porges, S. W. (1992). Autonomic regulation and attention. In B. A. Campbell, H. Hayne, & R. Richardson (Eds.), *Attention and information processing in infants and adults* (pp. 201 – 223). Hillsdale, NJ: Erlbaum.

Porges, S. W. (1995). Cardiac vagal tone: A physiological index of stress. *Neuroscience and Biobehavioral Reviews, 19,* 225 – 233.

Porges, S. W. (2001a). The polyvagal theory: Phylogenetic substrates of a social nervous system. *International Journal of Psychophysiology, 42,* 123 – 146.

Porges, S. W. (2001b). Is there a major stress system at the periphery other than the adrenals? In D. M. Broom (Ed.), *Dahlem workshop on coping with challenge: Welfare in animals including humans* (pp. 135 – 149). Berlin: Dahlem University Press.

Porges, S. W. (2007a). A phylogenetic journey through the vague and ambiguous Xth cranial nerve: A commentary on contemporary heart rate variability research. *Biological Psychology, 74,* 301 – 307.

Porges, S. W. (2007b). The polyvagal perspective. *Biological Psychology, 74,* 116 – 143.

Porges, S. W., Arnold, W. R., & Forbes, E. J. (1973). Heart rate variability: An index of attentional responsivity in human newborns. *Developmental Psychology, 8,* 85 – 92.

Porges, S. W., & Bohrer, R. E. (1990). Analyses of periodic processes in psychophysiological research. In J. T. Cacioppo & L. G. Tassinary (Eds.), *Principles of psychophysiology: Physical, social, and inferential elements* (pp. 708 – 753). New York: Cambridge University Press.

Porges, S. W., & Doussard–Roosevelt, J. A. (1997). The psychophy-
siology of temperament. In J. D. Noshpitz (Ed.), *Handbook of child
and adolescent psychiatry* (pp. 250 – 268). New York: Wiley.

Porges, S. W., Doussard–Roosevelt, J. A., Portales, A. L., & Suess,
P. E. (1994). Cardiac vagal tone: Stability and relation to difficul-
tness in infants and three–year–old children. *Developmental Psy-
chobiology, 17,* 289 – 300.

Porges, S. W., Doussard–Roosevelt, J. A., Stifter, C. A., McClenny, B.
D., & Riniolo, T. C. (1999). Sleep state and vagal regulation of
heart period patterns in the human newborn: An extension of the
polyvagal theory. *Psychophysiology, 36,* 14 – 21.

Porges, S. W., & Greenspan, S. I. (1991). Regulatory disordered
infants: A common theme. In National Institutes of Drug Abuse
workshop report on Methodological Issues in Controlled Studies on
Effects of Prenatal Exposure to Drugs of Abuse, *National Institution
Drug Abuse Research Monograph, 114,* 173 – 181.

Porges, S. W., & Lipsitt, L. P. (1993). Neonatal responsivity to gus-
tatory stimulation: The gustatory–vagal hypothesis. *Infant
Behavior and Development, 16,* 487 – 494.

Porges, S. W., & Maiti, A. K. (1992). The smart and vegetative vagi:
Implications for specialization and laterality of function [Abstract].
Psychophysiology, 2, S7.

Porges, S. W., McCabe, P. M., & Yongue, B. G. (1982). Respiratory–
heart rate interactions: Psychophysiological implications for
pathophysiology and behavior. In J. Cacioppo & R. Petty (Eds.),
Perspectives in cardiovascular psychophysiology (pp. 223 – 264).
New York: Guilford Press.

Porges, S. W., & Raskin, D. C. (1969). Respiratory and heart rate
components of attention. *Journal of Experimental Psychology, 81,*
497 – 503.

Porges, S. W., Riniolo, T. C., McBride, T., et al. (2003). Heart rate
and respiration in reptiles: Contrasts between a sit–and–wait
predator and an intensive forager. *Brain Cognition, 52,* 88 – 96.

Porges, S. W., Stamps, L. E., & Walter, G. F. (1974). Heart rate variability and newborn heart rate responses to illumination changes. *Developmental Psychology, 10,* 507 – 513.

Portales, A. L., Porges, S. W., Doussard–Roosevelt, J. A., Abedin, M., Lopez, R., et al. (1997). Vagal regulation during bottle feeding in low–birthweight neonates: Support for the gustatory–vagal hypothesis. *Developmental Psychobiology, 30,* 225 – 233.

Porter, F. L., & Porges, S. W. (1988). Neonatal cardiac responses to lumbar punctures [Abstract]. *Infant Behavior, 11,* 261.

Porter, F. L., Porges, S. W., & Marshall, R. E. (1988). Newborn pain cries and vagal tone: Parallel changes in response to circumcision. *Child Development, 59,* 495 – 505.

Potter, E. K., & McCloskey, D. I. (1986). Effects of hypoxia on cardiac vagal efferent activity and on the action of the vagus nerve at the heart in the dog. *Journal of the Autonomic Nervous System, 17,* 325 – 329.

Prims, A., Kaloupek, D. G., & Keane, T. M. (1995). Psychophysiological evidence for autonomic arousal and startle in traumatized adult populations. In M. J. Friedman, D. S. Charney, & A.Y. Deutsh (Eds.), *Neurobiological and clinical consequences of stress: From normal adaptation to PTSD* (pp. 291 – 313). Philadelphia: Lippincott–Raven.

Pynoos, R. S., Frederick, C. J., Nader, K., Arroyo, W., Steinberg, A., Eth, S., et al. (1987). Life threat and posttraumatic stress in schoool age children. *Archives of General Psychiatry, 44,* 1057 – 1063.

Randall, W. C., & Rohse, W. G. (1956). The augmenter action of the sympathetic cardiac nerves. *Circulation Research, 4,* 470 – 477.

Raymond, N. C., Eckert, E. D., Hamalainen, M., et al. (1999). A preliminary report on pain thresholds in bulimia nervosa during a bulimic episode. *Comprehensive Psychiatry, 40,* 229 – 233.

Raymond, N. C., Faris, P. L., Thuras, P. D., et al. (1999). Elevated pain threshold in anorexia nervosa subjects. *Biological Psychiatry, 45,* 1389 – 1392.

Reed, S. F., Ohel, G., David, R., & Porges, S. W. (1999). A neural explanation of fetal heart rate patterns: A test of the polyvagal theory. *Developmental Psychobiology, 35,* 108 – 118.

Regal, P. J. (1978). Behavioral differences between reptiles and mammal: An analysis of activity and mental capabilities. In N. Greenberg & P. D. MacLean (Eds.), *Behavior and neurology of lizards* (pp. 183 – 202). Rockville, MD: National Institute of Mental Health.

Ren, K., Randich, A., & Gebhart, G. F. (1990). Electrical stimulation of cervical vagal afferents. I. Central relays for modulation of spinal nociceptive transmission. *Journal of Neurophysiology, 64,* 1098 – 1114.

Richards, J. E. (1985). Respiratory sinus arrhythmia predicts heart rate and visual responses during visual attention in 14‑ and 20‑week‑old infants. *Psychophysiology, 22,* 101 – 109.

Richards, J. E. (1987). Infant visual sustained attention and respiratory sinus arrhythmia. *Child Development, 58,* 488 – 496.

Richards, J. E., & Casey, B. L. (1991). Heart rate variability during attention phases in young infants. *Psychophysiology, 28,* 43 – 53.

Richter, C. P. (1957). On the phenomenon of sudden death in animals and man. *Psychosomatic Medicine, 19,* 191 – 198.

Richter, D. W., & Spyer, K. M. (1990). Cardiorespiratory control. In A. D. Loewy & K. M. Spyer (Eds.), *Central regulation of autonomic function* (pp. 189 – 207). New York: Oxford University Press.

Riniolo, T., Doussard‑Roosevelt, J., & Porges, S. W. (1994). The relation between respiratory sinus arrhythmia and heart period during waking and sleep [Abstract]. *Psychophysiology, 31*(Suppl.), S81.

Riniolo, T., & Porges, S. W. (1997). Inferential and descriptive influences on measures of respiratory sinus arrhythmia: Sampling rate, R‑wave trigger accuracy, and variance estimates. *Psychophysiology, 34,* 613 – 621.

Rinn, W. E. (1984). The neurophysiology of facial expression: A review of the neurological and psychological mechanisms for producing facial expressions. *Psychological Bulletin, 95,* 52 – 77.

Rinne, T., de Kloet, E. R., Wouters, L., Goekoop, J. G., ReRijk, R. H., & van den Brink, W. (2002). Hyperresponsiveness of hypothalamic pituitary adrenal axis to combined dexamethasone/corticotrophin‑releasing hormone challenge in female borderline personality disorder subjects with a history of sustained childhood abuse. *Biological Psychiatry, 52,* 1102 – 1112.

Rizvi, T. A., Ennis, M., Behbehani, M. M., & Shipley, M. T. (1991). Connections between the central nucleus of the amygdala and the midbrain periaqueductal gray: Topography and reciprocity. *Journal of Comparative Neurology, 303,* 121 – 131. Rodier, P. M., Ingram, J. L., Tisdale, B., et al. (1996). Embryological origin for autism: Developmental anomalies of the cranial nerve motor nuclei. *Journal of Comparative Neurology, 370,* 247 – 261.

Rogers, R. C., & Hermann, G. E. (1992). Central regulation of brain–stem gastric vagovagal control circuits. In S. Ritter, R. C. Ritter, & C. D. Barnes (Eds.), *Neuroanatomy and physiology of abdominal vagal afferents* (pp. 99 – 134). Boca Raton, FL: CRC Press.

Rosen, J. B., Hamerman, E., Sitcoske, E., Glowa, J. R., & Schulkin, J. (1996). Hyperexcitability: Exaggerated fear–potentiated startle produced by partial amygdala kindling. *Behavioral Neuroscience, 110,* 43 – 50.

Rosenzweig, M. R., & Amon, A. H. (1955). Binaural interaction in the medulla of the cat. *Cellular and Molecular Life Science, 11,* 498 – 500.

Ross, E. D. (1981). The aprosodias: Functional–anatomic organization of the affect components of language in the right hemisphere. *Archives of Neurology, 38,* 561 – 569.

Ross, E. D., Homan, R. W., & Buck, R. (1994). Differential hemispheric lateralization of primary and social emotions. *Neuropsychiatry, Neuropsychology, and Behavioral Neurology, 7,* 1 – 19.

Ross, E. D., & Mesulam, M. (1979). Dominant language functions of the right hemisphere? Prosody and emotional gesturing. *Archives of Neurology, 36,* 144 – 148.

Rothschild, B. (2000). *The body remembers: The psychophysiology of trauma and trauma treatment.* New York: Norton.

Rothschild, L., Haslam, N., Cleland, C., & Zimmerman, M. (2003). A taxometric study of borderline personality disorder. *Journal of Abnormal Psychology, 112,* 657 – 666.

Rottenberg, J., Solomon, K., Gross, J. J., & Gotlib, I. H. (2005).

Vagal withdrawal to a sad film predicts subsequent recovery from depression. *Psychophysiology, 42,* 277 – 281.

Rowe, T. (1996). Coevolution of the mammalian middle ear and neo-cortex. *Science, 273,* 651 – 654.

Rowell, L. B. (1993). Central circulatory adjustments to dynamic exercise. In L. B. Rowell (Ed.), *Human cardiovascular control* (pp. 162 – 203). New York: Oxford University Press.

Sachis, P. N., Armstrong, D. L., Becker, L. E., & Bryan. A. C. (1982). Myelination of the human vagus nerve from 24 weeks postconceptional age to adolescence. *Journal of Neuropathology and Experimental Neurology, 41,* 466 – 472.

Sack, M., Hopper, J. W., & Lamprecht, F. (2004). Low respiratory sinus arrhythmia and prolonged psychophysiological arousal in posttraumatic stress disorder: Heart rate dynamics and individual differences in arousal regulation. *Biological Psychiatry, 55,* 284 – 290.

Sacks, O. (2007). *Musicophilia: Tales of music and the brain.* New York: Random House.

Sahar, T., Shalev, A. Y., & Porges, S. W. (2001). Vagal modulation of responses to mental challenge in posttraumatic stress disorder. *Biological Psychiatry, 49,* 637 643.

Santer, R. M. (1994). Chromaffin systems. In S. Nilsson & S. Holmgren (Eds.), *Comparative physiology and evolution of the autonomic nervous System* (pp. 97 – 117). Switzerland: Harwood Academic Publishers.

Sargunaraj, D., Lehrer, P. M., Carr, R. E., Hochron, S. M., & Porges, S. W. (1994). The effects of paced resistance breathing [Abstract]. *Psychophysiology, 31*(Suppl.), S85.

Sargunaraj, D., Lehrer, P. M., Hochron, S. M., Rausch, L., Edelberg, R., & Porges, S. W. (1996). Cardiac rhythm effects of .125 Hz paced breathing through a resistive load: Implications for paced breathing therapy and the polyvagal theory. *Biofeedback and Self-Regulation, 21,* 131 – 147.

Saul, J. P., Berger, R. D., Chen, H., & Cohen, R. J. (1989). Transfer function analysis of autonomic regulation. II. Respiratory sinus arrhythmia. *American Journal of Physiology, 256*, HI53 – HI61.

Sawchenko, P. E., & Swanson, L. W. (1982). The organization of no-radrenergic pathways from the brainstem to the paraventricular and supraoptic nuclei in the rat. Brain *Research Reviews, 4*, 275 – 325.

Schachter, J. (1957). Pain, fear, and anger in hypertensives and normotensives: A psychophysiological study. *Psychosomatic Medicine, 19*, 17 – 29.

Schachter, S., & Singer, J. E. (1962). Cognitive, social, and physiological determinants of emotional state. *Psychological Review, 69*, 379 – 399.

Scherlel, E. R., Brourman, J. D., Kling, S. M., Schmall, L. M., Tobias, T. A., & Myerowitz, P. D. (1994). Vagal innervation influences the whole body oxygen consumptiondelivery relationship in the dog. *Shock, 2*, 127 – 132.

Schmahl, C. G., Elzinga, B. M., Ebner, U. W., Simms, T., Sanislow, C., Vermetten, E., et al. (2004). Psychophysiological reactivity to traumatic and abandonment scripts in borderline personality and posttraumatic stress disorders: A preliminary report. *Psychiatry Research, 126*, 33 – 42.

Schmahl, C. G., Vermetten, E., Elzinga, B. M., & Bremner, J. D. (2003). Magnetic resonance imaging of hippocampal and amygdala volume in women with childhood abuse and borderline personality disorder. *Psychiatry Research: Neuroimaging, 122*, 193 – 198.

Schneiderman, N. (1974). The relationship between learned and unlearned cardiovascular responses. In P. A. Obrist, A. H. Black, J. Brener, & L. V. DiCara (Eds.), Cardiovascular psychophysiology: *Current issues in response mechanisms, biofeedback, and methodology* (pp. 190 – 210). Chicago: Aldine.

Schneirla, T. C. (1959). An evolutionary and developmental theory of biphasic processes underlying approach and withdrawal. In M. R. Jones (Ed.), *Nebraska symposium on motivation* (vol. 7, pp. 1 – 42). Lincoln: University of Nebraska Press.

Schore A. (1994). *Affect regulation and the origin of the self*: The neurobiology of emotional development. Hillsdale, NJ: Erlbaum.

Schore A. (2003). *Affect dysregulation and disorders of the self.* New York: Norton.

Schuck, A. M., & Widom, C. S. (2001). Childhood victimization and alcohol symptoms in females: Causal inferences and hypothesized mediators? *Child Abuse and Neglect, 25,* 1069 – 1092.

Schumm, J. A., Hobfoll, S. E., & Keough, N. J. (2004). Revictimization and interpersonal resource loss predicts PTSD among women in substance–use treatment. *Journal of Traumatic Stress, 17,* 173 – 181.

Schwaber, J. S. (1986). Neuroanatomical substrates of cardiovascular and emotionalautonomic regulation. In A. Magro, W. Osswald, D. Reis, & P. Vanhoutte (Eds.), *Central and peripheral mechanisms of cardiovascular regulation* (pp. 353 – 384). New York: Plenum Press.

Schwaber, J. S., Kapp, B. S., & Higgins, G. (1980). The origin and the extent of direct amygdala projections to the region of the dorsal motor nucleus of the vagus and the nucleus of the solitary tract. *Neurosci Letters, 20,* 15 – 20.

Selye, H. (1936). A syndrome produced by diverse nocuous agents. *Nature, 138,* 32.

Selye, H. (1956). *The stress of life.* New York: McGraw–Hill.

Shaver, P. R., & Mikulincer, M. (2002). Attachment–related psychodynamics. *Attachment & Human Development, 4,* 133 – 161.

Siegel, D. (2007). *The mindful brain.* New York: Norton.

Silberman, E. K., & Weingartner, H. (1986). Hemispheric lateralization of functions related to emotion. *Brain and Cognition, 5,* 322 – 353.

Skodol, A. E., Gunderson, J. G., Pfohl, B., Widiger, T. A., Livesley, W. J., & Siever, L. J. (2002). The borderline diagnosis I: Psychopathology, cornorbidity, and personality structure. *Biological Psychiatry, 51,* 936 – 950.

Skodol, A. E., Siever, L. J., Livesley, W. J., Gunderson, J. G., Pfohl, B., & Widiger, T. A. (2002). The borderline diagnosis II: Biology, genetics, and clinical course. *Biological Psychiatry, 51,* 951 – 963.

Smith, D. E. P., Miller, S. D., Stewart, M., et al. (1988). Conductive hearing loss in autistic, learning–disabled, and normal children. *Journal of Autism and Developmental Disorders, 18,* 53 – 65.

Smotherman, M., Schwartz, C., & Metzner, W. (2010). Vocal-respiratory interactions in the parabrachial nucleus. In S. M. Brudzynski (Ed.), *Handbook of mammalian vocalization: An integrative neuroscience approach* (vol. 19, pp. 383-392). Amsterdam: Elsevier.

Smyke, A. T., Dumitrescu, A., & Zeanah, C. H. (2002). Attachment disturbances in young children. I: The continuum of caretaking casualty. *Journal of the American Academy of Child and Adolescent Psychiatry, 41,* 972-982.

Sokolov, E. N. (1963). *Perception and the conditioned reflex.* Oxford: Pergamon Press.

Sostek, A. M., Glass, P., Molina, B. C., & Porges, S. W. (1984). Neonatal vagal tone and subsequent sleep apnea in preterm infants [Abstract]. *Psychophysiology, 21,* 599.

Sovik, R. (2000). The science of breathing—The yogic view. *Behavior Modification, 27,* 710-730.

Spitzer, R. L., Williams, J. B. W., Gibbon, M., & First, M. B. (1990). *Structured clinical interview for DSM-III-R.* Washington, DC: American Psychiatric Press.

Spitzer, R. L., Williams, J. B. W., Gibbon, M., & First, M. B. (1992). The structured clinical interview for DSM-III-R (SCID) I: History, rationale, and description. *Archives of General Psychiatry, 49,* 624-629.

Spyer, K. M., & Jordan, D. (1987). Electrophysiology of the nucleus ambiguus. In R. Hainsworth, P. N. Williams, & D. A. G. G. Many (Eds.), *Cardiogenic reflexes: Report of an international symposium* (pp. 237-249). Oxford: Oxford University Press.

Stamps, L. E., & Porges, S. W. (1975). Heart rate conditioning in newborn infants: Relationships among conditionality, heart rate variability, and sex. *Developmental Psychology, 11,* 424-431.

Stansbury, K., & Gunnar, M. R. (1994). Adrenocortical activity and emotion regulation. In N. A. Fox (Ed.), Emotion regulation: *Behavioral and biological considerations,* Monograph of the Society for Research in Child Development, 59, 108-134.

Stern, J. M. (1997). Offspring-induced nurturance: Animal-human parallels. *Developmental Psychobiology, 31,* 19 – 37.

Stifter, C., & Corey, J. (2001). Vagal regulation and observed social behavior in infancy. *Social Development, 10,* 189 – 201.

Stifter, C. A., & Fox, N. A. (1990). Infant reactivity: Physiological correlates of newborn and 5–month temperament. *Developmental Psychology, 16,* 582 – 588.

Stifter, C. A., Fox, N. A., & Porges, S. W. (1989). Facial expressivity and vagal tone in five– and ten–month–old infants. *Infant Behavior and Development, 12,* 127 – 137.

Streeck–Fischer, A. & van der Kolk, B. (2000). Down will come baby, cradle and all: Diagnostic and therapeutic implications of chronic trauma on child development. *Australian and New Zealand Journal of Psychiatry, 34,* 903 – 918.

Suess, P. E., Alpan, G., Dulkerian, S. J., Doussard–Roosevelt, J., Porges, S. W., & Gewolb, I. H. (2000). Respiratory sinus arrhythmia during feeding: A measure of vagal regulation of metabolism, ingestion, and digestion in preterm infants. *Developmental Medicine and Child Neurology, 42,* 353.

Sumby, W. H., & Pollack, I. (1954). Visual contribution to speech intelligibility in noise. *Journal of the Acoustical Society of America, 26,* 212 – 215.

Surguladze, S. A., Calvert, G. A., Brammer, M. J., Campbell, R., Bullmore, E. T., Giampietro, V., et al. (2001). Audio–visual speech perception in schizophrenia: An fMRI study. *Psychiatry Research, 106,* 1 – 14.

Swanson, L. W., & Sawchenko, P. E. (1977). Hypothalamic integration: Organization of the paraventricular and supraoptic nuclei. *Annual Review of Neuroscience, 6,* 269 – 324.

Swartz, M., Blazer, D., George, L., & Winfield, I. (1990). Estimating the prevalence of borderline personality disorder in the community. *Journal of Personality Disorders, 4,* 257 – 272.

Takahashi, L. (1992). Ontogeny of behavioral inhibition induced by unfamiliar adult male conspecifics in preweanling rats. *Physiology & Behavior, 52,* 493 – 498.

Tanaka, T., & Asahara, T. (1981). Synaptic actions of vagal afferents on facial motoneurons in the cat. *Brain Research, 212*, 188 – 193.

Taylor, E. W. (1992). Nervous control of the heart and cardiorespiratory interactions. In W. S. Hoar, D. J. Randall, & A. P. Farrell (Eds.), *Fish physiology: The cardiovascular system* (vol. 12, pp. 343 – 387). New York: Academic Press.

Taylor, E. W., Jordan, D., & Coote, J. H. (1999). Central control of the cardiovascular and respiratory systems and their interactions in vertebrates. *Physiological Reviews, 79*, 855 – 916.

Tebartz van Elst, L., Hesslinger, B., Thiel, T., Geiger, E., Haegele, K., Lemieux, L., et al. (2003). Frontolimbic brain abnormalities in patients with borderline personality disorder: A volumetric magnetic resonance imaging study. *Biological Psychiatry, 54*, 163 – 171.

Teicher, M. H., Andersen, S. L., Polcari, A., Anderson, C. M., Navalta, C. P. & Kim, D. M. (2003). The neurobiological consequences of childhood maltreatment. Neuroscience and *Biobehavioral Reviews, 27*, 33 – 44.

Teplin, L. A., Abram, K. M., McClelland, G. M., Dulcan, M. K., & Mericle, A. A.(2002). Psychiatric disorders in youth in juvenile detention. *Archives of General Psychiatry, 59*, 1133 – 1143.

Thayer, J. F., & Lane, R. D. (2000). A model of neurovisceral integration in emotion regulation and dysregulation. *Journal of Affective Disorders, 61*, 201 – 216.

Thomas, W. G., McMurry, G., Pillsbury, H. C. (1985). Acoustic reflex abnormalities in behaviorally disturbed and language delayed children. *Laryngoscope, 95*, 811 – 817.

Thompson, M. E., Felsten, G., Yavorsky, J., & Natelson, B. H. (1987). Differential effect of stimulation of nucleus ambiguus on atrial and ventricular rates. *American Journal of Physiology, 253*, R150 – R157.

Thorndike, E. L. (1911). *Animal intelligence.* New York: Macmillan.

Tomkins, S. S. (1962). *Affect, imagery, consciousness. Vol. I:* The positive affects. New York: Springer.

Tomkins, S. S. (1963). *Affect, imagery, consciousness. Vol. II:* The negative affects. New York: Springer.

Torgersen, S., Kringlen, E., & Cramer, V. (2001). The prevalence of personality disorders in a community sample. *Archives of General Psychiatry, 58,* 590 – 596.

Trevarthen, C. (1999 – 2000). Musicality and the intrinsic motive pulse. In *Rhythms, musical narrative, and the origins of human communication* (pp. 155 – 215). Musicae Scientiae [special issue]. Liège: European Society for the Cognitive Sciences of Music.

Truex, R. C., & Carpenter, M. B. (1969). *Human neuroanatomy, 6th ed.* Baltimore, MD: Williams & Wilkins.

Tucker, D. M. (1981). Lateral brain function, emotion, and conceptualization. *Psychological Bulletin, 89,* 19 – 46.

Umhau, J. C., George, D. T., Reed, S., Petrulis, S. G., Rawlings, R., & Porges, S. W. (2002). Atypical autonomic regulation in perpetrators of violent domestic abuse. *Psychophysiology, 39,* 117 – 123.

Uvnas-Moberg, K. (1987). Gastrointestinal hormones and pathophysiology of functional gastrointestinal disorders. *Scandinavian Journal of Gastroenterology, 22*(Suppl. 128), 138 – 146.

Uvnas-Moberg K. (1989). Gastrointestinal hormones in mother and infant. Acta *Paediatrica Scandinavica Suppl., 351,* 88 – 93.

Uvnas-Moberg, K. (1994). Role of efferent and afferent vagal nerve activity during reproduction: Integrating function of oxytocin on metabolism and behaviour. *Psychoneuroendocrinology, 19,* 687 – 695.

Uvnas-Moberg, K. (1997). Physiological and endocrine effects of social contact. In C. S. Carter, I. I. Lederhendler, & B. Kirkpatrick (Eds.), *The integrative neurobiology of affiliation* (pp. 46 – 163). New York: Annals of the New York Academy of Sciences.

Uvnas-Moberg, K. (1998). Oxytocin may mediate the benefits of positive social interaction and emotions. *Psychoneuroendocrinology, 23,* 819 – 835. van der Kolk, B. A. (1994). The body keeps the score. *Harvard Review of Psychiatry, 1*(5), 253 – 265.

Vanhoutte, P. M., & Levy, M. N. (1979). Cholinergic inhibition of adrenergic neurotransmission in the cardiovascular system. In C. M. Brooks, K. Koizumi, & A. Sato (Eds.), *Integrative junctions of the autonomic nervous system* (pp. 159 – 176). Tokyo: University of

Tokyo Press.

Viviani, D., & Stoop, R. (2008). Opposite effects of oxytocin and vaso-pressin on the emotional expression of the fear response. *Progress in Brain Research, 170,* 207-218.

Voeller, K. (1986). Right-hemisphere deficit syndrome in children. *American Journal of Psychiatry, 143,* 1004-1009.

Vollm, B., Richardson, P., Stirling, J., Elliott, R., Dolan, M., Cha-udhry, I., et al. (2004). Neurobiological substrates of antisocial and borderline personality disorder: Preliminary results of a functional fMRI study. *Criminal Behavior and Mental Health, 14,* 39-54.

Wakefield, A. J., Puleston, J. M., Montgomery, S. M., et al. (2001). Review article: the concept of entero-colonic encephalopathy, autism and opioid ligands. *Alimentary Pharmacological Therapy, 16,* 663-674.

Wakerley, J. B., Clarke, G., & Summerlee, A. J. S. (1994). Milk ejec-tion and its control. In E. Knobil & J. D. Neill (Eds.), *The physiology of reproduction* (pp. 1131-1177). New York: Raven Press.

Wang, Y., Hu, Y., Meng, J., & Li, C. (2001). An ossified Meckels cartilage in two Cretaceous mammals and origin of the mammalian middle ear. *Science, 294,* 357-361.

Warwick, R., & Williams, P. L. (Eds.) (1975). *Gray's anatomy.* Philade-lphia: Saunders.

Weaver, T. L., & Clum, G. A. (1993). Early family environments and traumatic experiences associated with borderline personality dis-order. *Journal of Consulting and Clinical Psychology, 61,* 1068-1075.

Weiling, W., van Brederode, J. F. M., de Rijk, L. G., Borst, C., & Dunning, A. J. (1982). Reflex control of heart rate in normal subjects in relation to age: A data base for cardiac vagal neuropathy. *Diabetologia, 22,* 163-166.

Weinberg, M. K., & Tronick, E. Z. (1996). Infant affective reactions to the resumption of maternal interaction after the still-face. *Child Development, 67,* 905-914.

Weiner, N. (1948). *Cybernetics.* New York: Wiley.

Weise, F., & Heydenreich, F. (1991). Age-related changes of heart rate power spectra in a diabetic man during orthostasis. *Diabetes Research and Clinical Practice, 11,* 23 – 32.

Weisz, J., Szilagyi, N., Lang, E., & Adam, G. (1992). The influence of monocular viewing on heart period variability. *International Journal of Psychophysiology, 1,* 2, 11 – 18.

Widom, C. S., & Maxfield, M. G. (1996). A prospective examination of risk for violence among abused and neglected children. *Annals of the New York Academy of Sciencees, 794,* 224 – 237.

Williams, P. (1989). *Gray's anatomy* (37th ed.). New York: Livingstone.

Winslow, J. T., & Insel, T.R. (2002). The social deficits of the oxytocin knockout mouse. *Neuropeptides, 36,* 221 – 229.

Winston, J. S., Strange, B. A., O'Doherty, J., & Dolan, R. J. (2002). Automatic and intentional brain responses during evaluation of trustworthiness of faces. *Nature Neuroscience, 5,* 277 – 283.

Woodworth, R. S. (1928). Dynamic psychology. In C. Murchison (Ed.), *Psychologies of 1925.* Worcester, MA: Clark University Press.

Woolley, D. C., McWilliam, P. N., Ford, T. W., & Clarke, R. W. (1987). The effect of selective electrical stimulation on non–myelinated vagal fibres on heart rate in the rabbit. Journal of the *Autonomic Nervous System, 21,* 215 – 221.

World Health Organization. (1992). *International statistical classifi-cation of diseases and related health problems.* Geneva: Author.

Wormald, P. J., Rogers, C., & Gatehouse, S. (1995). Speech discrimi-nation in patients with Bell's palsy and a paralysed stapedius muscle. *Clinical Otolaryngology, 20,* 59 – 62.

Wozniak, W., & O'Rahilly, R. (1981). Fine structure and myelination of the human vagus nerve. *Acta Anatomica, 109,* 118 – 130.

Yagi, N., & Nakatani, H. (1987). Stapedial muscle electromyography in various diseases. *Archives of Otolarynogology Head and Neck Surgery, 113,* 392 – 396.

Yanowitz, F., Preston, J., & Abildskov, J. (1966). Functional distribu-tion of right and left stellate innervation to the ventricles: Pro-duction of neurogenic electrocardiographic changes by unilateral alterations of sympathetic tone. *Circulation Research, 18,* 416 – 428.

Yokoyama, K., Jennings, R., Ackles, P., Hood, P., & Boller, F. (1987). Lack of heart rate changes during an attention-demanding task after right hemisphere lesions. *Neurology, 37,* 624 - 630.

Zanarini, M. C., & Grankenbrug, F. R. (2001). Treatment histories of borderline inpatients. *Comprehensive Psychiatry, 42,* 144 - 150.

Zeanah, C. H. (2000). Disturbances of attachment in young children adopted from institutions. *Journal of Developmental and Behavioral Pediatrics, 21,* 230 - 236.

Zero to Three: National Center for Clinical Infant Programs. (1994). *Diagnostic classification: 0 - 3. Diagnostic classification of mental health and developmental disorders of infancy and early childhood.* Arlington, VA: Zero to Three Publications.

Zahn, T. P., Rumsey, J. M., & Van Kammen, D. P. (1987). Autonomic nervous system activity in autistic, schizophrenic, and normal men: Effects of stimulus significance. *Journal of Abnormal Psychology, 96,* 135 - 144.

Zavaschi, V., Pires, D., Winkler, S., Carvalho, R. H., Rohde, L. A., & Eizirik, C. L. (2006). Adult mood disorders and childhood psychological trauma. *Revista Brasileira de Psiquiatria, 28,* 184 - 190.

Zurif, E. G. (1974). Auditory lateralization: Prosodic and syntactic factors. *Brain and Language, 1,* 391 - 404.

Zweig-Frank, H., & Paris, J. (2002). Predictors of outcome in a 27-year follow-up of patients with borderline personality disorder. *Comprehensive Psychiatry, 43,* 103 - 107.

Zwislocki, J. J. (2002). Auditory system: Peripheral nonlinearity and central additivity, as revealed in the human stapedius-muscle reflex. *Proceedings of the National Academy of Science USA, 99,* 14601 - 14606.

찾아보기

ㅈ

저자 소개

스티븐 포지스(Stephen W. Porges)

인디애나대학교의 외상 스트레스 연구협력단 설립자이자 노스캐롤라이나대학교의 정신건강의학과 교수이며 시카고의 일리노이 주립대학교와 메릴랜드대학교의 명예교수이다. 그는 정신생리학 연구협회장과 행동 및 뇌과학 연합회의 의장을 역임했으며 국립보건원의 연구과학자상을 수상하였다. 그는 여러미주신경이론의 창시자이며 다양한 분야에서 300편 이상의 과학논문을 발표하였다.

역자 소개

강철민(Kang Cheolmin)

인제대학교 의과대학을 졸업하고 서울백병원에서 전공의 과정을 거친 후 정신건강의학과 전문의 자격을 취득하였다. 보스턴 정신분석연구소에서 정신분석적 정신치료 펠로우쉽과정, 뉴잉글랜드 부부치료센터에서 감정중심부부치료과정, 벡인지행동치료연구소에서 불안장애에 대한 인지행동치료 및 마음챙김과정, 하버드 의과대학의 애착과정, 뎁 데이나의 여러미주신경이론에 기초한 조절의 리듬과정을 수료하였다. 역서로 『신경과학으로 설명한 감정중심의 오른뇌 정신치료』(2021), 『한 권으로 읽는 정신분석』(2020), 『정신치료의 신경과학』(2018), 『쉽게 쓴 대인관계 신경생물학 지침서』(2016), 『(EMDR) 눈 운동 민감소실 및 재처리』(2008), 『정신과 의사들을 위한 임상신경학』(2003)이 있다.

여러미주신경이론

초판 1쇄 발행 2022년 3월 14일
초판 3쇄 발행 2025년 3월 7일

지은이 | 스티븐 포지스
옮긴이 | 강철민
펴낸이 | 소정영

펴낸곳 | 도서출판 하나의학사
출판신고 | 1988년 4월 1일 제2022-000082호

주소 | 서울특별시 송파구 동남로 159, 302호(한흥빌딩)
전화 | 02-730-2555, 2556 **팩스** | 02-730-2557
이메일 | hanampc1@naver.com
홈페이지 | www.hanampc.co.kr

ISBN 979-11-91658-09-5 03180